高等院校经济学管理学精品规划教材

U0890724

# 财经管理中的计算机应用

（第五版）

刘兰娟　主　编
陈　媛　副主编

上海财经大学出版社
SHANGHAI UNIVERSITY OF FINANCE & ECONOMICS PRESS

图书在版编目(CIP)数据

财经管理中的计算机应用 / 刘兰娟主编. -- 5 版.
上海 : 上海财经大学出版社, 2024. 9. -- (高等院校
经济学管理学精品规划教材). -- ISBN 978-7-5642
-4438-5

Ⅰ.F810-39; F224-39

中国国家版本馆 CIP 数据核字第 2024A7U825 号

□ 责任编辑　刘光本
□ 责编电话　021－65904890
□ 责编电邮　lgb55@126. com
□ 封面设计　张克瑶

财经管理中的计算机应用
(第五版)

刘兰娟　主　编
陈　媛　副主编

上海财经大学出版社出版发行
(上海市中山北一路 369 号　邮编 200083)
网　　址：http://www. sufep. com
电子邮箱：webmaster @ sufep. com
全国新华书店经销
上海天地海设计印刷有限公司印刷装订
2024 年 9 月第 5 版　2024 年 9 月第 1 次印刷

787mm×1092mm　1/16　20. 75 印张　531 千字
印数：35 761－38 760　　定价：69. 00 元

# 前　言

随着数字经济时代的到来，人工智能和大数据技术迅猛发展，数据驱动的应用已成为常态，我们的工作、学习和生活日益依赖这些技术。数据驱动的人工智能在医疗诊断、自动驾驶、智能家居和金融分析等领域取得了突破性进展；大数据技术通过数据驱动，被广泛应用于精准营销、用户行为分析和风险管理等方面。在财经管理业务中，无论是分析销售业绩、预测房地产市场走势、分析成本与库存、评估投资项目还是优化运营方案，都需要从海量数据中获取相关信息。随后对这些数据进行必要的分析和处理，并基于所发现的规律进行预测。通常情况下，还需要借助财经管理相关的模型进行决策；在复杂且不确定的环境中，或许需要进行仿真模拟。数据的广泛应用和处理能力的提升，使得财经管理人员面临新的挑战，他们不仅需要具备传统的财经知识，还需掌握数据分析和数字技术以适应新时代的需求。

本教材主要介绍如何利用 Excel 这一简单而有效的数据分析工具，解决财经管理中的数据获取、分析、展示、预测、决策和模拟等问题。通过实际应用实例，提升学习者使用 Excel 进行数据建模、数据处理与分析的能力。内容安排上，顺应新文科发展趋势，打破专业壁垒，实现学科交融和文理交叉，将数字技术、定量分析方法与财经管理问题有机结合，为学习者提供综合性的跨学科学习机会。教材内容对统计学、经济学、运筹学、财务管理、保险、投资理论和市场营销等财经类专业知识与信息技术的融合学习非常有帮助。

本教材旨在为学习者提供利用数字技术解决财经管理理论和实践问题的有效方法和思路。针对财经类专业学生的特点，教材避免了复杂的数学建模和编程技术，而是充分利用 Excel 的多种功能，包括函数、数据查询、分类汇总、数据透视表、模拟运算表、单变量求解、规划求解、数据分析工具、图表和控件等，使学习者能够在不依赖复杂数学公式和编程技术的情况下，对财经管理中的各种问题进行量化处理、预测决策和仿真模拟分析。

本教材曾荣获上海市优秀教材奖，这激励我们在教学实践中不断优化教材，以更好地满足新时代对财经管理专业人才的培养需求，本版特别融合了数字内容与传统文字。不仅通过传统文字阐述重点知识、方法和步骤，我们还通过二维码等数字化工具提供了案例操作的数字化讲解，使读者能够实现从纸质到数字化的无缝转换，全面适应数字时代财经管理的新需求。本版教材的案例设计紧密结合财经管理实际问题，并反映数据驱动分析的最新成果。所设计的案例不仅体现了近年来的大数据特征，提高了计算机应用能力，还注重培养学习者的逻辑思维、表达能力、创新精神和规范化并重的思考习惯和工作风格等综合素质。

本版教材采用 Microsoft Office 2021 作为数据处理和建模的环境，紧跟新版 Excel 的最新技术发展和功能变化，及时运用其中更新颖、更灵活和更方便的功能，凸显其在数据处理、分析展示、预测判断、决策建模和仿真模拟等方面的优势，特别是在处理和分析大量数据及复杂问题方面，以适应当前高校计算机应用教学环境的新要求。

《财经管理中的计算机应用》(第五版 )不仅适合作为财经管理类专业本科生、研究生和 MBA 学生学习数字技术、管理中的定量方法、管理模型与决策等课程的教材，也可作为财经管理人员解决工作中遇到的数据处理、预测分析、决策建模和仿真模拟等问题的参考书。

《财经管理中的计算机应用》(第五版)由刘兰娟教授任主编，陈媛任副主编，崔丽丽、谢美萍、杜梅先、李欣苗和刘春梅共同编写。与本教材配套的每章教学课件、例题答案、数据源、习题数据及思政案例等电子文档及每个例题的操作演示视频，均可通过扫描二维码获取，供读者使用。

《财经管理中的计算机应用》教材编写组

2024 年 9 月

# 目 录

# 第一章

# 导 论

2015 年我国首次提出“实施国家大数据战略，推进数据资源开放共享”，表明中国已将大数据视作战略资源并上升为国家战略，期望运用大数据推动经济发展、完善社会治理、提升政府服务和监管能力。近年来，伴随大数据相关信息技术的发展，数字经济迅速崛起，成为带动经济增长的重要引擎。数据已成为至关重要的生产要素，数据驱动决策成为新常态。为帮助经济管理人员更好地适应数据驱动的时代变革，本版在第四版的基础上，通过更新与调整，使章节逻辑更清晰，内容详略得当。本版特别强调数字内容与传统文字的融合，新增了二维码等数字化工具。通过这些数字技术手段，读者不仅可以链接到在线资源获取即时更新，还可以体验从纯纸质到数字化无缝转换的学习形态，全面适应数字经济背景下财经管理的新需求。

本章主要介绍财经管理人才在数据驱动决策中所面临的挑战、计算机在财经管理中的基本应用及本书的内容框架。通过对本章的学习，读者将对财经管理中计算机的基本应用有一个大概的了解。

本章主要内容包括：

- 大数据时代对财经人才的能力需求与计算机应用课程面临的新挑战；
- 计算机在财经管理中数据的获取与查询、数据分类汇总分析、数据的动态展示、数据的时间序列预测与回归分析、基于数据的决策分析和模拟分析建模等方面的基本应用；
- 本书框架，包括 5 大部分共 10 章的内容。

思政案例

## 1.1 概 述

### 1.1.1 财经管理人员如何适应数字经济时代

在数字经济时代，数据驱动的决策制定已成为提高企业竞争力的核心策略。在这个以数据为核心的时代，财经管理人员不仅需要具备专业能力和管理能力，还应具备数据思维、数据获取、数据分析和数据应用等数据处理能力。《财经管理中的计算机应用》作为一本特色鲜明的计算机应用类课程的配套教材，为应对数字经济的需求，结合财经管理理论、定量方法和计算机数据处理技术，帮助财经管理类学生掌握财经管理问题的数据处理方法。

在数字经济时代，计算机技术在各种财务管理理论与实务中的应用不仅广泛，而且其影响力持续加深。财经管理人员除了具备基本的计算机基础知识与技能，还必须适应新时代对财经管理人才的高级技术要求。因此，除了基本的计算机应用技能，财经管理人员还需掌握在数字经济环境下数据驱动思维指导下现代财经管理所需的复杂数据处理与运用技术。这意味着，除了掌握基本的计算机应用技能外，财经管理人员还必须学习和应用以数据驱动思维为核心的数据处理方法，它们能够帮助管理人员在数字经济环境下做出更加精确的业务决策，从而提高工作效率和质量。

与理工类专业相比，财经类专业对计算机专业理论知识的深度要求不高，而对计算机应用方面的要求更为迫切。这种需求体现了数字经济时代新文科背景下财经类专业对技术应用的依赖。本书内容的设置与财经管理人员的数据能力培养目标一致，与财经专业需要紧密结合，有助于帮助财经管理人员适应数据经济时代新需求。

随着计算机、互联网、物联网、云计算等数字技术的广泛应用，人类已步入一个由数据驱动的新经济时代。这一时代的特征包括庞大的数据量、多样化的数据类型、快速的数据处理能力及较低的数据价值密度。这些变化使得传统利用计算机工具解决财经管理问题的方法经历了根本性的变革。作为适应这一新时代的财经管理人才，不论其专业背景或业务分工，都必须具备以下基本素质与能力：

(1)数据思维能力：深刻理解数据作为企业战略决策的核心资源的重要性。培养系统化、定量化的思维方式，能够基于数据的特征、关系和变化进行分析，以研究趋势和解决实际问题。

(2)数据获取能力：具备快速、准确、全面获取数据的能力，不限于互联网数据，还包括管理活动和业务流程中的数据。能进行有效的数据查询、预处理，并具有将多源、多维、多样化的数据资源整合与集成的能力。

(3)数据分析能力：能够对数据进行细致的分类、汇总和分析，并有效地展示结果；对时间序列数据进行趋势预测分析；利用回归分析探索不同数据间的相关性；基于数据分析为成本、利润、定价、订货、库存等管理决策提供科学依据。

(4)数据应用能力：能够对财经管理中短期、长期、有条件约束和存在各种不确定因素等决策问题建立决策模型，使用定量分析或模拟分析方法，提供科学的决策建议，并以丰富的动态可调图形展示数据处理和决策分析结果。

### 1.1.2 财经管理计算机应用课程面临的新挑战

财经管理中的计算机应用——作为财经专业的一门计算机应用公共基础课，其教学内容需融合信息技术、定量分析、经济管理三大学科知识。传统上，这三部分内容在许多院校中是独立教授的，如信息技术部分侧重于计算机工具(如数据库软件、办公自动化软件)的使用；定量分析部分则主要涵盖数学方法(如运筹学、统计学)；而经济管理部分则聚焦于经济学原理、管理理论、会计方法等。

20 世纪 90 年代以来，国内外商学教育都在思考一个问题：如何在教学中从企业的实际案例出发，讲授借助计算机工具利用数学模型来解决管理中遇到的问题，并提供一整套解决问题的方法，即让学生了解管理中遇到的问题，厘清问题结构，对问题中的关系进行量化，建立简单的数学模型，运用计算机工具来求得结果。这种探讨催生了将上述内容融于一体的新课程——数据、模型与决策。该课程通过简化的数学知识和计算机工具，使学生能够对管理中的问题进行定量分析,进而帮助他们进行科学的决策。

在数字经济的背景下,数据分析和管理工具的需求急剧增加。作为财经管理人员,除了要掌握本领域的专业知识外,还应该至少掌握一种数据分析和管理工具,将信息技术、定量分析方法和财经管理原理紧密结合,才能在激烈的竞争市场中脱颖而出。

随着数字经济的快速发展,财经管理计算机应用课程面临一系列新挑战:财经管理类专业涉及经济学、管理学、金融学、会计学、人力资源管理、信息管理等多种不同的学科,不同学科的培养目标、培养体系、培养方式不尽相同。如何根据财经管理不同专业背景学生的特点设计课程的框架与内容,提高学生解决问题的综合能力,是这门课程的新挑战。

当前的课程内容需要集成更多实用的技术工具,以支持数据分析和决策制定的教学。微软公司推出的 Microsoft Excel 2021 为此提供了强大的支持。具备数据透视表、模拟运算、规划求解、Power Pivot 等功能,可以使财经管理人员不需要学习复杂的数学建模和程序设计语言,就能对财经管理中遇到的各种问题运用数据思维,快速进行定量分析,从而进行科学的决策。因此,我们采用 Microsoft Office 2021 作为处理数据与建立模型的环境。通过这样的教学工具和课程设计,学生能够在实际操作中体验数据驱动决策的过程,理解并掌握在数字经济时代中跨学科知识的实际应用价值。

## 1.2 计算机在财经管理中的基本应用

计算机在财经管理中究竟有哪些应用呢?也许我们马上会想到宏观经济统计、银行存取款业务、证券投资交易、企业财务管理等。随着互联网和数字技术的发展,计算机的应用不仅限于传统的数据处理和事务管理,它们的功能已经扩展到视听说写、推断预测、规划决策以及行动控制等。区块链技术正在通过提高交易的透明度和安全性,重塑财经行业的基本操作方式。人工智能和大语言模型正变革着数据分析和客户服务,通过模拟复杂的人类语言和决策过程,提高决策的速度和精度。量子计算虽然还在早期阶段,但其对处理复杂的优化问题和进行大规模数据分析的潜力,预示着在风险管理和投资策略方面可能带来革命性的改变。

在财经管理工作中,无论是研判房地产市场、评价投资项目还是分析销售业绩,都离不开与问题相关的数据的获取与处理。基于数据分析发现的现象和规律进行预测,我们通常还需借助财经管理业务相关的模型进行定量分析和决策;在复杂且不确定的环境中,可能还需要进行仿真模拟分析。

下面,我们分别了解一下计算机在财经管理中四个方面的应用,也是本教材的四部分内容。

### 1.2.1 财经管理中的数据获取与查询

数据是宝贵的企业资源。企业在生产、销售、财务管理等业务活动中产生大量的数据,可以利用计算机、网络等技术工具,收集和存储数据,并将数据存储在数据库中。也可以从已有的文件导入数据,从数据库中查询数据,或从网上获取需要的数据,然后进行数据处理,并将结果展示给管理人员和业务人员。

企业数据的保存方式,可能因企业的规模、组织结构、数据管理的方式、企业的 IT 管理水平等而不同,我们需要掌握获取多种保存数据的方法。图 1—1 为存放于本地文本文件的数据，图 1—2 为互联网文本数据，图 1—3 为网页表格数据，图 1—4 为存放于数据库中的数据。

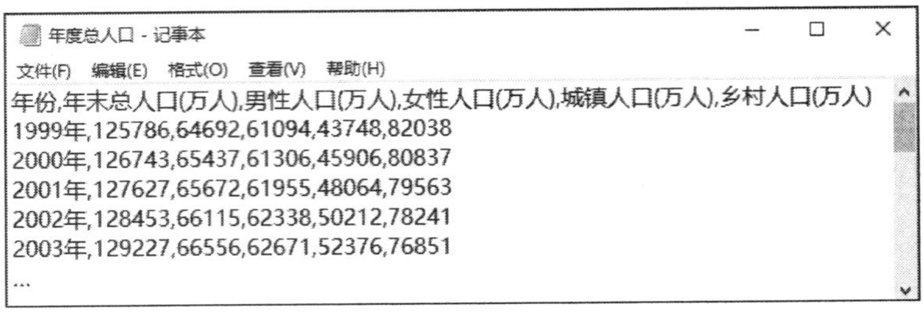
年度总人口 - 记事本
文件(F) 编辑(E) 格式(O) 查看(V) 帮助(H)
年份,年末总人口(万人),男性人口(万人),女性人口(万人),城镇人口(万人),乡村人口(万人)
1999年,125786,64692,61094,43748,82038
2000年,126743,65437,61306,45906,80837
2001年,127627,65672,61955,48064,79563
2002年,128453,66115,62338,50212,78241
2003年,129227,66556,62671,52376,76851
…

图 1—1　存放于文本文件的年度总人口数据

图 1—2　国家统计局官网

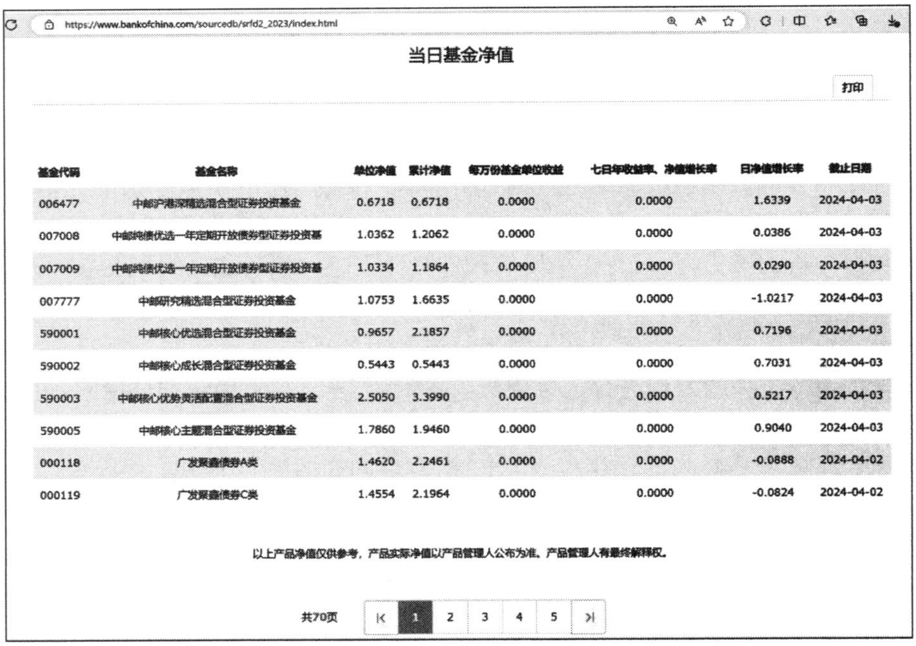
https://www.bankofchina.com/sourcedb/srfd2_2023/index.html

当日基金净值

打印

| 基金代码 | 基金名称 | 单位净值 | 累计净值 | 每万份基金单位收益 | 七日年收益率、净值增长率 | 日净值增长率 | 截止日期 |
|---|---|---|---|---|---|---|---|
| 006477 | 中邮沪港深精选混合型证券投资基金 | 0.6718 | 0.6718 | 0.0000 | 0.0000 | 1.6339 | 2024-04-03 |
| 007008 | 中邮纯债优选一年定期开放债券型证券投资基 | 1.0362 | 1.2062 | 0.0000 | 0.0000 | 0.0386 | 2024-04-03 |
| 007009 | 中邮纯债优选一年定期开放债券型证券投资基 | 1.0334 | 1.1864 | 0.0000 | 0.0000 | 0.0290 | 2024-04-03 |
| 007777 | 中邮研究精选混合型证券投资基金 | 1.0753 | 1.6635 | 0.0000 | 0.0000 | -1.0217 | 2024-04-03 |
| 590001 | 中邮核心优选混合型证券投资基金 | 0.9657 | 2.1857 | 0.0000 | 0.0000 | 0.7196 | 2024-04-03 |
| 590002 | 中邮核心成长混合型证券投资基金 | 0.5443 | 0.5443 | 0.0000 | 0.0000 | 0.7031 | 2024-04-03 |
| 590003 | 中邮核心优势灵活配置混合型证券投资基金 | 2.5050 | 3.3990 | 0.0000 | 0.0000 | 0.5217 | 2024-04-03 |
| 590005 | 中邮核心主题混合型证券投资基金 | 1.7860 | 1.9460 | 0.0000 | 0.0000 | 0.9040 | 2024-04-03 |
| 000118 | 广发聚鑫债券A类 | 1.4620 | 2.2461 | 0.0000 | 0.0000 | -0.0888 | 2024-04-02 |
| 000119 | 广发聚鑫债券C类 | 1.4554 | 2.1964 | 0.0000 | 0.0000 | -0.0824 | 2024-04-02 |

以上产品净值仅供参考，产品实际净值以产品管理人公布为准，产品管理人有最终解释权。

共70页　1 2 3 4 5

图 1—3　中国银行网上银行基金净值页面

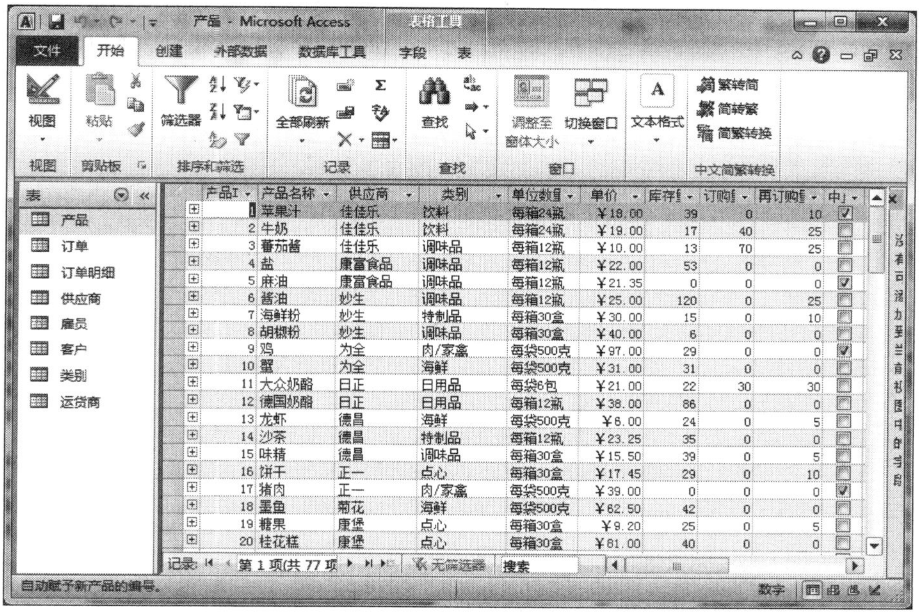

| 产品I | 产品名称 | 供应商 | 类别 | 单位数量 | 单价 | 库存 | 订购 | 再订购 | 中 |
|---|---|---|---|---|---|---|---|---|---|
| 1 | 苹果汁 | 佳佳乐 | 饮料 | 每箱24瓶 | ¥18.00 | 39 | 0 | 10 | ☑ |
| 2 | 牛奶 | 佳佳乐 | 饮料 | 每箱24瓶 | ¥19.00 | 17 | 40 | 25 | ☐ |
| 3 | 蕃茄酱 | 佳佳乐 | 调味品 | 每箱12瓶 | ¥10.00 | 13 | 70 | 25 | ☐ |
| 4 | 盐 | 康富食品 | 调味品 | 每箱12瓶 | ¥22.00 | 53 | 0 | 0 | ☐ |
| 5 | 麻油 | 康富食品 | 调味品 | 每箱12瓶 | ¥21.35 | 0 | 0 | 0 | ☑ |
| 6 | 酱油 | 妙生 | 调味品 | 每箱12瓶 | ¥25.00 | 120 | 0 | 25 | ☐ |
| 7 | 海鲜粉 | 妙生 | 特制品 | 每箱30盒 | ¥30.00 | 15 | 0 | 10 | ☐ |
| 8 | 胡椒粉 | 妙生 | 调味品 | 每箱30盒 | ¥40.00 | 6 | 0 | 0 | ☐ |
| 9 | 鸡 | 为全 | 肉/家禽 | 每袋500克 | ¥97.00 | 29 | 0 | 0 | ☑ |
| 10 | 蟹 | 为全 | 海鲜 | 每袋500克 | ¥31.00 | 31 | 0 | 0 | ☐ |
| 11 | 大众奶酪 | 日正 | 日用品 | 每袋6包 | ¥21.00 | 22 | 30 | 30 | ☐ |
| 12 | 德国奶酪 | 日正 | 日用品 | 每箱12瓶 | ¥38.00 | 86 | 0 | 0 | ☐ |
| 13 | 龙虾 | 德昌 | 海鲜 | 每袋500克 | ¥6.00 | 24 | 0 | 5 | ☐ |
| 14 | 沙茶 | 德昌 | 特制品 | 每箱12瓶 | ¥23.25 | 35 | 0 | 0 | ☐ |
| 15 | 味精 | 德昌 | 调味品 | 每箱30盒 | ¥15.50 | 39 | 0 | 5 | ☐ |
| 16 | 饼干 | 正一 | 点心 | 每箱30盒 | ¥17.45 | 29 | 0 | 10 | ☐ |
| 17 | 猪肉 | 正一 | 肉/家禽 | 每袋500克 | ¥39.00 | 0 | 0 | 0 | ☑ |
| 18 | 墨鱼 | 菊花 | 海鲜 | 每袋500克 | ¥62.50 | 42 | 0 | 0 | ☐ |
| 19 | 糖果 | 康堡 | 点心 | 每箱30盒 | ¥9.20 | 25 | 0 | 5 | ☐ |
| 20 | 桂花糕 | 康堡 | 点心 | 每箱30盒 | ¥81.00 | 40 | 0 | 0 | ☐ |

**图 1—4　存放于 Microsoft Access 数据库中的数据**

利用 Excel 提供的导入数据工具，可以将图 1—1 至图 1—4 的数据导入 Excel 中，成为 Excel 列表，如图 1—5 至 1—8 所示。

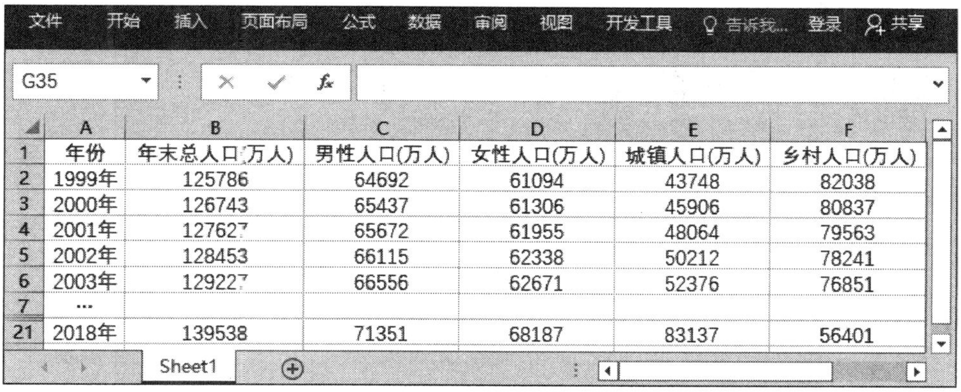

| | A | B | C | D | E | F |
|---|---|---|---|---|---|---|
| 1 | 年份 | 年末总人口(万人) | 男性人口(万人) | 女性人口(万人) | 城镇人口(万人) | 乡村人口(万人) |
| 2 | 1999年 | 125786 | 64692 | 61094 | 43748 | 82038 |
| 3 | 2000年 | 126743 | 65437 | 61306 | 45906 | 80837 |
| 4 | 2001年 | 127627 | 65672 | 61955 | 48064 | 79563 |
| 5 | 2002年 | 128453 | 66115 | 62338 | 50212 | 78241 |
| 6 | 2003年 | 129227 | 66556 | 62671 | 52376 | 76851 |
| 7 | … | | | | | |
| 21 | 2018年 | 139538 | 71351 | 68187 | 83137 | 56401 |

**图 1—5　导入数据后的 Excel 工作表**

| | A | B | C | D | E | F | G | H | I | J |
|---|---|---|---|---|---|---|---|---|---|---|
| 1 | 数据库：年度数据 | | | | | | | | | |
| 2 | 时间：最近20年 | | | | | | | | | |
| 3 | 指标 | 2018年 | 2017年 | 2016年 | 2015年 | 2014年 | 2013年 | 2012年 | 2011年 | 2010年 |
| 4 | 年末总人口(万人) | 139538 | 139008 | 138271 | 137462 | 136782 | 136072 | 135404 | 134735 | 134091 |
| 5 | 男性人口(万人) | 71351 | 71137 | 70815 | 70414 | 70079 | 69728 | 69395 | 69068 | 68748 |
| 6 | 女性人口(万人) | 68187 | 67871 | 67456 | 67048 | 66703 | 66344 | 66009 | 65667 | 65343 |
| 7 | 城镇人口(万人) | 83137 | 81347 | 79298 | 77116 | 74916 | 73111 | 71182 | 69079 | 66978 |
| 8 | 乡村人口(万人) | 56401 | 57661 | 58973 | 60346 | 61866 | 62961 | 64222 | 65656 | 67113 |
| 9 | 注：1981年及以前人口数据为户籍统计数；1982、1990、2000、2010年数据为当年人口普查数据推算数；其余年份 | | | | | | | | | |
| 10 | 数据来源：国家统计局 | | | | | | | | | |

图 1—6　从国家统计官网导入 Excel 的近 20 年总人口数据

| | B | C | D | E | |
|---|---|---|---|---|---|
| 1 | 基金名称 | 单位净值 | 累计净值 | 每万份基金单位收益 | 七日年收益 |
| 2 | 中邮沪港深精选混合型证券投资基金 | 0.6611 | 0.6611 | 0 | |
| 3 | 中邮纯债优选一年定期开放债券型证券投资基 | 1.0353 | 1.2053 | 0 | |
| 4 | 中邮纯债优选一年定期开放债券型证券投资基 | 1.0326 | 1.1856 | 0 | |
| 5 | 中邮研究精选混合型证券投资基金 | 1.0685 | 1.6567 | 0 | |
| 6 | 中邮核心优选混合型证券投资基金 | 0.9641 | 2.1841 | 0 | |
| 7 | 中邮核心成长混合型证券投资基金 | 0.5431 | 0.5431 | 0 | |
| 8 | 中邮核心优势灵活配置混合型证券投资基金 | 2.492 | 3.386 | 0 | |
| 9 | 中邮核心主题混合型证券投资基金 | 1.787 | 1.947 | 0 | |
| 10 | 中邮中小盘灵活配置混合型证券投资基金 | 1.807 | 2.386 | 0 | |
| 11 | 中邮中证500指数增强型证券投资基金 | 1.0969 | 1.6069 | 0 | |
| 12 | 广发钱袋子货币A | 1 | 1 | 0.5294 | |
| 13 | 中银活期宝A | 1 | 1 | 0.4779 | |
| 14 | 易方达财富快线货币A | 1 | 1 | 0.5841 | |
| 15 | 中银薪钱包货币 | 1 | 1 | 0.458 | |
| 16 | 华安现金宝货币A | 1 | 1 | 0.4874 | |
| 17 | 中银机构货币A | 1 | 1 | 0.5169 | |
| 18 | 中银证券现金管家A | 1 | 1 | 0.4641 | |

图 1—7　从中国银行网上银行导入 Excel 并合并后的 2023 年基金净值数据

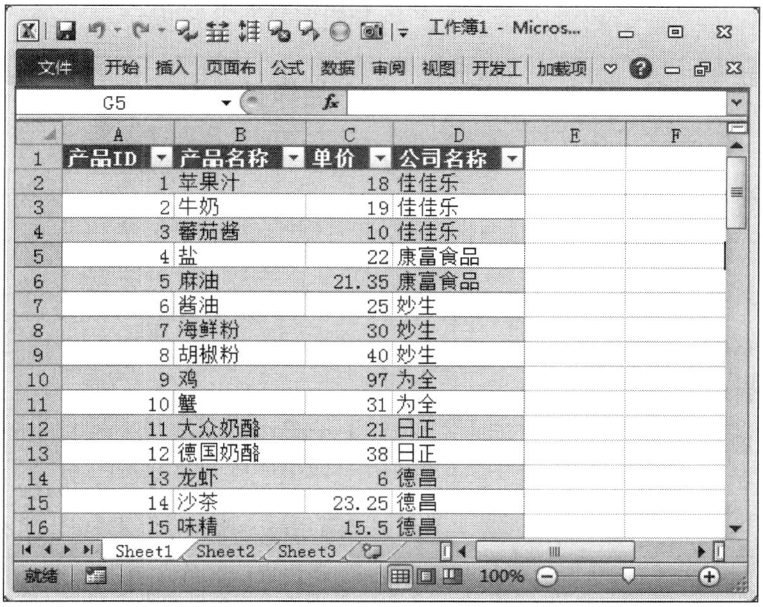

| | A | B | C | D |
|---|---|---|---|---|
| 1 | 产品ID | 产品名称 | 单价 | 公司名称 |
| 2 | 1 | 苹果汁 | 18 | 佳佳乐 |
| 3 | 2 | 牛奶 | 19 | 佳佳乐 |
| 4 | 3 | 蕃茄酱 | 10 | 佳佳乐 |
| 5 | 4 | 盐 | 22 | 康富食品 |
| 6 | 5 | 麻油 | 21.35 | 康富食品 |
| 7 | 6 | 酱油 | 25 | 妙生 |
| 8 | 7 | 海鲜粉 | 30 | 妙生 |
| 9 | 8 | 胡椒粉 | 40 | 妙生 |
| 10 | 9 | 鸡 | 97 | 为全 |
| 11 | 10 | 蟹 | 31 | 为全 |
| 12 | 11 | 大众奶酪 | 21 | 日正 |
| 13 | 12 | 德国奶酪 | 38 | 日正 |
| 14 | 13 | 龙虾 | 6 | 德昌 |
| 15 | 14 | 沙茶 | 23.25 | 德昌 |
| 16 | 15 | 味精 | 15.5 | 德昌 |

图 1—8 从 Access 数据库查询的产品数据

在现代财经管理中，无论是政府机关还是企事业单位，各类管理活动均产生大量数据。这些数据在微观层面包括订单、库存变动、人事变动等，而在宏观层面则涵盖工业生产总值、国民经济状况、税收数据等。这些数据通常存储在数据库中，并在经过系统的分析处理后成为支持未来预测与决策的基础。尤其在互联网时代，商业活动频繁发生在各类网站系统上，产生的大量数据同样被存储于数据库中。在这个数据无处不在、持续生成的时代，计算机技术在数据的采集、存储、传输、转化及最终生成方面发挥着至关重要的作用。在财经管理中，计算机的核心作用在于为管理人员提供必要的数据支持，即获取与查询数据是计算机在财经管理中主要应用之一。

## 1.2.2 财经管理中的数据分类汇总分析与展示

在财经管理活动中，尽管积累了大量的详细数据，管理者更多时候关注的是从不同维度进行的数据汇总。例如，从时间维度来看，他们可能关注每年的销售总额或各种产品的季度订单数；从人员维度分析，每个雇员的销售业绩和十大客户的订购情况是关键指标；而从商品维度，最贵的十种商品的销售情况也十分重要。图 1—9 是对数据库中几千条详细的销售数据经过分类汇总分析所得到的某一年各类商品销售额的地区分布。

| 类别 | 省份 | | | | |
|---|---|---|---|---|---|
| | 安徽 | 广东 | 江苏 | 江西 | 山东 |
| 儿童用品 | 39686 | 524 | 2044 | 40255 | 24367 |
| 服装 | 16255 | | | | 47196 |
| 食品 | 32855 | 472 | 2856 | 16404 | 19269 |
| 体育用品 | 10850 | 1080 | 5113 | 13970 | 3869 |
| 艺术品 | 42009 | 2893 | 4119 | 43932 | 24990 |
| 自行车 | 12522 | 746 | 4211 | 20383 | 24728 |

图 1—9 ABC 公司 2010 年各类商品不同地区销售额

这样的分析结果还可以换一种更为直观的表达形式展示，如图 1—10 所示。

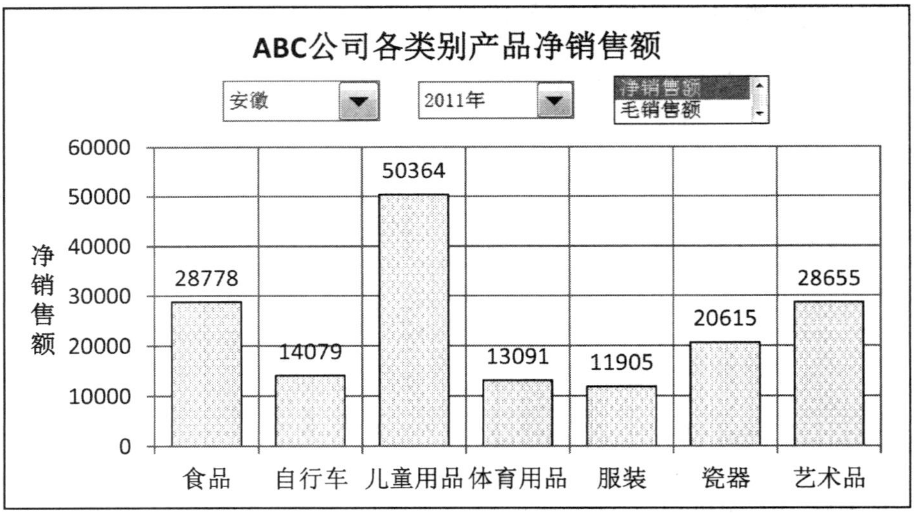


**图 1—10　ABC 公司各类商品销售额动态可调图形**

图 1—10 是利用计算机的多维分析功能和灵活的动态图形展示功能所得到的一个分类汇总分析模型的展示结果。经过计算机的分类汇总分析，我们可以得到一家贸易公司的十大客户 8 个季度的销售额时间序列汇总值，如图 1—11 所示。通过多维汇总分析的动态展示，还可以为销售经理提供销售状况数字化仪表板，如图 1—12 所示。

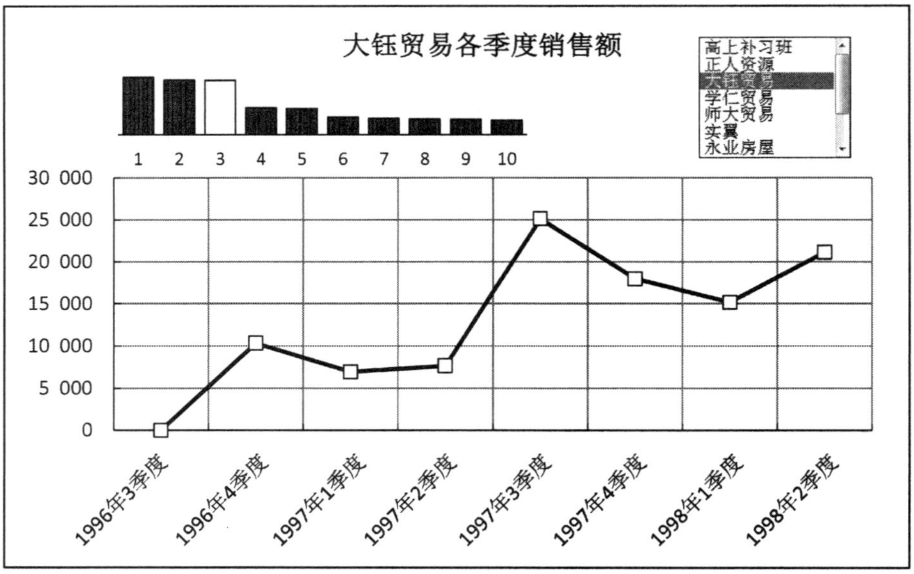


**图 1—11　前十大客户季度销售额时间序列**

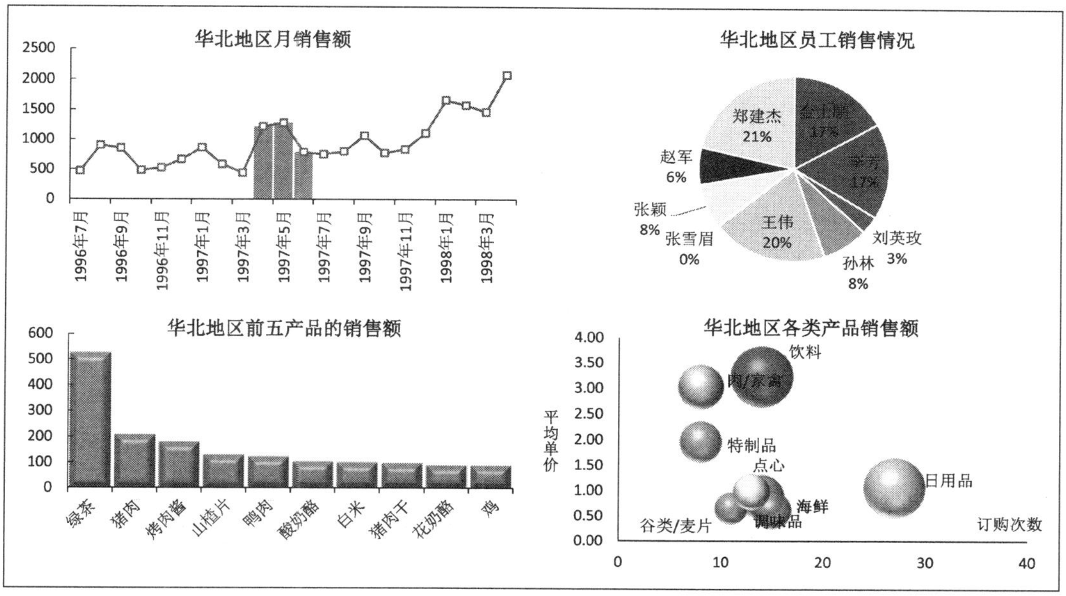


**图 1—12　销售状况数字化仪表板**

分类汇总分析后的数据以合适的形式展示，能帮助我们发现以往财经管理业务中存在的各种现象和规律，识别经营业务中的问题和机遇，以便及时解决问题和抓住发展机遇。

要有效获得这些汇总信息，需要计算机对具体的数据从不同的维度进行必要的分类汇总并以直观的方式展示。这种多维分类汇总分析与展示是计算机在财经管理中的主要应用之二。

### 1.2.3　财经管理中的预测分析

随着计算机和信息网络技术的进步，获取大量数据已经不是一件难题，可以通过网络爬虫或直接从事务数据库中进行提取。然而，关键的挑战在于如何从这些庞大的数据集中提取出有用的信息。这一需求催生了数据挖掘、机器学习、深度学习、人工智能等技术的发展。

在财经管理业务中，制定未来计划是基本且关键的活动。为了确保企业的长期成功，管理者必须准确预测未来并据此制定策略。例如，为了制定某种产品下个月的生产计划，必须准确预测该产品下月的销量和原材料成本。同样，在投资项目前，对未来市场的准确判断也是必需的。尽管预测未来困难重重，但通过历史数据的分析，我们可以利用数据的波动特征和变化趋势，采用合适的统计预测方法来做出更为准确的未来预测。

财经管理活动中的许多关键数据都具有时间性特征，即这些数据随时间而变化。财经管理人员在实际工作中经常需要利用过去的数据规律来预测未来的发展趋势。例如，图 1—13 展示了一项基于时间序列分析的应用，其中使用了 2017 年到 2023 年加元兑人民币中间价的季度均值数据。通过应用移动平均法，预测了 2024 年第一季度的汇率变化。

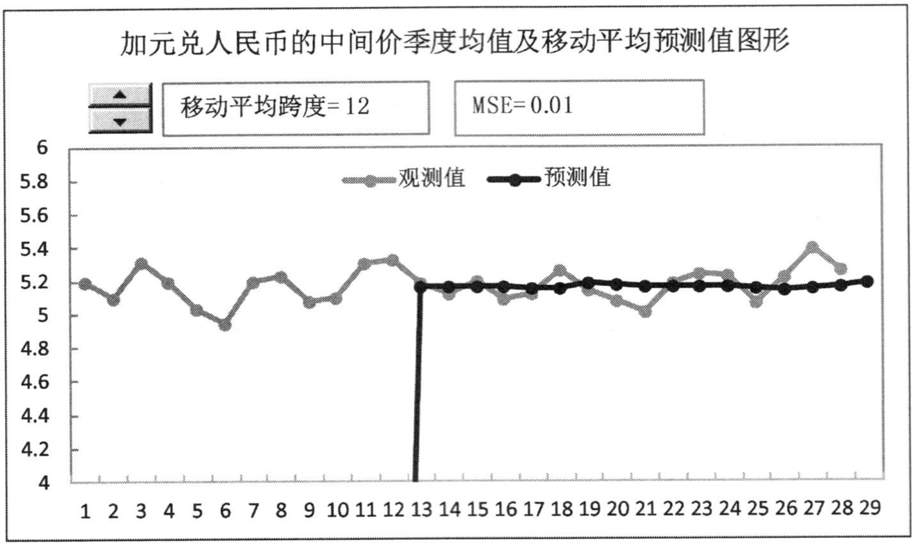


**图 1—13　移动平均预测模型**

数据在财经管理中的应用表现多样，因此，不同类型的数据应采用不同的统计预测方法。例如，移动平均模型特别适用于预测那些围绕一个常数水平波动的时间序列数据。这种模型通过平滑过去数据中的随机波动，帮助揭示潜在的长期趋势。尽管并非所有财经管理活动中产生的数据都是时间序列数据，很多数据间存在显著的相关关系，这使得回归分析在财经管理中极为重要。回归分析通过建立一个或多个自变量与因变量之间的数学关系，来预测未来的变量值。比如产品收益与产量有紧密的正相关关系，图 1—14 显示了利用对数回归分析模型根据产量的历史数据对收益进行预测分析的结果。

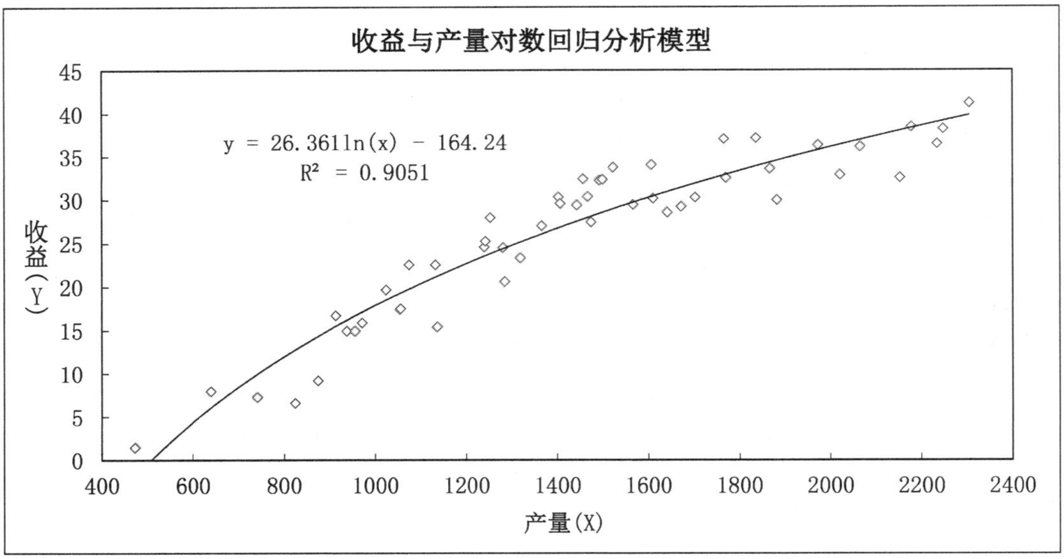


**图 1—14　回归分析预测模型**

在进行时间序列预测和回归分析时，财经管理人员经常遇到复杂的统计概念和数学公式。现代计算机软件的发展为这一过程提供了强大的支持，使财经管理人员无须深入了解复杂的统计学和数学公式。这些软件工具提供了便捷的界面和方法，极大地简化了财经数据的预测和回归分析流程。数据预测分析是计算机在财经管理中主要应用之三。

### 1.2.4 财经管理中的决策建模

简单地说，决策是在特定目标的指导下，从多种可选行动方案中选择一种并加以实施的过程。对财经管理人员来说，他们所从事的各种财经管理活动，其实就是一系列的决策过程。著名的决策科学家西蒙说过："决策就是整个管理过程的同义词。"这强调了决策在整个财经管理工作中的核心地位。

决策问题有结构化、半结构化和非结构化之分。非结构化决策问题因难以采用定量方法解决，传统的定量决策建模方法往往束手无策，而计算机仿真模拟则提供了一种有效的解决方案。在问题可定量化的情况下，结构化决策问题与半结构化决策问题的区别在于：对于结构化问题，一旦建立模型并找到最优解或可接受解，问题即视为解决；而半结构化决策问题即便找到了最优解或可接受解，还需要决策者分析各种外部参数的影响，并结合自身经验和直觉，参考其他补充信息后才能最终确定解决方案。对于非结构化的复杂问题，系统模拟模型可提供一种强有力的解决方法。建立决策模拟模型的根本是建立系统运作的逻辑，达到"仿真"现实系统的目的。随着数字技术的不断更新，仿真模拟的技术方法越来越多。

在处理各类财经管理决策问题时，常见的决策目标包括"最大化利润"或"最小化成本"。这些目标变量（如利润或成本）虽是决策者关注的焦点，但并非由决策者直接控制。决策者实际可控的是商品单价、生产数量等决策变量，这些变量与目标变量之间存在直接关系。这些可以由决策者直接控制，又与目标变量有着直接关系的变量一般称为决策变量。此外，决策问题也常涉及一些外生参数。这些参数影响目标变量但其数值取决于决策环境中的外部因素，因此不受决策者控制，这些变量一般称为外生参数。各种变量与决策模型之间的关系如图1－15所示。

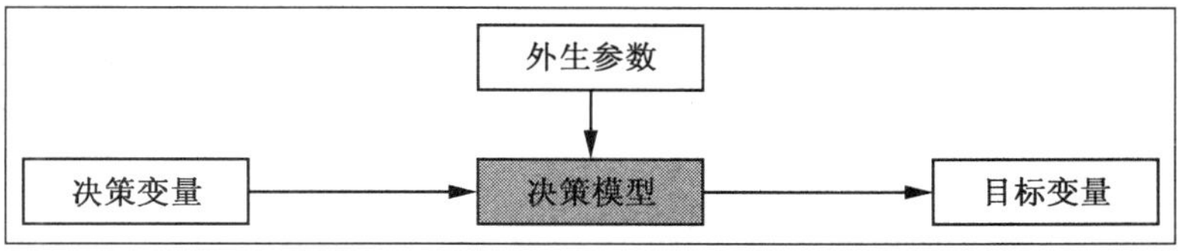


**图1－15 变量与决策模型的关系**

在处理一些复杂的决策模型时，为了使模型结构更加清晰并便于理解，有时会在决策变量和目标变量之间引入一些中间变量。

以一家具有垄断地位的公司为例，该公司控制了某种产品的生产和销售。公司的主要目标是确定一个能够实现最大利润的最优单价。在这一决策问题中，利润是目标变量，而产品的单价则是直接的决策变量。为了清晰展示产品单价对利润的影响，中间变量如销售收入、总成本以及产品的生产和销售数量被引入。这些中间变量有助于更细致地分析决策的影响链条。此外，该决策模型还包括产品的单位变动成本和固定成本这两个外生参数。这些是决策者无法控制的因素，它们通过影响总成本间接影响利润。这些变量之间的关系如图 1—16 所示。

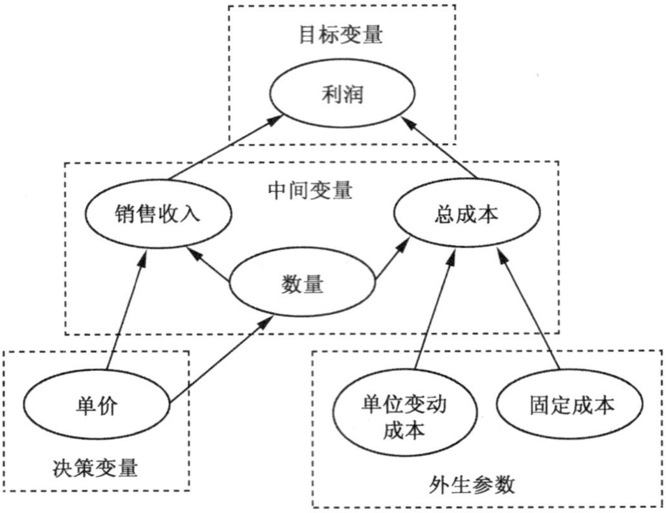


**图 1—16　各种变量与目标变量间的关系**

借助计算机决策建模工具，可以建立动态的垄断商品最优单价决策分析模型。图 1—17 给出的是垄断商品利润随单价的变化图形，该模型直观地告诉决策者：当前单价定得太低，没有实现利润最大，应该适当提高单价。然而，单价也不是越高越好，只要单价调整到最优单价位置，就是最好的决策选择。但是，如果单位变动成本这一外生参数发生变化，决策选择应该相应调整。图 1—18 给出的是垄断商品利润随单价、单位变动成本的变化图形，可以同时观察多个单位变动成本下的利润曲线变动情景，实现灵活的 What-if 分析。此模型更加直观地告诉决策者，在不同的单位变动成本情况下如何确定最优单价才能实现最大利润。

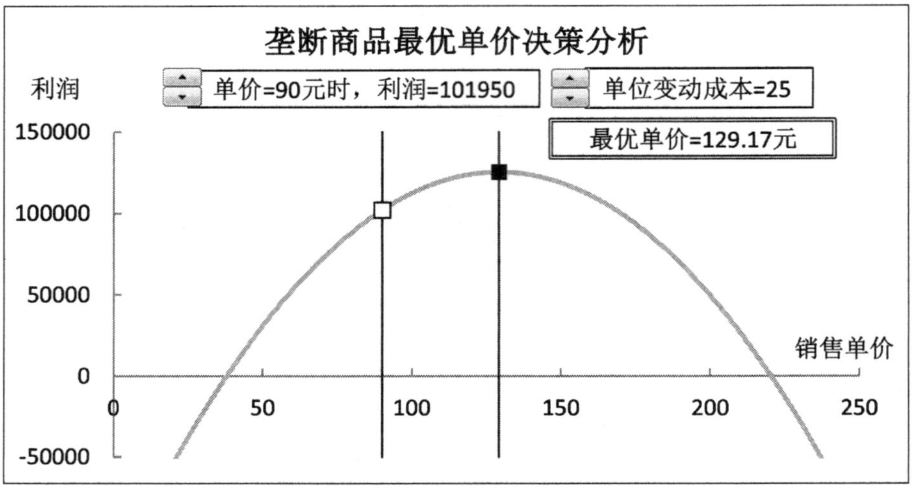


**图 1—17　垄断商品最优单价决策分析模型**

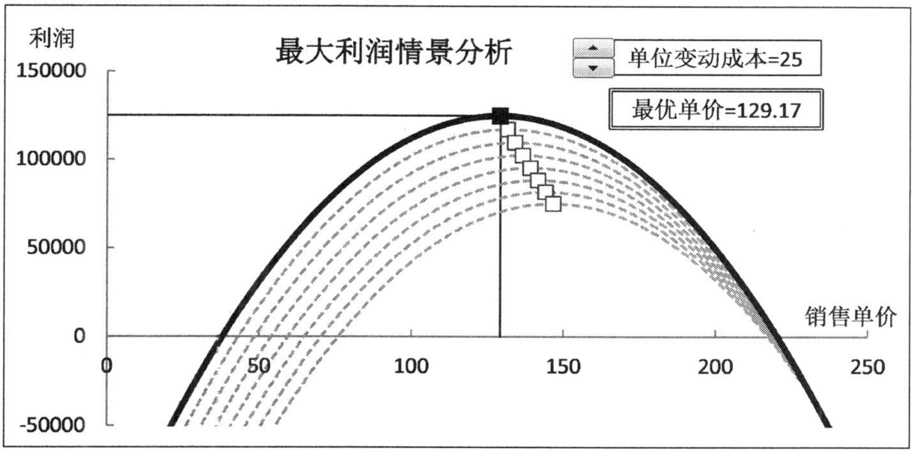


图 1—18 垄断商品最大利润情景分析模型

掌握财经管理决策模型的分析方法对提高财经管理工作的效率具有重要的意义。财经管理工作中面临的本—量—利分析、盈亏平衡分析、成本决策分析、经济订货量分析、投资评价决策分析等决策问题,以及在各种资源约束条件下的运输、选址、排产、采购和资金管理等最优化决策问题,这些都可以借助于计算机辅助决策建模,帮助财经管理人员进行科学决策。在竞争激烈的市场环境中存在很多不确定性。比如,库存管理中需求的随机波动、交货期的不确定等都使经济订货量理论模型不再适用,图 1—19、图 1—20 和图 1—21 分别是借助系统模拟方法建立的经济订货量决策模拟分析模型、再订购点与服务水平模拟分析模型和延期交货库存变化模拟分析模型。

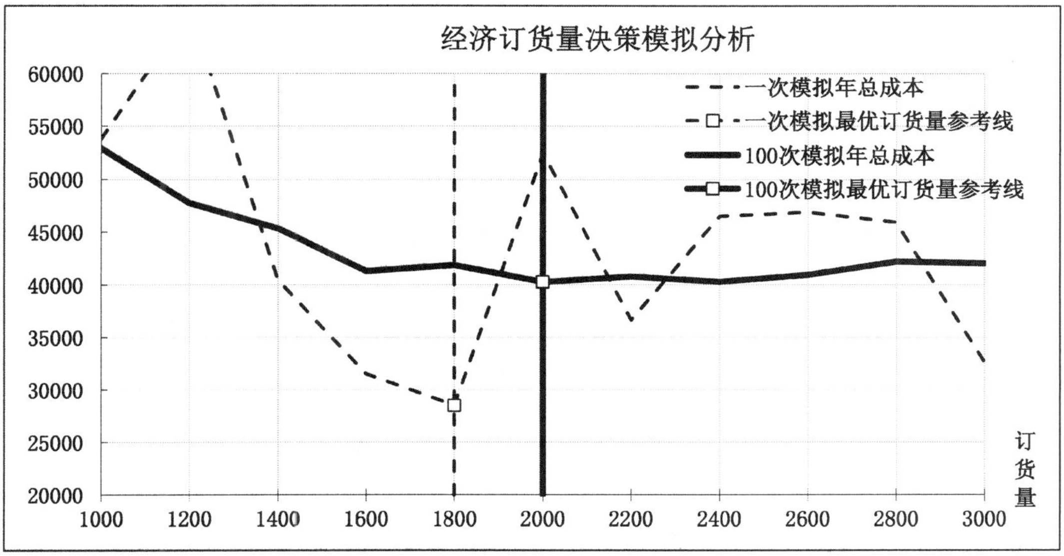


图 1—19 经济订货量决策模拟分析模型

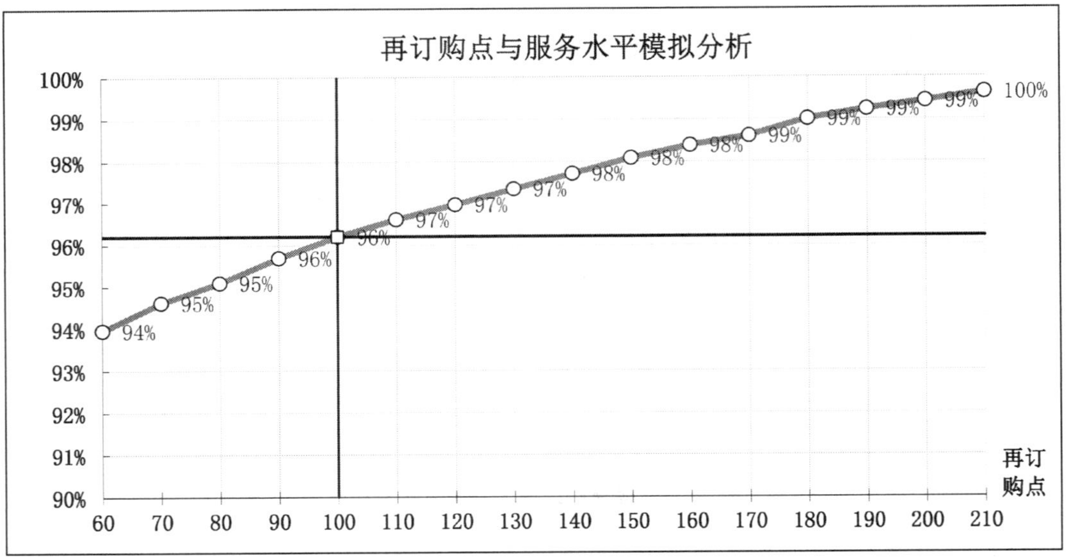


图 1—20　再订购点与服务水平模拟分析模型

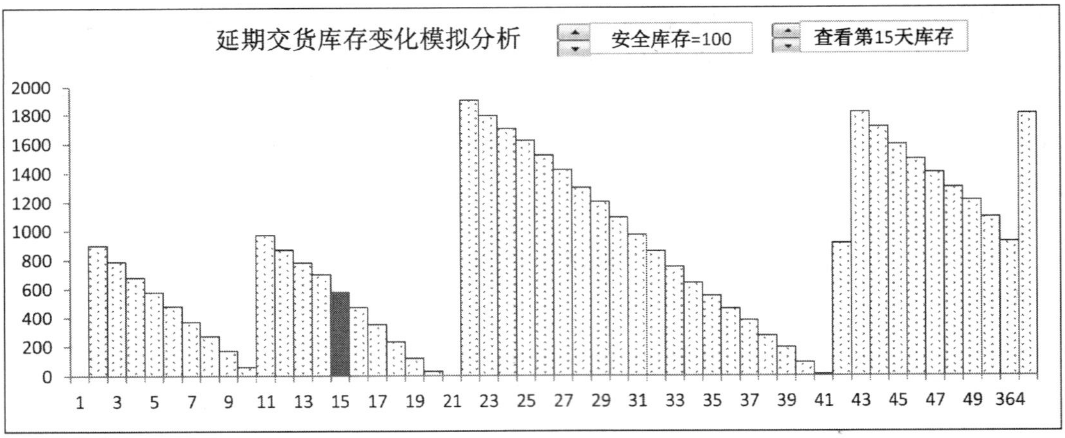


图 1—21　延期交货库存变化模拟分析模型

决策建模是计算机在财经管理中的应用之四。除前面介绍的应用外，财经管理工作中遇到的其他决策问题也可以借助计算机软件建立定量决策分析或仿真决策模拟模型加以解决，比如：

(1)预测问题：客户对产品的需求有多大，需求的类别如何，对利润有何影响；

(2)财务问题：项目需要多少资金，从何处得到资金，成本是多少；

(3)人力资源问题：项目需要多少员工，员工应具有什么技能，留用多长时间；

(4)时序问题：什么工作最重要，工作的顺序如何安排；

(5)资源配置问题：业务需要何种资源，资源是否短缺，怎样才能优先获得短缺资源；

(6)设备更新问题：设备运转状况如何，设备的可靠性如何，什么时候需要更新设备；

(7)库存控制问题：应该保持多少库存，应该在什么时候订货，订多少货；

(8)工厂选址问题:什么地方是企业运作的最佳场所,需要什么设施;
(9)项目规划问题:完成某项目需要多少时间,哪些工作最重要,资源如何运用;
(10)排队问题:队列有多长,服务台需增至多少,能提供什么水平的服务。

## 1.3 本书内容框架

基于计算机在财经管理中基本应用的分类,本书将整个体系按照应用的分类来构建。全书由五大部分共十章组成,全书的内容框架如图1—22所示。

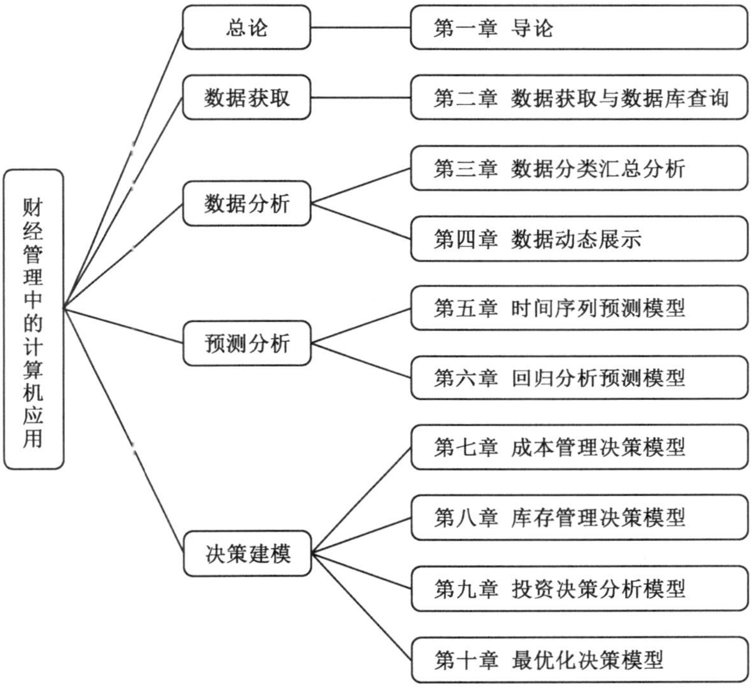


图1—22 本书内容框架图

### 1.3.1 总论

第一部分总论即第一章导论,作为全书的总括,主要介绍数据经济时代财经管理人才和计算机应用课程面临的新挑战、计算机在财经管理中的四种基本应用,以及本教材的内容结构。

### 1.3.2 数据获取

第二部分数据获取即第二章数据获取与数据库查询,主要介绍获取本地文本数据、互联网文本数据、网页表格数据的方法;并在简单介绍数据库的一些基本概念基础上,重点介绍借助Microsoft Query查询Access数据库中数据的方法,包括单表查询、多表查询、条件查询、计算查询和汇总查询等。较上一版的拓展内容是引入了网页内嵌表格数据的获取方法。

### 1.3.3 数据分析

第二部分数据分析由第三和第四章组成。

第三章数据分类汇总分析，主要介绍利用数据透视表进行汇总的方法以及汇总调整的灵活性，重点介绍数据透视表的各种应用和利用数据透视表对多重区域数据进行合并汇总的方法。较上一版的新扩充内容是利用 Power Pivot 工具对多来源数据合并汇总和对大数据进行的汇总分析。

第四章分析数据的动态展示，主要介绍数据库函数与模拟运算表结合的汇总方法，重点介绍运用控件技术制作数据动态展示图表的方法，并通过案例介绍数据动态展示的各种综合应用。与上一版相比，这一版新增了树图的绘制方法。

### 1.3.4 预测分析

第四部分预测分析由第五和第六章组成。

第五章时间序列预测模型，主要介绍时间序列的概念和组成、时间序列预测的步骤及衡量预测准确性的指标，重点介绍围绕一个水平上下波动的时间序列的移动平均和指数平滑模型、具有趋势的时间序列的线性和非线性趋势预测模型和既有趋势又存在季节性波动的时间序列的季节指数模型的建立方法。本章的例题数据全部更新为财经管理实践中的真实数据集。

第六章回归分析预测模型，主要介绍回归分析的相关性概念以及回归模型的统计检验等基本原理。重点介绍一元线性回归问题中的规划求解方法与回归分析工具中的回归分析报告的使用方法、将非线性问题变换成线性问题来求解的非线性回归分析方法和多元线性回归问题的自变量筛选方法和多元线性回归模型的建立方法。与上一版相比，这一章更新了部分例题数据集，新增了基于 Kaggle 数据集的回归分析。

### 1.3.5 决策建模

第五部分决策建模由第七、八、九、十共四章组成。

第七章成本管理决策模型，主要介绍本—量—利分析、盈亏平衡分析、安全边际分析、利润极大值分析、成本决策分析等决策模型的建立方法，重点从技术层面介绍创建可调动态决策图形模型的方法。在管理决策模型中使用可调动态图形这种手段，可以体现模型分析能力与图形直观的人机界面的完美结合，决策者可以在图形上调节参数控件，并观察反映决策结果的曲线及其特征的变化，从而提高管理决策模型的有效性。

第八章库存管理决策模型，主要介绍库存变化、经济订货量分析、优惠条件下订货策略等定量决策模型的建立方法，介绍需求随机波动、交货期不确定等影响下各种库存管理决策的系统模拟模型建立方法，重点从技术层面介绍随机数发生方法、活动扫描仿真模拟、随机结果变量的试验及统计分析，以及为进行重复试验而采用虚自变量技术等建立模拟模型的关键技术。通过库存管理模拟模型的学习，学生可掌握通用的建立系统模拟模型的一般框架，以及系统模拟的活动扫描方法在最佳订货周期、最优订货量、缺货损失、服务水平等库存管理决策中的实际应用。

第九章投资决策分析模型，主要介绍常用的财务函数及运用财务函数基于投资回报率、投资回收期和净现值建立各种投资决策分析模型的方法，重点介绍投资项目的蒙特卡洛风险分析。投资的风险是指为了获得预期投资收益时的不确定性。投资的收益与风险并存,风险的普遍存在是一个不争的事实。蒙特卡洛模拟在风险分析方面具有多样性和实用性,广泛应用于各种商业决策。通过投资项目蒙特卡洛分析模型的学习,学生可以掌握建立蒙特卡洛模拟模型的一般框架,以及蒙特卡洛模拟方法在投资风险分析中的实际应用。较上一版新增了两个投资方案的蒙特卡洛模拟案例。

第十章最优化决策模型,主要介绍最优化问题的概念和求解方法,重点介绍使用 Excel 的规划求解工具对线性规划、非线性规划、整数规划、0—1 规划和多目标规划等问题进行求解的方法,还介绍了规划求解报告的生成与分析。通过产品混合生产、选址、运输、资金管理、采购安排等常见规划问题的最优化决策模型,使学生掌握各种最优化决策模型的建立方法。对财经管理最优化问题中的不确定性因素,本章介绍的相关案例帮助学生了解最优化模拟模型的建立方法。与上一版相比,本章新增了投资组合问题、最短路与最大流问题及赋权多目标优化问题。

## 本章小结

本章概要介绍数字经济时代对于财经管理人才数据思维的素质要求,以及财经管理计算机应用课程在信息化时代面临的新挑战。

通过本章的学习,相信读者对计算机在财经管理中的应用应该有一个大致的了解。对于读者来说,无论今天是财经专业的学生还是将要成为财经管理人才,通过本书的学习,能掌握计算机在财经管理中的一系列数据处理技术,即:能够利用计算机软件工具,获取、查询和整理财经管理数据;对财经管理数据进行汇总分析处理并动态展示;能够对财经管理数据进行统计并进行预测分析;能够利用决策模型分析财经管理中的问题,并能仿真模拟财经管理中的各种不确定的复杂问题。

本书用到的软件并不复杂,主要是 Microsoft Office 2021 套装软件中的 Excel、Access、Query。为了使用的方便,建议读者将 Microsoft Office 2021 软件的所有模块全部安装,即选择“完全安装”,而不是默认的“典型安装”。

# 第二章

# 数据获取与数据库查询

自古以来，数据一直是文明进步的基石。在中国古代，《左传》中有关事件精确年份的记录反映了古人对数据准确性的重视，这种对数据和信息精确管理的思想为现代数据处理技术的发展提供了早期的理论基础。进入21世纪，随着互联网、云计算、大数据等新一代信息技术的迅猛发展，数据变得格外重要，成为推动数字经济发展的核心要素。数字经济时代，数据不仅承载着企业的运营核心，如采购、生产、销售、财务及人事管理等，也深刻记录着社会的每一个角落，从一个学校的教学和科研活动到整个国家的人口、财政、就业等多方面的实况。充分利用这些数据，将极大提升经营管理效率，增强企事业单位的竞争力。企事业单位需要的各种数据，可以从已有文件导入，也可以从互联网获取，还可以通过业务系统运行积累、存放在数据库中查询。

第二章 课件

第二章 例题数据源

本章将介绍数据获取和数据库查询的基础知识和应用方法。通过学习本章内容，读者将能够高效获取数据，并利用数据库进行查询、分析和统计，提升数据处理能力和应用水平。

第二章 例题答案

本章主要内容包括：

- 数据获取的四种方法；
- 数据库、数据库管理系统和数据模型等基本概念；
- 表、主键、表之间联系等概念；
- 数据库的单表和多表查询方法；
- 数据库的计算和汇总查询方法。

## 2.1 数据获取

### 2.1.1 本地文本数据获取

企事业单位既需要直接从业务系统中获取数据，也可能从现有的信息存储（如文本文件）

中提取所需数据。例如，将存放在文本文件中的年度总人口数据导入 Excel 文件，可以更方便地进行整理和分析，同时将历史数据与当前数据结合，提升了数据处理的灵活性和效率，支持更全面的业务分析和决策。

**【例 2—1】** 最近 20 年的年度总人口数据，包括年份、年末总人口、男性人口、女性人口、城镇人口和乡村人口等，存放在如图 1—1 所示的“年度总人口.txt”文本文件中，现要求将这些数据导入 Excel 文件。

例2-1 讲解

**【知识点与解题思路】** 在导入数据前，关键在于理解数据的格式和结构，确保选择正确的文件类型，并设置合适的导入参数。这样可以确保数据的准确性和完整性，以便在 Excel 中更高效地进行后续处理和分析。本例的具体步骤如下：

第一步，选择要导入的文本文件。

打开 Excel 软件，单击“数据/自文本”命令，选中“年度总人口”文件并导入数据。

第二步，设置导入数据的参数。

设置导入数据的分隔符号和列数据格式。在“文本导入向导—第 1 步，共 3 步”对话框中选择最合适的文件类型为“分隔符号”；在“文本导入向导—第 2 步，共 3 步”对话框中选择分隔符号“逗号”；在 “文本导入向导—第 3 步，共 3 步”对话框中选择列数据格式，默认是“常规”，完成上述三个步骤。

第三步，存储数据。

指定数据的存储位置并存贮。在如图 2—1 所示的“导入数据”对话框中选择数据的放置位置，不妨选择当前工作表的单元格 A1，导入数据后的 Excel 工作表如图 1—5 所示。

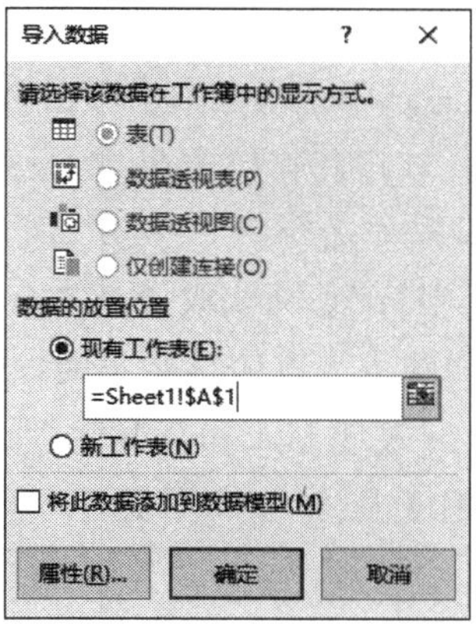


图 2—1　导入数据对话框

在 Excel 中将工作表按前后顺序命名，如“Sheet1”“Sheet2”等，可选中表名双击将改名，本例可改为“年度总人口”，便于后续例题使用。

## 2.1.2　互联网文本数据获取

互联网为人们提供了快捷、方便的数据收集与获取手段。企业可以搭建网上银行、网上论坛、网上书店和网上购物平台等，用户可以利用互联网进行信息交流和资源共享。互联网共享数据资源的形式多样，本小节将介绍互联网文本文件数据获取方法。

**【例 2—2】** 从“国家统计局”官网下载最近 20 年的年末总人口数。

**【知识点与解题思路】** 在获取网上文本数据时，关键在于选择权威的数据源，完成必要的用户认证，并选择适当的数据格式进行下载，具体步骤如下：

第一步，注册并登录目标网页。

打开浏览器，进入“国家统计局”官网的国家数据页面（http://data.stats.gov.cn），登录或注册新用户（用户需要登录才能下载网页上的信息）。

第二步，下载数据。

选择需要下载的内容，指定下载文件的格式并完成下载。在本例题中，选择国家数据页面中的“年度数据”，单击年度数据页面左侧的指标，选择“人口”数据中的“总人口”指标，并在该页面右上角的时间下拉列表中选择或设定数据时间范围（如“最近 20 年”），然后点击页面上方的“下载”按钮完成下载。

注意：在下载页面可选择下载文件的格式，默认是“Excel”选项。

### 2.1.3 网页表格数据获取

除了网络上常见的文本数据，网页内嵌表格也是一种重要的数据形式。本节将介绍如何使用 Power Query 查询工具的方法获取网页内嵌表格数据。Power Query 为用户在 Excel 环境中提供了高效的数据探索与转换能力。该工具能够无缝集成多种数据源，包括但不限于关系型数据库、Excel 工作簿、文本文件、XML 文档及 HTML 网页数据等。通过构建统一的数据模型，用户可以利用 Excel、Power Pivot、Power View 或 Power Map 等工具进行深入的数据分析。值得一提的是，Power Query 在 Excel 2010 及 2013 版本中作为插件存在，需要用户手动安装；从 Excel 2016 版本起，微软将其直接集成在 Excel 程序中，用户可以在“数据”选项卡下的“获取与转换”组中找到相关操作命令。

**【例 2—3】** 从“中国银行网上银行”官网获取最新基金净值的相关数据。

**【知识点与解题思路】** 在处理网页内嵌表格数据时，重要的是理解如何选择适当的数据源，并利用工具（如 Power Query）有效地导入和合并数据。Power Query 在 Excel 中提供了强大的数据转换和整合功能，适用于从多种数据源中提取和处理数据。本例的具体步骤如下：

第一步，确定并访问数据源。

打开浏览器，进入页面（https://www.bankofchina.com/sourcedb/srfd2_2023/index.html），该网页默认展示最新的 50 条基金净值数据，如图 2—2 所示。此步骤旨在直接获取数据的初步视图，以便评估数据的结构和可用性。

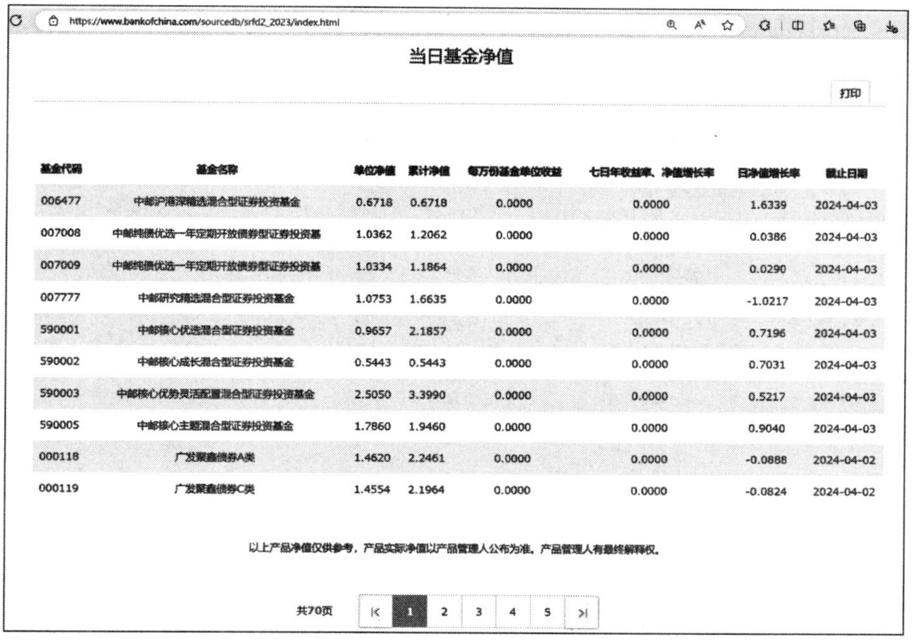

https://www.bankofchina.com/sourcedb/srfd2_2023/index.html

当日基金净值

打印

| 基金代码 | 基金名称 | 单位净值 | 累计净值 | 每万份基金单位收益 | 七日年收益率、净值增长率 | 日净值增长率 | 截止日期 |
|---|---|---|---|---|---|---|---|
| 006477 | 中邮沪港深精选混合型证券投资基金 | 0.6718 | 0.6718 | 0.0000 | 0.0000 | 1.6339 | 2024-04-03 |
| 007008 | 中邮纯债优选一年定期开放债券型证券投资基 | 1.0362 | 1.2062 | 0.0000 | 0.0000 | 0.0386 | 2024-04-03 |
| 007009 | 中邮纯债优选一年定期开放债券型证券投资基 | 1.0334 | 1.1864 | 0.0000 | 0.0000 | 0.0290 | 2024-04-03 |
| 007777 | 中邮研究精选混合型证券投资基金 | 1.0753 | 1.6635 | 0.0000 | 0.0000 | -1.0217 | 2024-04-03 |
| 590001 | 中邮核心优选混合型证券投资基金 | 0.9657 | 2.1857 | 0.0000 | 0.0000 | 0.7196 | 2024-04-03 |
| 590002 | 中邮核心成长混合型证券投资基金 | 0.5443 | 0.5443 | 0.0000 | 0.0000 | 0.7031 | 2024-04-03 |
| 590003 | 中邮核心优势灵活配置混合型证券投资基金 | 2.5050 | 3.3990 | 0.0000 | 0.0000 | 0.5217 | 2024-04-03 |
| 590005 | 中邮核心主题混合型证券投资基金 | 1.7860 | 1.9460 | 0.0000 | 0.0000 | 0.9040 | 2024-04-03 |
| 000118 | 广发聚鑫债券A类 | 1.4620 | 2.2461 | 0.0000 | 0.0000 | -0.0888 | 2024-04-02 |
| 000119 | 广发聚鑫债券C类 | 1.4554 | 2.1964 | 0.0000 | 0.0000 | -0.0824 | 2024-04-02 |

以上产品净值仅供参考，产品实际净值以产品管理人公布为准。产品管理人有最终解释权。

共70页　1　2　3　4　5

图 2—2　“中国银行网上银行”基金净值页面

第二步，在 Excel 中导入当前网页中的表格数据。

使用 Excel 的“数据/自网站”功能，在“URL”对话框中输入网址以自动提取网页中的表格数据，如图 2—3 所示。

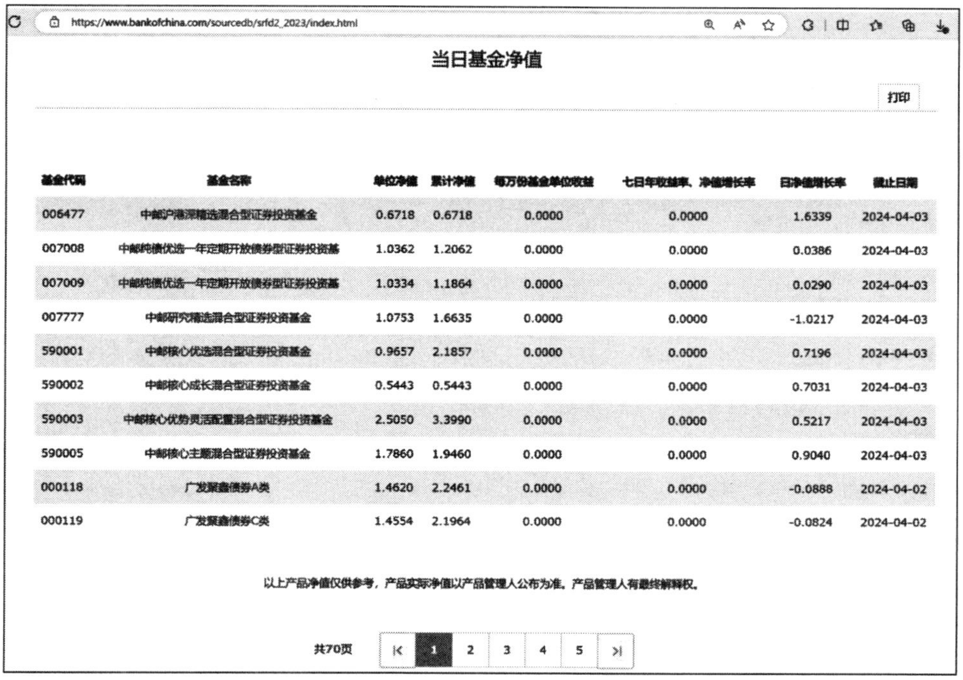

https://www.bankofchina.com/sourcedb/srfd2_2023/index.html

当日基金净值

打印

| 基金代码 | 基金名称 | 单位净值 | 累计净值 | 每万份基金单位收益 | 七日年收益率、净值增长率 | 日净值增长率 | 截止日期 |
|---|---|---|---|---|---|---|---|
| 006477 | 中邮沪港深精选混合型证券投资基金 | 0.6718 | 0.6718 | 0.0000 | 0.0000 | 1.6339 | 2024-04-03 |
| 007008 | 中邮纯债优选一年定期开放债券型证券投资基 | 1.0362 | 1.2062 | 0.0000 | 0.0000 | 0.0386 | 2024-04-03 |
| 007009 | 中邮纯债优选一年定期开放债券型证券投资基 | 1.0334 | 1.1864 | 0.0000 | 0.0000 | 0.0290 | 2024-04-03 |
| 007777 | 中邮研究精选混合型证券投资基金 | 1.0753 | 1.6635 | 0.0000 | 0.0000 | -1.0217 | 2024-04-03 |
| 590001 | 中邮核心优选混合型证券投资基金 | 0.9657 | 2.1857 | 0.0000 | 0.0000 | 0.7196 | 2024-04-03 |
| 590002 | 中邮核心成长混合型证券投资基金 | 0.5443 | 0.5443 | 0.0000 | 0.0000 | 0.7031 | 2024-04-03 |
| 590003 | 中邮核心优势灵活配置混合型证券投资基金 | 2.5050 | 3.3990 | 0.0000 | 0.0000 | 0.5217 | 2024-04-03 |
| 590005 | 中邮核心主题混合型证券投资基金 | 1.7860 | 1.9460 | 0.0000 | 0.0000 | 0.9040 | 2024-04-03 |
| 000118 | 广发聚鑫债券A类 | 1.4620 | 2.2461 | 0.0000 | 0.0000 | -0.0888 | 2024-04-02 |
| 000119 | 广发聚鑫债券C类 | 1.4554 | 2.1964 | 0.0000 | 0.0000 | -0.0824 | 2024-04-02 |

以上产品净值仅供参考，产品实际净值以产品管理人公布为准。产品管理人有最终解释权。

共70页　1　2　3　4　5

图 2—3　导航器页面

单击导航器中的“加载”按钮，此时 Excel 会将上述表格保存在一张新的名称为“Table 0”的数据表中，右击工作表名称“Table 0”和右侧查询“Table 0”，分别“重命名”为“基金净值数据1”和“基金净值查询 1”，继续点击“关闭并上载”将数据导入 Excel 工作表，如图 2—4 所示。

| | A | B | C | D | E |
|---|---|---|---|---|---|
| 1 | 基金代码 | 基金名称 | 单位净值 | 累计净值 | 每万份基金单位收益 |
| 2 | 6477 | 中邮沪港深精选混合型证券投资基金 | 0.6611 | 0.6611 | |
| 3 | 7008 | 中邮纯债优选一年定期开放债券型证券投资基 | 1.0353 | 1.2053 | |
| 4 | 7009 | 中邮纯债优选一年定期开放债券型证券投资基 | 1.0326 | 1.1856 | |
| 5 | 7777 | 中邮研究精选混合型证券投资基金 | 1.0685 | 1.6567 | |
| 6 | 590001 | 中邮核心优选混合型证券投资基金 | 0.9641 | 2.1841 | |
| 7 | 590002 | 中邮核心成长混合型证券投资基金 | 0.5431 | 0.5431 | |
| 8 | 590003 | 中邮核心优势灵活配置混合型证券投资基金 | 2.492 | 3.386 | |
| 9 | 590005 | 中邮核心主题混合型证券投资基金 | 1.787 | 1.947 | |
| 10 | 590006 | 中邮中小盘灵活配置混合型证券投资基金 | 1.807 | 2.386 | |
| 11 | 590007 | 中邮中证500指数增强型证券投资基金 | 1.0969 | 1.6069 | |
| 12 | 509 | 广发钱袋子货币A | 1 | 1 | 0.529 |
| 13 | 539 | 中银活期宝A | 1 | 1 | 0.477 |
| 14 | 647 | 易方达财富快线货币A | 1 | 1 | 0.584 |
| 15 | 699 | 中银薪钱包货币 | 1 | 1 | 0.45 |
| 16 | 873 | 华安现金宝货币A | 1 | 1 | 0.487 |
| 17 | 2195 | 中银机构货币A | 1 | 1 | 0.516 |
| 18 | 3316 | 中银证券现金管家A | 1 | 1 | 0.464 |

图 2—4 导入单页数据后的 Excel 表

第三步，继续获取并导入多个网页表格数据。

扩展数据获取范围包括多个网页中的数据。实际场景下，我们希望获取的往往不仅是当前页面中的单个表格数据，而是获取相关网页中的多个乃至全部表格数据，并将其拼接在同一工作表中进行分析。在本例中，我们尝试获取前两页共计 100 条最新基金净值数据。操作网页底部的导航控件以访问并复制下一页的网址，重复导入过程以收集更多数据，将新的查询与数据表分别命名为“基金净值查询 2”和“基金净值数据 2”，如图 2—5 所示。

| | B | C | D | E | |
|---|---|---|---|---|---|
| 1 | 基金名称 | 单位净值 | 累计净值 | 每万份基金单位收益 | 七日年收益 |
| 2 | 华夏沪深300交易型开放式指数证券投资基金 | 1.2784 | 1.2784 | 0 | |
| 3 | 中银消费主题混合型证券投资基金 | 1.857 | 1.857 | 0 | |
| 4 | 华夏盛世精选混合型证券投资基金 | 1.156 | 1.156 | 0 | |
| 5 | 长盛电子信息主题混合 | 1.382 | 1.382 | 0 | |
| 6 | 富兰克林国海焦点驱动灵活配置混合型证券投 | 2.0057 | 2.2754 | 0 | |
| 7 | 诺安鸿鑫混合A | 1.3532 | 1.9098 | 0 | |
| 8 | 国投瑞银中高债A | 1.137 | 1.625 | 0 | |
| 9 | 国投瑞银中高债C | 1.136 | 1.587 | 0 | |
| 10 | 恒生交易型开放式指数证券投资基金联接基金 | 0.9924 | 0.9924 | 0 | |
| 11 | 华安稳健回报混合A | 1.2773 | 2.2445 | 0 | |
| 12 | 摩根成长动力A | 1.8027 | 1.8027 | 0 | |
| 13 | 恒生交易型开放式指数证券投资基金联接基金 | 0.1399 | 0.1399 | 0 | |
| 14 | 嘉实研究阿尔法股票 | 1.584 | 2.419 | 0 | |
| 15 | 汇添富消费行业混合 | 5.39 | 5.39 | 0 | |
| 16 | 博时安盈债券A | 1.2637 | 1.4431 | 0 | |
| 17 | 博时安盈债券C | 1.2345 | 1.3908 | 0 | |
| 18 | 南方稳利1年持有债券A | 1.1291 | 1.522 | 0 | |

图 2—5 导入多页数据后的 Excel 表

第四步，合并多个表格的数据。

合并来自不同网页的数据表格，以便进行综合分析。本例中以合并两个表格为例展示如何使用 Power Query 实现多查询合并。选择“数据”/“获取数据”/“启动 Power Query 编辑器(L)”，打开 Power Query 编辑器。单击左侧“查询栏”中的“基金净值查询 1”，然后单击菜单栏“追加查询”的右侧下三角符号，单击“将查询追加为新查询”，如图 2—6 所示。选择“两个表”，在“第二张表”下拉栏中选择“基金净值查询 2”，单击“确定”。此时两次生成了一个新的名为“追加 1”的查询，该查询包含了上述两次查询的表格数据，右击新查询“追加 1”，在快捷菜单选择“重命名”，将其改名为“基金净值总数据”。选择“文件”/“关闭并上载”，此时该查询中的所有数据被保存在一张新的名为“基金净值总数据”的数据表中，如图 2—7 所示。

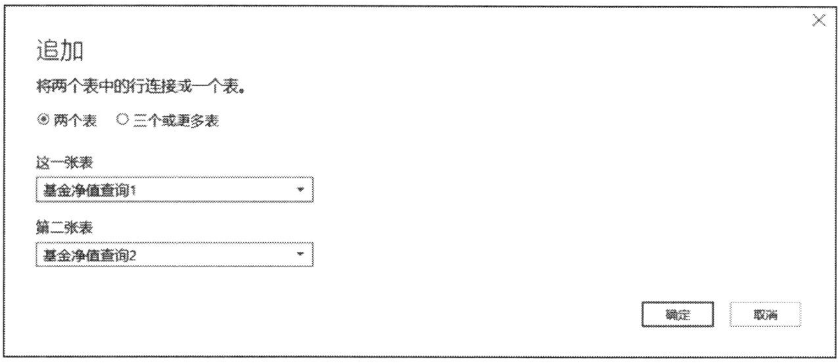


图 2—6　追加查询

| | 基金名称 | 单位净值 | 累计净值 | 每万份基金单位收益 | 七日年收益 |
|---|---|---|---|---|---|
| 2 | 中邮沪港深精选混合型证券投资基金 | 0.6611 | 0.6611 | 0 | |
| 3 | 中邮纯债优选一年定期开放债券型证券投资基 | 1.0353 | 1.2053 | 0 | |
| 4 | 中邮纯债优选一年定期开放债券型证券投资基 | 1.0326 | 1.1856 | 0 | |
| 5 | 中邮研究精选混合型证券投资基金 | 1.0685 | 1.6567 | 0 | |
| 6 | 中邮核心优选混合型证券投资基金 | 0.9641 | 2.1841 | 0 | |
| 7 | 中邮核心成长混合型证券投资基金 | 0.5431 | 0.5431 | 0 | |
| 8 | 中邮核心优势灵活配置混合型证券投资基金 | 2.492 | 3.386 | 0 | |
| 9 | 中邮核心主题混合型证券投资基金 | 1.787 | 1.947 | 0 | |
| 10 | 中邮中小盘灵活配置混合型证券投资基金 | 1.807 | 2.386 | 0 | |
| 11 | 中邮中证500指数增强型证券投资基金 | 1.0969 | 1.6069 | 0 | |
| 12 | 广发钱袋子货币A | 1 | 1 | 0.5294 | |
| 13 | 中银活期宝A | 1 | 1 | 0.4779 | |
| 14 | 易方达财富快线货币A | 1 | 1 | 0.5841 | |
| 15 | 中银薪钱包货币 | 1 | 1 | 0.458 | |
| 16 | 华安现金宝货币A | 1 | 1 | 0.4874 | |
| 17 | 中银机构货币A | 1 | 1 | 0.5169 | |
| 18 | 中银证券现金管家A | 1 | 1 | 0.4641 | |

图 2—7　合并后的网页数据

## 2.1.4　数据库数据获取

数据库系统是对数据进行存储、管理、处理和维护的软件系统，是各类信息系统的核心部分。建立一个有效的数据库系统，保存企事业单位在业务活动中产生的各种数据，如员工、客户、供应商、运货商、产品、销售、采购等信息，就可以在需要的时候从数据库中查询这些信息。

例如，采购经理可以通过数据查询，了解产品的采购单价、供应商和库存量等信息，以便安排采购人员进行相应的采购活动；人事经理可以查询员工的上下级关系、每个员工的销售业绩和工作效率等；销售经理可以通过查询，了解各类产品的销售额、某类产品前十大客户有哪些，并分析这些客户各自购买了某类产品中的哪些产品以及相应的订单信息。对数据库数据的保存、查询和充分利用是企事业单位在激烈的竞争环境中获胜的关键。

Excel 提供了数据库查询的功能，以方便相关人员使用。本章下面先介绍数据库的基础知识，然后阐述数据库查询的方法。

# 2.2 数据库

## 2.2.1 数据库概述

随着计算机的普及，人们开始利用计算机记录和保存信息。起初，这些信息主要通过文件系统进行保存。随着企事业单位在业务活动中所产生的信息量急剧增加，文件系统已无法满足复杂的信息管理需求。于是，数据库系统应运而生，信息得以在数据库中存储，并由专门的数据库管理系统(Database Management System，DBMS)进行管理。

在现代数字时代，企事业单位的日常运营产生了大量需要记录和保留的信息。这些信息通常被存储在数据库中，以便进行高效管理和分析。随着云计算、大数据、人工智能等新技术的迅速发展，数据库技术也在不断演进和创新，能够更好地满足海量数据的存储和处理需求。

1. 数据库

数据库是一种存储在计算机中的数据集合，这些数据以合理的方式组织，并与企事业单位的业务活动和组织结构相对应。该数据集合不仅供各级授权用户共享，同时也可供相关信息系统使用。此定义具有以下三方面的含义：

(1)关联性：数据库是存在于计算机中的、与企事业单位的业务活动和组织结构相对应的各种相关数据的一个集合。

(2)有序性：存放在数据库中的数据是按一定的方式组织起来的，而不是杂乱无章地存放的。

(3)共享性：数据库是一个共享的信息资源，它可以被多个经过授权的用户使用，也可以被与企事业单位相关的各种信息系统使用。

为了更好地解释数据库，可以将其比喻为一个图书馆(非数字化形式)。图书馆用于存放图书，相似地，数据库用于存放数据；图书馆的图书分布在多个房间，数据库的数据则存储在计算机文件中；图书馆中的图书按特定规则(如分类)摆放在书架上，数据库的数据也按照特定方式组织；图书馆的图书可由不同读者借阅，数据库的数据同样可以被不同的用户和信息系统访问；图书馆的读者需持有图书证方可借书，数据库的用户同样需具备相应权限才能访问数据；为快速定位特定图书，图书馆会依据图书类别和作者建立索引卡，类似地，数据库利用关键字建立索引以快速检索数据。这些关键字实际上帮助构建了数据库中的关键字索引系统。

可见，数据库与图书馆有很多相似之处，其中图书馆保管的对象是书，而数据库保存的对象是数据。然而，它们之间也存在不同：同一本图书在特定时刻只能被一个读者借阅，而同一数据可以由多个用户同时访问。此外，图书馆可以增添或淘汰图书，但不能修改图书内容；相对地，数据库不仅能增加或删除数据，还能修改数据内容。

2. 数据库管理系统

图书馆的书本经常需要管理，如整理书架上的书，修补一些被损坏的书，增加一些新书，剔除一些旧书，同时也需防止不法分子盗窃书本等。同样，存放在数据库中的数据也是需要管理的，这一任务是由数据库管理系统(DBMS)来完成的。

DBMS是一层位于用户和操作系统之间的数据管理软件，其主要职责包括数据库的建立、数据的插入、查询、删除、修改以及执行各种数据控制功能。简而言之，数据库的建立是创建存放数据的容器；数据插入是将数据按照特定结构保存到数据库中；数据查询是提取用户所需数据；数据删除是移除不再需要的数据；数据修改则是更新发生变化的数据。

DBMS所提供的数据控制功能包括如下几个方面的内容：

(1)数据安全性控制：保护数据，防止对数据库的非法操作所引起的数据的丢失、泄露和破坏；

(2)数据完整性控制：保证数据库中的数据永远是正确的、有效的和相容的；

(3)并发控制：避免因多个用户同时存取、修改数据库时所引起的相互干扰，保证数据的正确性；

(4)数据库的恢复：当数据库中的数据由于种种原因(如系统故障、介质故障、计算机病毒等)而变得不正确或部分甚至全部丢失时，数据库管理系统有能力将数据库恢复到最近某时刻的一个正确状态。

本章第三节将介绍数据查询方面的内容，对数据库管理系统其他功能感兴趣的读者，可以参看数据库原理方面的书籍。

3. 数据模型

数据库中存储的数据通常关联到特定企事业单位的业务活动。这些数据不是孤立存在的，它们之间存在相互关联，因此需要通过特定的结构进行有序组织。为此，数据库采用数据模型来描述数据以及它们之间的联系。根据不同的应用需求和数据特性，可以选择不同类型的数据模型：

(1)层次模型：以树状结构组织数据，易于理解，适合具有明显层次关系的数据。

(2)网状模型：数据以图的形式表达，节点之间可以有多种关系，适合复杂的应用环境。

(3)关系模型：通过表格的形式来组织数据，其中每行代表一个数据项，每列代表一个数据字段。这种模型不仅易于理解，而且使用最为广泛。

(4)面向对象模型：结合了对象的概念，可以更自然地表示数据以及数据之间的关系，适合复杂数据应用。

采用关系模型的数据库称为关系数据库，采用关系模型的数据库管理系统称为关系型数据库管理系统。例如，Oracle、DB2、SQL Server、Access 和 MySQL 等都是关系型数据库管理系统。

## 2.2.2 表及其相互间的联系

关系数据库是由一系列的表组成的。一般情况下，每个表都具有一个主键，通过这些主键，数据库的表与表之间可以建立各种联系。下面将分别介绍表、主键和表之间联系的概念。

1. 表

关系数据库中的表是一个二维表，用于存储与企事业单位业务活动相关的特定实体集的所有实例或两个实体集之间的联系的属性值数据。实体指的是客观存在且可区分的事物，如产品、客户、事件等。实体集是指同类实体的集合。例如，所有学生构成一个"学生"实体集，每个学生实体拥有如学号、姓名等属性。数据库通过将这些实体集的属性值数据存储在表中来管理信息，如"会员表"存储所有会员的详细信息，见表 2—1。

**表 2—1** **会员表**

| 会员号 | 姓名 | 联系电话 | E-mail | 地址 | 城市 | 邮政编码 | 密码 | 级别 |
|---|---|---|---|---|---|---|---|---|
| 00000001 | 张晨 | 021—65903818 | zhangchen@sufe. edu. cn | 国定路 777 弄行政楼 202 室 | 上海 | 200433 | ****** | 1 |
| 00000002 | 王玲 | 010—62754108 | wangling@pku. edu. cn | 北京大学人事部 | 北京 | 100871 | ****** | 1 |
| 00000003 | 李莉 | 021—62438210 | lili@sufe. edu. cn | 国定路 600 弄 37 号 201 室 | 上海 | 200433 | ****** | 1 |
| 00000004 | 刘新 | 021—55392225 | liuxin@163. com | 新市南路 999 弄 10 号 101 室 | 上海 | 200433 | ****** | 1 |
| 00000005 | 徐萍 | 021—43712345 | xuping@fudan. edu. cn | 张杨路 2230 弄 10 号 302 室 | 上海 | 200135 | ****** | 2 |
| 00000006 | 张氢 | 0411—84713425 | zhangqin@163. com | 东北财经大学会计学院 | 大连 | 116025 | ****** | 1 |
| 00000007 | 杨杰 | 021—76543657 | yangjie@126. com | 张杨路 2238 弄 3 号 102 室 | 上海 | 200135 | ****** | 1 |
| 00000008 | 王鹏 | 010—62851231 | wangpeng@pku. edu. cn | 北京大学勺园三号楼 301 室 | 北京 | 100871 | ****** | 2 |
| 00000009 | 杜伟 | 021—45326788 | duwei@126. com | 国定路 580 弄 3 号 101 室 | 上海 | 200433 | ****** | 1 |
| 00000010 | 单风 | 010—62751230 | shanfent@163. com | 北京大学勺园三号楼 202 室 | 北京 | 100871 | ****** | 2 |

在该会员表中，每一行数据代表一个具体会员的信息。表中的第一行数据表明存在着一个名为"张晨"的会员，该会员号为"00000001"，联系电话是"021－65903818"，E－mail 是"zhangchen@sufe. edu. cn"，地址为"国定路 777 弄行政楼 202 室"，该会员所在的城市是"上海"，邮政编码为"200433"，等等。

在关系数据库中，这样的一行数据称为一条记录。在表 2—1 所示的会员表中共有 10 条记录，代表了 10 个会员的信息；表中每列称为一个属性（或字段），列头是相应属性（或字段）的属性名（或字段名）。又如表 2—2 中的商品表，该表记录的是每个商品的商品号、商品名称、原价、折扣价、钻石价、类别和库存量等信息，表中共有 15 行数据，分别代表的是 15 种商品的相关信息。

**表 2—2** **商品表**

| 商品号 | 商品名称 | 原价 | 折扣价 | 钻石价 | 类别 | 库存量 |
|---|---|---|---|---|---|---|
| 100001 | 会计学原理 | 20 | 14 | 10 | 1 | 200 |
| 100002 | VB 程序设计 | 28 | 19. 6 | 14 | 1 | 300 |
| 100003 | 计算机应用 | 30 | 21 | 15 | 1 | 50 |
| 100004 | 数据库原理 | 20 | 14 | 10 | 1 | 2 |
| 100005 | 微观经济学 | 35 | 24. 5 | 17. 5 | 1 | 200 |
| 200001 | 欧美唯美另类经典歌曲集 | 100 | 50 | 40 | 2 | 150 |
| 200002 | 班德瑞乐团轻音乐专辑 | 64 | 32 | 25 | 2 | 20 |
| 200003 | 沼泽乐队:城市 | 18 | 16 | 10 | 2 | 400 |

续表

| 商品号 | 商品名称 | 原价 | 折扣价 | 钻石价 | 类别 | 库存量 |
|---|---|---|---|---|---|---|
| 200004 | 蓝沁传奇 | 20 | 15 | 11 | 2 | 25 |
| 200005 | 莎拉·布莱曼一韦伯作品选 | 30 | 20 | 15 | 2 | 18 |
| 200006 | 纽约之歌 | 33 | 18 | 14 | 2 | 100 |
| 300001 | 小学奥林匹克作文教程 1 | 20 | 17 | 14 | 3 | 300 |
| 300002 | 小学奥林匹克作文教程 2 | 20 | 17 | 14 | 3 | 150 |
| 300003 | 超星读书卡增强版 | 100 | 88 | 83 | 3 | 250 |
| 300004 | 新东方背单词 4 | 28 | 19 | 15 | 3 | 10 |

关系数据库就是使用这样的“二维表”来存放信息的，而每个二维表又具有如下性质：

(1)表中的每一列都有一个名字，且具有相同的数据类型；

(2)交换表中各列的次序不会影响表的内容；

(3)表中的每一行记录的内容是不允许重复的；

(4)交换任意两个记录的次序不会影响表的内容。

2. 主键

在关系数据库的表中，存在着其值能唯一地确定一条记录的属性(或属性组)，这样的属性(或属性组)称为表的主键(或主关键字)。例如，在会员表中，“会员号”属性的唯一性使其可以作为主键，用来唯一标识表中的每条会员记录。在如表 2—3 所示的订货表中，“订单号”属性的值在每个订货记录中都是唯一的，因此“订单号”属性是订货表的主键。同样，“商品号”属性是商品表的主键。本章使用带有下划线的属性名来表示主键。

**表 2—3　　　　订货表**

| 订单号 | 订购日期 | 收货人 | 付款方式号 |
|---|---|---|---|
| 10000001 | 2019/7/10 | 00000001 | 1 |
| 10000002 | 2019/7/11 | 00000002 | 2 |
| 10000003 | 2019/7/11 | 00000009 | 2 |
| 10000004 | 2019/8/13 | 00000007 | 1 |
| 10000005 | 2019/8/14 | 00000010 | 1 |
| 10000006 | 2019/8/25 | 00000008 | 3 |
| 10000007 | 2019/8/26 | 00000010 | 3 |
| 10000008 | 2019/9/17 | 00000006 | 1 |
| 10000009 | 2019/9/18 | 00000008 | 2 |
| 10000010 | 2019/9/21 | 00000005 | 1 |

一个表的主键可以由一个属性组成，也可以由多个属性组成。在如表 2—4 所示的订单明细表中，记录了每份订单订购商品的详细信息，其中包括“订单号”“商品号”“订购数量”和“销售价”等属性。由于一份订单可以同时订购多种不同的商品，因此该表中会出现具有相同订单

号的多条记录；另外，由于同一种商品也可以在多份订单上被订购，所以在订单明细表中也会出现具有相同商品号的多条记录。可见，“订单号”与“商品号”这两个属性都不具备主键的条件。然而，“订单号”与“商品号”这两个属性值的组合却能唯一地确定一条记录。因此，订单明细表的主键是由“订单号”与“商品号”属性联合组成的。

表 2—4 订单明细表

| 订单号 | 商品号 | 订购数量 | 销售价 |
|---|---|---|---|
| 10000001 | 100001 | 5 | 14 |
| 10000001 | 100002 | 1 | 19.6 |
| 10000001 | 100003 | 3 | 21 |
| 10000001 | 200001 | 1 | 50 |
| 10000001 | 200002 | 1 | 32 |
| 10000002 | 100001 | 2 | 14 |
| 10000002 | 100004 | 5 | 14 |
| 10000002 | 100005 | 1 | 24.5 |
| 10000002 | 300004 | 3 | 19 |
| 10000006 | 200001 | 2 | 40 |
| 10000006 | 200002 | 1 | 25 |
| 10000006 | 300003 | 2 | 83 |
| 10000006 | 300004 | 5 | 15 |
| 10000006 | 100004 | 5 | 10 |
| 10000006 | 100005 | 1 | 17.5 |
| … | … | … | … |

3. 表与表之间的联系

在数据库中各个表之间通常存在着某种联系，这种联系可以分为三种：

(1)一对一联系：如果同一数据库中两个表的各记录之间存在着一种一一对应的关系，亦即每个表中的一条记录均(通过主键)与对方表中的一条记录相对应，那么这两个表存在着一对一的联系。

可以使用两端各标有“1”的直线来表示表之间的一对一联系，如图 2—8 中所示，各表带有下划线的字段是主键字段。订货表与发货表两个表中对应记录的主键“订单号”的值是相等的。存在着一对一联系的两张表一般可以合并成一张表，如可以将订货表和发货表合并成订单表，如图 2—8 所示。

| 订单号 | 订购日期 | 收货人 | 付款方式号 |
| --- | --- | --- | --- |
| 10000001 | 2019/7/10 | 00000001 | 1 |
| 10000002 | 2019/7/11 | 00000002 | 2 |
| 10000003 | 2019/7/11 | 00000009 | 2 |
| 10000004 | 2019/8/13 | 00000007 | 1 |
| 10000005 | 2019/8/14 | 00000010 | 1 |
| 10000006 | 2019/8/25 | 00000008 | 3 |
| 10000007 | 2019/8/26 | 00000010 | 3 |
| 10000008 | 2019/9/17 | 00000006 | 1 |
| 10000009 | 2019/9/18 | 00000008 | 2 |
| 10000010 | 2019/9/21 | 00000005 | 1 |

订货表

1

合并

| 订单号 | 出库日期 | 发货地 | 发送费 | 订单状态 |
| --- | --- | --- | --- | --- |
| 10000001 | 2019/7/11 | 北京 | 8 | 订单处理结束 |
| 10000002 | 2019/7/12 | 上海 | 8 | 订单处理结束 |
| 10000003 | 2019/7/12 | 上海 | 5 | 订单处理结束 |
| 10000004 | 2019/8/15 | 北京 | 5 | 订单处理结束 |
| 10000005 | 2019/8/16 | 北京 | 8 | 订单处理结束 |
| 10000006 | 2019/8/26 | 上海 | 5 | 订单处理结束 |
| 10000007 | 2019/8/28 | 上海 | 8 | 订单处理结束 |
| 10000008 | 2019/9/18 | 北京 | 5 | 订单处理结束 |
| 10000009 | 2019/9/21 | 上海 | 5 | 在途 |
| 10000010 | 2019/9/23 | 北京 | 5 | 在途 |

发货表

订单表

| 订单号 | 订购日期 | 收货人 | 发送费 | 出库日期 | 发货地 | 付款方式号 | 订单状态 |
| --- | --- | --- | --- | --- | --- | --- | --- |
| 10000001 | 2019/7/10 | 00000001 | 8 | 2019/7/11 | 北京 | 1 | 订单处理结束 |
| 10000002 | 2019/7/11 | 00000002 | 8 | 2019/7/12 | 上海 | 2 | 订单处理结束 |
| 10000003 | 2019/7/11 | 00000009 | 5 | 2019/7/12 | 上海 | 2 | 订单处理结束 |
| 10000004 | 2019/8/13 | 00000007 | 5 | 2019/8/15 | 北京 | 1 | 订单处理结束 |
| 10000005 | 2019/8/14 | 00000010 | 8 | 2019/8/16 | 北京 | 1 | 订单处理结束 |
| 10000006 | 2019/8/25 | 00000008 | 5 | 2019/8/26 | 上海 | 3 | 订单处理结束 |
| 10000007 | 2019/8/26 | 00000010 | 8 | 2019/8/28 | 上海 | 3 | 订单处理结束 |
| 10000008 | 2019/9/17 | 00000006 | 5 | 2019/9/18 | 北京 | 1 | 订单处理结束 |
| 10000009 | 2019/9/18 | 00000008 | 5 | 2019/9/21 | 上海 | 2 | 在途 |
| 10000010 | 2019/9/21 | 00000005 | 5 | 2019/9/23 | 北京 | 1 | 在途 |

**图 2—8 一对一联系及表的合并**

(2)一对多联系：如果数据库的一个表中的一条记录与同一数据库的另一个表中的多条记录(包括 0 条)相对应,而且后一个表中的一条记录只与前一个表中的一条记录相对应,那么这两个表存在着一对多的联系。

一对多联系可以通过一条一端标有“1”而另一端标有“∞”的直线来表示,如图 2—9 所示。例如,在会员表中的一条记录(例如会员号“00000008”的会员“王鹏”)可以对应订单表中的多条记录(例如订单号“10000006”和“10000009”),显示一个会员可能拥有多个订单。相反,每个订单只对应一个会员,表明会员表与订单表之间存在一对多的联系。

(3)多对多联系：在同一数据库的两个表中,如果每个表的一条记录都与对方表中的多条记录(包括 0 条)相对应,那么这两个表之间就存在着多对多的联系。

可以使用两端各标有“∞”的直线来表示表之间的多对多联系,如图 2—10 所示。订单表存储了所有订单的基本信息和商品编号,而商品表则存储了所有商品的详细信息以及它们被哪些订单订购,这种结构导致订单表和商品表之间存在多对多的联系。

会员表

| 会员号 | 姓名 | 联系电话 | E-mail | 地址 | 城市 | 邮政编码 | 密码 | 级别 |
|---|---|---|---|---|---|---|---|---|
| 00000001 | 张晨 | 021-65903818 | zhangchen@sufe.edu.cn | 国定路777弄行政楼202室 | 上海 | 200433 | ****** | 1 |
| 00000002 | 王玲 | 010-62754108 | wangling@pku.edu.cn | 北京大学人事部 | 北京 | 100871 | ****** | 1 |
| 00000003 | 李莉 | 021-62438210 | lili@sufe.edu.cn | 国定路600弄37号201室 | 上海 | 200433 | ****** | 1 |
| 00000004 | 刘新 | 021-55392225 | liuxin@163.com | 新市南路999弄10号101室 | 上海 | 200433 | ****** | 1 |
| 00000005 | 徐萍 | 021-43712345 | xuping@fudan.edu.cn | 张杨路2230弄10号302室 | 上海 | 200135 | ****** | 2 |
| 00000006 | 张氢 | 0411-84713425 | zhangqing@163.com | 东北财经大学会计学院 | 大连 | 116025 | ****** | 1 |
| 00000007 | 杨杰 | 021-76543657 | yangjie@126.com | 张杨路2238弄3号102室 | 上海 | 200135 | ****** | 1 |
| 00000008 | 王鹏 | 010-62751231 | wangpeng@pku.edu.cn | 北京大学勺园三号楼301室 | 北京 | 100871 | ****** | 2 |
| 00000009 | 杜伟 | 021-45326788 | duwei@126.com | 国定路580弄3号101室 | 上海 | 200433 | ****** | 1 |
| 00000010 | 单风 | 010-62751230 | shanfeng@163.com | 北京大学勺园三号楼202室 | 北京 | 100871 | ****** | 2 |

1

∞

订单表

| 订单号 | 订购日期 | 收货人 | 发送费 | 出库日期 | 发货地 | 付款方式号 | 订单状态 |
|---|---|---|---|---|---|---|---|
| 10000001 | 2019/7/10 | 00000001 | 8 | 2019/7/11 | 北京 | 1 | 订单处理结束 |
| 10000002 | 2019/7/11 | 00000002 | 8 | 2019/7/12 | 上海 | 2 | 订单处理结束 |
| 10000003 | 2019/7/11 | 00000009 | 5 | 2019/7/12 | 上海 | 2 | 订单处理结束 |
| 10000004 | 2019/8/13 | 00000007 | 5 | 2019/8/15 | 北京 | 1 | 订单处理结束 |
| 10000005 | 2019/8/14 | 00000010 | 8 | 2019/8/16 | 北京 | 1 | 订单处理结束 |
| 10000006 | 2019/8/25 | 00000008 | 5 | 2019/8/26 | 上海 | 3 | 订单处理结束 |
| 10000007 | 2019/8/26 | 00000010 | 8 | 2019/8/28 | 上海 | 3 | 订单处理结束 |
| 10000008 | 2019/9/17 | 00000006 | 5 | 2019/9/18 | 北京 | 1 | 订单处理结束 |
| 10000009 | 2019/9/18 | 00000008 | 5 | 2019/9/21 | 上海 | 2 | 在途 |
| 10000010 | 2019/9/21 | 00000005 | 5 | 2019/9/23 | 北京 | 1 | 在途 |

**图 2—9　一对多联系**

订单表

| 订单号 | 订购日期 | 收货人 | 发送费 | 出库日期 | 发货地 | 付款方式号 | 订单状态 | 商品号 |
|---|---|---|---|---|---|---|---|---|
| 10000001 | 2019/7/10 | 00000001 | 8 | 2019/7/11 | 北京 | 1 | 订单处理结束 | 100001 |
| 10000001 | 2019/7/10 | 00000001 | 8 | 2019/7/11 | 北京 | 1 | 订单处理结束 | 100002 |
| 10000001 | 2019/7/10 | 00000001 | 8 | 2019/7/11 | 北京 | 1 | 订单处理结束 | 100003 |
| 10000001 | 2019/7/10 | 00000001 | 8 | 2019/7/11 | 北京 | 1 | 订单处理结束 | 200001 |
| 10000001 | 2019/7/10 | 00000001 | 8 | 2019/7/11 | 北京 | 1 | 订单处理结束 | 200002 |
| 10000002 | 2019/7/11 | 00000002 | 8 | 2019/7/12 | 上海 | 2 | 订单处理结束 | 100001 |
| 10000002 | 2019/7/11 | 00000002 | 8 | 2019/7/12 | 上海 | 2 | 订单处理结束 | 100003 |
| 10000002 | 2019/7/11 | 00000002 | 8 | 2019/7/12 | 上海 | 2 | 订单处理结束 | 100005 |
| 10000002 | 2019/7/11 | 00000002 | 8 | 2019/7/12 | 上海 | 2 | 订单处理结束 | 300004 |
| … | … | … | … | … | … | … | … | … |

∞

∞

商品表

| 商品号 | 商品名称 | 原价 | 折扣价 | 钻石价 | 类别 | 库存量 | 订单号 | 订购数量 | 销售价 |
|---|---|---|---|---|---|---|---|---|---|
| 100001 | 会计学原理 | 20 | 14 | 10 | 1 | 200 | 10000001 | 5 | 14 |
| 100001 | 会计学原理 | 20 | 14 | 10 | 1 | 200 | 10000002 | 2 | 14 |
| 100002 | VB程序设计 | 28 | 19.6 | 14 | 1 | 300 | 10000001 | 1 | 19.6 |
| 100003 | 计算机应用 | 30 | 21 | 15 | 1 | 50 | 10000001 | 3 | 21 |
| 100003 | 数据库原理 | 20 | 14 | 10 | 1 | 2 | 10000002 | 5 | 14 |
| 100005 | 微观经济学 | 35 | 24.5 | 17.5 | 1 | 200 | 10000002 | 1 | 24.5 |
| 200001 | 欧美唯美另类经典歌曲集 | 100 | 50 | 40 | 2 | 150 | 10000001 | 1 | 50 |
| 200002 | 班德瑞乐团轻音乐专辑 | 64 | 32 | 25 | 2 | 20 | 10000001 | 1 | 32 |
| 300004 | 新东方背单词4 | 28 | 19 | 15 | 3 | 10 | 10000002 | 3 | 19 |
| … | … | … | … | … | … | … | … | … | … |

**图 2—10　多对多联系**

为了解决这种联系中的数据冗余问题，通常引入第三个表，如订单明细表将多对多联系转化为两个一对多联系，如图 2—11 所示。订单明细表包含“订单号”“商品号”“订购数量”和“销售价”等属性，每条记录详细描述了订单中每种商品的购买信息。例如，一个订单可能订购多种商品，订单明细表中会有多条记录对应到一个订单号，显示该订单包含的各种商品。反之，对于每种商品，也可能在多个订单中被订购。因此，订单表与订单明细表之间以及商品表与订单明细表之间形成了一对多的联系。

订单表

| 订单号 | 订购日期 | 收货人 | 发送费 | 出库日期 | 发货地 | 付款方式号 | 订单状态 |
|---|---|---|---|---|---|---|---|
| 10000001 | 2019/7/10 | 00000001 | 8 | 2019/7/11 | 北京 | 1 | 订单处理结束 |
| 10000002 | 2019/7/11 | 00000002 | 8 | 2019/7/12 | 上海 | 2 | 订单处理结束 |
| … | … | … | … | … | … | … | … |

1　∞

订单明细表

| 订单号 | 商品号 | 订购数量 | 销售价 |
|---|---|---|---|
| 10000001 | 100001 | 5 | 14 |
| 10000001 | 100002 | 1 | 19.6 |
| 10000001 | 100003 | 3 | 21 |
| 10000001 | 200001 | 1 | 50 |
| 10000001 | 200002 | 1 | 32 |
| 10000002 | 100001 | 2 | 14 |
| 10000002 | 100003 | 5 | 14 |
| 10000002 | 100005 | 1 | 24.5 |
| 10000002 | 300004 | 3 | 19 |
| … | … | … | … |

∞　1

商品表

| 商品号 | 商品名称 | 原价 | 折扣价 | 钻石价 | 类别 | 库存量 |
|---|---|---|---|---|---|---|
| 100001 | 会计学原理 | 20 | 14 | 10 | 1 | 200 |
| 100002 | VB程序设计 | 28 | 19.6 | 14 | 1 | 300 |
| 100003 | 计算机应用 | 30 | 21 | 15 | 1 | 50 |
| 100005 | 微观经济学 | 35 | 24.5 | 17.5 | 1 | 200 |
| 200001 | 欧美唯美另类经典歌曲集 | 100 | 50 | 40 | 2 | 150 |
| 200002 | 班德瑞乐团轻音乐专辑 | 64 | 32 | 25 | 2 | 20 |
| 300004 | 新东方背单词4 | 28 | 19 | 15 | 3 | 10 |
| … | … | … | … | … | … | … |

**图 2—11　用两个一对多联系来表示一个多对多联系**

## 2.2.3　Northwind 示例数据库中表之间的联系

数据库中表之间的联系对数据查询至关重要。本章主要使用“Northwind. mdb”数据库(Microsoft Office 软件包自带的数据库)来介绍数据查询相关内容。“Northwind. mdb”示例数据库存储了 Northwind 公司的贸易信息，包含“客户”“订单”“订单明细”“运货商”“雇员”“产品”“供应商”和“类别”八个表。这些表通过各自的字段彼此关联，为 Northwind 公司的业务活动提供数据支持。各表具有的字段名及各表间的联系如图 2—12 所示。

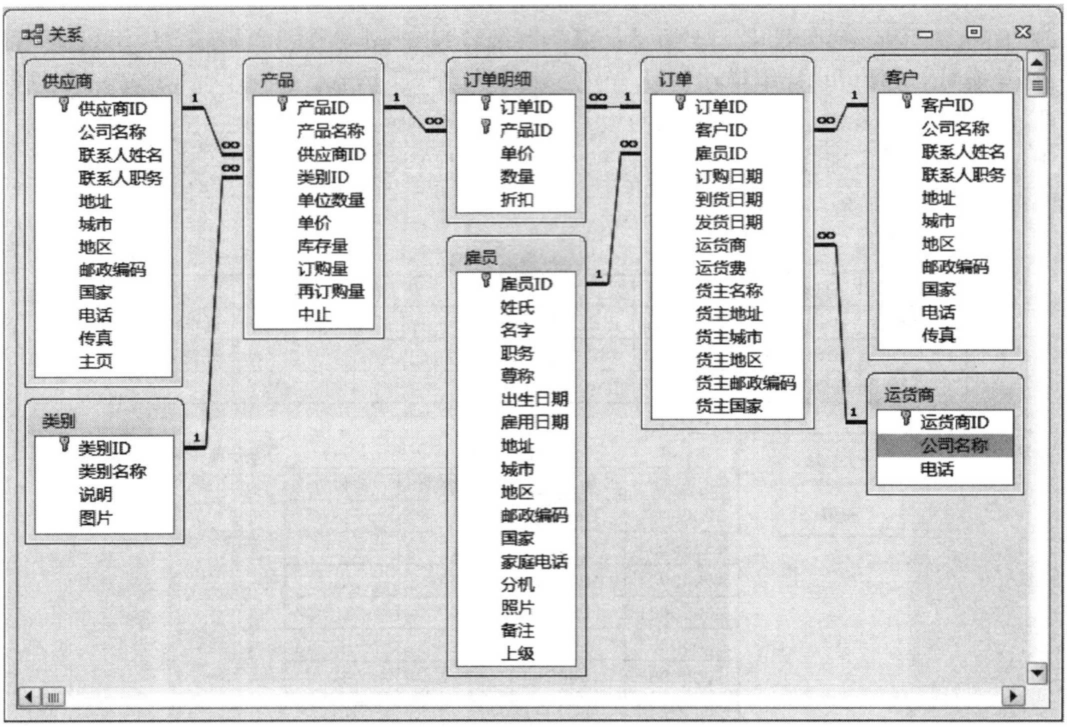


**图 2—12 Northwind 示例数据库中表之间的联系**

下面举例说明 Northwind 数据库及其中表之间的各种联系，如图 2—13、图 2—14 和图 2—15 所示。由于无法将该数据库中的所有数据实例表示出来，所以采用省略号来代表未被表示出来的那些字段和记录。

客户表

| 客户ID | 公司名称 | … |
|---|---|---|
| ERNSH | 正人资源 | … |
| HANAR | 实翼 | … |
| RANCH | 大东补习班 | … |
| TOMSP | 东帝望 | … |
| VINET | 山泰企业 | … |
| … | … | … |

订单表

| 订单ID | 订购日期 | 雇员ID | 客户ID | 运货商 | … |
|---|---|---|---|---|---|
| 10248 | 1996-7-4 | 5 | VINET | 3 | … |
| 10249 | 1996-7-5 | 6 | TOMSP | 1 | … |
| 10250 | 1996-7-8 | 4 | HANAR | 2 | … |
| 11019 | 1998-4-13 | 6 | RANCH | 3 | … |
| 11072 | 1998-5-5 | 4 | ERNSH | 2 | … |
| 10716 | 1997-10-24 | 4 | RANCH | 2 | … |
| … | … | … | … | … | … |

雇员表

| 雇员ID | 姓氏 | 名字 | 职务 | … |
|---|---|---|---|---|
| 4 | 郑 | 建杰 | 销售代表 | … |
| 5 | 赵 | 军 | 销售经理 | … |
| 6 | 孙 | 林 | 销售代表 | … |
| … | … | … | … | … |

运货商表

| 运货商ID | 公司名称 | 电话 |
|---|---|---|
| 1 | 急速快递 | (010) 65559831 |
| 2 | 统一包裹 | (010) 65553199 |
| 3 | 联邦货运 | (010) 65559931 |

（客户表—订单表：1—∞；雇员表—订单表：1—∞；运货商表—订单表：1—∞）

**图 2—13 客户、雇员、运货商和订单表间的联系**

产品表

| 产品ID | 产品名称 | 类别ID | 供应商ID | … |
|---|---|---|---|---|
| 4 | 盐 | 2 | 2 | … |
| 5 | 麻油 | 2 | 2 | … |
| 6 | 酱油 | 3 | 2 | … |
| 14 | 沙茶 | 7 | 6 | … |
| 17 | 猪肉 | 6 | 7 | … |
| 41 | 虾子 | 8 | 19 | … |
| 42 | 糙米 | 5 | 20 | … |
| 51 | 猪肉干 | 7 | 24 | … |
| 65 | 海苔酱 | 2 | 2 | … |
| 72 | 酸奶酪 | 4 | 14 | … |
| … | … | … | … | … |

订单表

| 订单ID | 订购日期 | 雇员ID | 客户ID | 运货商 | … |
|---|---|---|---|---|---|
| 10248 | 1996-7-4 | 5 | VINET | 3 | … |
| 10249 | 1996-7-5 | 6 | TOMSP | 1 | … |
| 10250 | 1996-7-8 | 4 | HANAR | 2 | … |
| 11019 | 1998-4-13 | 6 | RANCH | 3 | … |
| 11072 | 1998-5-5 | 4 | ERNSH | 2 | … |
| 10716 | 1997-10-24 | 4 | RANCH | 2 | … |
| … | … | … | … | … | … |

订单明细表

| 订单ID | 产品ID | 单价 | 数量 | 折扣 |
|---|---|---|---|---|
| 10248 | 17 | 14 | 12 | 0 |
| 10248 | 42 | 9.8 | 10 | 0 |
| 10248 | 72 | 34.8 | 5 | 0 |
| 10249 | 14 | 18.6 | 9 | 0 |
| 10249 | 51 | 42.4 | 40 | 0 |
| 10250 | 41 | 7.7 | 10 | 0 |
| 10250 | 51 | 42.4 | 35 | 0.15 |
| 10250 | 65 | 16.8 | 15 | 0.15 |
| … | … | … | … | … |

**图 2—14 订单、订单明细和产品表间的联系**

类别表

| 类别ID | 类别名称 | … |
|---|---|---|
| 1 | 饮料 | … |
| 2 | 调味品 | … |
| 3 | 点心 | … |
| 4 | 日用品 | … |
| 5 | 谷类/麦片 | … |
| 6 | 肉/家禽 | … |
| 7 | 特制品 | … |
| 8 | 海鲜 | … |

| 产品ID | 产品名称 | 类别ID | 供应商ID | … |
|---|---|---|---|---|
| 4 | 盐 | 2 | 2 | … |
| 5 | 麻油 | 2 | 2 | … |
| 6 | 酱油 | 3 | 2 | … |
| 14 | 沙茶 | 7 | 6 | … |
| 17 | 猪肉 | 6 | 7 | … |
| 41 | 虾子 | 8 | 19 | … |
| 42 | 糙米 | 5 | 20 | … |
| 51 | 猪肉干 | 7 | 24 | … |
| 65 | 海苔酱 | 2 | 2 | … |
| 72 | 酸奶酪 | 4 | 14 | … |
| … | … | … | … | … |

产品表

| 供应商ID | 公司名称 | … |
|---|---|---|
| 2 | 康富食品 | … |
| 6 | 德昌 | … |
| 7 | 正一 | … |
| 14 | 福满多 | … |
| 19 | 普三 | … |
| 20 | 康美 | … |
| 24 | 涵合 | … |
| … | … | … |

供应商表

**图 2—15 产品、类别和供应商表间的联系**

(1)一对多联系

客户和订单之间的联系是一对多的,因为一个客户可以下多个订单,但每个订单只属于一个客户。例如,客户 ID 为“RANCH”的客户可能在 Northwind 公司下了多个订单,订单表中有多条记录反映了这种联系。类似地,一个雇员可以负责多份订单,订单表中的每条记录只能有一个雇员负责;运货商和订单之间也是一对多的联系,因为一个运货商可以承运多个订单,但每个订单只由一个运货商承运;订单明细表连接订单表和产品表,通过订单 ID 和产品 ID 展示每份订单包含的各种产品。这种结构展示了订单表和订单明细表之间的一对多联系,以及产品表和订单明细表之间的一对多联系。

(2)多对多联系

一个产品可以出现在多个订单中,而一个订单可以包含多种产品,通过订单明细表这种多对多的联系被转化为两个一对多的联系。

通过这些表的相互联系,Northwind 数据库能够高效地管理和查询复杂的业务数据。对这些联系的正确理解是进行有效数据查询的基础。

# 2.3 数据库查询

无论在传统企事业单位还是互联网企业中,业务活动都会产生大量数据,这些数据被存放在数据库中。数据库查询允许用户从这些数据中检索所需的信息。例如,从购物网站上按类别查询商品信息,或查询个人订单状态等,都是数据库查询的应用。在 Northwind 公司,不同部门经理如采购、人事或销售经理可能需要查询产品库存、供应商、雇员、销售状况和客户信息等。

数据库查询的本质是从存储的大量数据中筛选出符合特定条件的数据,或对这些数据进行运算以获取汇总信息(如统计信息)。

## 2.3.1 单表查询

数据库查询可以涉及单个表或多个表。单表查询指的是从一个表中检索数据,可以无须设置条件,或可设定一个或多个条件。有时,查询还包括对某些列数据进行运算或对表数据进行汇总后再检索。相对地,当查询涉及两个或更多表时,这种查询称为多表查询。下面先介绍单表查询。

**【例 2—4】** Northwind 公司的采购经理想了解产品的库存情况,库存比较低的产品需要再次订货。试为其设计一个查询,显示库存量小于 10 的产品的 ID、产品名称、单价和库存量等信息。

例2-4 讲解

**【知识点与解题思路】** 在进行数据库查询时,首先需要确定并设置正确的数据源,然后根据需求选择适当的表和字段,并设置必要的查询条件以过滤数据。最后,将查询结果有效地导出到 Excel 以供进一步分析或编辑。具体步骤如下:

第一步,选择数据库文件。

在 Excel 中选择“数据/自其他来源/来自 Microsoft Query”命令,以启动“Microsoft Query”应用程序。对于 Microsoft 2021 版本,首先在“文件/数据”选项卡中启用“显示旧数据导入向导”,然后选择“MS Access Database *”作为数据源。确保取消选中“使用查询向导创建/编辑查询”，以直接进入“查询设计”窗口。接着，在“选择数据库”对话框中选择“Northwind.mdb”文件，如图2—16、图2—17所示。

图2—16 选择数据源对话框

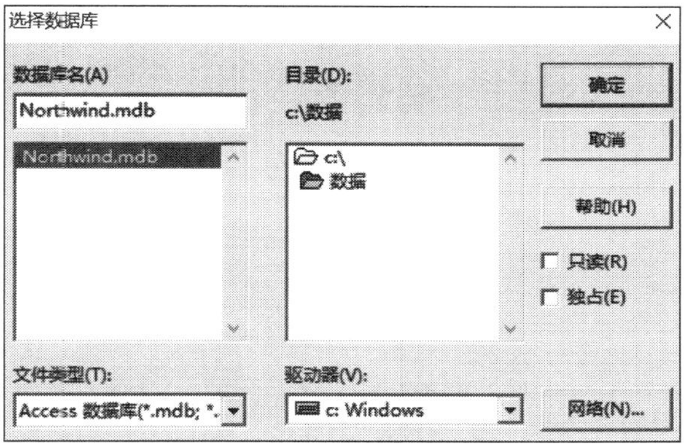


图2—17 选择数据库对话框

注意：用Microsoft Query进行数据查询，可以利用“查询向导”进行数据查询，也可以直接进入“查询设计”窗口进行数据查询。本章仅介绍如何用“查询设计”窗口完成数据查询。

第二步，添加要查询的表。

在“查询设计”窗口通过双击“添加表”对话框中的“产品”表，将其引入查询设计中，如图2—18所示。

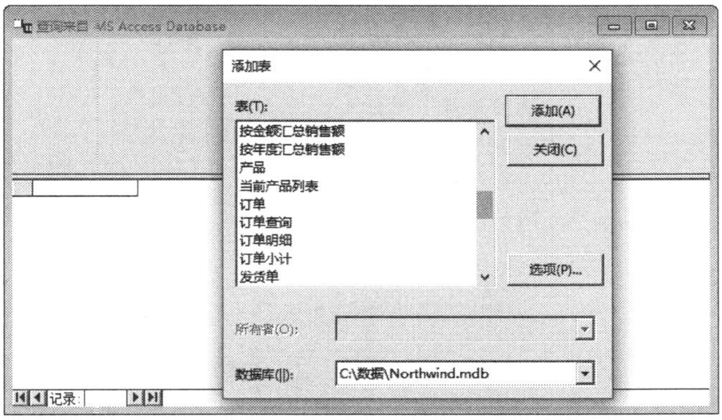


图2—18 查询设计窗口及添加表对话框

第三步，指定查询字段。

在“查询设计”窗口的“表”窗格中，分别双击“产品”表中需要查询的“产品 ID”“产品名称”“单价”和“库存量”等字段，即可将它们显示在“查询结果”窗格中。

第四步，设定查询条件。

通过“视图”选项卡下“条件”命令，添加一个“条件”窗格，并在其中为“库存量”字段设定条件“<10”，筛选出库存量小于 10 的产品，如图 2—19 所示，共 12 条记录。

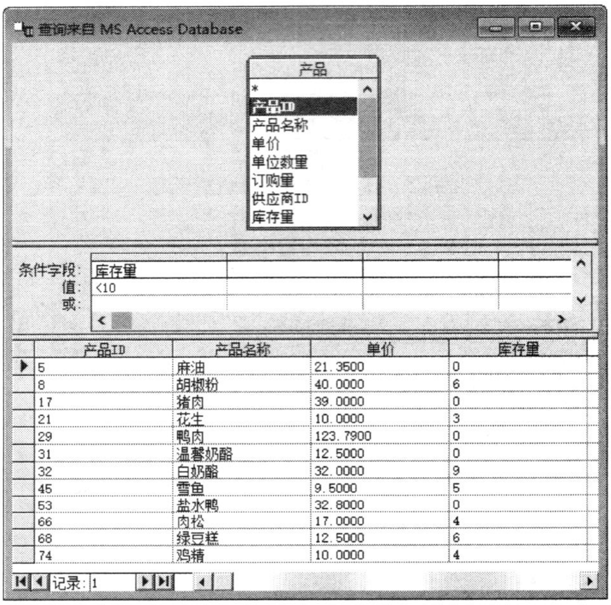


**图 2—19　查询设计窗口**

第五步，返回查询结果到 Excel。

通过选择“文件”菜单中的“将数据返回 Microsoft Excel”命令，将查询结果导出到指定的 Excel 工作表位置，如图 2—20、图 2—21 所示。

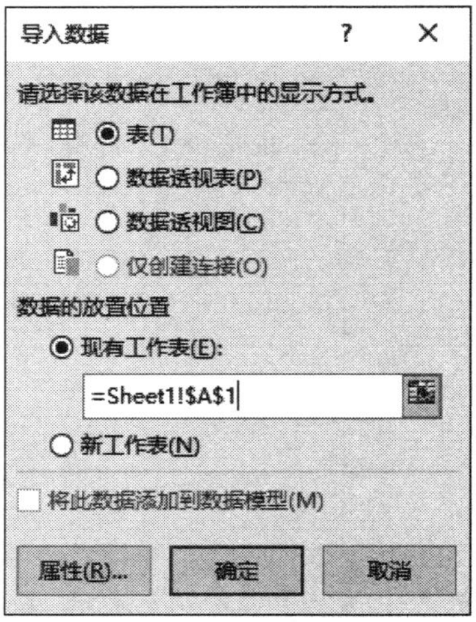


**图 2—20　导入数据对话框**

| | A | B | C | D |
|---|---|---|---|---|
| 1 | 产品ID | 产品名称 | 单价 | 库存量 |
| 2 | 5 | 麻油 | 21.35 | 0 |
| 3 | 8 | 胡椒粉 | 40 | 6 |
| 4 | 17 | 猪肉 | 39 | 0 |
| 5 | 21 | 花生 | 10 | 3 |
| 6 | 29 | 鸭肉 | 123.79 | 0 |
| 7 | 31 | 温馨奶酪 | 12.5 | 0 |
| 8 | 32 | 白奶酪 | 32 | 9 |
| 9 | 45 | 雪鱼 | 9.5 | 5 |
| 10 | 53 | 盐水鸭 | 32.8 | 0 |
| 11 | 66 | 肉松 | 17 | 4 |
| 12 | 68 | 绿豆糕 | 12.5 | 6 |
| 13 | 74 | 鸡精 | 10 | 4 |

**图 2—21 导入的数据**

第六步，调整查询设计。

若需要修改查询结果，可在 Excel 的数据区右击鼠标选择“表格/编辑查询”命令，返回 Microsoft Query 以调整查询设计。

注意：本章后面例子将省略第五和六两个步骤。如果读者需要将数据返回 Excel 或编辑查询，请自行执行该步骤。

**【例 2—5】** 利用例 2—1 生成的“年度总人口. xlsx”文件，查询 2010～2018 年的男性和女性总人口（万人）。

例2-5 讲解

**【知识点与解题思路】** 本题同为单表查询，但数据源为 Excel 文件，因此在使用 Microsoft Query 导入数据时需要注意选择正确类型的数据源，然后根据需求选择适当的表和字段，并设置必要的查询条件以过滤数据。具体步骤如下：

第一步，启动 Microsoft Query 并选择正确的数据源。

选择“Excel Files *”选项以打开“年度总人口. xlsx”文件，从而定位到需要查询的数据文件。

第二步，添加要查询的表。

在“添加表”对话框中选择并添加“年度总人口 $”表到查询设计窗口。注意，可进入选项进行设置，把包括系统表的所有类型表格都选中。

第三步，指定查询字段。

在“查询设计”窗口的“表”窗格中双击“年份”“男性人口（万人）”和“女性人口（万人）”字段，以便在“查询结果”窗格中显示这些数据。

第四步，设置查询条件。

使用“视图/条件”命令添加并设置查询条件，以过滤并显示符合条件的查询结果，如图 2—22 所示。

上面的两个例子分别对 Access 数据库文件“Northwind. mdb”和 Excel 文件“年度总人口. xlsx”进行了数据查询。不难看出，当使用 Microsoft Query 应用程序进行数据查询时，可以采用一种通用的方法对不同类型的数据库文件进行查询，而不需要了解这些数据库本身在结构上以及查询方法上的区别。

**图 2—22 查询条件和查询结果**

## 2.3.2 多表查询

1. 简单的多表查询

用户查询的信息可以仅来自数据库的一张表，也可以来自两张表或更多的表。在绝大多数情况下，查询的数据来源非常广泛，也可能来自不同系统、不同数据库，甚至跨不同网络平台。对于多表查询须了解如下两个问题：

(1)查询中使用到的各个字段分别来自哪些表；

(2)查询所涉及的表与表之间存在着何种联系，这些联系是通过哪些字段建立起来的。

下面举例说明多表查询的具体步骤。

**【例 2—6】** Northwind 公司的采购经理想了解低库存产品的供应商信息，并安排实际的采购工作，以防缺货的发生。试为其设计一个查询，显示库存量小于 10 的产品的 ID、名称、单价、库存量和供应商的公司名称、联系人姓名和电话等信息。

**例2-6 讲解**

**【知识点与解题思路】** 本例查询涉及的信息来自两个表，其中产品 ID、产品名称、单价和库存量信息来自产品表，而供应商的公司名称、联系人姓名和电话来自供应商表。这两个表之间通过供应商 ID 字段可以建立一对多的联系。本例的具体步骤如下：

第一步，选择数据库文件。

打开“Northwind. mdb”数据库，并进入“添加表”对话框。

第二步，添加要查询的多个表。

选择“产品”和“供应商”两个表，注意这两个表通过“供应商 ID”自动关联，如图 2—23 所示。

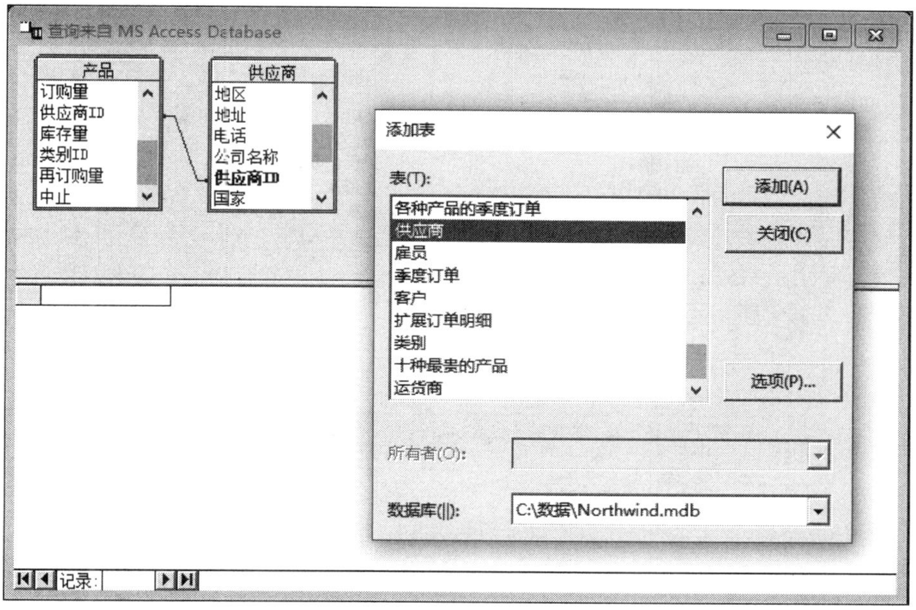


图 2—23　查询设计窗口

注意：在启动 Microsoft Query 软件进行数据查询时，如果添加到“查询设计”的两个表之间有名字相同且数据类型相匹配的公共字段的话，软件会自动通过该字段建立表之间的联系。

第三步，指定查询字段。

从“产品”表选择“产品 ID”“产品名称”“单价”和“库存量”，从“供应商”表选择“公司名称”“联系人姓名”和“电话”。

第四步，设置查询条件。

在“视图/条件”中添加条件，设置库存量小于 10，以筛选满足条件的产品信息，如图 2—24 所示。

2. 内连接

上例的查询是对多个表的数据，按照一定的条件同时进行查询，组成了一个综合性的、来自多个表的结果集，这样的查询称为连接查询。连接查询可以分为内连接和外连接，其中内连接是将多个表中符合条件的记录挑选出来组成一个结果集。

在执行内连接查询时，只有那些在指定字段上符合连接条件的记录才会被包括在结果集中。例如，在产品表和供应商表之间的连接，如果“供应商 ID”字段的值在两个表中相同，则这些记录会被连接起来。这种连接关系通过在查询设计窗口中双击表之间的连线并设置适当条件来配置。例如，双击图 2—24 产品表和供应商表之间的连线，即可打开如图 2—25 所示的“连接”对话框，该关系表明产品表和供应商表中供应商 ID 字段的值相等的记录会连接在一起产生一个结果记录。

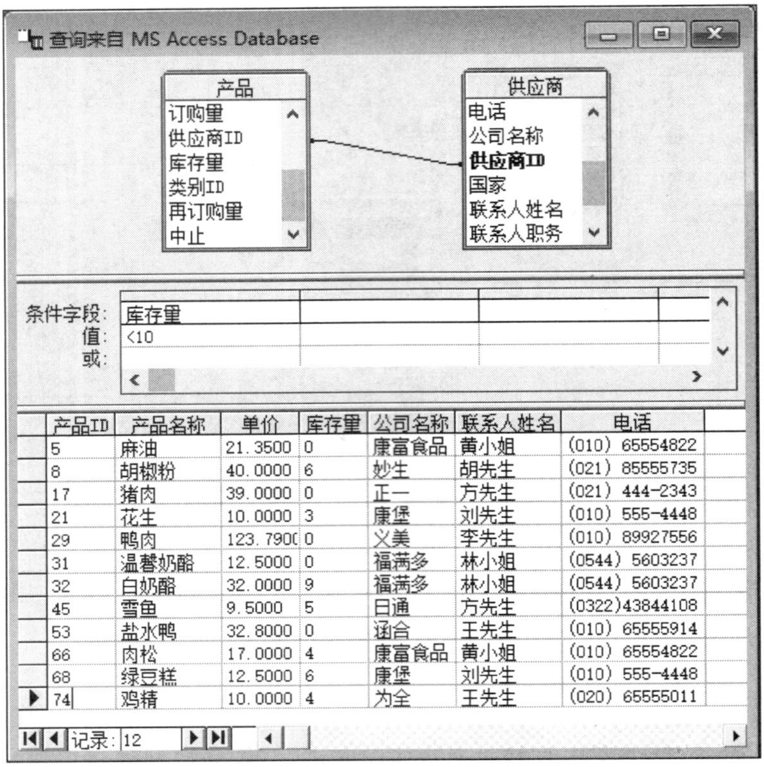


图 2—24 库存量小于 10 的产品相关信息

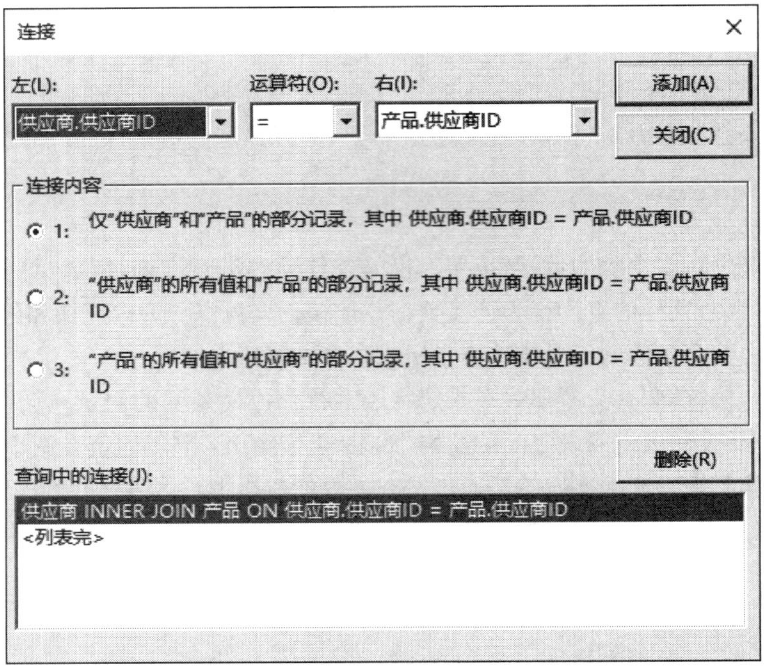


图 2—25 连接对话框

图 2—26 所展示的是为连接查询的结果，该查询选择的是供应商表和产品表中供应商 ID 相同的记录。

产品表

| 产品ID | 产品名称 | 单价 | 库存量 | 供应商ID |
|---|---|---|---|---|
| 5 | 麻油 | 21.35 | 0 | 2 |
| 8 | 胡椒粉 | 40 | 6 | 3 |
| 17 | 猪肉 | 39 | 0 | 7 |
| 21 | 花生 | 10 | 3 | 8 |
| 29 | 鸭肉 | 123.79 | 0 | 12 |
| 31 | 温馨奶酪 | 12.5 | 0 | 14 |
| 32 | 白奶酪 | 32 | 9 | 14 |
| 45 | 雪鱼 | 9.5 | 5 | 21 |
| 53 | 盐水鸭 | 32.8 | 0 | 24 |
| 66 | 肉松 | 17 | 4 | 2 |
| 68 | 绿豆糕 | 12.5 | 6 | 8 |
| 74 | 鸡精 | 10 | 4 | 4 |

供应商表

| 供应商ID | 公司名称 | 联系人姓名 | 电话 |
|---|---|---|---|
| 2 | 康富食品 | 黄小姐 | (010) 65554822 |
| 3 | 妙生 | 胡先生 | (021) 85555735 |
| 4 | 为全 | 王先生 | (020) 65555011 |
| 7 | 正一 | 方先生 | (021) 444-2343 |
| 8 | 康堡 | 刘先生 | (010) 555-4448 |
| 12 | 义美 | 李先生 | (010) 89927556 |
| 14 | 福满多 | 林小姐 | (0544) 5603237 |
| 21 | 日通 | 方先生 | (0322)43844108 |
| 24 | 涵合 | 王先生 | (010) 65555914 |

按“供应商ID字段值相等”的条件进行连接

连接结果

| 产品ID | 产品名称 | 单价 | 库存量 | 供应商ID | 公司名称 | 联系人姓名 | 电话 |
|---|---|---|---|---|---|---|---|
| 5 | 麻油 | 21.35 | 0 | 2 | 康富食品 | 黄小姐 | (010) 65554822 |
| 8 | 胡椒粉 | 40 | 6 | 3 | 妙生 | 胡先生 | (021) 85555735 |
| 17 | 猪肉 | 39 | 0 | 7 | 正一 | 方先生 | (021) 444-2343 |
| 21 | 花生 | 10 | 3 | 8 | 康堡 | 刘先生 | (010) 555-4448 |
| 29 | 鸭肉 | 123.79 | 0 | 12 | 义美 | 李先生 | (010) 89927556 |
| 31 | 温馨奶酪 | 12.5 | 0 | 14 | 福满多 | 林小姐 | (0544) 5603237 |
| 32 | 白奶酪 | 32 | 9 | 14 | 福满多 | 林小姐 | (0544) 5603237 |
| 45 | 雪鱼 | 9.5 | 5 | 21 | 日通 | 方先生 | (0322)43844108 |
| 53 | 盐水鸭 | 32.8 | 0 | 24 | 涵合 | 王先生 | (010) 65555914 |
| 66 | 肉松 | 17 | 4 | 2 | 康富食品 | 黄小姐 | (010) 65554822 |
| 68 | 绿豆糕 | 12.5 | 6 | 8 | 康堡 | 刘先生 | (010) 555-4448 |
| 74 | 鸡精 | 10 | 4 | 4 | 为全 | 王先生 | (020) 65555011 |

**图 2—26　产品表和供应商表之间的连接关系及其结果**

在内连接查询中，正确建立表之间的联系是非常重要的，这种表之间的联系主要是通过如下三种方式建立的：

(1)若查询中涉及的表有公共的字段名，则 Microsoft Query 应用程序会自动根据两个表之间的公共字段名建立联系。例 2—6 的产品表和供应商表之间的联系是由 Microsoft Query 应用程序自动建立的。

(2)若查询中涉及的表之间没有直接的联系，则可引入中间表，再由 Microsoft Query 应用程序自动根据表之间的公共字段名建立联系。下例中“订单”表和“产品”表之间的联系就是通过中间表(“订单明细”表)来实现的。

(3)若查询中涉及的表之间有联系却没有公共的字段名，则可以通过手工方式来添加联系。下例中涉及的“运货商”表和“订单”表之间就没有相同的字段名，它们间的联系需要用手工的方式来建立。

**【例 2—7】** Northwind 公司的销售经理希望了解饮料类产品的第一大客户“高上补习班”购买了哪些饮料以及具体的订单信息，该查询要求显示该客户所有订单的 ID、发货日期和购买的产品名称，并将查询结果按订单 ID 和产品名称的升序排序。

**例2-7 讲解**

**【知识点与解题思路】** 要在 Microsoft Query 中成功查询涉及多个表的数据，首先需要确保所有相关表都被添加到查询设计中。在例子中，因为“运货商”表和“订单”表间缺乏自动连接的字段，必须手动建立它们之间的联系。手动建立联系的关键步骤是通过拖拉操作，将两个表中相关联的字段连接起来，这样可以确保查询能够跨多个表准确地反映出所需的信息。此外，在本例中将学习如何设定结果的排序方式。具体步骤如下：

第一步，选择数据库文件。

打开“Northwind. mdb”数据库文件以开始查询过程。

第二步，添加要查询的表。

将订单表和产品表添加到查询设计窗口，检查两者之间的自动连接，确认是否需要手动建立联系。

第三步，建立必要的表间联系。

由于订单表和产品表之间没有直接联系，添加“订单明细”表以建立这两表间的连接。

第四步，指定查询字段。

选取订单表中的订单 ID 和发货日期字段以及产品表中的产品名称字段，为后续查询显示所需数据。

第五步，设置查询条件。

添加客户表和类别表，设置公司名称为“高上补习班”和类别名称为“饮料”的查询条件，以筛选特定客户和产品类别的数据，如图 2－27 所示。

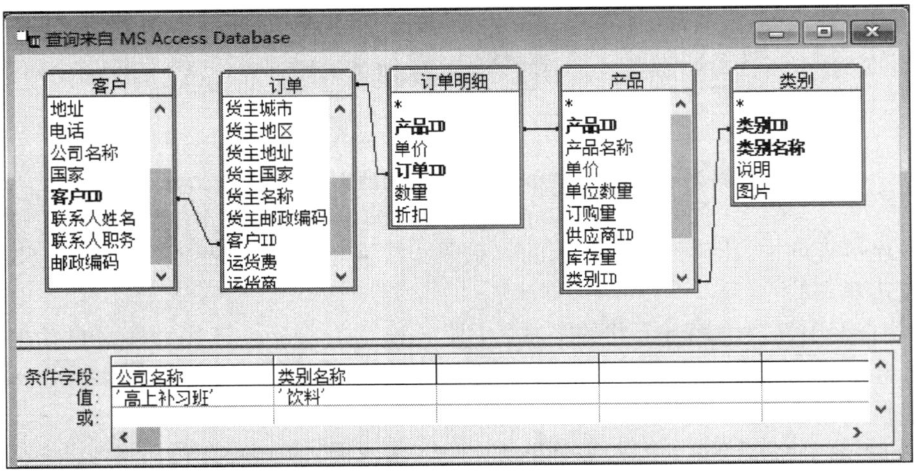


**图 2－27　添加条件的查询设计窗口**

注意：“高上补习班”和“饮料”这两个条件值放在同一行代表这两个条件是需要同时满足的，它们之间是“与”的关系。

第六步，设定结果的排序方式。

在查询设计窗口中设置排序条件，选择按订单 ID 和产品名称升序排列，以方便结果的查看和分析，如图 2－28、图 2－29 所示。

第七步，显示查询结果。

显示通过所有设定条件和排序处理后的查询结果，如图 2－30 所示。

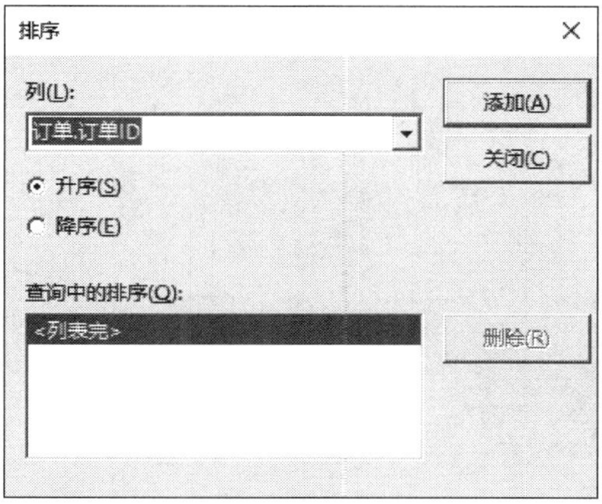


图 2—28 未添加排序字段的排序对话框

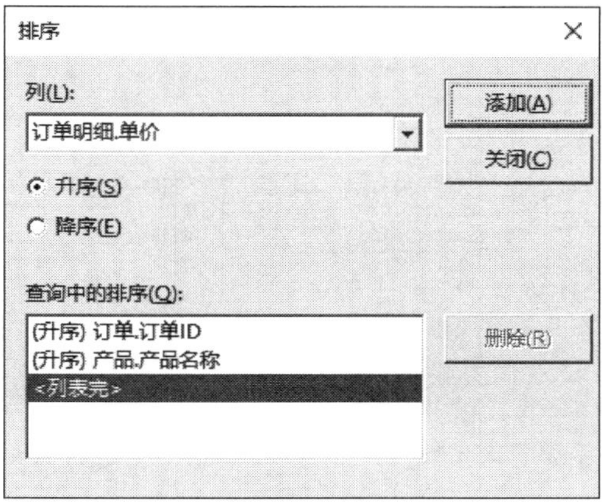


图 2—29 添加排序字段后的排序对话框

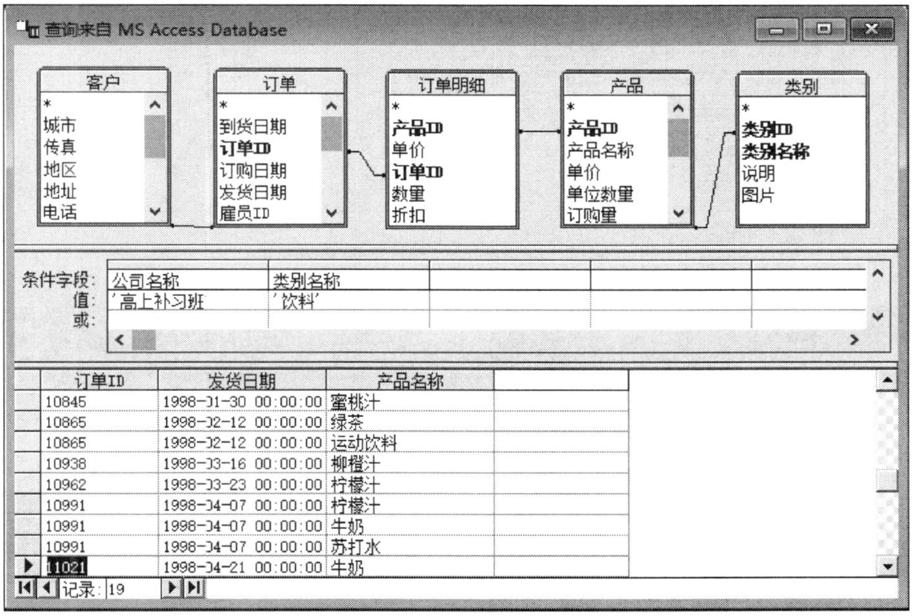


图 2—30 排序后的查询结果

如果 Northwind 公司的销售经理还想进一步了解“高上补习班”这个客户在 1996 年至 1997 年购买饮料的订单信息及运货商名称，这就需要在原来查询的基础上再添加一个“运货商”表，并添加关于“订购日期”的查询条件，另外还要在查询结果中添加订购日期和运货商表的“公司名称”字段，如 2—31 所示。

注意：由于“运货商”表和“订单”表没有相同的字段名，Microsoft Query 无法自动建立它们之间的联系，如图 2—32 所示。为手动建立联系，单击并拖动“运货商”表的“运货商 ID”字段到“订单”表的“运货商”字段上。这样操作后，两个表之间的连接便被建立，如图 2—33 所示，表示通过“运货商 ID”链接“运货商”和“订单”表。

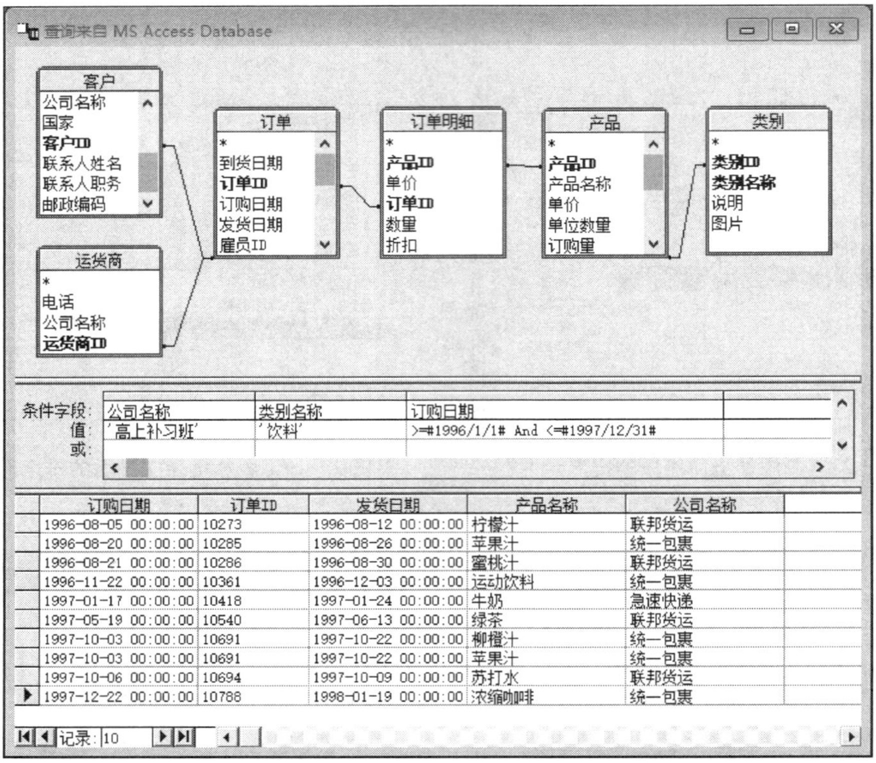


**图 2—31 例 2—7 的查询结果**

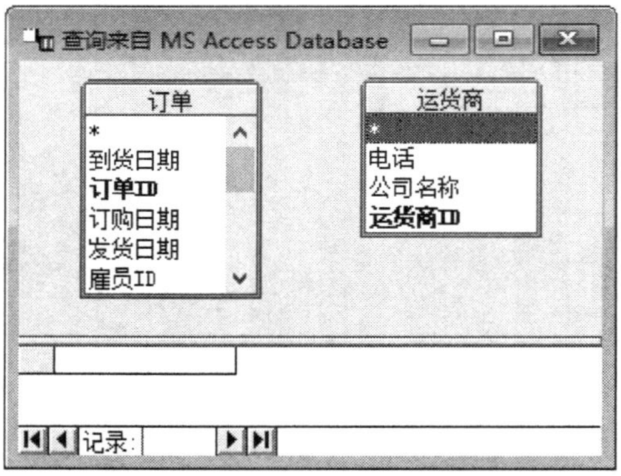


**图 2—32 未建立联系的订单和运货商表**

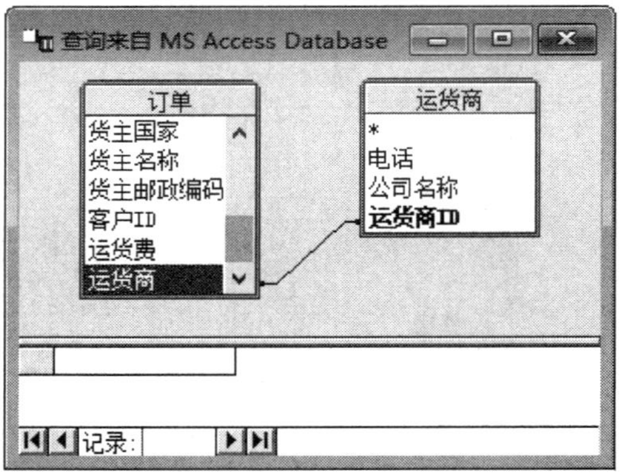


**图 2—33 手工建立联系后的订单和运货商表**

3. 外连接

前面介绍的涉及多个表的查询都属于内连接，即查询结果中包含的都是符合连接条件的记录。但有时需要将不符合连接条件的记录一并查询出来，这些记录可通过外连接获得。

**【例 2—8】** Northwind 公司雇员的上下级关系反映了公司的组织架构，通过查询所有雇员的 ID、姓氏、名字、职务及其上司的姓氏、名字和职务就可了解 Northwind 公司销售业务人员的上下级关系。

例2-8 讲解

**【知识点与解题思路】** 该查询与以前介绍的多表连接查询的区别在于为了

获得所需要的信息,需要对同一张表进行反复查询。如为了找到雇员“张颖”及其上级的相关信息,必须先找到“张颖”的“上级”字段值“2”,然后再在雇员表中寻找“雇员 ID”为“2”的雇员(即张颖的上级)的姓氏、名字和职务信息。这样一种需要对同一个表进行反复查询的连接称为自身连接。完成这类连接时,读者只要把同一张表在逻辑上看成两个不同的表就很容易理解查询过程了。本例的查询思路如图 2—34 所示。

雇员表

| 雇员ID | 姓氏 | 名字 | 职务 | 上级 |
|---|---|---|---|---|
| 1 | 张 | 颖 | 销售代表 | 2 |
| 2 | 王 | 伟 | 副总裁(销售) | |
| 3 | 李 | 芳 | 销售代表 | 2 |
| 4 | 郑 | 建杰 | 销售代表 | 2 |
| 5 | 赵 | 军 | 销售经理 | 2 |
| 6 | 孙 | 林 | 销售代表 | 5 |
| 7 | 金 | 士鹏 | 销售代表 | 5 |
| 8 | 刘 | 英玫 | 内部销售协调员 | 2 |
| 9 | 张 | 雪眉 | 销售代表 | 5 |

雇员_1表

| 雇员ID | 姓氏 | 名字 | 职务 | 上级 |
|---|---|---|---|---|
| 1 | 张 | 颖 | 销售代表 | 2 |
| 2 | 王 | 伟 | 副总裁(销售) | |
| 3 | 李 | 芳 | 销售代表 | 2 |
| 4 | 郑 | 建杰 | 销售代表 | 2 |
| 5 | 赵 | 军 | 销售经理 | 2 |
| 6 | 孙 | 林 | 销售代表 | 5 |
| 7 | 金 | 士鹏 | 销售代表 | 5 |
| 8 | 刘 | 英玫 | 内部销售协调员 | 2 |
| 9 | 张 | 雪眉 | 销售代表 | 5 |

连接条件:雇员表的上级字段的值等于雇员_1表的雇员

连接结果

| 雇员ID | 姓氏 | 名字 | 职务 | 上级姓氏 | 上级名字 | 上级职务 |
|---|---|---|---|---|---|---|
| 1 | 张 | 颖 | 销售代表 | 王 | 伟 | 副总裁(销售) |
| 3 | 李 | 芳 | 销售代表 | 王 | 伟 | 副总裁(销售) |
| 4 | 郑 | 建杰 | 销售代表 | 王 | 伟 | 副总裁(销售) |
| 5 | 赵 | 军 | 销售经理 | 王 | 伟 | 副总裁(销售) |
| 6 | 孙 | 林 | 销售代表 | 赵 | 军 | 销售经理 |
| 7 | 金 | 士鹏 | 销售代表 | 赵 | 军 | 销售经理 |
| 8 | 刘 | 英玫 | 内部销售协调员 | 王 | 伟 | 副总裁(销售) |
| 9 | 张 | 雪眉 | 销售代表 | 赵 | 军 | 销售经理 |

**图 2—34 自身连接**

本例的具体步骤如下:

第一步,选择数据库文件。

打开“Northwind. mdb”并开始查询设计。

第二步,添加要查询的表。

由于是自身连接,需将雇员表添加两次,一次作为雇员视角,另一次作为上级视角。系统自动给第二次添加的表命名为雇员_1,以便与原来的表名进行区别。

第三步,建立正确的表间连接。

在雇员表和雇员_1 表之间有一个自动建立在雇员 ID 字段上的连接,这个连接是不需要的,删除默认连接,手动将“上级”字段与另一个雇员表的“雇员 ID”字段相连,如图 2—35 所示。

第四步,选择查询字段。

选择雇员 ID、姓名、职务及其上级的对应信息,此时有 8 条记录,如图 2—36 所示。

第五步,修改表间连接为外连接。

当前两表之间的连接为内连接。在上例的雇员表中本来有 9 个雇员,查询结果却仅出现

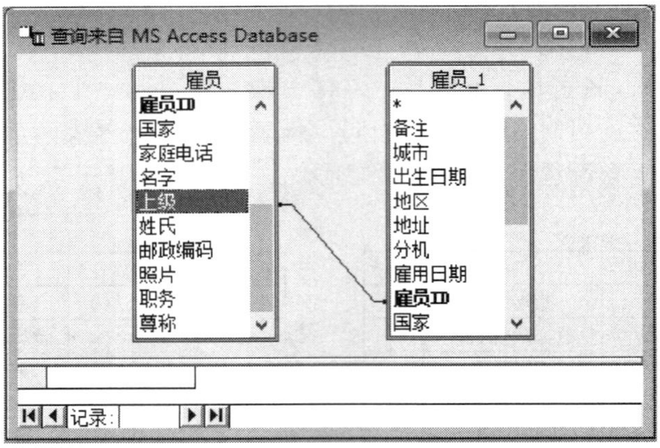


图 2—35　重建链接查询窗口

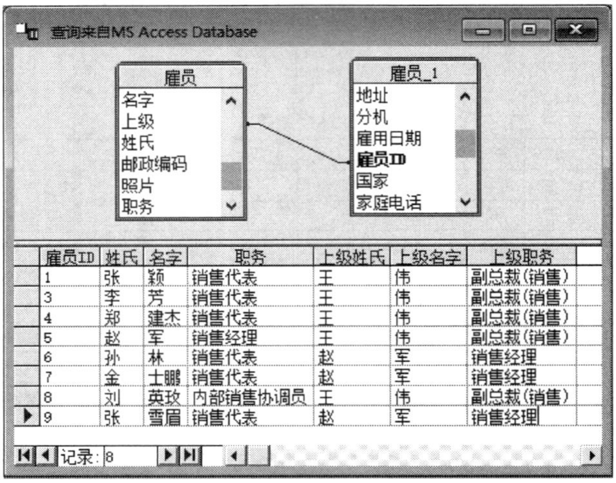


图 2—36　内连接查询结果

了 8 个雇员的信息。双击上级字段与雇员 ID 字段间的连线，出现如图 2—37 所示的连接对话框，查看其连接内容为："仅'雇员'和'雇员_1'的部分记录，其中雇员．上级＝雇员_1. 雇员 ID"，该连接内容表明在连接产生的结果中仅包含的是满足条件"雇员．上级＝雇员_1. 雇员 ID"的记录。而雇员 ID 为 2 的雇员记录的上级字段的值是空的，在雇员_1 表中找不到满足条件的记录与其相对应，所以查询结果中就少了该雇员的信息。

将内连接改为外连接。本例查询实际上是要获得雇员表的全部记录和雇员_1 表中满足条件的部分记录，因此应在连接内容部分将第二项"雇员的所有值和雇员_1 表的部分记录，其中雇员．上级＝雇员_1. 雇员 ID"选中，并单击"添加"按钮修改连接类型。外连接的查询结果如图 2—38 所示，其中包含了雇员表的全部记录，共 9 个记录。

注意：如图 2—37 所示，连接内容的第一项被选中的话，执行的是内连接(INNER JOIN)查询；而第二、三项被选中的话，执行的就是外连接(OUTER JOIN)查询。

第六步，查看 SQL 语句。

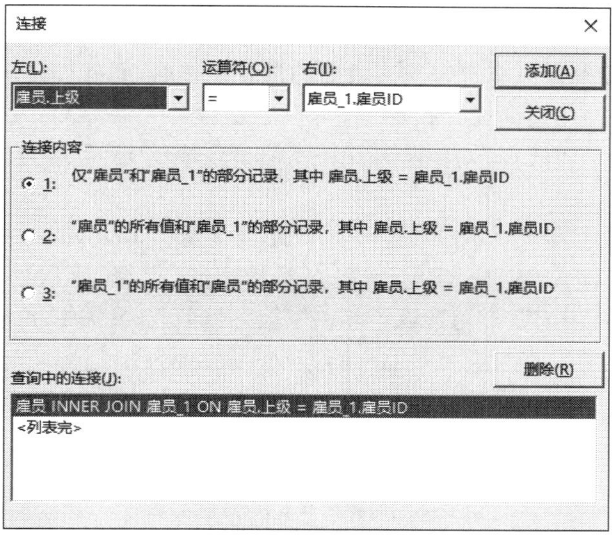


图 2—37 内连接对话框

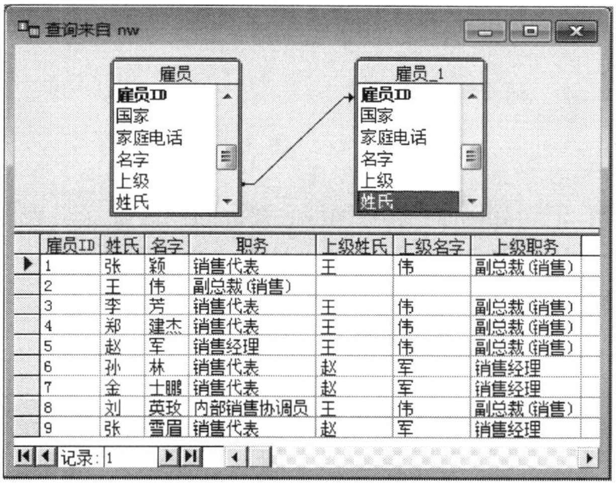


图 2—38 外连接查询结果

SQL(Structured Query Language,结构化查询语言)是操作关系数据库的标准语言。在 Microsoft Query 中进行的查询设计会自动转换为 SQL 语句,这使数据库操作更加标准化和可控。在本例中,通过使用 SQL 的 SELECT 语句,可以精确地定义需要从数据库中检索的数据和条件。

SELECT 语句的基本格式如下:

SELECT <字段名 1>,<字段名 2>,…,<字段名 n>

FROM <表名 1>,<表名 2>,…,<表名 m>

WHERE <条件>;

该语句的含义是:从 FROM 子句所指定的一个或若干个表中,按照 WHERE 子句规定的条件，查询出满足条件的那些行（或称记录）中的字段 1～字段 n 的值。

对于内连接和外连接，可以通过更改 WHERE 子句或使用特定的 JOIN 语句来调整查询的行为。例如，内连接确保只有符合连接条件的记录被选取，而外连接包含了即使不满足连接条件也会显示的记录。在查询设计视图中，可以单击 Microsoft Query 中的“SQL”命令按钮或“视图/SQL(S)”命令切换到 SQL 视图查看或编辑生成的 SQL 语句，进一步理解和调整查询逻辑。

本例内连接的 SQL 语句如图 2—39 所示，此查询从“Northwind. mdb”中的雇员表和雇员_1 表中抽取数据。使用 WHERE 子句确保雇员表的“上级”字段值与雇员_1 表的“雇员 ID”字段值相匹配。SELECT 子句选取了相关字段，并通过 AS 关键字为结果列设置别名。

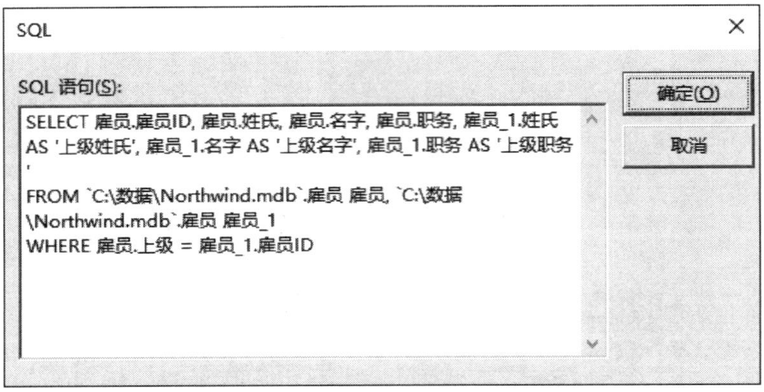


**图 2—39　SQL 视图 1**

本例外连接的 SQL 语句如图 2—40 所示，此查询同样涉及雇员表和雇员_1 表，但采用了左外连接（LEFT OUTER JOIN）。这意味着雇员表的所有记录无论是否满足连接条件，均会显示在查询结果中。

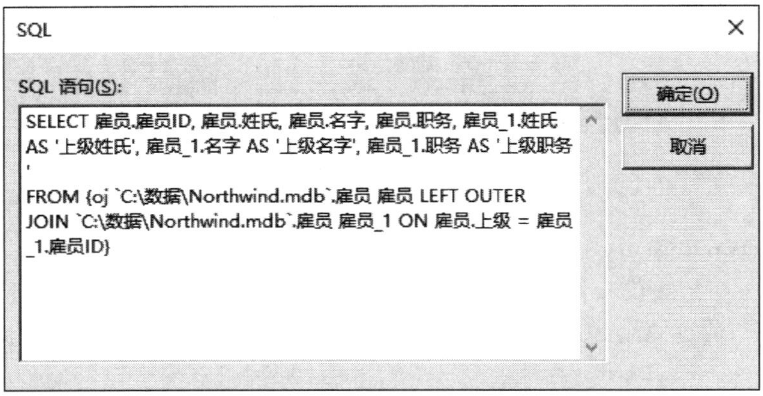


**图 2—40　SQL 视图 2**

## 2.3.3 计算与汇总查询

1. 计算字段

对于数据库中保存的各种表数据，用户可以对其中的某些字段进行简单的计算后取出。对表中某些原有字段进行适当计算后生成的新字段称为计算字段。下面将介绍如何使用计算字段。

**【例 2—9】** Northwind 公司人事经理希望了解某些员工（如赵军和孙林）所负责的订单的详细信息，包括雇员的姓名、所负责的订单的 ID、订单上订购的产品的名称及其销售金额，并将查询结果按姓名、订单 ID 和产品名称的升序排序。

例2-9 讲解

**【知识点与解题思路】** 本例查询涉及多个表中的多个字段，但“销售金额”和“姓名”两个字段在数据库中是没有的，需要构建相应的计算字段。其中，“销售金额”需要利用订单明细表的数量、单价和折扣字段的值，并按照公式“销售金额＝数量×单价×（1－折扣）”来计算；“姓名”需要利用雇员表的姓氏和名字字段的值，并按照公式“姓名＝姓氏 & 名字”来计算，其中“&”是字符串的连接运算符，具体步骤如下：

第一步，选择数据库文件。

导入“Northwind.mdb”并开始查询设计。

第二步，设置要查询的表、查询条件与查询字段。

选择雇员表、订单表、订单明细表和产品表，设置如图 2—41 所示的查询条件。

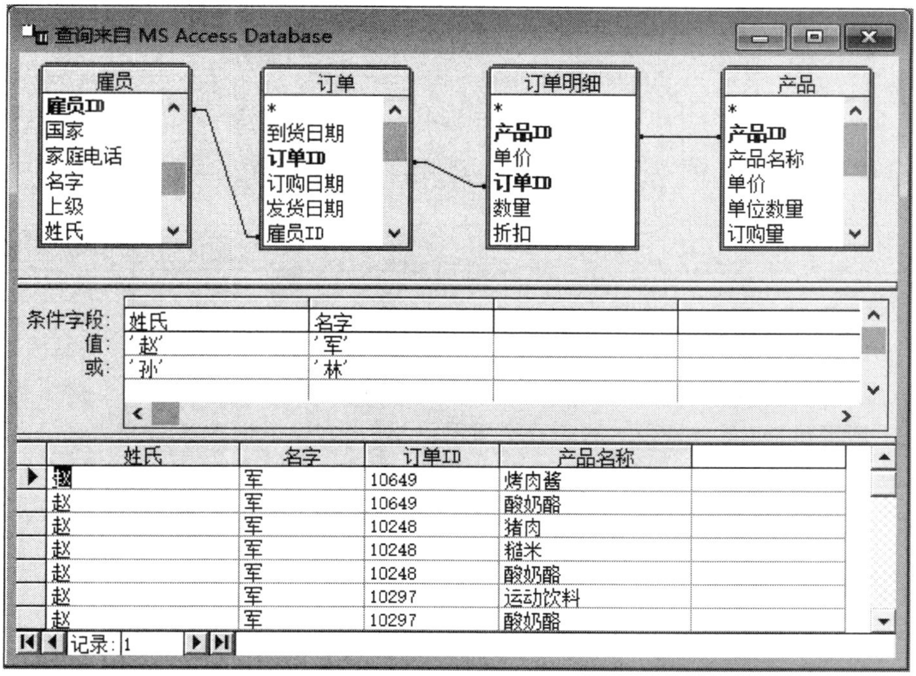


图 2—41 多表查询设计窗口

第三步，构建计算字段。

分别构建“销售金额”和“姓名”两个计算字段。在“查询结果”窗格的“产品名称”列右边空白列的第一行中直接输入用于产生计算字段的算术表达式"订单明细.单价×数量×(1－折扣)",按回车键后即可生成一个"销售金额"计算字段。然后,在刚生成的销售金额计算字段右边空白列的第一行中直接输入表达式"姓氏 & 名字",即可生成"姓名"计算字段,如图 2－42 所示。

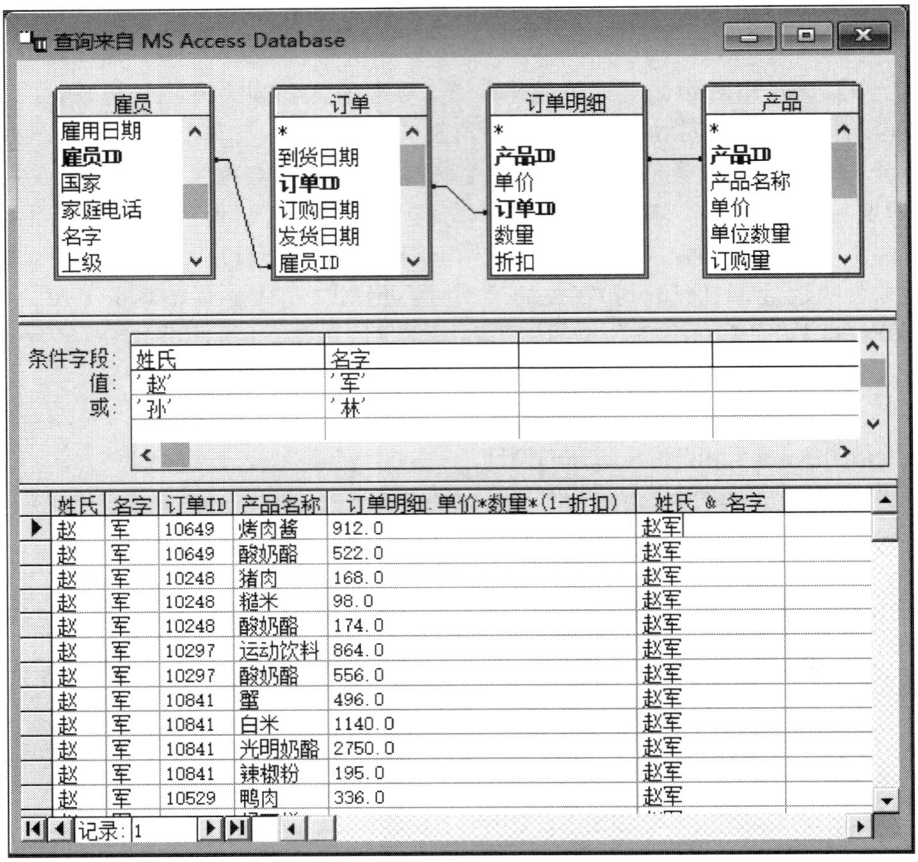


**图 2－42 生成计算字段**

注意:在计算销售金额时,注意区分订单明细和产品表中的"单价"字段。订单明细表中的"单价"表示销售价格,而产品表中的则表示采购价格。因此,确保在算术表达式"订单明细.单价 * 数量 * (1－折扣)"中正确引用"订单明细.单价"字段。

调整显示名称。要更改计算字段的显示名称,双击"销售金额"列的列标,输入新的列标"销售金额"以更新,如图 2－43 所示。同样,可以更改"姓名"计算字段的列标。

优化字段布局。创建"姓名"字段后,应删除不再需要的"姓氏"和"名字"字段。选择这些字段并使用"编辑/删除"命令将其从查询结果中移除。然后,将"姓名"列调整至"订单 ID"列的左侧,以优化数据显示顺序。

第四步,设定结果的排序方式。

在排序对话框中,选择"姓名"(姓氏 & 名字)"订单 ID"(订单.订单 ID)和"产品名称"(产品.产品名称),并设定排序参数以便按这些字段升序排列。排序后的查询结果展示了 285 条数据,如图 2－44 所示。

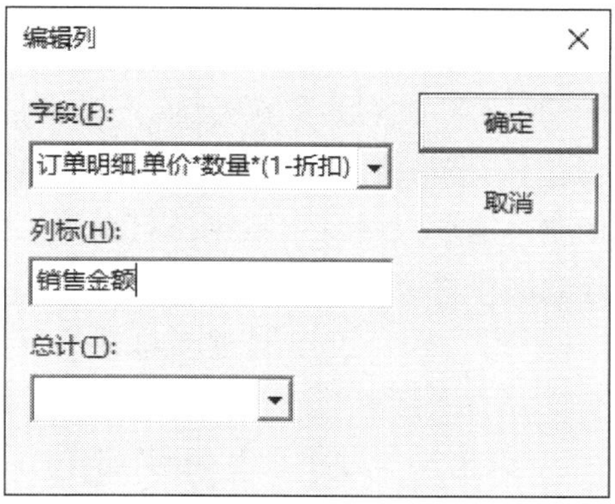


图 2—43　修改列标

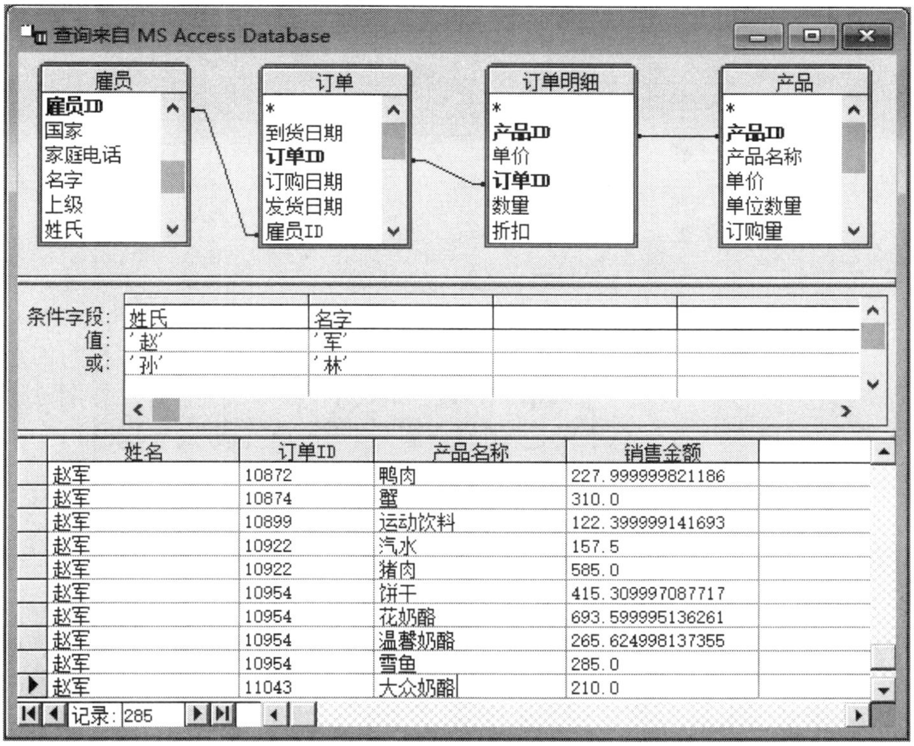


图 2—44　员工负责的订单查询结果

注意:在编写计算字段的表达式时,需要根据字段的数据类型选择合适的运算符。此外,为了精确控制数据格式,可在表达式中使用函数调整显示结果。例如,若需将“销售金额”字段的小数位数限制为两位,可以使用 Round()函数。具体方法是双击“销售金额”字段列标,在“编辑列”对话框中将字段表达式修改为“Round(订单明细.单价 * 数量 *(1—折扣),2)”,这样操作后,所有的销售金额将只显示两位小数。

2. 汇总查询

在现代经济管理中，汇总查询是处理和分析数据的核心方法之一。它允许企业从大量的交易和操作记录中提取有价值的信息，如客户购买行为、产品销售性能和市场趋势。通过对特定字段进行聚合操作，如计算总和、平均值、最大值和最小值，汇总查询帮助决策者快速评估业务表现和经济指标。例如，企业可能通过对订单数据按订单 ID 进行分组和求和，来分析各个产品的销售额，从而制定更有效的销售策略和价格调整。

在使用 Microsoft Query 进行查询时，可以通过汇总某个或多个字段的值来分析其他字段（包括计算字段）。例如，要统计不同订单的总销售金额，可按“订单 ID”字段分组，以此分类汇总“销售金额”计算字段的值。具体操作是将具有相同“订单 ID”的订单归为一个组，然后计算每组内产品的销售总额，如图 2—45 所示。

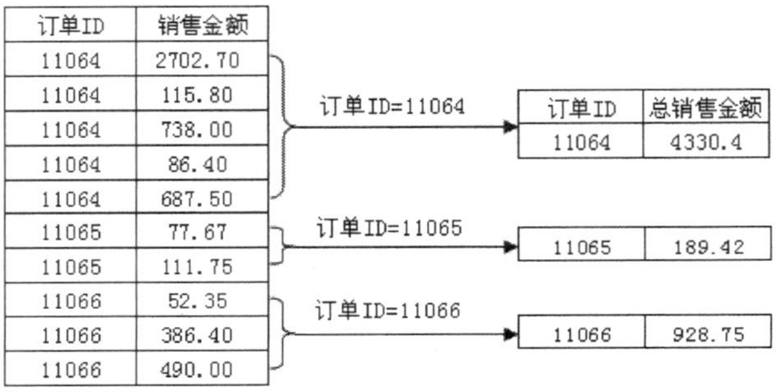


**图 2—45　分类汇总**

在进行分类汇总时，用于分组的字段称为分类字段，而需要汇总的字段称为汇总字段。对汇总字段的处理方法包括“求和”“平均值”“计数”“最大值”和“最小值”等。在图 2—45 的示例中，分类字段是“订单 ID”，而汇总字段是“销售金额”，采用的汇总方式为“求和”。

下面举例说明如何在 Microsoft Query 中进行汇总查询。

**【例 2—10】** 人事经理想了解每个雇员的销售业绩和工作效率等，该查询要求显示每位雇员的总销售额及每份订单的平均销售额，以便对雇员的销售工作做出评价。

例2-10 讲解

**【知识点与解题思路】** 本例将学习如何使用数据库执行复杂的分类汇总查询，包括创建计算字段、设定分类与汇总字段，并通过编写嵌套的 SQL 语句来计算总和与平均值。具体步骤如下：

第一步，选择数据库文件。

导入“Northwind. mdb”并开始查询设计。

第二步，设置要查询的表与查询条件。

选择雇员表、订单表和订单明细表，指定雇员、姓氏等查询字段。

第三步，构建计算字段。

计算每位雇员的对应订单 ID 的销售金额。构建“姓名”和“订单明细. 单价 * 数量 *（1—折扣）”两个计算字段，如图 2—46 所示布置查询设计。

第四步，设置分类与汇总字段。

汇总每位雇员所负责的同一订单 ID 的总销售金额。通过设置“姓名”和“订单 ID”为分类

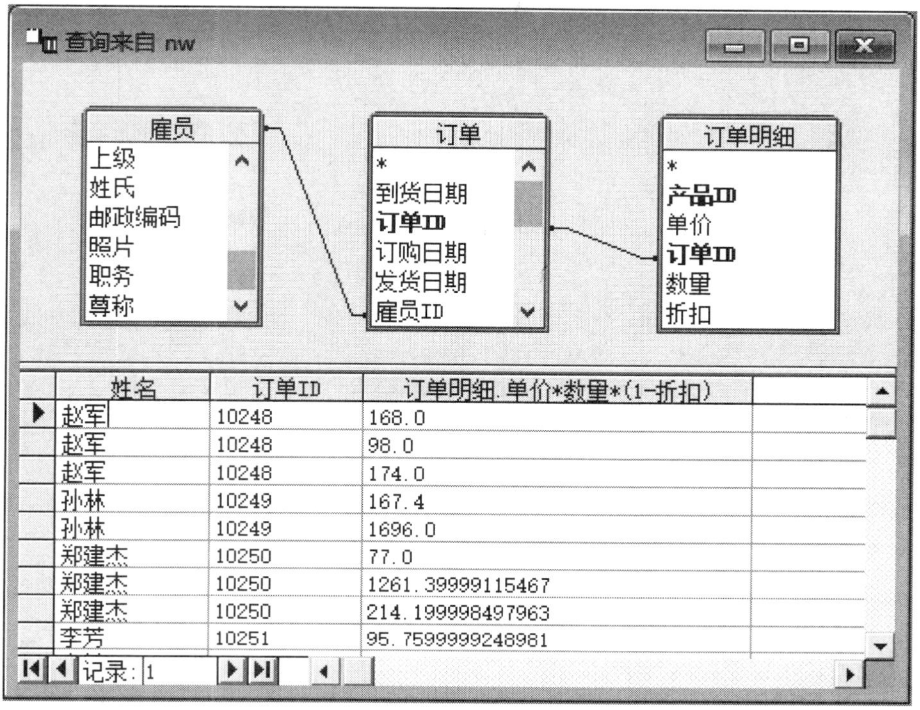


图 2—46 未汇总前的查询设计窗口

字段,“订单明细.单价＊数量＊(1—折扣)”为汇总字段,来计算每份订单的总销售金额。在查询结果窗格中修改该字段的显示名为“订单总销售金额”,如图 2—47 所示,汇总后的查询结果如图 2—48 所示。

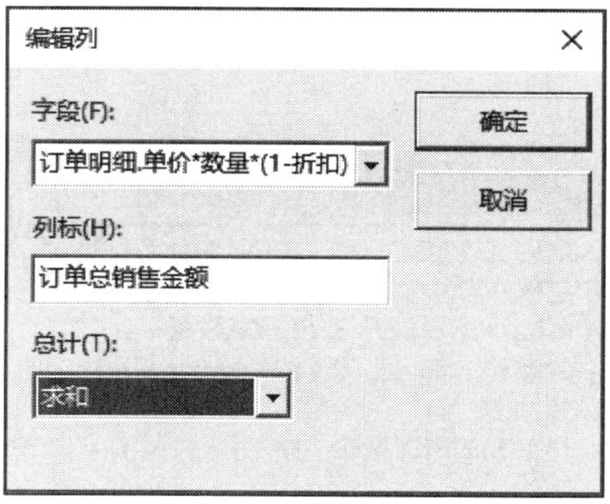


图 2—47 计算销售金额编辑列对话框

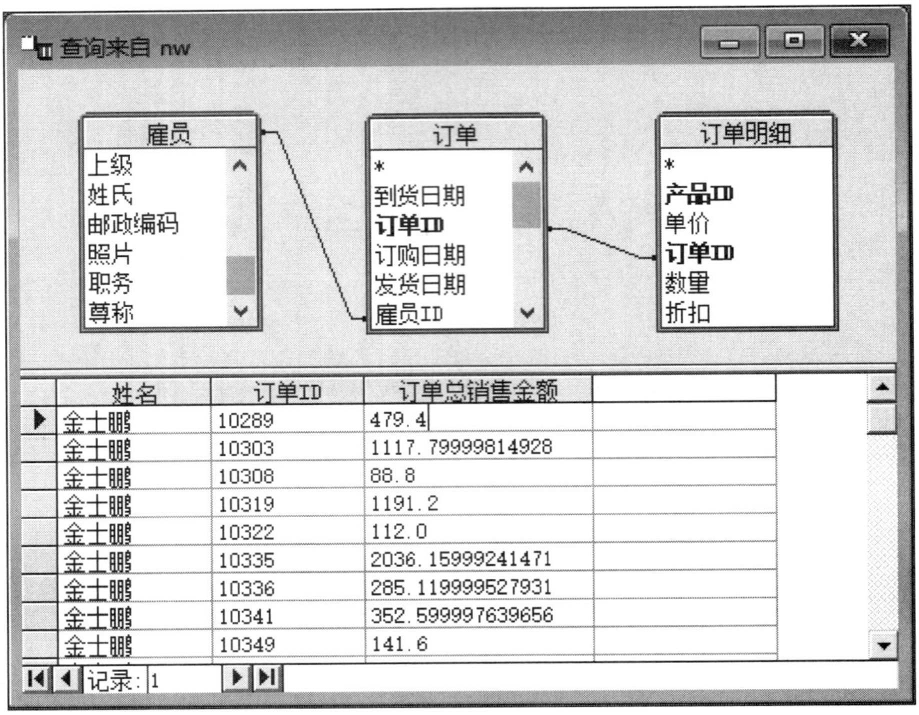


图 2—48 汇总后的查询设计窗口

第五步，利用 SQL 语句实现复杂的分类汇总。

汇总每位雇员的总销售金额和每份订单的平均销售额。在查询设计中可视化界面难以实现复杂的分类汇总，此时需要转到 SQL 视图以手动编辑 SQL 语句。如图 2—49 所示，初始的 SQL 语句通过内层 SELECT 查询提取各个雇员所负责的每份订单的总销售金额。

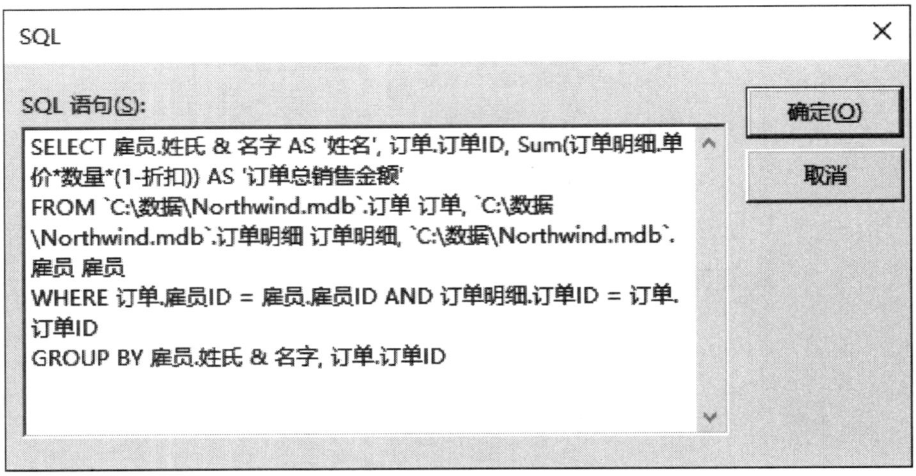


图 2—49 SQL 视图 3

进一步的操作需要在内层查询的基础上进行汇总。外层 SELECT 语句用于按雇员姓名对所有订单金额进行进一步的聚合。在这个阶段，可以通过 SQL 的 GROUP BY 子句按雇员分类，并使用 SUM 和 AVG 函数来计算每个雇员的总销售金额及平均每份订单的销售额，如图 2—50 所示。

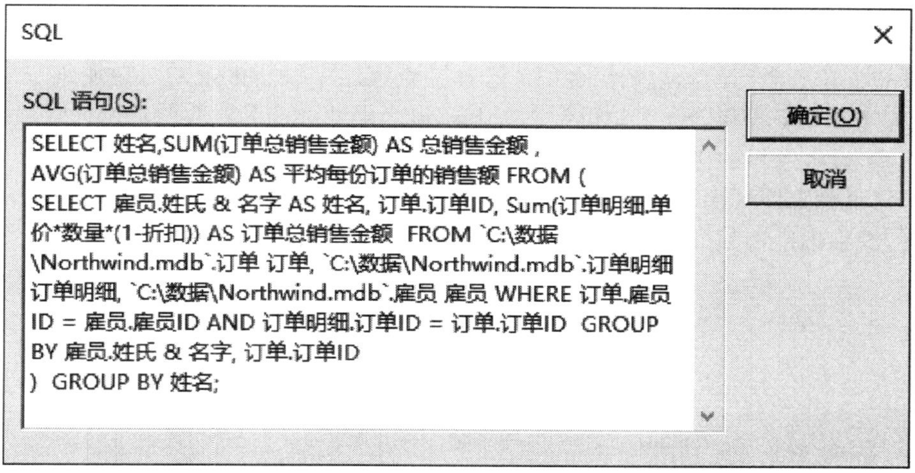


**图 2—50　SQL 视图 4**

修改后的 SQL 语句首先计算每个订单的销售总额，然后再汇总每个雇员的销售数据。这样的双层聚合不仅提供了每个雇员的总销售额，还计算了他们每个订单的平均销售额，修改后的查询结果如图 2—51 所示。

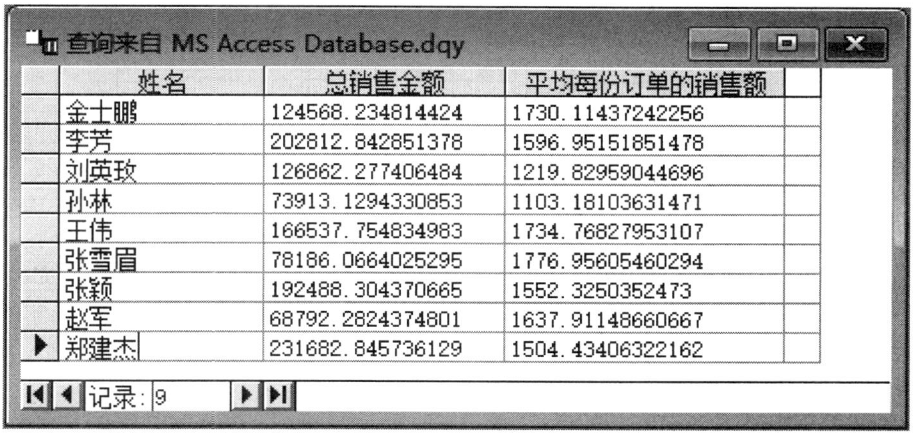

查询来自 MS Access Database.dqy

| 姓名 | 总销售金额 | 平均每份订单的销售额 |
|---|---|---|
| 金士鹏 | 124568.234814424 | 1730.11437242256 |
| 李芳 | 202812.842851378 | 1596.95151851478 |
| 刘英玫 | 126862.277406484 | 1219.82959044696 |
| 孙林 | 73913.1294330853 | 1103.18103631471 |
| 王伟 | 166537.754834983 | 1734.76827953107 |
| 张雪眉 | 78186.0664025295 | 1776.95605460294 |
| 张颖 | 192488.304370665 | 1552.3250352473 |
| 赵军 | 68792.2824374801 | 1637.91148660667 |
| 郑建杰 | 231682.845736129 | 1504.43406322162 |

记录: 9

**图 2—51　每份订单销售额查询结果**

【例 2—11】　Northwind 公司的销售经理想了解销售额最高的是哪类产品，购买这类产品最多的是哪十家客户，以便重点关注这类产品的供货情况以满足这十家客户的购买需求。

例2-11 讲解

【知识点与解题思路】　本例将学习如何通过数据库查询来识别销售额最高的产品类别及其主要客户，涉及两个关键的分析步骤。首先，计算并汇总各类产品的总销售金额并识别出销售额最高的产品类别。其次，针对该产品类别分析购买量最大的前十家客户。

这一过程涉及多表查询和数据汇总，还包括使用 SQL 语句进行精确的数据控制，如排序和筛选。本例的具体步骤如下：

第一步，选择数据库文件。

打开“Northwind. mdb”文件以开始查询设计。

第二步，添加查询表格，设置查询字段、计算字段和汇总字段。

计算和汇总各类产品的总销售金额。选择要查询的字段所涉及的订单明细、产品和类别表，通过构建计算字段和分类汇总得到 Northwind 公司八类产品对应的总销售金额。

第三步，设定结果的排序方式。

按销售金额降序排序查询结果。在“记录/排序”命令下，选择“总销售金额”计算字段进行降序排序，识别出销售额最高的产品类别，如图 2—52 所示。

**图 2—52 产品总销售额查询结果**

第四步，查询特定分类的详细数据。

从图 2—52 的查询结果可以看出，销售金额排名第一的是“饮料类”产品，下面将查询该类产品各个客户的总销售金额。添加相关的客户和订单表来进一步分析这一类别的主要购买客户。设置适当的查询条件来筛选特定产品类别，并调整查询结果以显示重要的销售数据，如图 2—53 所示。

第五步 利用 SQL 语句设置查询结果的排序。

观察图 2—53 的查询结果，发现已经按总销售金额的降序排序了。这是因为第四步的查询是在前面查询的基础上修改得到的，该汇总字段在前面已经被设为排序字段了。

为了使查询结果仅出现排在最前面的 10 行数据，在 SQL 视图中调整查询语句，引入“TOP 10”限制以聚焦于销售额前十的客户。通过设置查询结果的排序，确保数据按照销售总额降序排列，以突出显示最关键的客户信息，如图 2—54 所示。

通过修改 SQL 语句后可得到饮料类产品总销售金额排名前十的客户，如图 2—55 所示。

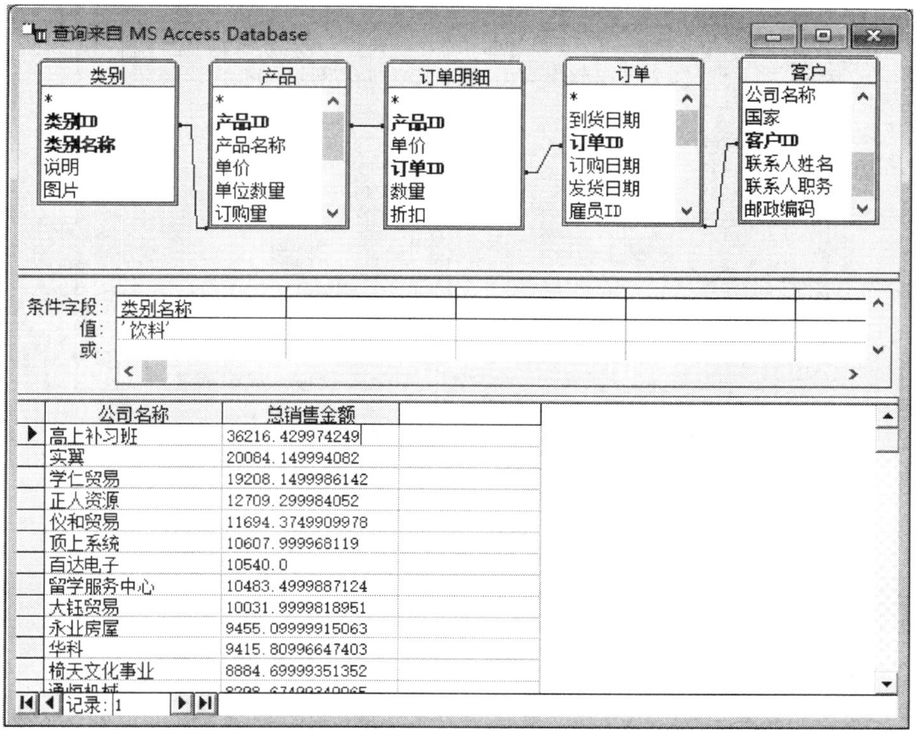


图 2—53 饮料类查询设计窗口

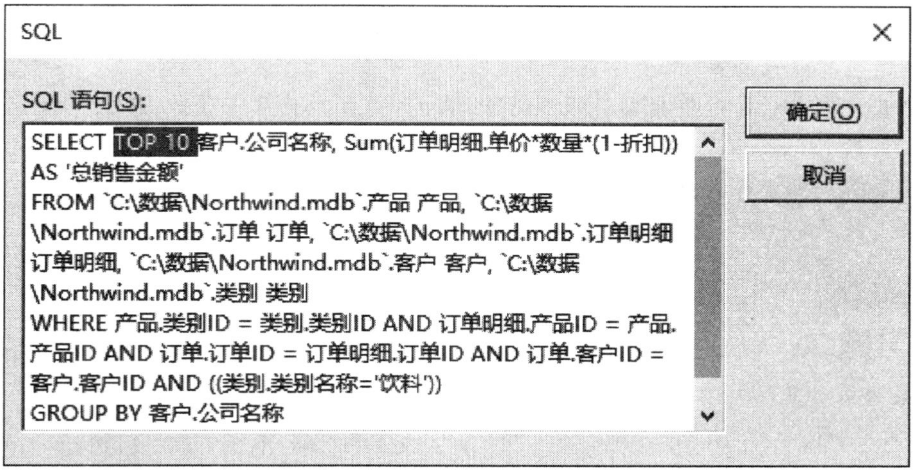


图 2—54 SQL 视图 5

注意:在 SQL 视图中按“确定”按钮,会出现“Microsoft Query 提示”对话框,提示刚才修改过的 SELECT 查询语句无法用图形方式在查询设计窗口表示出来,询问用户“是否仍要继续?”如果用户选择继续,即单击“确定”按钮,图形界面将不再可用,用户必须通过编辑 SQL 语句来继续进行查询调整。

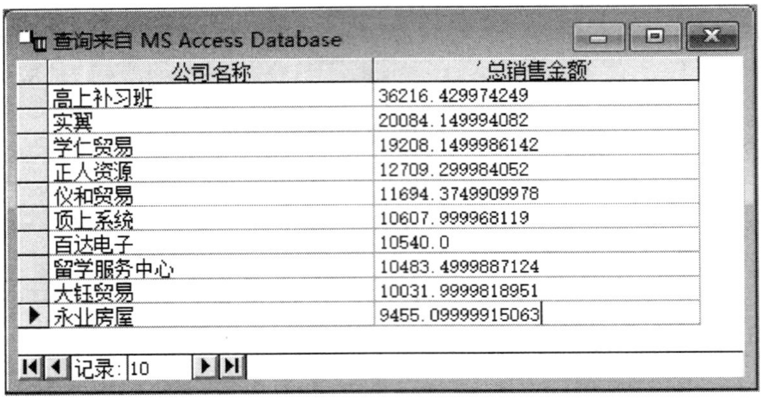


| 公司名称 | '总销售金额' |
|---|---|
| 高上补习班 | 36216.429974249 |
| 实翼 | 20084.149994082 |
| 学仁贸易 | 19208.1499986142 |
| 正人资源 | 12709.299984052 |
| 仪和贸易 | 11694.3749909978 |
| 顶上系统 | 10607.999968119 |
| 百达电子 | 10540.0 |
| 留学服务中心 | 10483.4999887124 |
| 大钰贸易 | 10031.9999818951 |
| 永业房屋 | 9455.09999915063 |

图 2—55　饮料类产品总销售金额排名前十的客户

## 本章小结

本章介绍了从外部数据源(如文本文件和互联网)获取数据的方法,并阐述了数据库查询的技术。为了帮助读者深入理解数据库查询的核心知识,本章首先介绍了数据库基础知识,包括数据库、数据库管理系统(DBMS)、数据模型、表、主键以及表之间的关系。特别是通过Northwind 示例数据库,展示了这些表之间的具体联系。

进一步,本章通过实例阐释了单表查询、多表查询(包括内连接和外连接)、计算和汇总查询的基本方法。为了实现这些查询,利用了 Excel 的获取外部数据功能和 Power Query、Microsoft Query 等工具。这些工具的使用简化了数据查询过程,使用户无须深入了解不同数据库系统的结构和查询差异,只需掌握一套通用的操作方法。

数据查询在 Excel 中被自动转换成 SQL 语句,并在数据库中执行,提高了操作的效率和准确性。虽然 Microsoft Query 提供了分类汇总的功能,但 Excel 本身在数据处理方面更为强大。第三章将进一步介绍如何使用 Excel 的数据透视表和 D 函数等功能对数据进行更复杂的分类汇总。此外,用户还可以利用 Excel 中的 VBA 宏来执行各种数据处理任务。

## 习题二

数据源

1. 某公司 2018 年 12 月的记账凭证清单,包括日期、凭证类型、凭证编号、摘要、科目代码、一级科目、明细科目、借方金额和贷方金额等,存放在如图 2—56 所示的"记账凭证清单.txt"文本文件中,现要求将这些数据导入 Excel 并保存,结果如图 2—57 所示。

2. Internet 上存放了丰富的信息,现要求从"国家统计局"网站下载 2019 年各个月份的"制造业采购经理指数",并保存在 Excel 文件中,结果如图 2—58 所示。

记账凭证清单 - 记事本

文件(F) 编辑(E) 格式(O) 查看(V) 帮助(H)

```
日期,凭证类型,凭证编号,摘要,科目代码,一级科目,明细科目,借方金额,贷方金额
2018/12/1,付款,001,购买原材料,140301,原材料,主料,1200000,
2018/12/1,付款,001,购买原材料,222101,应交税费,应交增值税（进项税额）,204000,
2018/12/1,付款,001,购买原材料,100201,银行存款,中国工商银行,,1404000
2018/12/2,付款,002,提取现金,1001,库存现金,,6000,
2018/12/2,付款,002,提取现金,100201,银行存款,中国工商银行,,6000
2018/12/4,收款,001,出售产品,6001,主营业务收入,,,4500000
...
```

图 2—56 记账凭证清单

| 摘要 | 科目代码 | 一级科目 | 明细科目 | 借方金额 | 贷方金额 |
| --- | --- | --- | --- | --- | --- |
| 购买原材料 | 140301 | 原材料 | 主料 | 1200000 | |
| 购买原材料 | 222101 | 应交税费 | 应交增值税（进项税额） | 204000 | |
| 购买原材料 | 100201 | 银行存款 | 中国工商银行 | | 1404000 |
| 提取现金 | 1001 | 库存现金 | | 6000 | |
| 提取现金 | 100201 | 银行存款 | 中国工商银行 | | 6000 |
| 出售产品 | 6001 | 主营业务收入 | | | 4500000 |
| 出售产品 | 112201 | 应收账款 | 莲花超市 | 1755000 | |
| 出售产品 | 222102 | 应交税费 | 应交增值税（销项税额） | | 765000 |
| 出售产品 | 100201 | 银行存款 | 中国工商银行 | 3510000 | |
| 出售产品 | 6401 | 主营业务成本 | | 2976000 | |
| 出售产品 | 1406 | 库存商品 | | | 2976000 |
| 出售短期股票投资 | 6111 | 投资收益 | | | 600000 |
| 出售短期股票投资 | 1101 | 交易性金融资产 | | | 2100000 |
| 出售短期股票投资 | 100201 | 银行存款 | 中国工商银行 | 2700000 | |
| 购办公用品 | 660299 | 管理费用 | 其它 | 3000 | |
| 购办公用品 | 1001 | 库存现金 | | | 3000 |
| 购入设备 | 100201 | 银行存款 | 中国工商银行 | | 1131000 |
| 购入设备 | 1601 | 固定资产 | | 1131000 | |
| 设备报废，固定资产清理 | 1606 | 固定资产清理 | | 21000 | |
| 设备报废，固定资产清理 | 100201 | 银行存款 | 中国工商银行 | | 21000 |

图 2—57 导入后记账凭证清单示例

| 月份 | 制造业采购经理指数(%) |
| --- | --- |
| 2019年1月 | 49.5 |
| 2019年2月 | 49.2 |
| 2019年3月 | 50.5 |
| 2019年4月 | 50.1 |
| 2019年5月 | 49.4 |
| 2019年6月 | 49.4 |
| 2019年7月 | 49.7 |
| 2019年8月 | 49.5 |
| 2019年9月 | 49.8 |
| 2019年10月 | 49.3 |
| 2019年11月 | 50.2 |
| 2019年12月 | 50.2 |

图 2—58 制造业采购经理指数

3. 利用“Northwind. accdb”数据库完成如下查询：

(1)查询所有客户的公司名称、电话、传真、地址、联系人姓名和联系人头衔，如图 2—59 所示。

| 公司名称 | 电话 | 传真 | 地址 | 联系人姓名 | '联系人头衔' |
|---|---|---|---|---|---|
| 三川实业有限公司 | (030) 30074321 | (030) 30765452 | 大崇明路 50 号 | 刘小姐 | 销售代表 |
| 东南实业 | (030) 35554729 | (030) 35553744 | 承德西路 80 号 | 王先生 | 物主 |
| 坦森行贸易 | (0321) 5553932 | | 黄台北路 780 号 | 王炫皓 | 物主 |
| 国顶有限公司 | (0571) 45557788 | (0571) 45556750 | 天府东街 30 号 | 方先生 | 销售代表 |
| 通恒机械 | (0921) 9123465 | (0921) 55123467 | 东园西甲 30 号 | 黄小姐 | 采购员 |
| 森通 | (030) 30058460 | (030) 33008924 | 常保阁东 80 号 | 王先生 | 销售代表 |
| 国皓 | (0671) 88601531 | (0671) 88601532 | 广发北路 10 号 | 黄雅玲 | 市场经理 |
| 迈多贸易 | (091) 85552282 | (091) 85559199 | 临翠大街 80 号 | 陈先生 | 物主 |
| 祥通 | (078) 91244540 | (078) 91244541 | 花园东街 90 号 | 刘先生 | 物主 |

**图 2—59 查询结果示例一**

(2)查询单价介于 10 至 30 元的所有产品的产品 ID、产品名称和库存量，如图 2—60 所示。

| 产品ID | 产品名称 | 库存量 |
|---|---|---|
| 1 | 苹果汁 | 39 |
| 2 | 牛奶 | 17 |
| 3 | 蕃茄酱 | 13 |
| 4 | 盐 | 53 |
| 5 | 麻油 | 0 |
| 6 | 酱油 | 120 |
| 7 | 海鲜粉 | 15 |
| 11 | 大众奶酪 | 22 |

**图 2—60 查询结果示例二**

(3)查询华北客户的每份订单的订单 ID、产品名称和销售金额，如图 2—61 所示。

| 订单ID | 产品名称 | '销售金额' |
|---|---|---|
| 10952 | 酱油 | 379.9999997 |
| 10952 | 烤肉酱 | 91.2 |
| 10952 | 蛋糕 | 9.5 |
| 10952 | 白米 | 38 |
| 10308 | 黑奶酪 | 28.8 |
| 10308 | 苏打水 | 60 |
| 10702 | 蕃茄酱 | 60 |
| 10702 | 柠檬汁 | 270 |
| 10759 | 白奶酪 | 320 |

**图 2—61 查询结果示例三**

(4)统计各类产品的平均进货单价，如图 2—62 所示。

| 类别名称 | '平均值 单价' |
|---|---|
| 点心 | 25.16 |
| 调味品 | 23.0625 |
| 谷类/麦片 | 20.25 |
| 海鲜 | 20.6825 |
| 日用品 | 28.73 |

**图 2—62 查询结果示例四**

(5)查询所有运货商的公司名称和电话。

(6)查询单价大于 20 元的所有产品的产品名称、单价以及供应商的公司名称、电话。

(7)查询上海和北京的客户在 1996 年订购的所有订单的订单 ID、所订购的产品名称和数量。

(8)按运货商的公司名称,统计订购日期为 1997 年的订单的总数目。

(9)统计订购日期在 1997 年上半年的每份订单的总销售金额。

(10)统计各地区的客户总数目。

4.“学生选课.xls”文件包含了如下几个表,试完成下面的几个操作:

| 学号 | 姓名 | 性别 | 年龄 | 系号 |
|---|---|---|---|---|
| 02010101 | 张清一 | 男 | 19 | 01 |
| 02010103 | 李　纹 | 女 | 19 | 01 |
| 02020103 | 吴　冰 | 男 | 19 | 02 |
| 02020104 | 江　婷 | 女 | 19 | 02 |
| 01020103 | 张萍萍 | 女 | 20 | 02 |
| 01030101 | 刘兰清 | 男 | 20 | 03 |
| 01030203 | 周　玲 | 女 | 20 | 03 |
| 01030205 | 杜　玲 | 女 | 20 | 03 |
| 01030303 | 陈　新 | 男 | 20 | 03 |
| 01030304 | 方　骏 | 男 | 20 | 03 |

学生表

| 学号 | 课程号 | 成绩 |
|---|---|---|
| 02010101 | C01 | 85 |
| 02010103 | C01 | 75 |
| 01030101 | C02 | 80 |
| 01030203 | C02 | 90 |
| 01030205 | C02 | 60 |
| 01030303 | C02 | 50 |
| 01030203 | C03 | 80 |
| 01030303 | C03 | 90 |
| 01030304 | C03 | 95 |
| 02020103 | C04 | 50 |
| 02020104 | C04 | 85 |
| 02020104 | C05 | 95 |
| 01020103 | C05 | 70 |

选课表

| 课程号 | 课程名 |
|---|---|
| C01 | 计算机应用 |
| C02 | 数据库 |
| C03 | 高等数学 |
| C04 | 会计学原理 |
| C05 | 市场营销 |

课程表

(1)查询年龄大于 19 岁的学生的姓名、性别和所在的系号,如图 2—63 所示。

| 姓名 | 性别 | 系号 |
|---|---|---|
| 张萍萍 | 女 | 02 |
| 刘兰清 | 男 | 03 |
| 周　玲 | 女 | 03 |

**图 2—63　查询结果示例五**

(2)查询各门课程的总成绩和平均成绩,如图 2—64 所示。

| 课程名 | '总成绩' | '平均成绩' |
|---|---|---|
| 会计学原理 | 135 | 67.5 |
| 市场营销 | 165 | 82.5 |
| 数据库 | 280 | 70 |

**图 2—64　查询结果示例六**

(3)查询所有学生的姓名、选修课程名以及成绩。

(4)查询各系学生的总人数。

5. 利用 ABC 公司销售数据库完成如下汇总查询:

(1)按产品类别和价位统计净销售额的平均值,如图 2—65 所示。

| 类别 | 价位 | '净销售额平均值' |
|---|---|---|
| 体育用品 | 中 | 261.226087 |
| 体育用品 | 低 | 149.5529954 |
| 体育用品 | 高 | 206.1651786 |

**图 2—65　查询结果示例七**

(2)按销售渠道和产品类别统计 2019 年净销售额和毛销售额的总计值,如图 2—66 所示。

| 渠道 | 类别 | '2019年总净销售额' | '2019年总毛销售额' |
|---|---|---|---|
| 批发 | 体育用品 | 41063 | 42817 |
| 批发 | 儿童用品 | 85136 | 97248 |
| 批发 | 服装 | 59677 | 66502 |

**图 2—66　查询结果示例八**

(3)按省份统计净销售额的平均值。

(4)查询 2019 年不同省份不同类别产品的净销售额总计值。

# 第三章

# 数据分类汇总分析

从古代的简牍记录到现代的数字化管理，数据始终是企业发展的核心资源。在数字经济时代，计算机处理技术、存储技术和信息采集技术的飞速发展让企业可获取的数据量迅猛增加。无论是电商、销售还是生产等，每个环节的数据积累都为企业决策提供了前所未有的信息支持。企业需要从这些庞大数据中提取具体信息，如交易细节或员工资料，也需通过汇总数据来支持战略决策，如销售总额、市场趋势预测或产品需求分析。在这一背景下，Excel 的数据透视表功能显得尤为重要，它不仅能简化数据汇总工作，还能使复杂数据的分析变得直观易懂。

第三章 课件

本章主要介绍利用数据透视表进行分类汇总的方法。数据透视表是 Excel 中的数据分析工具，可以快速对大量数据进行汇总、分析和可视化。通过本章的学习，读者将掌握使用数据透视表进行数据分类汇总的基本方法，并了解数据透视表的多种应用。

第三章 例题数据源

本章主要内容包括：

- 数据分类汇总分析的意义和作用；
- 利用数据透视表/图对数据进行的分类汇总；
- 数据透视表/图的多种应用：生成时间序列、统计频率分布、计算数据占比、绘制帕累托曲线图等；
- 利用数据透视表/图对多重区域数据进行的合并汇总；
- 利用 Power Pivot 对多来源数据和超出 Excel 存储能力的大数据进行的汇总分析。

第三章 例题答案

## 3.1 数据分类汇总分析概述

第二章详细介绍了从数据库中查询数据的技术。对于企业来说，访问详尽的数据是至关重要的。管理人员不仅需要这些数据来获取操作的即时反馈，还需要从数据库中积累的庞大数据提炼出关键信息，包括企业各项业务的发展趋势和变化模式。这些汇总信息有助于管理人员进行有效的管理和科学决策。

对数据库中的数据进行分类汇总,并利用分类汇总报表和图表进行直观展示,可以为管理人员提供大量有价值的信息。下面具体列举分类汇总对企业管理的意义和作用。

### 3.1.1 获得各类分类汇总值

企业能够获得关键的运营数据,如各地区销售额、不同产品的库存量、员工的次品率、客户的订货量,以及不同类型贷款的客户数量等。例如,图 3—1 展示了 ABC 公司通过分类汇总得到的 2019 年各省份、各类别产品的净销售额。图中显示安徽省在“儿童用品”类别中销售额领先,而“服装”类别表现不佳。这类数据帮助管理层深入了解销售业务的现状,识别各地区及产品类别的优劣,为未来的销售策略提供依据。具体的汇总方法将在 3.2 节和 4.2 节中详细介绍。

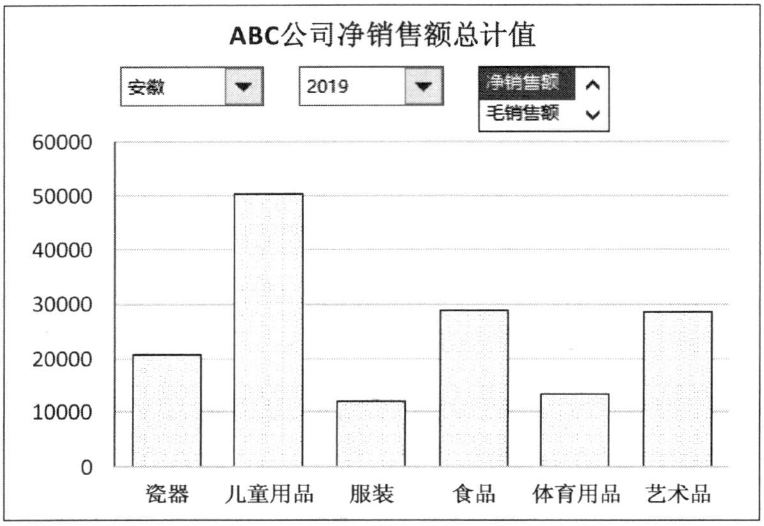


图 3—1 ABC 公司 2019 年各省各类别产品的净销售额汇总

### 3.1.2 获得各类排行榜

分类汇总还能用于生成各种排行榜,如销售额、产品质量、销售人员业绩、产品库存及贷款问题等。这些排行榜数据对于识别关键的产品、客户、销售区域及质量影响因素至关重要,帮助企业集中资源解决主要问题。例如,Northwind 公司的销售额排行榜(见图 3—2)揭示了“高上补习班”“正人资源”和“大钰贸易”是公司的主要客户。产品销售排行榜(见图 3—3)显示“绿茶”销量最高,突出其市场需求的重要性。这些排行榜的生成方法将在 3.3 节和 4.3 节具体介绍。

### 3.1.3 获得各类时间序列

时间序列数据分析能够揭示产品销售、地区销售额或客户订货量等关键变量的变化趋势,预测未来可能的走势。例如,图 3—4 显示了 Northwind 公司某产品从 1996 年 7 月至 1998 年 4 月的销售额时间序列,为未来销售趋势提供预测依据。时间序列的汇总技术将在 3.3 节和 4.3 节中详细介绍。

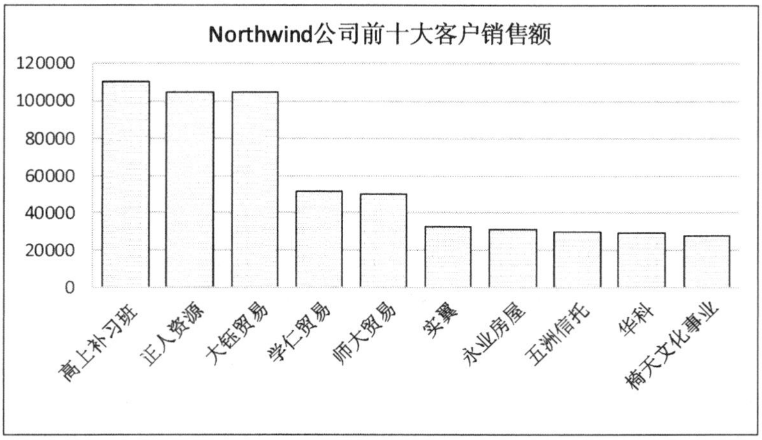


图 3—2　Northwind 公司前十大客户销售额排行

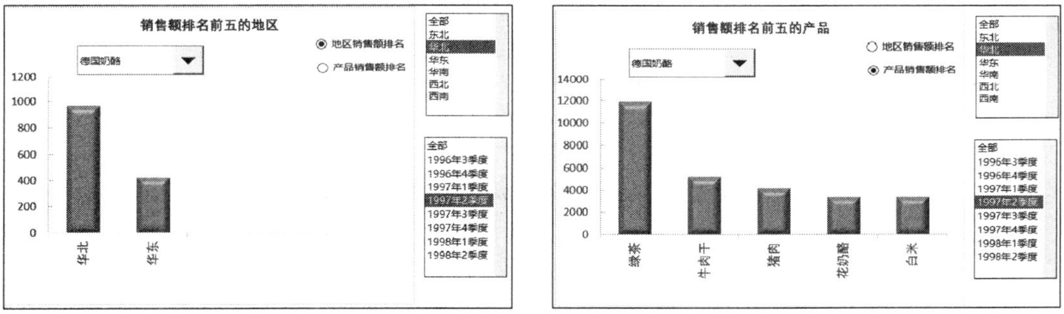


图 3—3　Northwind 公司前五的地区或产品销售额排行

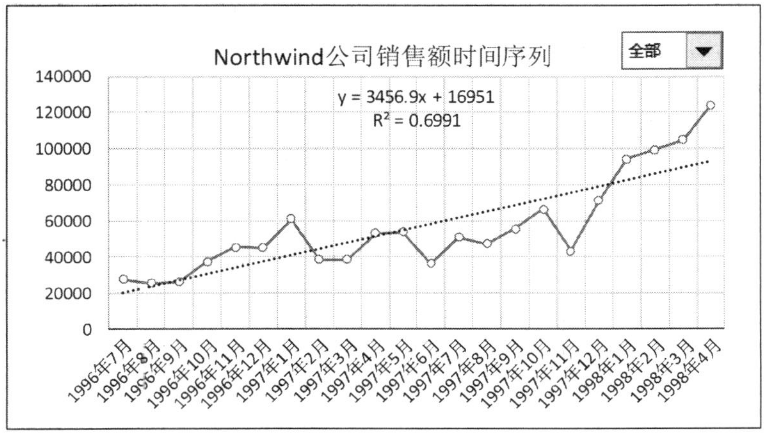


图 3—4　Northwind 公司"花生"产品的销售额时间序列

### 3.1.4 获得变量之间的相关性

通过分析变量之间的相关性，企业可以更好地理解经营活动的内在规律，构建管理决策模型，诊断问题或进行未来预测。例如，图 3—5 展示了分组的平均运货费与平均销售额之间的线性关系；其中明显显示销售额越大，运货费相应增加。根据此关系，企业可以通过销售额估算未来的运货费。

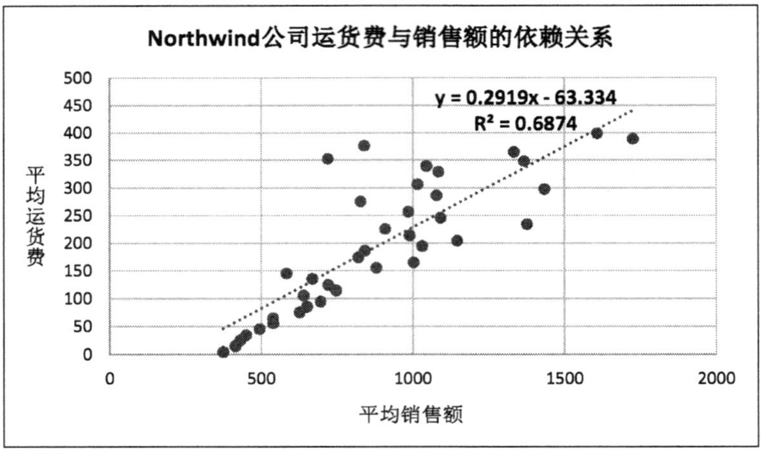


图 3—5 Northwind 公司运货费与销售额的依赖关系

### 3.1.5 获得各种频率分布

频率分布数据对企业来说至关重要，它帮助企业全面了解业务状况，并针对性地制定决策。例如，了解产品需求的频率分布对于安排生产、销售和采购计划具有重要意义。图 3—6 展示了 Northwind 公司"白米"产品在不同销量组的销售频率分布，这种信息对于优化库存管理和生产调度非常有帮助。频率分布的汇总方法将在 3.3 节具体介绍。

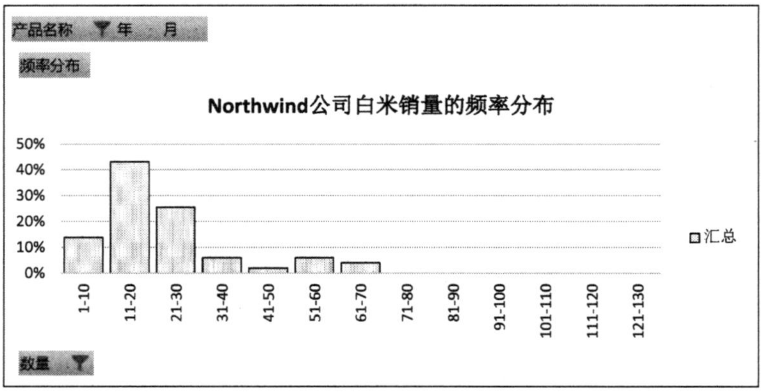


图 3—6 Northwind 公司白米各销量组的频率图

### 3.1.6 获得帕累托曲线

帕累托法则(常被形容为“20/80 法则”)解释了在商业和日常生活中的不平衡现象,如20%的产品可能贡献了80%的销售额。利用帕累托曲线,如图3—7所示,Northwind公司可以分析哪些客户贡献了大部分销售额。这种分析帮助企业优化客户关系和资源分配。帕累托曲线的绘制方法将在3.3节介绍。

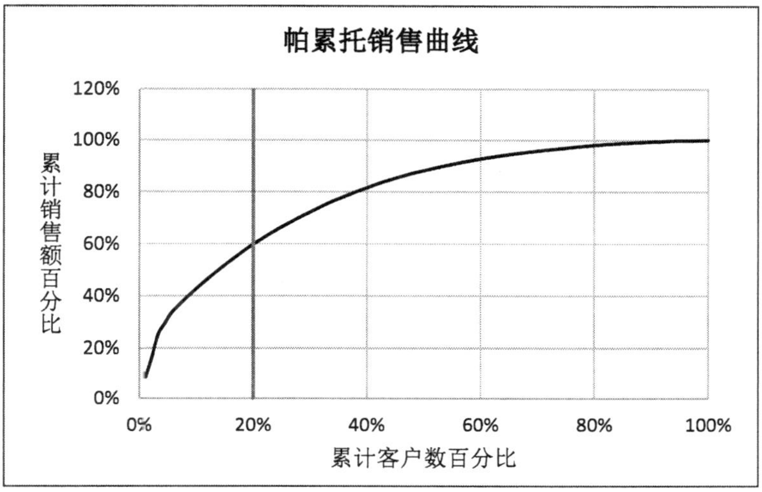


图3—7 帕累托销售曲线

### 3.1.7 获得同期对比数据

企业经常需要对比不同时间段的业务表现以评估成长或衰退,如年度销售额或利润的变化。图3—8展示了ABC公司2019年与2018年的净销售额对比,提供了关键的业绩评估数据。同期对比的汇总方法将在3.4节具体介绍。

| 行标签 | 2018年净销售额 | 2019年净销售额 | 2019年增量 |
|---|---|---|---|
| 瓷器 | | 83163 | 83163 |
| 儿童用品 | 115824 | 165015 | 49191 |
| 服装 | 65857 | 73045 | 7188 |
| 食品 | 76419 | 116402 | 39983 |
| 体育用品 | 38787 | 99929 | 61142 |
| 艺术品 | 120444 | 180245 | 59801 |
| 自行车 | 65588 | 117956 | 52368 |
| 总计 | 482919 | 835755 | 352836 |

图3—8 ABC公司2019年与2018年相比净销售额的变化情况

### 3.1.8 获得汇总数据绘制树状图

树状图是理解和对比不同地区业务状况的有效工具。例如,图3—9显示了Northwind公司各省份的销售额占比,直观地揭示了地区业务的强弱。这种图表是企业地区战略规划中不可或缺的分析工具。数据汇总和树状图的绘制方法将在 3.5 节具体介绍。

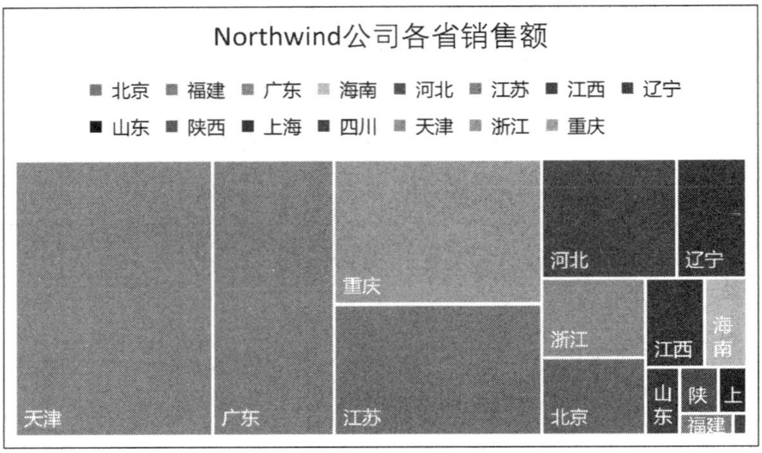


图 3—9 Northwind 公司销售情况地图

## 3.2 数据透视表/图分类汇总的方法

管理决策人员经常需要了解企业的总体情况，以便制定更有效的策略。例如，生产企业需掌握各月生产量和原材料使用量，而销售公司则需了解各省的销售额及平均每单销售额。这些总计数据的获取依赖于对每一笔生产或销售数据的分类汇总。

以 ABC 公司为例，其在销售过程中收集并记录了大量明细数据，存储在名为“ABC 销售数据. xlsx”的工作簿中，该工作簿包含四张工作表：销售明细、销售省份、产品类别和销售渠道（见图 3—10）。在制定新的销售计划前，销售经理和总经理希望了解包括各省各类别产品的净销售额（见图 3—11）在内的历史销售情况，以及不同地区各价位产品通过零售与批发渠道的销售情况和预估利润等，这些信息都需要经过数据分类汇总才能得到。

销售明细表

| 日期 | 省份ID | 渠道ID | 类别ID | 价位 | 净销售额 | 毛销售额 |
|---|---|---|---|---|---|---|
| 2017/1/1 | 1 | 1 | 1 | 高 | 17 | 17 |
| 2017/1/1 | 1 | 1 | 1 | 中 | 90 | 90 |
| 2017/1/1 | 1 | 1 | 2 | 低 | 77 | 77 |
| 2017/1/1 | 1 | 1 | 2 | 中 | 99 | 99 |
| 2017/1/1 | 1 | 1 | 3 | 低 | 63 | 63 |
| 2017/1/1 | 1 | 1 | 3 | 中 | 113 | 113 |
| 2017/1/1 | 1 | 1 | 4 | 低 | 175 | 175 |
| 2017/1/1 | 1 | 1 | 4 | 中 | 158 | 158 |

产品类别表

| 类别ID | 类别 |
|---|---|
| 1 | 艺术品 |
| 2 | 自行车 |
| 3 | 服装 |
| 4 | 食品 |
| 5 | 儿童用品 |
| 6 | 体育用品 |
| 7 | 瓷器 |

销售渠道表

| 渠道ID | 渠道 |
|---|---|
| 1 | 零售 |
| 2 | 批发 |

销售省份表

| 省份ID | 省份 |
|---|---|
| 1 | 河北 |
| 2 | 安徽 |
| 3 | 广西 |
| 4 | 江苏 |
| 5 | 天津 |
| 6 | 福建 |
| 7 | 浙江 |
| 8 | 广东 |

图 3—10 ABC 公司销售数据的四张表

数据分类汇总是根据一个或多个参考字段（如省份和类别）将关键变量（如销售额）进行汇总的过程。需要计算总计值的变量或字段，称为汇总字段。对汇总字段进行汇总时，需要以某个或某些变量或字段的不同值为参考，这些作为参考的变量或字段称为分类字段或参考字段。在这个例子中，“净销售额”是要汇总的字段，而“省份”和“类别”则是用于分类的参考字段。此

| 2018年ABC公司各省各类别产品的净销售额 | | | | | | |
|---|---|---|---|---|---|---|
| | 安徽 | 广东 | 江苏 | 河北 | 广西 | 天津 |
| 儿童用品 | 39686 | 524 | 2044 | 24367 | 40255 | 8948 |
| 服装 | 16255 | | | 47196 | | 2406 |
| 食品 | 32855 | 472 | 2856 | 19269 | 16404 | 4563 |
| 体育用品 | 10850 | 1080 | 5113 | 3869 | 13970 | 3905 |
| 艺术品 | 42009 | 2893 | 4119 | 24990 | 43932 | 2501 |
| 自行车 | 12522 | 746 | 4211 | 24728 | 20383 | 2998 |

**图 3－11　ABC 公司 2018 年各省各类别产品的净销售额**

外，也可以根据其他分类字段（如生产人员的姓名）来汇总工作时间等信息。对汇总字段求其总计值，可以采用不同的汇总方式，可以是求和、平均值或者最大、最小值等。

Excel 的数据透视表具有强大的交互性，它允许用户通过简单的布局调整，从多个角度动态地统计和分析数据。这不仅加快了信息提取速度，还避免了在处理大量数据时使用公式计算可能引发的低效率和错误。数据透视表可以汇总存储在 Excel 工作表中的数据，也能处理导入的外部数据库或文本文件中的数据。

## 3.2.1　数据透视表/图

利用数据透视表进行汇总有两种方法：第一种是对 Excel 工作表中的数据或导入工作表的数据进行汇总，第二种是利用数据透视表直接查询外部数据并汇总。

**【例 3－1】** ABC 公司的管理人员希望了解 2018 年各省各类别产品的净销售额，比如安徽省儿童用品 2018 年的净销售额是多少，以帮助他们进一步制定销售计划。

例3-1 讲解

**【知识点与解题思路】** 本例将介绍使用数据透视表进行数据汇总的两种主要方法：一是从 Excel 工作表中或通过导入的数据进行汇总，二是直接从外部数据源通过数据透视表查询并汇总。通过这两种方法，用户可以灵活地处理和分析各种数据集。

方法一：导入数据到 Excel 工作表并利用数据透视表进行汇总。

第一步，导入数据。

利用第二章所学的查询方法，使用 Microsoft Query 从“ABC 公司销售数据. xlsx”导入 2018 年的销售数据，包括日期、类别、省份等字段，如图 3－12 所示。

| | A | B | C | D | E | F | G |
|---|---|---|---|---|---|---|---|
| 1 | 日期 | 类别 | 省份 | 渠道 | 价位 | 净销售额 | 毛销售额 |
| 2 | 2018/5/1 0:00 | 服装 | 河北 | 批发 | 中 | 90 | 90 |
| 3 | 2018/11/1 0:00 | 服装 | 河北 | 批发 | 中 | 90 | 90 |
| 4 | 2018/8/1 0:00 | 食品 | 河北 | 零售 | 中 | 45 | 45 |
| 5 | 2018/9/1 0:00 | 食品 | 河北 | 零售 | 中 | 68 | 68 |
| 6 | 2018/8/1 0:00 | 艺术品 | 河北 | 批发 | 高 | 303 | 303 |

**图 3－12　导入的数据**

第二步，创建数据透视表。

在 Excel 中，选择导入的数据任一单元格，选择“插入”/“数据透视表”，启动数据透视表向导，选择新工作表作为数据透视表的位置，则在当前工作表之前，Excel 自动插入一张新工作表，如图 3－13 所示。

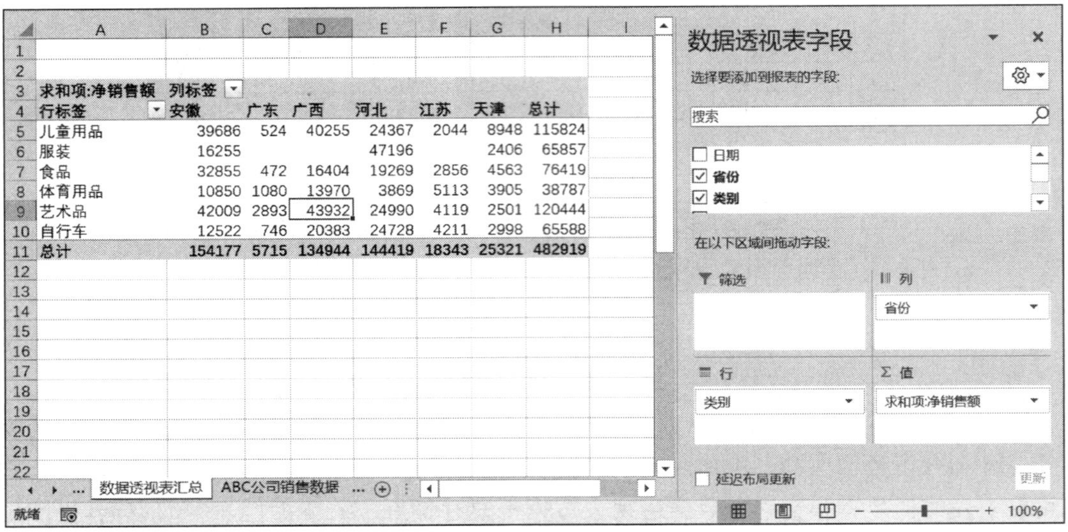


图 3—13 拖动类别、省份和净销售额到行、列和数值区域的结果

在这张新工作表上，左侧区域显示为“数据透视表 1”，包含提示信息：“若要生成报表，请从数据透视表字段列表中选择字段”，这一部分将用于放置和配置数据透视表；右侧区域展示了“数据透视表字段”窗口，上方列出了可用的字段名称，如“日期”“类别”和“省份”。下方则分为四个区域：筛选、列、行和Σ值。

设置数据透视表的关键步骤包括：

(1)配置字段：将“类别”字段拖至行区域，将“省份”字段拖至列区域，将“净销售额”拖至Σ值区域以汇总销售数据，如图 3—14 所示。

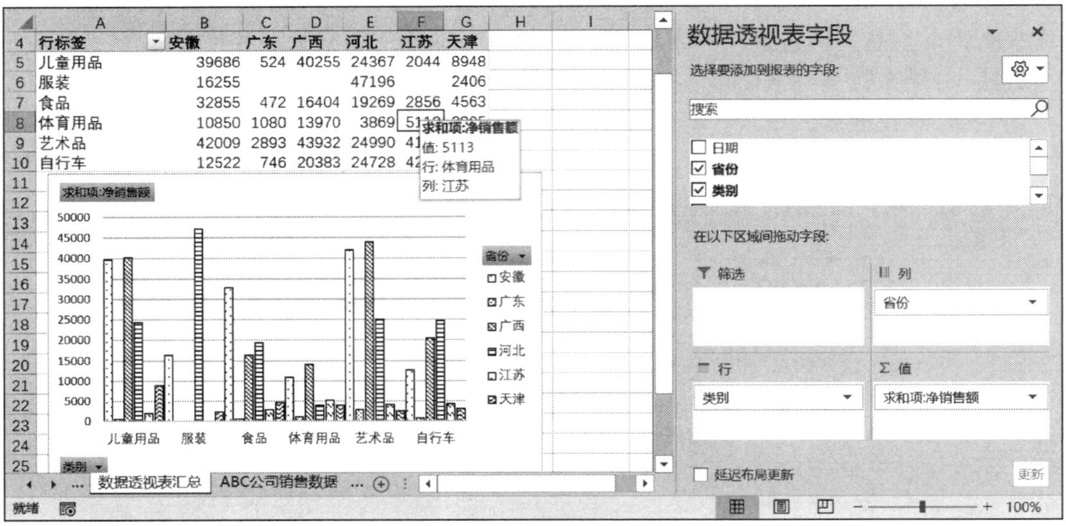


图 3—14 经过格式化的数据透视图

(2)调整窗口布局：可以移动或调整“数据透视表字段”窗口的大小和位置，以优化视图和

操作空间。此外,在“数据透视表分析”选项卡的“字段列表”中,可以选择显示或隐藏字段列表。

(3)配置行列总计:在“设计”选项卡下,选择“总计”并选择“对行和列禁用”,以隐藏默认的行列总计,使表格显示更为清晰。

第三步,绘制数据透视图。

通过数据透视图直观地展示数据透视表中的汇总信息。选中数据透视表中的任一单元格,然后导航到“插入”选项卡下的“图表”组,并选择“二维柱形图”中的“簇状柱形图”。接下来,格式化图表中的数据系列以优化图形呈现,如图 3—14 所示。

注意:数据透视表中的任何更改都会即时反映在数据透视图上;反之亦然。这种动态链接确保了数据的一致性和图表的实时更新,使得分析和展示更加灵活和有效。

此外,还可以使用 Microsoft Query 按照第二章介绍的方法查询数据并将数据返回 Microsoft Excel,在出现的“导入数据”窗口中,选择“数据透视表”作为数据显示方式,继续使用方法一相同的操作步骤,制作数据透视表,得到与图 3—13 相同的数据透视表。

方法二:直接使用数据透视表向导从外部数据源获取并汇总数据。

第一步,启动数据透视表向导。

在新工作表的单元格 A1,使用快捷键 Alt+D+P 启动数据透视表创建向导。在向导的第一步中选择“外部数据源”并设置报表类型为“数据透视表”。

第二步,查询数据。

在向导的第二步中,点击“获取数据”按钮,这将启动 Microsoft Query。根据指定的查询方法获取所需字段的数据,然后从 Microsoft Query 中选择“文件/将数据返回 Microsoft Excel”。此时,数据字段已成功检索并显示在向导窗口中。

第三步,创建数据透视表。

在向导的最后一步,设置数据透视表显示的位置为当前工作表的单元格 $A$3。此操作后,数据透视表会根据提供的数据自动创建,如图 3—15 所示。

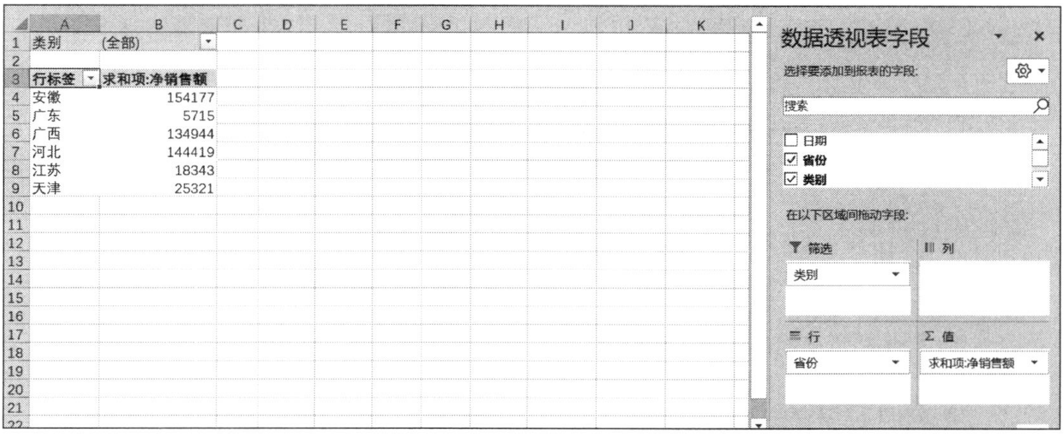


图 3—15 将省份拖至行区域

注意:创建数据透视表后,可维护和更新数据透视表,主要包括:

(1)更新数据透视表:如果原始数据发生变化(如数据增加、删除或修改),可以通过右击数据透视表的任一单元格并选择“刷新”来更新显示的汇总结果。

(2)修改查询:如果需要更改通过 Microsoft Query 设定的查询条件,可在数据透视表的任一单元格上右击,选择“表格/编辑查询”,在 Microsoft Query 中进行必要的修改后返回 Excel 并刷新数据透视表。

(3)重启数据透视表向导:对于直接从外部数据汇总的数据透视表,可以通过按 Alt+D+P 再次启动数据透视表创建向导,进行必要的查询修改或更新设置。

## 3.2.2 数据透视表/图的灵活性

数据透视表/图不仅容易创建,而且还具有很强的灵活性,掌握该工具,将极大增强管理人员处理数据的能力,提高工作效率,为决策提供有力的数据支持。下面结合例 3—2 介绍数据透视表的灵活性。

**【例 3—2】** ABC 公司销售人员希望了解儿童用品与服装两个类别的销售情况,并希望能按照华东、华北、华南三个地区和零售与批发两个渠道观察净销售额。由于 2018 年公司的销售重心放在华东地区,特别关注产品价格对销售额的影响,希望能掌握该地区安徽省与江苏省高、中和低价位产品的净销售额,并希望数据能按照各价位净销售额的降序排列。

例3-2 讲解

**【知识点与解题思路】** 本例展示了数据透视表的灵活性。关键步骤包括初始化数据透视表、定义省份的地区分组、调整数据展示维度、优化数据视图,并对销售数据进行排序。

第一步,初始化数据透视表。

在例 3—1 的数据基础上,构建一个新的数据透视表。将“省份”字段拖到行区域,以便观察各省的销售情况,如图 3—16 所示。如果需要特定类别的数据,如“儿童用品”和“服装”,可以通过数据透视表的筛选功能选择这些类别,如图 3—17 所示。

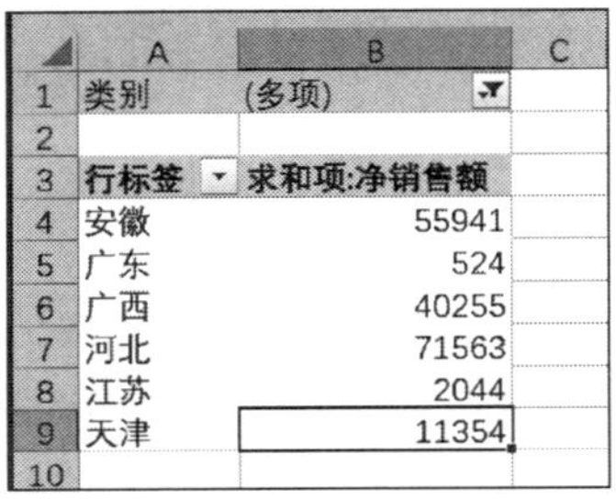


图 3—16 儿童用品与服装的净销售额

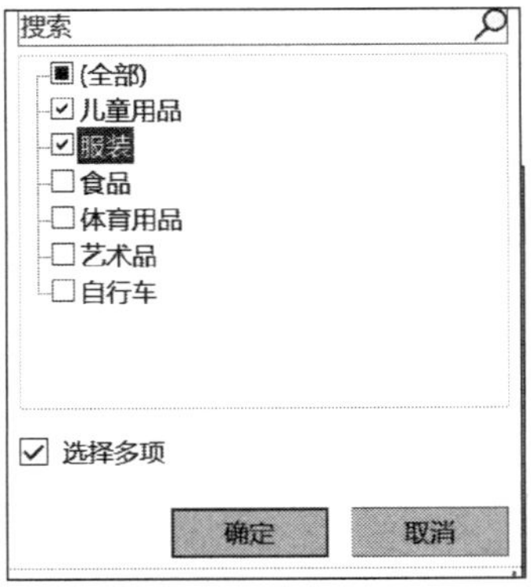


图 3—17 选择部分类别

第二步,定义数据分组。

将相邻省份组合成地区。例如,华东地区包括安徽和江苏,华北地区包括河北和天津,华南地区包括广东和广西。这可以通过拖拽省份或使用右键菜单中的“组合”选项来实现。新创建的地区字段可重新命名为“地区”,如图 3—18 所示。

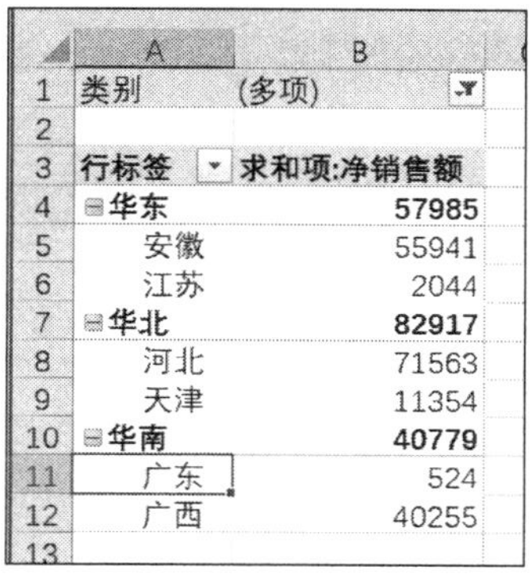


图 3—18 华东、华北与华南地区的净销售额

第三步,设置数据维度。

进一步细化数据透视表,将“价位”字段添加到行区域,位于“省份”下方,“渠道”字段则拖到列区域,以按销售渠道进一步分析销售数据。

第四步,管理数据展示。

根据分析需要折叠或展开特定区域的数据,优化数据展示和简化视图。对不需要详细观察的地区(如华北),折叠其分价位数据。通过点击前面的减号或右击选择“折叠”进行操作,如图 3—19 所示。

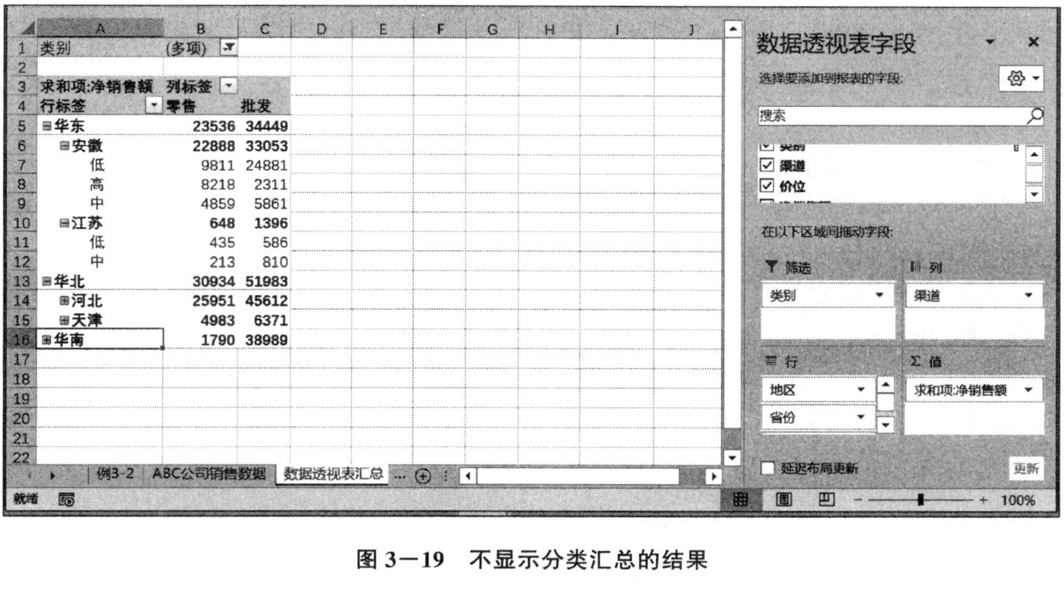


图 3—19 不显示分类汇总的结果

第五步,设置数据排序。

按价位净销售额总计值降序排列。选中数据透视表任一单元格,选择 “设计”/“总计”/“仅对行启用(R)”,启用数据透视表的行总计功能,确保每行显示两个销售渠道的总计值。然后,选中任一价位的总计值单元格,通过右击选择“排序/降序”,对数据透视表按价位的净销售额总计值进行降序排列。

数据透视表的灵活性不仅体现在汇总的便捷性上，还包括对汇总和分类字段的调整以及数据透视表外观的多样配置。具体说明如下：

1. 分类字段的调整

分类字段位于筛选区域、行区域、列区域，是数据汇总的关键依据。它们的灵活调整能够显著提高数据透视表的分析效率和准确性。

(1)筛选区域的灵活性：字段可以直接从“数据透视表字段”窗口拖动到筛选区域，或从行/列区域移动到筛选区域。筛选区域可以包含多个字段，字段间的排列位置可以自由调整。字段的移除通过拖出区域或右击删除实现。筛选操作可以选择一个或多个值，或全部显示。

(2)行和列区域的调整：字段可增加或删除，可通过拖动实现。多个字段可同时添加到行或列区域，位置亦可调整。字段可从行区域拖到列区域，反之亦然，或移至筛选区域。字段名称可更改，如将“省份 2”改名为“地区”。分类汇总的显示方式也可以调整，如设置在组顶部或底部显示汇总。

2. 分类字段值的调整

分类字段的值提供了多种调整方式，支持更加个性化和目的性的数据展示。这包括筛选、组合、折叠或改变字段值的位置等操作。

(1)分类字段值位置的改变：如例 3－2 中将“江苏”拖到“安徽”的下方，改变字段值的显示顺序。

(2)分类字段值的组合与取消组合：如例 3－2 中将“安徽”“江苏”组合命名为“华东”，可以右击取消组合。

(3)分类字段值的筛选：可以选择显示特定的行或列字段值。多字段筛选时需要指定筛选对象字段，还可以根据汇总值进行筛选，如筛选销售额超过一定金额的省份。

(4)详细数据的折叠与展开：可以展开具体分类，如“省份”下展开“日期”，查看更详细的数据层级。

3. 汇总字段的调整

汇总字段的调整包括汇总字段的新增、删除和修改，改变汇总方式，显示汇总字段值的详细信息等。

(1)新增、删除和修改汇总字段：可以添加或删除字段到$\sum$值区域，或修改字段的汇总方式，如从求和改为平均。

(2)改变汇总方式：提供多种汇总方式，如求和、平均值、最大/最小值等。

(3)显示汇总字段的详细信息：可以快速展开汇总值以查看构成该汇总的明细数据，如双击省份的销售额汇总值查看详细的销售记录。

4. 数据透视表选项卡的功能

在创建数据透视表或选中其中的某个单元格时，Excel 会激活两个专门的选项卡：“数据透视表分析”和“设计”，这两个选项卡包含了管理和优化数据透视表的各种工具。

如图 3－20 所示的“数据透视表分析”选项卡提供了以下功能：数据透视表名称进行修改，对选中字段进行各种设置，向下向上钻取，数据的组合与取消组合，插入切片器和日程表，数据刷新，更改数据源，清除和移动数据透视表，增加计算字段，插入数据透视图，显示与关闭字段列表，显示与关闭展开折叠按钮，显示与关闭字段标题等。

如图 3－21 的所示“设计”选项卡提供了以下功能：显示与取消分类汇总，显示与取消行列总计，设定报表布局，设定每行是否加入空行，设定数据透视表样式等。

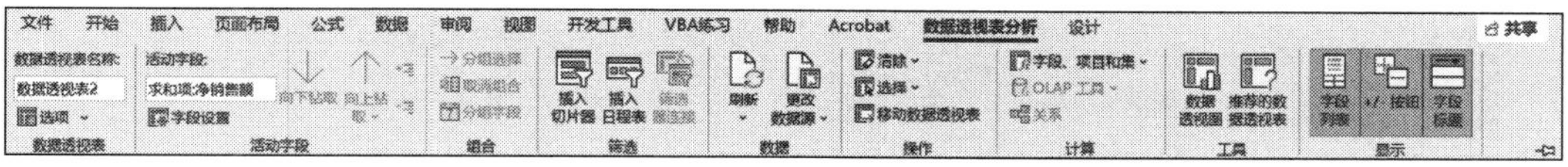


图 3—20 “数据透视表分析”选项卡

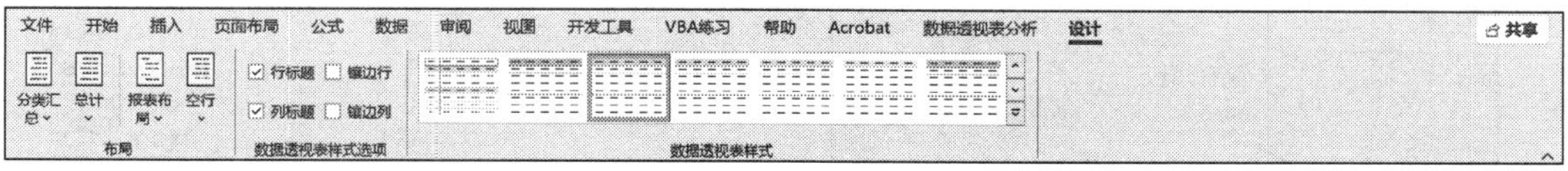


图 3—21 “设计”选项卡

随着 Excel 的版本更新，数据透视表的布局和功能也在不断变化。用户可以选择“数据透视表分析”选项卡中“数据透视表”组的“选项”菜单，选择“显示”卡片，设定显示形式为“经典数据透视表布局(启用网格中的字段拖放)”。启用这一设置后，数据透视表的布局将转换为类似 Excel 2003 的风格，从而便于那些习惯旧版操作的用户进行数据分析。

与数据透视表相似，数据透视图也具有很强的灵活性。在数据透视图中，X 轴字段(如“省份”和“价位”)和图例区字段(如“渠道”)可以进行筛选和排序，这使得用户能够根据需要突出显示重要数据。例如，如果只感兴趣于特定的“类别”，可以通过筛选区域的字段来定制图表，仅展示选定的类别数据。

此外，计算字段和切片器、日程表等工具为数据透视表提供了更多汇总的灵活性。数据透视表可以通过计算字段进行扩展分析，如可以基于“净销售额”计算预估利润。切片器和日程表提升了数据筛选的便利性和直观性。切片器适用于文本、数值和日期字段；而日程表专门用于日期字段的筛选。通过切片器或日程表，用户可以轻松控制显示在单个或多个数据透视表中的数据，特别适用于需要同时观察多个分类字段(如省份和季度)的场景。

**【例 3—3】** ABC 公司的管理人员打算展示各价位、各销售渠道的预估利润，并且希望能分省份、分年季度观察预估利润值和图形。根据管理人员的经验，预估利润大约为净销售额的 10%。

例3-3 讲解

**【知识点与解题思路】** 本例将学习如何创建计算字段，再通过添加切片器和日程表实现多维分析。

第一步，创建数据透视表并添加计算字段。

添加计算字段“预估利润”。按照上一章介绍的方法，查询并准备 ABC 公司的销售数据，包括日期、类别、省份、渠道、价位、净销售额和毛销售额等。插入数据透视表，添加计算字段，公式为“净销售额 * 10%”，如图 3—22 所示。计算出的“预估利润”会自动添加到 Σ 值区域，并按价位进行排序，如图 3—23 所示。

第二步，创建数据透视图。

从数据透视表生成饼图以直观显示不同价位的预估利润分布，调整图表样式和数据标签以优化图表呈现。选中数据透视表的任一单元格，选择“插入”/“插入饼图或圆环图”/“二维饼图”/“饼图”，通过饼图的面积反映各价位预估利润值的大小。添加数据标签，显示类别名称、

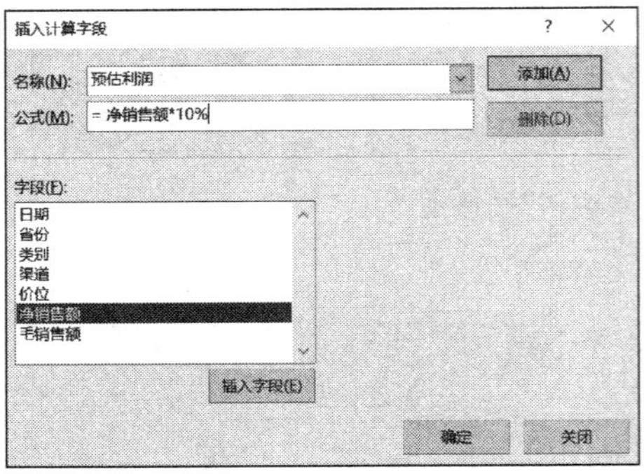


图 3—22 插入计算字段“预估利润”

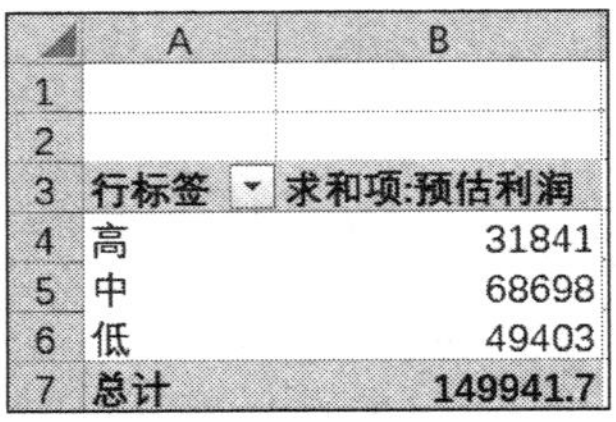

| | A | B |
|---|---|---|
| 1 | | |
| 2 | | |
| 3 | 行标签 | 求和项:预估利润 |
| 4 | 高 | 31841 |
| 5 | 中 | 68698 |
| 6 | 低 | 49403 |
| 7 | 总计 | 149941.7 |

图 3—23 各价位预估利润数据透视表

值及其百分比，调整数据标签位置和饼图颜色，如图 3—24 所示。

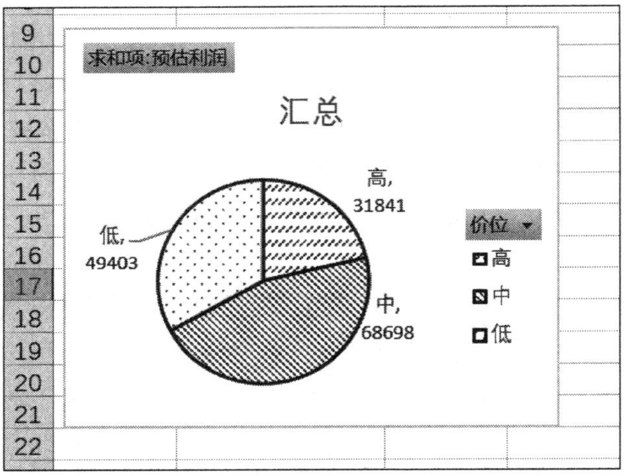


图 3—24 添加数据标签的数据透视图

第三步，添加切片器和日期日程表以增强交互性。

在数据透视表中插入省份切片器和日期日程表，使用户可以按省份和日期筛选数据，提高数据视图的交互性。首先，选中数据透视表，通过“插入”菜单添加省份切片器；然后，用同样的方式添加日期日程表。这样，用户可以筛选特定时间段的数据，如单独选择 2018 年第一季度或组合选择 2018 年 1 月至 3 月，以便详细分析这些月份的预估利润。

第四步，设置数据透视表之间的联动。

制作第二个数据透视表，让切片器同时控制两个数据透视表。在单元格 E3 处建立第二个数据透视表及数据透视图，如图 3—25 所示。为实现省份切片器和日期日程表控制两个数据透视表，右击省份切片器，选择“报表连接(I)”，并在弹出的对话框中选中“数据透视表 2”。这一操作确保省份切片器可以调整两个表中的显示数据。采用相同方法设置日期日程表，以便能同时调整两个数据透视表的内容。

图 3—25　利用切片器和日程表实现数据透视表联动

# 3.3　数据透视表/图的应用

数据透视表/图在企业管理方面有着广泛的应用，管理人员能够高效地进行时间序列分析、频率分布统计、各类数据占比计算，以及绘制帕累托曲线图等复杂分析。这些功能不仅帮助企业揭示关键业务指标和市场趋势，还促进了资源的优化分配和战略决策的制定。

## 3.3.1　生成时间序列

企业可以对生产与销售的各种数据按照时间进行汇总，如按月汇总销售额或按年汇总产量，这些汇总可以提供企业过去经营情况的信息。按照一定时间间隔汇总的数据序列，称为时间序列。时间序列可以帮助企业了解经营状况、预测未来变化趋势。由于数据透视表能从不同的角度汇总数据，所以它也是生成时间序列的有效工具。

**【例 3—4】** Northwind 公司经理希望分产品观察月销售额的变化规律，以及所有产品月销售额的变化规律。

例3-4 讲解

**【知识点与解题思路】** 本例将学习如何有效利用数据透视表创建和分析时间序列数据。关键知识点包括数据透视表的设置、时间维度分组的调整，以及通过数据透视图来直观展示时间序列的销售趋势。

第一步，导入数据并创建数据透视表。

从 Northwind 数据库查询所需数据，包括订购日期、产品名称、销售额等字段，并导入 Excel。在“Northwind 销售数据”工作表中，插入数据透视表，将“订购日期”拖到行区域，将“销售额”拖到 Σ 值区域，将“产品名称”设置为筛选，结果如图 3—26 所示。

点击单元格 A4 中“1996 年”前面的“＋”号，可以看到数据是按照“年”“季度”和“月”的形式组织起来的。这是因为“订购日期”是日期类型的字段，Excel 自动组合为年、季度和月。

第二步，设置时间维度分组。

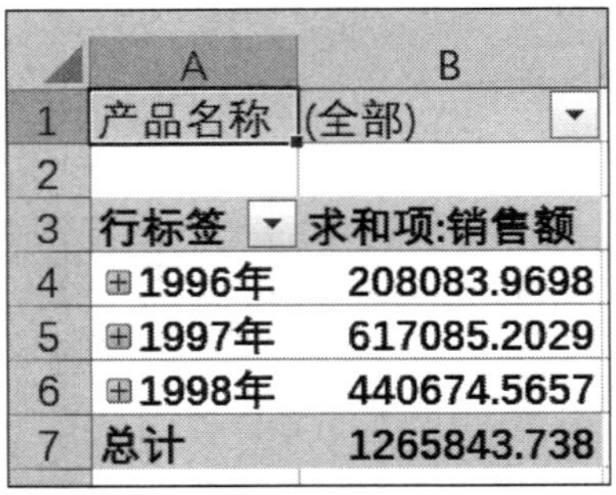

| | A | B |
|---|---|---|
| 1 | 产品名称 | (全部) |
| 2 | | |
| 3 | 行标签 | 求和项:销售额 |
| 4 | ⊞1996年 | 208083.9698 |
| 5 | ⊞1997年 | 617085.2029 |
| 6 | ⊞1998年 | 440674.5657 |
| 7 | 总计 | 1265843.738 |

**图 3－26　按时间和产品名称汇总销售额**

调整日期的分组，按月汇总销售额。此例题不需要按季度进行汇总，所以需要对组合结果进行修改。选择数据透视表"行标签"下的单元格 A4(或者单元格 A4:A6 中的任一单元格)，右击鼠标，选择"组合"(或选择 "数据透视表分析"/"分组选择")，随后出现 "组合"窗口，可以发现当字段类型为日期时，弹出的"组合"窗口自动显示组合步长为 "秒""分""小时""日""月" "季"和"年"等。选中"月"和"年"作为分组依据。为了准确反映字段含义，修改订购日期字段的显示名称为"订购月"，如图 3－27 所示。

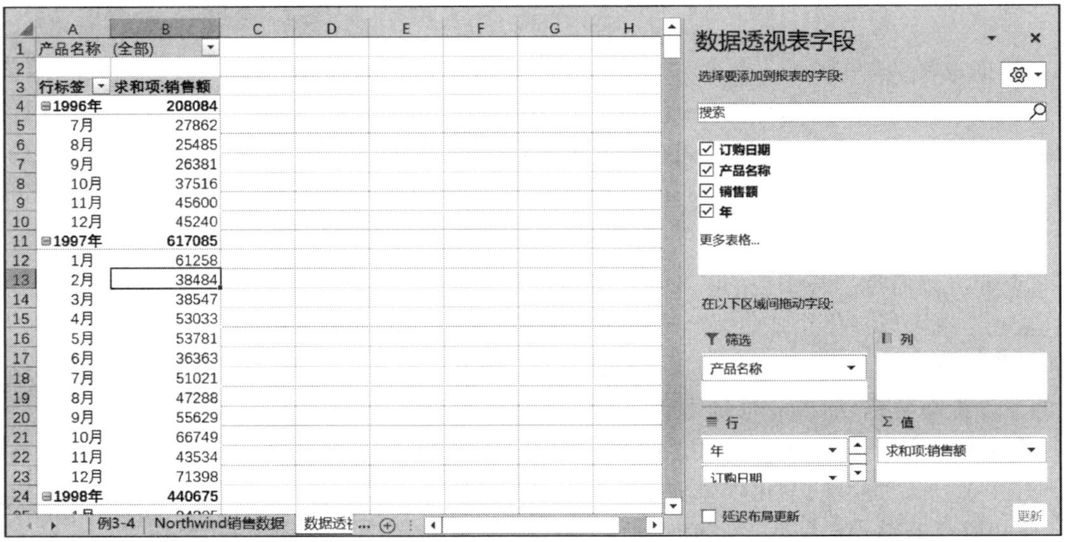

| | A | B |
|---|---|---|
| 1 | 产品名称 | (全部) |
| 2 | | |
| 3 | 行标签 | 求和项:销售额 |
| 4 | ⊟1996年 | 208084 |
| 5 | 7月 | 27862 |
| 6 | 8月 | 25485 |
| 7 | 9月 | 26381 |
| 8 | 10月 | 37516 |
| 9 | 11月 | 45600 |
| 10 | 12月 | 45240 |
| 11 | ⊟1997年 | 617085 |
| 12 | 1月 | 61258 |
| 13 | 2月 | 38484 |
| 14 | 3月 | 38547 |
| 15 | 4月 | 53033 |
| 16 | 5月 | 53781 |
| 17 | 6月 | 36363 |
| 18 | 7月 | 51021 |
| 19 | 8月 | 47288 |
| 20 | 9月 | 55629 |
| 21 | 10月 | 66749 |
| 22 | 11月 | 43534 |
| 23 | 12月 | 71398 |
| 24 | ⊟1998年 | 440675 |



**图 3－27　格式化后的数据透视表**

第三步，创建时间序列数据透视图。

制作数据透视图并生成趋势线，分析销售额随时间的变化趋势。选中数据透视表的任一单元格，插入带数据标记的折线图，在图表上添加趋势线(选择"线性"趋势线，显示趋势线公式和 R 平方值)，结果如图 3－28 所示，反映了所有产品的月销售额随时间推移的变化情况。

注意：如图 3－28 所示，1998 年 5 月的销售额显著下降。这一现象的原因是数据仅收集至 5 月 6 日，因此该月的销售数据不完整，仅显示为一个较低的数值。将这样的数据纳入时间序列分析中，可能无法准确反映该月的真实销售趋势。为了更准确地反映销售趋势，应考虑剔

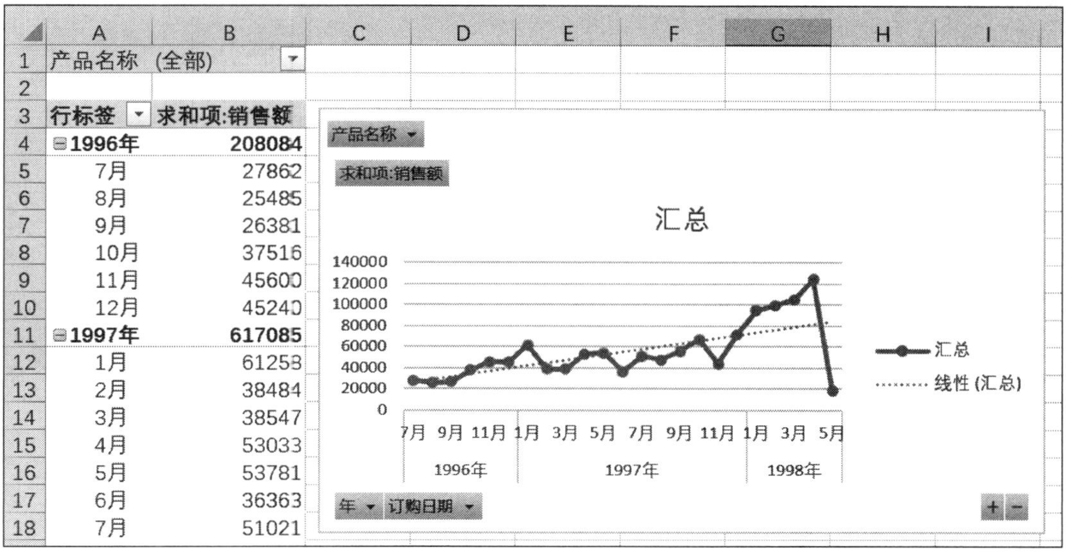


图 3—28　时间序列数据透视图

除或适当调整不完整的月份数据。这个问题我们将在下章详细讨论。

第五章时间序列预测分析所需的数据,可以用这种数据透视表方法生成。数据透视表能将明细数据汇总为所需的时间序列,为后续的预测分析做准备。

## 3.3.2　统计频率分布

管理人员经常需要了解各种事件的发生频率,因为这些信息有助于预测未来的趋势,并据此做出更加合理的生产和销售决策。数据透视表的分组功能使企业可以根据销量、销售额或次品数量等不同标准对数据进行分组,从而有效地统计和分析事件发生的频率。

**【例 3—5】** Northwind 公司的营销经理希望分年月和产品了解各销量组销售次数的频率分布情况,以帮助制定促销计划。

例3-5 讲解

**【知识点与解题思路】** 本例将学习如何使用数据透视表来统计销量的频率分布。重点学习如何设置时间维度和销量分组,计算频率分布以及利用数据透视图以查看不同时间和销量分组的数据表现。

第一步,导入数据并创建数据透视表。

从 Northwind 数据库导入"产品名称""订购日期"和"销量"等字段数据。在 Excel 中创建数据透视表,设置"产品名称"为筛选区域,将"订购日期"拖至行区域,将"销量"拖至 Σ 值区域。

第二步,设置时间维度分组。

按年月进行数据分组。将"订购日期"字段的年和月移至筛选区域,移除季度分组以简化数据视图。

第三步,设置销量分组。

按销量分组并统计频率。将"销量"字段移至行区域进行分组,设置分组步长为 10,以统计每个销量组的发生次数,如图 3—29 所示。

图 3—29 按销量分组

第四步,计算频率分布。

计算各销量组销售次数的频率分布。选择“求和项:数量”字段,设置其汇总方式为“计数”,以得到每个销量组的销售次数。修改值字段显示方式为“列汇总的百分比”,以计算不同销量组的销售次数占总销售次数的比重,如图 3—30 所示。单元格 B6 的值 “610”表示销售数量在 1 至 10 件之间的销售共发生 610 次。

| | A | B |
|---|---|---|
| 1 | 产品名称 | (全部) |
| 2 | 年 | (全部) |
| 3 | 月 | (全部) |
| 4 | | |
| 5 | 行标签 | 计数项:数量 |
| 6 | 1-10 | 610 |
| 7 | 11-20 | 636 |
| 8 | 21-30 | 414 |
| 9 | 31-40 | 214 |
| 10 | 41-50 | 124 |
| 11 | 51-60 | 72 |
| 12 | 61-70 | 38 |
| 13 | 71-80 | 19 |
| 14 | 81-90 | 6 |
| 15 | 91-100 | 11 |
| 16 | 101-110 | 3 |
| 17 | 111-120 | 8 |
| 18 | 121-130 | 2 |
| 19 | 总计 | 2157 |

图 3—30 各销量组的销售次数

注意:修改值字段的计算类型,也可以直接在数据透视表中选中想要修改的字段,通过“数据透视表分析”标签下的“字段设置”访问“值字段设置”窗口,进行调整;或者在“数据透视表字段”窗口的 Σ 值区域点击“求和项:数量”,然后从弹出的菜单中选择“值字段设置”,进行所需的修改,结果如图 3—31 所示。

| | A | B |
|---|---|---|
| 1 | 产品名称 | (全部) |
| 2 | 年 | (全部) |
| 3 | 月 | (全部) |
| 4 | | |
| 5 | 行标签 | 计数项:数量 |
| 6 | 1-10 | 28.28% |
| 7 | 11-20 | 29.49% |
| 8 | 21-30 | 19.19% |
| 9 | 31-40 | 9.92% |
| 10 | 41-50 | 5.75% |
| 11 | 51-60 | 3.34% |
| 12 | 61-70 | 1.76% |
| 13 | 71-80 | 0.88% |
| 14 | 81-90 | 0.28% |
| 15 | 91-100 | 0.51% |
| 16 | 101-110 | 0.14% |
| 17 | 111-120 | 0.37% |
| 18 | 121-130 | 0.09% |
| 19 | 总计 | 100.00% |

**图 3—31 各销量组销售次数的频率分布**

从图 3—30 可以观察到,各销量组中销售发生的次数是不同的。销售数量在 10 件以内的销售业务发生了 610 次,而销售数量超过 120 件的销售业务只发生过 2 次。若想进一步了解 610 次在总的销售次数 2157 次中所占的比重,则需要进一步计算。

第五步,创建频率分布图。

制作各销量组的频率分布图。选择数据透视表中的相关数据,使用“插入”菜单下的“簇状柱形图”选项插入柱形图,格式化图表以清晰展示各销量组的频率分布,如图 3—32 所示。

| | A | B |
|---|---|---|
| 1 | 产品名称 | 蕃茄酱 |
| 2 | 年 | (全部) |
| 3 | 月 | (全部) |
| 4 | | |
| 5 | 行标签 | 计数项:数量 |
| 6 | 1-10 | 16.67% |
| 7 | 11-20 | 33.33% |
| 8 | 21-30 | 25.00% |
| 9 | 41-50 | 16.67% |
| 10 | 51-60 | 8.33% |
| 11 | 总计 | 100.00% |

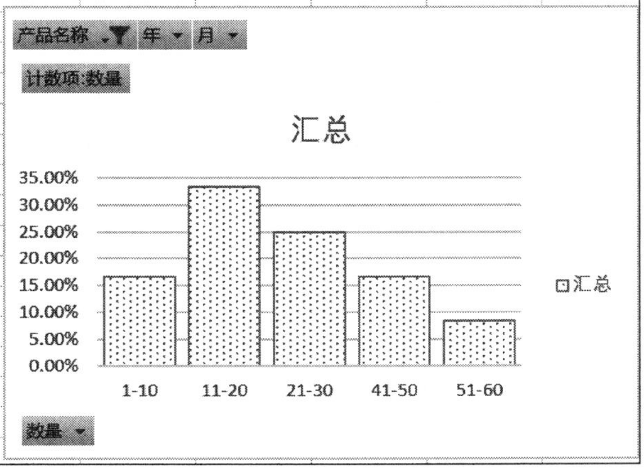


**图 3—32 销量频率分布图**

注意:观察数据透视表时,注意到"31—40"组的数据缺失,原因是该组的频率值为零而未被显示。为展示所有数据组,包括那些频率为零的组,可以右击数据透视表中行标签下的任一单元格,选择"字段设置",在"布局和打印"选项卡中勾选"显示无数据的项目"。此外,通过在行标签处进行筛选,排除"＜1"和"＞131"的极端数据,以便更清晰地呈现其他数据组,如图3—33所示。

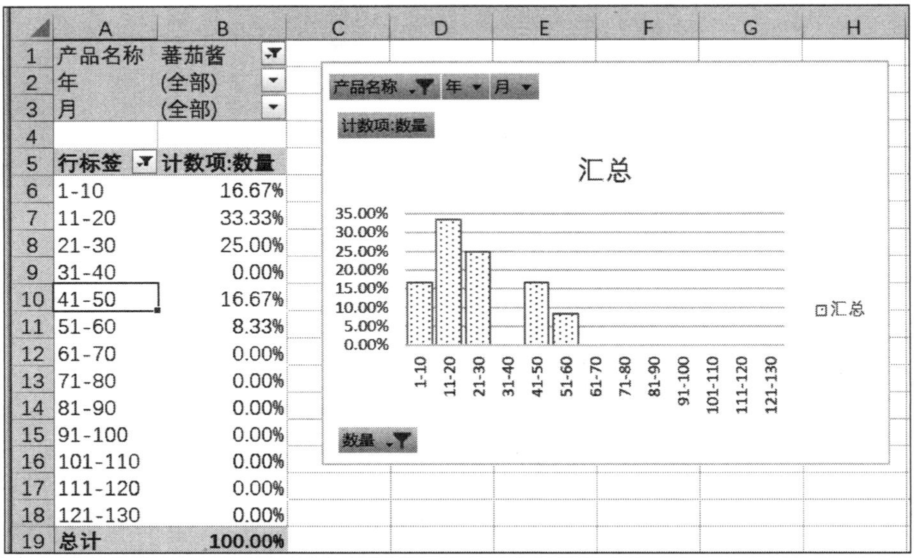


**图3—33 显示无数据项目的频率分布**

第六步,使用直方图功能绘制频率分布图。

除了数据透视表,Excel的直方图功能也可用于统计频数分布,允许直接从"数量"字段生成频数分布图。首先选择导入数据的任一单元格,通过"插入"菜单下的"统计图表"选择"直方图",Excel将自动创建直方图并显示数量区间及其频数。如图3—34所示,X轴展示不同的数量区间,每个柱形的高度表示该区间的数据出现频次。例如,第一个柱形显示数量在[1,6.2]区间的频次约为320。

调整直方图的区间划分。图3—34中X轴的区间划分不符合具体的分析需求,可以重新划分。为调整这一设置,右击X轴选择"设置坐标轴格式",调整箱宽度至10,将最大值(溢出箱)设置为130,最小值(下溢箱)设置为0。

此外,通过插入切片器和日程表,可以进一步增加分析的维度,如图3—35、图3—36所示。

注意:直方图方法的订购日期字段只能选择具体的日期,不能按年月选择。如果想要按年月筛选订购日期,可以选中图3—32中的频率分布数据透视表,插入"产品名称"切片器,插入"月"的日程表,结果如图3—36所示。

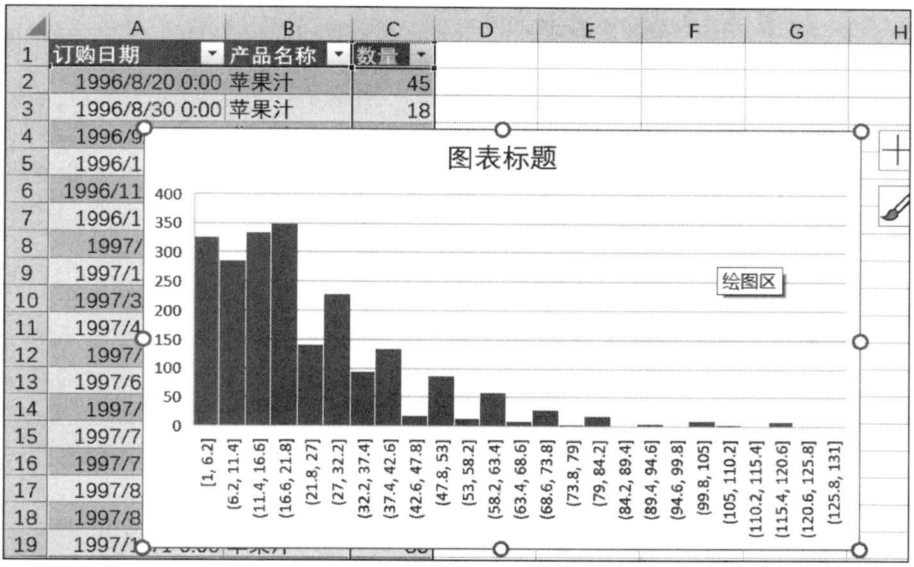


图 3—34 初步的直方图

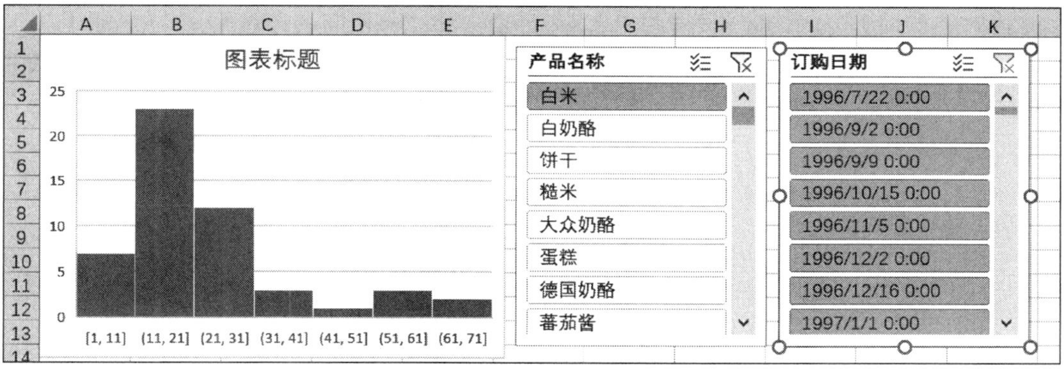


图 3—35 切片器与直方图

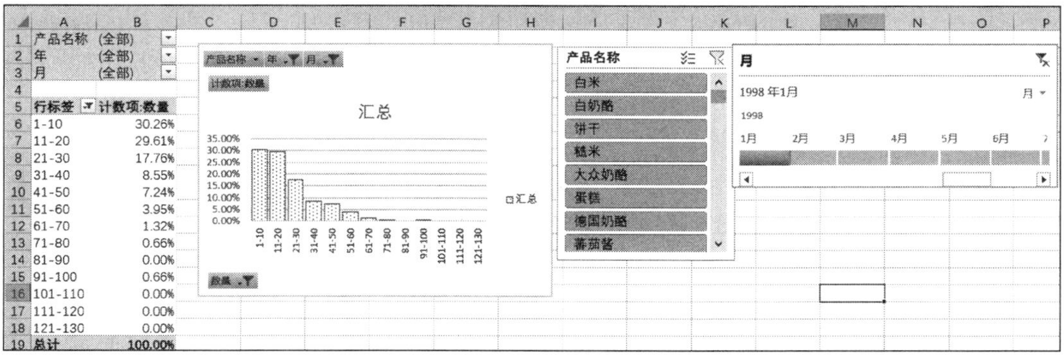


图 3—36 切片器、日程表与直方图

### 3.3.3 计算各类数据占比

企业常需评估特定销售类别对总销售额的贡献率或某些员工的生产量占总生产量的比例，以确定客户或员工对公司盈利的重要性。数据透视表内置的功能能够计算数据占行或列总和的百分比，这一点特别有助于快速获取这类比例信息，从而支持更精准的业务决策和资源分配。

**【例 3—6】** Northwind 公司计划按照客户三年销售额之和把客户划分为不同级别。销售额 20 000 元及以上的客户为 VIP 客户，10 000—20 000 元的为重要客户，10 000 元以下的为普通客户。希望在不返回详细数据的情况下了解不同级别客户的销售情况，比如分年观察各级客户的销售额、销售额占总销售额的百分比和销售次数占总销售次数的百分比。

例3-6 讲解

**【知识点与解题思路】** 本例将学习使用数据透视表对企业客户的销售数据进行多层次的分析与汇总，特别是通过分类和百分比计算来识别不同客户级别的销售贡献。关键知识点包括设置和利用数据透视表进行数据汇总、数据分组、百分比的计算方法以及主次坐标轴的设计。

第一步，导入数据并创建数据透视表。

本例介绍在不返回详细数据的情况下创建数据透视表。使用 Microsoft Query 从 Northwind 数据库查询必要的字段，包括公司名称、订单 ID、订购日期和销售额。在查询时，对订单进行汇总，每个订单视为单一记录，销售额字段设置为求和。在 Excel 中，将查询结果设置为数据透视表的数据源，放置在新工作表中，将“订购日期”拖至行区域，将“销售额”拖至∑值区域，Excel 自动为日期类型的“订购日期”字段组合，数据透视表如图 3—37 所示。

| | A | B |
|---|---|---|
| 1 | 行标签 | 求和项:'销售额' |
| 2 | ⊞1996年 | 208083.9698 |
| 3 | ⊞1997年 | 617085.2029 |
| 4 | ⊞1998年 | 440674.5657 |
| 5 | 总计 | 1265843.738 |

**图 3—37　按日期汇总的数据透视表**

注意：在使用 Microsoft Query 查询时，需要对销售额字段进行汇总，即对同一订单 ID 的销售额进行求和。否则，返回的数据中可能会出现同一订单 ID 多次记录，导致在计算订单数量时因重复计算而出现错误。

第二步，设置时间维度分组。

对“订购日期”字段进行年分组。因为只需要按年观察数据，所以将自动组合产生的“季度”和“订购日期”从行区域拖出，将“年”拖至筛选区域。

第三步，创建客户分组。

通过排序观察客户销售额。为了区分不同级别的客户，把“公司名称”拖至行区域并根据销售额进行降序排序，这样可以直观地看到针对不同客户的销售额。如图 3—38 所示，该视图初步展示了按销售额超过 20 000 元的客户组成的分组。

调整排序字段，正确显示排序。在排序完成后，可能发现该排序不完全符合预期。这通常

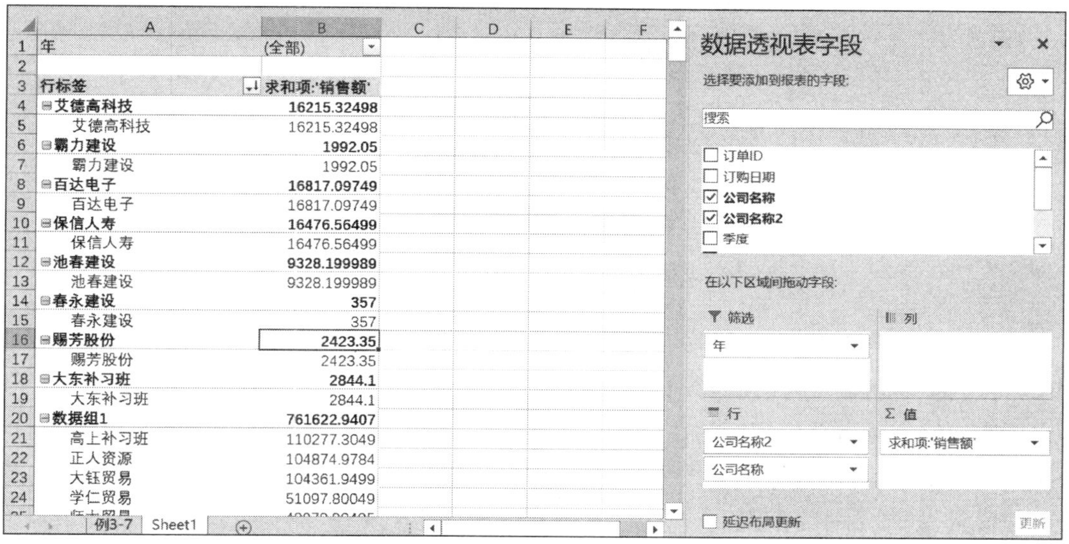


**图 3－38 对销售额求和项超过 20 000 元的客户进行组合**

是因为在行区域存在两层字段:“公司名称 2”和“公司名称”,其中“公司名称 2”为分组的上级字段,而“公司名称”为实际的公司名称。虽然“公司名称”下的销售额已经按降序排列,但“公司名称 2”所代表的整体分组可能未按预期排序。要调整这种排序,可以选择“公司名称 2”下的任一销售额汇总值,右击选择“排序”并应用“降序”,以确保整体的排序也反映销售额的高低,结果如图 3－39 所示。

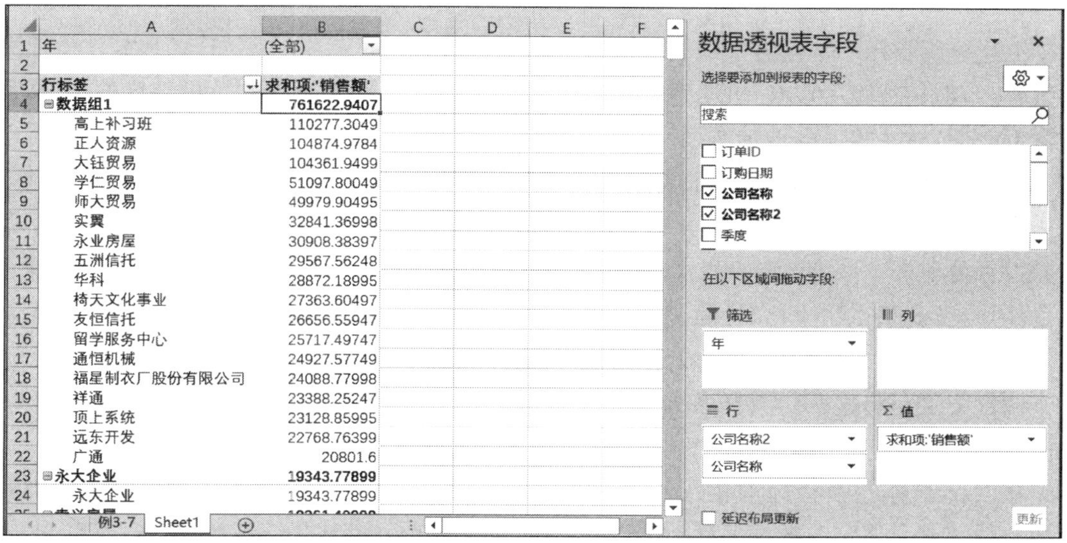


**图 3－39 对“公司名称 2”的销售额求和项排序**

手动分组公司。使用数据透视表的分组功能,手动按销售额分段将公司归类并命名为“VIP 客户”“重要客户”及“普通客户”,如图 3－40 所示,展示了不同客户级别的销售额。

第四步,计算百分比。

| | A | B |
|---|---|---|
| 1 | 年 | (全部) |
| 2 | | |
| 3 | 行标签 | 求和项:'销售额' |
| 4 | VIP客户 | 761622.9407 |
| 5 | 重要客户 | 298225.5012 |
| 6 | 普通客户 | 205995.2963 |
| 7 | 总计 | 1265843.738 |

**图 3—40 各级客户的销售额**

通过增加销售额和订单数量的计算字段,分析各客户级别对总销售的贡献。在数据透视表中,再次将"销售额"字段拖入Σ值区域,并将其显示方式设置为"列汇总的百分比",以显示各级别客户销售额占总销售额的百分比。接着,将"订单 ID"也拖至Σ值区域,设置为"计数"来统计销售次数,再调整显示方式为"列汇总的百分比",展示各客户级别的销售次数占总销售次数的比例,如图 3—41 所示。

| | A | B | C | D |
|---|---|---|---|---|
| 1 | 年 | (全部) | | |
| 2 | | | | |
| 3 | 行标签 | 各级别销售额 | 销售额百分比 | 销售次数百分比 |
| 4 | VIP客户 | 761623 | 60.17% | 38.43% |
| 5 | 重要客户 | 298226 | 23.56% | 25.06% |
| 6 | 普通客户 | 205995 | 16.27% | 36.51% |
| 7 | 总计 | 1265844 | 100.00% | 100.00% |

**图 3—41 各级客户的销售额、销售额百分比、销售次数百分比**

上述分析揭示了不同客户级别的销售额和销售次数的贡献度。例如,VIP 客户虽然销售次数较少,但销售额占比高,表明他们对公司收益的贡献更大;普通客户虽销售次数多,但每次销售额较低,对总收益的贡献有限。

第五步,创建数据透视图并设置主次坐标轴。

利用数据透视表中的数据,插入柱形图或条形图来可视化不同客户级别的销售额和销售次数的百分比。

注意:可调整主次坐标轴,确保两组数据即使量级不同也能清晰展示。由于"销售额百分比"与"销售次数百分比"值相对较小,不适合在默认的 Y 轴刻度(例如一格为 100 000)下显示。调整方法是将这两个数据系列设置在次坐标轴上,使得较小的百分比值也能清晰展示。如图 3—42 所示,三个级别客户的销售额、销售额占比和销售次数占比情况被同时展示。

在 Excel 中,主次坐标轴允许在同一图表上展示两组数据,这两组数据通常具有不同的量度或单位。通过将一组数据关联到图表的左侧(主坐标轴),而将另一组数据关联到右侧(次坐标轴),可以有效地比较它们,即便它们的数值范围相差很大。这种方法增强了图表的可读性和比较效果,尤其适用于数据量级相差较大的情况,帮助用户避免在视觉展示上的误解或混淆。

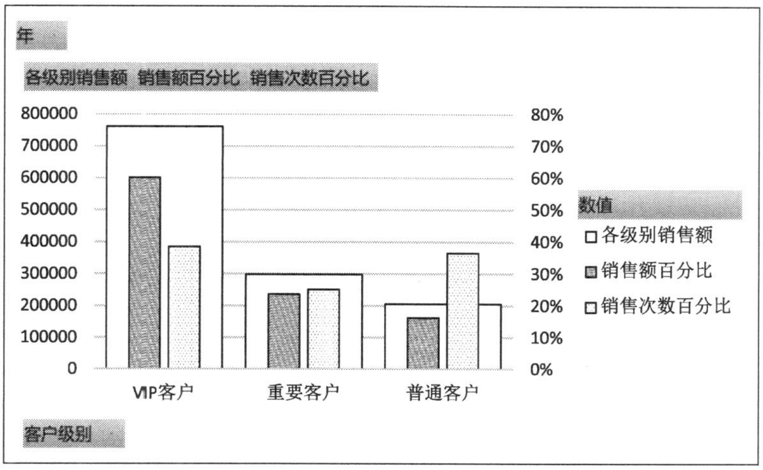


图 3—42 各级别客户的销售额、销售额百分比、销售次数百分比

### 3.3.4 绘制帕累托曲线

帕累托原理又称 80/20 法则，是由意大利经济学家维尔弗雷多·帕累托在 1897 年提出的。该原理指出，在许多情况下，大约 80%的效果来自 20%的原因。这一观察普遍适用于各个领域，如商业、生产和日常生活，指导人们识别和优先处理最重要的因素以实现最大效率。例如，20%的驾驶员引起 80%的交通事故，80%的时间人们所穿的衣服是所有衣服的 20%等。在商业中，通常是 20%的客户或产品贡献了 80%的利润。通过识别这 20%的关键因素，企业可以更有效地分配资源和努力，从而提高整体成效和效率。

上一例题分析了 VIP 客户、重要客户与普通客户销售所占的比例。接下来，我们将进一步应用 80/20 法则，对客户进行累计百分比的汇总分析，绘制帕累托曲线。

例3-7 讲解

**【例 3—7】** 汇总 Northwind 公司客户数与销售额数据，绘制累计客户数与累计销售额的帕累托曲线，分析前 20%的客户是否实现了 80%的销售额，并确定今后销售工作的重点。

**【知识点与解题思路】** 我们将探索如何使用数据透视表技术来分析客户销售数据，通过累计百分比的计算，绘制帕累托曲线。关键知识点包括客户分级的组合以及累计百分比的计算。此外，本例还将学习使用 Excel 内置功能直接绘制帕累托图的简便方法。

方法一：数据透视表方法。

第一步，导入数据并创建数据透视表。

从 Northwind 数据库中查询必要的字段，包括“客户名称”和“销售额”。使用 Microsoft Query 将每个客户的所有订单销售额求和，并在 Excel 中设置为数据透视表的数据源。将“公司名称”设置到行区域，将“销售额”设置到 Σ 值区域，并按销售额降序排列。

第二步，计算累计百分比。

利用数据透视表来计算销售额和客户数量的累计百分比，以识别那些对公司收入贡献最大的客户(20%)。首先，将“销售额”拖至 Σ 值区域设置为求和，并按此降序排列以便计算顶部 20%客户的累计贡献。接着,设置“求和项:销售额”,“显示值”为“累计总和”,并以“公司名称”为基字段。此操作将显示每个客户的销售额累积到总销售额的百分比。然后,重复类似步骤对“公司名称”进行计数并显示为累计百分比,从而得到客户数量的累计百分比。这一步是识别那些对总销售额有最大影响的客户,即前 20%的客户是否实现了 80%的销售额,得到的数据透视表如图 3—43 所示。

| | A | B | C | D | E | F | G | H | I | J | K | L |
|---|---|---|---|---|---|---|---|---|---|---|---|---|
| 1 | | | | | | 客户数累计百分比 | 销售额累计百分比 | | 20%参考线 | | | |
| 2 | | | | | | 1.1% | 8.7% | | 20% | 0 | | |
| 3 | 行标签 | 客户数累计百分比 | 销售额累计百分比 | | | 2.2% | 17.0% | | 20% | 1.2 | | |
| 4 | 高上补习班 | 1.12% | 8.71% | | | 3.4% | 25.2% | | | | | |
| 5 | 正人资源 | 2.25% | 17.00% | | | 4.5% | 29.3% | | | | | |
| 6 | 大钰贸易 | 3.37% | 25.24% | | | 5.6% | 33.2% | | | | | |
| 7 | 学仁贸易 | 4.49% | 29.28% | | | 6.7% | 35.8% | | | | | |
| 8 | 师大贸易 | 5.62% | 33.23% | | | 7.9% | 38.3% | | | | | |
| 9 | 实翼 | 6.74% | 35.82% | | | 9.0% | 40.6% | | | | | |

**图 3—43　客户数累计百分比和销售额累计百分比**

第三步,绘制帕累托曲线。

需要把数据放置在数据透视表外才能绘制曲线。在工作表旁边的空白区域,复制数据透视表中的“客户数累计百分比”和“销售额累计百分比”数据,如图 3—43 所示,选择“插入”/“散点图”,并选择带平滑线的类型来创建帕累托曲线。

第四步,添加参考线。

为了突出前 20%的客户,添加一条垂直参考线到帕累托曲线中。准备 20%参考线的数据(见图 3—43),并添加到图中,经过格式调整后,得到如图 3—44 所示的帕累托曲线及其参考线,这条参考线将帮助视觉上识别这 20%的客户是否实现了预期的 80%的销售额。

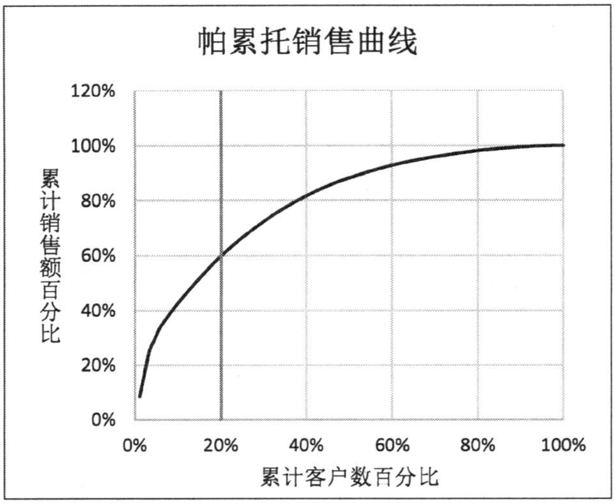


**图 3—44　帕累托销售曲线**

帕累托曲线反映出 Northwind 公司前 20%的客户只实现了约 60%的销售额,低于 80/20 准则的比例。所以,Northwind 公司今后销售工作的重点应是更多地关注大客户,通过增加大客户的销售额来增加整个公司的销售额。

方法二：利用统计图表工具绘制帕累托曲线。

Excel 的统计图表工具可以直接绘制帕累托曲线。选中导入数据的任一单元格，选择“插入”/“插入统计图表”，选择“直方图”的“排列图”，如图 3—45 所示。其中，曲线即为帕累托曲线，柱形反映各公司的销售额，销售额已经降序排列。这种方法简便，但很难发现 20%的客户是哪些客户，其实现的累计销售额百分比也较难观察。

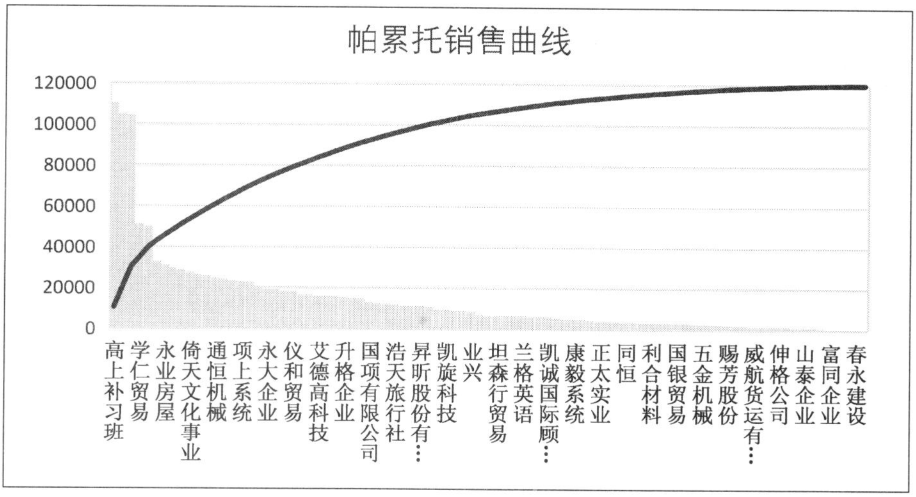


图 3—45 利用统计图表工具直接绘制帕累托曲线图

# 3.4 多重区域数据的合并汇总

有些企业由于经营地点比较分散，不同地点的各部门将数据存放在多个 Excel 工作簿或多个工作表中。有些企业也会将数据按照时间存放在多个工作簿或多个工作表中。这样就产生了具有相同字段的数据分散在多重区域的情况。存放在多重区域的数据，在汇总时需要首先将数据合并，然后才能汇总。

数据透视表支持对多重区域数据进行合并汇总。利用数据透视表自带的“多重区域合并计算数据区域(C)”选项，可以进行简单的合并汇总，也可以将数据透视表与 Power Query 结合，实现复杂的多维汇总。

## 3.4.1 利用数据透视表的合并汇总

数据透视表向导提供的“多重合并计算数据区域(C)”功能可以实现多重区域数据的简单合并汇总。

**【例 3—8】** Northland 公司是一家计算机销售公司，它在南京、苏州和无锡开设三家分公司。公司分别记录和保存当地的销售情况，每个季度向总公司提供存储在 Excel 文档中的销售数据。总公司希望能对这些数据进行汇总，以了解整个公司的销售业务状况。三家分公司 2024 年 1 季度的销售数据保存在工

例3-8 讲解

作簿“NorthLand 公司销售数据.xlsx”的三张工作表中。每张工作表都包括“类别”“地区”“客户名称”等完全相同的字段，如图 3－46 所示。利用这些数据，汇总“家用”与“商用”两种类别品的销售数量和销售金额。

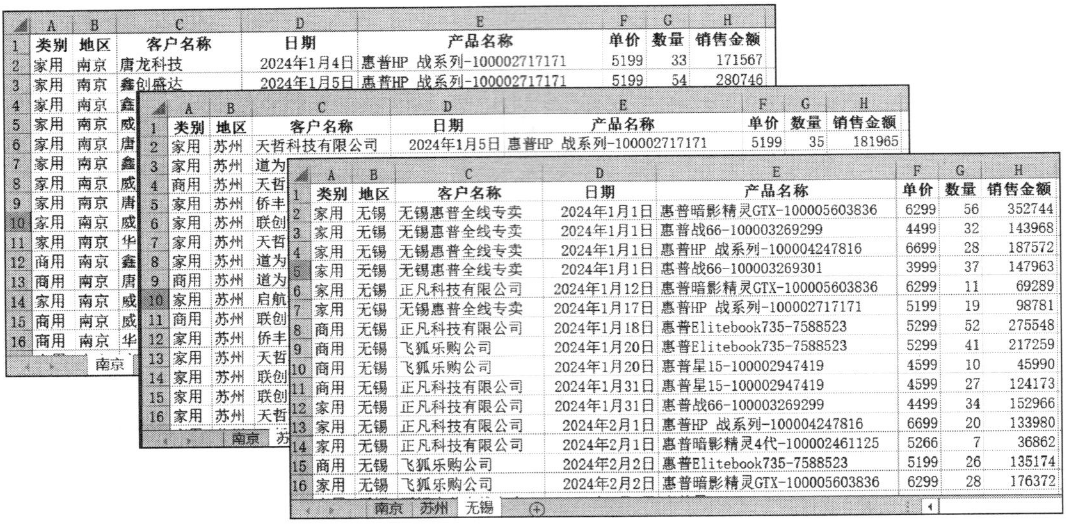


**图 3－46 NorthLand 公司销售数据**

**【知识点与解题思路】** 在这个例题中，将学习如何有效地利用 Excel 的数据透视表功能来汇总和分析来自多个分公司的销售数据。关键知识点包括使用数据透视表向导合并来自不同工作表的具有相同字段的数据以及如何通过筛选来优化数据显示。

第一步，启动数据透视表向导并导入数据。

因为“NorthLand 公司销售数据.xlsx”不是单一的数据列表，不能直接插入数据透视表，需要通过数据透视表向导的“多重合并计算数据区域(C)”选项来合并三个分公司位于不同工作表的数据。在一个空白工作表选中单元格 A1，按 Alt+D+P 组合键启动数据透视表向导，选择“创建单页字段”以便在数据透视表中作为筛选使用。接着，依次添加三个工作表中指定的数据区域到向导中，如图 3－47 所示。

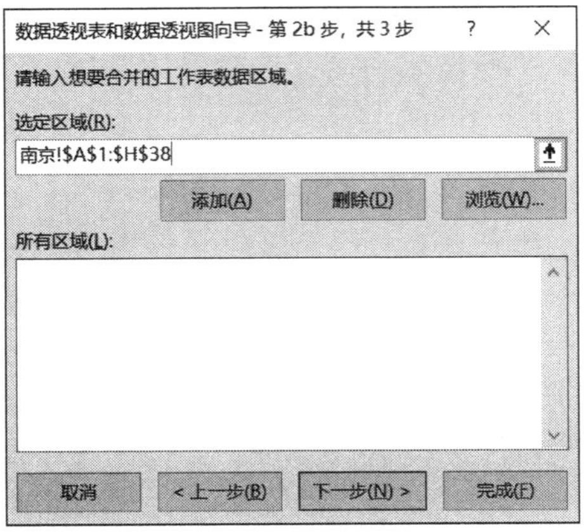


**图 3－47 多重合并计算的选定区域**

第二步，创建并设置数据透视表。

指定数据透视表的显示位置，将“类别”作为行字段，以区分“家用”和“商用”产品。将“数量”和“销售金额”字段设定为“值字段”，并设置汇总方式为“求和”，添加城市名称作为筛选条件，得到如图 3—48 所示的数据透视表。

| | A | B | C | D | E | F | G | H | I |
|---|---|---|---|---|---|---|---|---|---|
| 1 | 页1 | (全部) | | | | | | | |
| 2 | | | | | | | | | |
| 3 | 计数项:值 | 列标签 | | | | | | | |
| 4 | 行标签 | 产品名称 | 单价 | 地区 | 客户名称 | 日期 | 数量 | 销售金额 | 总计 |
| 5 | 家用 | 79 | 79 | 79 | 79 | 79 | 79 | 79 | 553 |
| 6 | 商用 | 33 | 33 | 33 | 33 | 33 | 33 | 33 | 231 |
| 7 | 总计 | 112 | 112 | 112 | 112 | 112 | 112 | 112 | 784 |

**图 3—48 多重合并计算得到数据透视表**

第三步，优化数据显示。

配置筛选字段。点开筛选区域的下拉式列表框(单元格 B1)，可以看到 “页 1”字段有三个值可选：“项 1”“项 2”和“项 3”，这三项对应于三张工作表的表名。可以将“页 1”字段拖到行区域，将“项 1” “项 2” “项 3”分别改为“南京” “苏州”“无锡”，将“页 1”字段的自定义名称改为“城市”，再将其拖回筛选区域。对数据透视表取消行总计，得到的数据透视表如图 3—49 所示。

| | A | B | C | D |
|---|---|---|---|---|
| 1 | 城市 | (全部) | | |
| 2 | | | | |
| 3 | 求和项:值 | 列标签 | | |
| 4 | 行标签 | 数量 | 销售金额 | 总计 |
| 5 | 家用 | 2410 | 13050391 | 13052801 |
| 6 | 商用 | 1238 | 6057162 | 6058400 |
| 7 | 总计 | 3648 | 19107553 | 19111201 |

**图 3—49 各类别产品的销售情况**

这种合并方法存在一定的局限，只能按照首列字段进行汇总(即分类字段只能为首列字段)，无法按照其他各列的字段进行分类。本例题只能根据 “类别”字段汇总销售数量与销售金额，而不能根据“产品”或“客户”等字段进行分类。

注意：数据透视表的合并计算功能，能汇总分布在不同工作表、字段名相同、行数(记录数)不同的多重区域内的数据。该功能也可以汇总放置在其他工作簿(非当前打开的工作簿)多重区域的数据，具体方法是：选中“选定区域(R)”框，手工输入工作簿所在位置和工作簿、工作表、区域的名字。

## 3.4.2 利用 Power Query 的合并汇总

Microsoft Query 作为 Microsoft Office 组件，通常只处理单一数据源，而 Power Query 作为 Excel 的集成功能，能够处理和整合来自多个不同来源的数据。这使得 Power Query 非常适合构建复杂的数据模型，它不仅可以简化数据合并任务，还可以优化数据管理和分析过程，为用户提供更全面的数据处理能力。

**【例 3－9】** NorthLand 公司希望按照地区与客户名称，汇总“家用”与“商用”两种类别下各个产品 1 月到 3 月整个公司的销售额。

例3-9 讲解

**【知识点与解题思路】** 本例中，我们将学习如何运用 Power Query 的追加查询功能来合并多个具有相同字段的数据表，并在此基础上构建数据透视表进行数据分析。关键知识点包括利用 Power Query 进行数据的导入、编辑、合并以及如何有效地利用数据透视表来展示和分析合并后的数据。

第一步，导入数据至 Power Query。

使用“获取数据”功能从“Northland 公司销售数据. xlsx”中导入“南京”“苏州”和“无锡”三个工作表的数据。在“导入数据”窗口，选择“Northland 公司销售数据. xlsx”，在“导航器”窗口，选中“选择多项”，选中“南京”“苏州”和“无锡”工作表，在窗口右边可以观察到表中的记录，如图 3－50 所示。

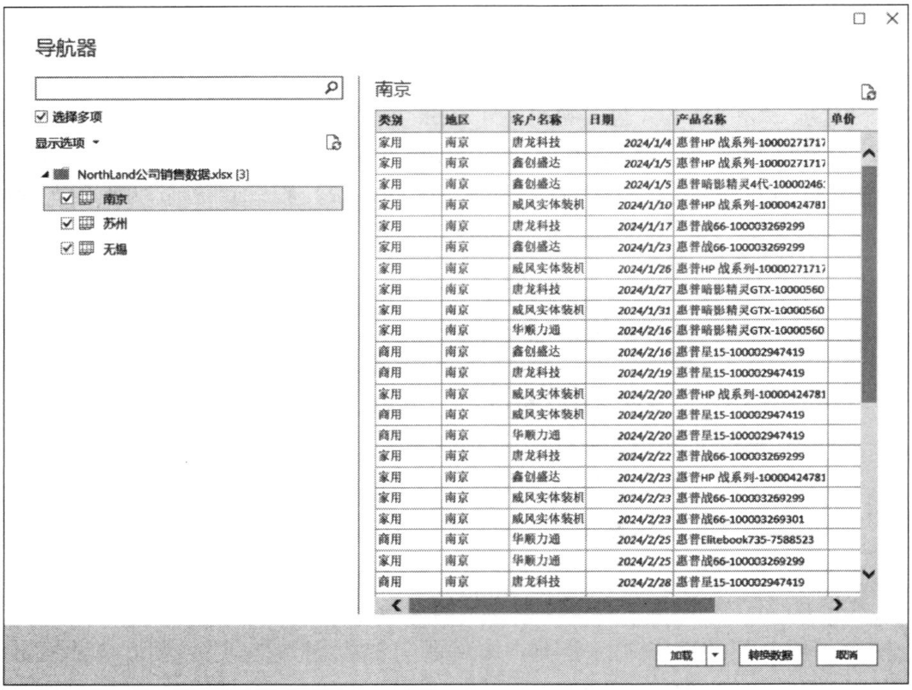


图 3－50 在 Power Query 导航器选择表

第二步，追加查询并合并数据。

启动 Power Query 编辑器以合并数据。选择“数据”/“获取与转换数据”/“转换数据”，启动 Power Query 编辑器，自动加载“NorthLand 公司销售数据. xlsx”中的“南京”“苏州”和“无锡”三个工作表对应的查询。在编辑器中，选中“南京”查询，展示其 37 条销售记录。

利用“追加查询”形成三个表的合并数据。在 Power Query 编辑器中点击“追加查询”/“将查询追加为新查询”，选择“三个或更多表”，逐一添加。此操作完成后，新生成的“追加 1”查询将显示所有三个城市的合并结果，共 112 行数据，如图 3－51 所示。

第三步，将合并数据导回 Excel。

将“追加 1”查询中的合并数据导回 Excel。选择“主页”选项卡的“关闭并上载至...”。在

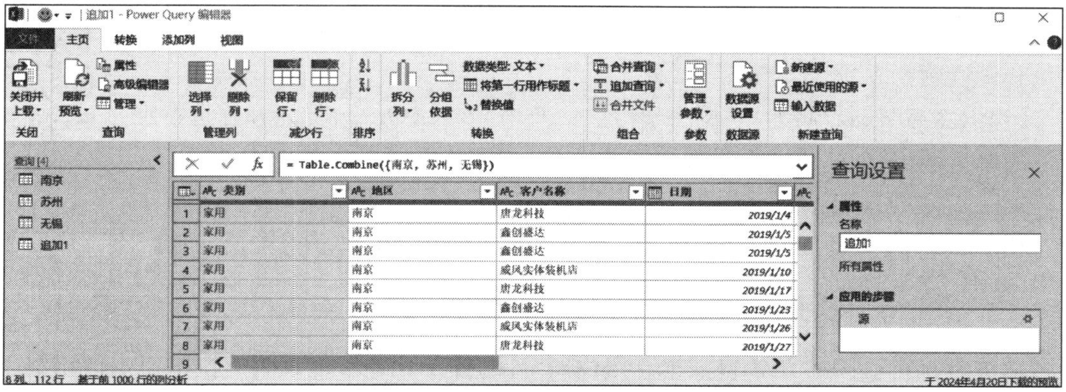


图 3－51　Power Query 编辑器里的南京查询

“导入数据”对话框中，可以选择将数据导入为表格、数据透视表、数据透视图，或仅创建连接。选择“仅创建连接(O)”，以链接原始查询数据而不实际加载数据(根据需要，也可以选择直接导入数据或创建数据透视表)，完成导入过程后可成功链接数据到 Excel。

第四步，创建数据透视表。

在 Excel 中创建数据透视表，如图 3－52 所示。

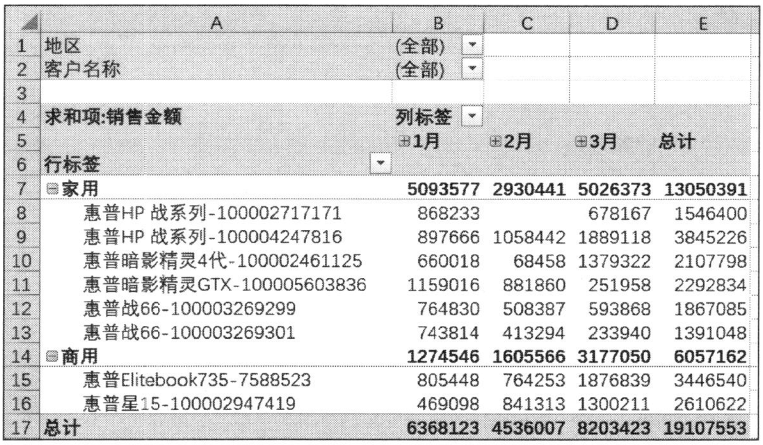

| | A | B | C | D | E |
|---|---|---|---|---|---|
| 1 | 地区 | (全部) | | | |
| 2 | 客户名称 | (全部) | | | |
| 3 | | | | | |
| 4 | 求和项:销售金额 | 列标签 | | | |
| 5 | | ⊞1月 | ⊞2月 | ⊞3月 | 总计 |
| 6 | 行标签 | | | | |
| 7 | ⊟家用 | 5093577 | 2930441 | 5026373 | 13050391 |
| 8 | 惠普HP 战系列-100002717171 | 868233 | | 678167 | 1546400 |
| 9 | 惠普HP 战系列-100004247816 | 897666 | 1058442 | 1889118 | 3845226 |
| 10 | 惠普暗影精灵4代-100002461125 | 660018 | 68458 | 1379322 | 2107798 |
| 11 | 惠普暗影精灵GTX-100005603836 | 1159016 | 881860 | 251958 | 2292834 |
| 12 | 惠普战66-100003269299 | 764830 | 508387 | 593868 | 1867085 |
| 13 | 惠普战66-100003269301 | 743814 | 413294 | 233940 | 1391048 |
| 14 | ⊟商用 | 1274546 | 1605566 | 3177050 | 6057162 |
| 15 | 惠普Elitebook735-7588523 | 805448 | 764253 | 1876839 | 3446540 |
| 16 | 惠普星15-100002947419 | 469098 | 841313 | 1300211 | 2610622 |
| 17 | 总计 | 6368123 | 4536007 | 8203423 | 19107553 |

图 3－52　Northland 公司数据合并后的数据透视表

注意：还可以直接启动 Power Query，在“编辑器”/“数据源”中导入“Northland 公司销售数据. xlsx”，后续步骤与前述基本一致。

Power Query 的查询结果可以以多种形式返回 Excel 中：它可以直接作为表格返回，并存放在一个工作表中；也可以创建数据透视表或数据透视图；它允许仅创建数据查询的连接，不加载数据；或者加入数据模型，利用该模型构建数据透视表或视图。

Power Query 还可以导入不同来源的数据，选择“主页”/“新建源”，就可以导入其他来源的数据。下面通过例 3－10 介绍 Power Query 的更多功能。

**【例 3－10】** 利用 Northwind. accdb 中的销售数据，使用 Power Query 查询数据，利用数据透视表为 Northwind 公司汇总 1997 年、1998 年各产品的销售数量和销售额。

例3-10 讲解

**【知识点与解题思路】** 本例将学习如何使用 Power Query 导入和筛选特定年份的销售数据，创建不同数据源之间的关联，计算销售额。

第一步，在 Excel 中导入数据。

在 Excel 中，从“Northwind. accdb”数据库导入数据，选择“获得数据—数据库”，选取相关表格（订单、订单明细、产品）并转换数据。

第二步，在 Power Query 编辑器中筛选数据。

筛选 1997 年、1998 年销售数据。定位到“订购日期”字段，在右侧下拉按钮中使用“日期/时间筛选器”选择“介于”。设定时间范围从“1997/1/1”到“1998/12/31”，数据窗格将显示筛选后的记录总数为 678 行。

第三步，在 Power Query 编辑器中建立查询之间的关联。

在 Power Query 编辑器中，建立“订单”与“订单明细”查询间的连接。选择“订单明细”查询，然后通过“主页”/“合并查询”功能进入合并界面。在合并窗口，确认“订单明细”作为主查询，从下方列表中选择“订单”作为次查询，对齐“订单 ID”字段以建立连接。设置连接类型为“内部”，以确保只保留两个查询都匹配的行。这样的设置意味着只包括已筛选的 1997 年和 1998 年的数据，从而确保数据的一致性。合并后的结果显示增加到 1752 行，仅包含匹配的记录，如图 3－53 所示。

**图 3－53　合并窗口**

使用同样的方法建立"订单明细"查询和"产品"查询之间的联系。按照"订单明细"查询（上半部分）的"产品ID"字段和"产品"查询（下半部分）的"产品ID"字段相等的原则，建立左外部连接。

第四步，在 Power Query 编辑器中创建计算字段。

在订单明细查询中添加计算字段，计算每个订单的销售额。在"订单明细"查询中增加一个新列"销售额"，其计算公式为：单价 * 数量 *（1－折扣），此处数据类型选择"小数"更精确，如图 3－54 所示。

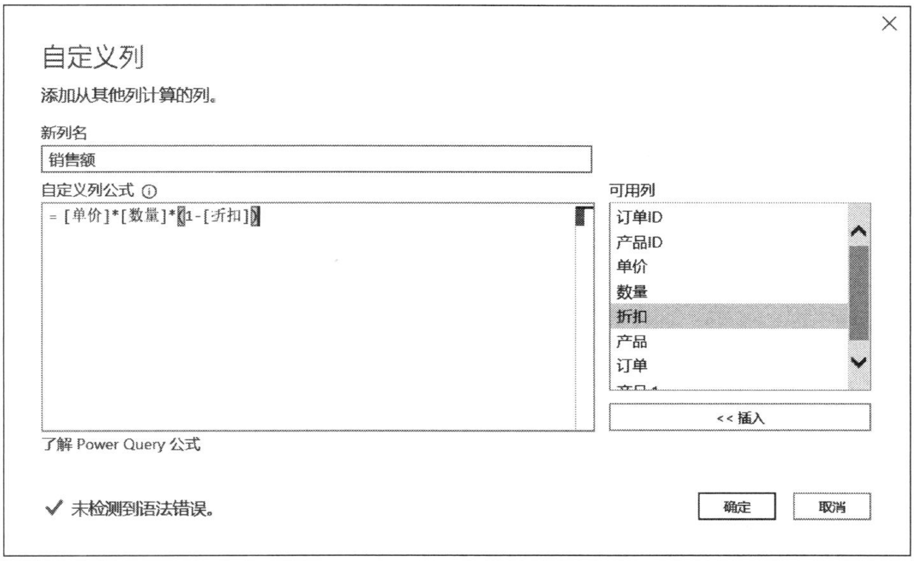


**图 3－54 自定义列与计算字段**

注意：可以将"销售额"列的数据类型设为带小数的数值型，这样可以保证数据返回 Excel 后销售额字段可以进行求和等操作，选中"销售额"列，选择"主页"/"数据类型：任意"/"小数"。

第五步，将合并数据导回 Excel。

处理完的查询数据通过"关闭并上载"功能返回 Excel，并存储在数据模型中。这一步骤是数据透视表分析的基础。

第六步，创建数据透视表。

运用数据透视表的相关知识，汇总分析 1997 年和 1998 年的产品销售数量和销售额，如图 3－55 所示。

通过本节的两个例子，可以发现 Power Query 不仅使用方便、功能强大，界面风格与 Excel 相近，而且在很多情况下可以替代 Microsoft Query。Power Query 能导入多张表，建立查询之间的联系，实现同时从多张表查询所需数据。Power Query 支持筛选数据，通过设定筛选条件查询出满足条件的记录。同时还支持生成计算列，可以通过对已有列的运算得到新的列，获得新的信息。

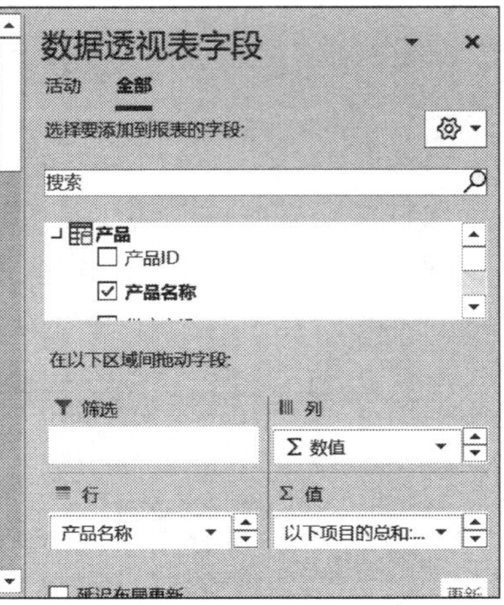


| | A | B | C | D | E |
|---|---|---|---|---|---|
| 1 | | 列标签 | | | |
| 2 | | 以下项目的总和:数量 | | 以下项目的总和:销售额 | |
| 3 | 行标签 | 1997 | 1998 | 1997 | 1998 |
| 4 | 白米 | 971 | 197 | 32604 | 7264 |
| 5 | 白奶酪 | 98 | 147 | 2669 | 4568 |
| 6 | 饼干 | 571 | 335 | 8663 | 5424 |
| 7 | 糙米 | 451 | 209 | 5408 | 2789 |
| 8 | 大众奶酪 | 374 | 222 | 6912 | 4384 |
| 9 | 蛋糕 | 359 | 111 | 2931 | 940 |
| 10 | 德国奶酪 | 236 | 96 | 8335 | 3576 |
| 11 | 蕃茄酱 | 190 | 108 | 1724 | 1080 |
| 12 | 干贝 | 28 | 68 | 629 | 1456 |
| 13 | 光明奶酪 | 752 | 513 | 35775 | 26345 |
| 14 | 桂花糕 | 96 | 111 | 7314 | 8704 |
| 15 | 海参 | 177 | 202 | 2076 | 2427 |
| 16 | 海苔酱 | 490 | 100 | 9373 | 2023 |
| 17 | 海鲜粉 | 324 | 414 | 9186 | 12306 |
| 18 | 海鲜酱 | 396 | 207 | 9091 | 5261 |
| 19 | 海哲皮 | 256 | 12 | 3517 | 180 |
| 20 | 蚝油 | 396 | 67 | 6738 | 1136 |

**图 3—55　利用数据模型建立的数据透视表**

# 3.5　Power Pivot 的汇总分析

从 Office 2016 起，Excel 引入了 Power Pivot 功能。通过选择“文件”/“更多…”/“选项”/“加载项”，在“管理(A)”选择“COM 加载项”，选中“Microsoft Power Pivot for Excel”后，可启用 Power Pivot 选项卡。

Power Pivot 提供的关键功能包括：

(1)大规模数据存储：能处理达到数亿行的数据，远超 Excel 的一百多万行限制。

(2)多源数据导入：支持从多种数据源导入数据，如 SQL Server、Access、Excel 文件或文本文件，允许筛选并合并这些数据。

(3)数据模型构建：可作为报表的数据源，支持数据透视表、图表和 CUBE 等功能。

(4)高级数据计算：支持复杂计算和 Data Analysis Expressions(DAX)函数，可用于创建高级数据模型和度量值。

结合 Power Pivot 和数据透视表可以实现强大的数据汇总和分析功能，其中 Power Pivot 负责高效的数据处理和模型构建，而数据透视表则用于展示和汇总这些数据。接下来，将通过两个例题详细介绍如何利用 Power Pivot 进行数据分析。

## 3.5.1　利用 Power Pivot 汇总数据

企业经常需要评估年度业绩变化，比如比较本年度与去年的销售额和利润，或者将实际销售数据与预定计划对比。这里将介绍如何使用 Power Pivot 的度量值功能来执行这些比较。度量值是根据行、列以及筛选结果确定的数据子集计算得到。

利用 Power Pivot 与数据透视表汇总数据，一般包括 4 个步骤：

(1)导入数据；

(2)建立表之间的关联；

(3)生成计算字段或度量值；

(4)利用数据透视表汇总数据。

**【例 3－11】** ABC 公司希望了解各类别 2018 年、2019 年的净销售额以及 2019 年净销售额比 2018 年增加了多少,并以条形长度来反映该增量的大小。

例3-11 讲解

**【知识点与解题思路】** 本例将学习如何在 Power Pivot 中创建表关系,构建和利用 DAX 公式来创建度量值,使用这些度量值在 Excel 中创建数据透视表以及应用条件格式以突出显示变量。

第一步,导入数据到 Power Pivot。

打开一个新的 Excel 工作簿,通过 Power Pivot 的管理界面导入“ABC 公司销售收据. xlsx”文件中的“产品类别”和“销售明细”表。此处虽然提供了预览并筛选数据的选项,但本例中将导入所有数据以进行全面分析。经过一段时间的等待,Excel 导入两张表,结果如图 3－56 所示。

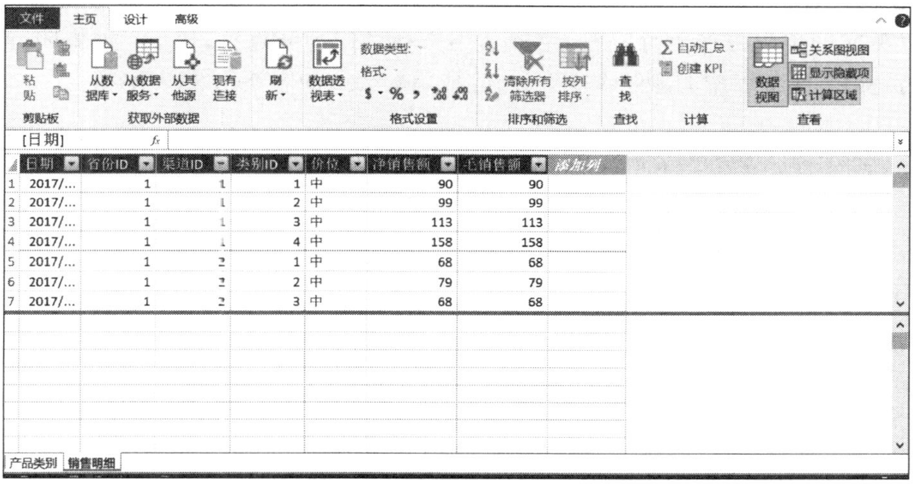


**图 3－56　导入 Power Pivot 的表**

注意:在数据导入过程中,使用第一行作为列标题的选项,确保字段识别正确。

第二步,在 Power Pivct 中创建表之间的关联。

创建表之间的关联,便于跨表计算和分析。选择“主页”/“关系视图”(或者“设计”/“创建关系”),可以看到导入的两张表和表中的字段名。选中“产品类别”表的“类别 ID”字段,拖到“销售明细”表的“类别 ID”上方,则按照“类别 ID”相等的原则在两个表之间创建一对多的联系,结果如图 3－57 示。选择“主页”/“数据视图”,可以重新观察数据。

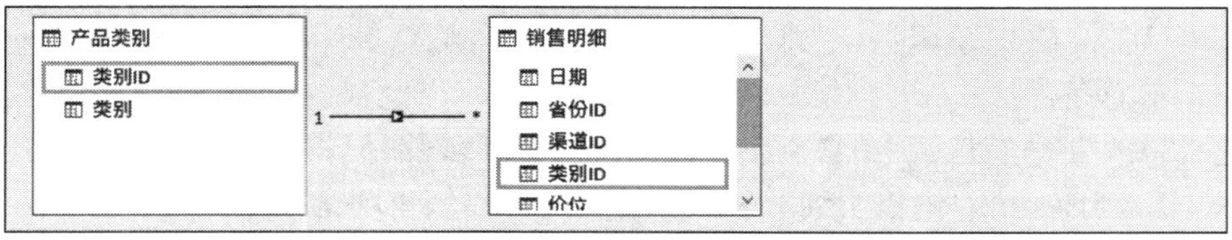


**图 3－57　导入并创建联系的两张表**

注意:在 Excel 界面或者 Power Pivot 界面,选择“保存”,则 Power Pivot 导入的数据即可保存。当 Excel 文件关闭并再次打开时,从 Excel 界面虽然无法看到数据,但是点击“Power Pivot”/“管理”,就可以观察到导入的数据。这表明创建的数据模型已经保存在 Excel 文件中。

第三步,创建度量值。

通过创建度量值分别计算 2018 年净销售额、2019 年净销售额和 2019 年的增量。在 Power Pivot 中,使用 DAX 函数创建度量值来进行年度销售分析。DAX 函数提供很多在 Excel 中可以使用的函数,包括日期和时间、数学和三角、统计、文本、逻辑和筛选函数等。DAX 函数的用法与 Excel 中函数的用法类似。

创建“2018 年净销售额”度量值。选择“度量值”/“新建度量值…”,选择表名为“销售明细”(即在销售明细表中建立一个度量值),输入度量值名称“2018 年净销售额”,在公式框中输入“=CALCULATE(sum('销售明细'[净销售额]),year('销售明细'[日期])=2018)”。当输入“=CALCULATE(sum('”时,Excel 自动弹出可供使用的工作表和字段。可以看到,工作表名是以英文的单引号作为分隔符,字段名用方括号作为分隔符,比如,'销售明细'[净销售额],指的是销售明细表中的净销售额字段,完成后的公式如图 3—58 所示。

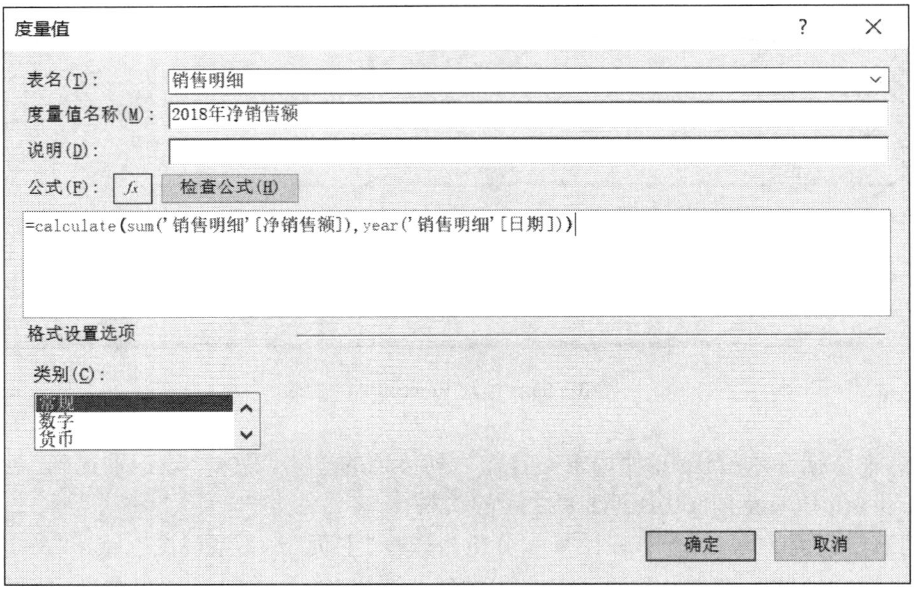


**图 3—58 2018 年净销售额度量值公式**

CALCULATE 函数与 Excel 中的 SUMIF、COUNTIF 和 AVERAGEIF 函数类似。其语法为 CALCULATE(汇总函数(汇总字段),汇总条件 1,汇总条件 2,汇总条件 3……),这里只使用了一个汇总条件。

创建 “2019 年净销售额”销售额度量值。重复上述步骤,但将年份条件改为 2019,公式为“=CALCULATE(sum('销售明细'[净销售额]),year('销售明细'[日期])=2019)”。

创建 “2019 年增量”度量值,公式为“=[2019 年净销售额]−[2018 年净销售额]”。

注意:创建的度量值,可在 Excel 中通过 “Power Pivot”−“度量值”−“管理度量”来编辑和删除。

第四步，创建数据透视表。

使用 Power Pivot 中的数据模型，在 Excel 中创建数据透视表。设置数据透视表以显示产品类别和对应的度量值，从而比较两年间的销售情况和增长率。点击“数据透视表字段”窗口的“产品类别”表名，将“类别”字段拖至行区域，点击“销售明细”，将度量值“fx2018 年净销售额”“fx2019 年净销售额”和“fx2019 年增量”依次拖到∑值区域，得到的数据透视表如图 3－59 所示。

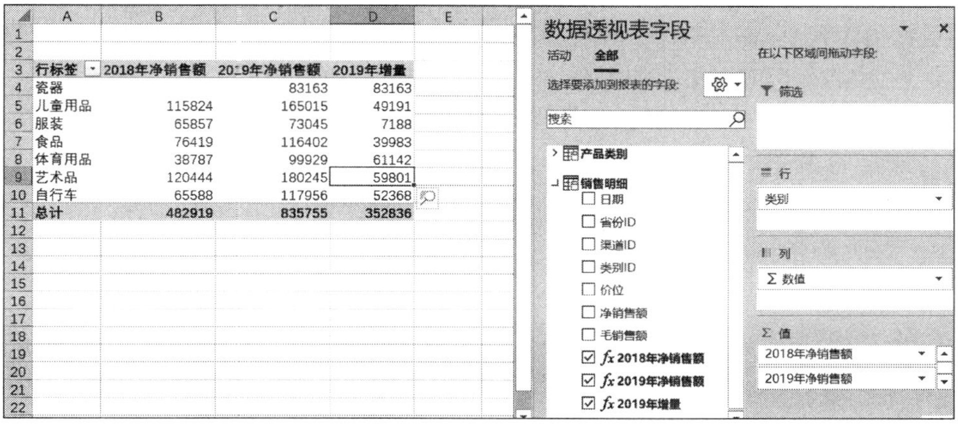

| 行标签 | 2018年净销售额 | 2019年净销售额 | 2019年增量 |
|---|---|---|---|
| 瓷器 | | 83163 | 83163 |
| 儿童用品 | 115824 | 165015 | 49191 |
| 服装 | 65857 | 73045 | 7188 |
| 食品 | 76419 | 116402 | 39983 |
| 体育用品 | 38787 | 99929 | 61142 |
| 艺术品 | 120444 | 180245 | 59801 |
| 自行车 | 65588 | 117956 | 52368 |
| 总计 | 482919 | 835755 | 352836 |



**图 3－59　2019 年增量数据透视表**

第五步，设置条件格式。

为了直观展示销售额的变化，对数据透视表中表示增长量的数据条应用条件格式，使其通过长度和颜色反映增长情况。选中单元格 D2:D9，选择“开始”/“条件格式”/“数据条(D)”，选择“渐变填充”的第一个，得到的数据透视表如图 3－60 所示。

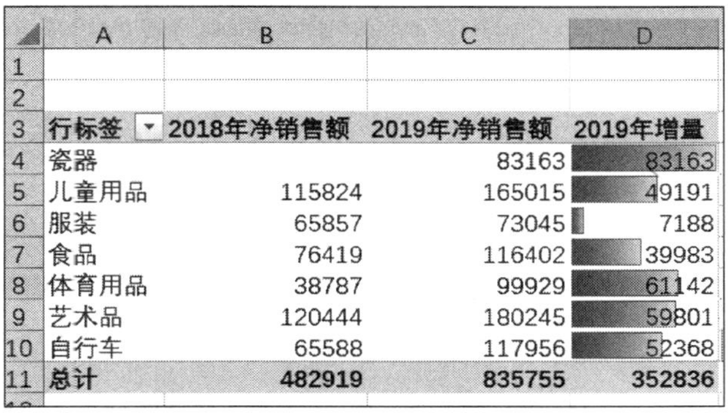

| 行标签 | 2018年净销售额 | 2019年净销售额 | 2019年增量 |
|---|---|---|---|
| 瓷器 | | 83163 | 83163 |
| 儿童用品 | 115824 | 165015 | 49191 |
| 服装 | 65857 | 73045 | 7188 |
| 食品 | 76419 | 116402 | 39983 |
| 体育用品 | 38787 | 99929 | 61142 |
| 艺术品 | 120444 | 180245 | 59801 |
| 自行车 | 65588 | 117956 | 52368 |
| 总计 | 482919 | 835755 | 352836 |

**图 3－60　反映 2019 年增量的数据透视表**

从图 3－60 中可以直观地看出，ABC 公司的瓷器类产品在 2019 年销售额有了最大幅度的增长而服装类产品的增长幅度则最少。通过这些步骤，ABC 公司可以清晰地了解哪些产品类别在 2019 年比 2018 年表现更好，以及整体销售策略的成效。

## 3.5.2　利用 Power Pivot 汇总多来源数据

Power Pivot 能导入多来源的数据，将多来源数据构建在一个数据模型上，数据透视表可以针对数据模型中的数据进行汇总。

**【例 3－12】** 利用 Northwind 公司的销售数据，为销售经理按照类别和省份汇总销售额，绘制反映各省销售情况的树状图。

例3-12 讲解

**【知识点与解题思路】** 为了能够按照省份绘制树状图，需要参考省份的值汇总销售额。而 Northwind. accdb 中的“客户”表包括了“城市”字段，却没有“省份”字段。因此，需要将“Northwind. accdb”数据库中的数据与 “省份城市对照表. txt”文本文件中的数据都导入 Power Pivot。“省份城市对照表. txt”文件有两列数据“省份”和“城市”，第一行是字段名“省份”和“城市”，如图 3－61 所示。导入数据后，在 Power Pivot 中建立“客户”表和“省份城市对照表”之间的联系，计算销售额。最后利用数据透视表对数据模型的数据进行汇总，使用汇总数据创建树状图。

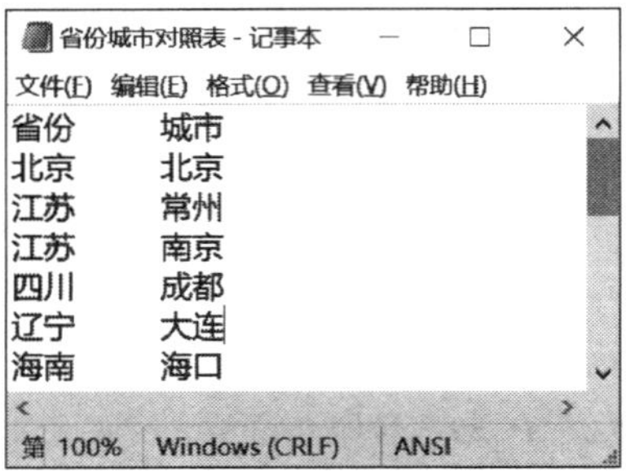


**图 3－61 省份城市对照表**

第一步，在 Power Pivot 中导入数据库数据。

启动 Power Pivot 管理界面，从 Northwind. accdb 数据库导入“产品”“客户”“类别”“订单”和“订单明细”等表，并确保使用第一行作为列标题。经过一段时间的等待，Excel 导入了 5 张表，如图 3－62 所示。

**图 3－62 导入 Power Pivot 的 5 张表**

第二步，在 Power Pivot 中导入文本数据。

导入“省份城市对照表.txt”，该表连接城市和省份信息，为创建客户数据和地理位置之间的联系提供依据。通过 Power Pivot 的“从其他源”选项导入“省份城市对照表.txt”，设置列分隔符为制表符，并使用第一行作为列标题。

第三步，在 Power Pivot 中创建表之间的关联。

在 Power Pivot 的“关系视图”中，将“省份城市对照表”的“城市”字段与“客户”表的“城市”字段关联，建立一对多联系。比如，城市“大连”可以对应到省份“辽宁”。

第四步，在 Power Pivot 中创建计算字段。

Power Pivot 支持创建计算字段。选择“主页”/“数据视图”，在窗口左下角，选中要创建新字段的表“订单明细”，双击“添加列”，输入列的名字“销售额”，在 “fx”按钮右侧的公式编辑栏，输入公式“：='订单明细'[单价]＊'订单明细'[数量]＊(1－'订单明细'[折扣])”，结果如图3－63 所示。

[销售额] fx ='订单明细'[单价]*'订单明细'[数量]*(1-'订单明细'[折扣])

| | 订... | 产... | 单价 | 数量 | 折扣 | 销售额 | 添加列 |
|---|---|---|---|---|---|---|---|
| 1 | 10508 | 39 | ¥18.00 | 10 | 0 | ¥180.00 | |
| 2 | 10521 | 35 | ¥18.00 | 3 | 0 | ¥54.00 | |
| 3 | 10530 | 76 | ¥18.00 | 50 | 0 | ¥900.00 | |
| 4 | 10546 | 35 | ¥18.00 | 30 | 0 | ¥540.00 | |
| 5 | 10553 | 35 | ¥18.00 | 6 | 0 | ¥108.00 | |
| 6 | 10566 | 76 | ¥18.00 | 10 | 0 | ¥180.00 | |
| 7 | 10569 | 76 | ¥18.00 | 30 | 0 | ¥540.00 | |
| 8 | 10575 | 76 | ¥18.00 | 10 | 0 | ¥180.00 | |
| 9 | 10576 | 1 | ¥18.00 | 10 | 0 | ¥180.00 | |
| 10 | 10577 | 39 | ¥18.00 | 10 | 0 | ¥180.00 | |
| 11 | 10578 | 35 | ¥18.00 | 20 | 0 | ¥360.00 | |

产品 客户 类别 订单 订单明细 省份城市对照表

记录: 第 4 行，共 2,157 行

图 3－63 创建计算字段

注意：在输入公式过程中，可以点击字段名进行引用，比如输入“＝”后，点击字段名“单价”，即实现引用。

第五步，绘制树状图。

Excel 的数据透视图不支持树状图，需要先制作数据透视表汇总数据，将数据放置在普通单元格，然后制作树状图。首先在 Excel 中通过数据模型创建数据透视表，将“省份城市对照表”的“省份”字段拖到行区域，将计算得到的“销售额”拖到值区域。接着，将数据透视表的数据转移至普通单元格，绘制树状图以直观展示各省销售情况，如图 3－64 所示，树状图以矩形面积的大小反映销售额的多少，更直观地呈现各省销售情况和相互之间的对比，可以进一步插入日程表，查看不同订货日期省份的对比情况。

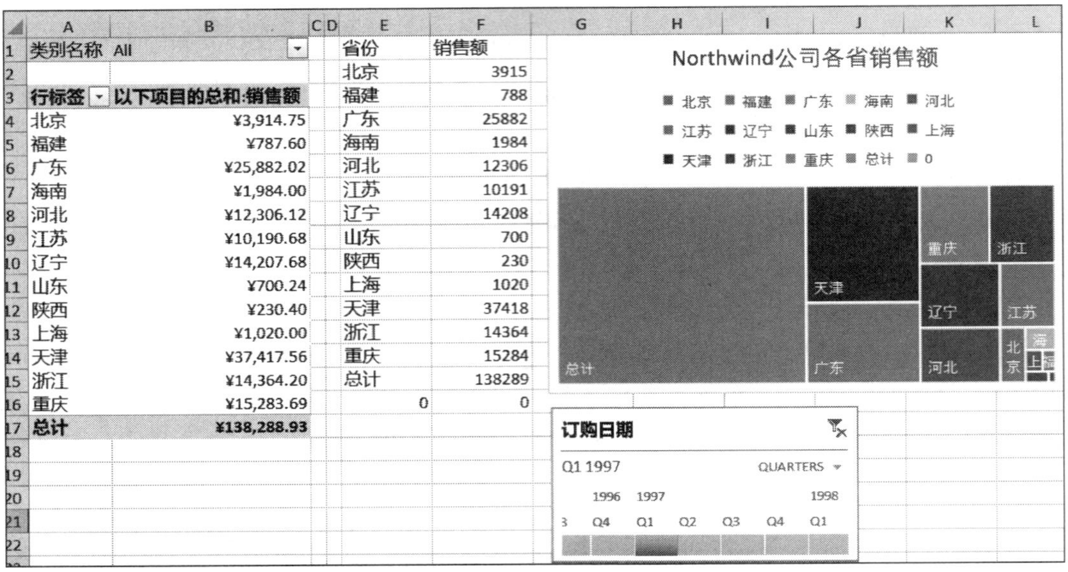


图 3—64　各省销售额的树状图

### 3.5.3　利用 Power Pivot 汇总大数据

Excel 2007 及更新版本中，工作表的最大行数限制为 1 048 576 行。面对超出此限制的大数据集，单一工作表无法承载全部数据，传统数据透视表的功能也无法满足分析需求。为此，可以借助 Power Pivot 强大的数据关联、高效处理和高级建模功能来构建数据模型。这样不仅扩展了数据处理能力，还能通过数据透视表对大规模数据进行有效的汇总和分析。

**【例 3—13】** Census 数据集保存了人口调查的 1685316 条记录，存放在“Census 数据表. csv”文件，一些关于被调查人员属性的说明信息存放在“Census 数据字段说明表. xlsx”文件的不同工作表，现需要各工作类型不同受教育程度人员的平均工作时长。

例3-13 讲解

**【知识点与解题思路】** 本例将学习如何利用 Power Pivot 处理和分析超过 Excel 传统行数限制的大数据集。关键知识点包括如何导入大规模数据到 Power Pivot，创建表间关联，构建数据透视表以及绘制折线图。

第一步，在 Power Pivot 中导入大数据。

通过 Power Pivot 的管理界面，选择“从数据源获取数据”，从 CSV 文件中导入销售数据。鉴于数据体量巨大，此过程可能耗时较长。在导入窗口选择“高级”选项并设置编码为“UTF—8”，以确保数据以正确编码显示。若出现安全提示，需确认无误后点击“确定”。

第二步，在 Power Pivot 中创建表之间的关联。

在 Power Pivot 的“主页”下选择“关系图视图”，为“受教育程度”和“工作类型”表中的“受教育程度编号”和“工作类型编号”与“Census 数据表”的相应字段建立关联，如图 3—65 所示。操作完成后，关闭 Power Pivot 窗口，准备进入数据分析阶段。

第三步，创建数据透视表。

在 Excel 工作表插入数据透视表。使用已构建的 Power Pivot 数据模型，将“Census 数据

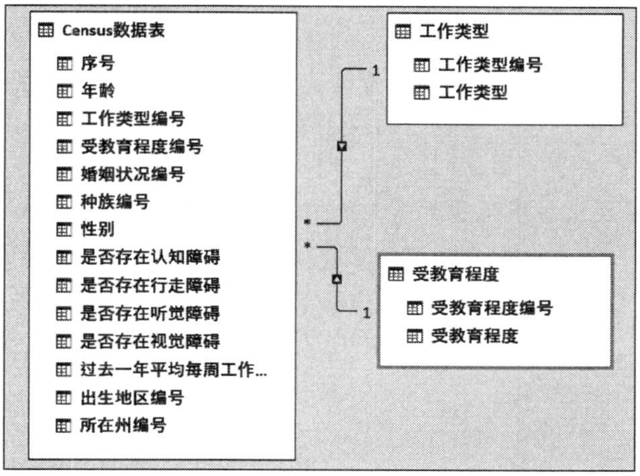


图 3－65　Census 之间的关系视图

表"的"受教育程度编号"和"受教育程度"拖至行区，将"工作类型表"的"工作类型"拖至列区，并把"Census 数据表"的"过去一年平均每周工作小时数"设为值区域，汇总方式选择平均值。在列标签中，只选择"私营非营利性机构""私营营利性机构"和"自己当老板"进行分析。

第四步，绘制折线图。

利用数据透视表的数据，绘制折线图，如图 3－66 所示。该图反映出不同工作类型人员平均每周工作时长差异明显，且平均每周工作时长与受教育程度大致呈 U 形。

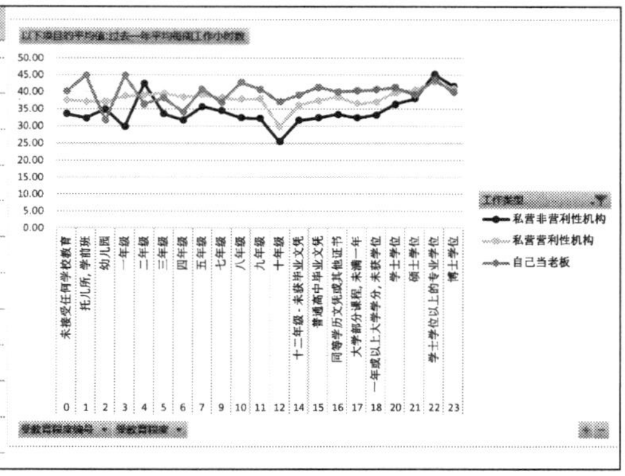

| 以下项目的平均值:过去一年平均每周工作小时数 行标签 | 列标签 私营非盈利性机构 | 私营盈利性机构 | 自己当老板 | 总计 |
|---|---|---|---|---|
| 0 | | | | |
| 未接受任何学校教育 | 33.53 | 37.57 | 40.20 | 37.42 |
| 1 | | | | |
| 托儿所，学前班 | 32.32 | 37.22 | 44.82 | 37.12 |
| 2 | | | | |
| 幼儿园 | 34.94 | 37.05 | 31.60 | 36.52 |
| 3 | | | | |
| 一年级 | 29.78 | 38.70 | 44.75 | 38.61 |
| 4 | | | | |
| 二年级 | 42.39 | 39.00 | 36.42 | 39.05 |
| 5 | | | | |
| 三年级 | 33.53 | 39.58 | 38.23 | 39.34 |
| 6 | | | | |
| 四年级 | 31.74 | 38.39 | 34.20 | 38.01 |
| 7 | | | | |
| 五年级 | 35.68 | 39.19 | 40.78 | 39.13 |
| 9 | | | | |
| 七年级 | 34.44 | 38.17 | 36.97 | 37.99 |
| 10 | | | | |
| 八年级 | 32.37 | 37.84 | 42.69 | 37.83 |
| 11 | | | | |
| 九年级 | 32.19 | 37.99 | 40.74 | 37.85 |
| 12 | | | | |
| 十年级 | 25.44 | 29.90 | 37.05 | 29.84 |



图 3－66　工作时长折线图

# 本章小结

企业既需要了解详细的业务数据，也需要了解反映总体经营状况和代表经营活动规律的经过汇总的数据。汇总数据可以提供销售额的分类统计、销售情况的排行榜、销量或者销售额的时间序列、经济量之间的相关性和产品需求量的频率分布等信息。

在 Excel 中，主要有两种数据分类汇总方法：数据透视表以及 D 函数结合模拟运算表和控件。本章重点介绍了数据透视表的应用，而第四章将探讨 D 函数与模拟运算表加控件的方法。

数据透视表不仅方便用户快速汇总数据，还支持数据的多角度查看、筛选、组合及多种汇总方式(如求和、计数、平均值等)。此外，数据透视表的变动直接影响关联的数据透视图，使图表展示与数据源同步更新。数据透视表的应用非常广泛，能生成时间序列、统计频率分布、计算数据占比和制作帕累托曲线等，这些功能对企业的策略制定和预测决策至关重要。

此外，数据透视表还支持多来源数据的合并汇总。通过“多重区域合并计算”选项或结合Power Query，可以实现复杂的多数据源合并汇总。Excel 自带的 Power Pivot 功能显著增强了数据处理能力。它不仅可以处理达数亿行的大数据，还能从多种数据源导入和合并数据，构建强大的数据模型，为数据透视表提供充分的数据支持，扩展了 Excel 的功能和应用范围。

## 习题三

数据源

1. 利用 ABC 公司的销售数据，制作如图 3—67 所示的数据透视表，分省份汇总各类别产品的毛净差值，并绘制对应饼图。其中，毛净差值为数据透视表的计算字段，计算公式：毛销售额－净销售额。

| 省份 | (全部) |
|---|---|
| 行标签 | 求和项:毛净差值 |
| 瓷器 | 12408 |
| 儿童用品 | 63450 |
| 服装 | 14837 |
| 食品 | 38387 |
| 体育用品 | 28879 |
| 艺术品 | 61090 |
| 自行车 | 11228 |
| **总计** | **230279** |

图 3—67　ABC 公司各省各类别的毛净差值

2. 利用 Northwind 公司的销售数据，制作如图 3—68 所示的数据透视表，汇总“点心”与“谷类/麦片”类别中销售额最高的两种产品的总销售额与平均销售额，并绘制柱形图。注意，为了将总销售额和平均销售额都显示出来，在数据透视图中将平均销售额对应到次坐标轴。

| 类别名称 | 产品名称 | 总销售额 | 平均销售额 |
|---|---|---|---|
| ⊟点心 | 山楂片 | 47234.97 | 984.06 |
| | 桂花糕 | 22563.36 | 1410.21 |
| ⊟谷类/麦片 | 白米 | 42631.06 | 835.90 |
| | 黄豆 | 21957.97 | 731.93 |

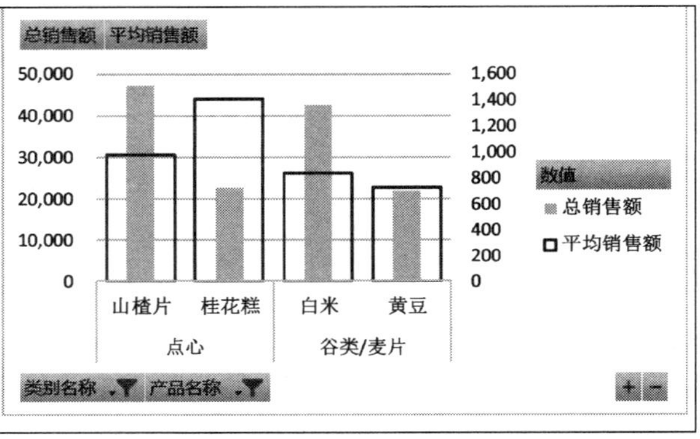


图 3—68　两种产品销售额

3. 利用 Northwind 公司的销售数据，制作如图 3—69 所示的数据透视表，汇总 1996 年、1997 年和 1998 年三个运货商的物流情况，反映货主地区为东北与华北的订单数和订单数百分比。其中，订单数百分比为占三个公司两个地区订单总数的百分比，比如，急速快递东北地区订单数百分比＝急速快递东北地区订单数÷三个公司两个地区订单总数。

| 年 | 1997年 | | | |
|---|---|---|---|---|
| | 列标签 | | | |
| | 订单数 | | 订单数百分比 | |
| 行标签 | 东北 | 华北 | 东北 | 华北 |
| 急速快递 | 14 | 60 | 18.92% | 81.08% |
| 联邦货运 | 10 | 52 | 16.13% | 83.87% |
| 统一包裹 | 9 | 76 | 10.59% | 89.41% |
| 总计 | 33 | 188 | 14.93% | 85.07% |

图 3—69　三个运货商的物流情况

4. 利用 Northwind 公司的销售数据，制作如图 3—70 所示数据透视表，汇总各雇员的销售情况，图中的百分比反映同上月相比本月增长或减少的比例。

| 姓名 | (全部) | | | | | | | | | | | |
|---|---|---|---|---|---|---|---|---|---|---|---|---|
| 求和项:销售额 | 列标签 | | | | | | | | | | | |
| 行标签 | 1月 | 2月 | 3月 | 4月 | 5月 | 6月 | 7月 | 8月 | 9月 | 10月 | 11月 | 12月 |
| 1996年 | | | | | | | | -8.5% | 3.5% | 42.2% | 21.5% | -0.8% |
| 1997年 | | -37.2% | 0.2% | 37.6% | 1.4% | -32.4% | 40.3% | -7.3% | 17.6% | 20.0% | -34.8% | 64.0% |
| 1998年 | | 5.5% | 5.5% | 18.0% | -85.2% | | | | | | | |

图 3—70　各年月各雇员的销售情况

5. 利用 Northwind 公司的销售数据，制作如图 3—71 所示数据透视表，汇总各客户所在地区的月订单数时间序列，制作图表反映订单数的变化，并添加趋势线描述变化规律。

| 地区 | (全部) | |
|---|---|---|
| 年 | 订购月 | 订单数 |
| ⊟1996年 | 7月 | 22 |
| | 8月 | 25 |
| | 9月 | 23 |
| | 10月 | 26 |
| | 11月 | 25 |
| | 12月 | 31 |
| ⊟1997年 | 1月 | 33 |
| | 2月 | 29 |
| | 3月 | 30 |
| | 4月 | 31 |
| | 5月 | 32 |
| | 6月 | 30 |
| | 7月 | 33 |

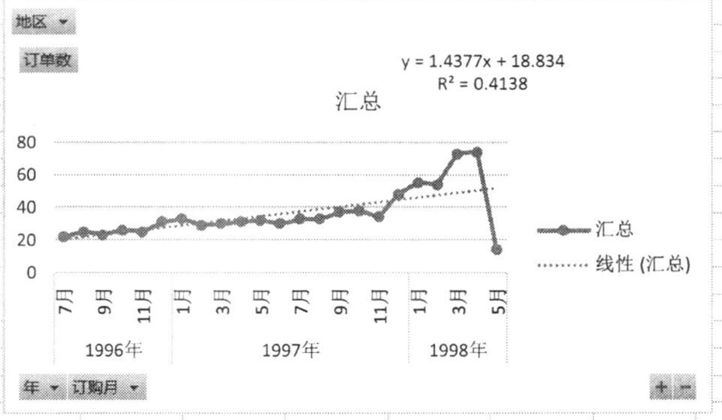


图 3—71　各地区月订单数时间序列

6. 利用 Northwind 公司的销售数据，制作如图 3—72 所示的数据透视表，汇总热销类和普通类产品的总销售额及其百分比、总销售数量及其百分比。其中，销售数量在 7 000 件及以上为热销类产品，在 7 000 件以下为普通类产品。

| 热销与普通 | 类别名称 | 总销售额 | 总销售额百分比 | 总数量 | 总数量百分比 |
|---|---|---|---|---|---|
| ⊟热销类 | | 801738 | 63% | 34279 | 67% |
| 热销类 | 饮料 | 267892 | 33% | 9534 | 28% |
| 热销类 | 日用品 | 234339 | 29% | 9137 | 27% |
| 热销类 | 点心 | 168245 | 21% | 7927 | 23% |
| 热销类 | 海鲜 | 131262 | 16% | 7681 | 22% |
| ⊟普通类 | | 464106 | 37% | 17040 | 33% |
| 普通类 | 调味品 | 105148 | 23% | 5276 | 31% |
| 普通类 | 谷类/麦片 | 95783 | 21% | 4563 | 27% |
| 普通类 | 肉/家禽 | 163190 | 35% | 4211 | 25% |
| 普通类 | 特制品 | 99985 | 22% | 2990 | 18% |
| 总计 | | 1265844 | 100% | 51319 | 100% |

**图 3—72　热销类和普通类产品的总销售额**

7. 利用 Northwind 公司的销售数据，制作两个如图 3—73 所示的数据透视表，分别汇总三个价位和四个货主地区的销售次数和总销售额。添加对两个数据透视表加以控制的年份切片器，观察销售情况。其中，三个价位指产品单价大于等于 40 元、小于 40 元大于等于 20 元和低于 20 元。

| 行标签 | 销售次数 | 总销售额 |
|---|---|---|
| 单价>=40元 | 113 | 200343 |
| 单价>=20元&<40元 | 216 | 141071 |
| 单价<20元 | 364 | 99261 |
| 总计 | 693 | 440675 |

| 行标签 | 销售次数 | 总销售额 |
|---|---|---|
| 东北 | 40 | 25496 |
| 华北 | 276 | 184754 |
| 华东 | 169 | 83319 |
| 西北 | 18 | 25604 |
| 总计 | 503 | 319173 |

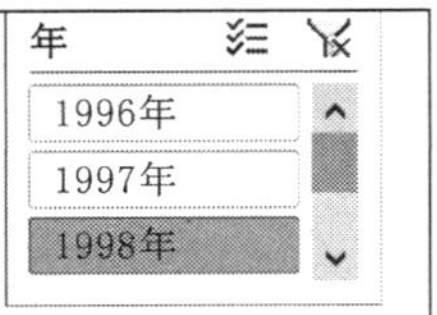


**图 3—73　三种价位产品和各地区的销售次数与销售额**

8. 利用 Northland 公司的销售数据，制作如图 3—74 所示的数据透视表，绘制树状图，反映三个城市各类别的销售额。

| 地区 | 类别 | 总销售额 |
|---|---|---|
| ⊟南京 | 家用 | 4705153 |
| 南京 | 商用 | 1923011 |
| ⊟苏州 | 家用 | 6194588 |
| 苏州 | 商用 | 2364005 |
| ⊟无锡 | 家用 | 2150650 |
| 无锡 | 商用 | 1770146 |
| 总计 | | 19107553 |

| 地区 | 类别 | 总销售额 |
|---|---|---|
| 南京 | 家用 | 4705153 |
| 南京 | 商用 | 1923011 |
| 苏州 | 家用 | 6194588 |
| 苏州 | 商用 | 2364005 |
| 无锡 | 家用 | 2150650 |
| 无锡 | 商用 | 1770146 |

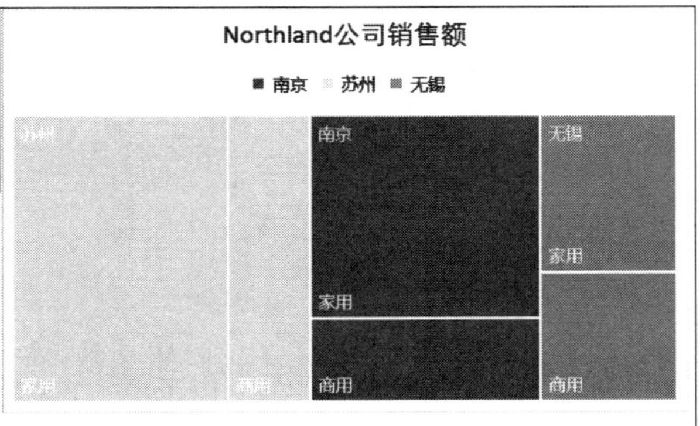


**图 3—74　三个城市各类别的销售额**

9. 使用 Northwind 公司销售数据，利用 Power Pivot 构建数据模型，制作如图 3—75 所示的数据透视表，显示各类别商品 1998 年 3 月和 4 月的销售额，同上月相比 4 月的销售额增量百分比，并使用数据条直观显示该数据。

| 行标签 | 1998年3月销售额 | 1998年4月销售额 | 1998年4月的增量 |
|---|---|---|---|
| 点心 | ***************** | ***************** | ***************** |
| 谷类/麦片 | ***************** | ***************** | ***************** |
| 海鲜 | ***************** | ***************** | ***************** |
| 日用品 | ***************** | ***************** | ***************** |
| 肉/家禽 | ***************** | ***************** | ***************** |
| 特制品 | ***************** | ***************** | ***************** |
| 调味品 | ***************** | ***************** | ***************** |
| 饮料 | ***************** | ***************** | ***************** |
| 总计 | ***************** | ***************** | ***************** |

**图 3—75 各类别商品 1998 年 3 月和 4 月的销售额**

10. 使用文件"Census 数据表. csv"和"Census 数据字段说明表. xlsx"中的数据，利用 Power Pivot 构建数据模型，制作如图 3—76 所示的数据透视表，汇总阿肯色州、阿拉巴马州、阿拉斯加州私营营利性机构博士和硕士学位的人数。

| 工作类型 | 私营营利性机构 | | |
|---|---|---|---|
| | | | |
| 以下项目的计数:序号 | 列标签 | | |
| 行标签 | 博士学位 | 硕士学位 | 总计 |
| 阿肯色州/AR | 40 | 287 | 327 |
| 阿拉巴马州/AL | 100 | 700 | 800 |
| 阿拉斯加州/AK | 9 | 71 | 80 |
| 总计 | 149 | 1058 | 1207 |

**图 3—76 各州博士硕士学位人数**

11. 除了教材中的例题，针对 Northwind 公司的销售数据，你还能从哪些角度运用帕累托准则进行分析？

# 第四章

# 数据动态展示

分类汇总的历史悠久而深远，在中国唐代的《酉阳杂俎》中就已经有了算筹的记载。这种传统的技术已演变为现代企业了解经营现状、发现问题和制定计划的科学基础。可以说，数据的分类汇总是分析、预测和决策的基础，是数据分析的第一步。在快速变化的市场环境中，分类汇总数据的动态展示变得尤为重要。动态数据展示能够实时更新以反映最新的业务变化，使决策者能够及时调整策略，把握市场先机。通过动态图表和数字仪表盘，企业可以即时观察到销售趋势、客户行为、财务状况等关键业务指标的变化，从而做出更为精准和及时的业务决策。此外，动态展示还增强了数据的可交互性和可探索性，允许用户根据需要深入分析特定数据，发现潜在的业务机会或潜在风险。

第四章 课件

第四章 例题数据源

第四章 例题答案

本章介绍便于汇总数据动态展示的数据库函数、模拟运算表加表单控件的方法。通过学习本章内容，读者将掌握如何利用这些方法实现数据的动态展示，进而更好地支持企业的决策和运营管理。

本章主要内容包括：

- 数据动态展示的概述；
- 运用数据库函数、模拟运算表和表单控件，实现数据动态展示；
- 数据动态展示的综合应用。

## 4.1 数据动态展示概述

### 4.1.1 图表

图表可以展示大量信息，这就是人们常说的“一图胜千言”。将数据信息以图表形式展示，人们不仅可以直观地了解数据值的大小，还可以方便地进行对比分析。

Excel 提供了丰富的图表类型，帮助用户展示数据。Excel 2021 提供了 17 种图表和多种子类图表，详见表 4－1。其中，柱形图、条形图、折线图、饼图和气泡图等在企业管理中较为常用。

表 4—1 Excel 图表类型

| 序号 | 图表名称 | 图表作用 |
|---|---|---|
| 1 | 柱形图 | 以宽度相等的柱形的高度差异，显示数值的大小或多少 |
| 2 | 折线图 | 显示随时间或其他变量变化而呈现出的数据变动 |
| 3 | 饼图 | 显示一个数据系列中各项的大小与比例 |
| 4 | 条形图 | 以高度相等的条形的长度差异，显示数值的大小或多少 |
| 5 | 面积图 | 以面积的大小反映数值的大小 |
| 6 | XY 散点图 | 显示若干数据系列两组数据之间的关系 |
| 7 | 地图 | 将数值绘制在地图上 |
| 8 | 股价图 | 显示 K 线图等反映股票价格与成交量的信息 |
| 9 | 曲面图 | 显示三个维度的数据 |
| 10 | 雷达图 | 从同一点开始，同时显示多个变量的数据 |
| 11 | 树状图 | 显示数据按层级组成的关系 |
| 12 | 旭日图 | 显示数据的层次及占比 |
| 13 | 直方图 | 显示数据的频率分布信息 |
| 14 | 箱形图 | 表示数据在四个分位点的分布，显示平均值和离群值 |
| 15 | 瀑布图 | 显示正值和负值在一段时间或类别中的累积效应 |
| 16 | 漏斗图 | 漏斗图使用梯形面积表示某个环节业务量与上一个环节之间的差异 |
| 17 | 组合图 | 由多种图表组合而成 |

1. 柱形图和条形图

柱形图可以显示数据的大小或分布情况，同系列的数据可以形成对比。比如，图 4—1 显示了各类产品净销售额的大小，同时反映了各类产品净销售额的差异。

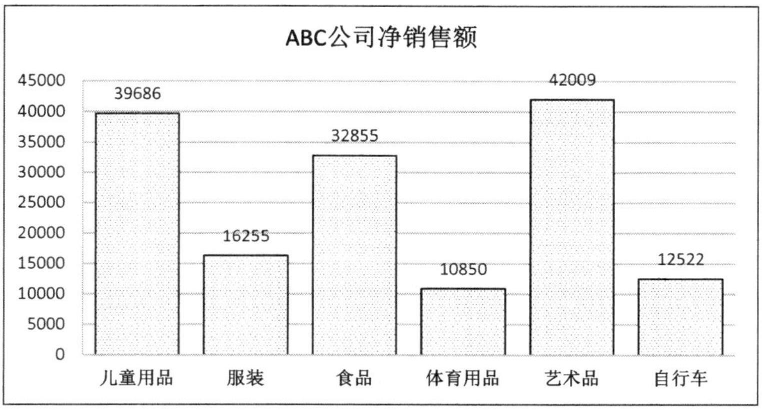


图 4—1 柱形图

2. 折线图

折线图可以显示随时间或其他变量变化而呈现出的数据变动。比如，图 4—2 反映了各月销售额的大小，以及销售额随时间推移而呈现的增长趋势。

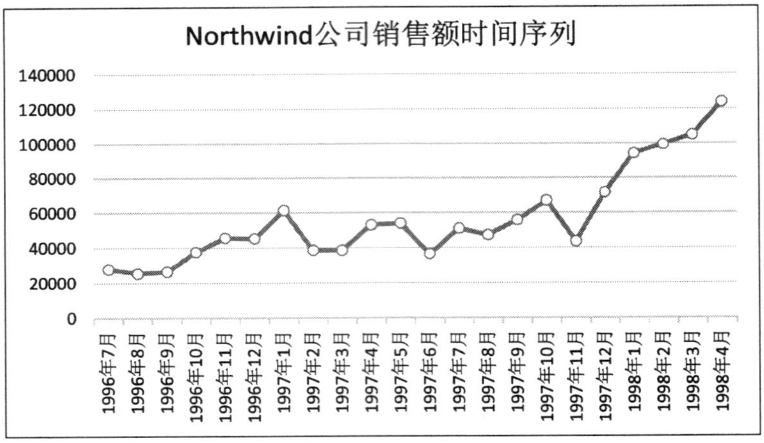


**图 4—2　折线图**

3. 饼图

饼图可以显示一个数据系列中各项的大小与比例。比如，图 4—3 显示了各员工完成的销售额占公司总销售额的比例。

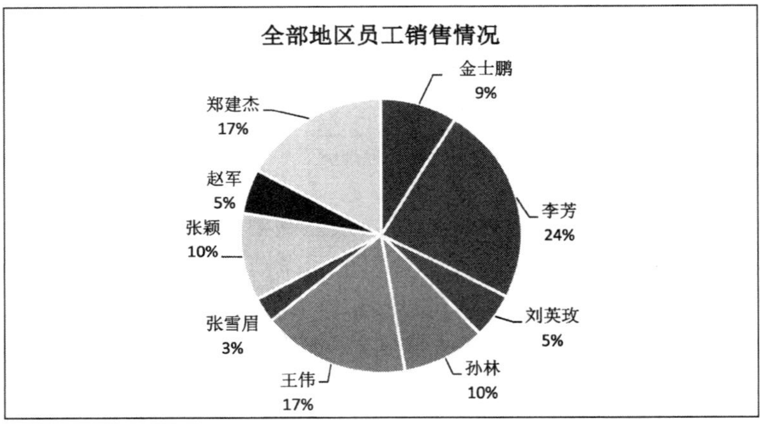


**图 4—3　饼图**

4. 气泡图

气泡图可以把三组数据放在一张图表展示。比如，图 4—4 的 X 轴为订购次数，Y 轴为平均单价，气泡的大小为销售额。

Excel 绘制图表需要一系列的数据。Excel 提供的模拟运算表工具，可以一次性计算出一个或若干个函数或公式的一系列值，为图表提供所需数据。

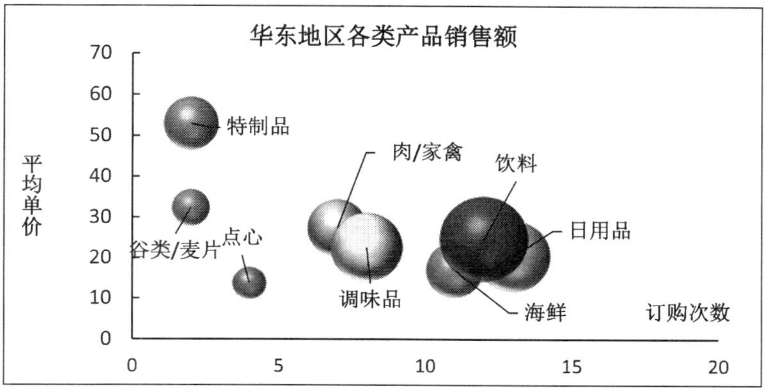


图 4—4 气泡图

## 4.1.2 动态图表

Excel 提供的控件,可以改变单元格的数值。数值的变化,可以改变函数、公式和模拟运算表的结果,根据运算结果绘制的图表也因此而改变,从而实现了图表的动态化。这样的图表称为动态图表或可调图表。

动态图表使 Excel 的模型具有良好的交互性,帮助管理人员掌握和分析各种不同情况下的企业状况,方便管理人员实时监控,发现问题。

比如,利用控件管理人员可以选择省份和年份,观察某省、某年的销售情况。图 4—5 反映了用户选择“安徽”和“2018”年时各类别产品的净销售额。图 4—6 反映了用户选择“河北”和“2019”年时各类别产品的净销售额。

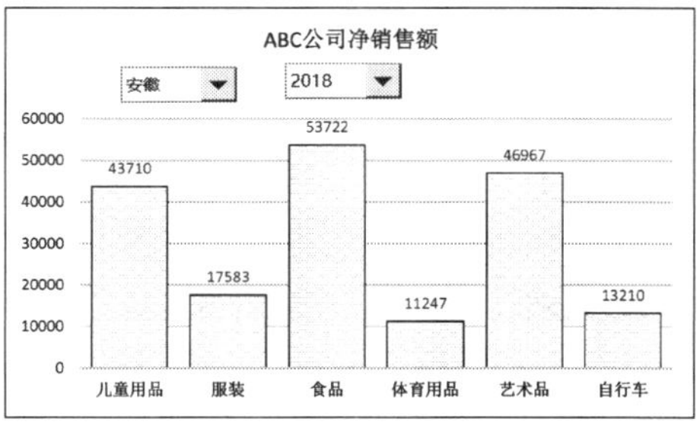


图 4—5 ABC 公司安徽省 2018 年净销售额

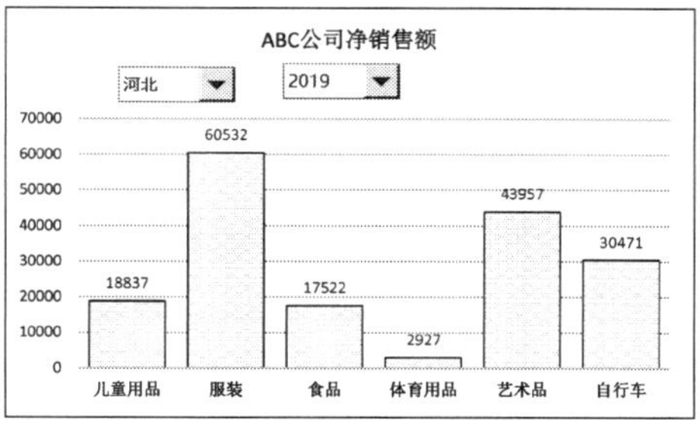


图 4—6 ABC 河北省 2019 年净销售额

## 4.1.3 多维汇总的动态展示

财经管理中的分类汇总,可能涉及很多分类维度,比如按照时间、类别、地点、客户类型进行汇总;也可能涉及多个汇总字段,比如对销量或销售额字段进行汇总;也可能涉及多种汇总形式,比如计算总计值、平均值、次数、最大值、最小值和标准差等。

多维汇总的动态展示,为管理人员使用汇总数据提供了极大方便,具体体现在以下几个方面:

(1)汇总和图表不再局限为一维或两维,可以呈现更多的维度。例如,图 4—5 就包含了类别、省份、年份三个分类维度。

(2)提供对汇总字段的调整。比如图 4—7 和图 4—8 分别反映了对净销售额和毛销售额的汇总。

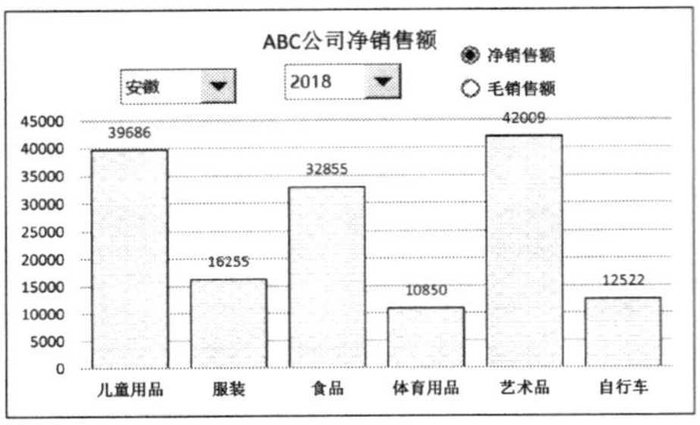


图 4—7　汇总净销售额

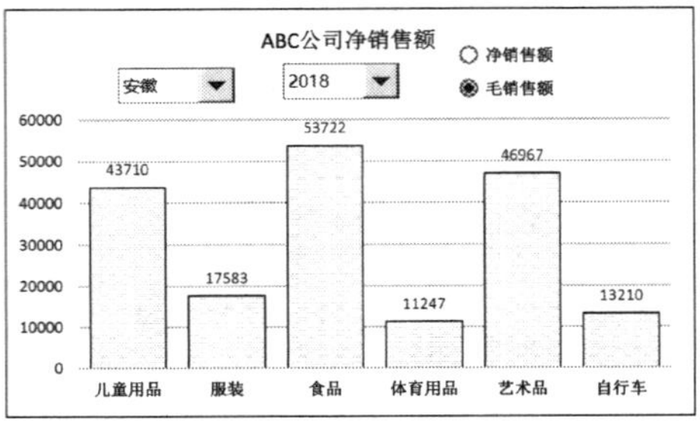


图 4—8　汇总毛销售额

(3)提供对汇总形式的调整。比如图 4—9 和图 4—10 分别反映了对总计销售额和平均销售额的汇总。

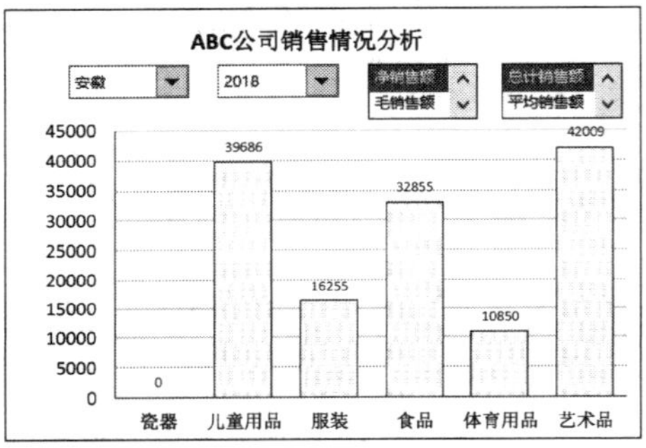


图 4—9　汇总总计销售额

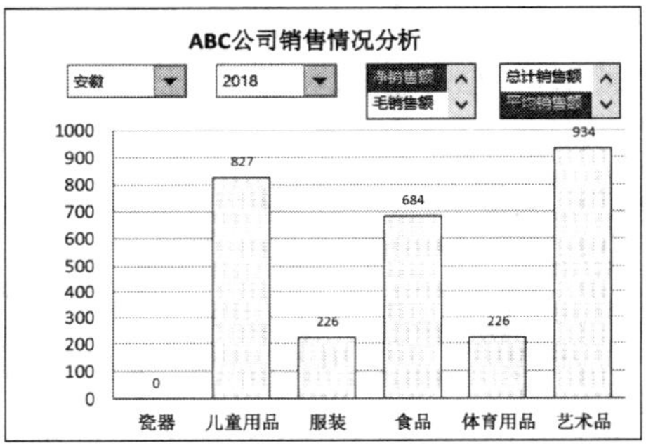


图 4—10　汇总平均销售额图

(4)可以利用控件对多张图表进行控制,实现多图联动。比如,选定一家客户,同时观察该客户的销售额排名和各季度的销售情况,如图 4—11 所示。

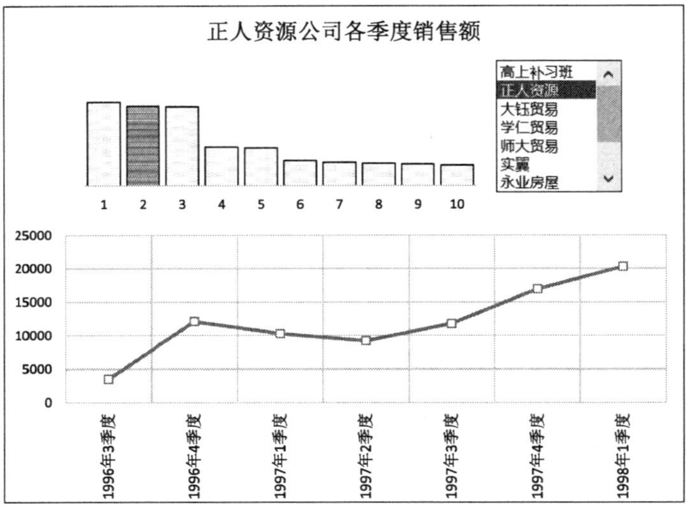


图 4—11　两图联动

(5)可以为管理人员提供数字化仪表板,同时显示工作相关的多项 KPI。比如,为销售经理提供的销售状况数字化仪表板,同时展示各月销售额的变动情况、员工完成销售额的比例、排名前五的地区或产品的销售额、最有价值产品的销售额与平均单价等 KPI 信息,如图 4—12 所示。管理人员使用地区和季度控件,可以观察某地区或全部地区、某季度或全部季度的销售情况。

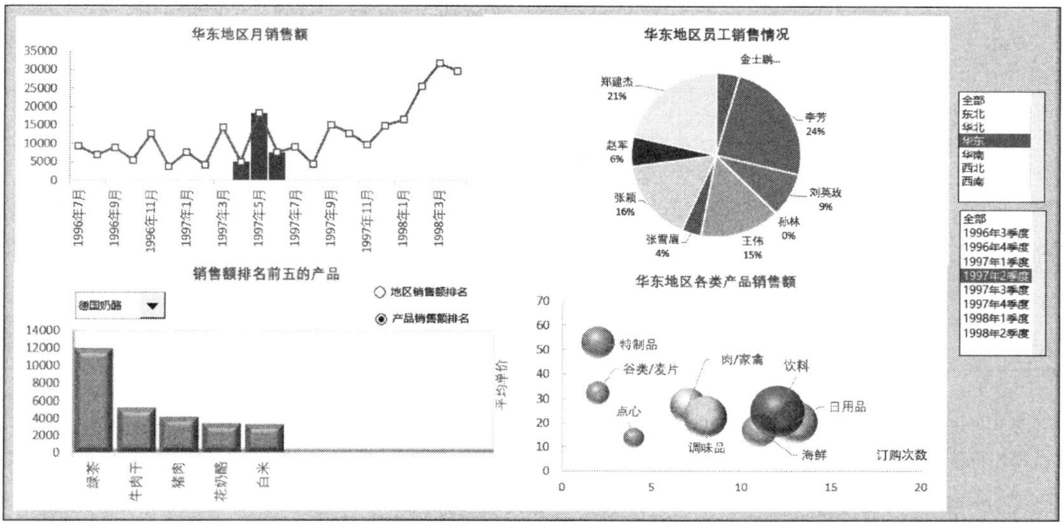


**图 4—12 动态数字化仪表板**

数据的动态展示,需要将数据库函数、模拟运算表、控件和图表结合使用。后续两节将介绍具体方法和各种运用。

## 4.2 数据库函数、模拟运算表和控件[①]

数据库函数、模拟运算表加控件的汇总方法,可以提供更为强大和灵活的汇总功能,实现数据动态展示。

### 4.2.1 数据库函数

Microsoft Excel 共有 12 个数据库内建函数,统一称为数据库函数,或简称 D 函数,可用于对数据列表的数据进行分类汇总分析。常用数据库函数的名称及其功能见表 4—2。

**表 4—2 数据库函数名称及其功能**

| 数据库函数名 | 功 能 |
| --- | --- |
| DAVERAGE | 返回数据列表中满足条件记录的指定字段的平均值 |

① 数据库函数加模拟运算表的操作方法,由王兴德在其 2001 年所著《财经管理中的信息处理》一书中首次提出。

续表

| 数据库函数名 | 功　能 |
| --- | --- |
| DCOUNT | 返回数据列表中满足条件记录的指定字段数值型单元格的个数 |
| DCOUNTA | 返回数据列表中满足条件记录的指定字段非空单元格的个数 |
| DGET | 返回数据列表中满足条件记录的指定字段的单个值 |
| DMAX | 返回数据列表中满足条件记录的指定字段的最大值 |
| DMIN | 返回数据列表中满足条件记录的指定字段的最小值 |
| DPRODUCT | 返回数据列表中满足条件记录的指定字段的数值乘积 |
| DSTDEV | 将数据列表中满足条件记录的指定字段的数值作为一个样本，返回样本标准差 |
| DSTDEVP | 将数据列表中满足条件记录的指定字段的数值作为样本总体，返回总体标准差 |
| DSUM | 返回数据列表中满足条件记录的指定字段的数值之和 |
| DVAR | 将数据列表中满足条件记录的指定字段的数值作为一个样本，返回样本方差 |
| DVARP | 将数据列表中满足条件记录的指定字段的数值作为样本总体，返回总体方差 |

Excel 数据库函数的形式为：

数据库函数名称(数据列表或数据库，汇总字段，条件区域)

左括号前是函数名称，括号中是函数的参数。每个数据库函数均有三个参数：数据列表或数据库、汇总字段和条件区域。分别说明如下：

(1)数据列表或数据库：可以是一个数据列表或某个区域的名称，比如单元格 A1:E3784。

(2)汇总字段：可以是字段名、字段名所在单元格或者字段在数据列表中所在列的序号。比如 “销售额”“C1”或“3”，“3”代表汇总字段在数据列表中排在第三列。

(3)条件区域：包含指定条件的单元格区域。只有满足条件区域指定条件的记录，才能够被函数汇总。条件区域首行是条件字段名(条件字段名必须是位于数据列表第一行的字段名)，以后各行是条件字段的值或值的范围。我们通过下面的例题来介绍数据库函数的用法。

**【例 4-1】** ABC 公司的销售经理希望了解 2018 年安徽省儿童用品的销售额总计值。

例4-1 讲解

**【知识点与解题思路】** 本例学习建立数据库函数的基础模型，包括三要素：导入数据、创建条件区域及创建数据库函数。

第一步，导入数据。

导入 ABC 公司的数据，为 D 函数中的数据库或数据列表做准备。利用第二章学习的查询方法，将 ABC 公司销售数据中的“日期”“省份”“类别”“净销售额”“毛销售额”等字段导入 Excel 的工作表。

第二步，创建条件区域。

创建条件区域，为 D 函数中的条件区域做准备。按照图 4-13 所示输入相关参数，该条件区域 B2:E3 的含义是“2018 年安徽省儿童用品类”。

注意：确保条件区域的字段名与导入数据的字段名完全一致，保证数据库函数能正确识别和计算。

第三步，创建数据库函数。

| | A | B | C | D | E | F |
|---|---|---|---|---|---|---|
| 1 | | | | | | |
| 2 | | 日期 | 日期 | 省份 | 类别 | |
| 3 | | >=2018/1/1 | <=2018/12/31 | 安徽 | 儿童用品 | |
| 4 | | | | | | |
| 5 | | 净销售额的总计值 | | 39686 | | |
| 6 | | | | | | |

**图 4—13 利用 DSUM 函数计算净销售额总计值**

汇总字段为净销售额，利用数据库函数计算。在如图 4—13 所示的单元格 D5 输入公式“=DSUM(ABC 公司销售数据！A1:E3784,"净销售额",B2:E3)”，也可以利用函数向导输入公式，如图 4—14 所示。

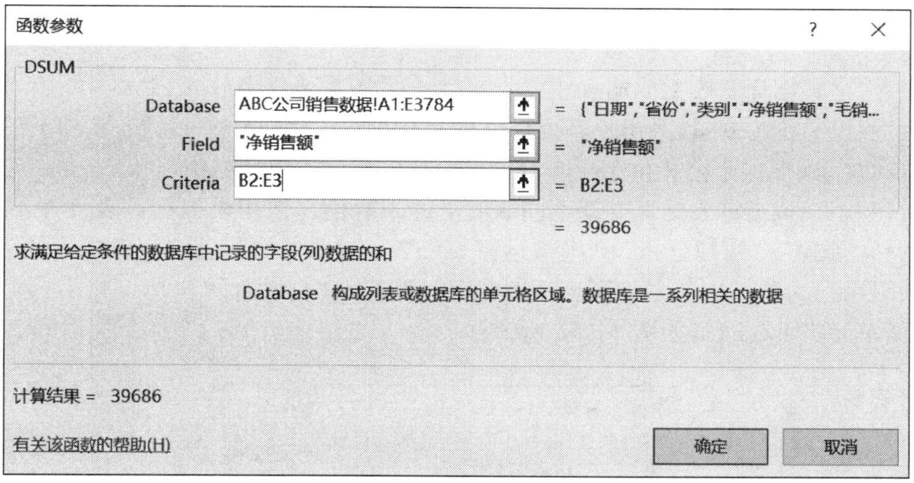


**图 4—14 DSUM 函数的参数**

注意：数据库函数的参数可通过命名区域来引用。例如，将 A1:E3784 的数据区域命名为“原始数据”，条件区域 B2:E3 命名为“条件”。这样，DSUM 函数可简化为“=DSUM(原始数据,4,条件)”。如果删除名称，可以选择“公式”—“名称管理器”进行删除。将工作表“安徽省儿童用品净销售额”的条件区域 B2:E3 命名为“条件”，汇总字段用该字段在数据列表中所在列的序号表示，单元格 D5 的 DSUM 函数公式可以改为：=DSUM(原始数据,4,条件)。

## 4.2.2 数据库函数加模拟运算表的汇总

Excel 的模拟运算表工具允许用户自动计算一系列自变量的函数值。这种自动化计算功能使自变量的值一旦发生变化，相应的函数值也会即刻更新，无须手动干预。

模拟运算表分为一维和二维两种类型。一维模拟运算表能计算单个自变量的多个函数值，而二维模拟运算表则用于计算两个自变量的单个函数值。

下面通过一个具体的例子来说明模拟运算表的用法。一个企业某产品的单价为 8.0 元，销量为 20 件，在如图 4—15 所示的 Excel 工作表中，根据公式：收入=单价 * 销量，计算出收入为 160 元。管理人员认为未来销售时单价具有不确定性，可能是：8.0 元，8.1 元，8.2 元，…，9.0 元。他们想知道单价不同值时收入是多少。

| | A | B | C | D | E | F | G |
|---|---|---|---|---|---|---|---|
| 1 | | | | | | | |
| 2 | | 收益=单价*销量 | | | | 160 | |
| 3 | | | | | 8.0 | 160 | |
| 4 | | 单价 | 8.0 | | 8.1 | 162 | |
| 5 | | 销量 | 20 | | 8.2 | 164 | |
| 6 | | 收益 | 160 | | 8.3 | 166 | |
| 7 | | | | | 8.4 | 168 | |
| 8 | | | | | 8.5 | 170 | |
| 9 | | | | | 8.6 | 172 | |
| 10 | | | | | 8.7 | 174 | |
| 11 | | | | | 8.8 | 176 | |
| 12 | | | | | 8.9 | 178 | |
| 13 | | | | | 9.0 | 180 | |
| 14 | | | | | | | |

**图 4—15　一维模拟运算表**

首先，建立基础计算模型。输入计算公式"=C4 * C5"来计算收入，如图 4—15 所示。

其次，假设单价为变量，列出一系列可能的单价值(8.0 元至 9.0 元)。在单元格 F2 中输入公式"=C6"，确保这个公式位于所有给定单价值的右上方单元格中。

最后，利用模拟运算表计算变量不同取值下的函数值。使用模拟运算表计算不同单价的收入。选择 "数据"/"模拟分析"/ "模拟运算表(T)…"，本例的变量给定值放在同一列，因此选择输入引用列的单元格(C)，如图 4—16 所示，则 Excel 自动计算出单元格 F2 对应的函数值，并返回单元格 F3:F13，如图 4—15 所示。

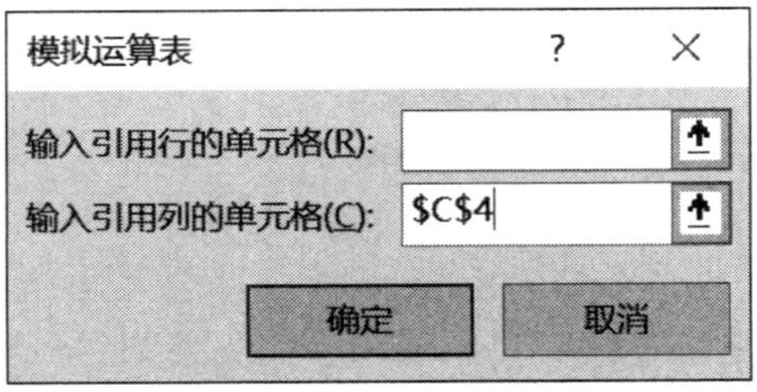


**图 4—16　设定模拟运算表输入引用列的单元格**

注意：模拟运算表生成的结果为一体化数据块，不支持部分修改。如果尝试修改或删除部分数据，会收到错误提示。如需删除整张模拟运算表，可选中相关单元格并按"Del"键。

**【例 4—2】** ABC 公司的销售经理不仅关注 2018 年安徽省儿童用品的销售情况，也希望了解并比较其他省份及其他类别商品的销售状况，并进行比较分析。

例4-2 讲解

**【知识点与解题思路】** 在这个例题中，我们将学习如何运用 Excel 的模拟运算表和数据库函数进行分类汇总分析。除了上例中数据库函数模型的三要素，本例还引入了二维模拟运算表的设置与使用。

第一步，建立基础模型。

按照上一例题构建数据库函数的基础模型，包括导入数据、创建条件区域及创建数据库函数，如图 4—17 左半部分所示。

第二步，构建模拟运算表。

使用二维模拟运算表来计算不同类别商品的净销售额总计值。在单元格 G2 中输入公式“＝D5”，选定 G2:M8 区域，通过“数据”/“模拟分析”/“模拟运算表”，设置行输入引用为 D3，列输入引用为 E3。Excel 将自动替换省份和类别，并计算对应的销售额，结果填充在 H3:M8，如图 4－17 所示。

| | A | B | C | D | E | F | G | H | I | J | K | L | M | N |
|---|---|---|---|---|---|---|---|---|---|---|---|---|---|---|
| 1 | | | | | | | | | | | | | | |
| 2 | | 日期 | 日期 | 省份 | 类别 | | 39686 | 安徽 | 广东 | 江苏 | 河北 | 广西 | 天津 | |
| 3 | | >=2018/1/1 | <=2018/12/31 | 安徽 | 儿童用品 | | 儿童用品 | 39686 | 524 | 2044 | 24367 | 40255 | 8948 | |
| 4 | | | | | | | 服装 | 16255 | 0 | 0 | 47196 | 0 | 2406 | |
| 5 | | 净销售额的总计值 | | 39686 | | | 食品 | 32855 | 472 | 2856 | 19269 | 16404 | 4563 | |
| 6 | | | | | | | 体育用品 | 10850 | 1080 | 5113 | 3869 | 13970 | 3905 | |
| 7 | | | | | | | 艺术品 | 42009 | 2893 | 4119 | 24990 | 43932 | 2501 | |
| 8 | | | | | | | 自行车 | 12522 | 746 | 4211 | 24728 | 20383 | 2998 | |
| 9 | | | | | | | | | | | | | | |

**图 4－17　各省各类别净销售额的总计值**

第三步，绘制柱形图。

为了直观展示每个省份各类商品的销售情况，选中区域 G2:M8 绘制柱形图，调整格式，如图 4－18 所示。

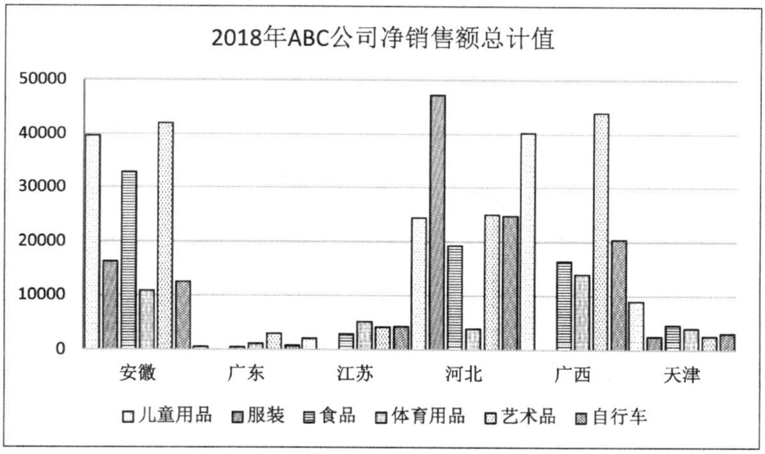


**图 4－18　各省各类别净销售额总计值图**

### 4.2.3　用控件实现的动态汇总

在本节中，我们将学习如何通过 Excel 的表单控件动态控制数据的分类汇总结果。表单控件能够实现用户界面的交互操作，通过改变单元格的值来调整数据库函数和模拟运算表的输出，进而影响图表的显示结果。比如，可以制作省份控件，通过在控件中选择不同省份，分省展示汇总结果，图 4－19 和图 4－20 分别显示了安徽省和广东省的销售情况。

表单控件是 Excel 的工具，可以在不使用 VBA 程序代码的情况下，引用单元格或者改变单元格的数据，实现与单元格的交互。例如，可以将列表框控件添加到工作表，将其链接到某单元格，控件将选定项目所处位置的数值返回该单元格。将该单元格数值与 INDEX 函数结

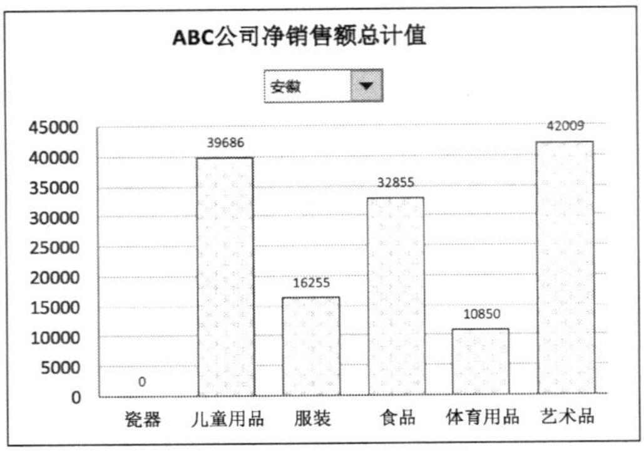


图 4—19　ABC 公司安徽省销售情况

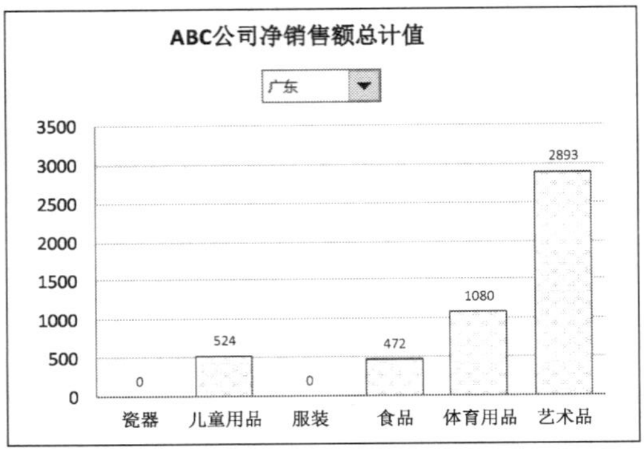


图 4—20　ABC 公司广东省销售情况

合使用，可以实现从列表中选择不同的项目，从而改变工作表其他部分的运算结果。

要使用这些控件，首先需要在 Excel 的"开发工具"选项卡中找到"插入控件"功能，可以看到 Excel 提供的表单控件，如图 4—21 所示。表 4—3 列出常用表单控件的名称、示例和功能。

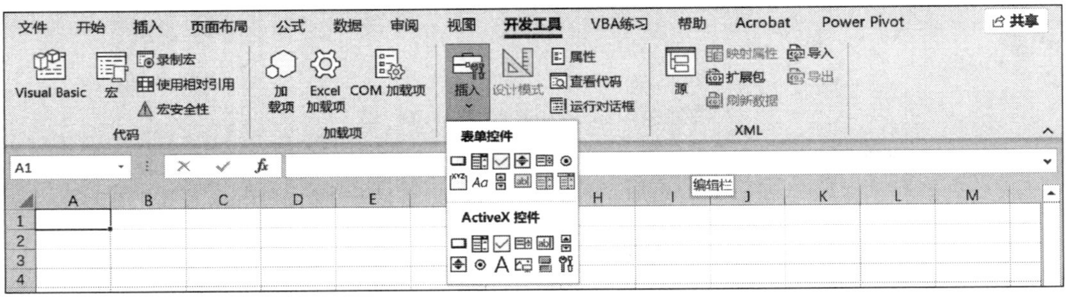


图 4—21　新增开发工具选项卡

注意：如果工具栏中没有"开发工具"选项卡，可以在"文件"菜单的"选项"中进行添加。

将控件与数据库函数或模拟运算表相结合，可以根据控件选择的不同值改变数据汇总的条件，如筛选不同的省份或产品类别。此外，控件的使用还可以扩展到控制图表显示，使得图表根据控件的选择动态变化，提供更加直观和灵活的数据分析结果。

**【例 4—3】** 例 4—2 的汇总结果，为 ABC 公司销售经理提供了各省各类别产品净销售额的总计值。但是，图中数据较多，不利于观察和分析。因此，他们希望能够分省展示销售情况。当选择观察安徽省时，图表反映安徽省各类别产品净销售额的总计值。如果选择其他省份或全部省份，图表则反映对应省份的总计值。

例4-3 讲解

**【知识点与解题思路】** 本例将学习如何在数据库函数和模拟运算表的基础上，进一步引入表单控件以实现数据的动态汇总。关键点包括数据库函数的基础模型、模拟运算表的构建、组合框的制作，以及利用 INDEX 和 IF 函数设置动态汇总条件。

第一步，建立基础模型。

建立数据库函数的三要素基础模型，即导入数据、创建条件区域以及创建数据库函数。获取 ABC 公司销售数据中的"日期""省份""类别" "净销售额"和"毛销售额"等字段数据，放置在工作表“ABC公司销售数据”中，数据区域命名为“原始数据”。设置基本的汇总条件，并创建一个DSUM函数来计算特定条件下的净销售额总计值。

表4—3 表单控件

| 控件名称 | 示例 | 功能 |
| --- | --- | --- |
| 列表框 | 华北 华东 华南 | 用于显示具有多个选项的列表。用户可从中选择一个或多个选项。 |
| 组合框 | 华东 华北 华东 华南 | 用于显示具有多个选项的列表。用户点击向下箭头才能显示选项列表。用户只能从列表中选择一个选项。 |
| 滚动条 | 订货量: | 点击滚动箭头或拖动滚动框可以改变单元格的值。 |
| 数值调节钮 | 单价=15元 | 点击向上、向下箭头，可以增大或减小单元格的值，例如增减一个数值、时间或日期。数值调节钮也称为微调器。 |
| 选项按钮 | 华北 华东 华南 | 用于从一组有限的互斥选项中选择一个选项。选项按钮通常包含在分组框中。 |
| 分组框 | 地区选择 华北 华东 华南 | 用于将相关控件划分到具有可选标签的矩形中的一个可视单元。通常情况下，选项按钮、复选框或其他紧密相关的控件会划分到一组。 |
| 复选框 | 华北 华东 华南 | 用于启用或禁用选项。 |
| 按钮 | 计算销售额 计算利润 | 用于运行对象连接的宏。按钮也称为下压按钮。 |
| 标签 | 请输入地区： 请选择类别： | 用于标识单元格或控件的用途、说明性文本等。 |

第二步，构建模拟运算表。

利用模拟运算表计算不同类别的净销售额总计值。选中单元格G2:H9，制作模拟运算表，结果如图4—22所示。

第三步，制作表单控件。

制作组合框控件，用于选择不同的省份。选择“开发工具”/“插入”/“组合框”，这个组合框将链接到包含省份名称的单元格区域。将“全部”选项和所有省份名称放入单元格B9:B17中，如图4—22所示。在组合框的设置窗口中，将“数据源区域(I)”设为单元格B9:B17，确保组合框显示这些省份名称，将“单元格链接(C)”设为单元格B8，如图4—23所示。这样用户的选择将在此单元格生成相应的序号，进而影响DSUM函数的条件。

制作好的组合框，如图4—24所示。当选择组合框中第一个选项，单元格B8的值为1；选择第二个选项，单元格B8的值为2；以此类推。

注意：如果需要将该组合框复制到另一张工作表，需要在“单元格链接(C):”所输入的单

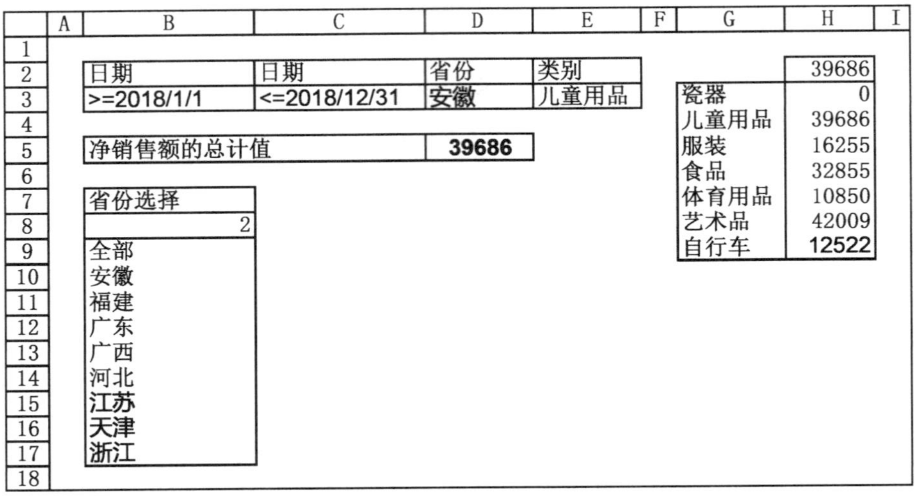


图 4—22　基本模型

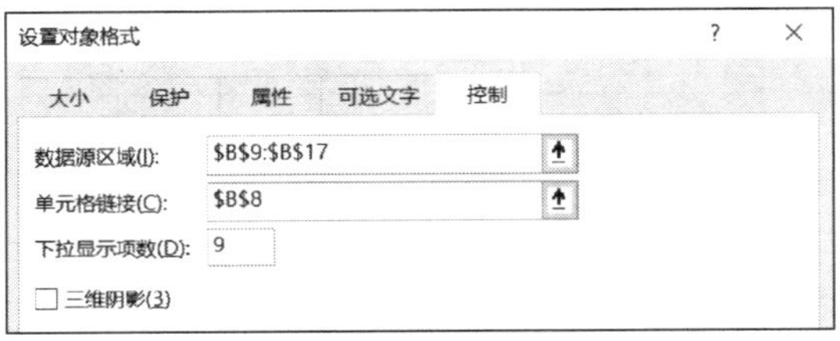


图 4—23　设定组合框格式

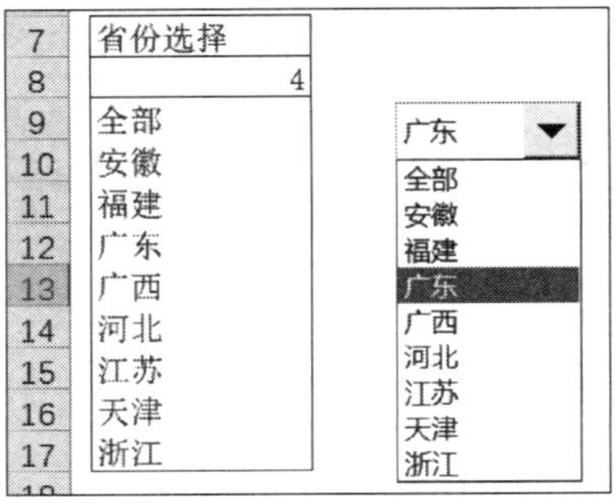


图 4—24　制作的组合框

元格前加上工作表名，数据源区域也需做同样的调整。

第四步，设置表单控件以控制条件字段。

使用 INDEX 函数控制汇总条件。在单元格 D3 中输入公式“=INDEX(B9:B17，B8，1)”。INDEX 函数返回指定数组中特定位置的值，这里的位置由“B8”中的序号决定，表示省份名称。例如，若“B8”为 4(选中广东省)，则从“B9:B17”中获取第 4 行值，将“D3”设置为“广东”。

注意：存在一个特例，当选择“全部”时，需汇总所有省份数据。但因为“全部”不是一个省份名称，需要调整公式以排除此选项带来的错误。修改公式为："=IF(B8=1, "", INDEX(B9:B17, B8, 1))"，当"B8"为1(选择"全部")时，返回空字符串，使DSUM函数自动汇总所有省份。否则，使用INDEX函数返回选定省份。这里，IF函数作用是根据条件返回不同结果。在这个例子中，如果选择"全部"，公式返回空值；否则，从列表中返回对应省份名称。

设置完成后，任何通过组合框选择的省份更改都将动态更新DSUM函数的条件区域，从而实时调整汇总数据。

第五步，制作动态图表。

根据组合框选择的省份，动态显示各省的销售情况柱形图。依据模拟运算表的数据，插入柱形图，将组合框拖到图表上方，并与图表组合在一起，结果如图4－25所示。该图表为动态展示图表，会根据组合框的选择实时更新，直观显示不同省份的净销售额变化。

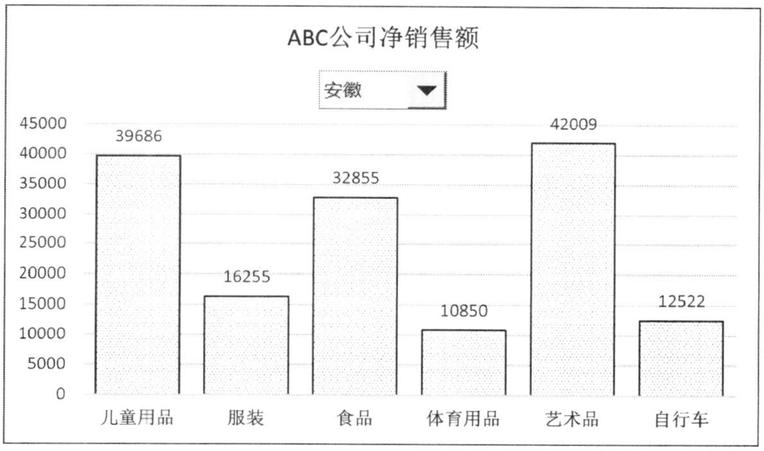


图4－25 ABC公司净销售额总计值图

注意：本例中应用了两个非常广泛的Excel函数：INDEX和IF，这些函数在动态数据处理中极为重要。INDEX函数用于返回指定数据区域内，由行号和列号确定位置的单元格的值，其一般形式为：INDEX(数据区域，行序号，列序号)。IF函数则根据给定的条件判断，返回相应的结果值，其形式为：IF(条件判断，条件为真时的结果，条件为假时的结果)。这些函数的正确应用可以有效地动态控制数据的显示和计算。

## 4.3 数据动态展示的综合应用

运用数据库函数、模拟运算表和控件的技术，可以实现多维分类汇总和数据的动态展示。具体应用包括：调整汇总条件、汇总字段和汇总形式，增加汇总维度；汇总各种时间序列；实现汇总数据的多图联动展示；为管理人员提供汇总相关项的数字化仪表板展示；等等。

### 4.3.1 多维分类汇总的展示

数据库函数加模拟预算表，能一次性汇总一种分类或两种分类下的总计值。添加控件，可进一步增加汇总维度，实现多维分类汇总的数据展示。比如，可以按照时间、地点、类别、净销售额、毛销售额等维度，汇总企业的销售情况。

**【例 4－4】** 例 4－3 为 ABC 公司经理提供了基于地理维度——省份的销售情况动态展示。他们希望增加时间维度，对年份加以控制，即选择“2018”或“2019”时，汇总 2018 年或 2019 年的销售情况。同时增加对汇总字段的控制，即选择“净销售额”或“毛销售额”时，汇总对应净、毛销售额汇总值。

例4-4 讲解

**【知识点与解题思路】** 本例学习使用多个表单控件来控制数据库函数的要素，重点内容包括组合框、选项按钮的设置、INDEX 和 IF 函数的使用。

第一步，制作表单控件并控制条件字段。

制作组合框，控制数据库函数“年份”条件字段。在如图 4－26 所示的单元格中，输入年份。

| | A | B | C | D | E | F | G | H | I |
|---|---|---|---|---|---|---|---|---|---|
| 1 | | | | | | | | | |
| 2 | | 日期 | 日期 | 省份 | 类别 | | | 39686 | |
| 3 | | >=2018/1/1 | <=2018/12/31 | 安徽 | 儿童用品 | | 儿童用品 | 39686 | |
| 4 | | | | | | | 服装 | 16255 | |
| 5 | | 净销售额的总计值 | | 39686 | | | 食品 | 32855 | |
| 6 | | | | | | | 体育用品 | 10850 | |
| 7 | | 省份选择 | 年份选择 | 净毛选择 | | | 艺术品 | 42009 | |
| 8 | | 2 | 2 | 1 | | | 自行车 | 12522 | |
| 9 | | 全部 | 三年 | 净销售额 | | | | | |
| 10 | | 安徽 | 2017 | 毛销售额 | | | | | |
| 11 | | 福建 | 2018 | | | | | | |
| 12 | | 广东 | 2019 | | | | | | |
| 13 | | 广西 | | | | | | | |
| 14 | | 河北 | | | | | | | |
| 15 | | 江苏 | | | | | | | |
| 16 | | 天津 | | | | | | | |
| 17 | | 浙江 | | | | | | | |
| 18 | | | | | | | | | |

**图 4－26　带年份和省份控制的净销售额总计值**

新增组合框，将“数据源区域(I)”设为 C9:C12；“单元格链接(C)”设为 C8。进一步，将单元格 B3 的公式改为“＝IF(C8＝1,"＞＝2017/1/1","＞＝"&INDEX(C9:C12,C8,1)&"/1/1")”；将单元格 C3 改为“＝IF(C8＝1,"＜＝2019/12/31","＜＝"&INDEX(C9:C12,C8,1)&"/12/31")”。单元格 B3 公式的含义为：组合框选择的值不为“1”时，利用 INDEX 函数从单元格 C10:C12 中找到对应的年份，将时间设定为大于等于该年的 1 月 1 日；值为“1”时，即选择“三年”时，单元格 B3 的时间设定为大于等于最小时间，即 2017/1/1。

第二步，制作表单控件并控制汇总字段。

制作净、毛销售额选项按钮，控制数据库函数中的汇总字段。在如图 4－26 所示的单元格 D9:D10 中，输入“净销售额”和“毛销售额”。插入一个选项按钮，在按钮上输入“净销售额”，将按钮链接到单元格 D8。复制该按钮，起名为“毛销售额”。两个按钮组合为一个对象。当用户选择“净销售额”时，单元格 D8 的值为“1”；选择“毛销售额”时，值为“2”。

通过选项按钮实现对 DSUM 函数汇总字段的控制。将单元格 D5 的公式改为“＝DSUM(原始数据,INDEX(D9:D10,D8,1),B2:E3)”。当单元格 D8 的值为“1”时，INDEX 函数取回的值为“净销售额”，单元格 D5 的公式变为“＝DSUM(原始数据,"净销售额",B2:E3)”，汇总净销售额。当单元格 D8 的值为“2”时，DSUM 函数汇总毛销售额，从而实现了选项按钮对 DSUM 函数汇总字段的控制。

第三步，制作动态图表。

将年份控件和净毛销售额控件添加到柱形图上，得到如图 4—27 所示的多维动态展示图。

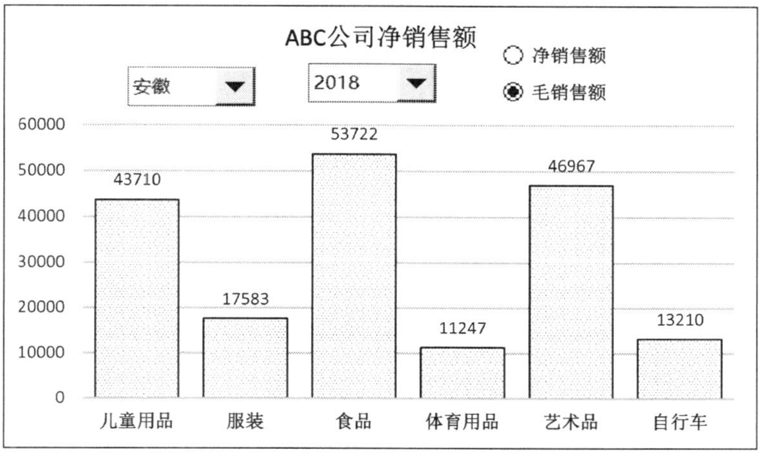


**图 4—27　ABC 公司销售情况多维动态展示图**

## 4.3.2　时间序列汇总的动态展示

企业经常需要使用时间序列变化图，反映数据的变化规律。在时间序列图上添加控件，可以控制汇总条件，从而实现动态展示某特定类别的时间序列。比如，利用产品名称控件控制销售额时间序列折线图，可以实现动态展示不同产品销售额的变化规律，将汇总结果变成动态展示模板。

**【例 4—5】** Northwind 公司的销售经理，希望获得公司整体和单个产品的销售额时间序列展示模板，以分析公司整体或单个产品销售额随时间推移的变化规律。

例4-5 讲解

**【知识点与解题思路】** 本例将学习如何使用数据库函数、模拟运算表与控件来构建销售额时间序列展示图，重点内容包括新增数据字段并建立基础模型、构建模拟运算表、制作表单控件以及绘制时间序列动态展示图。

第一步，新增数据字段并建立基础模型。

导入 Northwind 公司的销售数据，并增加"订购年月"字段。将同一个月的订购时间改为相同的值，如将"1996—7—12"改为"1996—7—1"，以便按月汇总销售额。在数据的第一列之前插入一列。在单元格 A2 中输入公式"＝DATE(YEAR(B2)，MONTH(B2)，1)"，并向下复制。这样可以将每个订购日期转换为当年当月的 1 日。

第二步，构建模拟运算表。

利用模拟运算表计算各个订购年月的销售额总计值。新建"销售额时间序列"工作表，按照图 4—28 布置。在单元格 C5 输入公式"＝DSUM(Northwind 公司销售数据！A1:D2158，"销售额"，B2:C3)"，在单元格 E3:E24 放置"1996/7/1"到"1998/4/1"的日期。

第三步，制作表单控件。

制作产品组合框。按照图 4—28 放置产品名称。创建组合框，数据源区域设为 B9:B85，单元格链接设为 B8。在单元格 B2 输入公式"＝IF(B8＝1，""，INDEX(B9:B85，B8，1))"。

| | A | B | C | D | E | F | G |
|---|---|---|---|---|---|---|---|
| 1 | | | | | | | |
| 2 | | 产品名称 | 订购年月 | | | 27862 | |
| 3 | | | 1996/7/1 | | 1996/7/1 | 27862 | |
| 4 | | | | | 1996/8/1 | 25485 | |
| 5 | | 销售额 | 27861.895 | | 1996/9/1 | 26381 | |
| 6 | | | | | 1996/10/1 | 37516 | |
| 7 | | 产品选择 | | | 1996/11/1 | 45600 | |
| 8 | | 1 | | | 1996/12/1 | 45240 | |
| 9 | | 全部 | | | 1997/1/1 | 61258 | |
| 10 | | 白米 | | | 1997/2/1 | 38484 | |
| 11 | | 白奶酪 | | | 1997/3/1 | 38547 | |
| 12 | | 饼干 | | | 1997/4/1 | 53033 | |
| 13 | | 糙米 | | | 1997/5/1 | 53781 | |
| 14 | | 大众奶酪 | | | 1997/6/1 | 36363 | |
| 15 | | 蛋糕 | | | 1997/7/1 | 51021 | |
| 16 | | 德国奶酪 | | | 1997/8/1 | 47288 | |
| 17 | | 蕃茄酱 | | | 1997/9/1 | 55629 | |
| 18 | | 干贝 | | | 1997/10/1 | 66749 | |
| 19 | | 光明奶酪 | | | 1997/11/1 | 43534 | |
| 20 | | 桂花糕 | | | 1997/12/1 | 71398 | |
| 21 | | 海参 | | | 1998/1/1 | 94225 | |
| 22 | | 海苔酱 | | | 1998/2/1 | 99415 | |
| 23 | | 海鲜粉 | | | 1998/3/1 | 104902 | |
| 24 | | 海鲜酱 | | | 1998/4/1 | 123799 | |
| 25 | | | | | | | |

**图 4—28　利用 DSUM 和模拟运算表函数生成销售额时间序列**

第四步，绘制时间序列动态展示图。

选中数据，制作折线图。折线图可以描述销售额的变动情况，反映变动是否存在规律。将图表和产品组合框组合在一起，得到如图 4—29 所示的动态展示图。

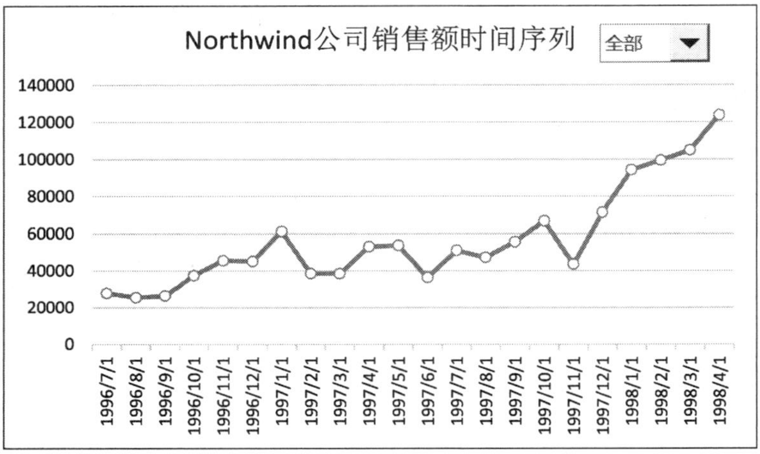


**图 4—29　时间序列的动态展示图**

为了描述销售额的变化情况，可以在折线上添加描述变化趋势的趋势线。设置趋势线为线性，选中“显示公式（E)”与“显示 R 平方值（R)”。将 X 坐标轴设置为“文本坐标轴”。当控件选择“全部”时，得到图 4—30 左侧的图表；当控件选择“白米”时，得到右侧的图表。

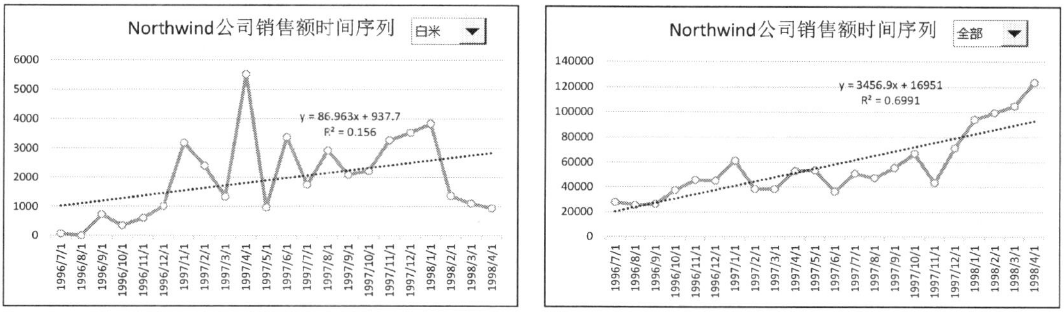


图 4—30 添加趋势线的时间序列动态展示图

## 4.3.3 汇总数据的多图联动展示

表单控件不仅可以控制一张图表，还可以控制多张图表，实现多图联动。比如，利用客户公司名称的控件，可以同时控制销售额柱形图和销售额时间序列折线图，实现两图联动。

**【例 4—6】** Northwind 公司的销售经理发现，最重要十个客户的销售情况对公司整体的盈利有重大影响。他希望了解前十大客户三年的总体销售情况，以及每个客户各季度销售额的变动情况。

例4-6 讲解

**【知识点与解题思路】** 本例将学习如何利用控件实现多图联动，重点内容包括构建数据库函数的基础模型、模拟运算表、识别十大客户、提取时间信息，以及制作动态展示图。此外，本例还将学习 LARGE、MATCH、LEFT、MID、DATE 以及 TEXT 函数的应用。

第一步，构建基础模型与模拟运算表。

计算各客户公司的销售额。导入 Northwind 公司的销售数据，包括“订购日期”“公司名称”和“销售额”。在“按客户销售额排名”工作表中，输入汇总条件，在单元格 C5 输入公式“=DSUM(原始数据,"销售额",B2:B3)”，在此基础上，构建模拟运算表，结果如图 4—31 所示。

| | A | B | C | D | E | F | G | H | I | J | K |
|---|---|---|---|---|---|---|---|---|---|---|---|
| 1 | | | | | | | | | | | |
| 2 | | 公司名称 | | | | 1480 | | 序号 | 公司名称 | 销售额 | |
| 3 | | 山泰企业 | | | 山泰企业 | 1480.0 | | 1 | 高上补习班 | 110277.3 | |
| 4 | | | | | 东帝望 | 4778.1 | | 2 | 正人资源 | 104875.0 | |
| 5 | | 销售额 | 1480 | | 实翼 | 32841.4 | | 3 | 大钰贸易 | 104361.9 | |
| 6 | | | | | 千固 | 9182.4 | | 4 | 学仁贸易 | 51097.8 | |
| 7 | | | | | 福星制衣厂股份有限 | 24088.8 | | 5 | 师大贸易 | 49979.9 | |
| 8 | | | | | 浩天旅行社 | 12348.9 | | 6 | 实翼 | 32841.4 | |
| 9 | | | | | 永大企业 | 19343.8 | | 7 | 永业房屋 | 30908.4 | |
| 10 | | | | | 凯诚国际顾问公司 | 6068.2 | | 8 | 五洲信托 | 29567.6 | |
| 11 | | | | | 远东开发 | 22768.8 | | 9 | 华科 | 28872.2 | |
| 12 | | | | | 正人资源 | 104875.0 | | 10 | 椅天文化事业 | 27363.6 | |
| 13 | | | | | 三捷实业 | 100.8 | | | | | |

图 4—31 汇总所有客户的销售额

第二步，利用函数识别十大客户。

利用 LARGE 和 MATCH 函数按销售额排序，识别前十大客户。在单元格 H3:H91 输入序号，在单元格 J3 输入公式“=LARGE($F$3:$F$91,H3)”，在单元格 I3 输入公式

“＝INDEX(＄E＄3:＄E＄91,MATCH(J3,＄F＄3:＄F＄91,0))”。

LARGE 函数能返回数据区域中第 k 个最大值。MATCH 函数可在区域中搜索指定项，返回该项在区域中的相对位置。本例中，根据 MATCH 函数得到的结果 22，INDEX 函数从客户的公司名称区域＄E＄3:＄E＄91 取回第 22 行第 1 列的公司名称。

第三步，利用函数提取文本信息。

从文本中提取时间信息并格式化，以满足数据库函数对条件字段的要求。新建“前十大客户各季度销售额”工作表，由于本例汇总需要的条件字段为“年季度”，为本文类型，需要利用 LEFT、MID、DATE 和 TEXT 函数提取和格式化时间信息，并在单元格 C5 和 C6 中转换为季度的开始和结束日期，如图 4—32 所示。

| | B | C | D | E | F | G | H | I | J | K | L |
|---|---|---|---|---|---|---|---|---|---|---|---|
| 2 | 年季度 | 1996年3季度 | | | | 3489 | | 前十大公司销售额 | | | |
| 3 | 年 | 1996 | | | 1996年3季度 | 3489 | | | 公司名称 | 销售额 | 柱形数据 |
| 4 | 季度 | 3 | | | 1996年4季度 | 12079 | | 1 | 高上补习班 | 110277 | |
| 5 | 季度开始日期 | 1996/07/01 | | | 1997年1季度 | 10260 | | 2 | 正人资源 | 104875 | 104875 |
| 6 | 季度结束日期 | 1996/09/30 | | | 1997年2季度 | 9174 | | 3 | 大钰贸易 | 104362 | |
| 7 | | | | | 1997年3季度 | 11772 | | 4 | 学仁贸易 | 51098 | |
| 8 | 公司名称 | 订购日期 | 订购日期 | | 1997年4季度 | 16890 | | 5 | 师大贸易 | 49980 | |
| 9 | 正人资源 | >=1996/07/01 | <=1996/09/30 | | 1998年1季度 | 20273 | | 6 | 实翼 | 32841 | |
| 10 | | | | | | | | 7 | 永业房屋 | 30908 | |
| 11 | 销售额 | 3489 | | | | | | 8 | 五洲信托 | 29568 | |
| 12 | | | | | | | | 9 | 华科 | 28872 | |
| 13 | 公司选择 | | | | | | | 10 | 椅天文化事业 | 27364 | |
| 14 | 2 | | | | | | | | | | |
| 15 | 高上补习班 | | | | | | | | | | |
| 16 | 正人资源 | | | | | | | | | | |
| 17 | 大钰贸易 | | | | | | | | | | |
| 18 | 学仁贸易 | | | | | | | | | | |
| 19 | 师大贸易 | | | | | | | | | | |
| 20 | 实翼 | | | | | | | | | | |
| 21 | 永业房屋 | | | | | | | | | | |
| 22 | 五洲信托 | | | | | | | | | | |
| 23 | 华科 | | | | | | | | | | |
| 24 | 椅天文化事业 | | | | | | | | | | |
| 25 | | | | | | | | | | | |
| 26 | 图表标题 | | | | | | | | | | |
| 27 | 正人资源公司各季度销售额 | | | | | | | | | | |

**图 4—32　按季度汇总的计算结果**

其中，在单元格 C2 输入初始日期“1996 年 3 季度”，在单元格 C3:C6 输入如下公式：

| | |
|---|---|
| 单元格 C3 | ＝LEFT(C2,4) |
| 单元格 C4 | ＝MID(C2,6,1) |
| 单元格 C5 | ＝TEXT(DATE(C3,(C4－1) * 3＋1,1),"yyyy/mm/dd") |
| 单元格 C6 | ＝TEXT(DATE(C3,C4 * 3＋1,1)－1,"yyyy/mm/dd") |

(1)单元格 C3 中的 LEFT 函数，从单元格 C2 的最左边开始取回 4 个字符，结果为“1996”。

(2)单元格 C4 中的 MID 函数，从单元格 C2 的中间——第 6 个字符处开始，取回 1 个字符，结果为“3”。

(3)单元格 C5 中 DATE(C3,(C4－1) * 3＋1,1)函数，将三个数值转换为季度的开始日期，即“1996/07/01”。

(4)单元格 C5 中的 TEXT 函数，将日期转换位 4 位年份、2 位月份、2 位日的形式。

TEXT 函数可以将数值或日期按照指定格式转换为文本。比如,"=TEXT(1234.567, "$#,##0.00")",转换结果为"$1,234.57",即转换为货币形式,带有一个千位分隔符和经过四舍五入的 2 位小数。

(5)单元格 C6 的公式,计算季度的结束日期,即"1996/09/30"。因为有些季度结束日期是"30",有些是"31",所以用下个季度的开始日期减去 1 得到结束日期。

第四步,构建时间序列模型

依据前面例子中的方法,使用数据库函数和模拟运算表计算前十大公司在各季度的销售额汇总值,如图 4—32 所示。

第五步,制作表单控件与动态图与标题。

首先,制作并设置列表框,动态控制所选十大公司,如图 4—33 所示。

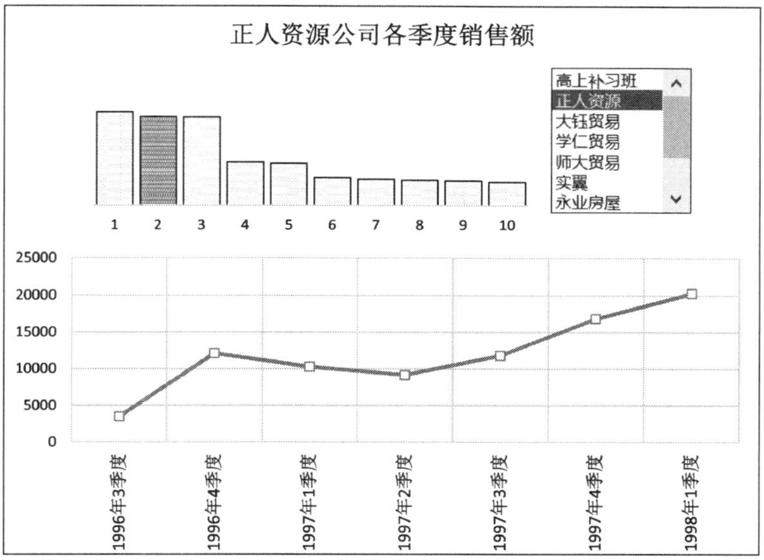


**图 4—33 前十大客户各季度销售额动态展示图**

其次,制作动态折线图与标题。利用图 4—32 中的模拟运算表的数据绘制动态折线图,为折线图制作动态图表标题,在单元格 B27 输入公式"=B9&"公司各季度销售额""。

再次,制作动态柱形图与标题。利用图 4—32 中"前十大客户销售额"部分的数据绘制柱形图。在单元格 L4 输入公式"=IF(I4=$B$14,K4,"")",如果当前公司的序号与列表框选择的结果单元格 B14 一致,则单元格的值为该公司的销售额,否则为 0。

最后,将折线图、柱形图和列表框放在合适位置,并加以组合,得到如图 4—33 所示的前十大客户各季度销售额的动态展示图。

### 4.3.4 汇总相关项的数字化仪表板展示

管理人员经常需要同时观察多项 KPI 指标,多方面了解企业的经营状况。一个呈现多个汇总相关项的数字化仪表板,能够为管理人员发现和分析问题提供多种相关数据。比如,销售的数字化仪表板,可以为销售经理同时展示销售额时间序列、员工完成销售的情况、重要产品的销售额和每张订单的平均单价等信息;人事的数字化仪表板,可以为人事经理同时展示各部门在岗人数的变动、员工奖励、员工培训和员工完成任务情况等信息。

**【例 4—7】** Northwind 公司销售部门经理希望同时从多个角度观察销售业务状况，比如每个季度和每个地区的月销售额变动情况、员工完成任务情况、销售额排名前五的地区与产品的销售情况、最有价值产品的类别及其销售额。他希望多个图表放在一起，以便同时观察与比较，全面掌握销售业务状况。

例4-7 讲解(1)

**【知识点与解题思路】** 本例通过四个子题目，综合应用数据库函数、模拟运算表及表单控件解决多维度的分类汇总问题，并形成数字化仪表板。重点知识包括：DSUM 和 DCOUNTA 等数据库函数，引用可变量的模拟运算表，列表框、组合框及选择按钮等表单控件，折线图、柱形图、饼图及气泡图等图形。

例4-7 讲解(2)

1. 每个季度与每个地区的月销售额变动情况

第一步，构建基础模型。

从 Northwind 公司数据库获取每笔销售的详细数据，参看图 4—32，选中数据命名为“原始数据”。进一步，参照上例将“年季度”转换为数据库函数可接受的条件字段，此外，因为涉及全部地区，在单元格 B10 输入公式“＝IF（C2＝"全部","",C2)”，在单元格 C2 输入公式“＝DSUM(原始数据,"销售额",B9:D10)”，如图 4—34 所示。

| | A | B | C | D | E | F | G | H |
|---|---|---|---|---|---|---|---|---|
| 1 | 订购日期 | 地区 | 类别名称 | 产品名称 | 姓名 | 单价 | 数量 | 销售额 |
| 2 | 1996/8/20 0:00 | 华北 | 饮料 | 苹果汁 | 张颖 | 14.4 | 45 | 518.3999981 |
| 3 | 1996/8/30 0:00 | 华东 | 饮料 | 苹果汁 | 郑建杰 | 14.4 | 18 | 259.2 |
| 4 | 1996/9/30 0:00 | 华北 | 饮料 | 苹果汁 | 孙林 | 14.4 | 20 | 288 |
| 5 | 1996/11/7 0:00 | 华北 | 饮料 | 苹果汁 | 郑建杰 | 14.4 | 15 | 183.5999987 |
| 6 | 1996/11/14 0:00 | 华北 | 饮料 | 苹果汁 | 刘英玫 | 14.4 | 12 | 172.8 |
| 7 | 1996/12 0:00 | 华北 | 饮料 | 苹果汁 | 孙林 | 14.4 | 15 | 183.5999987 |

**图 4—34　Northwind 公司销售数据**

第二步，构建模拟运算表。

采用上例的方法，构建模拟运算表计算各月销售额，如图 4—35 所示。

第三步，制作表单控件。

分别制作地区选择的列表框和年季度选择的列表框，控制基础模型中的“所选地区”和“所选年季度”。年季度选择列表中的“年季度”需转换为“季度开始日期”和“季度结束日期”，如图 4—35 所示。

在单元格 C3:C5，输入如下公式：

| | |
|---|---|
| 单元格 C3 | ＝INDEX(C16:C24,C15,1) |
| 单元格 C4 | ＝IF(C15＝1,DATE(1996,7,1),DATE(LEFT(C3,4),(MID(C3,6,1)－1)＊3＋1,1)) |
| 单元格 C5 | ＝IF(C15＝1,DATE(1998,6,30),(DATE(LEFT(C3,4),MID(C3,6,1)＊3＋1,1))－1) |

单元格 C4 的公式逻辑判断，如果控件选择“全部”(C15＝1)，则开始日期为“1996/7/1”；否则，通过 DATE、LEFT 和 MID 函数计算季度开始日期。单元格 C5 类似，计算季度结束日期。

在单元格 H3 输入公式“＝IF(AND(F3＞＝$C$4,F3＜＝$C$5),G3,0)”，并复制到

| | A | B | C | D | E | F | G | H |
|---|---|---|---|---|---|---|---|---|
| 1 | | | | | | | | |
| 2 | | 所选地区 | 华北 | | | | 10680.94 | 当季数据 |
| 3 | | 所选年季度 | 1997年2季度 | | | 1996/7/1 | 10680.94 | 0.00 |
| 4 | | 季度开始日期 | 1997/4/1 | | | 1996/8/1 | 17699.06 | 0.00 |
| 5 | | 季度结束日期 | 1997/6/30 | | | 1996/9/1 | 14561.20 | 0.00 |
| 6 | | | | | | 1996/10/1 | 11471.72 | 0.00 |
| 7 | | 汇总月份开始日期 | **1996/7/1** | | | 1996/11/1 | 14073.86 | 0.00 |
| 8 | | | | | | 1996/12/1 | 19228.88 | 0.00 |
| 9 | | 地区 | 订购日期 | 订购日期 | | 1997/1/1 | 26204.22 | 0.00 |
| 10 | | 华北 | >=1996/7/1 | <1996/8/1 | | 1997/2/1 | 17054.92 | 0.00 |
| 11 | | | | | | 1997/3/1 | 10379.28 | 0.00 |
| 12 | | 销售额 | 10680.94 | | | 1997/4/1 | 28883.92 | 28883.92 |
| 13 | | | | | | 1997/5/1 | 30840.18 | 30840.18 |
| 14 | | 地区选择 | 季度选择 | | | 1997/6/1 | 13515.67 | 13515.67 |
| 15 | | 3 | 5 | | | 1997/7/1 | 13054.33 | 0.00 |
| 16 | | 全部 | 全部 | | | 1997/8/1 | 18090.11 | 0.00 |
| 17 | | 东北 | 1996年3季度 | | | 1997/9/1 | 23218.17 | 0.00 |
| 18 | | 华北 | 1996年4季度 | | | 1997/10/1 | 23513.90 | 0.00 |
| 19 | | 华东 | 1997年1季度 | | | 1997/11/1 | 15847.61 | 0.00 |
| 20 | | 华南 | 1997年2季度 | | | 1997/12/1 | 23824.43 | 0.00 |
| 21 | | 西北 | 1997年3季度 | | | 1998/1/1 | 37336.86 | 0.00 |
| 22 | | 西南 | 1997年4季度 | | | 1998/2/1 | 50292.62 | 0.00 |
| 23 | | | 1998年1季度 | | | 1998/3/1 | 27670.50 | 0.00 |
| 24 | | | 1998年2季度 | | | 1998/4/1 | 42622.71 | 0.00 |
| 25 | | | | | | | | |
| 26 | | 图表标题 | | | | | | |
| 27 | | 华北地区月销售额 | | | | | | |
| 28 | | | | | | | | |

**图 4—35　各月销售情况的基础模型**

单元格 H4:H24。该公式判断如果 F3 的日期在季度开始和结束日期之间(C4 和 C5),则显示销售额,否则为 0。

第四步,绘制动态组合图。

利用单元格 F3:G24 的数据绘制折线图。准备图表标题,在单元格 B27 输入公式"=C2&"地区月销售额"",将图表标题链接到单元格 B27,得到反映华东地区月销售额的折线图。

在该图上添加一个新的图例项(系列),系列值设为"=1.各月销售额! $H$3:$H$24",更改系列图表类型为柱形图,得到如图 4—36 示的组合图,既反映了月销售额的变化规律,也突出显示了所选季度的销售情况。

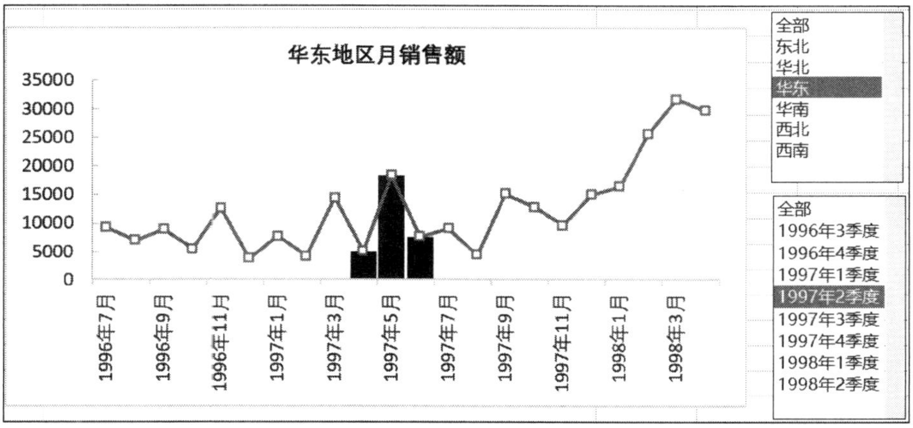


**图 4—36　当季销售情况的组合图**

2. 分析销售人员的销售业绩

第一步，建立基础模型。

将 Excel 一张空白工作表命名为“2. 各员工销售业绩”，构建数据库函数的基础模型，如图 4—37 所示。

| | A | B | C | D | E | F | G | H | I |
|---|---|---|---|---|---|---|---|---|---|
| 1 | | | | | | | | 销售额 | |
| 2 | | 所选地区 | 华东 | | | | | 5016.45 | |
| 3 | | 所选年季度 | 1997年2季度 | | | | 金士鹏 | 1380.60 | |
| 4 | | 季度开始日期 | 1997/4/1 | | | | 李芳 | 7566.18 | |
| 5 | | 季度结束日期 | 1997/6/30 | | | | 刘英玫 | 2687.90 | |
| 6 | | | | | | | 孙林 | 0.00 | |
| 7 | | 地区 | 姓名 | 订购日期 | 订购日期 | | 王伟 | 4791.02 | |
| 8 | | 华东 | **张颖** | >=1997/4/1 | <=1997/6/30 | | 张雪眉 | 1152.50 | |
| 9 | | | | | | | 张颖 | 5016.45 | |
| 10 | | 销售额 | 5016.45 | | | | 赵军 | 1836.00 | |
| 11 | | | | | | | 郑建杰 | 6618.09 | |
| 12 | | 图表标题 | | | | | | | |
| 13 | | 华东地区员工销售情况 | | | | | | | |
| 14 | | | | | | | | | |

**图 4—37　各员工销售情况的汇总模型**

第二步，构建模拟运算表。

计算出所选地区和季度所有销售人员的销售额。在单元格 G3:G11 放置 Northwind 公司销售人员的姓名，构建模拟运算表，如图 4—37 所示。

第三步，设置表单控件。

可以复制前面制作好的地区选择的列表框和年季度选择的列表框，并正确设置控件的链接单元格。

第四步，绘制动态图表。

利用计算结果绘制饼图，如图 4—38 所示。

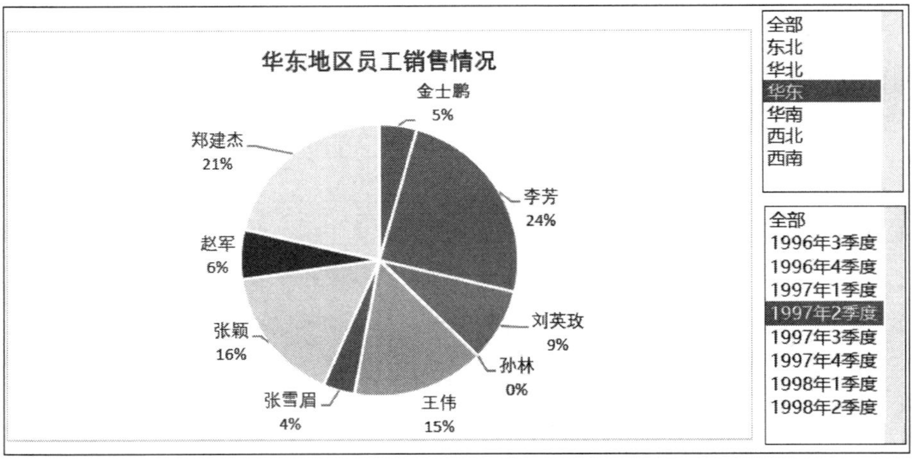


**图 4—38　员工销售情况的饼图**

3. 销售额排名前五的地区或产品的销售情况

第一步，建立基础模型。

汇总销售额排名前五的地区或产品。将 Excel 一张空白工作表命名为“3. 前五大产品或地区销售额”。按照图 4－39，建立基础模型。

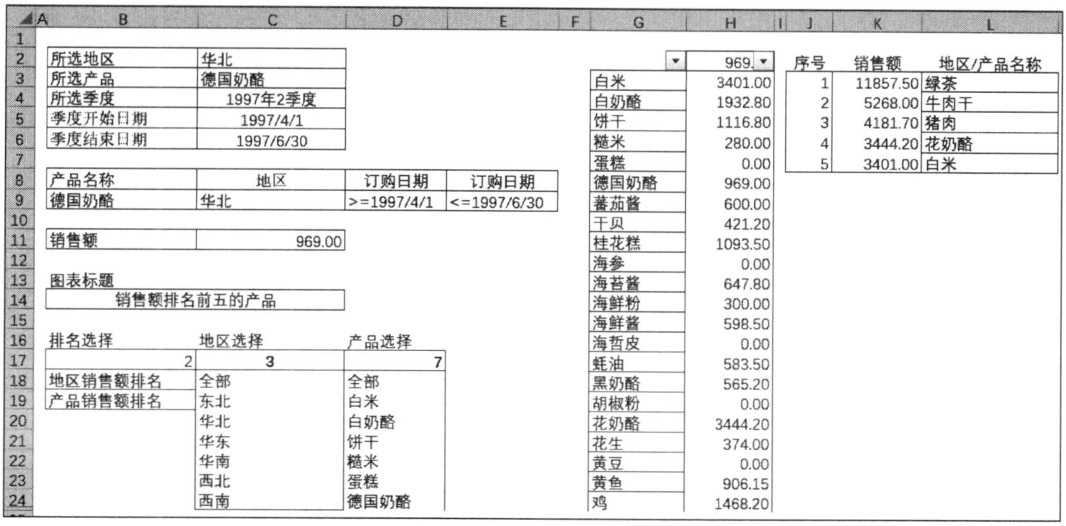


**图 4－39 排名前五的产品或地区销售情况的汇总模型**

第二步，构建模拟运算表引用可变量。

在前例中，模拟运算表的行或列引用均为确定的字段。实际上，模拟运算表还可以引用可变量。本例中，可使用同一模拟运算表分别计算产品和地区的销售额。在单元格 G3 输入公式“＝INDEX(C19:D19,1,$B$17)”。

第三步，制作表单控件。

除了地区选择的列表框和年季度选择的列表框，还需制作产品选择的组合框以及地区或产品的选择按钮。

第四步，绘制动态图表。

绘制柱形图，准备图表标题。在单元格 B14 输入“＝IF(B17＝1,"销售额排名前五的地区","销售额排名前五的产品")”并链接到标题，生成的柱形图如图 4－40 所示。

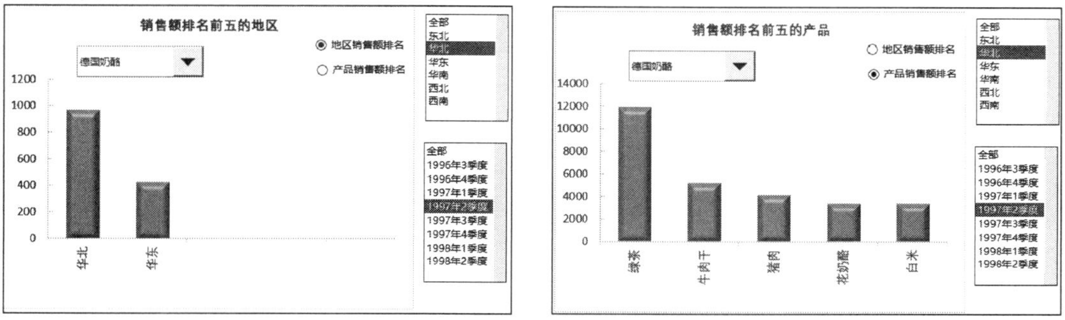


**图 4－40 销售额排名前五的地区或产品的柱形图**

4. 最有价值产品的类别及其销售额

第一步，建立基础模型与模拟运算表。

汇总产品的订购次数、平均单价和销售额。将 Excel 一张空白工作表命名为“4. 各类产品订购次数、平均单价、销售额”。按照图 4—41 所示建立基础模型。

| | A | B | C | D | E | F | G | H | I | J | K |
|---|---|---|---|---|---|---|---|---|---|---|---|
| 1 | | | | | | | | 订购次数 | 平均单价 | 销售额 | |
| 2 | | 所选地区 | 华东 | | | | | 4 | 13.71 | 1151.76 | |
| 3 | | 所选年季度 | 1997年2季度 | | | | 点心 | 4 | 13.71 | 1151.76 | |
| 4 | | 季度开始日期 | 1997/4/1 | | | | 谷类/麦片 | 2 | 32.34 | 1423.10 | |
| 5 | | 季度结束日期 | 1997/6/30 | | | | 海鲜 | 11 | 17.04 | 3306.34 | |
| 6 | | | | | | | 日用品 | 13 | 20.46 | 5524.40 | |
| 7 | | 地区 | 类别名称 | 订购日期 | 订购日期 | | 肉/家禽 | 7 | 27.37 | 3558.15 | |
| 8 | | 华东 | 点心 | >=1997/4/1 | <=1997/6/30 | | 特制品 | 2 | 53.00 | 2968.00 | |
| 9 | | | | | | | 调味品 | 8 | 22.62 | 5202.02 | |
| 10 | | 订购次数 | 4 | | | | 饮料 | 12 | 24.66 | 7914.97 | |
| 11 | | 平均单价 | 13.71 | | | | | | | | |
| 12 | | 销售额 | 1151.76 | | | | | | | | |
| 13 | | | | | | | | | | | |
| 14 | | 图表标题 | | | | | | | | | |
| 15 | | 华东地区各类产品销售额 | | | | | | | | | |
| 16 | | | | | | | | | | | |

**图 4—41 各类产品订购次数、平均单价和销售额的汇总模型**

在单元格 C10:C12 输入如下公式：

| | |
|---|---|
| 单元格 C10 | =DCOUNTA(原始数据,"销售额",B7:E8) |
| 单元格 C12 | =DSUM(原始数据,"销售额",B7:E8) |
| 单元格 C11 | =IFERROR(C12/DSUM(原始数据,"数量",B7:E8),0) |

其中，单元格 C10 的公式统计满足条件的非空单元格的总行数，即订购次数。单元格 C11 的公式中，“C12/DSUM(原始数据,"数量",B7:E8)”部分计算出平均单价。但有的地区某季度销售数量可能为 0，就导致作为分母的“DSUM(原始数据,"数量",B7:E8)”计算结果为 0，Excel 运算结果报错。为了避免出现报错信息，可以在公式前面套用 IFERROR 函数，当该函数第一个参数的运算结果出现错误时，将当前单元格的值设为 0。

第二步，构建模拟运算表。

计算出各类产品的订购次数、平均单价和销售额。在单元格 G3:G10 公司类别名称，单元格 H2:J2 中依次输入“=C10” “=C11”和“=C12”，制作模拟运算表，计算出各类产品的订购次数、平均单价和销售额。

第三步，绘制动态图表。

绘制气泡图，同时观察订购次数、平均单价和销售额。选中单元格 H3:J10，插入三维气泡图，对图表进行格式化，结果如图 4—42 所示。

观察该图可以发现，“点心”购买次数少，平均单价低，销售额也比较低，是产品中不太重要的类别。“饮料”平均价格不高，但购买次数多，总销售额最大，所以它也是最重要的产品类别。

5. 建立动态数字化仪表板。

整合图 4—36、图 4—38、图 4—40、图 4—42，形成一个综合的多维度数字化仪表板。销售经理能同时观察这四张图，如图 4—43 所示。当销售经理在地区和季度列表框中选择新的地区和季度时，四张图分别从月销售额、销售人员业绩、销售额排名前五的地区和产品以及各类

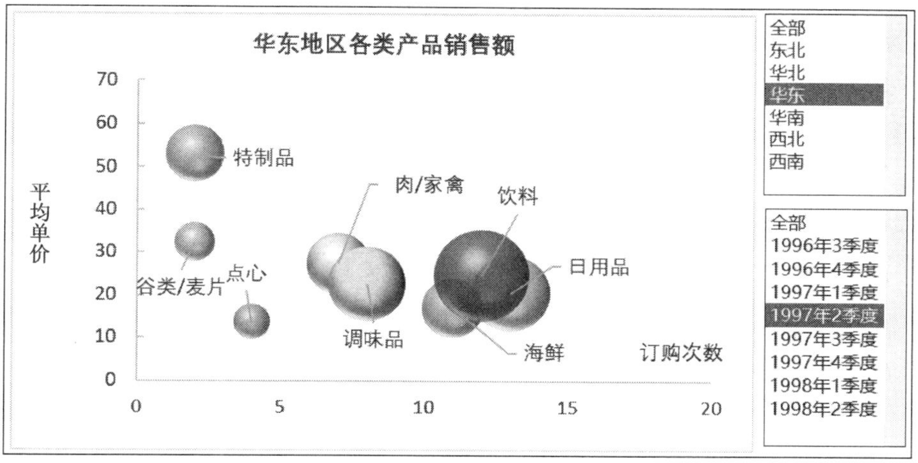


图 4—42　各类产品销售情况的气泡图

别产品的订购次数、平均单价按和销售额等角度提供了全面的可视化信息，使经理能够快速了解企业状况、发现问题并做出数据驱动的决策。

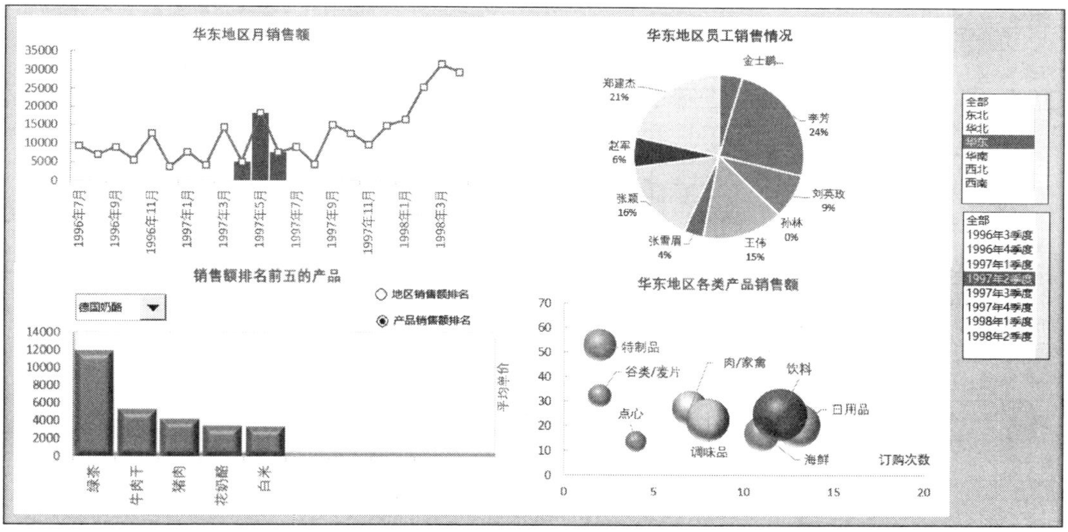


图 4—43　动态数字化仪表板

## 4.3.5　数据动态展示的总结

运用数据库函数、模拟运算表和控件技术进行分类汇总，具有很强的灵活性，可以对汇总中涉及的任意一个参数进行控制。比如，可以控制汇总条件的字段名与字段值，控制汇总字段与汇总方式，甚至可以控制汇总所需的数据列表，从不同的数据列表中获取数据进行汇总。若能熟练掌握该方法，其汇总能力将超过数据透视表。使用数据库函数、模拟运算表和控件的方法展示数据，通常包括以下步骤：

第一步，建立基础模型；

第二步，构建模拟运算表；

第三步，制作表单控件；

第四步，绘制动态图表。

多维数据分类汇总的数据展示可采用如图 4—44 所示的框架，包括：可控变量区、数据库函数条件区、数据库函数汇总区、控件区和模拟运算表变量准备区及模拟运算表区。

(1)控件区：放置制作表单控件所需的数据。控件可以控制汇总方式(如 DSUM 或 DAVERAGE)、汇总字段(如“销售额”或“数量”)、条件字段名(如“地区”或“类别名称”)、条件值(如 1997/1/1 或 1997 年 2 季度)等。

(2)可控变量区：放置受控件控制的条件字段名、条件值、汇总字段名等。这些字段名或条件值可以通过 INDEX 函数查表获得。

(3)数据库函数条件区：放置数据库函数的条件。数据库函数的条件通常使用可控变量区的单元格。

(4)数据库函数汇总区：放置多个数据库函数的汇总结果，并显示汇总方式控件选定的汇总结果。

(5)模拟运算表自变量准备区：放置模拟运算表自变量需使用的数据。

(6)模拟运算表区：放置模拟运表。该表的自变量值来自自变量准备区，可以受到控件的控制。

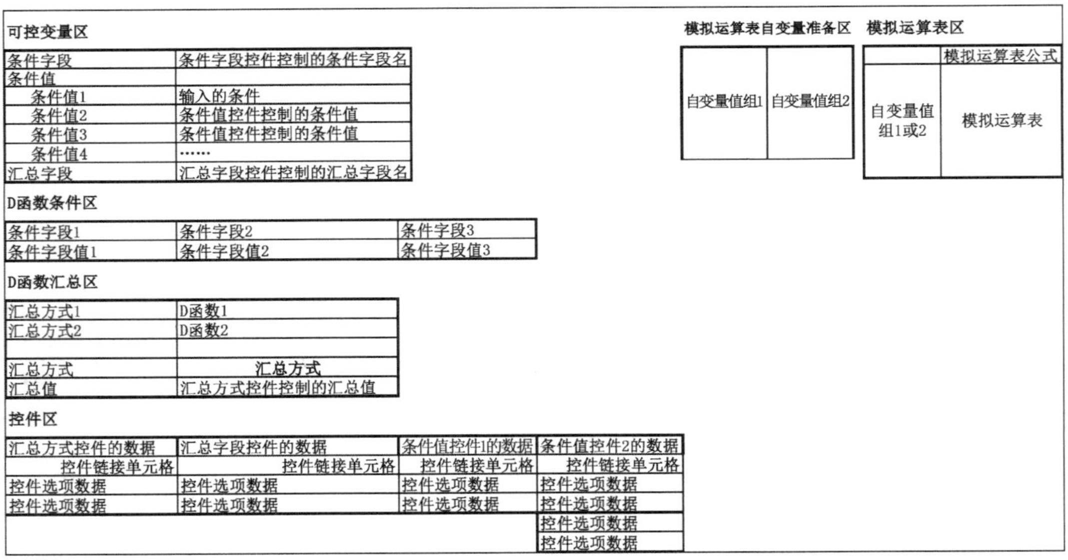


**图 4—44 数据库函数、模拟运算表加控件汇总方法的一般框架**

# 本章小结

第三章和第四章介绍了数据分类汇总的两种方法：数据透视表方法，数据库函数、模拟运算表加控件的方法。

数据透视表创建方便，调整和旋转非常灵活，提供了行列字段的增减、旋转、组合、详细数据的展开与折叠、汇总项的增减和汇总方式的改变等多种汇总功能。但是,数据汇总展示方式不够丰富。

数据库函数、模拟运算表加控件的方法,对数据的汇总能力更强,配合动态图表,可为管理人员查看信息提供更强的可视化结果。在熟练掌握这种方法后,可以进行更复杂甚至数据透视表无法实现的汇总。

另外,导入 Excel 中的数据列表和数据透视表还保持着与原始数据库或文件之间的联系。在数据库或文件的数据更新之后,选中数据透视表或数据列表,通过刷新,可将数据更新,保持与原始数据库或文件的一致。

数据分类汇总的结果可以进行直观展示。数据透视表展示方便但有局限。本章介绍的数据动态展示方法具有美观、灵活、实时和多图联动等优势,更加顺应大数据时代管理人员的决策需求。

数据库函数、模拟运算表加控件的方法,不仅能够汇总数据,还可以对汇总条件、汇总字段、汇总区域和汇总方式等内容进行控制。利用该方法的汇总结果,配合图表,可以实现对数据的动态展示。这种方法可以实现多维分类汇总、时间序列、多图联动和数字化仪表板等动态展示的应用。

本章所用技术包括模拟运算表的计算、控件的制作和动态图表的绘制等。使用的函数包括 DSUM、DAVERAGE、DCOUNT 等数据库函数,IF、INDEX、MATCH 等判断与查找函数,YEAR、MONTH、DATE 等日期处理函数,LEFT、MID、TEXT 等文本处理函数,IFERROR 错误值处理函数。这些技术和函数还会在以后的章节反复使用,希望读者能熟练掌握。

## 习题四

数据源

1. 使用 Northwind 公司销售数据,利用数据库函数进行汇总,制作各年每张订单平均销售额柱形图。为图表添加货主地区列表框,当选择一个地区时,图表显示该地区每单平均销售额,结果如图 4—45 所示。制作数据透视表,与动态图表结果相验证。注意,为了计算订单平均销售额,在查询时需将销售额按照订单 ID 进行汇总。

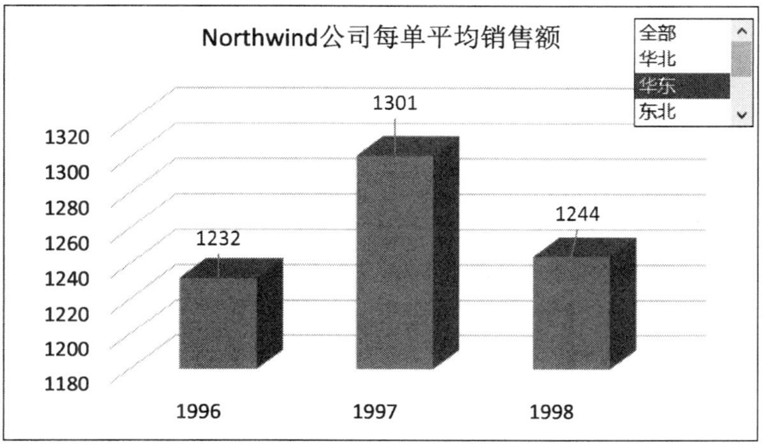


图 4—45 各年订单平均销售额

2. 使用 Northwind 公司销售数据，利用数据库函数进行汇总，制作客户所属地区销售额百分比饼图。为图表添加年份复选钮，当选择一个或多个年份时，图表显示对应时期各地区销售额的百分比，结果如图 4—46 所示。制作数据透视表，与动态图表结果相验证。

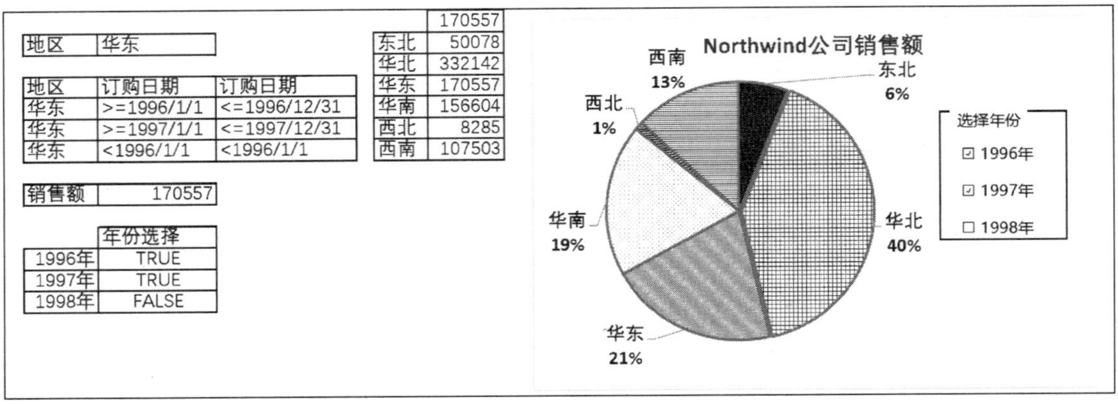


**图 4—46　客户所属地区销售额百分比**

3. 使用 Northwind 公司销售数据，利用数据库函数汇总员工的销售情况，完成以下要求：

(1)在“各职务销售额”工作表中，制作如图 4—47 所示的动态图表，显示各职务员工的销售额。添加代表年与类别的控件，实现数据动态展示。制作数据透视表，存放在“各职务销售额数据透视表”工作表，与动态图表结果相验证。

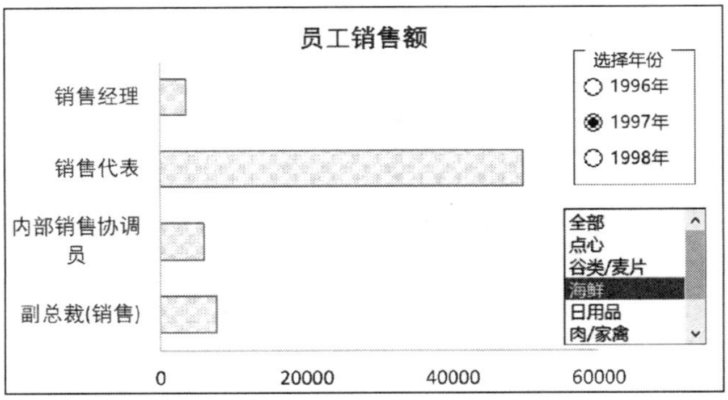


**图 4—47　各职务员工的销售额**

(2)在“各类别销售额”工作表中，制作如图 4—48 所示的动态复合饼图，反映各类别的销售额。添加代表年与职务的控件，实现数据动态展示。制作数据透视表，存放在“各类别销售额数据透视表”工作表，与动态图表结果相验证。

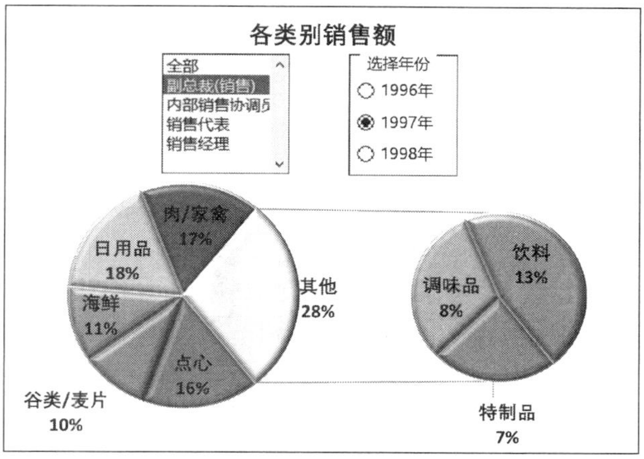


图 4—48 各类别的销售额

4. 使用 Northwind 公司销售数据，利用数据库函数，汇总各季度(订购日期对应的季度)的销售数量和订单数。制作汇总方式与运货商的控件，控制如图 4—49 所示的动态图表。图中折线反映从 1996 年 3 季度到 1998 年 1 季度的订单数(一个订单 ID 算一张订单)和销售数量。制作数据透视表，与动态图表结果相验证。

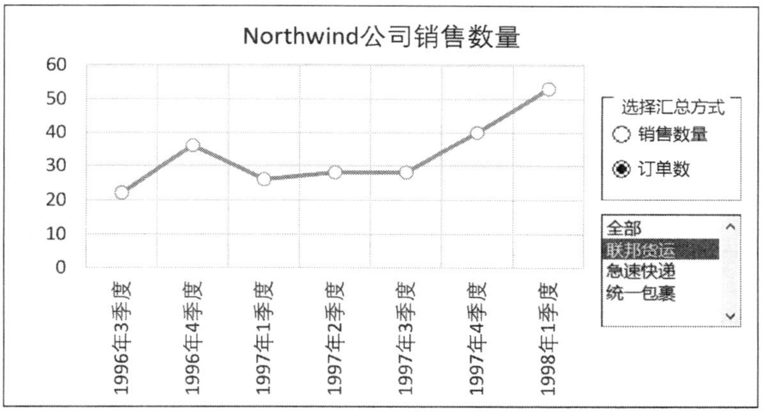


图 4—49 订单数或销售数量时间序列

5. 使用 Northwind 公司销售数据，利用数据库函数，为每组客户汇总某季度及其上季度的销售额。具体要求如下：

(1)汇总每个客户三年的销售额；

(2)按照销售额从大到小对客户排序；

(3)将每十个客户分为一个组，制作客户组的组合框，制作季度的组合框；

(4)制作如图 4—50 所示的动态图表，反映指定客户组、指定季度与上季度的销售额；

(5)制作如图 4—51 所示的数据透视表，与动态图表结果相验证。

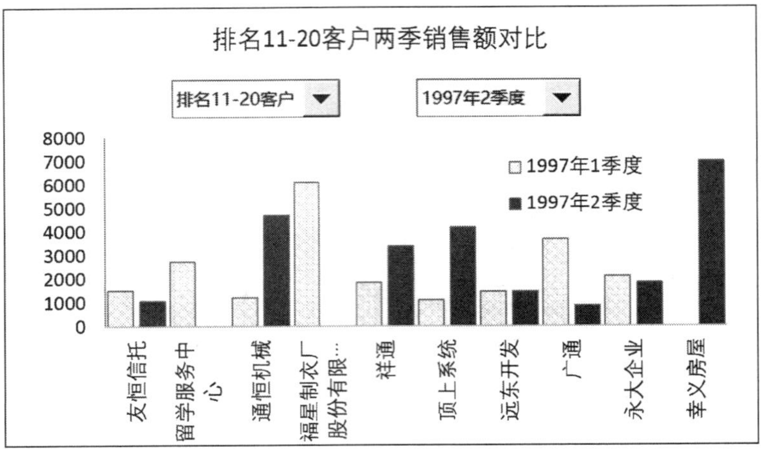


图 4—50　指定客户组、指定季度与上季度的销售额

| 客户组 | 排名11-20客户 | | | | | | | |
|---|---|---|---|---|---|---|---|---|
| 求和项:销售额 | 列标签 | | | | | | | |
| | 1996年 | | 1997年 | | | | 1998年 | |
| 行标签 | 第三季 | 第四季 | 第一季 | 第二季 | 第三季 | 第四季 | 第一季 | 第二季 |
| 友恒信托 | 3537 | 6211 | 1512 | 1072 | 6145 | 3101 | 2253 | 2825 |
| 留学服务中心 | | 9211 | 2720 | | 3989 | 3423 | 4347 | 2027 |
| 通恒机械 | 2102 | 2222 | 1207 | 4694 | 5921 | 2028 | 6754 | |
| 福星制衣厂股份有限公司 | 6307 | | 6109 | | | 28 | 9157 | 2487 |
| 祥通 | | 4074 | 1821 | 3368 | 1930 | 4089 | 5888 | 2218 |
| 顶上系统 | | 10033 | 1090 | 4180 | 2123 | 1913 | 735 | 3055 |
| 远东开发 | 1120 | 2123 | 4616 | 1456 | 4692 | 2719 | 4316 | 1728 |
| 广通 | | 1833 | 3661 | 851 | | 3118 | 8626 | 2712 |
| 永大企业 | 2491 | | 2098 | 1824 | 4667 | 3276 | 1258 | 3731 |
| 幸义房屋 | 1521 | 1584 | | 6962 | 2511 | 3603 | 1450 | 1630 |

图 4—51　指定客户组、指定季度与上季度的销售额数据透视表

6. 使用 Northwind 公司销售数据，利用数据库函数，按照地区、类别和季度汇总销售额与数量的总和与平均值，制作一个如图 4—52 所示的动态图表。制作汇总方式列表框，选择“总和”或“平均值”时分别计算汇总字段的总和或平均值。制作地区类别列表框，选择“地区”时显示各客户所在地区的销售情况，选择“类别名称”时显示各类别的销售情况。制作销售额与数量列表框，选择“销售额”时显示销售额的汇总，选择“数量”时显示数量的汇总。制作季度列表框，选择某季度时，柱形反映该季度的销售情况。

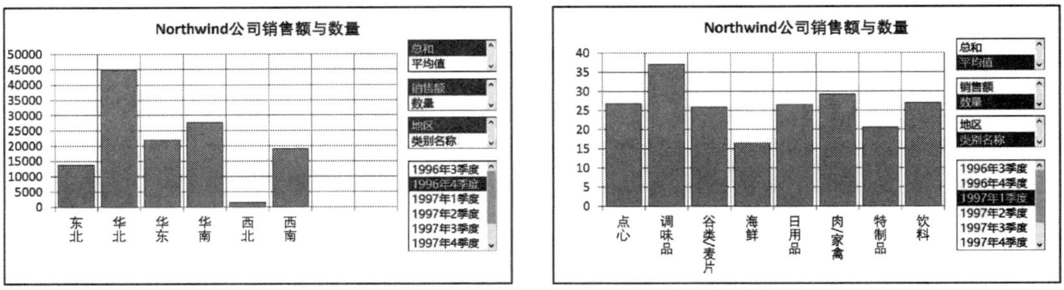


图 4—52　地区、类别和季度销售额与数量的总和与平均值

7. 使用 Northwind 公司销售数据，利用数据库函数，为库存部门经理制作产品库存情况数字化仪表板。仪表板至少提供四个图表和一个控件。例如，可以完成以下汇总：

(1)点心、调味品和谷类/麦片类别各产品的当前库存量；

(2)点心、调味品和谷类/麦片类别在售产品(产品表“中止”字段的值为 0 的产品)的库存情况，包括库存量与在途量之和、起订点，其中在途量为产品表的“订购量”，起订点为产品表的“再订购量”；

(3)点心、调味品和谷类/麦片类别各季度销量的时间序列；

(4)点心、调味品和谷类/麦片类别某季度各产品的销售数量。

可参考图 4—53，汇总内容不限于此图。

注意：每张工作表都应以一个有意义的名字命名。关于模型和图表的说明需保存在名为“模型说明”工作表中。

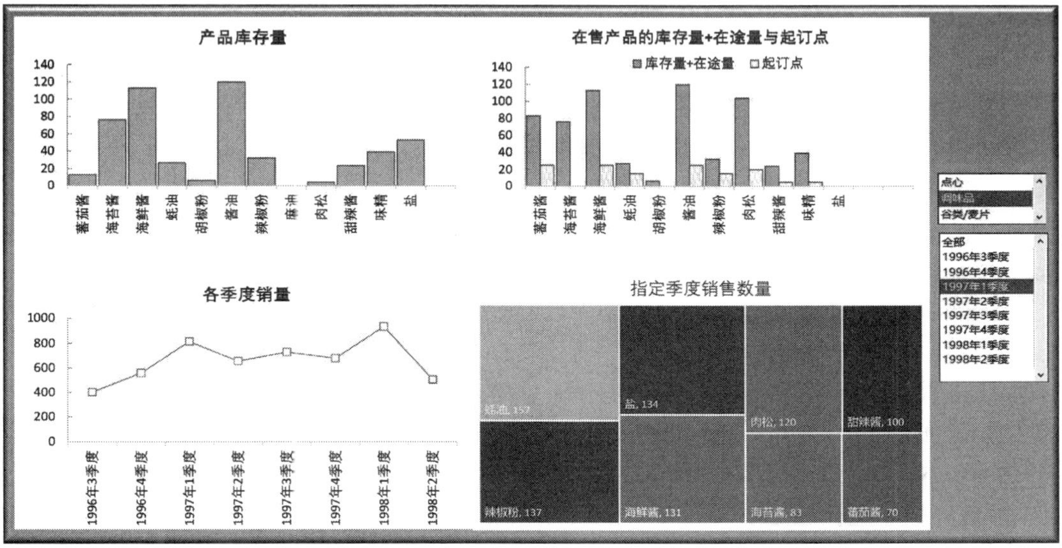


图 4—53 产品库存情况数字化仪表板

# 第五章

# 时间序列预测模型

天文历算在古代至关重要，而在现代，时间序列分析在财经管理中同样扮演着关键角色。时间序列分析基于历史数据来预测未来的发展，通过识别数据中的模式和周期性，来为短期、中期甚至长期的预测提供依据。时间序列分析技术因其独特的适用性而被广泛应用于经济学、气象学、社会科学等众多领域，成为连接过去与未来的桥梁。在数字经济时代，获取和处理数据变得异常迅速和便捷，各类智能数据采集技术以及专业数据库已经允许我们从日常生活到全球经济活动中无缝地收集时间序列数据。

第五章
课 件

本章将重点介绍如何应用时间序列分析技术对收集到的时间序列数据进行建模和参数优化，并以此进行未来趋势的预测。通过本章的学习，读者将掌握时间序列的基本概念、组成以及预测的关键步骤和评估指标，学习如何处理没有趋势、线性趋势和非线性趋势的时间序列模型，最终了解如何预测同时存在线性趋势和季节性波动的时间序列数据。

第五章
例题数据源

本章主要内容包括：

- 时间序列的概念和组成、时间序列预测的重要步骤及衡量预测准确性的指标；
- 没有趋势的时间序列，即移动平均和指数平滑模型的建立方法；
- 有线性增长/下降趋势的时间序列的预测模型的建立方法；
- 有非线性增长/下降趋势的时间序列的预测模型的建立方法；
- 既存在线性趋势又存在季节性波动的时间序列预测模型的建立方法。

第五章
例题答案

## 5.1 时间序列预测概述

时间序列指的是在连续的时间段内对某一变量在不同时刻的观测值所构成的有序集合。这些数据点是按照时间顺序进行排列的，且各时间点之间的间隔保持一致，这个间隔可以是年、季度、月、周、日或者小时等不同的时间单位。典型的时间序列数据包括以年、季度、月、周、日或小时为统计周期的商品销售量、营业额或库存量等。举例来说，可以是按年度记录的一个省（市）或国家的 GDP、出生率统计，或者是每小时记录的股市交易量。

在实际应用中，时间序列数据通常呈现一定的先后顺序特性。为了更有效地进行时间序列的分析和预测工作，大多数预测方法会将时间序列划分为四个主要组成部分：趋势成分、季节性成分、周期性成分以及不规则成分。

### 5.1.1　时间序列的成分

1. 趋势成分

趋势成分是指数据在长时间跨度内的主要移动方向，它反映了序列随时间变化的长期稳定趋势。趋势可以是上升的、下降的或者平稳的，并且通常与所研究现象的基本变化相联系。识别和理解趋势对于进行有效的时间序列预测至关重要，因为它有助于从其他短期波动中分离出基本的数据走势。

2. 季节成分

季节成分是在一个周期中有规律的时间序列变化，由特殊的季节或节假日引起，每个周期都会重复出现。例如，电力需求在冬季增加，夏季减少。季节成分也可以描述每天的交通流量变化，早晚高峰时段流量大，中午和夜间流量小。

3. 循环成分

循环成分是指时间序列在超过一年的时间内呈现规律性变化，即数年时间内呈现一定的规则性。这种变化通常是由经济状况的波动引起的，波峰出现在经济扩张期，而波谷则出现在经济收缩期。由于包含循环成分的时间序列跨越较长的时间段，并且循环的长度是变化的，因此很难进行预测，本教材将不做介绍。

4. 不规则成分

不规则成分是指时间序列的变化无法归因于上述三种成分。这种变化是由那些对时间序列产生短期、不可预测和不重复的随机因素引起的，因此它是不可预测的。大多数预测方法通过平均或平滑来消除不规则成分。在商业领域中，所有的时间序列都包含不规则成分，呈现随机波动的形态。关于不规则数据的预测方法，本教材将不做介绍。

### 5.1.2　时间序列的预测步骤

时间序列预测的过程可以分为四个步骤：首先，需要分析时间序列的成分并确定其类型。然后，选择适合该类型时间序列的预测方法，并在 Excel 工作表中建立相应的预测模型。接下来，评估模型的准确性，并确定最优的预测模型参数。最后，在最优模型参数的基础上，可以计算出预测值。以下是详细的过程描述：

第一步，确定时间序列的类型。

时间序列的类型是由其包含的成分所决定的。如前所述，所有的时间序列都包含不规则成分，而循环成分由于其复杂性本书不做讨论，因此需要确定的只有趋势成分和季节成分。

（1）趋势成分

利用时间序列的观测数据，可以绘制出反映观测值随时间演变的曲线图。通过在曲线图上引入趋势线，可以识别时间序列中是否存在某种趋势，并进一步分析这种趋势是属于线性还是非线性类型。图 5－1 至图 5－3 展示了几种不同类型的趋势。

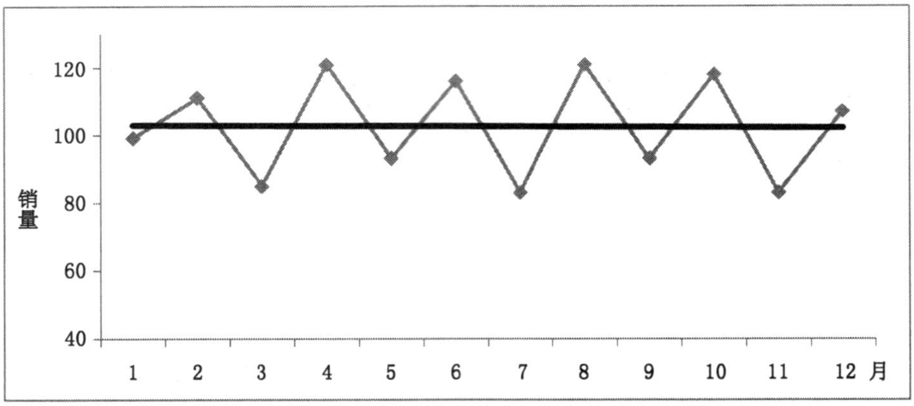


图 5—1　没有趋势的时间序列

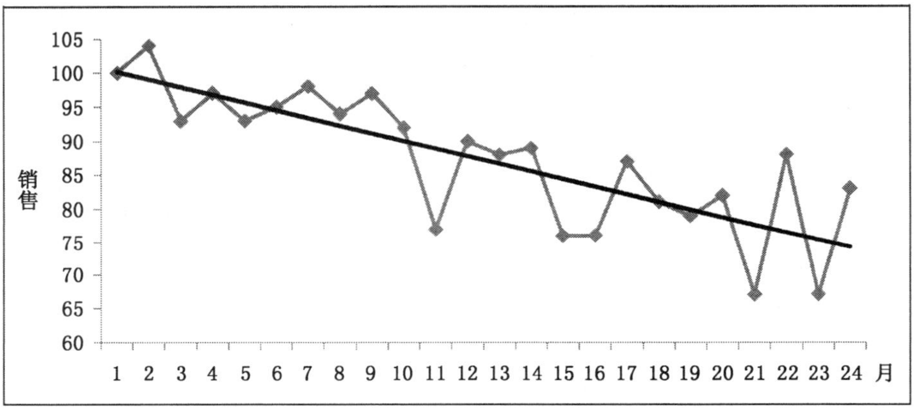


图 5—2　线性趋势的时间序列

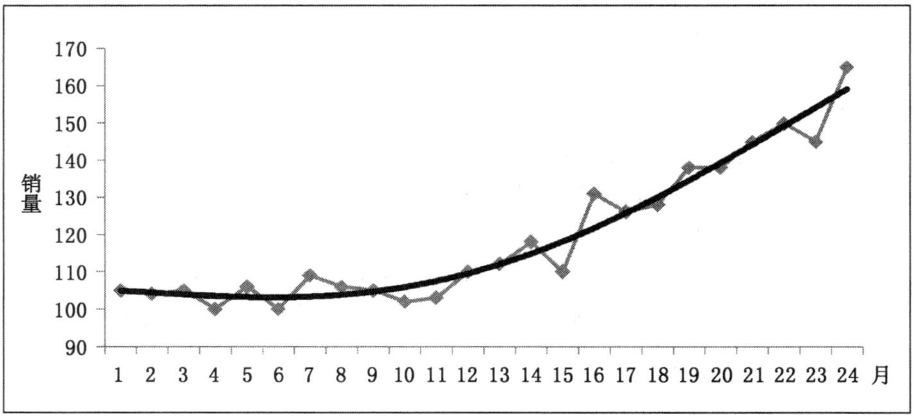


图 5—3　非线性趋势的时间序列

(2)季节成分

为了识别和确定时间序列中的季节成分,至少需要收集并分析跨越两个完整周期的数据。此外,时间序列的观测间隔应短于所考察的周期长度,例如可以是季度、月度、周或日数据。当有足够的周期数据时,可以将各周期的观测值绘制在同一时间轴上,以展现季节性变化。如图5—4所示,通过比较两年的销售数据,可以明显看出销售额在夏季上升,在冬季下降,揭示了一个强烈的季节模式。而图5—5则通过24个月的销售数据显示了一个递增的趋势,表明随着时间的推移,每个月的销售额都呈现增长态势。

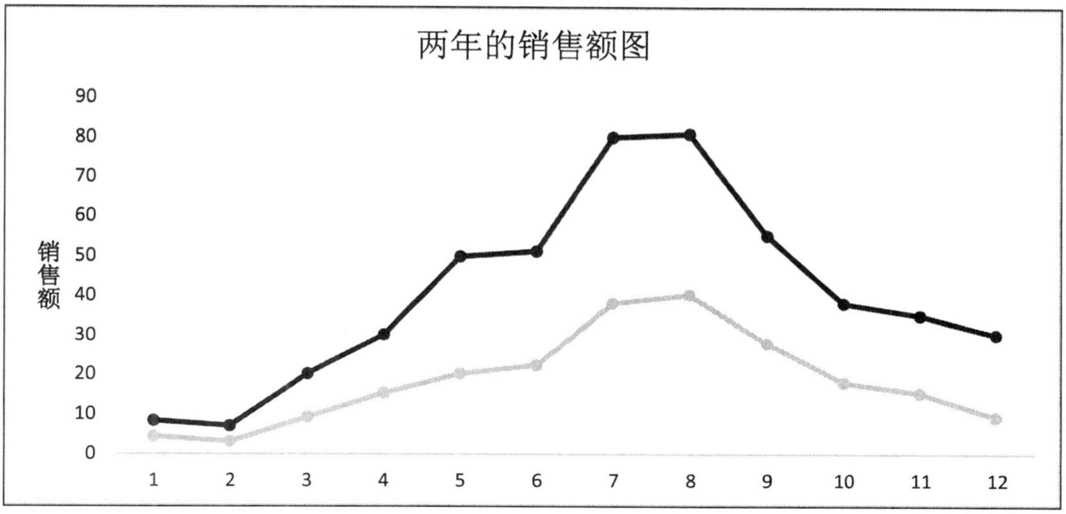


图5—4 含有季节成分的时间序列

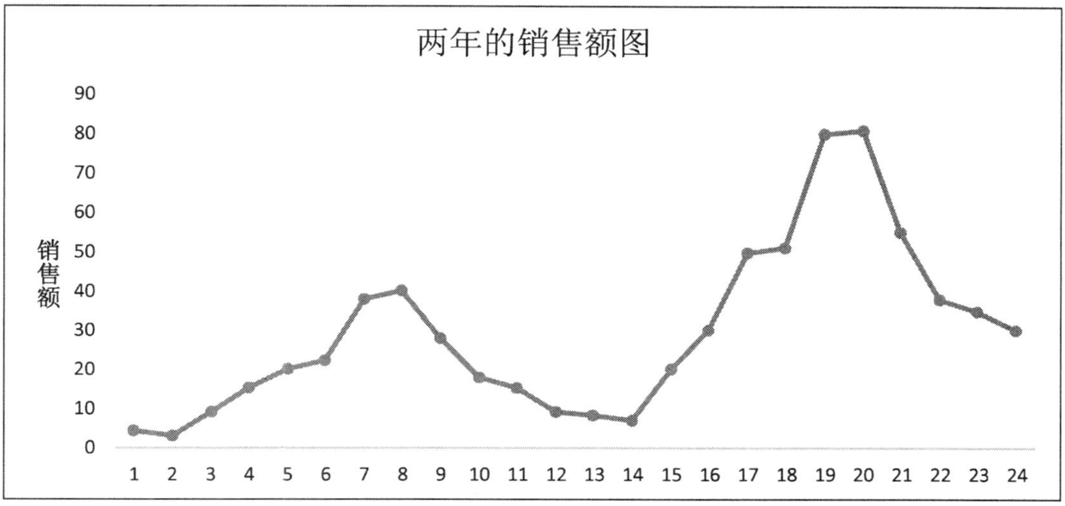


图5—5 含有趋势成分的时间序列

第二步,选择合适的方法建立预测模型。

对于那些既缺乏趋势成分也缺乏季节成分的时间序列(如图5—1所示),可用移动平均或指数平滑方法。对于显示出明显趋势的时间序列(如图 5—2 和图 5—3 所示),采用趋势预测方法更为适宜。而当时间序列中存在季节变化时(如图 5—4 所示),应用季节指数法可以有效捕捉并预测季节性模式。

第三步,评价模型准确性并确定最优模型参数。

许多预测模型都会用到一些参数,如移动平均模型中的移动平均跨度、指数平滑模型中的平滑常数等。选择不同的参数会得到不同的预测值,从而影响预测的准确性。如果用 $F_t$ 表示时刻 $t$ 的预测值,$Y_t$ 表示时刻 $t$ 的观测值,那么这个预测模型在时刻 $t$ 造成的预测误差就是:

$$e_t = Y_t - F_t \tag{5—1}$$

这是单个预测值的误差。要得到预测模型的总体预测误差,一种可用的方法是计算均方误差(Mean Square Error,MSE)。它等于时间序列每一个时刻预测误差的平方的均值,公式如下:

$$MSE = \frac{1}{n}\sum_{t=1}^{n} e_t^2 = \frac{1}{n}\sum_{t=1}^{n}(Y_t - F_t)^2 \tag{5—2}$$

MSE 越小,模型的精度越高,即预测越准确。因此这一步的目标就是找出使 MSE 极小的模型参数。可用的方法包括规划求解法、查表法、图示法、公式法等。这些方法都将在后续章节中逐一介绍。

第四步,利用预测模型进行预测。

确定了最佳模型参数之后,意味着预测模型已经确定,可以预测未来时间点的数值。

# 5.2 移动平均和指数平滑预测模型

移动平均模型和指数平滑模型适用于那些既没有趋势成分也没有季节成分的时间序列。换句话说,如果所获得的时间序列是围绕一个稳定的水平上下波动的,则可以选择移动平均预测模型或指数平滑预测模型。

## 5.2.1 移动平均模型

移动平均模型通过计算时间序列中最近几个周期的观测值的平均数,利用这个均值来预测下一个周期的值。这种方法基于这样的假设:通过取一段时间内数据的平均值,可以在一定程度上抵消掉随机波动的影响,从而揭示出序列的基本趋势或稳定水平。例如,如果我们想预测第四个月的销售情况,我们可以取第一、第二和第三个月销售数据的平均值;同理,对第五个月的预测,则是基于第二、第三和第四个月的数据。这个过程可以持续进行,以便为每个未来的时期提供预测。

设 $Y_t$ 是第 $t$ 期的实际观测值,则对于窗口大小为 $N$ 的简单移动平均模型,其预测值 $F_{t+1}$ 可以通过以下公式计算:

$$F_{t+1} = \frac{1}{N}\sum_{i=1}^{N} Y_{t-i+1} \tag{5—3}$$

其中,移动平均跨度 $N$ 的选择应该使均方误差(MSE)尽可能小。

下面通过一个例子来说明在 Excel 工作表中如何建立和使用移动平均预测模型,这里主要采用两种方法:第一种方法是利用 Excel 工作表中的“数据分析”工具建立和使用移动平均预测模型的方法;第二种方法是通过公式(5—3)与表单控件建立移动平均预测模型,在不同的移动平均跨度下求出每周(包括第 13 月)的预测值。

**【例 5－1】** 从 Wind 数据库获取了 2017 年 1 月 3 日至 2024 年 3 月 4 日的加元兑人民币的中间价,共计 1741 条数据,如图 5－6 所示。建立移动平均模型,预测 2024 年 1 季度的加元兑人民币的中间价均值。

例5-1 讲解

| | A | B |
|---|---|---|
| 1 | 日期 | 中间价:加元兑人民币 |
| 2 | 2017-01-03 | 5.1791 |
| 3 | 2017-01-04 | 5.1893 |
| 4 | 2017-01-05 | 5.2128 |
| 5 | 2017-01-06 | 5.1829 |
| 6 | 2017-01-09 | 5.2405 |
| 7 | 2017-01-10 | 5.2397 |
| 8 | 2017-01-11 | 5.2309 |
| 9 | 2017-01-12 | 5.2491 |
| 10 | 2017-01-13 | 5.2352 |
| 11 | 2017-01-16 | 5.2494 |
| 1738 | 2024-02-27 | 5.2794 |
| 1739 | 2024-02-28 | 5.2716 |
| 1740 | 2024-02-29 | 5.2548 |
| 1741 | 2024-03-01 | 5.2531 |
| 1742 | 2024-03-04 | 5.2586 |

**图 5－6 加元兑人民币的中间价数据**

**【知识点与解题思路】** 本例将学习利用移动平均模型进行预测的基本步骤以及两种方法。关键知识包括选择模型及通过模拟运算表、函数及表单控件来构建移动平均模型并确定最优移动平均跨度。此外,应掌握 MSE 的概念以及 OFFSET 函数的使用。

第一步,准备时间序列数据。

导入图 5－6 中的数据,利用数据透视表对加元兑人民币中间价进行分类汇总,按季度计算出均值,并将这些数据复制出来,共计 29 条数据。由于 2024 年 3 月仅有两天的观测值参与平均值的计算,因此将 2024 年第一季度的数据删除,实际使用了 28 个数据点,如图 5－7 所示。

| | A | B | C | D |
|---|---|---|---|---|
| 1 | 年份 | 季度 | 序号 | 加元兑人民币中间价季度均值 |
| 2 | **2017年** | **第一季** | 1 | 5.198916949 |
| 3 | | **第二季** | 2 | 5.099596667 |
| 4 | | **第三季** | 3 | 5.315546154 |
| 5 | | **第四季** | 4 | 5.195341667 |
| 26 | **2023年** | **第一季** | 25 | 5.059520339 |
| 27 | | **第二季** | 26 | 5.220962712 |
| 28 | | **第三季** | 27 | 5.392760938 |
| 29 | | **第四季** | 28 | 5.266916667 |

**图 5－7 加元兑人民币的中间价季度均值的时间序列数据**

第二步,选择合适的预测模型。

基于图 5－7 的数据绘制折线图,并添加趋势线。通过右键选择“添加趋势线”,选择“线性”选项，并显示公式和 $R^2$，如图 5－8 所示。从 $R^2$ 的值为 0.034 7 可以看出，均值与时间的相关性较弱，适合使用移动平均模型进行预测。

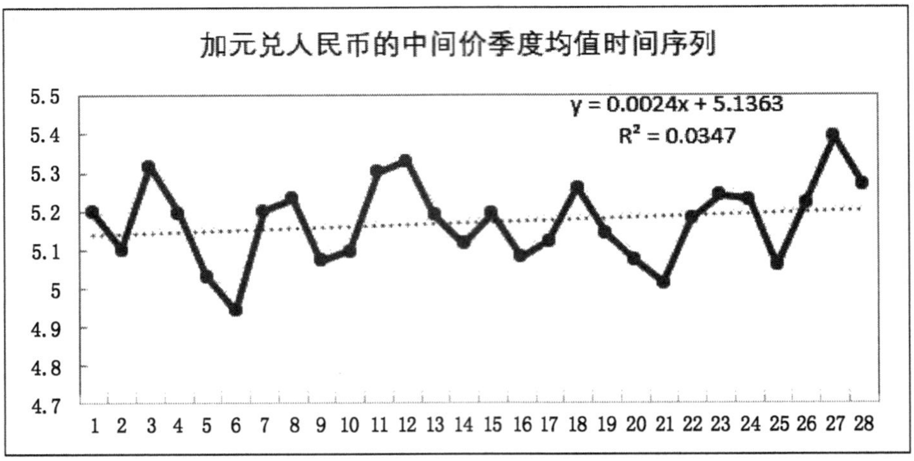


**图 5－8 加入趋势线的折线图**

第三步，建立预测模型并计算预测值。

方法一：利用 Excel 工作表中的“数据分析”工具。

启动数据分析工具。选择“文件”/“选项”/“加载项”/“Excel 加载项”－“转到”，勾选“分析工具库”，如图 5－9 所示。

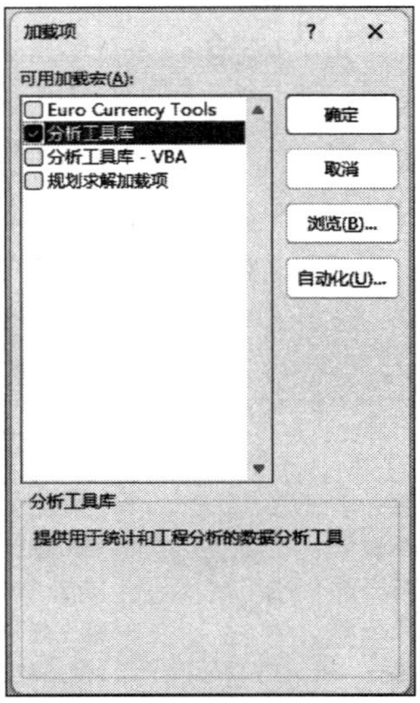


**图 5－9 加载“分析工具库”对话框**

使用“移动平均”工具计算预测值。在“数据分析”选项卡下选择“分析”组中的 “移动平均”，在对话框中设置移动平均模型的参数，如图 5－10 所示。

预测结果将显示在 E3:E30 单元格中，其中 E3:E6 单元格显示“＃N/A”，因为最初五个季度缺少预测值，E30 显示 2024 年第一季度的预测均值，如图 5－11 所示。

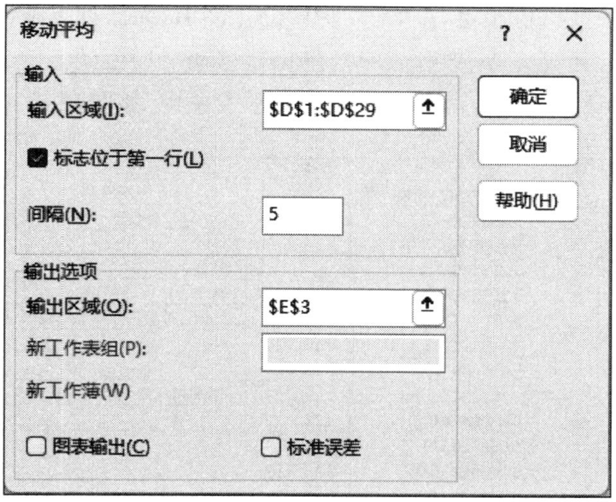


图 5—10 “移动平均”工具对话框

| | A | B | C | D | E |
|---|---|---|---|---|---|
| 1 | 年份 | 季度 | 序号 | 加元兑人民币中间价季度均值 | 5 |
| 2 | 2017年 | 第一季 | 1 | 5.198916949 | |
| 3 | | 第二季 | 2 | 5.099596667 | #N/A |
| 4 | | 第三季 | 3 | 5.315546154 | #N/A |
| 5 | | 第四季 | 4 | 5.195341667 | #N/A |
| 26 | 2023年 | 第一季 | 25 | 5.059520339 | 5.14747 |
| 27 | | 第二季 | 26 | 5.220962712 | 5.14511 |
| 28 | | 第三季 | 27 | 5.392760938 | 5.18672 |
| 29 | | 第四季 | 28 | 5.266916667 | 5.22913 |
| 30 | 2024年 | 第一季 | 29 | | 5.23419 |

图 5—11 利用移动平均工具生成的预测值

根据预测结果，绘制观测值和预测值的折线图，如图 5—12 所示。

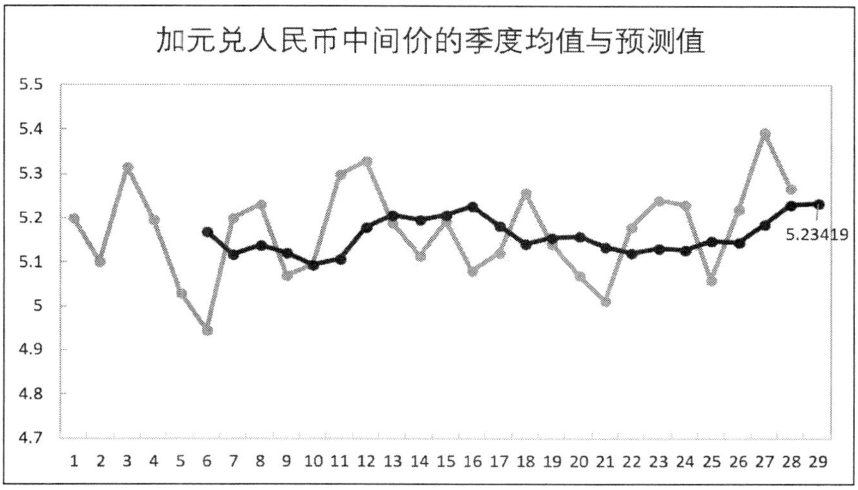


图 5—12 “移动平均”工具生成的预测值与观测值折线图

注意:这种方法只能提供固定移动平均跨度的预测值,无法计算最优移动平均跨度。

方法二:结合模拟运算表、函数和表单控件构建移动平均模型。

构建加元兑人民币季度均值的时间序列移动平均模型,如图 5—13 所示。

| | A | B | C | D | E | F | G | H | I | J | K |
|---|---|---|---|---|---|---|---|---|---|---|---|
| 1 | 年份 | 季度 | 序号 | 加元兑人民币中间价季度均值 | 预测值 | | 移动平均跨度 | 5 | | | |
| 2 | 2017年 | 第一季 | 1 | 5.198916949 | | | MSE | 0.012189 | | | 0.0121889 |
| 3 | | 第二季 | 2 | 5.099596667 | | | | | | 1 | 0.0171064 |
| 4 | | 第三季 | 3 | 5.315546154 | | | MSE最小值 | 0.009425 | | 2 | 0.0195023 |
| 5 | | 第四季 | 4 | 5.195341667 | | | 最优的移动平均跨度 | 12 | | 3 | 0.0163045 |
| 6 | 2018年 | 第一季 | 5 | 5.030467797 | | | 2024年1季度的最优预测值 | 5.183379 | | 4 | 0.0131321 |
| 7 | | 第二季 | 6 | 4.942473333 | 5.167974 | | | | | 5 | 0.0121889 |
| 8 | | 第三季 | 7 | 5.199809375 | 5.116685 | | | | | 6 | 0.0116836 |
| 9 | | 第四季 | 8 | 5.23162 | 5.136728 | | 移动平均跨度=5 | | | 7 | 0.0122318 |
| 10 | 2019年 | 第一季 | 9 | 5.070853448 | 5.119942 | | MSE=0.01 | | | 8 | 0.0120158 |
| 26 | 2023年 | 第一季 | 25 | 5.059520339 | 5.147474 | | | | | 24 | 0.0199394 |
| 27 | | 第二季 | 26 | 5.220962712 | 5.145113 | | | | | 25 | 0.023081 |
| 28 | | 第三季 | 27 | 5.392760938 | 5.186719 | | | | | 26 | 0.0324228 |
| 29 | | 第四季 | 28 | 5.266916667 | 5.229129 | | | | | 27 | 0.0098835 |
| 30 | 2024年 | 第一季 | 29 | | 5.234193 | | | | | | |

**图 5—13　构建的移动平均模型**

计算均方误差(MSE)。在单元格 H1 中设定移动平均跨度为 5,则从第六个季度开始产生预测值。在单元格 E7 中输入公式"=AVERAGE(E2:E6)"。在单元格 H2 中输入公式"=SUMXMY2(D2:D29,E2:E29)/COUNT(E2:E29)"。

确定 MSE 最小值及对应的移动平均跨度。在单元格 E7 输入公式"=IF(C7<=$H$1,"",AVERAGE(OFFSET(D7,-$H$1,0,$H$1,1)))"。

注意:该公式使用 IF 函数判断季度序号是否小于或等于移动平均跨度。如果是,则预测值为空;否则通过 AVERAGE 和 OFFSET 函数计算平均值。OFFSET 函数根据设定的跨度,从当前季度往上取相应的行数形成计算区域。这样,就可以动态调整移动平均跨度,优化预测模型。

建立模型运算表,计算不同移动平均跨度下的均方误差,如图 5—13 所示。

利用 Min 和 XLOOKUP 函数确定最优移动平均跨度。在单元格 H4 中输入公式"=MIN(K3:K29)"以找到最小 MSE,H5 中输入"=XLOOKUP(H4, K3:K29, J3:J29)",以确定最佳移动平均跨度,此值为 12。

在 H6 中输入"=AVERAGE(D18:D29)",得到 2024 年第一季度的最佳预测值。

使用 D2:E30 的数据绘制折线图,添加表单控件中的数值调节钮来调节移动平均跨度。设置最小值为 1,最大值为 27,步长为 1,并链接至 H1 单元格。

设置 MSE 显示值。在 G10 输入公式"= "MSE=" & ROUND(H2, 2)。"

将文本框、控件添加到折线图中,如图 5—14 所示。

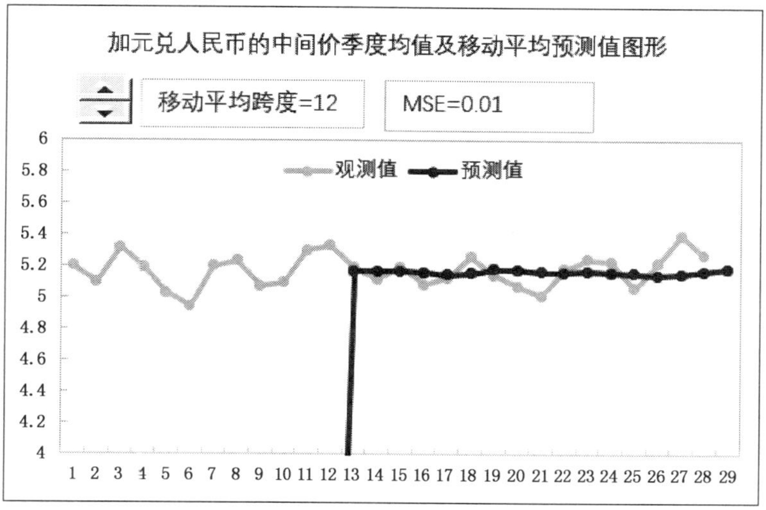


图 5－14 构建移动平均模型生成的预测值与观测值动态图

该方法有效利用了 Excel 的灵活性，通过结合函数和模拟运算表来确定最佳的移动平均跨度。在图形中添加了表单控件，允许调整时间间隔并观察不同移动平均跨度下预测值的变化，同时将相应的移动平均跨度和对应的均方误差显示在图形上。

### 5.2.2 指数平滑模型

指数平滑模型(Exponential Smoothing Model)也称为加权移动平均预测模型。这个模型对应的预测方法是将过去所有时期的观测值的加权移动平均值作为下一个时刻的预测值，如下式所示：

$$F_{t-1}=\alpha Y_t+\alpha(1-\alpha)Y_{t-1}+\alpha(1-\alpha)^2Y_{t-2}+\cdots \qquad (5-4)$$

其中，$\alpha$ 被称为平滑常数($0\leqslant\alpha\leqslant1$)。

容易证明，上式中的权数随着期数的前推而减小，并且权数之和等于 1：

$$\alpha>\alpha(1-\alpha)>\alpha(1-\alpha)^2>\alpha(1-\alpha)^3>\cdots \qquad (5-5)$$

$$\alpha+\alpha(1-\alpha)+\alpha(1-\alpha)^2+\alpha(1-\alpha)^3+\cdots=1 \qquad (5-6)$$

因此指数平滑预测模型在预测时更重视近期的数据，而 $\alpha$ 决定了这种重视的程度，$\alpha$ 越大近期观测值对预测的影响越大，$\alpha$ 越小近期观测值对预测的影响越小，但是(5－4)式在 Excel 中使用起来不方便，因此，将公式(5－4)变换为：

$$F_{t+1}=\alpha Y_t+(1-\alpha)F_t \qquad (5-7)$$

或

$$F_{t+1}=F_t+\alpha(Y_t-F_t) \qquad (5-8)$$

这两个公式在 Excel 中使用起来比较方便，可以充分体现 Excel 自动计算的灵活性，同时更容易实现指数平滑预测值的计算。(5－7)式说明第 $t+1$ 期的预测值等于第 $t$ 期的观测值和预测值的加权平均值，观测值和预测值的权数分别为 $\alpha$ 和 $1-\alpha$。(5－8)式说明第 $t+1$ 期的预测值等于以第 $t$ 期预测误差乘以 $\alpha$ 作为修正值，是对第 t 期的预测值加以修正而得到的结果。

如果时间序列有较大的随机波动，说明大多数预测误差是由随机因素引起的，此时应选择较小的平滑常数，这样可以减小由随机因素引起的预测误差对下期预测值的影响。反之，如果时间序列有较小的随机波动，则应选择较大的平滑常数。这样做的好处在于，当出现预测误差又允许预测迅速反映引起误差的变化时，可以迅速调整预测值。在实际模型中，平滑常数的选择应遵循使均方误差（MSE）极小的原则。

在用（5—7）式或（5—8）式计算预测值时，有了 $\alpha$、$Y_t$ 和 $F_t$ 就可以计算出 $F_{t+1}$，那么 $F_t$ 从何而来呢？是根据 $Y_{t-1}$ 和 $F_{t-1}$ 计算出来，而 $F_{t-1}$ 又是根据 $Y_{t-2}$ 和 $F_{t-2}$ 计算得到，以此类推，我们必须知道一个初始的预测值 $F_1$。在没有 $F_1$ 的情况下，可以令 $F_1$ 为空，$F_2=Y_1$，然后依次往下计算。

下面通过一个例子来说明在 Excel 工作表中如何建立和使用指数平滑预测模型。这里主要采用两种方法：第一种方法是利用 Excel 工作表中的“数据分析”选项卡下的“指数平滑”工具；第二种方法是通过（5—7）式或（5—8）式与一维模拟运算表相结合来建立指数平滑预测模型，以便找到最优的平滑常数。

**【例 5—2】** 根据例 5—1 中的数据，使用指数平滑预测模型预测 2024 年 1 季度的加元兑人民币中间价的季度均值。

例5-2 讲解

**【知识点与解题思路】** 本例将学习指数平滑预测的两种方法，重点内容是通过模拟运算表和函数构建指数平滑预测模型并确定最优平滑常数。

方法一：利用“数据分析”工具生成预测值。

第一步，设置“指数平滑”工具的模型参数。

选择“数据”/“数据分析”/ “指数平滑”，设置模型参数，如图 5—15 所示。其中，阻尼系数与（5—4）式中的关系是（阻尼系数＝1－平滑常数 α）。

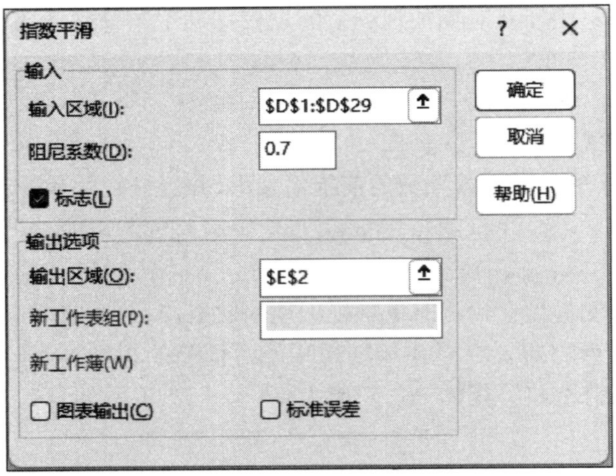


**图 5—15 “指数平滑”工具对话框**

第二步，利用指数平滑模型计算预测值。

设置好参数后，“指数平滑”工具会自动计算预测结果，如图 5—16 所示，单元格 E2 中显示“＃N/A”是因为第一个月没有预测值，可以删除。

| | A | B | C | D | E |
|---|---|---|---|---|---|
| 1 | 年份 | 季度 | 序号 | 加元兑人民币中间价季度均值 | 0.3 |
| 2 | 2017年 | 第一季 | 1 | 5.198916949 | #N/A |
| 3 | | 第二季 | 2 | 5.099596667 | 5.19892 |
| 4 | | 第三季 | 3 | 5.315546154 | 5.16912 |
| 5 | | 第四季 | 4 | 5.195341667 | 5.21305 |
| 26 | 2023年 | 第一季 | 25 | 5.059520339 | 5.1812 |
| 27 | | 第二季 | 26 | 5.220962712 | 5.1447 |
| 28 | | 第三季 | 27 | 5.392760938 | 5.16758 |
| 29 | | 第四季 | 28 | 5.266916667 | 5.23513 |
| 30 | 2024年 | 第一季 | 29 | | 5.24467 |

图 5－16 “指数平滑”工具生成的预测值

第三步，绘图呈现观测值与预测值。

利用图 5－16 中单元格 D2:E30 中的数据绘制折线图，如图 5－17 所示。

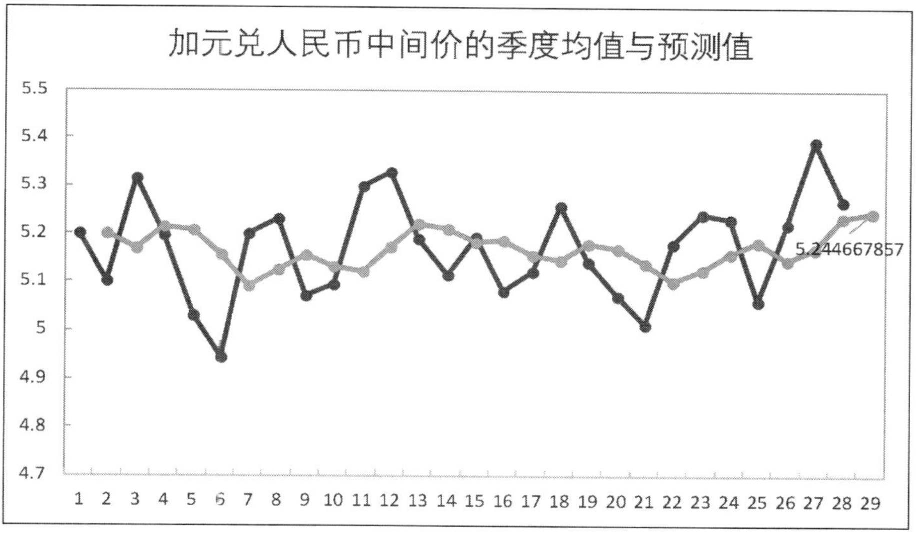


图 5－17 指数平滑工具生成的预测值与观测值折现图

这种方法仅适用于固定的平滑常数，要找到均方误差最小的最优平滑常数，可以利用模拟运算表与函数相结合的方法。

方法二：结合模拟运算表与函数构建指数平滑模型。

第一步，建立指数平滑模型。

准备数据。在新工作表中，A1:D29 单元格内输入加元兑人民币的中间价均值。

设置平滑常数。在单元格 H1 设置平滑常数为 0.3，并在单元格 E3 中设置初始预测值为第二季度的实际值，即“＝D2”。

根据指数平滑公式计算预测值。在单元格 E4 中输入公式“＝＄H＄1＊D3＋(1－＄H＄1)＊E3”，并填充。

计算均方误差(MSE)。在单元格 H2 中输入公式“＝SUMXMY2(D2:D29，E2:E29)/

COUNT(E2:E29)")。

第二步,构建模拟运算表并确定最优平滑常数。

构建模拟运算表,通过 MIN 函数找出 MSE 的最小值,然后使用 XLOOKUP 函数找到对应的最优平滑常数,结果如图 5—18 所示。

| | A | B | C | D | E |
|---|---|---|---|---|---|
| 1 | 年份 | 季度 | 序号 | 加元兑人民币中间价季度均值 | 预测值 |
| 2 | 2017年 | 第一季 | 1 | 5.198916949 | |
| 3 | | 第二季 | 2 | 5.099596667 | 5.198917 |
| 4 | | 第三季 | 3 | 5.315546154 | 5.197129 |
| 5 | | 第四季 | 4 | 5.195341667 | 5.199261 |
| 6 | 2018年 | 第一季 | 5 | 5.030467797 | 5.19919 |
| 7 | | 第二季 | 6 | 4.942473333 | 5.196153 |
| 8 | | 第三季 | 7 | 5.199809375 | 5.191587 |
| 9 | | 第四季 | 8 | 5.23162 | 5.191735 |
| 10 | 2019年 | 第一季 | 9 | 5.070853448 | 5.192453 |
| 11 | | 第二季 | 10 | 5.095475 | 5.190264 |
| 26 | 2023年 | 第一季 | 25 | 5.059520339 | 5.185419 |
| 27 | | 第二季 | 26 | 5.220962712 | 5.183153 |
| 28 | | 第三季 | 27 | 5.392760938 | 5.183834 |
| 29 | | 第四季 | 28 | 5.266916667 | 5.187594 |
| 30 | 2024年 | 第一季 | 29 | | 5.189022 |

| G | H |
|---|---|
| 平滑常数 | 0.018 |
| MSE | 0.011893 |
| MSE最小值 | 0.011893 |
| 最优的平滑常数 | 0.018 |
| 2024年1季度的最优预测值 | 5.189022 |
| 平滑常数=0.018 | |
| MSE=0.01 | |

| J | K |
|---|---|
| | 0.0118931 |
| 0.01 | 0.0119078 |
| 0.012 | 0.0119014 |
| 0.014 | 0.011897 |
| 0.016 | 0.0118943 |
| 0.018 | 0.0118931 |
| 0.02 | 0.0118933 |
| 0.022 | 0.0118947 |
| 0.024 | 0.0118972 |
| 0.026 | 0.0119007 |
| 0.056 | 0.0120184 |
| 0.058 | 0.0120284 |
| 0.06 | 0.0120385 |
| 0.062 | 0.0120486 |
| 0.064 | 0.0120589 |

**图 5—18 加元兑人民币中间价均值的指数平滑模型**

第三步,利用指数平滑模型计算预测值。

绘制观测值与预测值的折线图,添加数值调节钮和呈现 MSE 的文本框,如图 5—19 所示。

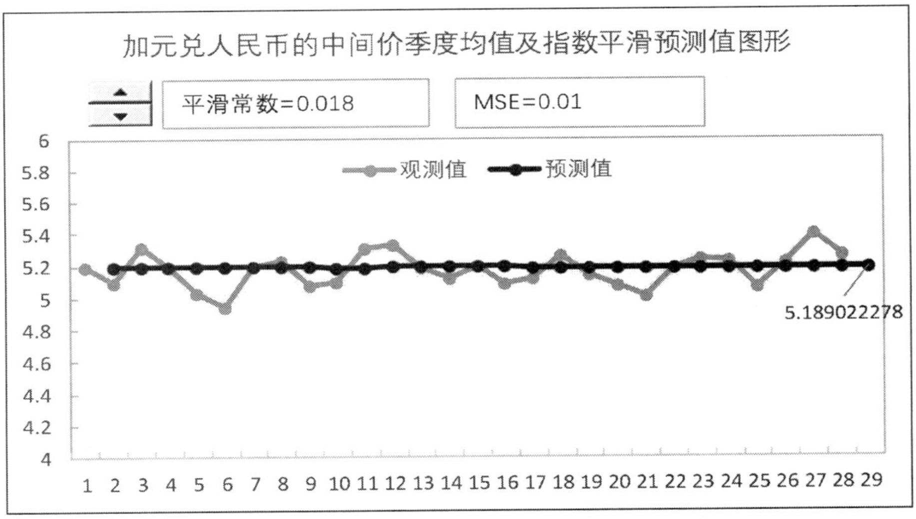


**图 5—19 构建指数平滑模型生成的预测值动态图**

注意:由于 Excel 的微调项仅支持控制 0 至 30000 的整数,而本题中的平滑常数是小数,可以采用间接控制技术。具体操作是:设置微调项使单元格 I1 中的值在 10 到 64 之间以 2 为步长变化。然后在 H1 单元格应用公式=I1/1000,使 H1 中的数值从 0.01 变化到 0.064,步长为 0.002。

# 5.3　趋势预测模型

趋势预测法也称为趋势分析法，是一种模型，其中自变量是时间，因变量是时间的函数。这种方法的主要优点是考虑了时间序列的发展趋势，从而使预测结果更接近实际情况。根据对准确度的不同要求，可以选择线性趋势预测模型或非线性趋势预测模型进行预测。线性趋势预测模型相对简单，观测值与时间之间存在线性关系；而非线性趋势预测模型则较为复杂，观测值与时间之间存在各种不同的非线性关系。接下来，我们将介绍如何在 Excel 中通过添加趋势线来使用线性和常见的非线性趋势模型进行预测。

## 5.3.1　线性趋势预测模型

对于含有线性趋势成分的时间序列，预测变量随时间的推移递增或递减，可以将预测变量在每一个时期的观测值 $Y_t$ 和其对应时刻 $X_t$ 之间的线性依赖关系表示为：

$$Y_t = a + b * X_t + \varepsilon_t \qquad (5—9)$$

其中，$\varepsilon_t$ 代表随机因素。由于其不可预测，因此线性趋势方程可表示为：

$$F_t = a + b * X_t \qquad (5—10)$$

只要能确定截距 $a$ 和斜率 $b$，对于每一个 $X_t$，就能求出其对应的预测值 $F_t$。截距 $a$ 和斜率 $b$ 的确定应遵循使均方误差(MSE)极小的原则。

**【例 5—3】** 社会消费品零售总额指数反映了特定时期社会消费品零售总额的变动趋势和程度，是衡量宏观经济运行状况的重要指标，主要用于反映全社会实物商品的消费情况。根据中经网提供的数据，从 2006 年至 2022 年的社会消费品零售总额指数如图 5—20 所示。通过观察数据，发现其具有明显的线性趋势，因此采用线性趋势模型预测 2023 年的社会消费品零售总额指数。

例5-3 讲解

| 指标 | 社会消费品零售总额指数(2000年＝100) |
| --- | --- |
| 地区 | 全国 |
| 频度 | 年 |
| 单位 | - |
| 2006 | 195.39 |
| 2007 | 228.13 |
| 2008 | 277.42 |
| 2009 | 339.28 |
| 2010 | 401.47 |
| 2011 | 470.31 |
| 2012 | 537.79 |
| 2013 | 608.12 |
| 2014 | 695.29 |
| 2015 | 769.53 |
| 2016 | 849.78 |
| 2017 | 936.59 |
| 2018 | 974.25 |
| 2019 | 1061.24 |
| 2020 | 1019.53 |
| 2021 | 1146.57 |
| 2022 | 1143.73 |

图 5—20　社会消费品零售总额指数

**【知识点与解题思路】** 本例将学习四种不同的方法来建立线性趋势预测模型，包括绘图并添加趋势线方法及分别利用 INTERCEPT 和 LINEST、FORECAST、TREND 等函数方法。

方法一：绘图并添加趋势线。

利用图 5—20 中的数据，绘制折线图并添加趋势线，见图 5—21。趋势线的拟合优度 $R^2$ 接近 0.9895，表明线性模型适合预测。参数 $a$、$b$ 可直接从图中读取并应用于公式(5—10)进行预测，2023 年的预测结果如图 5—22 所示。

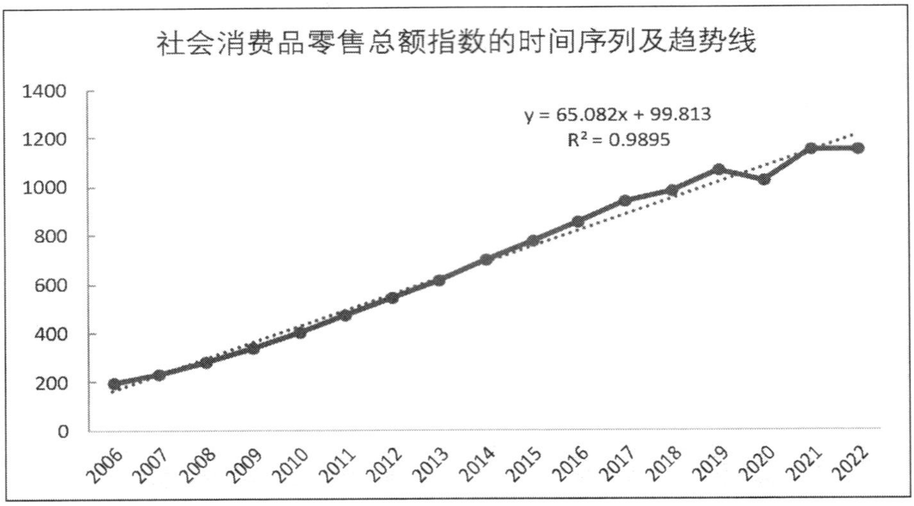


图 5—21　社会消费品零售总额指数时间序列及趋势线

| | A | B | C | D | E | F | G | H | I | J |
|---|---|---|---|---|---|---|---|---|---|---|
| 1 | 年份 | 序号 | 社会消费品零售总额指数 | 趋势线预测值 | 模型预测值 | forecast预测值 | trend预测值 | | 内建函数intercept()与slope() | |
| 2 | 2006 | 1 | 195.39 | 164.895 | 164.895098 | 164.895098 | 164.895098 | | 截距 | 99.81272 |
| 3 | 2007 | 2 | 228.13 | 229.977 | 229.977475 | 229.9774755 | 229.977475 | | 斜率 | 65.08238 |
| 4 | 2008 | 3 | 277.42 | 295.059 | 295.059853 | 295.0598529 | 295.059853 | | | |
| 5 | 2009 | 4 | 339.28 | 360.141 | 360.14223 | 360.1422304 | 360.14223 | | 内建函数linest() | |
| 6 | 2010 | 5 | 401.47 | 425.223 | 425.224608 | 425.2246078 | 425.224608 | | 斜率 | 截距 |
| 7 | 2011 | 6 | 470.31 | 490.305 | 490.306985 | 490.3069853 | 490.306985 | | 65.08237745 | 99.81272 |
| 8 | 2012 | 7 | 537.79 | 555.387 | 555.389363 | 555.3893627 | 555.389363 | | | |
| 9 | 2013 | 8 | 608.12 | 620.469 | 620.47174 | 620.4717402 | 620.47174 | | | |
| 10 | 2014 | 9 | 695.29 | 685.551 | 685.554118 | 685.5541176 | 685.554118 | | | |
| 11 | 2015 | 10 | 769.53 | 750.633 | 750.636495 | 750.6364951 | 750.636495 | | | |
| 12 | 2016 | 11 | 849.78 | 815.715 | 815.718873 | 815.7188725 | 815.718873 | | | |
| 13 | 2017 | 12 | 936.59 | 880.797 | 880.80125 | 880.80125 | 880.80125 | | | |
| 14 | 2018 | 13 | 974.25 | 945.879 | 945.883627 | 945.8836275 | 945.883627 | | | |
| 15 | 2019 | 14 | 1061.24 | 1010.961 | 1010.966 | 1010.966005 | 1010.966 | | | |
| 16 | 2020 | 15 | 1019.53 | 1076.043 | 1076.04838 | 1076.048382 | 1076.04838 | | | |
| 17 | 2021 | 16 | 1146.57 | 1141.125 | 1141.13076 | 1141.13076 | 1141.13076 | | | |
| 18 | 2022 | 17 | 1143.73 | 1206.207 | 1206.21314 | 1206.213137 | 1206.21314 | | | |
| 19 | 2023 | 18 | | 1271.289 | 1271.29551 | 1271.295515 | 1271.29551 | | | |

图 5—22　社会消费品零售总额指数时间序列线性趋势预测值

一般情况下，如果 $R^2$ 大于 0.9，可以用线性趋势来做预测；如果 $R^2$ 小于 0.9，线性趋势方程的预测结果只能做参考；$R^2$ 小于 0.5，则需寻找其他模型来进行预测。

方法二：使用线性方程函数 INTERCEPT 和 LINEST。

首先计算参数，在单元格 J2 中使用公式“＝INTERCEPT(C2:C18, B2:B18)”计算截距（参数 a），在单元格 J3 中使用公式“＝SLOPE(C2:C18, B2:B18)”计算斜率（参数 b）。接下来，应用预测公式，在单元格 E2 输入公式“＝$J$2 + $J$3 * B2”并复制到 E3:E19，得到社会消费品零售总额指数预测值，如图 5—22 中的单元格 E 列所示。

此外，还可以使用 Excel 的内建函数 LINEST。该函数可以同时获得参数 a 和 b。LINEST 函数是一个数组函数，它的输出为一系列回归分析结果，包括回归系数的值、标准误差、判定系数等一系列统计量。本例可用它来计算回归系数。在此情况下，它的参数设置与 INTERCEPT 以及 SLOPE 函数相同。

注意：由于是对数组进行计算，选中单元格 I7 和 J7，输入公式“＝LINEST(C2:C18, B2:B18)”并按 Ctrl＋Shift＋Enter 完成输入，此函数会输出斜率与截距。

方法三：使用线性预测函数 FORECAST。

FORECAST 函数用于计算基于线性趋势的预测值。在单元格 F2 中输入公式“＝FORECAST(B2, $C$2:$C$18, $B$2:$B$18)”并复制到 F3:F19，得到每个月的预测值，如图 5—22 中 F 列单元格所示。

方法四：使用线性趋势函数 TREND。

TREND 函数计算一系列已知数据的线性趋势预测。在单元格 F2 输入公式“＝TREND($C$2:$C$18, $B$2:$B$18, B2)”并复制到 G3:G19，得到时间序列的预测值，如图 5—22 中 G 列单元格所示。

通过对几种方法的预测结果进行对比，可以发现不同的线性预测方法得到的 2023 年社会消费品零售总额指数预测值是一致的。这验证了数据的线性趋势特性，使得任何一种方法均可根据具体需求选择使用。

绘制观测值与预测值的时间序列图，呈现社会消费品零售总额指数的时间序列及趋势，如图 5—23 所示。

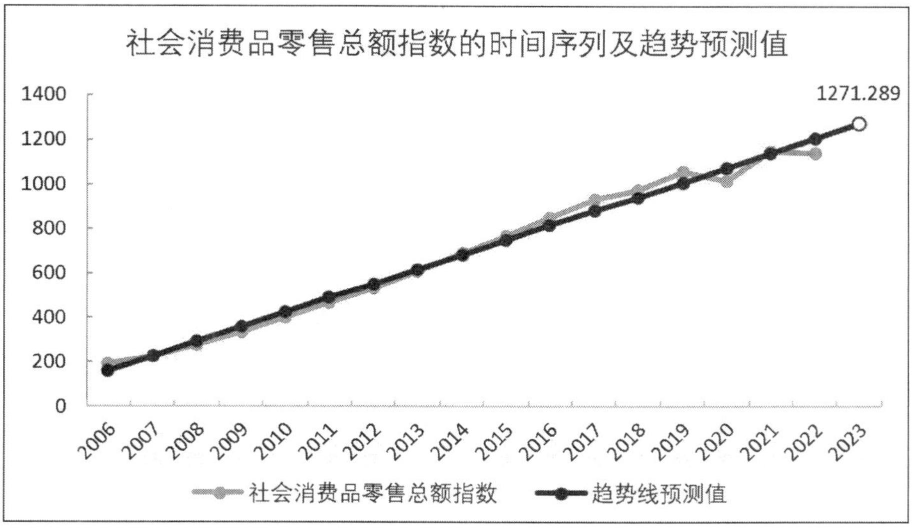


**图 5—23 社会消费品零售总额指数时间序列及线性趋势预测图**

对于具有线性趋势的时间序列观测数据，也可以用第六章介绍的线性回归分析方法进行预测。

## 5.3.2 非线性趋势预测模型

线性趋势预测模型是一种简单而有效的方法，但在许多实际问题中，时间序列往往呈现非线性的变化趋势。如果使用线性趋势预测方法进行分析，可能无法获得最佳效果，因此必须采用非线性趋势预测模型。

非线性趋势预测可以通过添加趋势线的方法进行预测。根据观测值的特点，可以选择指数曲线、对数曲线、幂函数曲线或多项式曲线等作为趋势线。如果数据与这些趋势线不匹配，还可以使用其他函数进行趋势预测。

**【例 5—4】** 根据中国统计年鉴上获取的人均电力消费量(实物量)_生活消费数据，如图 5—24 所示，建立合适的模型，预测 2022 年的数值。

例5-4 讲解

**【知识点与解题思路】** 本例将介绍利用绘图并添加趋势线构建非线性时间序列的趋势模型并进行预测的方法。

| | A | B | C | D |
|---|---|---|---|---|
| 1 | 指标 | 人均电力消费量(实物量)_生活消费 | 指标 | 人均电力消费量(实物量)_生活消费 |
| 2 | 地区 | 全国 | 地区 | 全国 |
| 3 | 频度 | 年 | 频度 | 年 |
| 4 | 单位 | 千瓦时/人 | 单位 | 千瓦时/人 |
| 5 | 1999 | 108.62 | 2011 | 418 |
| 6 | 2000 | 114.99 | 2012 | 459 |
| 7 | 2001 | 126.53 | 2013 | 513 |
| 8 | 2002 | 138.35 | 2014 | 523 |
| 9 | 2003 | 159.74 | 2015 | 548 |
| 10 | 2004 | 183.98 | 2016 | 607 |
| 11 | 2005 | 221.28 | 2017 | 650 |
| 12 | 2006 | 255.65 | 2018 | 717 |
| 13 | 2007 | 308.28 | 2019 | 756 |
| 14 | 2008 | 331.87 | 2020 | 808 |
| 15 | 2009 | 365.98 | 2021 | 869 |
| 16 | 2010 | 383.09 | | |

**图 5—24 人均电力消费量(实物量)_生活消费数据**

第一步，绘制时间序列图并选择预测模型。

根据获取的数据，绘制折线图并添加趋势线，并勾选显示公式和 $R^2$ 值，如图 5—25 所示。

可以看出，人均电力消费量显示非线性递增趋势，其模型 $R^2$ 值为 0.9755，显示较强的数据拟合度，因此可以用该模型来预测 2022 年与 2023 年的估计值。

第二步，确定模型参数。

利用指数趋势图，确定模型参数。图 5—25 中可以得到参数 $a$、$b$ 和 $R^2$ 的值。

第三步，利用预测模型计算预测值。

将参数 $a$、$b$ 的值代入预测模型，计算得到 2022 年的预测值。如图 5—26 所示，在单元格 D2 中输入公式"＝$G$3＋$G$4＊EXP(B2)"并填充，即可得到包括 2022 年的预测值。

利用单元格 A2:D25 中的数据，绘制观测值与预测值的非线性时间序列图(见图 5—27)。

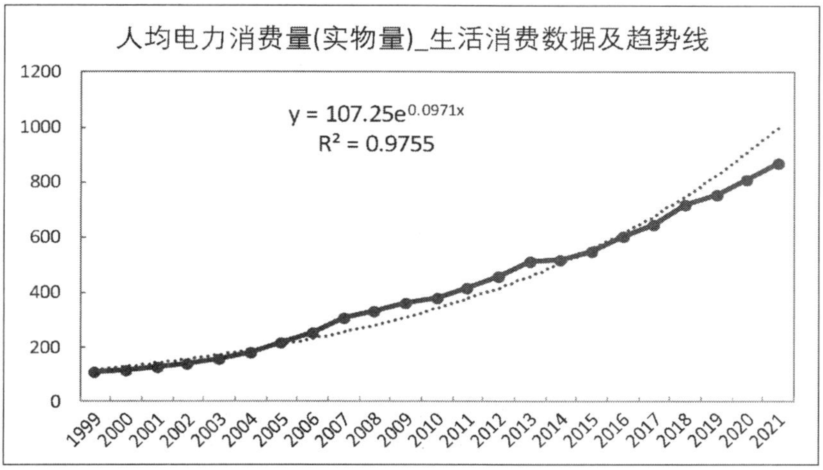


图 5—25　人均电力消费量(实物量)_生活消费指数趋势图

| | A | B | C | D | E | F | G |
|---|---|---|---|---|---|---|---|
| 1 | 年份 | 年序号 | 人均电力消费量(实物量)_生活消费 | 预测值 | | | |
| 2 | 1999 | 1 | 108.62 | 118.18634 | | 添加趋势线得到的参数 | |
| 3 | 2000 | 2 | 114.99 | 130.23787 | | a | 107.25 |
| 4 | 2001 | 3 | 126.53 | 143.5183 | | b | 0.0971 |
| 5 | 2002 | 4 | 138.35 | 158.15294 | | | |
| 6 | 2003 | 5 | 159.74 | 174.27989 | | MSE | 2241.713841 |
| 7 | 2004 | 6 | 183.98 | 192.05131 | | | |
| 8 | 2005 | 7 | 221.28 | 211.63489 | | | |
| 22 | 2019 | 21 | 756 | 824.07583 | | | |
| 23 | 2020 | 22 | 808 | 908.10731 | | | |
| 24 | 2021 | 23 | 869 | 1000.7075 | | | |
| 25 | 2022 | 24 | | 1102.7502 | | | |

图 5—26　人均电力消费量(实物量)_生活消费数据及预测值

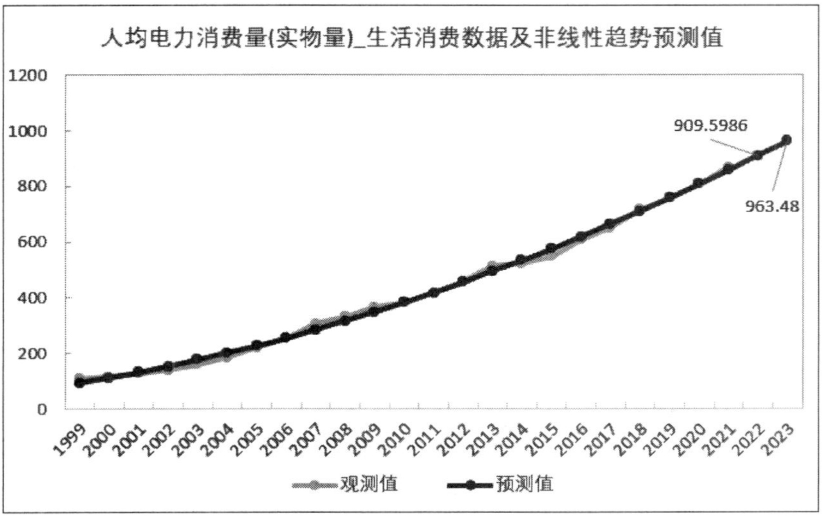


图 5—27　人均电力消费量(实物量)_生活消费指数预测值的趋势图

在 Excel 中处理具有非线性趋势的时间序列时，如果这些序列不符合 Excel 中预设的常见非线性模型类型，建议通过专门的学习课程来构建适当的非线性趋势模型。

## 5.4 季节指数预测模型

现实生活中的许多时间序列不仅包含趋势成分，还包含季节成分。例如，在市场销售中，一些商品(如空调、冷饮和服装等)往往受到季节的影响，呈现淡季和旺季之分的季节性变动规律。另外，用电量在夏季和冬季上升，而在春季和秋季下降，但从长期来看，它可能呈现增长或下降的趋势。因此，对于这类既有季节成分又有趋势成分的时间序列，我们可以利用季节指数模型来预测商品的市场需求量。首先，我们需要使用统计方法计算出预测目标的季节指数，以确定季节变动的规律性；然后，我们再观察消除季节影响后的时间序列是否存在长期趋势。如果存在长期趋势，我们就可以使用趋势预测模型进行预测，并使用统计得到的季节影响对预测值进行调整。实际上，这是一种对时间序列进行分解的方法，通常建立在乘法模型的基础上。

$$Y_t = T_t \times S_t \times I_t \tag{5-11}$$

其中，$T_t$ 表示趋势成分，$S_t$ 表示季节成分，$I_t$ 表示不规则成分。

由于不规则成分的不可预测，因此预测值就可表示为趋势成分和季节成分的乘积。季节指数法的一般过程如下：

首先，计算每一季(每月、每季度、每年等)的季节指数 $S_t$。

其次，将时间序列的每一个观测值除以相应的季节指数，消除季节影响。

再次，为消除了季节影响的时间序列建立适当的趋势预测模型，并对未来时点进行预测。

最后，用趋势预测值乘以季节指数，计算出最终的带季节影响的预测值。

### 5.4.1 季节指数计算

季节指数法是一种根据呈现季节变动的时间序列观测值，通过计算各月或各季的季节指数来预测未来的方法。该方法的一般过程如下：

首先，计算各年同月或同季观察值的平均数(用 $A$ 表示)。

然后，计算历年间所有月份或季度的平均值(用 $B$ 表示)。

再次，计算各月或各季度的季节指数，即 $C=A/B$。

最后，根据未来年度的全年趋势预测值，求出各月或各季度的平均趋势预测值，然后乘以相应季节指数，得到未来年度内各月和各季度包括季节变动的预测值。

### 5.4.2 季节指数模型

例5-5 讲解

**【例 5-5】** 根据中经网 2018 年 2 月至 2023 年 12 月的规模以上工业企业风力发电量_累计数据(如图 5-28 所示)，预测 2024 年 2-12 月的估计值。

**【知识点与解题思路】** 本例将介绍季节指数模型的预测方法，关键知识点包括季节指数模型的原理及步骤。

第一步，计算季节模式长度。

绘图并观察趋势。输入观测值数据，绘制每年风力发电量变化图以及所有年份的风力发

| | A | B | C | D | E | F |
|---|---|---|---|---|---|---|
| 1 | 指标 | 规模以上工业企业风力发电量_累计 | 指标 | 规模以上工业企业风力发电量_累计 | 指标 | 规模以上工业企业风力发电量_累计 |
| 2 | 地区 | 全国 | 地区 | 全国 | 地区 | 全国 |
| 3 | 频度 | 月 | 频度 | 月 | 频度 | 月 |
| 4 | 单位 | 亿千瓦时 | 单位 | 亿千瓦时 | 单位 | 亿千瓦时 |
| 5 | 2018-02 | 568.1 | 2020-02 | 593.6 | 2022-02 | 942.1 |
| 6 | 2018-03 | 871.6 | 2020-03 | 1022.4 | 2022-03 | 1627.4 |
| 7 | 2018-04 | 1197.2 | 2020-04 | 1383 | 2022-04 | 2264.7 |
| 8 | 2018-05 | 1484.2 | 2020-05 | 1786.2 | 2022-05 | 2876 |
| 9 | 2018-06 | 1712.5 | 2020-06 | 2117 | 2022-06 | 3429.1 |
| 10 | 2018-07 | 1948.5 | 2020-07 | 2406.1 | 2022-07 | 3904.7 |
| 11 | 2018-08 | 2128.7 | 2020-08 | 2695.9 | 2022-08 | 4373.2 |
| 12 | 2018-09 | 2367.3 | 2020-09 | 2971.9 | 2022-09 | 4870.8 |
| 13 | 2018-10 | 2624.5 | 2020-10 | 3326.6 | 2022-10 | 5513.4 |
| 14 | 2018-11 | 2896.8 | 2020-11 | 3731 | 2022-11 | 6144.82 |
| 15 | 2018-12 | 3253.2 | 2020-12 | 4146 | 2022-12 | 6867.2 |
| 16 | 2019-02 | 571.7 | 2021-02 | 914.5 | 2023-02 | 1336.84 |
| 17 | 2019-03 | 915.5 | 2021-03 | 1400.6 | 2023-03 | 2080.08 |
| 18 | 2019-04 | 1259.4 | 2021-04 | 1870 | 2023-04 | 2909.3 |
| 19 | 2019-05 | 1615.3 | 2021-05 | 2382.3 | 2023-05 | 3662.8 |
| 20 | 2019-06 | 1879.3 | 2021-06 | 2819.2 | 2023-06 | 4246.44 |
| 21 | 2019-07 | 2107.8 | 2021-07 | 3293.9 | 2023-07 | 4835.9 |
| 22 | 2019-08 | 2334.7 | 2021-08 | 3650.8 | 2023-08 | 5308.39 |
| 23 | 2019-09 | 2566.4 | 2021-09 | 4025 | 2023-09 | 5836.8 |
| 24 | 2019-10 | 2856.8 | 2021-10 | 4515 | 2023-10 | 6424.3 |
| 25 | 2019-11 | 3204 | 2021-11 | 5066.1 | 2023-11 | 7251.9 |
| 26 | 2019-12 | 3577.4 | 2021-12 | 5667 | 2023-12 | 8090.5 |

**图 5—28　规模以上工业企业风力发电量_累计数据**

电量变化图，分别见图 5—29、图 5—30。

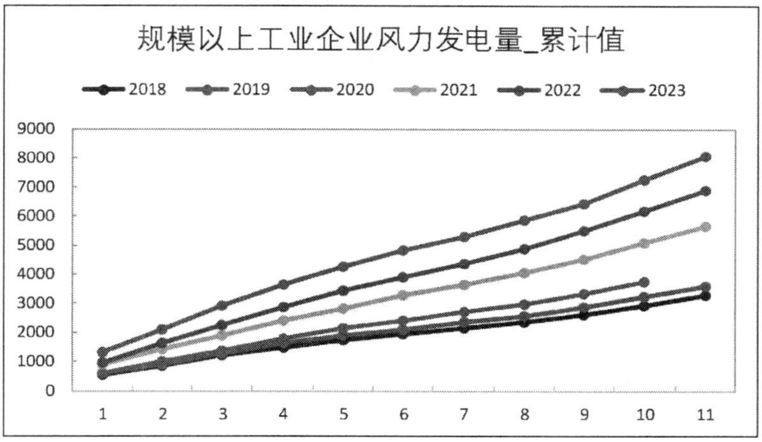


**图 5—29　规模以上工业企业风力发电量_累计值变化图**

从图 5—29 可以大致看到季节成分较明显，季节模式长度为 11 个月，适合采用季节指数法进行预测。

第二步，计算季节指数。

对每个月的数据进行平均，计算出各月的季节指数。例如，使用公式 =AVERAGE(B2, B13, B24, B35, B46, B57)计算 2 月的季节指数，并复制至其他月份。整体平均值用于标准化季节指数，确保其总和为 11，如图 5—31 所示。

注意：乘法模型需要平均季节指数等于 1，因此 11 个月的季节指数总和必须等于 11。如

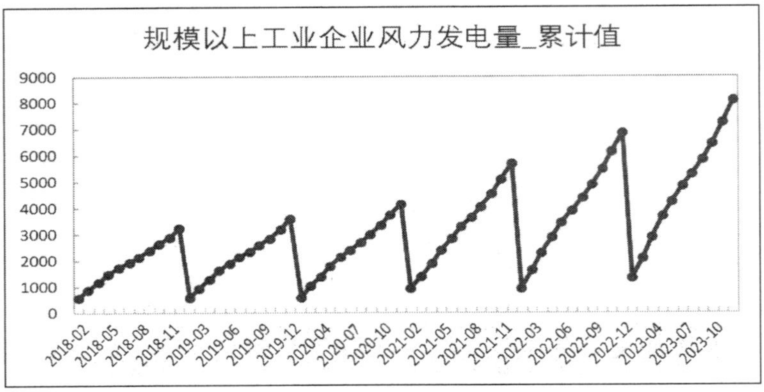


**图 5—30　2018—2023 年规模以上工业企业风力发电量_累计值变化图**

| H | I | J | K |
|---|---|---|---|
| 月 | 各月的平均值 | 所有月的平均值 | 季节指数 |
| 1 | 821.14 | | 0.2702712 |
| 2 | 1319.596667 | | 0.434334 |
| 3 | 1813.933333 | | 0.5970407 |
| 4 | 2301.133333 | | 0.7573984 |
| 5 | 2700.59 | | 0.8888762 |
| 6 | 3082.816667 | 3038.207121 | 1.0146829 |
| 7 | 3415.281667 | | 1.1241109 |
| 8 | 3773.033333 | | 1.2418618 |
| 9 | 4210.1 | | 1.3857186 |
| 10 | 4715.77 | | 1.5521555 |
| 11 | 5266.883333 | | 1.7335498 |

**图 5—31　规模以上工业企业风力发电量_累计值的季节指数值**

果不满足这一点，则应对季节指数进行调整。方法是用每一个季节指数除以未调整的季节指数之和再乘以季度总和。本例不存在这个问题，所以不用做任何调整。

第三步，消除季节影响。

利用观测值除以季节指数，可消除季节的影响。同时选中单元格 D2:D12 并输入公式"=B2:B12/$K$2:$K$12"，按 Ctrl+Shift+ Enter 键并填充，得到消除了季节影响的各月的趋势值。

第四步，计算趋势预测值。

利用消除季节影响后的数据，使用 FORECAST 函数计算预测值。

第五步，还原季节影响。

将趋势预测值与季节指数相乘，还原季节影响，得到最终的预测值。在单元格 F2:F12 中输入公式"=E2:E12 * $K$2:$K$12"，按住 Ctrl+Shift+ Enter 键并填充，得到还原后的预测值，单元格 F68:F78 中的数值即为 2024 年各月的带季节影响的预测值，最终结果如图 5—32 所示，其中隐藏了第 10—45 行的数据。

第六步，绘图呈现观测值与预测值。

| | A | B | C | D | E | F |
|---|---|---|---|---|---|---|
| 1 | 日期 | 规模以上工业企业风力发电量_累计 | 序号 | 趋势值 | 趋势预测值 | 带季节成分的预测值 |
| 2 | 2018-02 | 568.1 | 1 | 2102 | 1377.6819 | 372.3477961 |
| 3 | 2018-03 | 871.6 | 2 | 2007 | 1428.775 | 620.565566 |
| 4 | 2018-04 | 1197.2 | 3 | 2005 | 1479.8681 | 883.541487 |
| 5 | 2018-05 | 1484.2 | 4 | 1960 | 1530.9612 | 1159.547596 |
| 6 | 2018-06 | 1712.5 | 5 | 1927 | 1582.0542 | 1406.250366 |
| 7 | 2018-07 | 1948.5 | 6 | 1920 | 1633.1473 | 1657.12659 |
| 8 | 2018-08 | 2128.7 | 7 | 1894 | 1684.2404 | 1893.272964 |
| 9 | 2018-09 | 2367.3 | 8 | 1906 | 1735.3335 | 2155.044361 |
| 10 | 2018-10 | 2624.5 | 9 | 1894 | 1786.4266 | 2475.484469 |
| 11 | 2018-11 | 2896.8 | 10 | 1866 | 1837.5197 | 2852.116315 |
| 12 | 2018-12 | 3253.2 | 11 | 1877 | 1888.6127 | 3274.004239 |
| 13 | 2019-02 | 571.7 | 12 | 2115 | 1939.7058 | 524.2466959 |
| 14 | 2019-03 | 915.5 | 13 | 2108 | 1990.7989 | 864.6716647 |
| 15 | 2019-04 | 1259.4 | 14 | 2109 | 2041.892 | 1219.092645 |
| 16 | 2019-05 | 1615.3 | 15 | 2133 | 2092.9851 | 1585.223634 |
| 17 | 2019-06 | 1879.3 | 16 | 2114 | 2144.0782 | 1905.820049 |
| 67 | 2023-12 | 8090.5 | 66 | 4667 | 4698.7323 | 8145.486469 |
| 68 | 2024-02 | | 67 | | 4749.8254 | 1283.741195 |
| 69 | 2024-03 | | 68 | | 4800.9185 | 2085.202158 |
| 70 | 2024-04 | | 69 | | 4852.0116 | 2896.848433 |
| 71 | 2024-05 | | 70 | | 4903.1047 | 3713.603822 |
| 72 | 2024-06 | | 71 | | 4954.1977 | 4403.668466 |
| 73 | 2024-07 | | 72 | | 5005.2908 | 5078.782774 |
| 74 | 2024-08 | | 73 | | 5056.3839 | 5683.936147 |
| 75 | 2024-09 | | 74 | | 5107.477 | 6342.780525 |
| 76 | 2024-10 | | 75 | | 5158.5701 | 7148.326308 |
| 77 | 2024-11 | | 76 | | 5209.6632 | 8086.207515 |
| 78 | 2024-12 | | 77 | | 5260.7562 | 9119.782915 |

**图 5—32　规模以上工业企业风力发电量_累计值的季节指数预测模型**

绘制如图 5—33 所示的折线图，显示风力发电量的观测值与季节调整后的预测值。可以看出，预测值都落在观测值附近，说明预测精度较高。

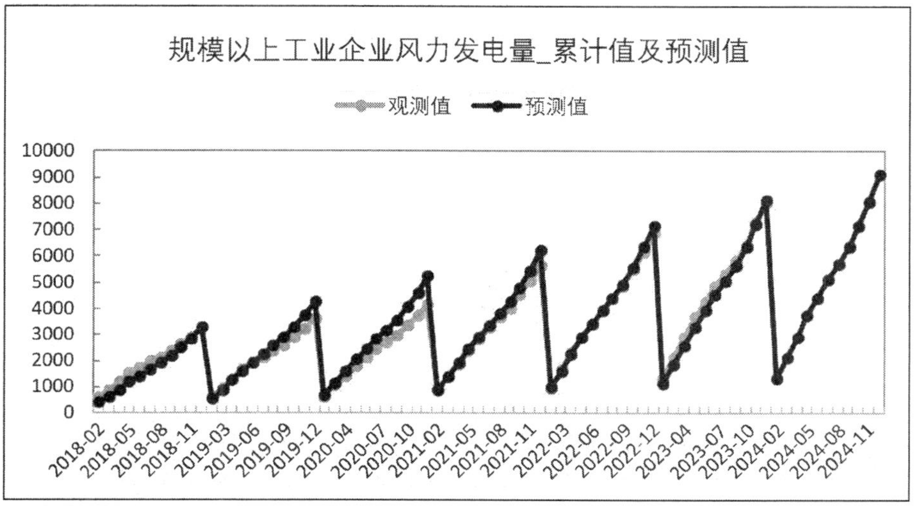


**图 5—33　规模以上工业企业风力发电量_累计值的观测值及季节指数预测值图**

近年来，Excel 新增了 FOREACAST 的扩展函数，使其对具有季节特征的数据进行预测变得更加便捷。以下举例说明。

**【例 5—6】** 负责空调销售的经理发现空调销售数据整体上有增长趋势。他想预测第 13 个月以及第 13 个月每周的空调销量，为此收集了过去 12 个月每周空调销量的明细数据，如图 5—34 所示。下面将介绍运用 FORECAST 函数族来进行预测及其与季节指数法预测结果的对比。

例5-6 讲解

| 月份 | 周 | 销量 | 月份 | 周 | 销量 | 月份 | 周 | 销量 |
|---|---|---|---|---|---|---|---|---|
| 1 | 1 | 4.5 | 5 | 1 | 7.1 | 9 | 1 | 10 |
| | 2 | 4.8 | | 2 | 7.3 | | 2 | 10.2 |
| | 3 | 5.9 | | 3 | 8.5 | | 3 | 11 |
| | 4 | 6.4 | | 4 | 8.8 | | 4 | 11.3 |
| 2 | 1 | 5.1 | 6 | 1 | 8.2 | 10 | 1 | 10.8 |
| | 2 | 5.3 | | 2 | 8.3 | | 2 | 10.6 |
| | 3 | 7.1 | | 3 | 9 | | 3 | 11.6 |
| | 4 | 7.6 | | 4 | 9.2 | | 4 | 11.4 |
| 3 | 1 | 5.5 | 7 | 1 | 8.5 | 11 | 1 | 11 |
| | 2 | 5.5 | | 2 | 8.8 | | 2 | 11.2 |
| | 3 | 7.3 | | 3 | 9.8 | | 3 | 12.8 |
| | 4 | 8 | | 4 | 9.9 | | 4 | 12.6 |
| 4 | 1 | 6.2 | 8 | 1 | 9.4 | 12 | 1 | 11.4 |
| | 2 | 6.3 | | 2 | 9.3 | | 2 | 11.5 |
| | 3 | 8 | | 3 | 10.6 | | 3 | 13 |
| | 4 | 8.5 | | 4 | 10.7 | | 4 | 13.1 |

**图 5—34　空调的每周销售数据**

**【知识点与解题思路】** 本例将学习利用 FORECAST 函数族对具有季节特征的线性趋势进行预测的方法。重点掌握 FORECAST. ETS. SEASONALITY、FORECAST. ETS 等函数。

第一步，计算季节模式长度。

使用 FORECAST. ETS. SEASONALITY(C2:C49, D2:D49)函数计算季节模式长度，得到结果为 4。还可以绘图观察。将每个月的数据作为一个单独的数据系列绘制在图 5—35 中。可以看出，每个月的数据呈规律性的变化，即第一、二周减少，第三、四周增加，这表明季节模式的长度也为 4。

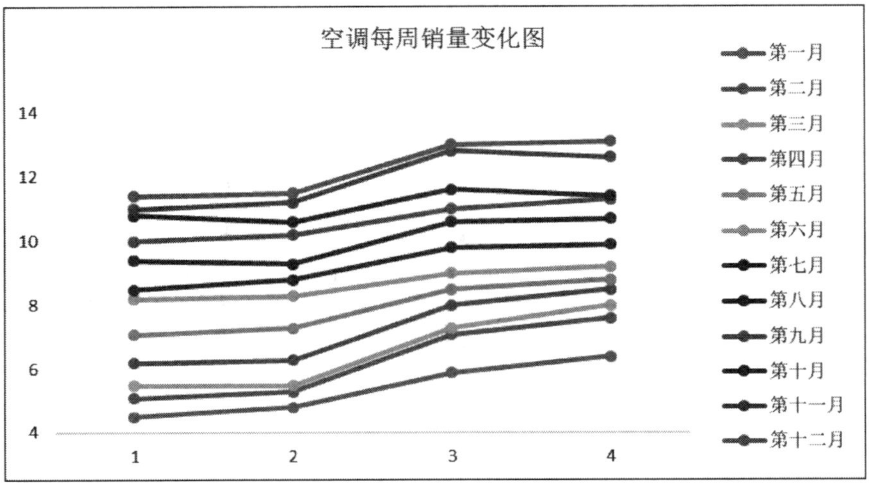


**图 5—35　空调每周销量变化图**

第二步，计算预测值。

使用 FORECAST. ETS 函数进行预测，在单元格 H3 中输入公式"＝FORECAST. ETS（D2，＄C＄2：＄C＄53，＄D＄2：＄D＄53，4)"，并将结果与使用季节指数法的结果进行比较，如图 5—36 所示。

| D | G | H |
|---|---|---|
| 序号 | 利用季节指数法的预测值 | 利用FORECAST. ETS函数预测值 |
| 1 | 4.73143097 | 4.721966419 |
| 2 | 4.94642626 | 4.812977366 |
| 3 | 5.890303694 | 6.211098981 |
| 4 | 6.213886125 | 6.214039252 |
| 5 | 5.31189662 | 5.267751809 |
| 6 | 5.53520974 | 5.373235204 |
| 7 | 6.571177426 | 6.859510574 |
| 8 | 6.911989645 | 6.891642332 |
| 9 | 5.892362271 | 5.707324482 |
| 10 | 6.123993219 | 5.812741537 |
| 11 | 7.252051157 | 7.298978947 |
| 12 | 7.610093166 | 7.331101167 |
| 13 | 6.472827921 | 6.512399527 |
| 14 | 6.712776699 | 6.617982396 |
| 15 | 7.932924888 | 7.893419323 |
| 16 | 8.308196686 | 7.924960477 |
| 17 | 7.053293572 | 7.436472737 |
| 18 | 7.301560179 | 7.531909941 |
| 19 | 8.613798619 | 8.486835615 |
| 20 | 9.006300206 | 8.67995234 |
| 21 | 7.633759222 | 8.149596865 |
| 22 | 7.890343659 | 8.286015473 |
| 23 | 9.294672351 | 9.269762029 |
| 24 | 9.704403727 | 9.400952006 |

**图 5—36 使用 FORCAST. ETS 函数与季节指数法预测结果的比较**

对比两种方法的 $R^2$ 值和 MSE 可以发现，FORECAST. ETS 函数提供了更高的预测精度，如图 5—37 所示。

| | R^2 | MSE |
|---|---|---|
| 季节指法 | 0.898077 | 0.181734 |
| FORECAST.ETS法 | 0.937567 | 0.081407 |

**图 5—37 两种方法预测精度比较**

第三步，绘图比较。

图 5—38 展示了观测值与两种预测方法的预测值的折线图。结果表明两种方法都能准确预测空调销量，预测值与实际观测值非常接近。

时间序列建模利用历史数据来预测未来，通过数据预处理、特征提取、模型选择和模型训练等步骤，建立针对特定问题的预测模型，有效预测未来变化。

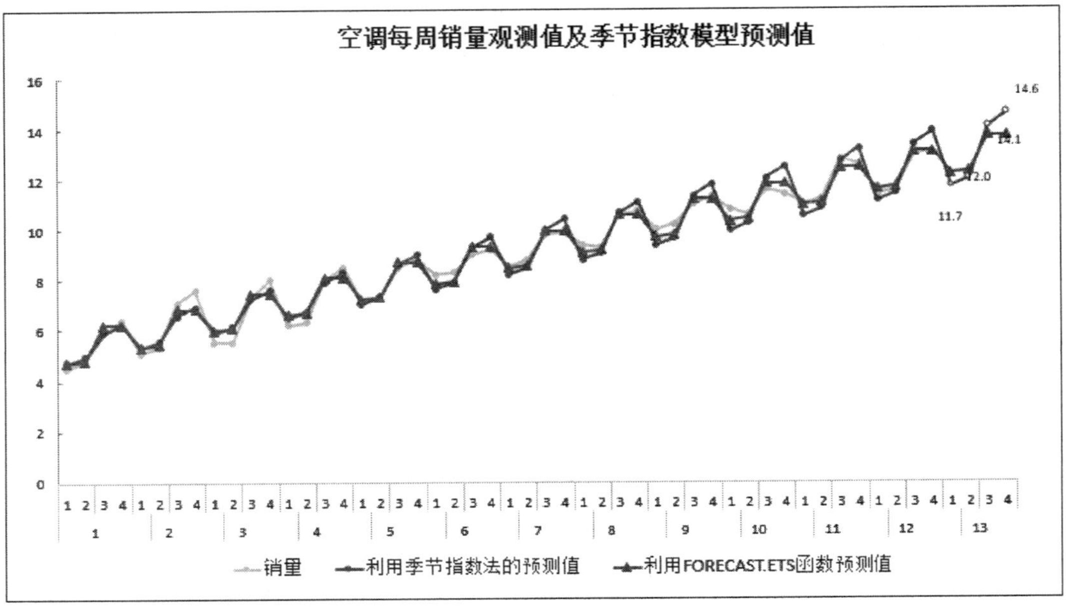


**图 5—38　空调销量时间序列观测值、季节指数预测值及 FORECAST. EST 函数预测值**

# 本章小结

本章的主要目的是使学生了解时间序列的预测方法,并能够运用这些方法对观测数据进行预测。通过介绍时间序列分析和预测方法及其在 Excel 的应用,学生可以在实际工作中获得实用的技能。

时间序列是指在等间隔时点上记录下来的变量数据。它通常由趋势、季节、循环和不规则成分四种独立成分组成。通过分析这些组成成分,可以选择适用的预测方法,对未来作出预测。

本章介绍的预测过程分为四个步骤:确定时间序列的类型;选择合适的方法建立 Excel 模型;评价模型的准确性并确定最优参数;基于最优模型进行预测。对于没有明显趋势、季节和循环成分的时间序列,可以使用"数据分析"中的移动平均和指数平滑方法进行预测,也可以建立移动平均模型或指数平滑模型来进行预测。对于具有长期线性趋势的时间序列,可以使用线性趋势预测模型;对于具有非线性趋势的时间序列,可以使用非线性趋势预测模型;对于既有趋势成分又有季节成分的时间序列,可以使用季节指数模型。此外,还可以使用添加趋势线的预测方法,这种方法直观且有效。

衡量预测模型总体准确性的一个重要指标是均方误差(MSE),它也是我们选择模型参数时的重要依据。MSE 越小,模型的准确性越高。

本章用到的 Excel 内建函数主要包括 OFFSET()、SUMXMY2()、COUNT()、XLOOKUP()、INTERCPT()、SLOPE()、LINEST()、TREND()、FORECAST()、LOGEST()等。所用到的技术包括"数据分析"工具、可调图形的制作等。

## 习题五

1. 某公司在2018年1月至2019年12月全国食品的销售额如表5—1所示(单位:万元),解答下面的问题,可参考图5—39。

数据源

表5—1 某公司食品销售额数据

| 年月 | 产量 | 年月 | 产量 | 年月 | 产量 | 年月 | 产量 |
|---|---|---|---|---|---|---|---|
| 2018年1月 | 538.05 | 2018年7月 | 611.36 | 2019年1月 | 779.42 | 2019年7月 | 625.86 |
| 2018年2月 | 1 076.84 | 2018年8月 | 635.15 | 2019年2月 | 553.04 | 2019年8月 | 611.6 |
| 2018年3月 | 600.36 | 2018年9月 | 627.19 | 2019年3月 | 553.04 | 2019年9月 | 647.22 |
| 2018年4月 | 637.04 | 2018年10月 | 657.71 | 2019年4月 | 671.32 | 2019年10月 | 664.38 |
| 2018年5月 | 690.82 | 2018年11月 | 625.08 | 2019年5月 | 703.72 | 2019年11月 | 650.9 |
| 2018年6月 | 651.1 | 2018年12月 | 596.81 | 2019年6月 | 631.3 | 2019年12月 | 682.4 |

要求:

(1)在Excel工作表中建立移动平均模型预测2020年1月的食品销售额。

(2)在Excel工作表中建立指数平滑模型预测2020年1月的食品销售额。

(3)基于MSE,比较上述两种方法哪种更好?

| 序号 | 年月 | 产量 | 移动平均预测 | 指数平滑预测值 | 移动平均跨度 | 4 | 平滑常数 | 0.2 | 2 |
|---|---|---|---|---|---|---|---|---|---|
| 1 | 2018年1月 | 538.05 | | | MSE | 3491.07 | MSE | 15296.24 | |
| 2 | 2018年2月 | 1076.84 | | 538.05 | | | | | |
| 3 | 2018年3月 | 600.36 | | 645.81 | MSE最小值 | 3491.07 | MSE最小值 | 15296.24 | |
| 4 | 2018年4月 | 637.04 | | 636.72 | 最优的移动平均跨度 | 4 | 最优的平滑常数 | 0.2 | |
| 5 | 2018年5月 | 690.82 | 713.0725 | 636.78 | 2020年1月的预测值 | 661.225 | 2020年1月的预测值 | 651.59 | |
| 6 | 2018年6月 | 651.1 | 751.265 | 647.59 | | | | | |
| 7 | 2018年7月 | 611.36 | 644.83 | 648.29 | | 3491.07 | | 15296.24 | |
| 8 | 2018年8月 | 635.15 | 647.58 | 640.91 | 2 | 8414.528 | 0.2 | 15296.24 | |
| 9 | 2018年9月 | 627.19 | 647.1075 | 639.75 | 3 | 4171.486 | 0.3 | 15910.37 | |
| 10 | 2018年10月 | 657.71 | 631.2 | 637.24 | 4 | 3491.07 | 0.4 | 16846.61 | |
| 11 | 2018年11月 | 625.08 | 632.8525 | 641.34 | 5 | 3817.845 | 0.5 | 18016.36 | |
| 12 | 2018年12月 | 596.81 | 636.2825 | 638.08 | 6 | 3753.566 | 0.6 | 19406.01 | |
| 13 | 2019年1月 | 779.42 | 626.6975 | 629.83 | 7 | 3579.647 | 0.7 | 21027.33 | |
| 14 | 2019年2月 | 553.04 | 664.755 | 659.75 | | | | | |
| 15 | 2019年3月 | 553.04 | 638.5875 | 638.41 | | | | | |
| 16 | 2019年4月 | 671.32 | 620.5775 | 621.33 | | | | | |
| 17 | 2019年5月 | 703.72 | 639.205 | 631.33 | | | | | |
| 18 | 2019年6月 | 631.3 | 620.28 | 645.81 | | | | | |
| 19 | 2019年7月 | 625.86 | 639.845 | 642.91 | | | | | |
| 20 | 2019年8月 | 611.6 | 658.05 | 639.50 | | | | | |
| 21 | 2019年9月 | 647.22 | 643.12 | 633.92 | | | | | |
| 22 | 2019年10月 | 664.38 | 628.995 | 636.58 | | | | | |
| 23 | 2019年11月 | 650.9 | 637.265 | 642.14 | | | | | |
| 24 | 2019年12月 | 682.4 | 643.525 | 643.89 | | | | | |
| 25 | 2020年1月 | | 661.225 | 651.59 | | | | | |

图5—39 基于MSE的两种方法比较

2. 某贸易公司10年间的总收入(单位:万元)如表5—2所示,试建立线性趋势预测模型并按要求进行预测,可参考图5—40。

表 5—2 某贸易公司年收入数据

| 年份 | 总收入 | 年份 | 总收入 |
|---|---|---|---|
| 1 | 2 428 | 6 | 4 264 |
| 2 | 2 951 | 7 | 4 738 |
| 3 | 3 533 | 8 | 4 460 |
| 4 | 3 618 | 9 | 5 318 |
| 5 | 3 616 | 10 | 6 915 |

要求：

(1)分别求出直线趋势方程的斜率和截距；

(2)利用该直线趋势方程预测未来2年的总收入。

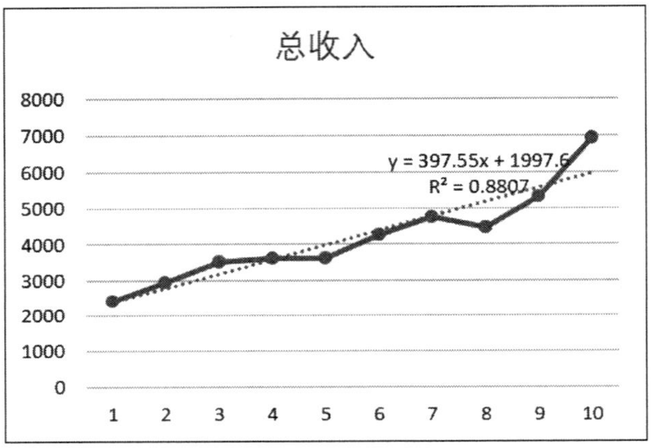


图 5—40 总收入线性预测模型

3. 某饭店分析了过去了20年的人均消费额(如表5—3所示)，用添加趋势线的方法建立一个合适的模型，并预测下一年的人均消费额，可参考图5—41。

表 5—3 某饭店人均消费数据

| 年份 | 消费金额(元) | 年份 | 消费金额(元) | 年份 | 消费金额(元) | 年份 | 消费金额(元) |
|---|---|---|---|---|---|---|---|
| 2000 | 12.5 | 2005 | 20.5 | 2010 | 14.5 | 2015 | 35 |
| 2001 | 15.5 | 2006 | 18 | 2011 | 17.6 | 2016 | 42.1 |
| 2002 | 22.3 | 2007 | 18.5 | 2012 | 24.3 | 2017 | 48.5 |
| 2003 | 25.2 | 2008 | 12.5 | 2013 | 30 | 2018 | 56.2 |
| 2004 | 21 | 2009 | 12 | 2014 | 30 | 2019 | 61.5 |

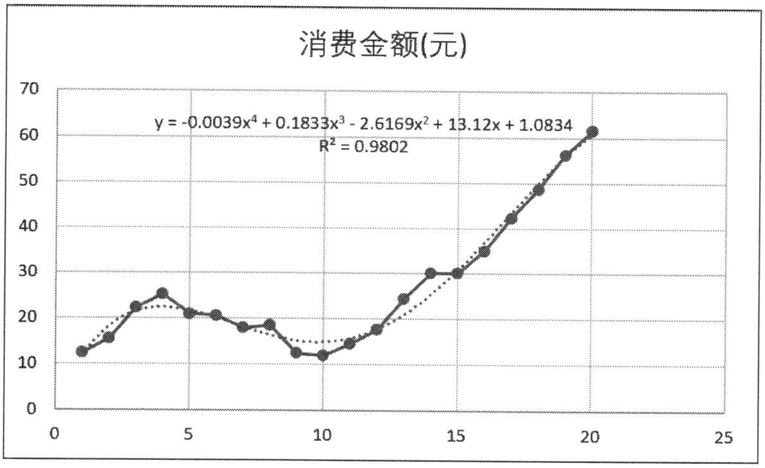


图 5—41 人均消费额预测模型

4. 某企业过去 4 个周期的纳税情况，每 5 年为一个周期，纳税额如表 5—4 所示，请绘制观测值和预测值图形，可参考图 5—42，试判断一下，应该选用哪种模型来预测未来 5 年的纳税额。

表 5—4 企业 4 个周期的纳税额

| 周期 | 年 | 税额(万元) | 周期 | 年 | 税额(万元) |
|---|---|---|---|---|---|
| 1 | 1 | 4.8 | 3 | 11 | 6 |
| | 2 | 4.1 | | 12 | 5.6 |
| | 3 | 5.6 | | 13 | 7.1 |
| | 4 | 6 | | 14 | 7.5 |
| | 5 | 6.5 | | 15 | 7.8 |
| 2 | 6 | 5.8 | 4 | 16 | 6.3 |
| | 7 | 5.2 | | 17 | 5.9 |
| | 8 | 6.4 | | 18 | 7.5 |
| | 9 | 6.8 | | 19 | 8 |
| | 10 | 7.4 | | 20 | 8.4 |

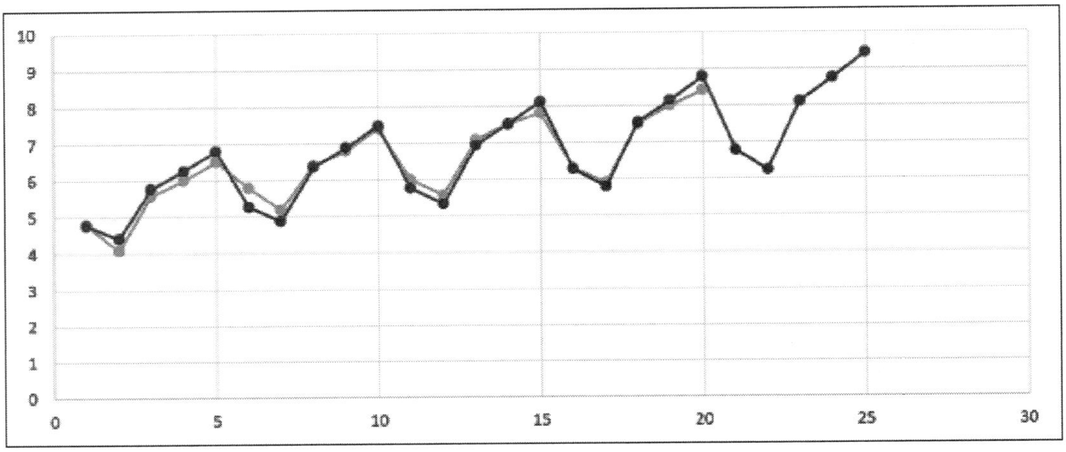


**图 5—42　企业纳税额预测模型**

# 第六章

# 回归分析预测模型

现代的市场分析中，回归分析是研究变量间关系并预测未来发展的重要工具。与时间序列分析预测相比，回归分析更侧重于解析因变量和一个或多个自变量之间的关系，并利用这种关系进行预测。在数字经济时代，这种分析方法尤为关键，因为它能根据自变量的预测数据来推断因变量的未来趋势。不同于时间序列分析主要通过历史数据的模式进行预测，回归分析通过建立数学模型来预测变量间的相互作用。它不仅适用于中短期市场预测，还广泛应用于揭示变量间的相关关系或因果关系，如分析广告投入与销售额的依赖性，或评估设备老化对效率的影响。

第六章 课件

通过学习本章，读者将掌握回归分析的基本概念及其在数据分析中的重要性。读者将学会如何建立回归模型并进行参数优化，理解不同类型的回归模型及其在各种情境下的应用实例。此外，读者还将掌握使用 Excel 中的规划求解和回归分析工具，解决一元和多元线性与非线性回归问题的方法，及将非线性问题转化为线性问题的技巧。通过本章的学习，读者将能够在实际问题中应用回归分析技术，进行有效的预测和分析。

第六章 例题数据源

本章主要内容包括：

- 回归分析的概念、相关性概念、最小二乘法，以及回归分析模型的统计检验等基本原理；
- Excel 中的规划求解和回归分析报告等回归分析工具的使用方法；
- 一元线性回归问题的多种分析方法；
- 多元线性回归问题的自变量筛选方法和多元线性回归模型的建立方法；
- 利用规划求解工具解决一般非线性回归问题的方法；
- 非线性问题变换成线性问题的方法。

第六章 例题答案

## 6.1 回归分析预测方法概述

“回归”这一术语由 Francis Galton 引入，他在研究父母身高对儿女身高的影响时发现，父母身高较高的子女通常也较高,父母身高较矮的子女通常也较矮,但总体而言,子女的身高会趋向于总人口的平均身高,即有“回归”到平均值的趋势。

回归分析方法是一种建立统计观测值之间的数学关系的方法。回归分析预测以求通过一个变量或一些变量作为自变量的变化来解释另一个变量作为因变量的变化情况,从而由自变量的取值来预测因变量的可能值。回归分析预测在社会、经济、工程、医药卫生、工农业、气象、水文等领域有着广泛的应用。本章主要介绍回归分析预测在财经管理中的应用。

### 6.1.1 回归分析的概念

回归分析是一种统计分析方法,用于确定两个或更多变量之间的相互依赖的定量关系。这种方法的应用非常广泛。根据涉及的变量数量,回归分析可分为一元回归分析和多元回归分析;根据自变量和因变量之间的关系类型,可分为线性回归分析和非线性回归分析。

如果问题中涉及若干个自变量 $X_1, X_2, \cdots, X_m$ 和因变量 $Y$,每一个自变量都有 $n$ 个观测值,如自变量 $X_k$ 的观测值有 $X_{k1}, X_{k2}, \cdots, X_{kn}$,所对应的因变量 $Y$ 的 $n$ 个观测值为 $Y_1, Y_2, \cdots, Y_n$。以 $X_k$ 和 $Y$ 分别作为横坐标和纵坐标做出的 $XY$ 散点图体现出 $X_k$ 和 $Y$ 之间是密切相关的,如图 6—1(a)、(b)所示,图 6—1(c)表明 $Y$ 与 $X_k$ 不相关。如果每个自变量都与因变量相关,则可以近似用一条曲线来表示自变量 $X_1, X_2, \cdots, X_m$ 与因变量 $Y$ 的这种相关关系,这条拟合曲线方程可表示为:

$$Y = f(X_k, a, b_k)$$
$$k = 1, 2, \cdots, m \qquad (6-1)$$

其中 $a$、$b_k$ 称为拟合曲线方程的系数。

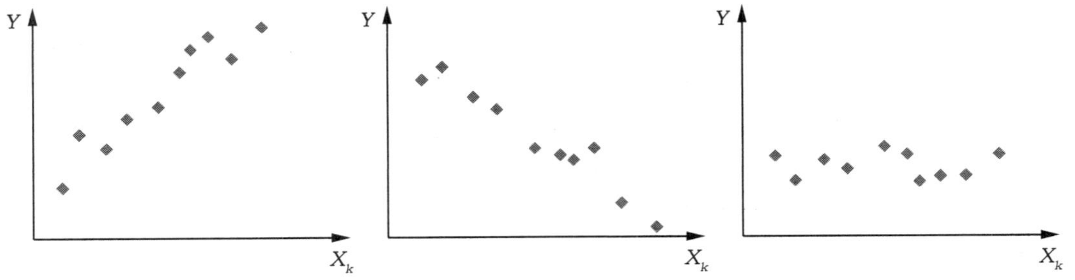

(a) $Y$与$X_k$正线性相关　(b) $Y$与$X_k$负线性相关　(c) $Y$与$X_k$不相关

**图 6—1　自变量与因变量的相关关系**

图 6—1(a)反映了 $X_k$ 与 $Y$ 正线性相关,这意味着它们之间的关系可以通过一条直线来拟合。然而,如图 6—2 所示,有多条直线可以拟合这种关系,这引出了一个问题:我们应该选择哪一条直线?选择最佳拟合线的关键在于确定系数 $a$ 和 $b_k$ 的最佳值。在统计学中,通常通过最小化误差来实现,这与第五章选取移动平均跨度以及平滑系数时所采用的原则一样,就是要使因变量观测值 $Y_i(i=1,2,\cdots,n)$与利用曲线方程计算出的预测值 $F_i(i=1,2,\cdots,n)$之间的均方误差为尽可能小。

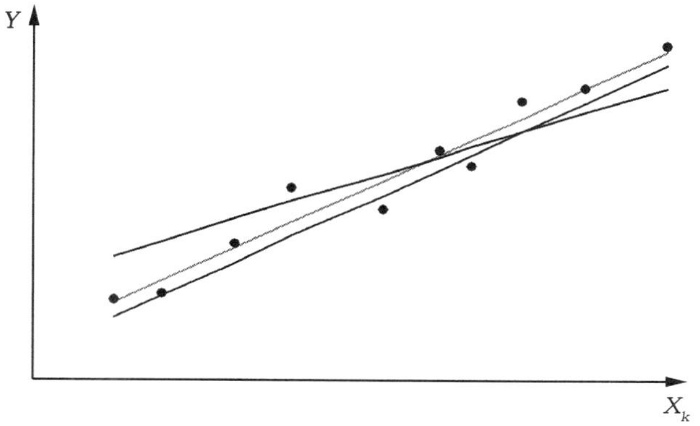


图 6—2　拟合线的选取

### 6.1.2　回归模型的检验

在建立回归模型后，下一步是验证这个模型的有效性。具体来说，需要评估模型是否能有效解释因变量 $Y$ 的变化，即进行回归模型的检验，主要包括以下几方面：

1. 判定系数①

对于单变量回归问题，如何判断一条回归直线的拟合程度是一个直观的问题。如果回归直线能较好地解释因变量 $Y$ 的变化，则可认为拟合较好。为了量化拟合优度，通常使用判定系数。

如图 6—3 所示，变量 $Y$ 的任一观测值 $Y_i$ 与其均值 $M_y$ 的总离差 $(Y_i-M_y)$ 可以被分解成两部分：一部分是回归离差 $(Y_i'-M_y)$，其变动可以由回归线解释；另一部分是残差 $(Y_i-Y_i')$，这部分差值是回归线无法解释的部分。对于线性问题，可以证明总离差平方和 $SST=\sum(Y_i-M_y)^2$，回归离差平方和 $SSR=\sum(Y_i'-M_y)^2$ 和残差平方和 $SSE=\sum(Y_i-Y_i')^2$ 之间有着直接的关系：

$$SST=SSR+SSE \tag{6—2}$$

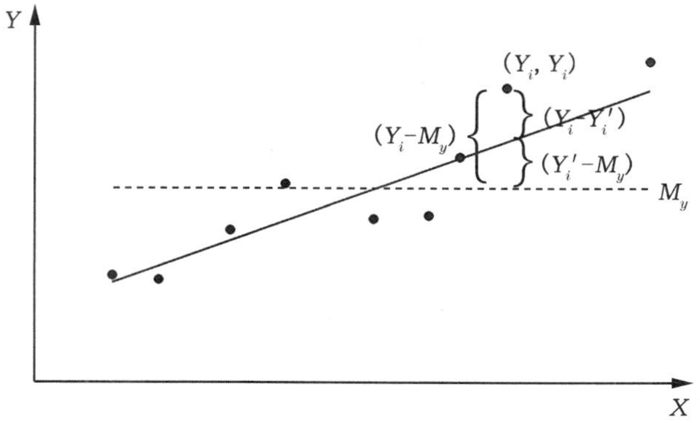


图 6—3　回归离差、残差与总离差

如果在总离差平方和 $SST$ 中可以由回归线解释的部分 $SSR$ 占的比例越大，表明各观测值点与回归线越靠近，则回归线对观测拟合得就越好。于是定义

① 参考李心愉编著《应用经济统计学》，北京大学出版社 1999 年版。

$$R^2=\frac{SSR}{SST}=1-\frac{SSE}{SST} \quad 0\leqslant R^2\leqslant 1 \tag{6-3}$$

式(6－3)中 $R^2$ 称为判定系数(或可决系数),用它来判断回归方程的拟合优度。尽管在数值上没有严格的规定,但通常认为当 $R^2$ 大于 0.9 时,所得到的回归直线拟合得较好。

对于多元回归问题,由于 $R^2$ 的大小与回归方程中自变量数目以及样本数目有关,每增加一个自变量,$R^2$ 值就会有所增大,所以进行多元回归分析时,为了消除自变量数目的不同对 $R^2$ 的影响,常采用调整后的 $R^2$ 来判断拟合优度。

调整后的 $R^2$ 的解释与 $R^2$ 类似,不同的是:调整后的 $R^2$ 同时考虑了样本量和回归中参数个数的影响,这使调整后的 $R^2$ 永远小于 $R^2$,而且调整后的 $R^2$ 值不会由于回归中自变量个数的增加而越来越接近 1,调整后的 $R^2$ 用符号 $Ra^2$ 表示,则其计算公式如下所示:

$$Ra^2=1-(1-R^2)\frac{n-1}{n-k} \tag{6-4}$$

其中,$n$ 表示样本点个数,$k$ 表示回归模型的参数个数。如回归模型为

$$y=a+b*x_1+c*x_2 \tag{6-5}$$

则 $k$ 的取值为 3。

2. 回归系数的显著性检验——t 统计量

通过判定系数 $R^2$ 的值,可以判断回归方程拟合的好坏,而要评价单个自变量对因变量的解释能力,可以用 t 统计量。t 统计量也称为是 t－检验(t－Test),它可以用来确定因变量和每个自变量之间是否存在显著的关系,主要用于样本量较小、总体标准差未知的正态分布。t 统计量是用 t 分布理论来推论差异发生的概率,从而比较两个平均数的差异是否显著。在实际应用中,是通过 t 统计量的 $P$ 值来进行判断的。在预先选取的显著水平下进行回归分析的统计检验,如果对于某个自变量的 t 统计量的 $P$ 值小于显著水平(1－置信度),则可认为该自变量与因变量是相关的。

回归系数的显著性检验为回归模型的优化提供了途径。在回归分析中,总是希望保留有显著影响的自变量,剔除可有可无的自变量,使建立的回归方程更为简单有效。

3. 回归方程的显著性检验——F 统计量

F－检验(F－Test)可以用来确定自变量的全体与因变量之间的关系是否显著,即判断回归模型的解释力,常通过 F 统计量的 $P$ 值来进行判断。在预先选取的显著水平下进行回归分析的统计检验,如果自变量的 $F$ 统计量的 $P$ 值小于显著水平(1－置信度),则可认为方程的回归效果显著。

在本章的后面几节中,我们将结合具体的例子来说明回归方程和回归系数的统计检验问题。

### 6.1.3 回归分析预测的方法与步骤

在实际应用中,如果建立的回归分析模型通过了各项检验,则将自变量数值代入回归分析模型,就可得到因变量的预测值。以下是进行回归预测的基本步骤:

第一步,获取观测值并确定变量。

分析获取到的数据集,明确预测的目标变量,即因变量。例如,预测具体目标是下一年度的销售金额,那么销售金额就是因变量 $Y$。确定与预测目标的相关影响因素,即自变量,并从中选出主要的影响因素。

第二步,绘制 $XY$ 散点图。

对于只有一个自变量的一元问题，只需绘制一个以自变量为横坐标、因变量为纵坐标的 $XY$ 散点图。对于多变量问题，针对每个自变量分别绘制散点图。

第三步，构建回归模型。

通过 $XY$ 散点图初步判断自变量与因变量之间的函数关系，并写出带有未知参数的回归方程。本章第四节将详细说明如何通过散点图判断函数类型以及相应的回归方程形式。

第四步，评估回归结果。

评估回归模型的拟合优度和回归系数的显著性。只有当自变量与因变量确实存在显著关系时，所建立的回归分析模型才有意义，预测才会准确。可以通过判定系数 $R^2$、F 统计量和 t 统计量及其对应的 $P$ 值来判断。

第五步，计算预测值。

用验证后的回归分析模型和给定的自变量值计算因变量的预测值。

回归分析预测模型可以分为线性和非线性两类。对于线性回归模型，假设自变量和因变量之间的关系是线性的。而对于非线性回归模型，则需要用不同的非线性曲线来拟合自变量与因变量的观测值。本章后续将介绍用于非线性回归分析预测的两种方法：规划求解法和线性变换法。

# 6.2　线性回归分析预测模型

线性回归是用来确定变量间线性依赖关系的一种统计分析方法，属于定量分析方法，运用十分广泛。

## 6.2.1　一元线性回归分析预测模型

一元线性回归是分析一个自变量 $X$ 与因变量 $Y$ 之间的线性关系，可以用一条直线来表示 $X$ 和 $Y$ 之间的关系，即

$$Y=a+b*X \tag{6-6}$$

在方程(6-6)中，可以针对自变量 $X$ 的观测值 $X_i$ 计算出对应的因变量预测值 $F_i$：

$$F_i=a+b*X_i$$

由于预测通常存在误差，即预测值 $F_i$ 与观测值 $Y_i$ 的值不同，为使预测尽量准确，即 $Y_i$ 与 $F_i$ 的均方误差尽量小，即

$$MSE=\frac{1}{n}\sum_{i=1}^{n}(F_i-Y_i)^2=\frac{1}{n}\sum_{i=1}^{n}(a+bX_i-Y_i)^2$$

由于 $MSE$ 是参数 $a$、$b$ 的函数，为使其尽量小，可分别求其对 $a$、$b$ 的偏导数并令其等于0，如式(6-7)和式(6-8)所示：

$$b=\frac{\sum_{i=1}^{n}(Y_i-M_y)(X_i-M_x)}{\sum_{i=1}^{n}(X_i-M_x)^2} \tag{6-7}$$

$$a=M_y-bM_x \tag{6-8}$$

式(6-7)和式(6-8)中，$M_X$ 和 $M_Y$ 分别为自变量 $X_i$ 和因变量 $Y_i$ 的平均值，通过求解方程可得参数 $a$ 与 $b$ 的值。

这种通过使因变量预测值与观测值之间的均方误差达到极小来确定回归直线系数的方法称为最小二乘法(Method of Least Squares)。

Excel 中,可利用"数据"选项卡"分析"组里的"数据分析"和"规划求解"工具来实现回归分析和预测。"数据分析"和"规划求解"是 Excel 的一个外挂工具,Microsoft Office 最常用的"典型安装"并不包括这个工具,在安装时要手动选择并加载这些工具。安装和加载完成后,在 Excel 中的"数据"选项卡—"分析"组中就可看到"数据分析"和"规划求解"工具了。

**【例 6—1】** Northwind 公司销售经理观察到销售数量影响销售额,他想估计销售数量在 3510 时销售额能达到多少?

例6-1 讲解

利用第二章的"数据查询"以及第三章的"数据透视表"功能,将 Northwind 公司的数据进行汇总,得到如表 6—1 所示的数据,其中隐藏了第 8—19 行的数据,即 1997 年的数据。

**表 6—1　　Northwind 公司的销售数据**

| | A | B | C | D | E | F |
|---|---|---|---|---|---|---|
| 1 | 年 | 订购日期 | 单价 | 折扣 | 数量 | 销售额 |
| 2 | 1996年 | 7月 | 20.56271186 | 0.062711864 | 1462 | 27861.89497 |
| 3 | | 8月 | 21.55797101 | 0.039130435 | 1322 | 25485.275 |
| 4 | | 9月 | 23.51929825 | 0.024561404 | 1124 | 26381.4 |
| 5 | | 10月 | 21.98493151 | 0.065753425 | 1738 | 37515.72493 |
| 6 | | 11月 | 27.79848485 | 0.043939394 | 1735 | 45600.04497 |
| 7 | | 12月 | 23.81851852 | 0.074074074 | 2200 | 45239.63 |
| 20 | 1998年 | 1月 | 32.16440789 | 0.061842105 | 3466 | 94225.31043 |
| 21 | | 2月 | 27.61688525 | 0.042213115 | 3115 | 99415.28749 |
| 22 | | 3月 | 27.96111111 | 0.049722222 | 4067 | 104901.655 |
| 23 | | 4月 | 27.80466667 | 0.052777778 | 4680 | 123798.6825 |

**【知识点与解题思路】** 本例将学习如何利用两种工具进行回归分析建模预测。首先,"回归"工具重点在于评估模型的拟合优度、合理性以及变量系数的显著性,主要通过 $R^2$、F 统计量和 t 统计量及其对应的 $P$ 值来判断。其次,"规划求解"工具基于最小化均方误差的原则进行预测,需要假设初始系数,计算预测因变量的值,并优化这些系数以最小化均方误差。

方法一:利用"数据分析"中的"回归"工具建模预测。

第一步,绘制散点图并选择预测模型。

以数量作为 $X$ 值,销售额作为 $Y$ 值绘制 $XY$ 散点图,并添加趋势线,如图 6—4 所示,可以观察到两者之间存在着较为明显的线性依赖关系。

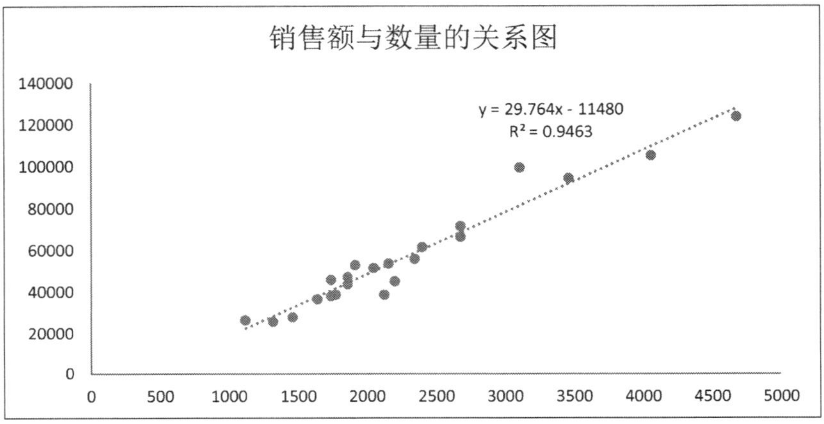


**图 6—4　销售额与数量的关系图**

第二步，设置“回归”工具的参数。

选择“数据”/“数据分析”/“回归”，分别在“Y 值输入区域”输入 \$D\$1：\$D\$23，“X 值输入区域”输入 \$C\$1：\$C\$23，注意勾选“标志”选项，输出区域设置为 \$I\$1，如图 6－5 所示。

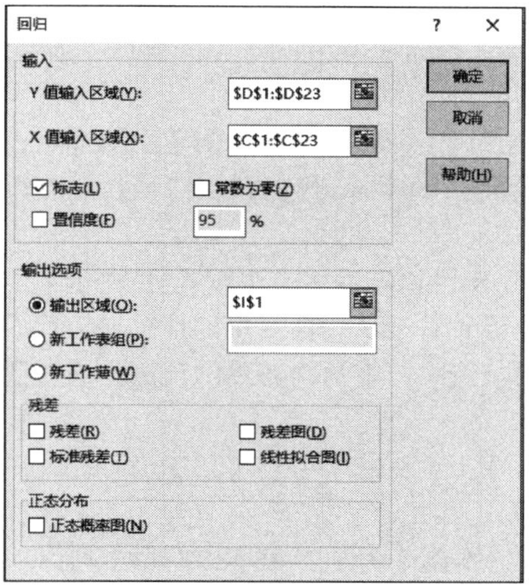


**图 6－5 “回归”工具参数设置**

第三步，生成回归分析报告。

“回归”工具会自动生成回归分析报告，如图 6－6 所示。利用回归分析报告确定模型参数 $a$、$b$、$R^2$。其中，单元格 J17、J18、J5 分别对应系数 $a$、$b$、$R^2$ 的值，对应的回归模型为：

$Y=-11479.5+29.76427X$，$R^2=0.946286$

| | I | J | K | L | M | N | O | P | Q |
|---|---|---|---|---|---|---|---|---|---|
| 1 | SUMMARY OUTPUT | | | | | | | | |
| 2 | | | | | | | | | |
| 3 | 回归统计 | | | | | | | | |
| 4 | Multiple R | 0.972772 | | | | | | | |
| 5 | R Square | 0.946286 | | | | | | | |
| 6 | Adjusted F | 0.9436 | | | | | | | |
| 7 | 标准误差 | 6375.876 | | | | | | | |
| 8 | 观测值 | 22 | | | | | | | |
| 9 | | | | | | | | | |
| 10 | 方差分析 | | | | | | | | |
| 11 | | df | SS | MS | F | ignificance F | | | |
| 12 | 回归分析 | 1 | 1.43E+10 | 1.43E+10 | 352.339 | 3.61E-14 | | | |
| 13 | 残差 | 20 | 8.13E+08 | 40651798 | | | | | |
| 14 | 总计 | 21 | 1.51E+10 | | | | | | |
| 15 | | | | | | | | | |
| 16 | | Coefficients | 标准误差 | t Stat | P-value | Lower 95% | Upper 95% | 下限 95.0% | 上限 95.0% |
| 17 | Intercept | -11479.5 | 3878.512 | -2.95978 | 0.007745 | -19570 | -3389.09 | -19570 | -3389.09 |
| 18 | 数量 | 29.76427 | 1.585678 | 18.77069 | 3.61E-14 | 26.4566 | 33.07193 | 26.4566 | 33.07193 |

**图 6－6 回归分析报告**

第四步，评估回归结果。

判断拟合优度。根据 $R^2=0.946286$，说明回归方程可以很好地用来描述销量与销售额之间的线性关系。

判断模型的合理性。根据 F 统计量,Significance F=3.61E-14≤0.05,说明回归模型中的自变量和因变量整体关系显著;

判断回归系数的显著性。根据自变量回归系数的 t Stat 检验的 P-value 可知,b=3.61E-14≤0.05 达到显著水平(1-95%置信度),即自变量显著影响因变量。

第五步,计算预测值。

在第三步的基础上,先保存系数 $a$,$b$ 分别到 G2(=J17),G3(=J18),再在单元格 G8 中输入公式"=G2+G3 * G7"即可得预测结果。

注意:回归分析报告中还包含一些统计信息,简单说明如下:

(1)$R^2$:衡量趋势线拟合质量的指标。其值越高,表示模型对实际数据的拟合程度越好,从而趋势线的可靠性也越高。

(2)调整后 $R^2$(Adjusted R Square):用于比较具有不同数量自变量的回归模型的拟合优度。它更适用于多元回归分析。对于单一自变量的情况,其意义不大。

(3)标准误差 $S_e$:位于单元格 J7,表示因变量的预测值与观测值之间的平均偏差。计算公式为:

$$S_e=\sqrt{\frac{\sum(Y-Y')^2}{n-2}}$$

其中,$n$ 是数据点的数量(本例中为 22),在 J8 单元格显示。

(4)t 统计量:针对自变量"数量"的 t 统计量为 18.77,其 $P$ 值为 3.61E-14,表明该系数显著不为 0,即自变量与因变量显著相关,证明回归模型的有效性。

(5)F 统计量:F 统计量为 352.339,其 $P$ 值(Significance F)为 3.61E-14,远小于显著水平 0.05,表明回归方程有效。

方法二:利用"规划求解"工具进行建模预测。

第一步,设定初始参数值并计算初始预测值。

指定参数 $a$,$b$ 的初始值。例如,可分别为-10000 和 25。

计算初始预测值。用回归直线方程 $Y=a+b*X$ 以及 C 列的数量值来计算销售额的预测值,在单元格 H5 中计算销售额估计值和观测值之间的均方误差 MSE,即在单元格 H5 中键入公式"=SUMXMY2(D2:D23,E2:E23)/COUNT(E2:E23)",如图 6-7 所示。

| | A | B | C | D | E | F | G | H |
|---|---|---|---|---|---|---|---|---|
| 1 | 年 | 订购日期 | 数量 | 销售额 | 销售额估计值 | | | |
| 2 | 1996年 | 7月 | 1462 | 27861.89 | 26550 | | a | -10000 |
| 3 | | 8月 | 1322 | 25485.27 | 23050 | | b | 25 |
| 4 | | 9月 | 1124 | 26381.4 | 18100 | | | |
| 5 | | 10月 | 1738 | 37515.72 | 33450 | | MSE | 142647836.9 |
| 6 | | 11月 | 1735 | 45600.04 | 33375 | | | |
| 7 | | 12月 | 2200 | 45239.63 | 45000 | | 数量 | 3510 |
| 8 | 1997年 | 1月 | 2401 | 61258.07 | 50025 | | 销售额预测值 | |
| 9 | | 2月 | 2132 | 38483.63 | 43300 | | | |
| 20 | 1998年 | 1月 | 3466 | 94225.31 | 76650 | | | |
| 21 | | 2月 | 3115 | 99415.29 | 67875 | | | |
| 22 | | 3月 | 4067 | 104901.7 | 91675 | | | |
| 23 | | 4月 | 4680 | 123798.7 | 107000 | | | |

**图 6-7 规划求解法参数初值**

第二步,设置"规划求解"工具的参数。

启动规划求解工具，目标单元格设置为＄H＄5，使其等于极小值，将可变单元格设置为＄H＄2：＄H＄3，无须设置任何约束条件可直接求解，保存规划求解结果，如图 6—8 所示。

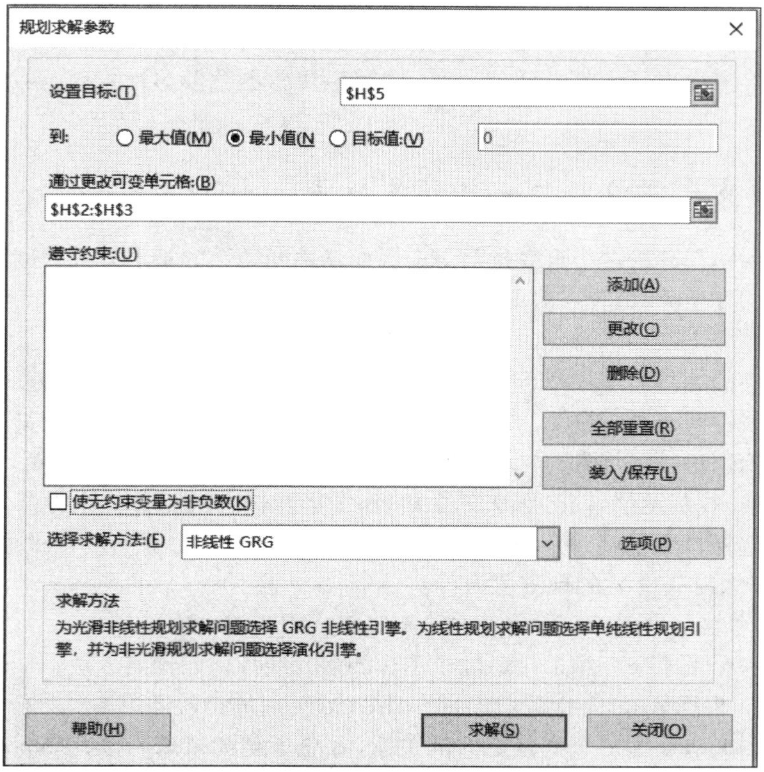


**图 6—8　“规划求解”工具的参数设置**

第三步，评估回归结果。

利用 RSQ 函数计算并判断拟合优度。规划求解完成后，在单元格 H2：H3 中即得到两个回归系数的值，$a=-11479.5$ 和 $b=29.764$，如图 6—9 所示。为判断拟合程度，可以利用 RSQ 函数，在单元格 H6 中键入公式“＝RSQ(D2：D23，C2：C23)”，得到 $R^2$ 的值约为 0.946。这表明回归方程的拟合程度较好，可以用此回归方程来进行预测。

| | A | B | C | D | E | F | G | H |
|---|---|---|---|---|---|---|---|---|
| 1 | 年 | 订购日期 | 数量 | 销售额 | 销售额估计值 | | | |
| 2 | 1996年 | 7月 | 1462 | 27861.89 | 32035.98129 | | a | -11479.1038 |
| 3 | | 8月 | 1322 | 25485.27 | 27869.01008 | | b | 29.76408006 |
| 4 | | 9月 | 1124 | 26381.4 | 21975.72223 | | | |
| 5 | | 10月 | 1738 | 37515.72 | 40250.86739 | | MSE | 36956179.81 |
| 6 | | 11月 | 1735 | 45600.04 | 40161.57515 | | R^2 | 0.946285505 |
| 7 | | 12月 | 2200 | 45239.63 | 54001.87237 | | 数量 | 3510 |
| 8 | 1997年 | 1月 | 2401 | 61258.07 | 59984.45247 | | 销售额预测值 | 92992.81725 |
| 9 | | 2月 | 2132 | 38483.63 | 51977.91493 | | | |
| 20 | 1998年 | 1月 | 3466 | 94225.31 | 91683.19773 | | | |
| 21 | | 2月 | 3115 | 99415.29 | 81236.00563 | | | |
| 22 | | 3月 | 4067 | 104901.7 | 109571.4098 | | | |
| 23 | | 4月 | 4680 | 123798.7 | 127816.7909 | | | |

**图 6—9　规划求解后的结果**

第四步，计算预测值。

将回归系数的值代入回归直线方程 $Y=a+b*X$，即可得到销售额预测值。

本例介绍了两种回归分析方法。第一种是使用 Excel 的线性回归工具，这种方法简单且直观，但仅限于线性问题。第二种是规划求解法，这种方法可以应用于非线性问题。虽然规划求解工具不能保证找到最优的参数值，但通过调整初始参数并多次求解，可以提高求解的精度。

### 6.2.2 多元线性回归分析预测模型

多元线性回归是分析多个自变量与一个因变量之间关系的基本方法。该模型可以用来描述经济现象中的复杂关联，其一般形式是：

$$Y=a+b_1X_1+b_2X_2+\cdots+b_mX_m \tag{6-9}$$

式(6－9)中的 $X_1, X_2, \cdots, X_m$ 是 $m$ 个自变量，$b_1, b_2, \cdots, b_m$ 是对应的偏回归系数。

进行多元线性回归分析预测的关键是从候选自变量中选择合适的自变量。本书采用最优子集法和向前增选法，即以候选自变量的各个子集作为自变量进行回归分析，以调整后 $R^2$ 的值作为评价标准，找到调整后 $R^2$ 最大的子集，该子集所包含的变量就作为该多元线性回归分析的变量。在选择自变量后，相应的回归系数通常也已确定。如果自变量的取值分别为 $X_{1i}$，$X_{2i}, \cdots, X_{mi}$，那么因变量 $Y$ 的预测值为：

$$Y_i'=a+b_1X_{1i}+b_2X_{2i}+\cdots+b_mX_{mi} \tag{6-10}$$

下面通过一个例子来介绍采用最优子集法的多元线性回归预测方法。

**【例 6－2】** 根据表 6－1 中的数据，Northwind 公司的销售经理需要分析销售额与单价、折扣、数量这三个变量之间的关系，并想了解如果未来某月单价为 21.5、折扣为 0.15、数量为 3510，销售额可能是多少。

例6-2 讲解

**【知识点与解题思路】** 本例将学习利用最优子集法选择自变量并进行回归分析预测的方法。关键在于对候选自变量集合的所有子集进行回归分析，并根据调整后的 $R^2$ 值选择表现最佳的自变量组合。

第一步，绘制散点图。

绘制三个候选自变量与因变量销售额的 XY 散点图，观察各自与销售额的线性关系，如图 6－10 所示。

第二步，利用最优子集法选择自变量。

对候选自变量集合｛X1，X2，X3｝的所有子集(共七个)进行回归分析，分别为：｛X1｝、｛X2｝、｛X3｝、｛X1，X2｝、｛X1，X3｝、｛X2，X3｝、｛X1，X2，X3｝。生成各子集的回归分析报告，评估它们的调整后 $R^2$ 值，以选择表现最佳的自变量组合。这一选择先看 $P$ 值后再看调整后 $R^2$ 值，确保自变量集的统计显著性。

汇总所有回归报告中的 $R^2$ 值和调整后 $R^2$ 值，进行比较，如图 6－11 所示。根据调整后 R^2 值比较的结果，发现以单价、折扣和数量为自变量的回归分析表现最佳。

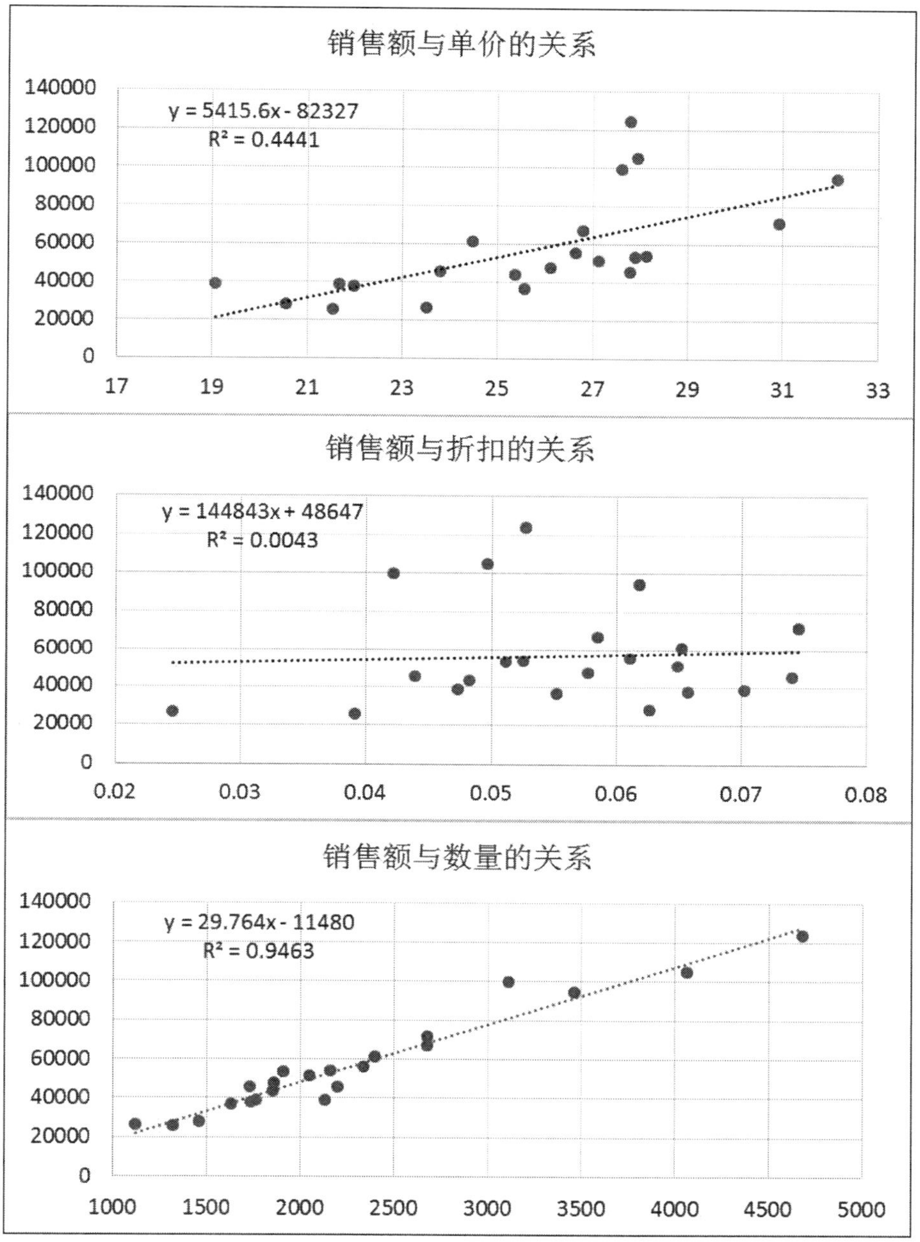


图 6—10 候选自变量与销售额 XY 散点图

| | I | J | K | L |
|---|---|---|---|---|
| 2 | 自变量集 | | R平方 | 调整后的R平方 |
| 3 | 单价 | X1 | 0.4441361 | 0.416342928 |
| 4 | 折扣 | X2 | 0.0042589 | -0.045528175 |
| 5 | 数量 | X3 | 0.9462855 | 0.943599781 |
| 6 | 单价、折扣 | X1、X2 | 0.4458827 | 0.387554584 |
| 7 | 单价、数量 | X1、X3 | 0.967512 | 0.96409216 |
| 8 | 折扣、数量 | X2、X3 | 0.9573754 | 0.952888623 |
| 9 | 单价、折扣、数量 | X1、X2、X3 | 0.9764356 | 0.97250819 |

图 6—11 对自变量集合进行回归分析的结果

如果三元回归分析中加入折扣，其调整后的 $R^2$ 值并未超过仅考虑单价和数量的二元回归分析，说明二元模型可能更为精确。

注意：Excel 的“回归”工具要求输入区域必须相邻，所以要将输入自变量的观测值放置在一个连续的区域中。

第三步，生成回归分析报告并评估回归结果。

回归分析报告如图 6－12 所示。根据回归报告，模型的拟合优度、合理性以及变量系数的显著性均可接受。

SUMMARY OUTPUT

| 回归统计 | |
|---|---|
| Multiple R | 0.9881476 |
| R Square | 0.9764356 |
| Adjusted R S | 0.9725082 |
| 标准误差 | 4451.4464 |
| 观测值 | 22 |

方差分析

| | df | SS | MS | F | Significance F |
|---|---|---|---|---|---|
| 回归分析 | 3 | 14779572050 | 4926524017 | 248.62129 | 7.811E-15 |
| 残差 | 18 | 356676750.8 | 19815375 | | |
| 总计 | 21 | 15136248801 | | | |

| | Coefficients | 标准误差 | t Stat | P-value | Lower 95% | Upper 95% | 下限 95.0% | 上限 95.0% |
|---|---|---|---|---|---|---|---|---|
| Intercept | -29090.99 | 9158.434405 | -3.1764155 | 0.0052264 | -48332.15 | -9849.837 | -48332.15 | -9849.837 |
| 单价 | 1359.3479 | 356.2535833 | 3.81567493 | 0.0012664 | 610.88686 | 2107.8089 | 610.88686 | 2107.8089 |
| 折扣 | -213521.6 | 81782.98576 | -2.610832 | 0.0176916 | -385341.3 | -41701.96 | -385341.3 | -41701.96 |
| 数量 | 27.4036 | 1.361241874 | 20.1313229 | 8.603E-14 | 24.543737 | 30.263463 | 24.543737 | 30.263463 |

**图 6－12　单价、折扣与数量对销售额影响的回归分析报告**

第四步，计算预测值。

根据回归分析报告，建立销售额的预测模型为：

$$Y' = -29090.99 + 1359.3479X_1 - 213521.6X_2 + 27.4036X_3 \qquad (6-11)$$

根据该模型，当单价为 21.5、折扣为 0.15、数量为 3510 时，销售额的预测值为 64293.37533 元。

注意：在自变量的筛选方法中，最优子集法适用于少量候选自变量。对于三个自变量，需要分析七个自变量组合的回归并比较其结果。如果自变量增至四个，则需比较十五个组合，操作难度急剧增加。

对于自变量较多的情况，可采用向前增选法，即从基础自变量组合中筛选出表现最佳的组合，然后逐步添加新变量进行比较，直至找到最优组合。下面通过例子来说明向前增选法的应用。

**【例 6－3】** 根据中国统计年鉴汇总的 2018 年 1 月至 2023 年 12 月共计 72 个月全国的居民消费价格指数（单位：上年同月＝100），选取了其中的 4 种价格指数与总的居民消费价格指数。这 4 种价格指数分别为：食品烟酒类、居住类、教育文化和娱乐、医疗保健类。查询的数据示例（只展示 2 年）如表 6－2 所示，根据这些数据建立多元线性回归模型，并分析 4 种价格指数对居民消费价格指数的影响。

例6-3 讲解

表 6—2 居民消费价格指数示例

| 年月 | 食品烟酒类居民消费价格指数(上年同月=100) | 居住类居民消费价格指数(上年同月=100) | 教育文化和娱乐类居民消费价格指数(上年同月=100) | 医疗保健类居民消费价格指数(上年同月=100) | 居民消费价格指数(上年同月=100) |
|---|---|---|---|---|---|
| 2018-01 | 100.2 | 102.7 | 100.9 | 106.2 | 101.5 |
| 2018-02 | 103.6 | 102.2 | 103.7 | 106.0 | 102.9 |
| 2018-03 | 102.0 | 102.2 | 102.2 | 105.7 | 102.1 |
| 2018-04 | 101.1 | 102.3 | 102.0 | 105.2 | 101.8 |
| 2018-05 | 100.7 | 102.2 | 101.9 | 105.1 | 101.8 |
| 2018-06 | 100.8 | 102.3 | 101.9 | 105.0 | 101.9 |
| 2018-07 | 101.0 | 102.4 | 102.3 | 104.6 | 102.1 |
| 2018-08 | 101.9 | 102.5 | 102.6 | 104.3 | 102.3 |
| 2018-09 | 103.0 | 102.6 | 102.2 | 102.7 | 102.5 |
| 2018-10 | 102.9 | 102.5 | 102.5 | 102.6 | 102.5 |
| 2018-11 | 102.5 | 102.4 | 102.5 | 102.6 | 102.2 |
| 2018-12 | 102.4 | 102.2 | 102.4 | 102.5 | 101.9 |
| 2019-01 | 102.0 | 102.1 | 102.9 | 102.7 | 101.7 |
| 2019-02 | 101.2 | 102.2 | 102.4 | 102.8 | 101.5 |
| 2019-03 | 103.5 | 102.1 | 102.4 | 102.7 | 102.3 |
| 2019-04 | 104.8 | 102.0 | 102.5 | 102.6 | 102.5 |
| 2019-05 | 105.8 | 101.8 | 102.6 | 102.5 | 102.7 |
| 2019-06 | 106.2 | 101.6 | 102.4 | 102.5 | 102.7 |
| 2019-07 | 106.7 | 101.5 | 102.3 | 102.6 | 102.8 |
| 2019-08 | 107.3 | 101.0 | 102.1 | 102.4 | 102.8 |
| 2019-09 | 108.4 | 100.7 | 101.8 | 102.2 | 103.0 |
| 2019-10 | 111.4 | 100.5 | 101.9 | 102.1 | 103.8 |
| 2019-11 | 113.9 | 100.4 | 101.7 | 102.0 | 104.5 |
| 2019-12 | 112.9 | 100.5 | 101.8 | 102.1 | 104.5 |
| 2020-01 | 115.2 | 100.5 | 102.2 | 102.3 | 105.4 |
| 2020-02 | 116.0 | 100.3 | 101.0 | 102.2 | 105.2 |
| 2020-03 | 113.6 | 99.9 | 102.5 | 102.2 | 104.3 |
| 2020-04 | 111.3 | 99.7 | 102.0 | 102.3 | 103.3 |
| 2020-05 | 108.5 | 99.5 | 102.2 | 102.1 | 102.4 |
| 2020-06 | 108.8 | 99.4 | 101.9 | 101.9 | 102.5 |
| 2023-12 | 98.0 | 100.3 | 101.8 | 101.4 | 99.7 |

**【知识点与解题思路】** 本例将学习利用向前增选法选择自变量并进行回归分析预测的方法。关键从基础自变量组合中筛选出表现最佳的组合，然后逐步添加新变量进行比较，根据调整后的 $R^2$ 值，找到最优自变量组合。

第一步，绘制散点图。

绘制四个候选自变量与因变量关系的散点图，形成初步的判断，如图 6—13 所示。

第二步，利用向前增选法选择自变量。

对每个自变量子集进行回归分析，选择调整后 $R^2$ 值最大的组合。开始时分别分析单一自变量组合，最终逐步增加变量进行复合回归分析，如图 6—14 所示。

比较所有回归分析报告中的 $R^2$ 值和调整后 $R^2$ 值，确定以食品烟酒类、居住类、教育文化和娱乐类、医疗保健类为自变量的组合提供了最佳拟合。

第三步，生成回归分析报告并评估回归结果。

生成回归分析报告(略)，模型的拟合优度、合理性及变量系数的显著性均可接受，可用于预测。

第四步，计算预测值。

根据回归分析报告，构建预测模型：

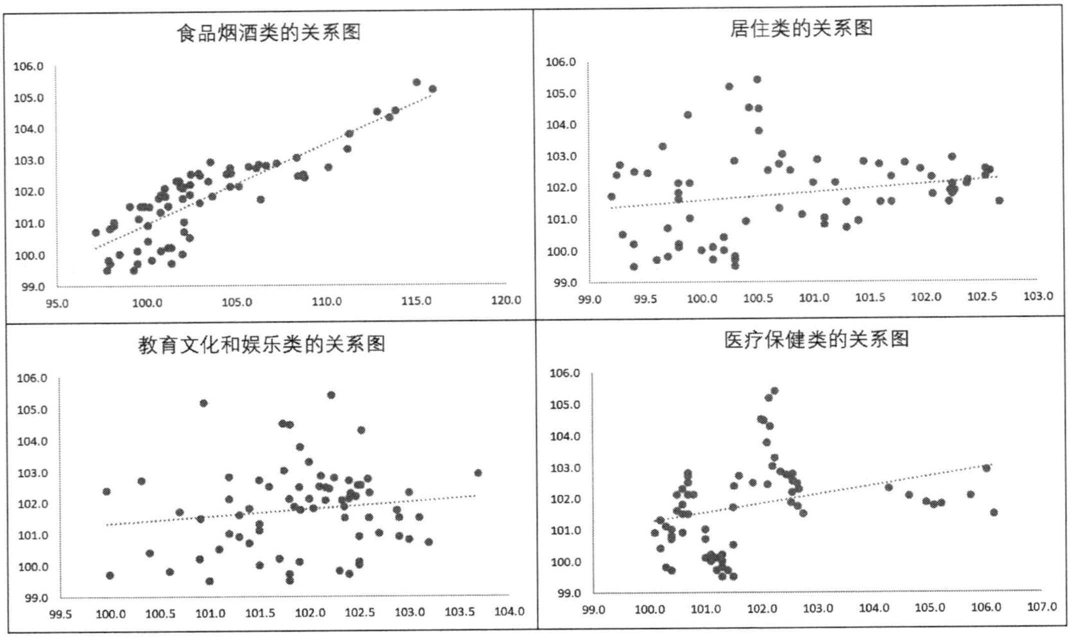


**图 6－13　候选自变量与因变量的关系图**

| 汇总数据 | | | |
|---|---|---|---|
| 自变量集 | | $R^2$ | 调整后$R^2$ |
| 食品烟酒类 | X1 | 0.7360710 | 0.7323006 |
| 居住类 | X2 | 0.0410402 | 0.0273408 |
| 教育文化和娱乐类 | X3 | 0.0174625 | 0.0034262 |
| 医疗保健类 | X4 | 0.1015206 | 0.0886852 |
| 食品烟酒类与居住类 | X1, X2 | 0.9235453 | 0.9213292 |
| 食品烟酒类与教育文化和娱乐类 | X1, X3 | 0.8323232 | 0.8274630 |
| 食品烟酒类与医疗保健类 | X1, X4 | 0.7715782 | 0.7649573 |
| 食品烟酒类、居住类与教育文化和娱乐类 | X1, X2, X3 | 0.9287725 | 0.9256301 |
| 食品烟酒类、居住类与医疗保健类 | X1, X2, X4 | 0.9398946 | 0.9372429 |
| 食品烟酒类、居住类、教育文化和娱乐类与医疗保健类 | X1, X2, X3, X4 | 0.9419014 | 0.9384329 |

**图 6－14　汇总自变量集合回归分析的 $R^2$ 与调整后的 $R^2$**

$$Y'=7.5329+0.3*X_1+0.667*X_2+0.1*X_3-0.143*X_4 \tag{6-12}$$

根据模型计算预测结果为 98.9971。我们在网上查到 2024 年 1 月的实际指数值，与预测值非常接近，说明预测结果较好。

本例采用了向前增选法筛选自变量，相对于最优子集法，在自变量数量较多时可以显著减少工作量。例如，有四个自变量时，最优子集法需要 15 个回归分析，而向前增选法只需 10 个。

## 6.3　非线性回归分析预测模型

前面讨论的线性回归分析预测方法的确是一种简单而有效的统计工具，但在许多实际问题中，观测数据很难找到一条合适的线性回归方程来拟合。这时采用非线性回归分析更为合适，可以提供更准确的预测结果。

非线性回归涉及的因变量与自变量之间的关系超过一次方，表现为多样的曲线形态。通常情况下，非线性回归分析又可分为一元非线性回归分析和多元非线性回归分析。本书将介绍两种非线性回归的预测方法：规划求解法与变换法。

### 6.3.1 一元非线性回归分析预测模型

一元非线性回归分析涉及一个自变量且自变量与因变量之间具有非线性依赖关系，常见的模型包括幂函数、指数函数、对数函数和多项式等。

在 Excel 中，可以通过添加趋势线来拟合这些模型，并得到最优参数值。对于复杂的非线性关系，可通过变量变换将问题转化为线性问题，进行标准的线性回归分析后，再还原原来的变量形式。表 6—3 列出了几种常见拟合曲线及其对应的变量替换方法，通过这些变换方法，非线性问题可以简化为线性回归问题，从而利用 Excel 的线性回归工具进行有效预测。

表 6—3 常用拟合曲线及变量替换方法

| 函数类型及变量替换方法 | 曲线形状 |
|---|---|
| 1. 幂函数<br>$Y=aX^b(a>0)$<br>设 $U=\ln X, V=\ln Y$，<br>则 $V=\ln a+bU$ | 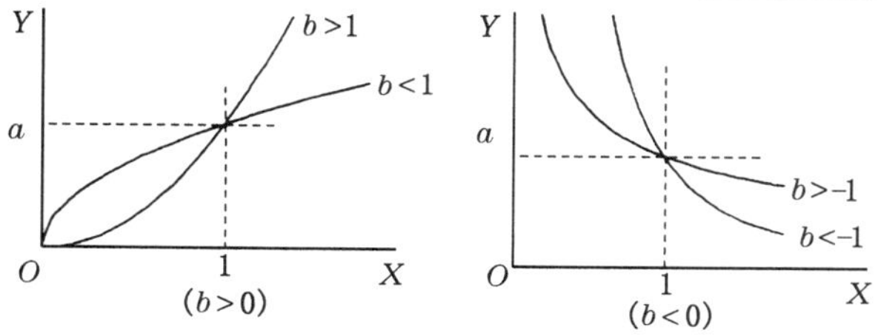 |
| 2. 指数函数<br>$Y=ae^{bx}(a>0)$<br>设 $V=\ln Y$<br>则 $V=\ln a+(b\ln e)X$ | 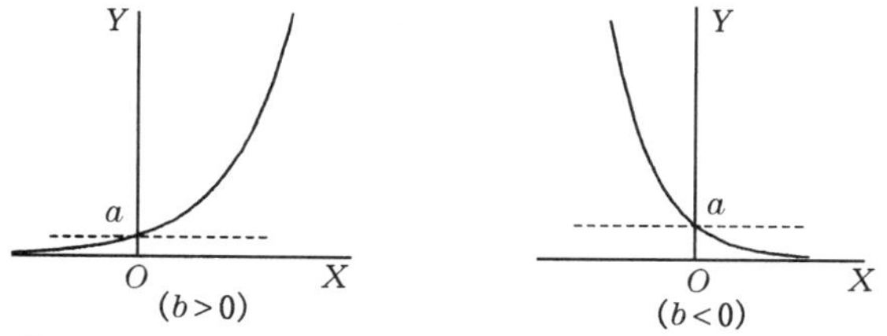 |
| 3. 对数函数<br>$Y=a+b\ln X$<br>设 $U=\ln X$<br>则 $Y=a+bU$ | 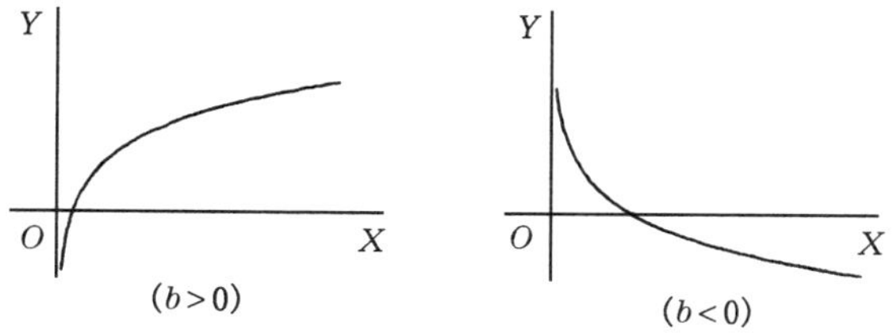 |
| 4. 双曲线函数<br>$Y=a+b\dfrac{1}{X}$<br>设 $U=\dfrac{1}{X}$，则 $Y=a+bU$ | 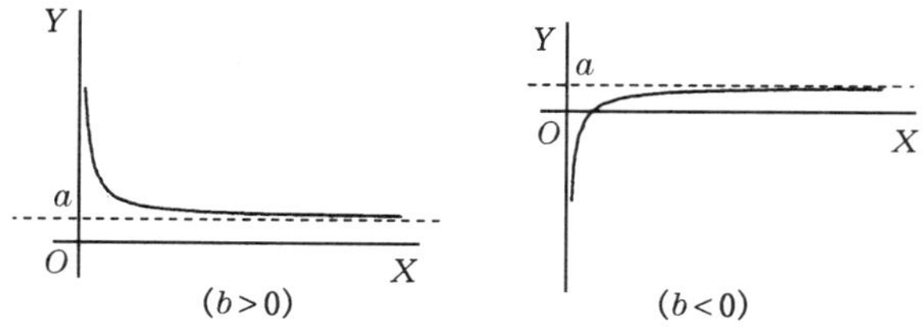 |

续表

| 函数类型及变量替换方法 | 曲线形状 |
|---|---|
| 5. 二次多项式<br>$Y=a+bX+cX^2$<br>及三次多项式<br>$Y=a+bX+cX^2+dX^3$<br>对于多项式回归，可以设<br>$X_1=X$，<br>$X_2=X^2$，<br>……<br>$X_k=X^k$<br>变换为多元线性问题：<br>$Y=a+bX_1+cX_2+\cdots$ | 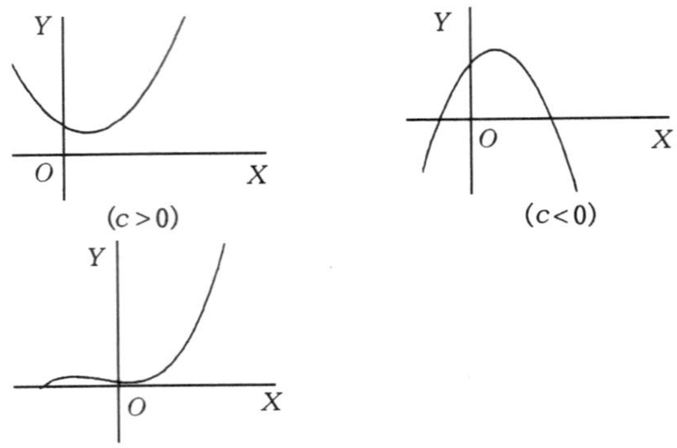 |

下面我们将通过实例来说明这两种方法如何运用。

**【例 6—4】** 某品牌的服装公司为了解销售额与流通率之间的关系(流通率是指每元商品流转额所分摊的流通费用)，收集了 12 个分店的有关数据，如表 6—4 所示。试根据这些数据建立适当的模型，并预测当销售额为 29.5 万元时所对应的流通率。

**例6-4 讲解**

**表 6—4　　销售额数据**

| 销售额(万元) | 流通率(%) | 销售额(万元) | 流通率(%) |
|---|---|---|---|
| 1.5 | 7.0 | 19.5 | 3.2 |
| 4.5 | 5.2 | 22.5 | 2.8 |
| 7.5 | 5.0 | 25.5 | 2.5 |
| 10.5 | 4.5 | 28.5 | 2.3 |
| 13.5 | 4.2 | 31.5 | 2.1 |
| 16.5 | 3.5 | 34.5 | 1.9 |

**【知识点与解题思路】** 本例将学习如何利用规划求解法和变换法进行一元非线性回归分析预测。前者的重点内容包括通过散点图及趋势线观察法确定非线性模型，随后利用规划求解工具通过最小化 MSE 计算最优参数；后者通过引入替代变量将非线性模型变换为线性模型并利用“回归”工具得到参数并进行预测。

方法一：规划求解法。

第一步，绘制散点图。

绘制散点图观察流通率与销售额的关系，如图 6—15 所示，初步判断其更符合对数关系。

第二步，设定初始参数值并计算初始 MSE。

预设参数值(例如 $a$ 和 $b$ 设为 1)，通过公式计算预测值与实际值之间的均方误差 MSE，如图 6—16 所示。

第三步，利用“规划求解”工具获取最优参数值。

设置规划求解工具的参数以最小化 MSE，得到最优解，如图 6—17 所示。

第四步，计算预测值。

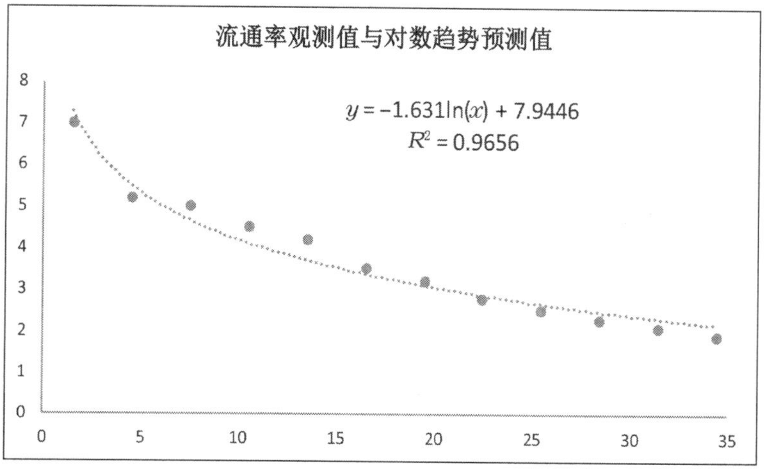


图 6—15　流通率 *XY* 散点图

| | A | B | C | D | E | F |
|---|---|---|---|---|---|---|
| 1 | 销售额（万元） | 流通率（%） | 流通率预测值 | | | |
| 2 | 1.5 | 7 | 1.405465108 | | a | 1 |
| 3 | 4.5 | 5.2 | 2.504077397 | | b | 1 |
| 4 | 7.5 | 5 | 3.014903021 | | | |
| 5 | 10.5 | 4.5 | 3.351375257 | | MSE | 5.526388 |
| 6 | 13.5 | 4.2 | 3.602689685 | | | |
| 7 | 16.5 | 3.5 | 3.803360381 | | | |
| 8 | 19.5 | 3.2 | 3.970414466 | | 销售额 | |
| 9 | 22.5 | 2.8 | 4.113515309 | | 流通率预测值 | |
| 10 | 25.5 | 2.5 | 4.238678452 | | | |
| 11 | 28.5 | 2.3 | 4.349904087 | | | |
| 12 | 31.5 | 2.1 | 4.449987546 | | | |
| 13 | 34.5 | 1.9 | 4.540959324 | | | |

图 6—16　规划求解前模型各单元的数值

| | A | B | C | D | E | F |
|---|---|---|---|---|---|---|
| 1 | 销售额（万元） | 流通率（%） | 流通率预测值 | | | |
| 2 | 1.5 | 7 | 7.283125213 | | a | 7.944577 |
| 3 | 4.5 | 5.2 | 5.490913177 | | b | -1.63134 |
| 4 | 7.5 | 5 | 4.657582037 | | | |
| 5 | 10.5 | 4.5 | 4.108680847 | | MSE | 0.074545 |
| 6 | 13.5 | 4.2 | 3.698701141 | | | |
| 7 | 16.5 | 3.5 | 3.371338668 | | | |
| 8 | 19.5 | 3.2 | 3.098816374 | | 销售额 | 29.5 |
| 9 | 22.5 | 2.8 | 2.865370001 | | 流通率预测值 | 2.42348 |
| 10 | 25.5 | 2.5 | 2.661186147 | | | |
| 11 | 28.5 | 2.3 | 2.47973913 | | | |
| 12 | 31.5 | 2.1 | 2.316468811 | | | |
| 13 | 34.5 | 1.9 | 2.168062756 | | | |

图 6—17　规划求解后模型各单元的数值

绘制流通率的观测值与预测值的散点图，如图 6—18 所示，拟合效果较好。

在 F8 单元格输入特定销售额（例如 29.5），则按照对数函数公式"＝F2＋F3 * LN(F8)"计算得到预测流通率(F9)。

方法二：变换法。

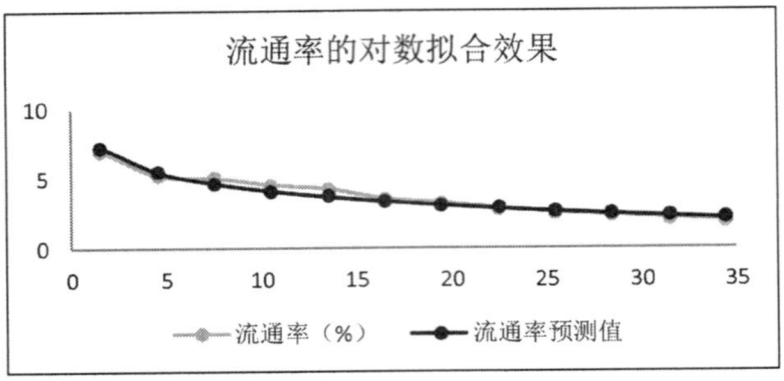


**图 6－18　对数曲线拟合结果**

如果更仔细地观察 $x$ 与 $y$ 的 $XY$ 散点图，可以注意到 $y$ 随 $x$ 的增加而减少，且随着 $x$ 的增加 $y$ 减少的速率变缓，这个特点符合对数回归分析模型的曲线特征，因此可以用对数函数来拟合，即将 $y$ 与 $x$ 之间的关系表述为：

$$y=a+b*\ln(x)$$

式中：参数 $a$ 和 $b$ 的值待定。

第一步，引入替代变量并变换回归模型。

转换问题为线性回归模型。当确定使用对数函数拟合 $y$ 和 $x$ 的关系后，引入替代变量 $U=\ln(x)$，将 $y=a+b\text{In}(x)$，变换为 $y=a+bU$，如图 6－19 中的 $C$ 列所示。

| | A | B | C | D | E | F | G | H |
|---|---|---|---|---|---|---|---|---|
| 1 | 销售额（万元） | 流通率（%） | U=ln(x) | 线性预测值 | | | | |
| 2 | 1.5 | 7 | 0.405465 | 7.28313444 | | | a | 7.944588 |
| 3 | 4.5 | 5.2 | 1.504077 | 5.49091846 | | | b | -1.63135 |
| 4 | 7.5 | 5 | 2.014903 | 4.65758549 | | | | |
| 5 | 10.5 | 4.5 | 2.351375 | 4.10868309 | | | MSE | 0.074545 |
| 6 | 13.5 | 4.2 | 2.60269 | 3.69870248 | | | | |
| 7 | 16.5 | 3.5 | 2.80336 | 3.37133929 | | | | |
| 8 | 19.5 | 3.2 | 2.970414 | 3.0988164 | | | 销售额 | 29.5 |
| 9 | 22.5 | 2.8 | 3.113515 | 2.86536951 | | | 流通率预测值 | 2.423479 |
| 10 | 25.5 | 2.5 | 3.238678 | 2.66118521 | | | | |
| 11 | 28.5 | 2.3 | 3.349904 | 2.47973779 | | | | |
| 12 | 31.5 | 2.1 | 3.449988 | 2.31646711 | | | | |
| 13 | 34.5 | 1.9 | 3.540959 | 2.16806073 | | | | |

**图 6－19　变换法的计算结果**

第二步，生成回归分析报告。

使用 Excel 的"回归"工具得到 $a$ 和 $b$ 的值，如图 6－19 所示。

第三步，计算预测值。

将参数代入变换后的方程"$y=a+bU$"，计算预测值和均方误差，如图 6－19 所示。

绘制观测值与预测值的散点图，如图 6－20 所示。

从图 6－20 可以看出，用变换法后预测的结果与用规划求解法预测的结果相近，即非线性问题可以通过变量变换被有效地转换为线性问题，利用 Excel 的工具进行分析和预测。

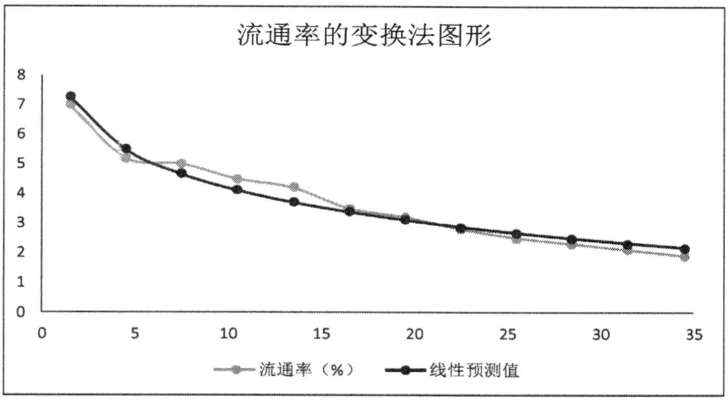


**图 6—20 采用变换法的流通率观测值与预测值**

## 6.3.2 多元非线性回归分析预测模型

在实际中，因变量与多个自变量之间可能呈现出更复杂的关系，需要运用多元非线性回归进行分析。本节主要通过一个例子来看一下在 Excel 中如何建立二元非线性回归分析预测模型。

**【例 6—5】** 房产经纪人发现加州房价与下列三个因素有关：$X_1$：居民收入，$X_2$：总房间数，$X_3$：距离最近海岸的距离。他想知道当 $X_1$ 为 19167、$X_2$ 为 2643、$X_3$ 为 7349.62 时的房价。表 6—5 中给出了三个因素与加州房价的示例数据。

例6-5 讲解

**表 6—5 加州房价数据**

| | A | B | C | D |
|---|---|---|---|---|
| 1 | 居民收入(美元) | 总房间数(间) | 距离最近海岸距离(米) | 房屋价值(美元) |
| 2 | 83252 | 880 | 9263.04 | 452600 |
| 3 | 83014 | 7099 | 8225.73 | 358500 |
| 4 | 72574 | 1467 | 8259.09 | 352100 |
| 5 | 56431 | 1274 | 7768.09 | 341300 |
| 6 | 38462 | 1627 | 7768.09 | 342200 |
| 7 | 40368 | 919 | 7768.09 | 269700 |
| 8 | 36591 | 2535 | 6843.02 | 299200 |
| 9 | 31200 | 3104 | 6843.02 | 241400 |
| 10 | 34982 | 2555 | 6363.95 | 226700 |
| 11 | 42912 | 3549 | 6843.02 | 261100 |
| 12 | 39765 | 2202 | 7349.62 | 281500 |
| 13 | 32705 | 3503 | 7349.62 | 241800 |
| 14 | 30750 | 2491 | 7349.62 | 213500 |
| 15 | 26736 | 696 | 6363.95 | 191300 |
| 211 | 32200 | 2198 | 4739.26 | 156500 |
| 212 | 38750 | 142 | 6498.17 | 225000 |
| 213 | 32328 | 1183 | 6039.26 | 174200 |
| 214 | 27262 | 1070 | 6039.26 | 166900 |
| 215 | 25393 | 1766 | 5680.22 | 163500 |
| 216 | 52578 | 617 | 7437.90 | 253000 |
| 217 | 50375 | 1411 | 7437.90 | 240700 |
| 218 | 39712 | 2109 | 7437.90 | 208100 |
| 219 | 29514 | 1229 | 7040.57 | 198100 |

注：该数据源于 Kaggle 加州房价数据①。

① https://www.kaggle.com/datasets/fedesoriano/california-housing-prices-data-extra-features.

**【知识点与解题思路】** 本例将针对多元非线性回归问题，利用规划求解法和变换法进行预测。重点内容包括确定多元变量的高次方、选取自变量并构建多元回归模型。接着，可以通过规划求解法或变换法确定模型参数并计算预测值。

方法一：规划求解法。

第一步，绘制散点图并选择模型。

用函数 RSQ 分别计算自变量与因变量之间的 $R^2$ 值，初步分析模型的线性或非线性特征。根据题意，房屋价值为因变量，存在三个备选自变量，分别为：$X_1$：居民收入，$X_2$：总房间数，$X_3$：距离最近海岸的距离。

绘制散点图，选择多项式模型。三个备选变量函数 RSQ 结果分别为：0.76448892，0.146372254 和 0.424702968，线性模型解释力度不够，选择多项式模型。考虑到经管类问题变量取高次方的可解释性，设定自变量的最高次幂为 3。

第二步，利用向前增选法选择自变量。

因为本例中有三个备选自变量，可使用向前增选法确定自变量。对每个自变量子集进行回归分析，如图 6—21 所示。选择调整后 $R^2$ 值最大的组合，即 $X_1, X_2, X_3, X_1^2, X_1^3$。

| 汇总数据 | | |
|---|---|---|
| 自变量集 | R² | 调整后R² |
| X1 | 0.764489 | 0.763399 |
| X2 | 0.146372 | 0.14242 |
| X3 | 0.424703 | 0.42204 |
| X1,X2 | 0.786735 | 0.784751 |
| X1,X3 | 0.776283 | 0.774202 |
| X1,X2,X3 | 0.793204 | 0.790305 |
| X1,X2,X3,X1² | 0.798465 | 0.79468 |
| X1,X2,X3,X2² | 0.793328 | 0.789446 |
| X1,X2,X3,X3² | 0.793979 | 0.79011 |
| X1,X2,X3,X1²,X2² | 0.798468 | 0.793715 |
| X1,X2,X3,X1²,X3² | 0.798501 | 0.793748 |
| X1,X2,X3,X1²,X2²,X3² | 0.798501 | 0.792771 |
| X1,X2,X3,X1²,X1³ | 0.802897 | 0.798249 |
| X1,X2,X3,X1²,X2³ | 0.798678 | 0.79393 |
| X1,X2,X3,X1²,X3³ | 0.79869 | 0.793942 |
| X1,X2,X3,X1²,X1³,X2³ | 0.803292 | 0.797698 |
| X1,X2,X3,X1²,X1³,X3³ | 0.803227 | 0.797631 |
| X1,X2,X3,X1²,X1³,X2³,X3³ | 0.803542 | 0.796994 |

**图 6—21 汇总自变量集合回归分析的 $R^2$ 与调整后 $R^2$**

第三步，利用"规划求解"工具获取最优参数值。

设置参数的初始值，计算初始预测值与 MSE。通过上述步骤，在单元格 E2 输入公式"$=a+b_1*X_1+b_2*X_1^2+b_3*X_1^3+c_1*X_2+d_1*X_3$"。

利用规划求解工具得到使 MSE 极小的参数值。得到 $a, b_1, b_2, b_3, c_1, d_1$ 参数值，如图 6—22 所示。

注意：因为该问题是非线性优化问题，因此在使用规划求解工具时一定要多次启用该工具，变换不同的参数初始赋值，直到目标单元格最后两次运行的结果相同或误差在允许的精度内方可停下来，从而获得最终结果。

| | A | B | C | D | E | F | G | H |
|---|---|---|---|---|---|---|---|---|
| 1 | 居民收入(美元) | 总房间数(间) | 距离最近海岸距离(米) | 房屋价值(美元) | 预测值 | | | |
| 2 | 83252 | 880 | 9263.04 | 452600 | 342906.81 | | | |
| 3 | 83014 | 7099 | 8225.73 | 358500 | 398347.39 | | a | 34097.82643 |
| 4 | 72574 | 1467 | 8259.09 | 352100 | 329151.78 | | b1 | 2.382963692 |
| 5 | 56431 | 1274 | 7768.09 | 341300 | 281166.73 | | b2 | 4.62738E-05 |
| 6 | 38462 | 1627 | 7768.09 | 342200 | 217928.80 | | b3 | -4.48E-10 |
| 7 | 40368 | 919 | 7768.09 | 269700 | 218596.60 | | c1 | 9.66417191 |
| 8 | 36591 | 2535 | 6843.02 | 299200 | 215301.65 | | d1 | 4.31461382 |
| 9 | 31200 | 3104 | 6843.02 | 241400 | 199393.27 | | | |
| 10 | 34982 | 2555 | 6363.95 | 226700 | 207037.57 | | MSE | 2054887462 |
| 11 | 42912 | 3549 | 6843.02 | 261100 | 249951.73 | | | |
| 12 | 39765 | 2202 | 7349.62 | 281500 | 226819.70 | | | |
| 13 | 32705 | 3503 | 7349.62 | 241800 | 211404.26 | | | |
| 14 | 30750 | 2491 | 7349.62 | 213500 | 193873.46 | | | |
| 15 | 26736 | 696 | 6363.95 | 191300 | 156499.46 | | | |
| 16 | 19167 | 2643 | 7349.62 | 159200 | 150867.24 | | | |
| 17 | 16250 | 1120 | 7349.62 | 140000 | 125650.45 | | | |
| 18 | 19750 | 1966 | 7016.68 | 152500 | 145030.22 | | | |
| 19 | 21202 | 1228 | 7016.68 | 155500 | 143290.29 | | | |
| 20 | 19911 | 2239 | 6363.95 | 158700 | 145446.22 | | | |
| 213 | 32328 | 1183 | 6039.26 | 174200 | 181833.07 | | | |
| 214 | 27262 | 1070 | 6039.26 | 166900 | 160764.83 | | | |
| 215 | 25893 | 1766 | 5680.22 | 163500 | 160613.68 | | | |
| 216 | 52578 | 617 | 7437.90 | 253000 | 260181.70 | | | |
| 217 | 50875 | 1411 | 7437.90 | 240700 | 261775.26 | | | |
| 218 | 39712 | 2109 | 7437.90 | 208100 | 226093.21 | | | |
| 219 | 29514 | 1229 | 7040.57 | 198100 | 175461.75 | | | |
| 220 | | | | | | | | |
| 221 | 19167 | 2643 | 7349.62 | 159200 | 150867.23 | | | |

**图 6－22 规划求解后的最优参数值**

第四步，计算预测值。

构建的多元非线性回归模型为：

$$Y'=a+b_1*X_1+b_2*X_1^2+b_3*X_1^3+c_1*X_2+d_1*X_3$$

将自变量的值代入模型，得到预测值 150867.23，如图 6－22 中单元格 E221 所示。

方法二：变换法。

第一、第二步同规划求解法。

第三步，引入替代变量并变换回归模型。

引入变量 $U_1=X_1^2$、$U_2=X_1^3$，如图 6－23 中 B2、C2 和 D2 和 E2 所示，则原模型转换为多元线性回归模型：

$$Y'=a+b_1*X_1+b_2*U_1+b_3*U_2+c_1*X_2+d_1*X_3$$

第四步，生成回归分析报告。

将数据整理成如图 6－23 所示的格式，使用“回归”工具可得到回归报告，如图 6－24 所示。

第五步，计算预测值。

将参数 $a,b_1,b_2,b_3,c_1,d_1$ 的值，代入变换后的方程“$Y'=a+b_1*X_1+b_2*U_1+b_3*U_2+c_1*X_2+d_1*X_3$”，计算预测值和均方误差，如图 6－23 中的 G 列与单元格 J10 所示。

将三个自变量的值代入公式，可得预测结果为 161392.16，如图 6－23 中 G221 所示。

注意：因为是非线性模型，所以利用规划求解工具得到的预测结果与变换法得到的结果可能不完全一致。

| | A | B | C | D | E | F | G | H | I | J |
|---|---|---|---|---|---|---|---|---|---|---|
| 1 | X1 | U1 | U2 | X2 | X3 | 房屋价值(美元) | 预测值 | | | |
| 2 | 83252 | 6.931E+09 | 5.77011E+14 | 880 | 9263.04 | 452600 | 376975.99 | | | |
| 3 | 83014 | 6.891E+09 | 5.72076E+14 | 7099 | 8225.73 | 358500 | 433388.65 | | a | 43097.6817 |
| 4 | 72574 | 5.267E+09 | 3.82246E+14 | 1467 | 8259.09 | 352100 | 352721.62 | | b1 | 2.41089143 |
| 5 | 56431 | 3.184E+09 | 1.79702E+14 | 1274 | 7768.09 | 341300 | 295237.46 | | b2 | 4.1618E-05 |
| 6 | 38462 | 1.479E+09 | 5.68978E+13 | 1627 | 7768.09 | 342200 | 228239.57 | | b3 | -3.566E-10 |
| 7 | 40368 | 1.63E+09 | 6.57827E+13 | 919 | 7768.09 | 269700 | 228911.98 | | c1 | 9.89741274 |
| 8 | 36591 | 1.339E+09 | 4.89917E+13 | 2535 | 6843.02 | 299200 | 225518.72 | | d1 | 4.51013649 |
| 9 | 31200 | 973440000 | 3.03713E+13 | 3104 | 6843.02 | 241400 | 209583.78 | | | |
| 10 | 34982 | 1.224E+09 | 4.28089E+13 | 2555 | 6363.95 | 226700 | 217088.99 | | MSE | 1833589789 |
| 11 | 42912 | 1.841E+09 | 7.90199E+13 | 3549 | 6843.02 | 261100 | 261000.11 | | | |
| 12 | 39765 | 1.581E+09 | 6.28786E+13 | 2202 | 7349.62 | 281500 | 237293.91 | | | |
| 13 | 32705 | 1.07E+09 | 3.49818E+13 | 3503 | 7349.62 | 241800 | 221804.59 | | | |
| 14 | 30750 | 945562500 | 2.9076E+13 | 2491 | 7349.62 | 213500 | 204018.31 | | | |
| 15 | 26736 | 714813696 | 1.91113E+13 | 696 | 6363.95 | 191300 | 166079.90 | | | |
| 16 | 19167 | 367373889 | 7.04146E+12 | 2643 | 7349.62 | 159200 | 161392.17 | | | |
| 17 | 16250 | 264062500 | 4.29102E+12 | 1120 | 7349.62 | 140000 | 135967.07 | | | |
| 18 | 19750 | 390062500 | 7.70373E+12 | 1966 | 7016.68 | 152500 | 155303.62 | | | |
| 19 | 21202 | 449524804 | 9.53082E+12 | 1228 | 7016.68 | 155500 | 153323.08 | | | |
| 20 | 19911 | 396447921 | 7.89367E+12 | 2239 | 6363.95 | 158700 | 155647.89 | | | |
| 21 | 26033 | 677717089 | 1.7643E+13 | 1503 | 5976.29 | 162900 | 169603.57 | | | |
| 22 | 43578 | 1.899E+09 | 8.27565E+13 | 751 | 7016.68 | 147500 | 236760.79 | | | |
| 23 | 17135 | 293608225 | 5.03098E+12 | 1639 | 7016.68 | 159800 | 142701.60 | | | |
| 24 | 17250 | 297562500 | 5.13295E+12 | 2436 | 5976.29 | 113900 | 146303.00 | | | |
| 25 | 11806 | 139381636 | 1.64554E+12 | 1688 | 5976.29 | 99700 | 120435.33 | | | |
| 215 | 25893 | 670447449 | 1.73599E+13 | 1766 | 5680.22 | 163500 | 170332.16 | | | |
| 216 | 52578 | 2.764E+09 | 1.45349E+14 | 617 | 7437.90 | 253000 | 272727.28 | | | |
| 217 | 50875 | 2.588E+09 | 1.31678E+14 | 1411 | 7437.90 | 240700 | 274023.09 | | | |
| 218 | 39712 | 1.577E+09 | 6.26275E+13 | 2109 | 7437.90 | 208100 | 236558.06 | | | |
| 219 | 29514 | 871076196 | 2.57089E+13 | 1229 | 7040.57 | 198100 | 185254.83 | | | |
| 220 | | | | | | | | | | |
| 221 | 19167 | 367373889 | 7.04146E+12 | 2643 | 7349.62 | 159200 | 161392.16 | | | |

**图 6—23 变换法得到的预测结果**

SUMMARY OUTPUT

| 回归统计 | |
|---|---|
| Multiple R | 0.896045 |
| R Square | 0.802897 |
| Adjusted R | 0.798249 |
| 标准误差 | 43422.16 |
| 观测值 | 218 |

方差分析

| | df | SS | MS | F | ignificance F |
|---|---|---|---|---|---|
| 回归分析 | 5 | 1.63E+12 | 3.26E+11 | 172.7164 | 1.04E-72 |
| 残差 | 212 | 4E+11 | 1.89E+09 | | |
| 总计 | 217 | 2.03E+12 | | | |

| | Coefficients | 标准误差 | t Stat | P-value | Lower 95% | Upper 95% | 下限 95.0% | 上限 95.0% |
|---|---|---|---|---|---|---|---|---|
| Intercept | 43097.68 | 15431.09 | 2.792911 | 0.005702 | 12679.65 | 73515.72 | 12679.65 | 73515.72 |
| X1 | 2.410891 | 1.218166 | 1.979116 | 0.049097 | 0.009622 | 4.812161 | 0.009622 | 4.812161 |
| U1 | 4.16E-05 | 2.59E-05 | 1.609183 | 0.109064 | -9.4E-06 | 9.26E-05 | -9.4E-06 | 9.26E-05 |
| U2 | -3.6E-10 | 1.63E-10 | -2.18353 | 0.030094 | -6.8E-10 | -3.5E-11 | -6.8E-10 | -3.5E-11 |
| X2 | 9.897413 | 2.528376 | 3.914533 | 0.000122 | 4.913434 | 14.88139 | 4.913434 | 14.88139 |
| X3 | 4.510136 | 1.858668 | 2.426543 | 0.016079 | 0.846299 | 8.173974 | 0.846299 | 8.173974 |

**图 6—24 回归分析报告**

# 本章小结

本章详细介绍了回归分析模型预测方法，涵盖了从基本的一元线性回归到更为复杂的多元非线性回归。首先，介绍了如何使用一元线性回归分析模型和多元线性回归分析模型来预测单一和多变量情况下因变量的行为。对于非线性模型，探讨了如何通过规划求解法和变换法来估计模型中的参数，其中变换法特别用于将复杂的非线性模型转换为更易于分析的线性模型。

本章用到的主要技术有：规划求解工具、Excel 的内建函数、回归分析报告和在 XY 散点图上直接显示回归直线方程等确定回归系数的各种方法；用到的主要函数有：SUMXMY2 和 RSQ 函数。此外，还介绍了如何通过判定系数判断拟合优度和拟合函数的适宜性以及如何解读回归分析报告中的各项指标值。

## 习题六

数据源

1. 为了估计积雪融化后对下游农田灌溉的影响，在山上建立了一个观测站，测量了最大积雪深度 $X$(度量单位：尺)与当年灌溉面积 $Y$(度量单位：千亩)，得到连续 10 年的数据，见表 6—6。建立一元线性回归分析预测模型，预测如果最大积雪深度为 22.5 尺时可以灌溉的农田面积，如图 6—25 所示。

表 6—6　　最大积雪深度与灌溉面积数据

| 年序号 | 最大积雪深度 | 灌溉面积 | 年序号 | 最大积雪深度 | 灌溉面积 |
|---|---|---|---|---|---|
| 1 | 15.2 | 28.6 | 6 | 23.4 | 45.0 |
| 2 | 10.4 | 19.3 | 7 | 13.5 | 29.2 |
| 3 | 21.2 | 40.5 | 8 | 16.7 | 34.1 |
| 4 | 18.6 | 35.6 | 9 | 24.0 | 46.7 |
| 5 | 26.4 | 48.9 | 10 | 19.1 | 37.4 |

| 年序号 | 最大积雪深度 | 灌溉面积 |
| --- | --- | --- |
| 1 | 15.2 | 28.6 |
| 2 | 10.4 | 19.3 |
| 3 | 21.2 | 40.5 |
| 4 | 18.6 | 35.6 |
| 5 | 26.4 | 48.9 |
| 6 | 23.4 | 45 |
| 7 | 13.5 | 29.2 |
| 8 | 16.7 | 34.1 |
| 9 | 24 | 46.7 |
| 10 | 19.1 | 37.4 |

| | |
| --- | --- |
| R Square | 0.978944 |
| Adjusted R Square | 0.976312 |
| a | 2.356438 |
| b | 1.812921 |
| | |
| 预测最大积雪深度 | 22.5 |
| 预测灌溉农田面积 | 43.14716 |

SUMMARY OUTPUT

| 回归统计 | |
| --- | --- |
| Multiple R | 0.98941616 |
| R Square | 0.978944338 |
| Adjusted R | 0.97631238 |
| 标准误差 | 1.418923905 |
| 观测值 | 10 |

方差分析

| | df | SS | MS | F | Significance F |
| --- | --- | --- | --- | --- | --- |
| 回归分析 | 1 | 748.8542 | # | 371.9453058 | 5.42032E-08 |
| 残差 | 8 | 16.10676 | 2 | | |
| 总计 | 9 | 764.961 | | | |

| | Coefficients | 标准误差 | Sta | P-value | Lower 95% | Upper 95% | 下限 95.0% | 上限 95.0% |
| --- | --- | --- | --- | --- | --- | --- | --- | --- |
| Intercept | 2.356437929 | 1.827876 | 1 | 0.233363417 | -1.858651515 | 6.571527 | -1.85865 | 6.571527 |
| 最大积雪济 | 1.812921065 | 0.094002 | 19 | 5.42032E-08 | 1.596150936 | 2.029691 | 1.596151 | 2.029691 |

**图 6—25　最大积雪深度与灌溉面积一元模型**

2. 阿曼德比萨是一个制作和外卖意大利比萨的餐饮连锁店，其主要客户群是比萨店周边在校大学生。为了研究各店铺销售额与店铺附近地区大学生人数之间的关系，随机抽取了十个分店的样本，得到的数据如表 6—7 所示。

**表 6—7　　区内大学生人数及比萨店的销售额**

| 店铺编号 | 区内大学生数($X$) | 季度销售额($Y$) |
| --- | --- | --- |
| 1 | 0.2 | 5.8 |
| 2 | 0.6 | 10.5 |
| 3 | 0.8 | 8.8 |
| 4 | 0.8 | 11.8 |
| 5 | 1.2 | 11.7 |
| 6 | 1.6 | 13.7 |
| 7 | 2 | 15.7 |
| 8 | 2 | 16.9 |

续表

| 店铺编号 | 区内大学生数(X) | 季度销售额(Y) |
|---|---|---|
| 9 | 2.2 | 14.9 |
| 10 | 2.6 | 20.2 |

试建立回归分析预测模型，然后根据回归方程预测一个区内大学生人数为 1.8 万的店铺的季度销售额，如图 6—26 所示。

| 店铺编号 | 区内大学生数 (X) | 季度销售额 (Y) |
|---|---|---|
| 1 | 0.2 | 5.8 |
| 2 | 0.6 | 10.5 |
| 3 | 0.8 | 8.8 |
| 4 | 0.8 | 11.8 |
| 5 | 1.2 | 11.7 |
| 6 | 1.6 | 13.7 |
| 7 | 2 | 15.7 |
| 8 | 2 | 16.9 |
| 9 | 2.2 | 14.9 |
| 10 | 2.6 | 20.2 |

| | |
|---|---|
| R Square | 0.902734 |
| Adjusted R Square | 0.890575 |
| a | 6 |
| b | 5 |
| 预测区内大学生人数 | 1.8 |
| 预测店铺季度销售额 | 15 |

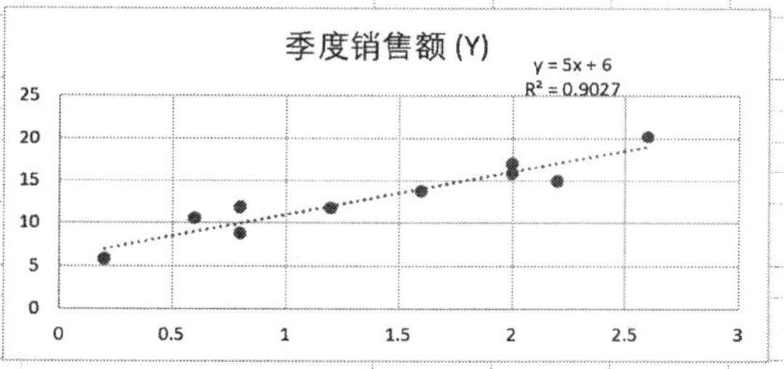


SUMMARY OUTPUT

| 回归统计 | |
|---|---|
| Multiple R | 0.950122955 |
| R Square | 0.90273363 |
| Adjusted R | 0.890575334 |
| 标准误差 | 1.382931669 |
| 观测值 | 10 |

方差分析

| | df | SS | MS | F | ignificance F |
|---|---|---|---|---|---|
| 回归分析 | 1 | 142 | 142 | 74.24836601 | 2.55E-05 |
| 残差 | 8 | 15.3 | 1.9125 | | |
| 总计 | 9 | 157.3 | | | |

| | Coefficients | 标准误差 | t Stat | P-value | Lower 95% | Upper 95% | 下限 95.0% | 上限 95.0% |
|---|---|---|---|---|---|---|---|---|
| Intercept | 6 | 0.922603481 | 6.503335532 | 0.000187444 | 3.872473 | 8.127527 | 3.872473 | 8.127527 |
| 区内大学生 | 5 | 0.580265238 | 8.616749156 | 2.54887E-05 | 3.661906 | 6.338094 | 3.661906 | 6.338094 |

**图 6—26 大学生数与比萨销售额预测模型**

3. 在一次物理实验中，同学们记录下小球滚动的距离与时间的数值，如表 6—8 所示。

**表 6—8 小球滚动的试验数据**

| $T$(秒) | 1 | 2 | 3 | 4 | 5 | 6 | 7 |
|---|---|---|---|---|---|---|---|
| $S$(厘米) | 1 | 1.5 | 4.1 | 7.6 | 11.9 | 18.2 | 24.0 |
| $T$(秒) | 8 | 9 | 10 | 11 | 12 | 13 | 14 |
| $S$(厘米) | 31.8 | 39.2 | 48.9 | 59.8 | 70.3 | 84.2 | 96.8 |

试建立一个小球滚动的距离与时间之间的回归分析预测模型，并求出模型参数，如图 6—27 所示。

| T(秒) | T^2 | S(厘米) |
|---|---|---|
| 1 | 1 | 1 |
| 2 | 4 | 1.5 |
| 3 | 9 | 4.1 |
| 4 | 16 | 7.6 |
| 5 | 25 | 11.9 |
| 6 | 36 | 18.2 |
| 7 | 49 | 24 |
| 8 | 64 | 31.8 |
| 9 | 81 | 39.2 |
| 10 | 100 | 48.9 |
| 11 | 121 | 59.8 |
| 12 | 144 | 70.3 |
| 13 | 169 | 84.2 |
| 14 | 196 | 96.8 |

| | |
|---|---|
| R Square | 0.999797 |
| Adjusted R Square | 0.99976 |
| a | 0.22033 |
| b | -0.14133 |
| c | 0.503503 |

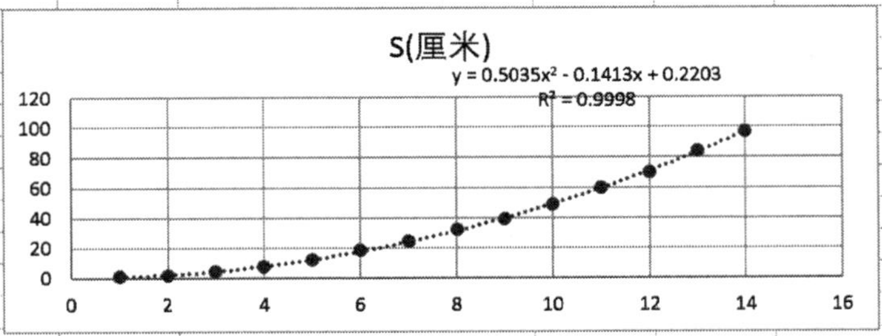


SUMMARY OUTPUT

| 回归统计 | |
|---|---|
| Multiple R | 0.999898 |
| R Square | 0.999797 |
| Adjusted R | 0.99976 |
| 标准误差 | 0.494316 |
| 观测值 | 14 |

方差分析

| | df | SS | MS | F | Significance F |
|---|---|---|---|---|---|
| 回归分析 | 2 | 13233.9 | 6616.952 | 27079.99 | 4.91975E-21 |
| 残差 | 11 | 2.687832 | 0.244348 | | |
| 总计 | 13 | 13236.59 | | | |

| | Coefficients | 标准误差 | t Stat | P-value | Lower 95% | Upper 95% | 下限 95.0% | 上限 95.0% |
|---|---|---|---|---|---|---|---|---|
| Intercept | 0.22033 | 0.460572 | 0.478383 | 0.641745 | -0.793382627 | 1.234042 | -0.79338 | 1.234042 |
| T(秒) | -0.14133 | 0.141259 | -1.00052 | 0.338559 | -0.452240567 | 0.169576 | -0.45224 | 0.169576 |
| T^2 | 0.503503 | 0.00916 | 54.96583 | 8.91E-15 | 0.483341092 | 0.523664 | 0.483341 | 0.523664 |

**图 6—27　小球滚动回归模型**

4. 一家皮鞋零售店将其连续 18 个月的库存占用资金情况、广告投入费用、员工薪酬以及销售额等方面的数据做了一个汇总，这些数据显示在工作表单元格 A1:E20（见表 6—9）。该皮鞋店的管理人员试图根据这些数据找到销售额与其他三个变量之间的关系。试建立回归分析模型，预测未来某月库存资金额为 150 万元、广告投入预算为 45 万元、员工薪酬总额为 27 万元时该月的销售额，如图 6—28 所示。

**表 6—9　　皮鞋店的销售额数据**

| 月份 | 库存资金额 $X_1$（万元） | 广告投入 $X_2$（万元） | 员工薪酬总额 $X_3$（万元） | 销售额 $Y$（万元） |
|---|---|---|---|---|
| 1 | 75.2 | 30.6 | 21.1 | 1 090.4 |
| 2 | 77.6 | 31.3 | 21.4 | 1 133 |
| 3 | 80.7 | 33.9 | 22.9 | 1 242.1 |
| 4 | 76 | 29.6 | 21.4 | 1 003.2 |
| 5 | 79.5 | 32.5 | 21.5 | 1 283.2 |

续表

| 月份 | 库存资金额 $X_1$（万元） | 广告投入 $X_2$（万元） | 员工薪酬总额 $X_3$（万元） | 销售额 $Y$（万元） |
|---|---|---|---|---|
| 6 | 81.8 | 27.9 | 21.7 | 1 012.2 |
| 7 | 98.3 | 24.8 | 21.5 | 1 098.8 |
| 8 | 67.7 | 23.6 | 21 | 826.3 |
| 9 | 74 | 33.9 | 22.4 | 1 003.3 |
| 10 | 151 | 27.7 | 24.7 | 1 554.6 |
| 11 | 90.8 | 45.5 | 23.2 | 1 199 |
| 12 | 102.3 | 42.6 | 24.3 | 1 483.1 |
| 13 | 115.6 | 40 | 23.1 | 1 407.1 |
| 14 | 125 | 45.8 | 29.1 | 1 551.3 |
| 15 | 137.8 | 51.7 | 24.6 | 1 601.2 |
| 16 | 175.6 | 67.2 | 27.5 | 2 311.7 |
| 17 | 155.2 | 65 | 26.5 | 2 126.7 |
| 18 | 174.3 | 65.4 | 26.8 | 2 256.5 |

| 月份 | 库存资金额X1 | 广告投入X2 | 员工薪酬总额X3 | 销售额Y |
|---|---|---|---|---|
| 1 | 75.2 | 30.6 | 21.1 | 1090.4 |
| 2 | 77.6 | 31.3 | 21.4 | 1133 |
| 3 | 80.7 | 33.9 | 22.9 | 1242.1 |
| 4 | 76 | 29.6 | 21.4 | 1003.2 |
| 5 | 79.5 | 32.5 | 21.5 | 1283.2 |
| 6 | 81.8 | 27.9 | 21.7 | 1012.2 |
| 7 | 98.3 | 24.8 | 21.5 | 1098.8 |
| 8 | 67.7 | 23.6 | 21 | 826.3 |
| 9 | 74 | 33.9 | 22.4 | 1003.3 |
| 10 | 151 | 27.7 | 24.7 | 1554.6 |
| 11 | 90.8 | 45.5 | 23.2 | 1199 |
| 12 | 102.3 | 42.6 | 24.3 | 1483.1 |
| 13 | 115.6 | 40 | 23.1 | 1407.1 |
| 14 | 125 | 45.8 | 29.1 | 1551.3 |
| 15 | 137.8 | 51.7 | 24.6 | 1601.2 |
| 16 | 175.6 | 67.2 | 27.5 | 2311.7 |
| 17 | 155.2 | 65 | 26.5 | 2126.7 |
| 18 | 174.3 | 65.4 | 26.8 | 2256.5 |

| | R² | 调整后R² | |
|---|---|---|---|
| x1 | 0.89 | 0.88373 | |
| x2 | 0.84 | 0.82727 | |
| x3 | 0.71 | 0.69148 | |
| x1,x2 | 0.96 | 0.95164 | 选择 |
| x2,x3 | 0.87 | 0.85223 | |
| x1,x3 | 0.9 | 0.88496 | |
| x1,x2,x3 | 0.96 | 0.94837 | |

| | |
|---|---|
| 截距 | 87 |
| x1系数 | 7.11 |
| x2系数 | 13.7 |
| x1 | 150 |
| x2 | 45 |
| 预测销售额 | 1769 |

**图 6—28 皮鞋店销售预测模型**

5. 表 6—10 列出了七个公路货运量排在前 7 位国家的公路货运量以及相应的公路长度和商用运载工具(卡车或公共汽车)数。用这些数据建立二元非线性回归分析预测模型(见图 6—29),通过公路长度和商用运载工具数来预测公路货运量。要求：

(1) 计算回归方程的系数；

(2) 求出当公路长度为 6 百万英里、商用运载工具为 30 万时的公路货运量预测值。

表 6—10　　不同国家的公路货运量、公路长度与商用运载工具数

| 公路货运量(百万吨英里)$Y$ | 公路长度(英里)$X_1$ | 商用运载工具数 $X_2$ |
|---|---|---|
| 27.88 | 67.32 | 501.00 |
| 17.83 | 103.17 | 137.11 |
| 14.40 | 134.20 | 198.00 |
| 13.90 | 39.54 | 292.30 |
| 12.52 | 18.86 | 274.55 |
| 10.58 | 20.63 | 285.94 |
|  | 15.70 | 375.80 |

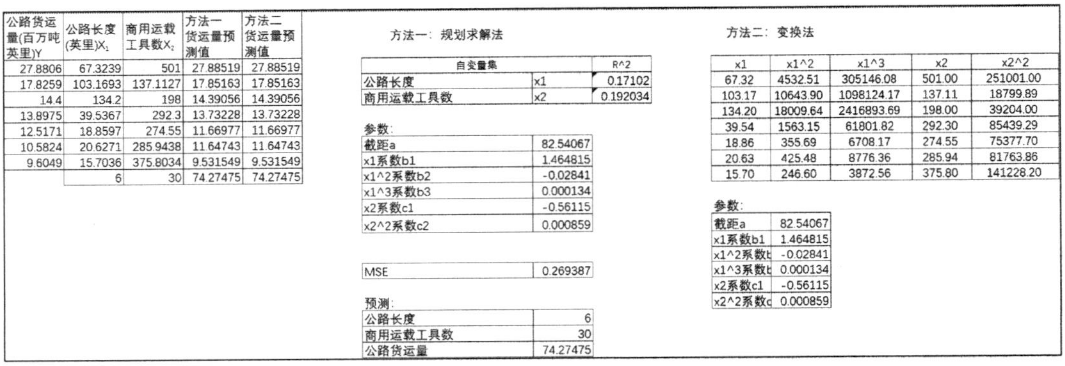

| 公路货运量(百万吨英里)Y | 公路长度(英里)$X_1$ | 商用运载工具数$X_2$ | 方法一货运量预测值 | 方法二货运量预测值 |
|---|---|---|---|---|
| 27.8806 | 67.3239 | 501 | 27.88519 | 27.88519 |
| 17.8259 | 103.1693 | 137.1127 | 17.85163 | 17.85163 |
| 14.4 | 134.2 | 198 | 14.39056 | 14.39056 |
| 13.8975 | 39.5367 | 292.3 | 13.73228 | 13.73228 |
| 12.5171 | 18.8597 | 274.55 | 11.66977 | 11.66977 |
| 10.5824 | 20.6271 | 285.9438 | 11.64743 | 11.64743 |
| 9.6049 | 15.7036 | 375.8034 | 9.531549 | 9.531549 |
|  | 6 | 30 | 74.27475 | 74.27475 |

方法一：规划求解法

| 自变量集 |  | R^2 |
|---|---|---|
| 公路长度 | x1 | 0.17102 |
| 商用运载工具数 | x2 | 0.192034 |

参数：

| | |
|---|---|
| 截距a | 82.54067 |
| x1系数b1 | 1.464815 |
| x1^2系数b2 | -0.02841 |
| x1^3系数b3 | 0.000134 |
| x2系数c1 | -0.56115 |
| x2^2系数c2 | 0.000859 |

| | |
|---|---|
| MSE | 0.269387 |

预测：

| | |
|---|---|
| 公路长度 | 6 |
| 商用运载工具数 | 30 |
| 公路货运量 | 74.27475 |

方法二：变换法

| x1 | x1^2 | x1^3 | x2 | x2^2 |
|---|---|---|---|---|
| 67.32 | 4532.51 | 305146.08 | 501.00 | 251001.00 |
| 103.17 | 10643.90 | 1098124.17 | 137.11 | 18799.89 |
| 134.20 | 18009.64 | 2416893.69 | 198.00 | 39204.00 |
| 39.54 | 1563.15 | 61801.82 | 292.30 | 85439.29 |
| 18.86 | 355.69 | 6708.17 | 274.55 | 75377.70 |
| 20.63 | 425.48 | 8776.36 | 285.94 | 81763.86 |
| 15.70 | 246.60 | 3872.56 | 375.80 | 141228.20 |

参数：

| | |
|---|---|
| 截距a | 82.54067 |
| x1系数b1 | 1.464815 |
| x1^2系数b | -0.02841 |
| x1^3系数b | 0.000134 |
| x2系数c1 | -0.56115 |
| x2^2系数c | 0.000859 |

图 6—29　公路运货量销售预测模型示例

6. 经过深入调查研究，王经理发现：建筑许可证的颁发数量既与每平方公里的人口密度有着密切的关系，也与自有房屋的均值有着密切的关系，此外还与平均家庭收入、人口增长率、失业率、人均纳税等有着相关关系，数据(建筑许可证颁发数据. xlse)见表 6—11。根据这些数据，想想用什么方法能较快地找出合适的自变量，建立多元回归分析模型，并以此预测建筑许可证的颁发数量，如图 6—30 所示。

表 6—11　　调研数据

| 每平方公里的人口密度 | 自有房屋的均值(单位：百元) | 平均家庭收入(单位：千元) | 人口增长率(年) | 失业率 | 人均纳税(千元) | 建筑许可证的颁发数量 |
|---|---|---|---|---|---|---|
| 5951 | 171.2 | 78.5 | 0.12% | 0.02% | 0.5 | 7620 |
| 6545 | 174.2 | 78.5 | 0.15% | 0.06% | 1.7 | 9120 |
| 6236 | 204.3 | 83.4 | 0.17% | 0.15% | 2.2 | 10670 |
| 6470 | 218.7 | 92.4 | 0.32% | 0.17% | 2.0 | 11160 |
| 6740 | 219.4 | 93.7 | 0.35% | 0.31% | 0.5 | 11900 |

续表

| 每平方公里的人口密度 | 自有房屋的均值（单位：百元） | 平均家庭收入（单位：千元） | 人口增长率（年） | 失业率 | 人均纳税（千元） | 建筑许可证的颁发数量 |
|---|---|---|---|---|---|---|
| 6444 | 240.4 | 93.9 | 0.42% | 0.40% | 0.2 | 12920 |
| 6800 | 273.5 | 97.8 | 0.42% | 0.47% | 0.3 | 14340 |
| 7240 | 294.8 | 99.3 | 0.46% | 0.49% | 2.4 | 15900 |
| 7571 | 330.2 | 101.1 | 0.46% | 0.53% | 3.0 | 18000 |
| 7068 | 333.1 | 102.2 | 0.55% | 0.56% | 2.7 | 19300 |
| 8100 | 366 | 104.2 | 0.61% | 0.60% | 1.4 | 20100 |
| 8102 | 350.9 | 105.1 | 0.63% | 0.68% | 0.7 | 20180 |
| 8230 | 357.9 | 105.2 | 0.63% | 0.76% | 1.4 | 22100 |
| 8320 | 359 | 105.2 | 0.81% | 0.81% | 0.6 | 23000 |
| 8450 | 371.9 | 108.5 | 0.82% | 0.82% | 3.0 | 24050 |
| 9100 | 435.3 | 113.2 | 0.85% | 0.92% | 3.1 | 25300 |
| 9130 | 523.9 | 114.1 | 0.97% | 0.95% | 1.9 | 25860 |
| 9450 | 604.1 | 114.6 | 0.99% | 1.00% | 3.7 | 26700 |

| 每平方公! | 自有房屋的 | 平均家庭收 | 人口增长率 | 失业率X5 | 人均纳税收 | 建筑许可证 | 预测值 |
|---|---|---|---|---|---|---|---|
| 5951 | 171.2 | 78.5 | 0.12% | 0.02% | 0.5 | 7620 | 7377.13 |
| 6545 | 174.2 | 78.5 | 0.15% | 0.06% | 1.7 | 9120 | 9178.042 |
| 6236 | 204.3 | 83.4 | 0.17% | 0.15% | 2.2 | 10670 | 10435.96 |
| 6470 | 218.7 | 92.4 | 0.32% | 0.17% | 2 | 11160 | 10916.6 |
| 6740 | 219.4 | 93.7 | 0.35% | 0.31% | 0.5 | 11900 | 12713.84 |
| 6444 | 240.4 | 93.9 | 0.42% | 0.40% | 0.2 | 12920 | 13636.58 |
| 6800 | 273.5 | 97.8 | 0.42% | 0.47% | 0.3 | 14340 | 15152.83 |
| 7240 | 294.8 | 99.3 | 0.46% | 0.49% | 2.4 | 15900 | 16868.14 |
| 7571 | 330.2 | 101.1 | 0.46% | 0.53% | 3 | 18000 | 18113.91 |
| 7068 | 333.1 | 102.2 | 0.55% | 0.56% | 2.7 | 19300 | 17883.77 |
| 8100 | 366 | 104.2 | 0.61% | 0.60% | 1.4 | 20100 | 19079.82 |
| 8102 | 350.9 | 105.1 | 0.63% | 0.68% | 0.7 | 20180 | 20005.9 |
| 8230 | 357.9 | 105.2 | 0.63% | 0.76% | 1.4 | 22100 | 21684.19 |
| 8320 | 359 | 105.2 | 0.81% | 0.81% | 0.6 | 23000 | 22203.39 |
| 8450 | 371.9 | 108.5 | 0.82% | 0.82% | 3 | 24050 | 23550.85 |
| 9100 | 435.3 | 113.2 | 0.85% | 0.92% | 3.1 | 25300 | 25855.7 |
| 9130 | 523.9 | 114.1 | 0.97% | 0.95% | 1.9 | 25860 | 25825.81 |
| 9450 | 604.1 | 114.6 | 0.99% | 1.00% | 3.7 | 26700 | 27737.53 |

| 第一轮比较 | | |
|---|---|---|
| 自变量 | R^2 | 调整后R^2 |
| X1 | 0.936535 | 0.9325687 |
| X2 | 0.872939 | 0.8649972 |
| X3 | 0.924739 | 0.9200356 |
| X4 | 0.955104 | 0.9522984 |
| X5 | 0.975154 | 0.9736013 |
| X6 | 0.221464 | 0.172806 |

| 第二轮比较 | | |
|---|---|---|
| 自变量 | R^2 | 调整后R^2 |
| X5、X1 | 0.982368 | 0.9800166 |
| X5、X2 | 0.97716 | 0.9741143 |
| X5、X3 | 0.975155 | 0.9718421 |
| X5、X4 | 0.976898 | 0.9738172 |
| X5、X6 | 0.983859 | 0.9817068 |

| 第三轮比较 | | |
|---|---|---|
| 自变量 | R^2 | 调整后R^2 |
| X5、X6、X1 | 0.986871 | 0.9840571 |
| X5、X6、X2 | 0.98386 | 0.980401 |
| X5、X6、X3 | 0.984095 | 0.9806864 |
| X5、X6、X4 | 0.984941 | 0.9817139 |

| 第四轮比较 | | |
|---|---|---|
| 自变量 | R^2 | 调整后R^2 |
| X5、X6、X1、X2 | 0.987462 | 0.983604 |
| X5、X6、X1、X3 | 0.986887 | 0.9828521 |
| X5、X6、X1、X4 | 0.987086 | 0.9831126 |

经比较得出

选择X5、X6、X1作为自变量构建模型

| | |
|---|---|
| a | 223.5183 |
| b1 | 1537240 |
| b2 | 437.0642 |
| b3 | 1.113701 |

**图 6—30　建筑许可证多元预测模型**

# 第七章

# 成本管理决策模型

在现代企业管理中，成本管理是核心要素，它对于促进增产节支、加强经济核算以及提高企业整体管理水平具有重大意义。因此，成本管理不能仅局限于生产活动，应扩展到产品设计、工艺安排、设备利用、原材料采购、人力分配等产品生产、技术、销售、储备和经营等各个领域。参与成本管理的人员也不能仅仅是专职成本管理人员，应包括各部门的生产和经营管理人员，并调动全体员工的积极性，实行全面成本管理。只有这样，才能最大限度地挖掘企业降低成本的潜力，提高企业整体成本管理水平。成本管理有助于降低和控制成本，为制定价格以及公司的经营决策提供依据。如何降低和控制成本，事关企业的经营效益。此外，成本管理的准确性和科学性亦会影响运营、投资、融资等公司的重大决策。

第七章
课 件

本章将重点介绍成本管理决策的数学模型，突出如何将成本分析转化为计算机模型，包括建模方法、步骤及技术难点。章节内容将从技术层面介绍运用Excel建立模型和创建可调动态决策图形模型的基本方法。在管理决策模型中使用可调动态图形这种手段，可以体现模型分析能力，决策者可以在图形上调节参数控件，并观察反映决策结果的曲线及其特征的变化，从而提高管理决策模型的有效性。

第七章
例题答案

本章主要内容包括：

● 本—量—利分析，分析成本、销量与利润之间的关系，为目标控制提供决策方案；

● Excel 电子表格建立盈亏平衡分析决策模型的方法，使用公式计算、查表加内插值和目标求解等寻找盈亏平衡点的多种方法，各种管理参数的变化对盈亏平衡点的影响分析；

● 利用相对平衡点分析模型进行成本决策分析的方法，两种备选决策方案的相对平衡点的求解方法；

● 运用利润柱、盈利区与亏损区、利润极大值变化轨迹等图形处理技术表达决策分析模型的方法；

● 控件调整模型参数引起决策点的变化，如果—怎样(what-if)决策分析的动态可调图形，折扣优惠条件下曲线产生陡变效果的 XY 散点图形等技术。

# 7.1 本—量—利分析

“本—量—利”分析也称 CVP 分析(Cost Volume Profit Analysis),通过成本、销量和利润三者关系的分析,找出三者之间联系的规律,从而有效地制定经营决策,为目标控制提供非常有用的方法。

企业在销售一种产品时,利润与产品销量一般呈现这样的关系:当产品销量较小时,利润为负值(亏损);当销量超过某个临界数量后,利润转变为正值(盈利)。使产品的销售刚好达到“不盈不亏”状态的临界销量就是保本点(Breakeven Point,盈亏平衡点)。

## 7.1.1 本—量—利分析概述

本—量—利分析是会计的重要方法,其基本内容包括:成本、销量和利润的关系;计算产品的边际贡献;确定产品生产或销售的盈亏平衡点;分析产品销售的安全边际。其中,确定生产销量的盈亏平衡点是本—量—利分析基本模式的核心内容。

本—量—利表示成销量($Q$)、销售收入($R$)、总成本($C$)以及利润($\pi$)之间关系的模型为:

$$销售收入(R)=销售单价(p)\times 销量(Q)$$
$$可变成本(V)=单位变动成本(v)\times 销量(Q)$$
$$总成本(C)=固定成本(F)+可变成本(V)$$
$$利润(\pi)=销售收入(R)-总成本(C)$$

本—量—利模型可以用公式表示利润与销量的关系:

$$\pi=R-C=pQ-(F+vQ)=(p-v)Q-F \qquad (7-1)$$

在进行本—量—利分析时,还经常计算边际贡献、单位边际贡献和边际贡献率($k$),它们也是各种决策分析和决策控制中常用的概念。边际贡献是指产品销售收入减去变动成本后的余额,公式为$(p-v)Q$;单位边际贡献是指每销售一件产品所获得的毛利,即边际贡献除以销量,公式为$(p-v)$;边际贡献率($k$)是产品的单位边际贡献与销售单价或边际贡献与销售收入之间的比率,公式为$(p-v)/p$,它表示每一元销售收入中提供的边际贡献的比重。边际贡献率($k$)也可以表达为$(1-v/p)$或$(1-V/R)$,这样,利润的计算公式可写为:

$$\pi=kR-F \qquad (7-2)$$

## 7.1.2 本—量—利分析模型

在 Excel 中建立决策模型①的基本原则一般包括以下三个方面:

(1)正确性。模型的逻辑(模型公式中各种变量的关系)必须正确与完备。在一个单元格中输入的公式应该能够计算出正确值,尤其在使用 if()函数进行分档计算时,应该能正确计算出各个条件下的结果数据,正确进行四舍五入操作。

(2)可读性。模型的基本含义与结论应该便于建模者和其他决策者正确理解。模型应提

① 王兴德在 1999 年出版的《现代管理决策的计算机方法》与 2003 年出版的《电子化商务决策分析》中对这种建模分析方法及应用做了系统的阐述,并且提供了大量应用实例。

供多方面的配套分析数据和图形以便决策者从各个方面去深入理解它所提供的含义与性质。

(3)易维护性。模型应该让决策者在问题发生变化时可以方便地进行修改。应将决策问题中的所有已知参数集中安排在模型工作表的一个单元格区域，并设定决策变量单元格、中间变量单元格和目标变量单元格。在中间变量和目标变量的计算公式中，应使用参数单元格、决策变量单元格、中间变量单元格和函数，不应直接使用参数值和中间计算值。

下面将通过案例来说明利用 Excel 建立本—量—利分析模型的方法和步骤。

**【例 7—1】** 康乐特公司生产与销售某种元件用于智能手机的生产，目前元件生产与销售的固定成本为 80000 元，单位可变成本为 0.4 元，销售单价为 1 元，销量最多为 400000 件。管理层想通过本—量—利模型分析元件的不同销量对公司利润的影响。

例7-1 讲解(1)

**【知识点与解题思路】** 本例将学习本一量一利分析的建模与分析方法。关键知识点包括构建本一量一利分析的基础模型，并利用分析图展示模型。通过添加参考线、决策依据以及表单控件，可以形成本一量一利分析的动态图。

例7-1 讲解(2)

第一步，建立本—量—利分析基本模型。

分析问题，建立本—量—利分析基本模型，如图 7—1 中单元格 C3:D14 所示。

| | C | D | E | F | G | H | I |
|---|---|---|---|---|---|---|---|
| 2 | | | | | 销量 | 销售收入 | 总成本 |
| 3 | 销量 | 350000.00 | # | | | 350000 | 220000 |
| 4 | | | | | 0 | 0 | 80000 |
| 5 | 销售单价 | 1.00 | | | 400000 | 400000 | 240000 |
| 6 | 固定成本 | 80000.00 | | | | | |
| 7 | 单位可变成本 | 0.40 | | | | | |
| 8 | 可变成本 | 140000.00 | | | 当前销量时的利润垂直参考线 | | |
| 9 | 总成本 | 220000.00 | | | 350000 | 350000 | |
| 10 | 单位边际贡献 | 0.60 | | | 350000 | 220000 | |
| 11 | 边际贡献 | 210000.00 | | | | | |
| 12 | 边际贡献率 | 0.60 | | | 销售单价列表框数据 | | |
| 13 | 销售收入 | 350000.00 | | | 销售单价=0.7元 | 0.7 | |
| 14 | 利润 | 130000.00 | | | 销售单价=0.9元 | 0.9 | |
| 15 | | | | | 销售单价=1元 | 1 | |
| 16 | | | | | 销售单价=1.3元 | 1.3 | |
| 17 | 结论: | | | | | | |
| 18 | 销量=350000时，盈利！盈利额=130000 | | | | | | |

**图 7—1 本—量—利分析模型**

注意：D 列各单元格的值分别是决策变量“销量”的当前值 350000，模型参数“销售单价”“固定成本”和“单位可变成本”的已知值 1、80000 和 0.4，中间变量“可变成本”“总成本”“单位边际贡献”“边际贡献”“边际贡献率”和“销售收入”的计算公式 D7 * D3、D6＋D8、D5－D7＝D10 * D3、D10/D5 和 D5 * D3，以及目标变量“利润”的计算公式 D13－D9。

第二步，利用模拟运算表准备作图数据。

要绘制销量与销售收入、总成本及利润关系的图形，需要准备相应的数据。以销量单元格 D3 作为自变量，同时对销售收入单元格 D13、总成本单元格 D9 两个因变量进行一维模拟运算，如图 7—1 中单元格 G3:I5 所示。

注意：在单元格 G4:G5 中输入自变量的不同值，因为本例是一个线性问题，所以只需输入销量自变量的起始值(0)和终止值(最大销售量 400000)。对于非线性问题必须采用多个自变量值。因为在非线性问题中，两个自变量值间的间距越小即自变量值越多，非线性曲线就越光滑。在单元格 H3:I3 分别引用销售收入单元格 D13 和总成本单元格 D9。

第三步,创建分析图来反映本—量—利分析模型。

图形能够使管理者更直观、更清晰地理解模型。Excel 图形虽然可用折线图、饼图、柱形图等,但在大多数情况下采用的是 XY 散点图而不采用折线图,因为 XY 散点图的坐标刻度是数值,同样坐标值(X,Y)在 XY 散点图上的点是重叠的,而折线图则不会重叠。一般而言,经常使用 XY 散点图来反映自变量是数值(不是时间、各类名称或序号等)的函数值图形。

利用模拟运算表数据(单元格 G4:I5)绘制一个 XY 散点图,如图 7—2 所示的两条直线表示销售收入和总成本随销量的变化。

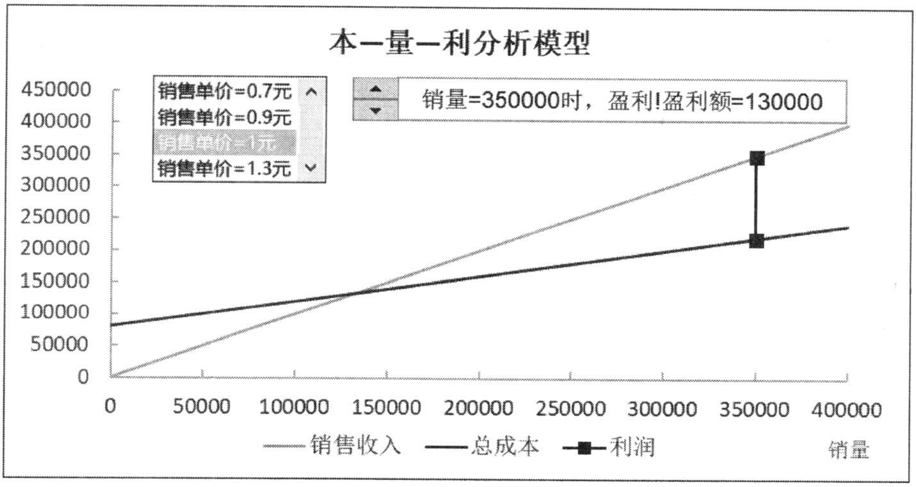


图 7—2 本—量—利分析模型图

第四步,在本—量—利分析图上添加参考线。

当销量由小变大时,利润随之增大。在本—量—利分析图上添加利润垂直参考线,能将利润直观地展示。

将图 7—1 中单元格 G9:H10 作为新系列坐标数据添加到图 7—2 中,即出现当前利润线段。

注意:参考线坐标数据尽量引用单元格,因为垂直参考线要随着模型中销量值的变化而改变。

第五步,在本—量—利分析图上给出决策结论。

在图形工作表上插入文本框并引用已经组织好动态决策结论的单元格 C18,文本框中出现决策结论"销量=350000 时,盈利!盈利额=130000",如图 7—2 所示。单元格 C18 的决策结论公式由文字、变量和 IF 函数等组成,具体为 C3&"="&D3&"时,"&IF(D14>0,"盈利!盈利额="&D14,IF(D14<0,"亏损!亏损额="&-D14,"保本")))。

第六步,制作利润参考线随销量变化的动态图。

当销量发生变化时,利润参考线应该出现在不同的位置。在图形工作表中添加一个销量(0—400000)微调钮控件,当前利润垂直参考线将随着销量微调钮的调整变动,且在文本框中显示"盈利""保本"或"亏损"等不同结论。

注意:微调钮的最大值只能设置 30000,无法用微调纽直接调出销量单元格 D3 的最大值

400000，所以可采用变换法：使用一个过渡的中间微调单元格 E3（最小值为 0，最大值为 4000，步长为 100），在单元格 D3 输入公式 E3 * 100，使得销量单元格 D3 从 0 到 400000 按步长 10000 变化。

该模型很好地反映了康乐特公司生产销售元件的数量与利润的动态关系，这种关系是基于销售单价为 1 元所得到的。在现实中，产品的销售单价受市场影响会发生变化，不同的销售单价对本—量—利模型中利润与销量的关系将产生影响。

我们无须重新建模，就能将原来的动态模型变成根据不同销售单价的动态可选图形模型。如图 7—1 中单元格 G13：H16 准备列表框数据，在图形工作表中添加一个销售单价列表框控件，分别选 0.7、0.9、1 或 1.3 不同值，利润与销量的关系发生了很大的变化。

本例中的盈利或亏损是用带数据标记的红色线段表示。如果想用更直观的图形表示盈利与亏损，也可以用柱形图来表示利润。下面将图 7—2 改成用不同颜色柱子表示盈利与亏损的利润分析模型。具体步骤如下：

第一步，利用模拟运算表准备作图数据。

在如图 7—3 所示的单元格 K3：L44 中建立利润关于销量的模拟运算表。M 列和 N 列分别是当前盈利和当前亏损系列，在单元格 M4 输入盈利公式（= IF（AND（$D$3=K4，L4>0），L4，0）），并将 M4 中的公式下灌至单元格 M5：M44。在单元格 N4 输入亏损公式（=IF（AND（$D$3=K4，L4<0），L4，0）），并将 N4 中的公式下灌至单元格 N5：N44。公式中 AND（）函数表示当两个参数条件都成立时，返回“真”值，否则返回“假”值。

| | K | L | M | N |
|---|---|---|---|---|
| 2 | 销量 | 时的利润垂 | 盈利 | 亏损 |
| 3 | | 130000 | | |
| 4 | 0 | -80000 | 0 | 0 |
| 5 | 10000 | -74000 | 0 | 0 |
| 6 | 20000 | -68000 | 0 | 0 |
| 37 | 330000 | 118000 | 0 | 0 |
| 38 | 340000 | 124000 | 0 | 0 |
| 39 | 350000 | 130000 | 130000 | 0 |
| 40 | 360000 | 136000 | 0 | 0 |
| 41 | 370000 | 142000 | 0 | 0 |
| 42 | 380000 | 148000 | 0 | 0 |
| 43 | 390000 | 154000 | 0 | 0 |
| 44 | 400000 | 160000 | 0 | 0 |

**图 7—3　柱形图数据**

第二步，创建分析图来反映利润分析模型。

复制“本—量—利分析图形”工作表，得到一份新工作表并重命名为“利润分析图形”。将图形标题改成“利润分析模型”。将图形中原有的销售收入、总成本、利润三个系列删除，用单元格 L4：N44 数据添加三个新系列，X 坐标用单元格 K4：K44。

第三步，更换图形类型并动态呈现盈利与亏损。

将图形类型改成柱形图，并对利润柱形系列重叠调整 100，分类间距调成 0%，结果如图 7—4 所示。当销量微调节钮调节到比较小的数值时，表示亏损的柱子是绿色的，而不是红色的，这是因为最后添加的是两个系列，一列表示当前盈利，另一列表示当前亏损。

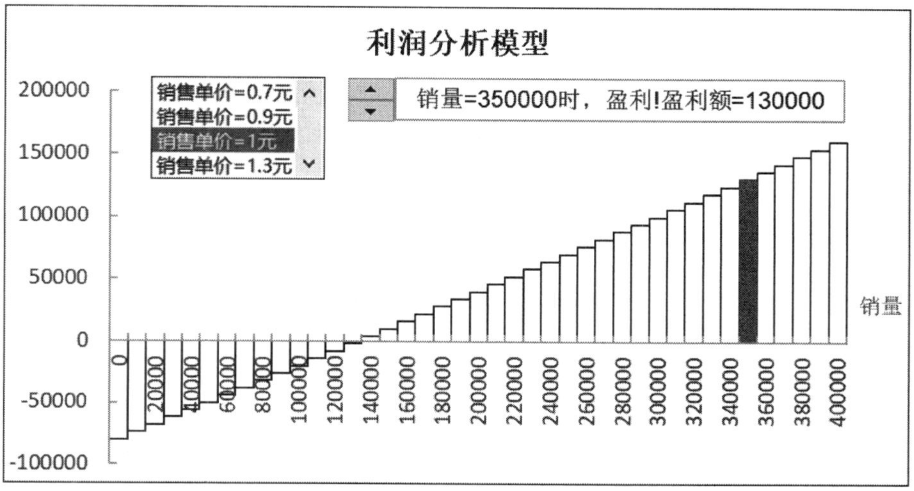


图 7—4 利润分析模型图

# 7.2 盈亏平衡分析

盈亏平衡分析(Breakeven Analysis)是财经管理中的基础性分析方法。本节将介绍与盈亏平衡分析有关的一些基本概念,以及使用 Excel 建立盈亏平衡分析模型的方法。

## 7.2.1 盈亏平衡分析概述

盈亏平衡主要用于确定公司达到盈亏平衡时的销售水平,即分析销量高于或低于这一平衡点时的盈利和亏损状况。盈亏平衡分析对于企业决策具有如下作用:

(1)在做新产品经营决策时,计算达到盈利所需要完成的销量;

(2)用于研究在现行经营水平上的扩张效应,扩张会引起固定成本和变动成本的增加,也会带来销售收入的变化;

(3)在进行现代化和自动化改造时,为降低变动成本特别是降低劳动力成本,要进行大量的固定资产投资,盈亏平衡分析有助于决策层对这种固定资产购置效应进行分析。在产品的生产和销售中,存在着固定成本与变动成本这两种不同性质的成本。固定成本(Fixed Costs)是不随销量变化的成本,包括财产税、管理层薪酬以及折旧费用等。可变成本(Variable Costs)是随销量变化的成本,一般包括原材料、人工费、供电费用及设备维修费用等。产品的盈亏平衡点是指一种产品提供的边际贡献正好抵消固定成本或产品的全部销售收入等于全部成本时的销量或销售收入。由于产品的销售收入与销量成正比,因此有时人们也从销售收入出发而不是从销量从发,将使利润等于零的销售收入称为盈亏平衡点。我们把使利润等于零的销量称为“盈亏平衡销量”,而将使利润等于零的销售收入称为“盈亏平衡销售收入”。

如果将盈亏平衡销量表示为 $Q_0$,固定成本为 $F$,销售单价为 $p$,单位变动成本为 $v$,盈亏平衡销售收入为 $R_0$,边际贡献率为 $k$,则盈亏平衡销量 $Q_0$ 的计算公式为 $F/(p-v)$,盈亏平衡销售收入 $R_0$ 的计算公式为 $F/k$。

注意：盈亏平衡销量的计算只适用于某单一产品，若需要计算多种产品或整个企业的盈亏平衡点时，就只能用盈亏平衡销售收入。盈亏平衡销售收入这一指标既适用于某一产品盈亏平衡点的计算，也适用于整个企业盈亏平衡点的计算。特别是不以产品计件的服务性企业，其盈亏平衡点的计算只能用盈亏平衡销售收入。盈亏平衡点的计算为企业的利润预测和控制提供了有效的方法。

### 7.2.2 盈亏平衡点的计算方法

可以用 $F/(p-v)$ 计算盈亏平衡销量 $Q_0$，用 $F/k$ 计算盈亏平衡销售收入 $R_0$，也可以用以下方法计算盈亏平衡点：

(1)使用 Excel 提供的单变量求解(Goal Seeking)工具；

(2)使用 Excel 提供的规划求解(Solver)分析工具；

(3)在灵敏度分析(模拟运算表)的基础上生成销量—利润(或销售收入—利润)对照表，使用查表方法也可得到盈亏平衡销量。

### 7.2.3 盈亏平衡分析模型

下面举例说明利用 Excel 建立盈亏平衡分析模型的方法和步骤。

**【例 7—2】** 乐普公司从事芯片生产，年固定成本为 640000 元，生产一片芯片的可变成本为 80 元，每年的最大生产能力为 20000 片。一项销售调查显示，公司明年的销售价格可以暂定为每片 200 元，管理层希望借助于盈亏平衡模型进行盈亏分析。

例7-2 讲解(1)

**【知识点与解题思路】** 本例将学习盈亏平衡分析的建模及分析方法。关键知识点包括建立盈亏平衡分析的基本模型、计算盈亏平衡点的三种方法、绘制盈亏平衡分析图并添加参考线与决策依据。此外，还将学习制作盈亏平衡面积图的方法。

例7-2 讲解(2)

第一步，建立盈亏平衡分析基本模型。

分析问题，建立盈亏平衡分析基本模型，如图 7—5 中单元格 C3:D13 所示。D 列单元格包含决策变量“销量”的当前值 13500，模型参数“销售单价”“固定成本”和“单位可变成本”的已知值 200、640000 和 80，中间变量“边际贡献”“销售收入”和“总成本”的计算公式(D5－D7)＊D3、D5＊D3 和 D6＋D7＊D3，以及目标变量“利润”的计算公式 D9－D10。

参考例 7—1，分析例题要求，建立分析模型的基本框架大体相同，后续不再赘述。

第二步，创建分析图来反映盈亏平衡分析模型。

绘制销售收入、总成本、利润与销量的关系图。参照例 7—1，在如图 7—5 所示的单元格 G3:J5 准备作图数据，并绘制如图 7—6 所示的 XY 散点图，三条直线分别表示销售收入、总成本和利润，先忽略其他线和点。

第三步，计算盈亏平衡点。

计算盈亏平衡销量可采用公式法、单变量求解法、规划求解法和查表加内插法等方法，其中规划求解法在第五、六章求解预测模型最优参数时已有介绍，本节介绍其余三种方法。

方法一：公式法。

图 7—5 中的盈亏平衡销量单元格 D13 计算公式 ROUND(D6/(D5－D7),0)就是采用公

| | C | D | E | F | G | H | I | J |
|---|---|---|---|---|---|---|---|---|
| 2 | | | | | 销量 | 销售收入 | 总成本 | 利润 |
| 3 | 销量 | 13500 | | | | 2700000 | 1720000 | 980000 |
| 4 | | | | | 0 | 0 | 640000 | -640000 |
| 5 | 销售单价 | 200 | | | 20000 | 4000000 | 2240000 | 1760000 |
| 6 | 固定成本 | 640000 | | | | | | |
| 7 | 单位可变成本 | 80 | | | 计算盈亏平衡销量：附表插值法 | | | |
| 8 | 边际贡献 | 1620000 | | | 5333 | 1066600 | 1066640 | 0 |
| 9 | 销售收入 | 2700000 | | | | | | |
| 10 | 总成本 | 1720000 | | | 盈亏平衡销量垂直参考线 | | | |
| 11 | 利润 | 980000 | | | 5333 | 5000000 | | |
| 12 | | | | | 5333 | 1066600 | | |
| 13 | 盈亏平衡销量 | 5333 | | | 5333 | 1066640 | | |
| 14 | | | | | 5333 | -40 | | |
| 15 | 结论： | | | | 5333 | -1000000 | | |
| 16 | 销量=13500时，盈利 | | | | | | | |
| 17 | 销售单价=200时,盈亏平衡销量=5333 | | | | 当前销量垂直参考线 | | | |
| 18 | 单位可变成本=80时,盈亏平衡销量=5333 | | | | 13500 | 5000000 | | |
| 19 | | | | | 13500 | 2700000 | | |
| 20 | | | | | 13500 | 1720000 | | |
| 21 | | | | | 13500 | 980000 | | |
| 22 | | | | | 13500 | -1000000 | | |
| 23 | | | | | | | | |

图 7—5　盈亏平衡分析模型

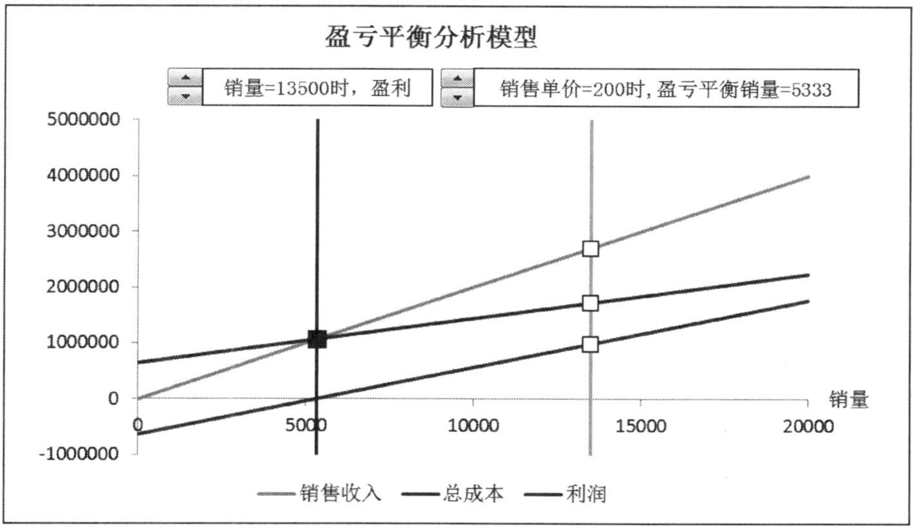


图 7—6　盈亏平衡分析模型图

式 $Q_0=F/(p-v)$。公式法实际上是将利润公式中的利润设为 0，求解方程以后得到 $Q_0$ 的计算公式。求解方程的方法可用于求解两条直线（销售收入与总成本线）交点的值。当目标变量与决策变量的关系需要用一个复杂的函数表达，比如第九章投资评价模型中净现值关于贴现率的函数。当目标函数值为零时，决策变量的反函数无法简单推导得到，公式法不适用。

方法二：单变量求解法。

此方法适用于只有一个自变量。将利润单元格 D11 作为因变量，销量单元格 D3 作为自变量，运用“单变量求解”功能，即可看到单元格 D3 中的值为 5333.33，与单元格 D13 中的盈亏平衡公式计算结果一样。

需要指出的是：使用单变量求解或规划求解获得盈亏平衡销量的方法存在缺点，它所求得的盈亏平衡销量作为一个特定的销量数值出现在销量单元格 D3 中，它不会随着模型其他参数发生变化而自动随之改变，不适用于可调图形的参考线和参考点的绘制。此方法一般用于验证公式计算的结果或只需求解具体的数值。

方法三：查表加内插值法。

此方法实际上是采用了线性等比方法。假定已知曲线上两点坐标($X_1$，$Y_1$)和($X_2$，$Y_2$)且已知两点之间某一点($X'$，$Y'$)的坐标中 $Y'$(或 $X'$)的值，求解 $X'$(或 $Y'$)的值。可以将求解曲线上坐标($X'$，$Y'$)问题转化成求解直线上的($X$，$Y$)坐标中的 $X$ 或 $Y$ 值问题，求得的解($X$，$Y$)是($X'$，$Y'$)的近似解。若两点坐标($X_1$，$Y_1$)和($X_2$，$Y_2$)越接近则两个坐标值之间的某点($X'$，$Y'$)与($X$，$Y$)就越接近，用查表加内插值法求得的解就越精确(如图 7—7 所示)。所以在用内插值公式之前需要用查表法查出最接近于($X$，$Y$)的两个坐标点($X_1$，$Y_1$)和($X_2$，$Y_2$)。本例中的利润函数是直线函数，所以不管两点坐标($X_1$，$Y_1$)和($X_2$，$Y_2$)距离有多远，用内插值法求得的解都是精确的。

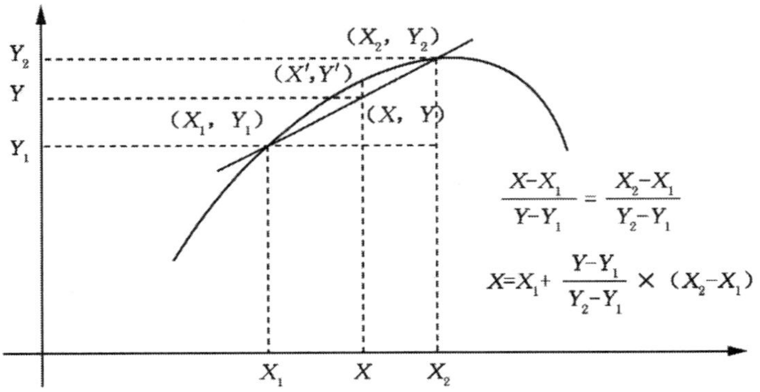


**图 7—7 查表加内插值法分析图**

在如图 7—5 所示的单元格 G4：J5 区域的以销量为自变量，销售收入、总成本、利润为因变量的一维模拟运算表基础上，将单元格 G4 看作 $X_1$，单元格 J4 看作 $Y_1$，单元格 G5 看作 $X_2$，单元格 J5 看作 $Y_2$，单元格 J8 看作 $Y$($Y$=0)，求解 $X$(单元格 G8)的值的公式为 ROUND(G4＋(＄J＄8－＄J＄4)/(＄J＄5－＄J＄4)＊(G5－G4)，0)。内插值公式的含义是根据单元格 J8 值(利润为 0)采用等比法计算得到盈亏平衡销量单元格 G8 的值，四舍五入后值为 5333。达到盈亏平衡时的销售收入单元格 H8 的公式为 D5＊G8，总成本单元格 I8 的公式为 D6＋D7＊G8，结果如图 7—5 中单元格 H8：I8 所示。

第四步，添加决策依据——盈亏平衡垂直参考线。

按例 7—1 中的操作步骤，用如图 7—5 所示单元格 G11：H15 中的数据添加盈亏平衡参考线，单元格 G18：H22 中数据添加当前销量参考线，结果如图 7—6 所示。

注意：参考线数据必须引用相应的单元格数据，以使参考线不是固定的，可以随着模型的参数变化而动态移动。

第五步，在盈亏平衡分析图上给出决策结论。

在图形工作表上插入文本框并引用 C16，单元格 C16 中的公式为(C3&"="&D3&"时，"&IF(D11>=0,"盈利",IF(D11<0,"亏损","盈亏平衡"))，文本框中出现决策结论“销量=13500 时，盈利”，如图 7—6 所示。

在图形工作表上添加一个微调钮，最小值为 0，最大值为 20000(年最大生产量)，步长为 500，单元格链接设为销量单元格('盈亏平衡分析模型'！$D$3)。随着销量数值调节钮的调节，当前销量参考线将随之移动，参考线与销售收入、总成本和利润三条线的交点也会发生改变。

第六步，调整模型参数呈现可选的盈亏平衡动态分析模型。

模型中的参数销售单价是根据市场调查预测的，考虑到价格会受市场影响而波动，我们可以将销售单价假设在 150～250 区间内，以使模型更符合现实。参照例 7—1 的相关操作，可以添加销售单价微调钮，最小值为 150，最大值为 250，步长为 1，单元格链接为销售单价单元格('盈亏平衡分析模型'！$D$5)。随着销售单价数值调节钮的调节，盈亏平衡参考线将随之移动。在图 7—5 中单元格 C17 组成另一个决策结论，公式为 C5&"="&D5&"时，"&C13&"="&D13，并用文本框引用，即可实现随销售单价不同的可选盈亏平衡动态分析模型。

最后将控件、文本框与图形组合在一起，形成如图 7—6 所示的盈亏平衡动态分析图形模型。

在建立图形模型时，为了更好地表现模型的决策过程与结果，除了常用的 XY 散点图之外，有时也采用其他图形类型或多种图形类型组合。用堆积面积图与折线图的组合来建立盈亏平衡分析模型，可更直观地反映盈亏状况。具体步骤如下：

第一步，利用模拟运算表准备作图数据。

在如图 7—8 所示的单元格 L3:N14 中建立销售收入和总成本关于销量的模拟运算表，生成销售收入和总成本两条折线数据。单元格 O4:O14 是 MIN(销售收入，总成本)，单元格 P4:P14 是销售收入—总成本的正值，即盈利部分，公式为 MAX(M4−N4,0)，单元格 P5:Q14 是总成本—销售收入的正值，即亏损部分，公式为 MAX(N4−M4,0)。这样，我们就准备了三块面积数据。

| | L | M | N | O | P | Q |
|---|---|---|---|---|---|---|
| 2 | 销量 | 销售收入 | 总成本 | MIN(销售收入,总成本) | 盈利 | 亏损 |
| 3 | | 2700000 | 1720000 | | | |
| 4 | 0 | 0 | 640000 | 0 | 0 | 640000 |
| 5 | 2000 | 400000 | 800000 | 400000 | 0 | 400000 |
| 6 | 4000 | 800000 | 960000 | 800000 | 0 | 160000 |
| 7 | 6000 | 1200000 | 1120000 | 1120000 | 80000 | 0 |
| 8 | 8000 | 1600000 | 1280000 | 1280000 | 320000 | 0 |
| 9 | 10000 | 2000000 | 1440000 | 1440000 | 560000 | 0 |
| 10 | 12000 | 2400000 | 1600000 | 1600000 | 800000 | 0 |
| 11 | 14000 | 2800000 | 1760000 | 1760000 | 1040000 | 0 |
| 12 | 16000 | 3200000 | 1920000 | 1920000 | 1280000 | 0 |
| 13 | 18000 | 3600000 | 2080000 | 2080000 | 1520000 | 0 |
| 14 | 20000 | 4000000 | 2240000 | 2240000 | 1760000 | 0 |

**图 7—8 盈亏平衡面积图数据**

第二步，绘制并调整堆积面积图。

在如图 7—5 所示的单元格 G3:J5 准备作图数据,并绘制如图 7—6 所示的 XY 散点图,三条直线分别表示销售收入、总成本和利润,

用图 7—8 单元格 L4:Q14,绘制如图 7—9 所示的面积图,L4:L14 作为分类 X 轴的刻度标志,五块面积分别表示销售收入、总成本、销售收入与总成本的极小值、盈利、亏损。

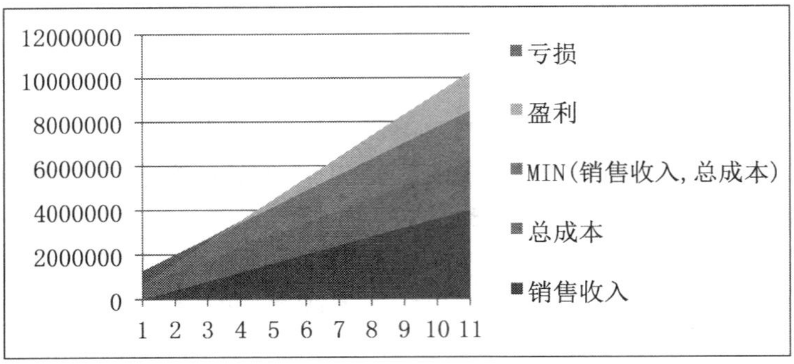


**图 7—9　堆积面积图**

将图 7—9 中销售收入和总成本系列改为折线,其他三个系列用堆积面积图,修改填充颜色和图例位置,结果如图 7—10 所示。

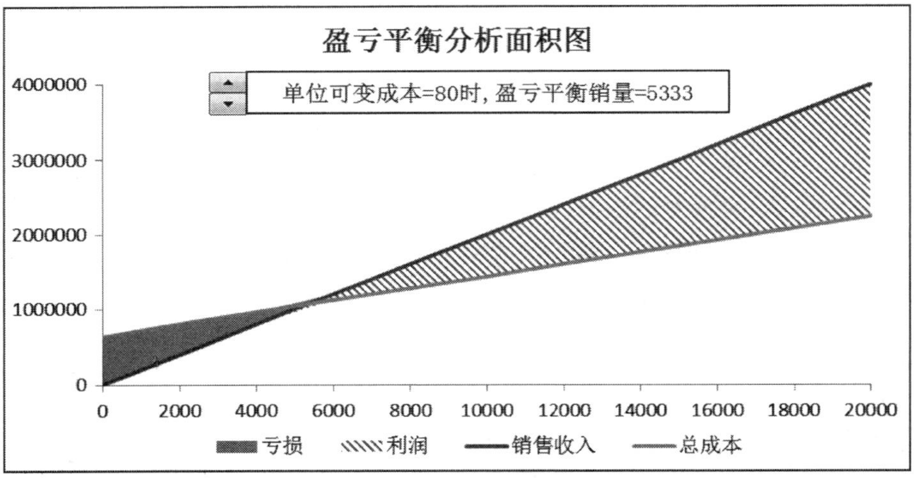


**图 7—10　盈亏平衡分析面积图**

第三步,在盈亏平衡分析面积图上给出决策结论。

在图 7—5 中单元格 C18 组成一个如图 7—10 所示的文本框决策结论,公式为 C7&"="&D7&"时,"&C13&"="&D13,并添加最小值 50、最大值 100、步长 5 的单位可变成本微调钮,结果如图 7—10 所示,反映盈利区和亏损区的堆积面积图与折线图组合,增加了盈亏平衡分析图的表现力。

# 7.3 安全边际分析

虽然管理人员在了解盈亏平衡点之后，就可以判断下一个周期中预定的产品销量能否保证企业不亏损。但是，公司管理人员在对未来的经营状态进行计划时，如果仅根据下一周期的计划销量超过盈亏平衡点就乐观地认为不会发生亏损的话，那将是很危险的。因为市场上存在着多种不确定的因素，实际销量可能达不到事先的计划值，这时如果该计划销量不是比盈亏平衡销量高出许多的话，那么就可能出现亏损。为了保险起见，管理人员在做销售计划时必须争取使销量达到超过盈亏平衡销量一个较大的"边际"量。为避免由不确定因素导致亏损现象而设定的目标销量超过盈亏平衡销量的部分就称为"安全边际"(Safe Margin)。安全边际是产品目标销量(或销售收入)与盈亏平衡销量(或盈亏平衡销售收入)之间的差额，它反映了该产品盈利的安全幅度，即安全边际越大，盈利的安全性越高。安全边际率是安全边际与目标销量之间的比率，它反映了产品盈利的安全程度，即安全边际率越高，该产品盈利的安全系数越大。

## 7.3.1 安全边际分析概述

如果盈亏平衡销量为 $Q_0$，目标销量为 $Q_t$，那么安全边际 $S$ 的计算公式为 $Q_t-Q_0$，安全边际率 $s$ 的公式为 $S/Qt$。

在以目标管理为基本特征的现代管理中，盈亏平衡分析基本模型同样可为目标控制发挥重要的作用。将盈亏平衡分析模型用于目标控制，首先需要对盈亏平衡分析基本模型做适当扩展，即将企业的目标(主要是目标利润)引入盈亏平衡分析模式，使盈亏平衡分析的扩展模型能反映实现目标利润所需控制的销量、销售收入和成本等。当目标利润确定后，就需要编制销售计划，对实现目标利润所需完成的目标销量或销售收入做出规划和控制。

如果目标利润用来表示，目标销量 $Q_t$ 的计算公式为 $(F+\pi_t)/(p-v)$，目标销售收入 $R_t$ 的计算公式为 $(F+\pi_t)/k$，安全边际 $S$ 的计算公式为 $\pi_t/(p-v)$。

从公式中可以看到，目标销量是固定成本与目标利润之和与单位边际贡献的比；目标销售收入是固定成本与目标利润之和与边际贡献率的比。目标销量公式实际上由两部分组成，即由 $F/(p-v)$ 和 $/\pi_t(p-v)$ 组成，其中 $F/(p-v)$ 表明盈亏平衡销量，这在前面已讲明。由于超过盈亏平衡点以后的边际贡献就是利润，所以 $\pi_t/(p-v)$ 实际上就是实现目标利润所需的销量，把两者加起来，是实现目标利润所需的总销量。明确了这一原理，对目标销量的控制就相对容易。需要注意，目标销量公式只能用于生产和销售单一产品的企业的利润控制；而目标销售收入公式可用于生产和销售多品种或服务性企业的利润控制。

## 7.3.2 安全边际分析模型

下面举例说明利用 Excel 进行安全边际分析的方法和步骤。

**【例 7－3】** 乐普公司的财务主管根据例 7－2 的盈亏平衡分析模型了解到，如果公司的芯片能卖到每片 200 元，销量能超过 5333，公司就有盈利。他想进一步知道，如果公司希望达到 1000000 元利润，那么至少需要销售多少芯片，才能有足够大的安全边际和安全边际率。当然，他也想知道不同的目标利润需

例7-3 讲解

要销售多少芯片才能实现，相应的安全边际与安全变化率会让他了解实现目标利润的安全程度。

**【知识点与解题思路】** 本例将学习建立安全边际分析模型的方法。关键知识点包括安全边际的概念、安全边际分析基本模型的建立及图形化。

第一步，建立安全边际分析基本模型。

根据题意，在例 7－2 盈亏平衡基本模型的基础上，如图 7－11 所示，假定目标利润单元格 D14 为 1000000，计算目标销量单元格 D15，公式为 ROUND((D14＋D6)/(D5－D7)，0)；计算安全边际单元格 D16，公式为 D15－D12；计算安全边际率单元格 D17，公式为 D16/D15。这样，就建立了安全边际分析的基本模型。

| | C | D | E | F | G | H |
|---|---|---|---|---|---|---|
| 2 | | | | | 销量 | 利润 |
| 3 | 销量 | 13500 | | | | 980000 |
| 4 | | | | | 0 | -640000 |
| 5 | 销售单价 | 200 | | | 20000 | 1760000 |
| 6 | 固定成本 | 640000 | | | | |
| 7 | 单位可变成本 | 80 | | | 目标利润折角参考线 | |
| 8 | 边际贡献 | 1620000 | | | 0 | 1000000 |
| 9 | 销售收入 | 2700000 | | | 13667 | 1000000 |
| 10 | 总成本 | 1720000 | | | 13667 | 0 |
| 11 | 利润 | 980000 | | | | |
| 12 | 盈亏平衡销量 | 5333 | | | 盈亏平衡销量垂直参考线 | |
| 13 | | | | | 5333 | 2000000 |
| 14 | 目标利润 | 1000000 | # | | 5333 | 0 |
| 15 | 目标销量 | 13667 | | | 5333 | -1000000 |
| 16 | 安全边际(S) | 8334 | | | | |
| 17 | 安全边际率(s) | 61% | | | 安全边际水平参考线 | |
| 18 | | | | | 5333 | 0 |
| 19 | 结论： | | | | 13667 | 0 |
| 20 | 目标利润=1000000时，目标销量=13667 | | | | | |
| 21 | 安全边际(S)=8334 | | | | | |

**图 7－11 安全边际分析模型**

第二步，创建分析图来反映利润与销量的关系。

参照例 7－1，在如图 7－11 所示的单元格 G3：H5 准备作图数据，并绘制如图 7－12 所示的利润关于销量的 XY 散点图，得到一条利润斜线。

第三步，添加各种参考线。

参考例 7－1 的操作步骤，在如图 7－11 所示单元格 G13：H15 准备盈亏平衡垂直参考线数据，将数据作为新系列添加到图上，结果见图 7－12 所示的紫色垂直线。

在如图 7－11 所示单元格 G18：H19 准备安全边际水平参考线数据，将数据作为新系列添加到图上，结果见图 7－12 所示的红色水平线。

在如图 7－11 所示单元格 G8：H10 准备目标利润与目标销量折角参考线数据，将数据作为新系列添加到图上，结果见图 7－12 所示的折角线，经格式化后变成红色虚线。

折角线可以看作在利润关于销量的灵敏度分析表上进行"反查表"。当需要根据目标变量来确定决策变量时，一般可以通过求反函数来解决。但是，如果目标函数非常复杂，无法写出反函数时，"反查表"方法就显得十分有效。在图形上可以将正函数反过来看，即先看 Y 坐标上的函数值(目标利润)，再看 X 坐标上的自变量值(目标销量)。

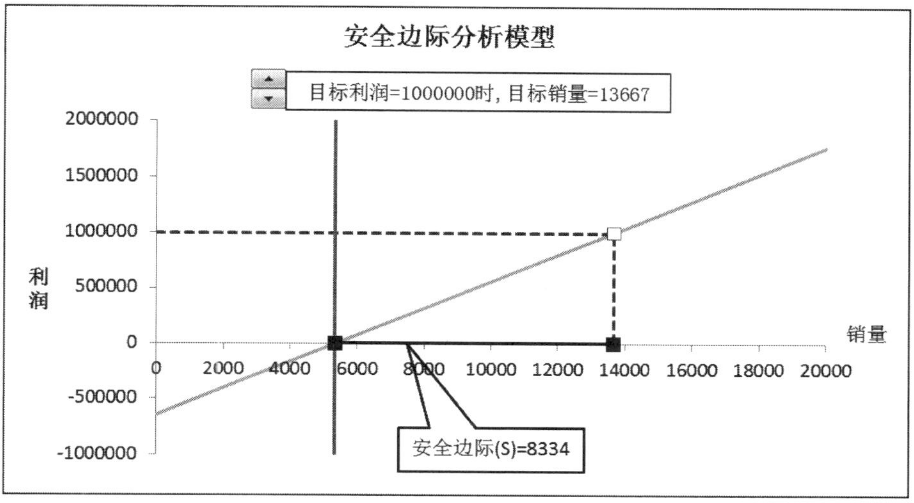


图 7—12 安全边际分析模型图

在图形中添加控件、文本框，形成可调图形，以反映目标利润变化时目标销量的变化规律，如图 7—12 所示，图中的安全边际标注框与文本框引用决策结论一样。

# 7.4 利润极大值分析

## 7.4.1 利润极大值的概念及计算方法

在早期西方资本主义纯经济学的角度，企业的行为目标就是利润最大化。近期的经济学也从伦理学的角度认为以长远来看，具有商业信誉、社会责任的企业，其利润才有可能最大化。利润最大化其实是个最优化问题，就是在给定条件下寻找最佳方案的问题。在生产、销售经营活动中，最优定价问题中的寻找最佳销售单价来得到利润的最大值，是一个非常典型的最优化问题。与盈亏平衡点求解相似，利润最大值的求解可以使用以下三种方法：

方法一：公式法。

分析问题，推导出利润极大值公式。

方法二：用规划求解工具求解。

启动规划求解工具，在规划求解参数对话框中设置利润目标单元格（目标变量）和销售单价可变单元格（决策变量），设置目标单元格的目标值（最大、最小或者某一特定值），添加约束条件，也可以设置一些附加参数。按“求解”按钮，规划求解工具就根据参数设置寻求利润极大值。

方法三：用查表法求解。

查表法就是利用模拟运算表工具制作决策变量（销售单价）与目标变量（利润）的对照表，在该对照表中用 MAX 或 MIN 函数找出（利润）最优目标值，然后用 INDEX 和 MATCH 函数找出该最优目标值对应的决策变量（销售单价）值，即最优解。

公式法一般适用于可以直接推导出公式的最优解问题，而后两种办法则在公式较难推导或在自己的知识范围内无法获得最优解的公式时使用。规划求解是最有效和最方便的求解工具，应当优先考虑使用。需要动态观察参数变化对最优解的影响时，可以考虑使用查表法。

## 7.4.2 利润极大值分析模型

我们以垄断商品最优定价问题为例，介绍利润极大值分析模型的建立方法。

**【例 7—4】** 乐普公司生产和销售一种垄断产品，固定成本为 37800 元。单位变动成本估计在 25～60 元，销量 $Q$ 与单价 $p$ 之间的关系为 $Q=3500-15p$。根据市场预测，该产品销售单价可能在 50 至 250 元之间，销售经理希望借助于利润极大值分析模型进行销售单价分析，以判断预定的销售单价为 90 元是否合适。

例7-4 讲解

**【知识点与解题思路】** 本例将学习在利润与单价存在非线性关系时，如何建立和分析利润极大值模型。重点内容包括：建立利润极大值分析的基本模型，计算最优单价和最大利润的三种方法，以及绘制动态图和情景分析模型图的方法。

第一步，建立利润极大值分析基本模型。

如图 7—13 中单元格 B3:C11 所示，单元格 C3:C7 是已知参数和自变量初值，单元格 C8:C11 是中间变量和目标变量公式计算的结果。

| | B | C | D | E | F | G | H | I | J |
|---|---|---|---|---|---|---|---|---|---|
| 1 | | | | | 单价 | 利润 | | 最优单价垂直参考线 | |
| 2 | | 单位：元 | | | | 78300 | | 134.67 | 150000 |
| 3 | 固定成本（F） | 37800 | | | 50 | 700 | | 134.67 | 108227 |
| 4 | 单位变动成本（v） | 36 | | | 60 | 24600 | | 134.67 | -50000 |
| 5 | 单价截距（a） | 3500 | | | 70 | 45500 | | | |
| 6 | 单价斜率（b） | -15 | | | 80 | 63400 | | 当前单价垂直参考线 | |
| 7 | 单价（p） | 90 | | | 90 | 78300 | | 90.00 | 150000 |
| 8 | 销售数量（Q） | 2150 | | | 100 | 90200 | | 90.00 | 78300 |
| 9 | 总成本（C） | 115200 | | | 110 | 99100 | | 90.00 | -50000 |
| 10 | 销售收入（R） | 193500 | | | 120 | 105000 | | | |
| 11 | 利润（π） | 78300 | | | 130 | 107900 | | 最优单价 | 最大利润 |
| 12 | | | | | 140 | 107800 | | 130.00 | 107900 |
| 13 | 最优单价（$p_{opt}$） | 134.67 | | | 150 | 104700 | | | |
| 14 | 利润极大值（$\pi_{max}$） | 108226.67 | | | 160 | 98600 | | | |
| 15 | | | | | 170 | 89500 | | | |
| 16 | 结论文字： | | | | 180 | 77400 | | | |
| 17 | 单位变动成本=36元 | | | | 190 | 62300 | | | |
| 18 | 单价=90元时，利润=78300元 | | | | 200 | 44200 | | | |
| 19 | 最优单价=134.67元，最大利润=108226.67 | | | | 210 | 23100 | | | |
| 20 | | | | | 220 | -1000 | | | |
| 21 | | | | | 230 | -28100 | | | |
| 22 | | | | | 240 | -58200 | | | |
| 23 | | | | | 250 | -91300 | | | |

**图 7—13 利润极大值分析模型**

第二步，创建分析图来反映利润极大值分析模型。

参照例 7—1，在如图 7—13 所示的单元格 F2:G23 准备作图数据，并绘制如图 7—14 所示的利润关于单价的 XY 散点图。因为利润与单价是非线性关系，所以灵敏度分析的模拟运算表自变量值要多一些,才能使非线性曲线更光滑。

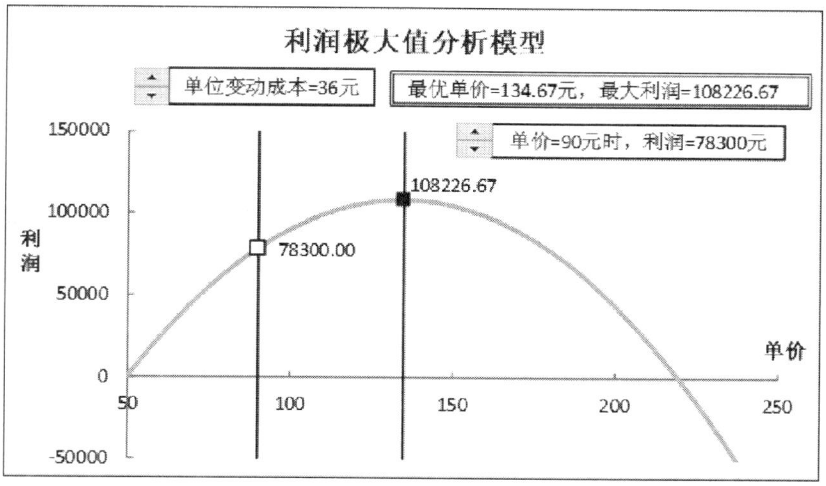


图 7—14 利润极大值分析模型图

第三步,计算最优单价和最大利润。

方法一:采用公式法求最优单价和利润极大值。

该问题中目标变量是利润 $\pi$,决策变量是单价 $p$,$\pi$ 与 $p$ 之间的关系为:

$$\begin{aligned}\pi &= R - C \\ &= pQ - (F + vQ) \\ &= p(a + bp) - (F + v(a + bp)) \\ &= bp^2 + (a - bv)p - F - va \end{aligned} \qquad (7-3)$$

该问题的单价 $p$ 决策变量取值范围是 50~250,单位可变成本 $v$ 模型参数的取值范围是 25~60,所以数学模型是:

$$\begin{aligned} &Max: \pi = bp^2 + (a - bv)p - F - va \\ &St: 50 \leqslant p \leqslant 250 \\ &\quad\ \ 25 \leqslant v \leqslant 60 \end{aligned} \qquad (7-4)$$

从图 7—14 可以看出,利润目标变量和单价决策变量的二次函数关系是一条开口向下的抛物线,抛物线的顶点即利润的极大值所对应的单价就是最优单价,最优单价在 50 至 250 元范围内。因此只要直接对利润关于单价求导,让导数等于 0,即可求出最优单价。公式推导如下:

$$\frac{d\pi}{dp} = 2bp + (a - bv) = 0$$

$$p_{opt} = \frac{bv - a}{2b} \qquad (7-5)$$

$$\pi_{\max} = -\frac{(bv - a)^2}{4b} - F - av$$

图 7—13 中的最优单价单元格 C13 和最大利润单元格 C14 就是采用公式(7—3)得到的结果,具体公式为 ROUND(C6 * C4—C5)/(2 * C6),0)和—((C6 * C4—C5)^2)/(4 * C6)—C3—C5 * C4。

注意：最大利润计算公式中的第一个“—”号必须留在幂运算符“^”的外面。

方法二：规划求解法。

此方法只适用于一个目标变量。选择“数据”/“分析”/“规划求解”，按如图 7—15 所示的“规划求解”对话框进行设置，求解结果可看到单元格 C7 和 C11 中的值分别为 134.66667 和 108226.66667，四舍五入后的值与最优单元格 C13 和最大利润单元格 C14 中的公式计算结果一样。其实规划求解法也可以作为公式法的验证。

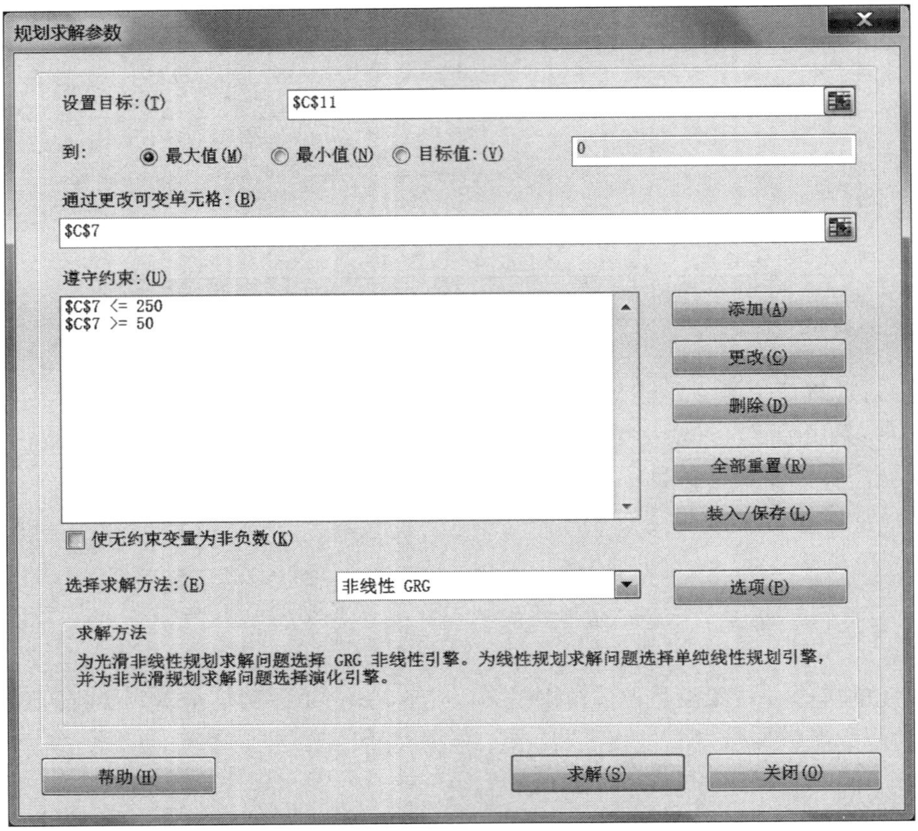


**图 7—15 规划求解对话框**

方法三：查表法。

利润关于单价的模拟运算表数据如图 7—13 中单元格 F2:G23 所示，计算利润极大值，在单元格 J12 输入公式“＝MAX(G3:G23)”，在单元格 I12 用查表函数 INDEX(F3:F23, MATCH(J12,G3:G23,0))计算最大利润值所对应的最优单价。

注意：查表法得到的最优单价(130)和最大利润(107900)与前两种方法的计算结果略有不同，是因为模拟运算表的单价自变量取值以 10 间隔，所以计算结果精度不高。如果将模拟运算表的自变量值改成 1 间隔(122～142)，精度将有所提高，最优单价单元格 I12 的结果为 135，最大利润单元格 J12 的结果为 108225；如果将模拟运算表的自变量值改成 0.1 间隔(134.2～136.2)，精度将进一步提高，最优单价为 134.7；如果将模拟运算表的自变量值改成 0.01 间隔(134.62～134.82)，精度将提高到小数点后两位，最优单价为 134.67，与前两种方法得到的结果一致。

第四步,添加决策依据——最优单价垂直参考线。

按例 7－1 中的操作步骤,用如图 7－13 所示单元格 I2:J4 中的数据添加最优单价参考线;用单元格 I7:J9 中数据添加预定的单价参考线。将两条参考线与利润线的交点分别设置为带“数据标记”和“数据标签”,结果如图 7－14 所示。

第五步,在分析图上给出决策结论。

在图形上插入文本框并引用决策结论单元格 B19,B19 中公式为"最优单价＝" & ROUND($C$13,2)& "元,最大利润＝"&ROUND($C$14,2)& "元",文本框中出现决策结论“最优单价＝134.67 元,最大利润＝108226.67 元”,如图 7－14 所示。

模型中目前的销售单价为 90 元,是销售经理预定的。在图形上插入文本框并引用 B18,B18 中公式为"单价＝" & ROUND($C$7,2)& "元时,利润＝" & ROUND($C$11,2)& "元",文本框中出现决策结论“单价＝90 元时,利润＝78300 元”,如图 7－14 所示。

图形工作表上添加一个最小值为 50、最大值为 250 、步长为 1 的单价微调钮,并与单价文本框组合。随着单价微调钮的调节,单价参考线将随之移动。单价参考线如果在最优单价参考线的左边,说明预定价格偏低了,利润没有达到极大,可以适当提高单价。反之,如果单价参考线在最优单价参考线的右边,应该降低单价。因为价格太高会影响销量,同样也达不到最大利润。单价参考线如能跟最优单价参考线重合,就是最理想状态。所以说最优单价参考线是决策的依据。

第六步,调整模型参数呈现可选的最大利润动态分析模型。

目前为止,我们的最大利润分析模型是在假定单位变动成本为 36 元的情况下建立的。受市场的影响,单位变动成本不可能一成不变。公司做过市场调查,估计单位变动成本在 20 至 60 元之间。在图形上插入文本框并引用单元格 B17,B17 中公式为"单位变动成本＝" & ROUND($C$4,2)& "元",文本框中出现决策结论“单位变动成本＝36”,如图 7－14 所示。在图形上添加一个最小值为 25、最大值为 60、步长为 5 的单位变动成本微调钮,并与单位变动成本文本框组合。随着单位变动成本微调钮的调节,利润曲线将发生移动,最优单价参考线也会随之移动。

最后将控件、文本框与图形组合在一起,如图 7－14 所示,形成可选的最大利润动态分析图形模型。

当我们调整模型参数单位变动成本微调钮时,利润极大值会随之发生变化。每一个不同的单位变动成本都对应一个最大利润。很遗憾,图 7－14 始终只能显示一个最大利润值。如果我们将单位变动成本的不同值所对应的所有利润极大值都表达出来,那就相当于进行 What－if 情景分析。具体步骤如下:

第一步,准备情景线数据。

在如图 7－16 所示的单元格 N2:V23 中建立利润单元格 C11 关于单位变动成本单元格 C4 和单价单元格 C7 的二维模拟运算表,生成情景线数据。

第二步,绘制情景分析曲线簇。

将工作表“最大利润分析图形”复制并重命名为“最大利润情景分析图形”。删除原图形上的两条垂直参考线和单价微调钮及文本框,将利润曲线改成红色,加粗,并将图标标题改为“利润最大值情景分析模型”。用图 7－16 中单元格 O3:V23 模拟运算数据作为新系列添加到图上,图上新增了八条抛物线,将八条抛物线系列格式依次设置为灰色点线。并调整系列次序,让红色的当前利润线位于所有系列之上,如图 7－17 所示。调整单位变动成本数值调节钮,文

| | N | O | P | Q | R | S | T | U | V | Y | Z | AA |
|---|---|---|---|---|---|---|---|---|---|---|---|---|
| 2 | 78300 | 25 | 30 | 35 | 40 | 45 | 50 | 55 | 60 | 最优单价与最优利润交点 | | |
| 3 | 50 | 30950 | 17200 | 3450 | -10300 | -24050 | -37800 | -51550 | -65300 | | 134.67 | 108226.67 |
| 4 | 60 | 53200 | 40200 | 27200 | 14200 | 1200 | -11800 | -24800 | -37800 | 25 | 129.17 | 124960.42 |
| 5 | 70 | 72450 | 60200 | 47950 | 35700 | 23450 | 11200 | -1050 | -13300 | 30 | 131.67 | 117241.67 |
| 6 | 80 | 88700 | 77200 | 65700 | 54200 | 42700 | 31200 | 19700 | 8200 | 35 | 134.17 | 109710.42 |
| 7 | 90 | 101950 | 91200 | 80450 | 69700 | 58950 | 48200 | 37450 | 26700 | 40 | 136.67 | 102366.67 |
| 8 | 100 | 112200 | 102200 | 92200 | 82200 | 72200 | 62200 | 52200 | 42200 | 45 | 139.17 | 95210.417 |
| 9 | 110 | 119450 | 110200 | 100950 | 91700 | 82450 | 73200 | 63950 | 54700 | 50 | 141.67 | 88241.667 |
| 10 | 120 | 123700 | 115200 | 106700 | 98200 | 89700 | 81200 | 72700 | 64200 | 55 | 144.17 | 81460.417 |
| 11 | 130 | 124950 | 117200 | 109450 | 101700 | 93950 | 86200 | 78450 | 70700 | 60 | 146.67 | 74866.667 |
| 12 | 140 | 123200 | 116200 | 109200 | 102200 | 95200 | 88200 | 81200 | 74200 | | | |
| 13 | 150 | 118450 | 112200 | 105950 | 99700 | 93450 | 87200 | 80950 | 74700 | | 折线参考线 | |
| 14 | 160 | 110700 | 105200 | 99700 | 94200 | 88700 | 83200 | 77700 | 72200 | | 0 | 108226.67 |
| 15 | 170 | 99950 | 95200 | 90450 | 85700 | 80950 | 76200 | 71450 | 66700 | | 134.67 | 108226.67 |
| 16 | 180 | 86200 | 82200 | 78200 | 74200 | 70200 | 66200 | 62200 | 58200 | | 134.67 | 0 |
| 17 | 190 | 69450 | 66200 | 62950 | 59700 | 56450 | 53200 | 49950 | 46700 | | | |
| 18 | 200 | 49700 | 47200 | 44700 | 42200 | 39700 | 37200 | 34700 | 32200 | | | |
| 19 | 210 | 26950 | 25200 | 23450 | 21700 | 19950 | 18200 | 16450 | 14700 | | | |
| 20 | 220 | 1200 | 200 | -800 | -1800 | -2800 | -3800 | -4800 | -5800 | | | |
| 21 | 230 | -27550 | -27800 | -28050 | -28300 | -28550 | -28800 | -29050 | -29300 | | | |
| 22 | 240 | -59300 | -58800 | -58300 | -57800 | -57300 | -56800 | -56300 | -55800 | | | |
| 23 | 250 | -94050 | -92800 | -91550 | -90300 | -89050 | -87800 | -86550 | -85300 | | | |

**图 7—16 情景线数据**

本框中的最优单价和最大利润都有变化，红色当前利润线随之移动。若将单位变动成本数值调节钮的步长改成 5，红色当前利润线将在八条情景线上跳动，模型就变成动态可选。

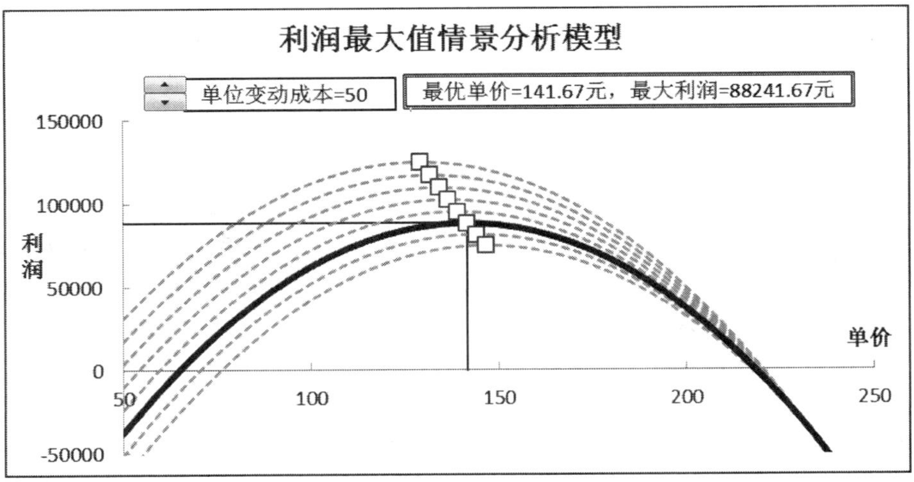


**图 7—17 利润极大值情景分析模型图**

第三步，添加参考线。

按例 7—3 中的操作步骤，用如图 7—16 所示单元格 Z14:AA16 中的数据添加最优单价和最大利润折角参考线。折角参考线将随着单位变动成本的调整而移动。

第四步，添加轨迹线。

图7—17中八条利润情景线的顶点是单位变动成本分别取25、30、35、40、45、50、55、60时的八个利润极大值，可以连成一条移动轨迹线。在如图7—16的单元格Y3:AA11中建立最优单价和最大利润关于单位变动成本的模拟运算表，将模拟运算结果单元格Z4:AA11作为新系列添加到图，即新增了连接八个利润极大值的斜线，此斜线即为最大利润随单位变动成本变化而移动的轨迹线。将此轨迹线系列设置为带数据标记的格式，使八个利润极大值更明显。

至此，利润极大值情景分析模型已完成。当单位变动成本受市场影响而发生变化时，模型清晰地表达出按最优单价定价，就可以达到利润极大值。

# 7.5 两种可选方案的成本决策分析

成本决策，是指按照既定总目标，在成本预算基础上，挖掘企业降低成本的潜力，拟订出各种降低成本的可行性方案，并对方案进行分析评估，选择最佳方案，使目标成本最优化的一系列过程。从提高经济效益角度来看，成本决策具有重要意义。作为反映企业经济效益好坏的重要指标，利润是销售收入减去成本后的余额。在销售收入既定的条件下，降低成本就成了提高企业经济效益的关键。成本越低，企业的经济效益越好；反之亦然。成本决策不仅是企业短期决策的重要组成部分，也是长期经济决策的重要依据。

## 7.5.1 两种可选方案的成本决策分析概述

节约费用是降低成本的一个重要措施，特别是对费用中重大项目的支出，要事先提出几种方案，进行决策分析，以便用最少量的费用取得最大的效果，如对于零件是自制还是外购方案的决策。

在盈亏平衡分析模型中，由于利润是产品收入与成本之差，或者说是产品边际贡献与固定成本之差，所以利润的正负或大小的变化其实就是在产品需求量变化过程中总收入与总成本之间(或边际贡献与固定成本之间)的大小关系的变化。在这个意义上，盈亏平衡分析可被拓展到对两种备选决策方案的比较。如果两个备选决策方案的优劣关系在一个参数(需求量)的变化过程中会发生交替的话，那么，两种备选方案优劣关系发生交替的那个特定的参数值就被称为这两种方案之间的"相对平衡"点。很显然，在具有两种备选决策方案的决策问题中，这两个备选方案之间相对平衡点的确定以及问题中其他参数对于相对平衡点的影响必然是有关决策分析的重点。这时，盈亏平衡分析已经不单纯是一种财务分析方法，而是一种在理论与实践上都具有重要意义的决策方法了。

如果将产品需求量表示为$Q$，A方案的总成本表示为$C_A$，固定成本为$F_A$，单位变动成本为$v_A$，B方案的总成本表示为$C_B$，固定成本为$F_B$，单位变动成本为$v_B$，则相对平衡($C_A=C_B$)需求量$Q_0$的计算公式为$(F_B-F_A)/(v_A-v_B)$。如果$Q_0$无解，说明两个备选方案的成本没有交点，其中一个方案的成本始终低于另一个方案的成本，这个方案显然应该被选。

## 7.5.2 两种可选方案的成本相对平衡点的计算方法

除了用$(F_B-F_A)/(v_A-v_B)$计算成本相对平衡点$Q_0$外，同样可用以下方法计算成本相对平衡点：

(1)设两个备选方案的总成本的差($C_A-C_B$)为目标变量(=0)，需求量($Q$)为决策变量，使用 Excel 提供的单变量求解(Goal Seeking)工具，即可得到相对平衡需求量 $Q_0$。

(2)同理，使用 Excel 提供的规划求解(Solver)分析工具也可以。

(3)用两个备选方案的总成本的差($C_A-C_B$)关于需求量($Q$)的灵敏度分析(模拟运算表)，生成需求量—两个成本差的对照表，使用内插值的方法即可计算相对平衡需求量 $Q_0$。

### 7.5.3 两种可选方案的成本决策分析模型

下面举例说明如何构建模型进行成本决策分析，选择成本较低的备选方案，控制企业的成本。

**【例 7—5】** 特力公司生产的产品需要一种电容零件，零件可以自行生产，也可以外购。如果自行生产，需要的单位变动成本为 140 元/件，固定成本为 640000 元。如果向其他公司采购，采购单价为 260 元。因无须自己组织生产，固定成本可降至 200000 元。目前公司对此零件的需求量为 15000 件，最大需要量不会超过 20000 件。公司需要依据成本决策分析模型，判断“自制”有利还是“外购”更好。

例7-5 讲解

**【知识点与解题思路】** 本例将学习在两种可选方案下如何构建成本决策分析模型，并做出自产或外购决策。关键知识点包括：建立成本决策分析的基本模型，计算相对平衡点的四种方法，以及绘制动态分析图并给出决策结论的方法。此外，还将学习在优惠采购价格下的成本决策分析模型与方法。

第一步，建立成本决策分析基本模型。

如图 7—18 中单元格 C3:E10 所示，自制总成本单元格 D9 和外购总成本单元格 E9 的公式分别为 ROUND(D6+D7 * D3,0)和 ROUND(E6+E8 * D3,0)。

| | C | D | E | H | I | J | K | L | M | N | O |
|---|---|---|---|---|---|---|---|---|---|---|---|
| 3 | 需求量 | 15000 | | 需求量 | 自制方案 | 外购方案 | 两成本差 | | 平衡点轨迹参考线 | | |
| 4 | | | | | 2740000 | 4100000 | | | | 3666.7 | 1153333.8 |
| 5 | | 自制方案 | 外购方案 | 0 | 640000 | 200000 | 440000 | | 130 | 3384.6 | 1080000.6 |
| 6 | 固定成本 | 640000 | 200000 | 20000 | 3440000 | 5400000 | -1960000 | | 140 | 3666.7 | 1153333.8 |
| 7 | 单位可变成本 | 140 | | | | | | | 150 | 4000.0 | 1240000.0 |
| 8 | 采购单价 | | 260 | 插值法计算相对平衡需求量 | | | | | 160 | 4400.0 | 1344000.0 |
| 9 | 总成本 | 2740000 | 4100000 | 3666.67 | 1153334 | 1153334 | 0 | | 170 | 4888.9 | 1471111.3 |
| 10 | 两成本差 | | -1360000 | | | | | | | | |
| 11 | | | | 相对平衡点参考线 | | | 单位变动成本五种可能 | | | | |
| 12 | | 需求量 | 总成本 | 3667 | 6000000 | | 单位可变成本=130 | | | | |
| 13 | 相对平衡点 | 3666.67 | 1153334 | 3667 | 1153334 | | 单位可变成本=140 | | | | |
| 14 | | | | 3667 | 0 | | 单位可变成本=150 | | | | |
| 15 | 结论： | | | | | | 单位可变成本=160 | | | | |
| 16 | 需求量=15000时，采用自制方案 | | | 当前需求量参考线 | | | 单位可变成本=170 | | | | |
| 17 | 单位可变成本=140时，相对平衡点=3667 | | | 15000 | 6000000 | | | | | | |
| 18 | | | | 15000 | 2740000 | | | | | | |
| 19 | | | | 15000 | 4100000 | | | | | | |
| 20 | | | | 15000 | 0 | | | | | | |

**图 7—18 两种备选方案的成本决策分析模型**

第二步，创建分析图反映成本决策分析基本模型。

绘制自制和外购成本与需求量的关系图。参考例 7—1，在如图 7—18 所示的单元格 H4:J6 准备作图数据，并在“成本决策分析图形”工作表中绘制如图 7—19 所示的自制和外购成本关于需求量的 XY 散点图。因为成本和需求量是线性关系，所以灵敏度分析的模拟运算表自变量值只需要 0 和 20000(最大需求量)两个点。

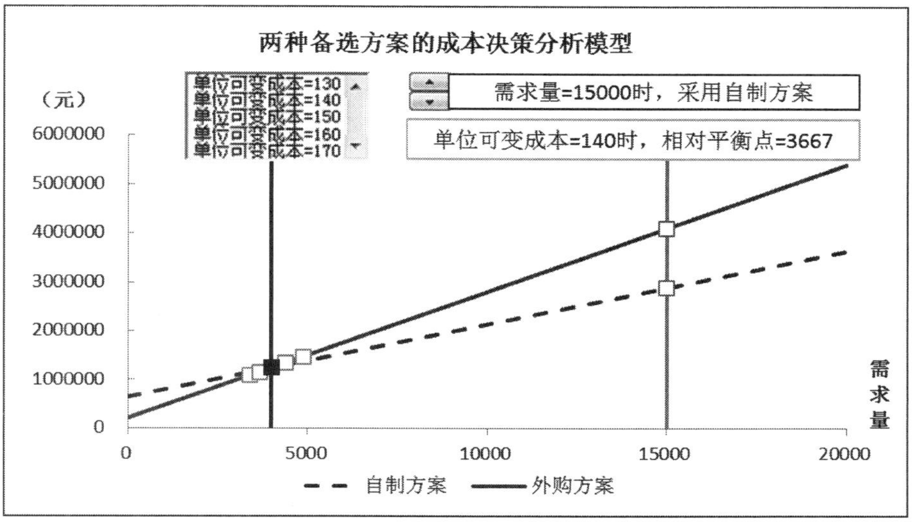


图 7—19 两种备选方案的成本决策分析模型图

第三步，计算相对平衡点。

方法一：公式法。

相对平衡需求量单元格 D13 的计算公式为 ROUND((D6－E6)/(E8－D7),2)，相对平衡点的外购总成本单元格 E13 计算公式为 E6＋E8＊D13，计算结果为 1153334，如图 7—18 中单元格 E13 所示。如果计算相对平衡点的自制总成本，公式为 D6＋D7＊D13，结果也是 1153334，与说明再相对平衡点、自制成本和外购成本相同。

方法二：单变量求解法。

参考例 7—2，启用单变量求解，目标单元格设为 E10(两成本差)，目标值为 0，可变单元格设为 D3(需求量)，得到的相对平衡需求量(D3)的值也为 3666.67。

方法三：规划求解法。

参考例 7—4，启用规划求解，也能计算相对平衡销量，这里不再赘述。

方法四：内插值法。

两成本差与需求量是线性关系。参考例 7—2，在如图 7—18 所示的单元格 K9，用内插值公式 ROUND(H5＋(H6－H5)＊(K9－K5)/(K6－K5),2)，也可得到相对平衡需求量 3666.67，相对应的自制总成本和外购总成本均为 1153334，结果如图 7—18 单元格 I9:J9 所示。

第四步，添加决策依据——相对平衡点参考线。

按例 7—1 中的操作步骤，用如图 7—18 所示单元格 H12:I14 中的数据添加相对平衡点参考线，用单元格 H17:I20 中的数据添加当前需求量参考线，并对两条参考线做格式设置，结果如图 7—19 所示。

第五步，添加相对平衡点移动轨迹线。

考虑到受市场影响，自制零件的原材料价格可能变动。为使模型适用于更多的情况，我们假定自制的单位变动成本有五种可能，在图形工作表上添加一个单位变动成本列表框控件，可选如图 7－19 所示的单元格 K12:K16 中的五种可能，模型中单元格 D7 随着单位变动成本列表框的选择分别取 130、140、150、160 或 170，这样相对平衡点参考线将随之移动，结果如图 7－19 所示。

对不同的单位变动成本，相对平衡点也不同。在图 7－18 所示的单元格 M4:O9 生成相对平衡点的需求量和总成本关于单位变动成本的模拟运算表，选中模拟运算结果单元格 P5:O9 作为新系列添加到图形上，即新增一条连接五个相对平衡点的斜线，此斜线即为相对平衡点随单位变动成本变化而移动的轨迹线。将此轨迹线系列设置为带数据标记的格式，使五个相对平衡点更明显。

第六步，在成本决策分析图上给出决策结论。

在"成本决策分析图形"工作表上插入文本框并引用 C17，单元格 C17 中的决策结论公式为 C7&"＝"&D7&"时，"&C13&"＝"&ROUND(D13,0)，结果如图 7－19 中决策结论文本框所示 :单位变动成本＝140 时，相对平衡点＝3667。

在"成本决策分析图形"工作表上插入另一个文本框并引用 C16，单元格 C16 中公式为 C3&"＝"&D3&"时，采用"&IF(D9＜E9,D5,IF(E9＜D9,E5,"两种方案皆可"))，结果如图 7－19 的，中另一个决策结论文本框所示：需求量＝15000 时，采用自制方案。

添加一个最小值为 0、最大值为 20000、步长为 500 的需求量(单元格 D3)微调钮，并与文本框组合。随着需求量微调钮的调节，当前需求量参考线将随之移动。当需求量参考线移至相对平衡参考线的左边，结论显示"采用外购方案"；反之，当需求量参考线移至相对平衡参考线的右边，结论显示"采用自制方案"，如图 7－19 所示。因为需求量微调钮的步长为 500，所以无法正好取到相对平衡点。如果将相对平衡需求量单元格 D13 的值复制/粘贴到当前需求量单元格 D3 中，我们将看到"采用两种方案皆可"的决策结论。

我们建立了在不同的单位变动成本下如何对两种备选方案进行选择的成本决策分析模型，这个模型假定外购单价是不变的。其实，采购单价是最容易受市场影响而变化的。一般供应商为扩大销量，对采购量大的客户总会给出价格优惠。那么，在有采购单价优惠的情况下，如何修改模型才能使管理者便于决策是我们接下来要考虑的。当然我们可以用前几个例题中已学过的方法，在模型中添加外购单价控件，修改外购成本计算公式，也能给出不同外购单价情况下的决策建议。但是，原模型受优惠折扣价格影响的表达不直观。

假定供应商给出的优惠条件为：如果采购量小于 10000 件，维持原价；如果采购量大于等于 10000 但不超过 15000，给予 25％折扣优惠；如果采购量达到 15000 及以上，价格打对折。下面我们对原成本决策分析模型做适当修改扩充，使其变成优惠条件下的成本决策分析模型。具体步骤如下：

第一步，增加折扣采购价并调整外购成本的计算方法。

在如图 7－20 所示的单元格 B22:E24 中建立价格优惠策略表。根据当前需求量单元格 D3 的值确定当前外购优惠折扣单元格 D26，具体公式为＝INDEX(E22:E24,MATCH(D3,D22:D24,1)，得到当前外购优惠折扣 50％。

在原模型单元格 B8:E8 下面插入一行折扣采购价单元格，单元格 E9 的公式为 E8＊(1－E26)，计算得到折扣采购价为 130。

在单元格 J20:K26 建立外购成本关于需求量的模拟运算表。为了使折扣阈值处的外购成本变化能够反映出来，模拟运算表的自变量值取了六个数据点。

| | B | C | D | E | FG | H | I | J | K | L | M | N | O |
|---|---|---|---|---|---|---|---|---|---|---|---|---|---|
| 3 | | 需求量 | 15000 | | | 需求量 | 自制方案 | 外购方案 | 两成本差 | | 平衡点轨迹参考线 | | |
| 4 | | | | | | | 2740000 | 4100000 | | | | 3667 | 1153334 |
| 5 | | | 自制方案 | 外购方案 | | 0 | 640000 | 200000 | 440000 | | 130 | 3384.62 | 1080000.6 |
| 6 | | 固定成本 | 640000 | 200000 | | 20000 | 3440000 | 5400000 | -1960000 | | 140 | 3666.67 | 1153333.8 |
| 7 | | 单位可变成本 | 140 | | | | | | | | 150 | 4000 | 1240000 |
| 8 | | 原采购单价 | | 260 | | 插值法计算相对平衡需求量 | | | | | 160 | 4400 | 1344000 |
| 9 | | 折扣采购价 | | 130 | | 3667 | 1153334 | 1153334 | 0 | | 170 | 4888.89 | 1471111.3 |
| 10 | | 总成本 | 2740000 | 2150000 | | | | | | | | | |
| 11 | | 两成本差 | | 590000 | | 相对平衡点参考线 | | | 单位变动成本五种可能 | | | | |
| 12 | | | | | | 3667 | 6000000 | | 单位可变成本=130 | | | | |
| 13 | | | 需求量 | 总成本 | | 3667 | 1153334 | | 单位可变成本=140 | | | | |
| 14 | | 相对平衡点 | 3666.67 | 1153334 | | 3667 | 0 | | 单位可变成本=150 | | | | |
| 15 | | | | | | | | | 单位可变成本=160 | | | | |
| 16 | | 结论: | | | | 当前需求量参考线 | | | 单位可变成本=170 | | | | |
| 17 | | 需求量=15000时，采用外购方案 | | | | 15000 | 6000000 | | | | | | |
| 18 | | 单位可变成本=140时，相对平衡点=3667 | | | | 15000 | 2740000 | | | | | | |
| 19 | | | | | | 15000 | 4100000 | 需求量 | 外购成本 | | | | |
| 20 | | | | | | 15000 | 0 | | 2150000 | | | | |
| 21 | | | 折扣阈值 | 折扣率 | | | | 0 | 200000 | | | | |
| 22 | 采购量<10000 | | 0 | 0% | | | | 10000 | 2800000 | | | | |
| 23 | 10000≤采购量<15000 | | 10000 | 25% | | | | 10000 | 2150000 | | | | |
| 24 | 采购量≥15000 | | 15000 | 50% | | | | 15000 | 3125000 | | | | |
| 25 | | | | | | | | 15000 | 2150000 | | | | |
| 26 | 当前外购优惠折扣 | | | 50% | | | | 20000 | 2800000 | | | | |

**图 7—20 优惠条件下的成本决策分析模型**

注意:第三点取单元格 D23,第二点就取 D23－0.0001,这两个点上外购成本计算所用的采购价是不同的。第二点没打折,第三点有 25%折扣。同理,第五点取 D24,第四点就取 D24－0.0001。

第二步,绘制分析图反映优惠条件下成本决策分析模型。

复制图形,替换外购成本线。复制"成本决策分析图形"工作表并重命名为"优惠条件下成本决策分析图形",将图形标题改成"优惠条件下成本决策分析模型"。

删除图形上原有的"外购方案"成本线,将单元格 J21:K26 中数据作为新系列添加到图形上,结果如图 7—21 所示。

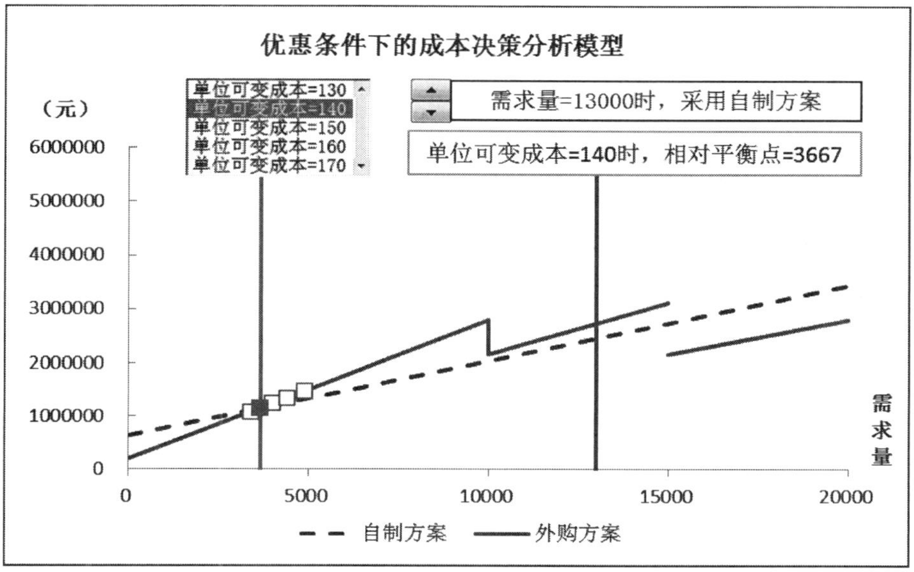


**图 7—21 优惠条件下的成本决策分析模型图**

可以看到，新的外购方案系列在 10000 和 20000 两个折扣阈值位置上出现了突然下降，这是因采购价折扣引起的变化。这种变化可以用不同的方式表达，第三个数据点选的是“有线条”格式，而第五个数据点选的是“无线条”格式，外购方案线的第二段变化就没有了垂直连线。

## 本章小结

本章介绍了结构化管理问题决策分析时将抽象且反映决策问题本质的数学模型转化为计算机化管理决策模型的方法，以及在 Excel 中创建各种管理决策模型的一般原则、方法和规律。

通过本一量一利分析、盈亏平衡分析、安全边际分析、利润极大值分析和成本决策分析等模型，介绍了如何根据目标变量与决策变量及参数的关系，建立基本的决策分析模型；介绍了模型决策依据点的计算方法，包括公式法，单变量求解法、规划求解法和查表加内插值方法；介绍了垂直、水平和折角参考线的绘制方法；介绍了各种控件和决策结论使用技术。

本章一方面介绍了利用 Excel 提供的强大图形功能，结合模型的研究需求，运用散点图、面积图、柱形图等多种作图方法创建可选动态决策分析图形，把图形、控件、文本框、参考线、参考点等对象组合形成可选动态决策图形，可直观地观察决策模型参数对决策方案的影响，即动态可选的如果—怎样决策分析。另一方面，通过五个案例，介绍了在管理中面临的决策问题，从分析问题，厘清目标变量与决策变量及参数的关系，到运用 Excel 的各种功能建立计算机模型，并使模型动态化的一整套解决决策分析问题的思路与方法。

## 习题七

1. 某公司生产甲、乙两种产品，两种产品需求量之和(即总产量)为 8000 件。甲、乙两种产品固定成本分别等于 25000 元和 42000 元，单位边际贡献分别等于 6 元/件和 12 元/件。现假定甲产品产量占总生产量的比例为 53%，在本工作表中建立如图 7—22 所示的模型，以实现以下要求：

(1)建立模型，计算出生产甲、乙两种产品各自的产量及利润；

(2)计算出两种产品各自的盈亏平衡量；

(3)制作一个微调项，使甲产品所占比例从 53%至 56%、步长为 0.1%变化得出两利润比较的结论值：“甲产品利润高”“乙产品利润高”或“两种产品利润相等”；

(4)在工作表中利用模拟运算表，编制甲产品生产量所占总产量的比例从 53%至 56%、步长为 0.1%变化为自变量、甲产品的利润、乙产品的利润、两种利润比较的结论值：“甲产品利润高”“乙产品利润高”或“两种产品利润相等”为因变量函数的一维模拟运算。

| | | |
|---|---|---|
| 总需求量 | | 8000 |
| | 甲产品 | 乙产品 |
| 比例 | 53.0% | 47.0% |
| 产量 | 4240 | 3760 |
| 单位边际贡献 | 6 | 12 |
| 固定成本 | 25000 | 42000 |
| 利润 | 440 | 3120 |
| 各自盈亏平衡量 | 4166.67 | 3500 |
| 结论 | | 乙产品利润高 |

| | 甲产品 | 乙产品 | |
|---|---|---|---|
| | 440 | 3120 | 乙产品利润高 |
| 53.0% | 440 | 3120 | 乙产品利润高 |
| 53.1% | 488 | 3024 | 乙产品利润高 |
| 53.2% | 536 | 2928 | 乙产品利润高 |
| 53.3% | 584 | 2832 | 乙产品利润高 |
| 53.4% | 632 | 2736 | 乙产品利润高 |
| 53.5% | 680 | 2640 | 乙产品利润高 |
| 53.6% | 728 | 2544 | 乙产品利润高 |
| 53.7% | 776 | 2448 | 乙产品利润高 |
| 53.8% | 824 | 2352 | 乙产品利润高 |
| 53.9% | 872 | 2256 | 乙产品利润高 |
| 54.0% | 920 | 2160 | 乙产品利润高 |
| 54.1% | 968 | 2064 | 乙产品利润高 |
| 55.9% | 1832 | 336 | 甲产品利润高 |
| 56.0% | 1880 | 240 | 甲产品利润高 |

**图 7—22 两种产品的盈亏平衡分析**

2. 某产品可由工厂 A 或工厂 B 生产，工厂 A 的固定成本为 20000 元，单位可变成本为 15 元；工厂 B 的固定成本为 15000 元，单位可变成本为 17 元。当产品的销售数量为 2200 件、销售单价为 25 元时，试按图 7—29 建立决策分析模型，要求：

(1)两个工厂各自分别生产该产品的利润和各自的盈亏平衡点；

(2)两个工厂的相对平衡点及相等的利润；

(3)根据计算结果自动给出最佳的决策结论(最优生产厂)；

(4)参考图 7—23 绘制当销售数量在 1500～3000 步长为 100 时的决策分析图。

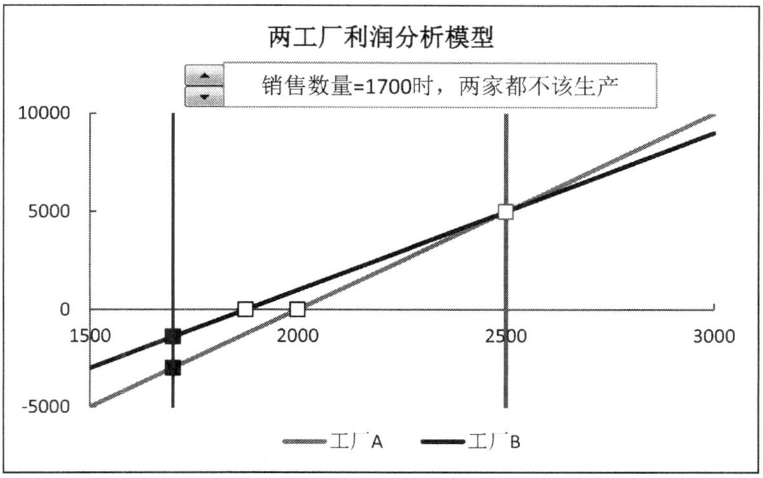


**图 7—23 两工厂的利润分析**

3. 富勒公司制造一种高质量运动鞋。公司最大生产能力为 1500 双，固定成本为 37000 元，每双可变成本为 36 元，当前的销量为 900 双，平均销售价格为 90 元，计算单位边际贡献、销售收入、总成本、利润、计算盈亏平衡销量等数据；绘制反映盈利与亏损的堆积面积图与折线图的组合图形；当固定成本从 30000 按增量 200 变化到 60000 时，显示“盈利”“保本”或“亏损”的决策结论。使用堆积面积图与折线图的组合反映盈利区域和亏损区域变化，如图 7—24 所示。

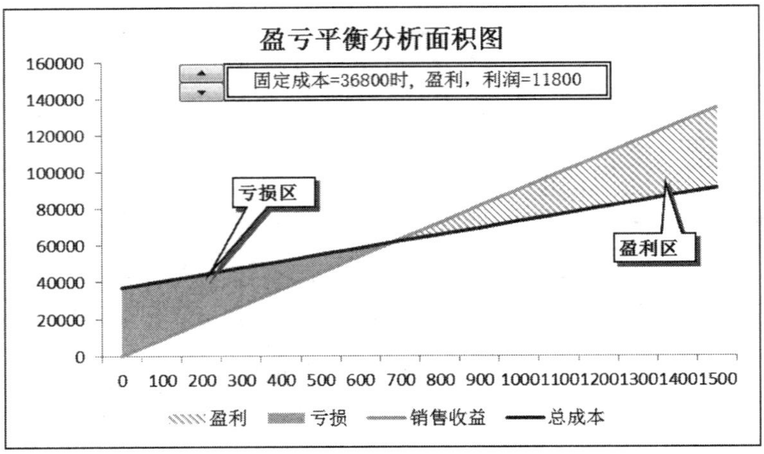


图 7—24　盈亏平衡分析

4. 特纳公司可生产两种机械设备。生产机械设备 A，固定成本为 2000 元，产品的单位可变成本为 5.6 元/件；生产机械设备 B，固定成本为 7000 元，产品的单位可变成本为 3.9 元/件。公司产品的销售量为 6000 件（生产后能全部销售掉），试建立如图 7—25 所示的决策分析模型，要求：

(1)分别计算生产机械设备 A 与机械设备 B 的年总成本；

(2)计算两种机械设备成本的相对平衡点（交点），并绘制平衡点参考线；

(3)绘制机械设备 A 和机械设备 B 的年总成本关于生产量（从 1000 到 10000）的图形，并添加反映当前生产量的垂直参考线；

(4)采用列表框控件，对机械设备 A 的产品的单位可变成本分别取值 4.5、5.2、5.5、5.6、5.7、5.9、6.0 七个数据进行选择，改变模型中的相应参数，在图形中生成机械设备 A 与机械设备 B 总成本的交点的轨迹，用红色空心点表示，当前交点用红色实心点表示；

(5)在该图形中制作一个动态文本框，随时显示出机械 A 与机械 B 中哪个是最优选择方案。

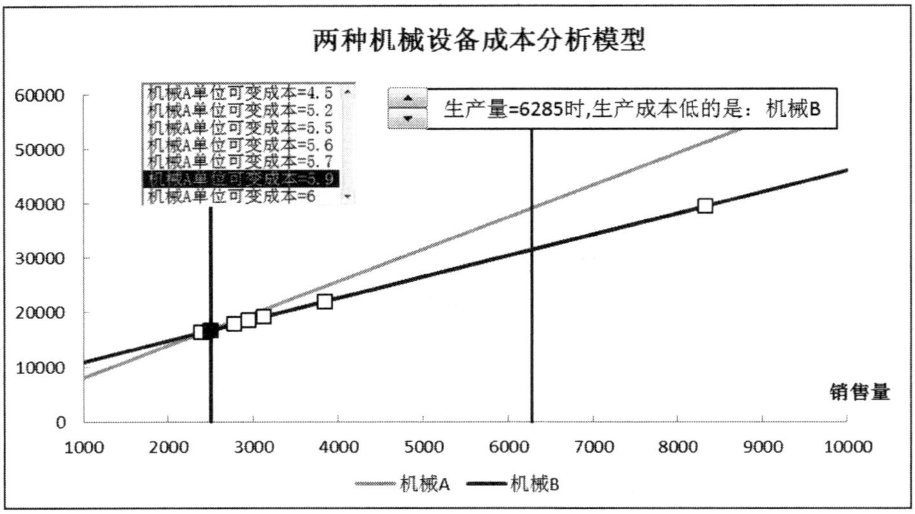


图 7—25　两种设备成本分析

5. 富勒公司制造产品时需要某种零件，此零件如果自制，单位变动成本为 4.8 元/件，固定成本共计 30000 元。如果向外公司采购，单件买价为 7 元，但可以减少固定成本 20000 元。目前公司对此零件的需求量为 10000 件，公司需要依据决策分析模型来作出“自制”还是“外购”的方案选择。参考图 7—26 建立自制与外购两种方案的决策模型。

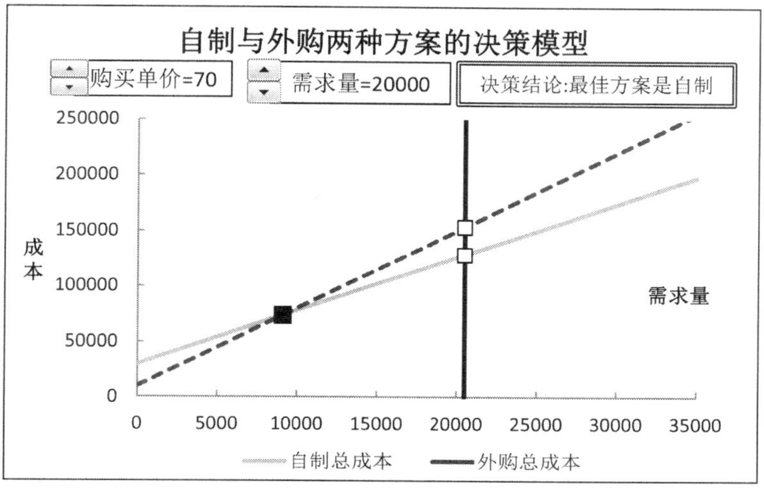


图 7—26　自制与外购成本决策分析

如果供应商对采购批量达到 18000 件给予价格优惠，单件买价可以降低到 4.1 元。目前公司的零件需求量为 25000，公司应选择什么方案？参考图 7—27 建立价格优惠条件下自制与外购两种方案的决策模型。

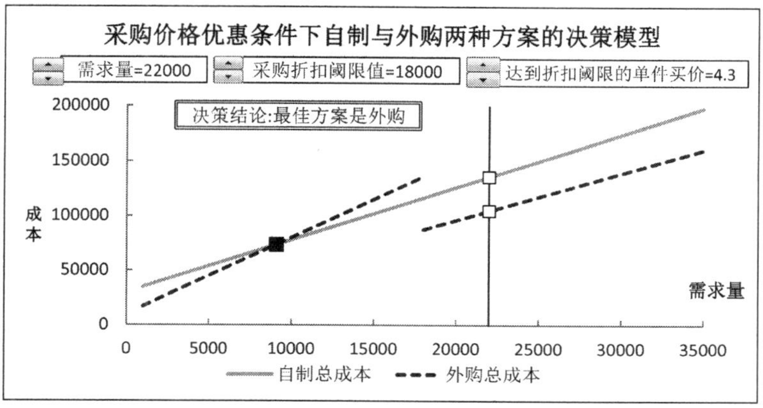


图 7—27　优惠条件下自制与外购成本决策分析

# 第八章

# 库存管理决策模型

第八章

课 件

第八章

例题答案

从古代商贾对市场物资的精打细算，到现代企业中的复杂库存系统设计，库存管理一直是企业运营的关键环节。在数字化时代背景下，有效的库存系统设计、控制和优化成为企业以最低的库存成本、最及时的供应和最优的管理支撑高效运营的关键。库存管理中，管理者主要面临两大决策：订货量（多少货物一次性订购）和订货周期（多久订购一次）。有效的库存管理旨在最小化库存的总成本，包括采购成本、订货成本和储存成本。图 8—1 展示了这些成本间的相互关系。

本章还将学习随机模拟决策模型的建立方法。通过本章的学习，读者将掌握库存管理的基本概念和重要性，学习构建和优化库存管理决策模型的方法，掌握在不确定需求下的随机模拟决策。

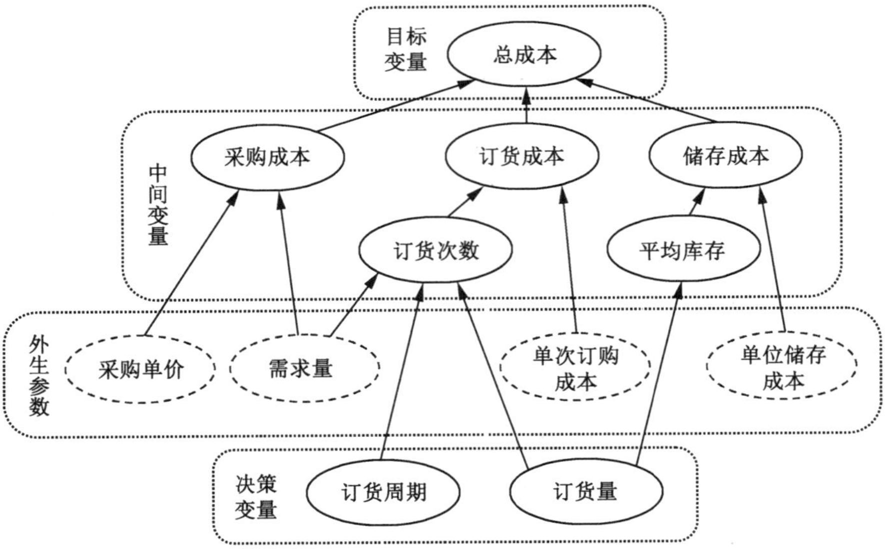


**图 8—1　库存管理决策概念模型**

本章主要内容包括：

● 需求确定情况下的库存变化模型、经济订货量分析模型、优惠条件下最佳订货量决策模型和最佳订货周期决策模型；

● 不确定需求随机数的生成方法；

● 需求不确定情况下库存模拟模型和最优订货量模拟模型、安全库存(再订货点)决策模拟模型；

● 交货期不确定情况下库存管理决策模拟模型，包括最优订货量模拟模型、服务水平模拟模型和库存量变化模拟模型。

## 8.1　需求确定的库存管理决策分析

企业经营决策中需要掌握实时库存情况，当库存量下降到一定水平时就进行再订货。当需求和交货期都固定时，最佳的订货策略是订购足够覆盖下一个销售周期的商品量；当需求或交货期存在不确定时，最佳订货策略应包括额外的安全库存。

库存又取决于一段时间里的订货策略：如果每次订货量过多，就会使库存上升，造成储存成本增加；而每次订货量过少，则会增加订货次数而使订货成本上升。为了找到成本最优的平衡点，可以运用库存管理模型[如经典的经济订货量(EOQ)模型]。此外，企业还需考虑订货周期，即每次订货间隔的时间长度，它应与市场需求和供应链效率相匹配。

### 8.1.1　库存量变化模型

在需求已知且确定的情况下，假设每次订货后商品总能准时送到而不会发生缺货。此时，库存管理的目标是维持足够的库存以满足固定的日需求量，同时避免过度库存导致的不必要成本。

假设 $Q$ 表示商品的一次订货量，完成一次订货商品入库时，库存数量为 $Q$。如果每天需求量固定，那么如图 8－2 所示，每天库存的下降速度不变，$t$ 天以后库存下降为 0，则在 $t$ 天内平均库存可用 $Q/2$ 表示。

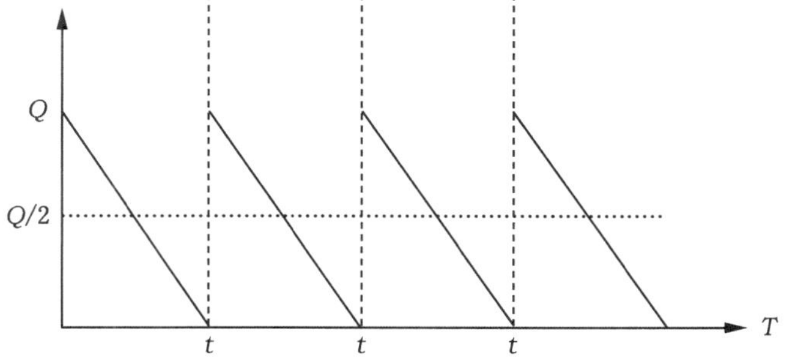


图 8－2　库存量随时间变化图

**【例 8－1】** 某公司经销一种商品，初始库存量为 0，每次最多订货 1000 件，最长每隔 10 天订一次货。在每天需求固定 100 件、订货能即时到货(即交货期为零)的情况下，管理人员想借助模型随时了解两种不同订货策略下一个月(30 天)内的每天库存量。

例8-1 讲解

**【知识点与解题思路】** 本例针对需求已知且确定情形下，分别学习基于订货周期策略与订货策略的库存变化模型。关键知识包括建立模型及图形化展示的方法。

第一步，建立订货周期策略库存变化模型。

该问题目标变量是每天的库存量，决策变量是订货量或订货周期，外生参数是日需求量和初始库存量。为了计算每天库存量，需要计算两个中间变量：已过去订货周期数和一个周期内已经过去的天数。

先将订货周期作为决策变量，建立库存变化基本模型。如图 8—3 所示，先输入已知参数日需求量(100)和初始库存量(0)。假设订货周期(C5)为 5 天，那么订货量 C6(=C2 * C5)。如果需查看第 7 天的库存量，则有 C7=7，计算相应的已过去订货周期数 C8(=INT(C7/C5))、本周期已过去天数 C9(=C7－C8 * C5)和当前库存量 C10(=C6－C9 * C2)。

| | B | C | D | E | F | G | H |
|---|---|---|---|---|---|---|---|
| 2 | 日需求量 | 100 | | | | 300 | |
| 3 | 初始库存量 | 0 | | | 0 | 500 | 0 |
| 4 | | | | | 1 | 400 | 0 |
| 5 | 订货周期 | 5 | | | 2 | 300 | 0 |
| 6 | 订货量 | 500 | | | 3 | 200 | 0 |
| 7 | 查看时间(天) | 7 | | | 4 | 100 | 0 |
| 8 | 已过去订货周期数 | 1 | | | 5 | 500 | 0 |
| 9 | 本周期已过去天数 | 2 | | | 6 | 400 | 0 |
| 10 | 当前库存量 | 300 | | | 7 | 300 | 300 |
| 11 | | | | | 8 | 200 | 0 |
| 12 | 订货量=500 | | | | 9 | 100 | 0 |
| 13 | 订货周期=5天 | | | | 10 | 500 | 0 |
| 14 | 查看时间(天)=7天 | | | | 11 | 400 | 0 |
| 33 | | | | | 30 | 500 | 0 |

**图 8—3 基于订货周期的库存变化模型**

第二步，利用模拟运算表准备作图数据。

以订货周期 C5 为自变量，当前库存量 C10 为因变量建立模拟运算表，如图 8－3 中 F2:G33 所示。注意，这里是每天的期末库存，根据订货策略即时到货的特点，第 30 天消耗完的库存立即补充上了。

用 IF 函数标识查看时间(天)的当天库存量，除了查看时间(天)以外的其他时点的库存量都是 0，在如图 8－3 所示的 H3 中输入公式“=IF(F3=＄C＄7,G3,0)”。

第三步，绘制可调库存变化动态图。

绘制柱形图来展示每天的库存情况。通过调整数据系列格式和轴标签，使得只有指定天数的库存量突出显示，结果如图 8—4 所示。

利用第四章学习设置表单控件的方法，在图 8—4 上添加查看时间(天)和订货周期的数值调节钮。当查看时间(天)的数值调节钮在 1—30 内调整，图中反映当天库存量的红色柱子会随着查看时间(天)的改变而变化。当订购周期的数值调节钮在 1—10 以内调整，反映库存周期变化的三角形宽度和高度都将发生改变。

第四步，建立订货量策略库存变化模型。

复制模型，并修改为订货量策略库存变化模型。通过改变订货量而不是周期，重新计算库存变化。若订货量为 800 件，计算所需订货周期 $t=800/100$。同样使用图形展示 30 天内基于订货量的库存变化。将订货周期的数值调节钮换成订货量的数值调节钮，就可得到确定需求

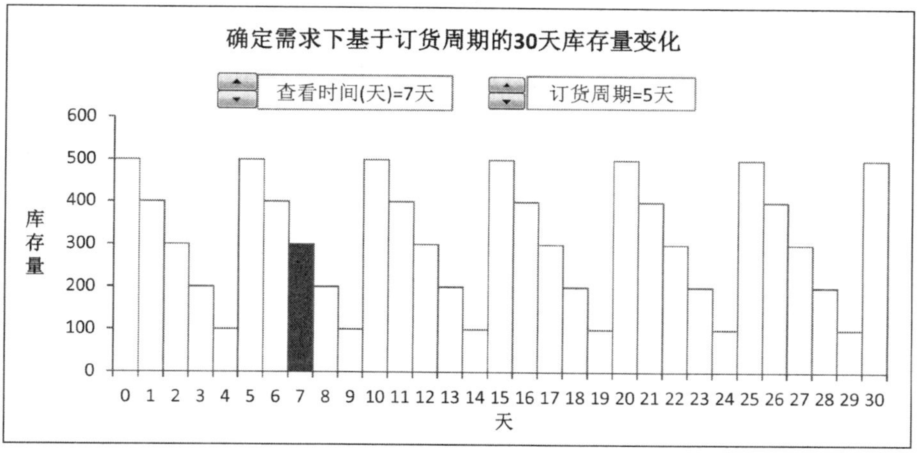


图 8—4　基于订货周期的库存变化图形

下基于订货量的 30 天库存量变化图形。当订货量的数值调节钮在 100—1000 内按步长 100 调整,反映库存周期变化的三角形宽度和高度也将发生改变,结果如图 8—5 所示。

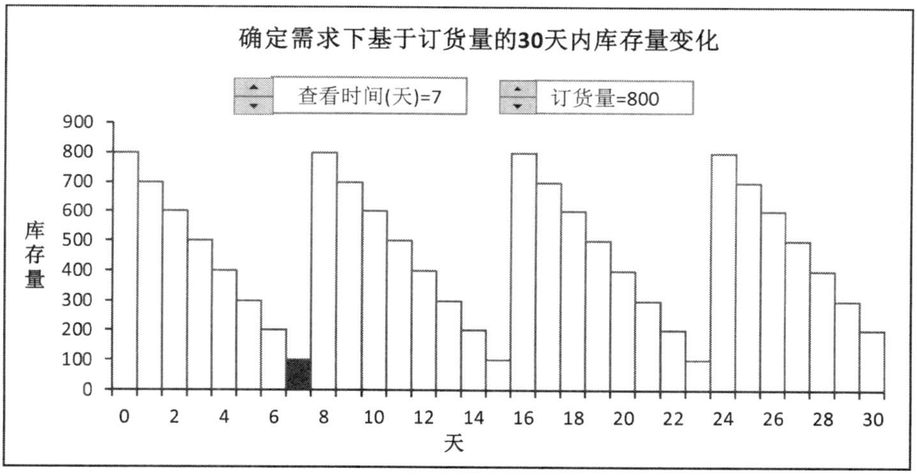


图 8—5　基于订货量的库存变化图形

从图 8—4 和图 8—5 可以看出,同样查看第 7 天的库存量,不同订货策略的结果是不同的。

## 8.1.2　经济订货量分析

经济订货量(Economic Order Quantity,EOQ)是一种用于确定库存管理中订货决策的数学方法。该模型通过计算出让总成本最低的订货量来实现成本最优化,其核心在于平衡订货成本和储存成本。目前常用的经济订货量模型基于以下假设条件:

(1)在一定时期内某种商品的需求量是固定的;

(2)初始库存量为零;

(3)库存能够得到及时的补充,即假定库存一旦数量不足可立即得到补充,因而不设置安全库存。

接下来用 $D$ 表示商品的全年需求量,用 $k$ 表示一次订货的成本(简称单次订货成本),用 $h$ 表示一件商品在仓库中保存一年的储存成本(简称单位年储存成本),采购单价为 $p$。

在计划期内固定需求总量下,订货次数越多,订货总成本就越高。在既定的单次订货成本下,订货成本与订货次数有密切的联系。订货成本等于单次订货成本乘以订货次数。由于在一定时期(一般为一年)内商品的总需求量(即年需求量)是固定的,所以,订货次数为年需求量 $D$ 除以订货量 $Q$,由此得到订货成本的公式为 $kD/Q$。

如前所述,储存成本是指商品在储存过程中发生的仓库保管费、保险费、库存资金占用所支付的利息等。在计划期内,库存的储存成本是平均库存量乘以单位储存成本。如图 8—2 所示,在需求确定条件下平均库存量是订货量的一半,因此储存成本公式为 $hQ/2$。

采购成本主要取决于采购数量与采购单价,影响采购单价的因素除了不同的供应商可能产生价格竞争外,采购批量的大小也可能是一项影响因素。由于假设某种商品的全年需求量是固定的,无论每次订货量等于多少,全年所要支付的采购成本为 $pD$,与订货量 $Q$ 无关。

在讨论经济订货量问题时,年总成本可以看成是年储存成本、年订货成本与年采购成本之和,总成本的计算公式为:

$$C=\frac{kD}{Q}+\frac{hQ}{2}+pD \tag{8—1}$$

从公式(8—1)不难看出,订货量 $Q$ 越大,储存成本就越高,而订货成本就越低;反之,订货量 $Q$ 越小,储存成本就越低,订货成本却越大。企业需要在增加订货量所节约的订货成本与增加库存量所提高的储存成本之间进行权衡,以求得两者的最佳组合。年采购成本与订货量 $Q$ 无关,在考虑经济订货量时可以忽略。

年总成本 $C$ 是订货量 $Q$ 的函数,对总成本($C=kD/Q+hQ/2+pD$)求导,即可得到年总成本 $C$ 最小所对应的经济订货量 $Q_0$,经济订货量的计算公式如下:

$$\frac{dC}{dQ}=-\frac{kD}{Q^2}+\frac{h}{2}=0 \Longrightarrow Q_0=\sqrt{\frac{2kD}{h}} \tag{8—2}$$

从公式(8—2)可以看出,在经济订货量下年订货成本与年储存成本相等,计算公式为:

$$\frac{kD}{Q_0}=\frac{hQ_0}{2}=\sqrt{\frac{khD}{2}} \tag{8—3}$$

而作为它们之和的年总成本极小值计算公式为:

$$C_{\min}=\sqrt{2khD} \tag{8—4}$$

与经济订货量对应的订货周期自然就是最佳的订货周期,计算公式为:

$$T_0=\sqrt{\frac{2k}{hD}} \tag{8—5}$$

### 8.1.3 经济订货量分析模型

经济订货量是库存管理的主要决策依据。经济订货量可以用公式计算,也可运用第七章介绍的查表加内插值法和规划求解法。下面通过一个案例讲解经济订货量分析的建模方法与步骤。

**【例 8—2】** 某公司全年需采购某种零件 36000 件，单次订货成本为 200 元，单个零件储存一年的成本为 10 元，目前公司每次按 900 件订货。公司库存管理员想通过经济订货量模型分析每次订货 900 件是不是经济的？如何调整订货策略？考虑年制量在 30000 至 40000 之间变动。

例8-2 讲解

**【知识点与解题思路】** 本例将学习经济订货量分析模型的基本方法。关键知识点包括经济订货量、年订货成本、年存储成本以及年总成本的计算方法，建立经济订货量分析模型及其图形化的方法。此外，还将介绍绘制经济订货量情景分析模型的方法。

第一步，建立经济订货量分析基本模型。

可利用经济订货量的公式来计算总成本。该问题目标变量是年总成本，决策变量是订货量，外生参数是年需求量、单次订货成本和单位年储存成本。为了计算总成本，需要计算两个中间变量：年订货成本和年储存成本。

如图 8—6 所示，输入已知参数年需求量(36000)、单次订货成本(200)、单位年储存成本(10)以及决策变量订货量(900)，按照公式(8—1)，计算年订货成本 C7、年储存成本 C8 和年总成本 C9；按照公式(8—2)，计算经济订货量(EOQ)C11、EOQ 下的年订货成本 C12、储存成本 C13 和总成本 C14，这样就建立了经济订货量分析模型。当模型的外生参数年需求量、单次订货成本或单位年储存成本发生任何变化，经济订货量单元格 C11 的值都会自动重算。

| 行 | B | C |
|---|---|---|
| 2 | 年需求量(D) | 36000 |
| 3 | 单次订货成本(k) | 200 |
| 4 | 单位年储存成本(h) | 10 |
| 6 | 订货量(Q) | 900 |
| 7 | 年订货成本 | 8000 |
| 8 | 年储存成本 | 4500 |
| 9 | 年总成本 | 12500 |
| 11 | 经济订货量(EOQ) | 1200 |
| 12 | EOQ下的年订货成本 | 6000.00 |
| 13 | EOQ下的年储存成本 | 6000.00 |
| 14 | EOQ下的年总成本 | 12000.00 |
| 16 | 年需求量=36000 | |
| 17 | 订货量=900 | |
| 18 | 经济订货量=1200，年总成本最小值=12000元 | |

| 3600 订货量 | 年订货成本 | 年储存成本 | 年总成本 | 订货成本与储存成本差 |
|---|---|---|---|---|
| | 8000.00 | 4500.00 | 12500.00 | |
| 600 | 12000.00 | 3000.00 | 15000.00 | 9000.00 |
| 700 | 10285.71 | 3500.00 | 13785.71 | 6785.71 |
| 800 | 9000.00 | 4000.00 | 13000.00 | 5000.00 |
| 900 | 8000.00 | 4500.00 | 12500.00 | 3500.00 |
| 1000 | 7200.00 | 5000.00 | 12200.00 | 2200.00 |
| 1100 | 6545.45 | 5500.00 | 12045.45 | 1045.45 |
| 1200 | 6000.00 | 6000.00 | 12000.00 | 0.00 |
| 1300 | 5538.46 | 6500.00 | 12038.46 | -961.54 |
| 1400 | 5142.86 | 7000.00 | 12142.86 | -1857.14 |
| 1500 | 4800.00 | 7500.00 | 12300.00 | -2700.00 |
| 1600 | 4500.00 | 8000.00 | 12500.00 | -3500.00 |

经济订货量垂直参考线

| | |
|---|---|
| 1200 | 0.00 |
| 1200 | 6000.00 |
| 1200 | 12000.00 |
| 1200 | 25000.00 |

当前订货量垂直参考线

| | |
|---|---|
| 900 | 0 |
| 900 | 4500 |
| 900 | 8000 |
| 900 | 12500 |
| 900 | 25000 |

**图 8—6　经济订货量分析模型**

也可用规划求解工具求解最低总成本。对目标单元格 C9(年总成本)求最小值，可变单元格设为 C6(订货量)，求解后在单元格 C6 中也可得到 1200(经济订货量)。

注意：用规划求解方法得到的经济订货量不会随着模型外生参数的变化而自动重算。

根据公式(8—3)，在经济订货量下的年订货成本与年储存成本正好相等，可用函数 INDEX 和 MATCH 的组合得到两者差为 0 时对应的经济订货量(1200)。

第二步，创建分析图来反映经济订货量分析模型。

利用模拟运算表计算不同订货量下的年订货成本、年存储成本和年总成本，见图 8—6 中 E3:H14，绘制如图 8—7 所示的 XY 散点图。

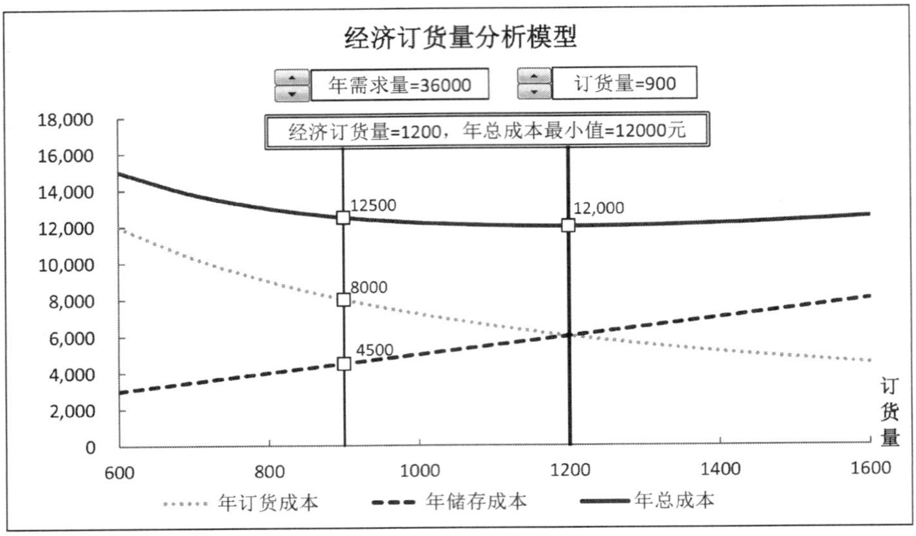


**图 8—7 经济订货量分析模型图**

第三步，添加决策依据——经济订货量垂直参考线。

按例 7—1 中的操作步骤，利用图 8—6 中的参考线数据，添加经济订货量参考线和当前订货量参考线，对参考线与三条成本线的交点设置数据标记，并进行如图 8—7 所示的格式设置。

第四步，在经济订货量分析图上给出决策结论。

在单元格 B17 和 B18 输入决策结论，图形工作表上插入订货量文本框和决策结论文本框，分别引用 B17 和 B18，则两个文本框中会分别出现“订货量＝900”和“经济订货量＝1200，年总成本最小值＝12000 元”。

添加订货量数值调节钮，如图 8—7 所示，设置其最小值为 600，最大值为 1600，步长为 50。

经济订货量参考线是决策的依据。随着订货量数值调节钮的调节，当前订货量参考线将随之移动。当它在经济订货量参考线的左边，说明订货量偏低且年总成本没有达到最小，可以适当增加订货量；反之，如果它在经济订货量参考线的右边，则应该减少订货量以降低成本；如果两线重合，则是最理想状态。

第五步，建立可调的经济订货量分析模型。

到目前为止，我们的经济订货量分析模型是基于年需求量恒定为 36 000 件的假设建立的。然而，在实际运营中，年需求量会变化。为使模型能够适应不同情况，进一步考虑年需求量在 30 000 至 40 000 件之间的可能变动，在图形工作表上添加一个年需求量的数值调节钮。

注意：该表单控件的取值范围最大为 30000，本题中的年需求量 40000 超过了其最大范围。对于这种情况，可采用变换法：先设置控件的最小值为 3000，最大值为 4000，步长为 100，单元格链接设为某中间单元格，在年需求量单元格 C2 中将中间单元格的数值扩大十倍，输入公式（＝D2 * 10）。可以看到，随着年需求量数值调节钮的调节，年订货成本和年总成本曲线都发生移动，经济订货量垂直参考线也随之移动。

最后将控件、文本框与图表组合在一起，如图 8—7 所示，形成可调的经济订货量分析图形模型。该模型直观地建议库存管理员按照经济订货量订货最有利，即使外生参数发生变化，模型结论也会随之改变。

当调整模型参数年需求量微调钮时，最小年总成本和经济订货量都将随之发生变化。参考例 7—4，可以将年需求量的不同值所对应的年总成本最小值和经济订货量都表达出来。具体步骤如下：

第一步，准备情景线数据。

创建二维模拟运算表，模拟年总成本(C9)与年需求量(C2)和订货量(C6)的关系及变化，用于生成情景线数据，如图 8—8 所示。确保“当前线”的自变量(W2)与模型中的年需求量(C2)保持一致，通过设置 W2 的公式为＝D2 * 10。

| | K | L | M | N | O | P | Q | R | S | T | U | V | W | X | Y | Z | AA |
|---|---|---|---|---|---|---|---|---|---|---|---|---|---|---|---|---|---|
| 1 | | | | | | | | | | | | | 当前线 | | 决策参考点轨迹 | | |
| 2 | 12500 | 30000 | 31000 | 32000 | 33000 | 34000 | 35000 | 36000 | 37000 | 38000 | 39000 | 40000 | 36000 | | | 1200 | 12000 |
| 3 | 600 | 13000 | 13333 | 13667 | 14000 | 14333 | 14667 | 15000 | 15333 | 15667 | 16000 | 16333 | 15000 | | 30000 | 1095 | 10954 |
| 4 | 700 | 12071 | 12357 | 12643 | 12929 | 13214 | 13500 | 13786 | 14071 | 14357 | 14643 | 14929 | 13786 | | 31000 | 1114 | 11136 |
| 5 | 800 | 11500 | 11750 | 12000 | 12250 | 12500 | 12750 | 13000 | 13250 | 13500 | 13750 | 14000 | 13000 | | 32000 | 1131 | 11314 |
| 6 | 900 | 11167 | 11389 | 11611 | 11833 | 12056 | 12278 | 12500 | 12722 | 12944 | 13167 | 13389 | 12500 | | 33000 | 1149 | 11489 |
| 7 | 1000 | 11000 | 11200 | 11400 | 11600 | 11800 | 12000 | 12200 | 12400 | 12600 | 12800 | 13000 | 12200 | | 34000 | 1166 | 11662 |
| 8 | 1100 | 10955 | 11136 | 11318 | 11500 | 11682 | 11864 | 12045 | 12227 | 12409 | 12591 | 12773 | 12045 | | 35000 | 1183 | 11832 |
| 9 | 1200 | 11000 | 11167 | 11333 | 11500 | 11667 | 11833 | 12000 | 12167 | 12333 | 12500 | 12667 | 12000 | | 36000 | 1200 | 12000 |
| 10 | 1300 | 11115 | 11269 | 11423 | 11577 | 11731 | 11885 | 12038 | 12192 | 12346 | 12500 | 12654 | 12038 | | 37000 | 1217 | 12166 |
| 11 | 1400 | 11286 | 11429 | 11571 | 11714 | 11857 | 12000 | 12143 | 12286 | 12429 | 12571 | 12714 | 12143 | | 38000 | 1233 | 12329 |
| 12 | 1500 | 11500 | 11633 | 11767 | 11900 | 12033 | 12167 | 12300 | 12433 | 12567 | 12700 | 12833 | 12300 | | 39000 | 1249 | 12490 |
| 13 | 1600 | 11750 | 11875 | 12000 | 12125 | 12250 | 12375 | 12500 | 12625 | 12750 | 12875 | 13000 | 12500 | | 40000 | 1265 | 12649 |

**图 8—8 情景线与决策点移动轨迹数据**

在单元格 Y2:AA13 中，创建一维模拟运算表，模拟随年需求量变化的经济订货量(C11)和年总成本最小值(C14)，并生成决策点的移动轨迹线数据。

第二步，绘制情景分析曲线簇和决策点移动轨迹线。

根据二维模拟运算表数据单元格 L3:W13，绘制 12 条开口向上的年总成本抛物线，如图 8—9 所示。其中的第 7 条线与最后一条当前线重合在一起。参考例 7—4，设置曲线簇的颜色等属性。

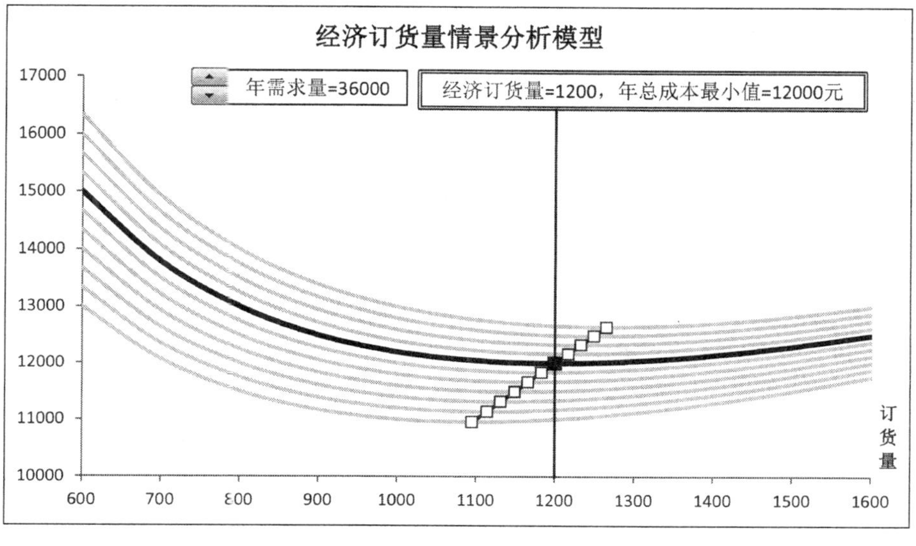


**图 8—9 经济订货量情景分析模型图**

将决策点参考轨迹(单元格 Z3:Z13 和 AA3:AA13)添加到图中,反映经济订货量与成本最小值交点移动轨迹,结果如图 8－9 所示。

将单元格 Z2:AA2 中的数据作为一个新系列添加到图上,并格式化成红色实心点。此红色实心点可作为库存管理员确定订货量的决策依据,无论年需求量取 30000－40000(间隔为 1000)中的哪一个,分析模型都会直接告诉库存管理员按照相应的经济订货量订货,可以使年总成本达到最小。

通过这些步骤,可以直观地展示经济订货量和年总成本之间的关系,并为库存管理员提供决策支持,即使在需求量变动的情况下也能确定最优订货量。

### 8.1.4 优惠条件下最优订货量分析模型

例 8－2 建立的不同年需求量情况下的经济订货量分析模型是假定采购单价是不变的,而正如例 7－5 介绍的那样,采购单价是最容易受市场影响的。供应商为扩大销量,对订货量大的客户总会给出价格优惠折扣。那么,在根据订货量享受采购单价优惠的情况下,采购成本就与订货量相关,构成年总成本的年订货成本、年储存成本和年采购成本三部分都与订货量有关。库存管理员面临经济订货量与优惠折扣订货量阈限值如何选择的问题。

**【例 8－3】** 某企业全年需耗用一种部件 15000 个,一次订货成本为 500 元,单个部件储存一年的成本为 30 元,目前企业按照经济订货量订货。部件的供应商对超过 1000 个的订货量给予价格优惠,在原采购单价上扣减 0.2 元。库存管理员需要判断:按折扣阈限值订货是否比按经济订货量订货更有利。

例8-3 讲解

**【知识点与解题思路】** 本例将针对价格优惠折扣情形,学习最优订货量分析模型的建立及图形化的方法。关键知识点包括将采购单价的折扣逻辑正确反映到成本计算过程中,绘制分析模型图并设定决策参考依据。

第一步,建立优惠条件下的最佳订货量分析基本模型。

参考例 8－2,输入已知参数到工作表的单元格 C2:C6。设置采购单价扣减逻辑:如果订货量大于折扣阈值,采购单价减少(单元格 C7 公式 =IF(C8>=C3,C2,0))。

计算节约的年采购成本(C11)、年总成本(C12)。建立决策结论公式,比较经济订货量与折扣阈限值的成本,并给出建议(B20, B21)。这样就建立了优惠条件下最佳订货量分析的基本模型。

第二步,创建分析图以呈现优惠条件下的最佳订货量分析基本模型。绘制优惠条件下年总成本与订货量的关系图。

参考例 7－5,在如图 8－10 所示的单元格 F3:G13 建立年总成本关于订货量的模拟运算表,并利用模拟运算的数据绘制 XY 散点图。运用已学方法,在图形上添加折扣阈限值的数值调节钮和决策结论文本框,结果如图 8－11 所示。

注意:为了使折扣阈值处的年总成本变化能够反映出来,模拟运算表的自变量值包含 C3－0.0001 和 C3,分别在单元格 F11 和 F12,这两个点的年总成本计算公式不同,一个因采购单价扣减而节约了年采购成本,另一个则没有扣减。

可以看到该曲线在折扣阈值(1800)位置上出现了突然下降,这是因为采购价格折扣引起的变化。

第三步,添加移动轨迹点和最佳选择水平参考线。

从图 8－11 可以看到,尽管订货量为 1800 可以享受采购价格优惠,但是年总成本还是高

| | B | C | D | E | F | G | H | I | J |
|---|---|---|---|---|---|---|---|---|---|
| 2 | 采购单价可以扣减(元/件) | 0.2 | | | 订货量 | 年总成本 | | 折扣点年总成本 | |
| 3 | 折扣阈限值 | 1800 | | | | 28167 | | | 28167 |
| 4 | 年需求量 | 15000 | | | 200 | 40500 | | 1000 | 19500 |
| 5 | 单次订货成本 | 500 | | | 300 | 29500 | | 1100 | 20318 |
| 6 | 单位年储存成本 | 30 | | | 400 | 24750 | | 1200 | 21250 |
| 7 | 采购单价实际扣减(元/件) | 0.2 | | | 500 | 22500 | | 1300 | 22269 |
| 8 | 订货量 | 1800 | | | 600 | 21500 | | 1400 | 23357 |
| 9 | 年订货成本 | 4167 | | | 700 | 21214 | | 1500 | 24500 |
| 10 | 年储存成本 | 27000 | | | 800 | 21375 | | 1600 | 25688 |
| 11 | 节约的年采购成本 | 3000 | | | 1800 | 31167 | | 1700 | 26912 |
| 12 | 年总成本 | 28167 | | | 1800 | 28167 | | 1800 | 28167 |
| 13 | | | | | 2000 | 30750 | | | |
| 14 | 经济订货量(EOQ) | 707 | | | | | | | |
| 15 | EOQ下的年订货成本 | 10608 | | | 最佳选择水平参考线 | | | 经济订货量参考点 | |
| 16 | EOQ下的年储存成本 | 10605 | | | 200 | 21213 | | 707 | 21213 |
| 17 | EOQ下的年总成本 | 21213 | | | 707 | 21213 | | | |
| 18 | | | | | 2500 | 21213 | | 折扣阈限值参考点 | |
| 19 | 决策结论: | | | | | | | 1800 | 28167 |
| 20 | 折扣阈限值=1800 | | | | | | | | |
| 21 | 按经济订货量订货 | | | | | | | | |

**图 8—10　优惠条件下最佳订货量分析模型**

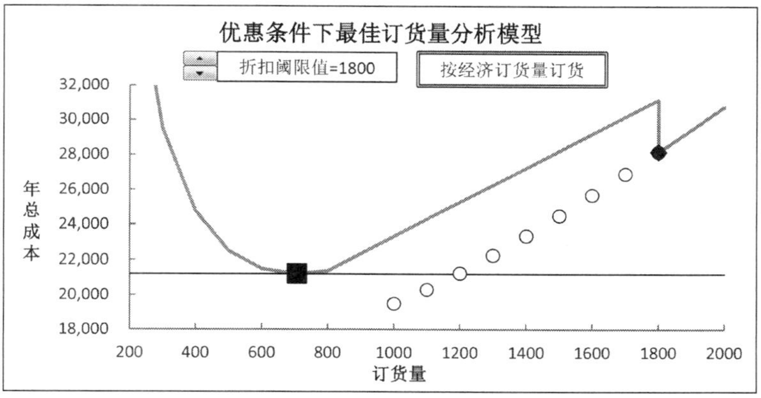


**图 8—11　优惠条件下最佳订货量分析模型图**

于经济订货量点的年总成本，所以模型决策结论为"按经济订货量订货"。采购单价折扣阈限值降低到什么程度，年总成本才会低于经济订货量点的年总成本，这是库存管理员选择最优订货方案的决策依据。

参考例 8—2，添加折扣阈限值点的年总成本移动轨迹点。在单元格 I3:J12 建立年总成本关于折扣阈限值的模拟运算表，添加到图表中。选中新添加的系列格式设置成无线条、标记为空心圆，结果如图 8—11 所示的九个空心圆，其中有两个空心圆是低于经济订货量点年总成本，即当折扣阈限值调整到 1000 或 1100，决策结论将显示"按折扣阈限值订货"。

利用单元格 F16:G18 中的数据准备水平参考线。这条线的 Y 坐标值代表经济订货量点与折扣阈限值点的年总成本哪个更小，设置单元格 F17(= IF(C12<C17,C3,C14))。将 X 坐标的最小值(200)和最大值(2500)分别输入单元格 F16 和 F18，选中图表绘图区，添加一个新系列，X 坐标值选单元格 F16:F18，Y 坐标值选单元格 G16:G18，选中新添加的水平线格式设

置成无标记的红色线，这条红色水平线即为最佳选择参考线。

准备并添加经济订货量点和折扣阈限值点的参考数据（单元格 I16:J16 和 I19:J19），并在图表上标记这些点为实心圆。这两个点的位置对比将直接影响水平参考线的位置，进而决定最优的订货策略。

随着折扣阈限值数字调节钮的调整，观察折扣点年总成本在九个空心圆位置的移动，特别注意那些年总成本低于经济订货量点的情况。当发现某些折扣阈值使年总成本低于经济订货量的年总成本时，将此阈值作为更优的订货量策略推荐给库存管理员。

### 8.1.5 最佳订货周期模拟模型

在库存管理中，虽然控制每笔进出库的详细记录可以精确管理库存成本，但管理成本较高。因此，对于价值较低的货物，企业常采用周期性分批订货策略，如每周或每月订货一次。理论上，如果交货期固定且每日需求量稳定，企业的最佳策略应是每个订货周期订购足够的货物以满足该周期的需求。

尽管经济订货量分析模型（例 8—2）提供了理论公式的指导，但现实操作中往往与理论假设不完全一致。本节将介绍一种不依赖于理论公式的实际建模方法——模拟建模，通过活动扫描法来确定最佳订货周期，以实现总成本最小化。

**【例 8—4】** 某公司全年需采购某种零件 36000 件，每次订货成本为 200 元，单个零件储存一年的成本为 10 元。目前公司每 20 天订一次货，交货及时，公司库存管理员想通过最佳订货周期模型分析每天需求量不变的情况下，每 20 天订一次货是否是合理？如何调整订货策略？按最佳订货周期订货，全年的库存如何变化？

例8-4 讲解

**【知识点与解题思路】** 本例将学习模拟建模的方法，并应用该方法识别最佳订货周期。关键知识点包括构建最佳订货周期模拟模型的方法，利用模拟运算表和函数识别最佳订货周期的方法。此外，还将学习绘制库存变化模拟模型的动态图。

第一步，建立最佳订货周期模拟模型。

首先通过活动扫描法分析每天库存变化情况，计算每天的订货成本、存储成本。一年的总成本不是用理论公式计算得到，而是汇总 365 天的订货成本和储存成本得到。

参考例 8—2，输入已知参数：年需求量、单次订货成本、单个零件的年存储成本等；计算每日需求量（C8 = ROUND(C3/365, 0)）和每天的单位储存成本（C9 = C5/365）。设定初始订货量（C10 = C7 * C8）。

在模拟工作区单元格 E4:J369 的第一行模拟期初情况。设定模拟的起始状态，假设初始库存为 0，因此需立即订货。第 0 天结束时的库存（G4 = C6），订货标志设为 1（H4 = 1），计算订货成本（I4 = H4 * C4）。

接着用活动扫描法进行日常模拟。从第 1 天开始，模拟每天的库存和成本：

（1）计算起始库存（F5 = G4 + H4 * C10），这反映了前一天的结束库存和是否有新的进货。

（2）结束库存（G5 = F5 − C8），这是当天结束时的库存水平。

（3）设定订货标志（H5 = IF(G5 < C8, 1, 0)），如果库存不足以满足第二天的需求，则标记为需要订货。

（4）计算当天的订货成本（I5 = H5 * C4）和储存成本（J5 = G5 * C9）。

在此基础上，进行年度汇总：

(1)将每天的订货和储存成本汇总(I1 = SUM(I4:I369)和 J1 = SUM(J4:J369))。

(2)计算年总成本(C14 = C12 + C13)，其中年订货成本(C12 = I1)和年储存成本(C13 = J1)。

通过这种模拟，我们可以观察不同订货周期对总成本的影响，以确定最佳的订货周期。模拟结果显示在图 8—12 中，为库存管理员提供决策支持。

| | B | C | D | E | F | G | H | I | J | K | L | M | N | O |
|---|---|---|---|---|---|---|---|---|---|---|---|---|---|---|
| 1 | | | | | | | 年汇总: | 3800 | 9405 | | | | 年总成本 | |
| 2 | | | | 天 | 起始库存 | 结束库存 | 订货标志 | 订货成本 | 储存成本 | 查看某天库存 | | | 13205 | |
| 3 | 年需求 | 36000 | | | | | | | | | | 5 | 16580 | |
| 4 | 订货成本 | 200 | | 0 | | 0 | 1 | 200 | | 15 | | 6 | 14675 | |
| 5 | 单位存储成本/年 | 10 | | 1 | 1980 | 1881 | 0 | 0 | 52.25 | 0 | | 7 | 13387 | |
| 6 | 初始库存量 | 0 | | 2 | 1881 | 1782 | 0 | 0 | 49.50 | 0 | | 8 | 12665 | |
| 7 | 订货周期 | 20 | | 3 | 1782 | 1683 | 0 | 0 | 46.75 | 0 | | 9 | 12160 | |
| 8 | 日需求量 | 99 | | 4 | 1683 | 1584 | 0 | 0 | 44.00 | 0 | | 10 | 11855 | |
| 9 | 单位存储成本/天 | 0.028 | | 5 | 1584 | 1485 | 0 | 0 | 41.25 | 0 | | 11 | 11583 | |
| 10 | 订货量 | 1980 | | 6 | 1485 | 1386 | 0 | 0 | 38.50 | 0 | | 12 | 11645 | |
| 11 | | | | 7 | 1386 | 1287 | 0 | 0 | 35.75 | 0 | | 13 | 11590 | |
| 12 | 年订货成本 | 3800 | | 8 | 1287 | 1188 | 0 | 0 | 33.00 | 0 | | 14 | 11690 | |
| 13 | 年储存成本 | 9405 | | 9 | 1188 | 1089 | 0 | 0 | 30.25 | 0 | | 15 | 11930 | |
| 14 | 年总成本 | 13205 | | 10 | 1089 | 990 | 0 | 0 | 27.50 | 0 | | 16 | 12113 | |
| 15 | | | | 11 | 990 | 891 | 0 | 0 | 24.75 | 0 | | 17 | 12378 | |
| 16 | 最低年总成本 | 11583 | | 12 | 891 | 792 | 0 | 0 | 22.00 | 0 | | 18 | 12615 | |
| 17 | 最佳订货周期 | 11 | | 13 | 792 | 693 | 0 | 0 | 19.25 | 0 | | 19 | 12735 | |
| 18 | | | | 14 | 693 | 594 | 0 | 0 | 16.50 | 0 | | 20 | 13205 | |
| 19 | 订货成本=200 | | | 15 | 594 | 495 | 0 | 0 | 13.75 | 495 | | 21 | 13574 | |
| 20 | 订货周期=20 | | | 16 | 495 | 396 | 0 | 0 | 11.00 | 0 | | | | |
| 21 | 最佳订货周期=11，年总 | | | 17 | 396 | 297 | 0 | 0 | 8.25 | 0 | | 最佳订货周期参考线 | | |
| 22 | 成本最小值=11583元 | | | 18 | 297 | 198 | 0 | 0 | 5.50 | 0 | | 11 | 0 | |
| 23 | 查看第15天库存 | | | 19 | 198 | 99 | 0 | 0 | 2.75 | 0 | | 11 | 11583 | |
| 24 | | | | 20 | 99 | 0 | 1 | 200 | 0.00 | 0 | | 11 | 18000 | |
| 25 | | | | 21 | 1980 | 1881 | 0 | 0 | 52.25 | 0 | | | | |
| 26 | | | | 22 | 1881 | 1782 | 0 | 0 | 49.50 | 0 | | 当前订货周期参考线 | | |
| 27 | | | | 23 | 1782 | 1683 | 0 | 0 | 46.75 | 0 | | 20 | 0 | |
| 28 | | | | 24 | 1683 | 1584 | 0 | 0 | 44.00 | 0 | | 20 | 13205 | |
| 29 | | | | 25 | 1584 | 1485 | 0 | 0 | 41.25 | 0 | | 20 | 18000 | |
| 369 | | | | 365 | 1584 | 1485 | 0 | 0 | 41.25 | 0 | | | | |

**图 8—12 最佳订货周期模拟模型**

第二步，利用模拟运算表和函数识别最佳订货周期。

决策变量订货周期的不同会改变全年订货次数和每天的库存量，目标变量年总成本也随之改变。我们可以用模拟运算表对年总成本关于订货周期做灵敏度分析，从中找到使年总成本最低的订货周期，即为最佳订货周期。

在如图 8—12 所示的单元格 M2:N19 建立年总成本(单元格 C14)关于订货周期(单元格 C7)模拟运算表，最低年总成本单元格 C16 公式为(= MIN(N3:N19))，最佳订货周期单元格 C17 公式为(= INDEX(M3:M19,MATCH(C16,N3:N19,0)))，通过查表找到了使年总成本最低的最佳订货周期。

第三步,可视化分析与决策支持。

根据单元格 M3:N19,绘制 XY 散点图,用单元格 M22:N24 和 M27:N29 中数据添加最佳订货周期和当前订货周期参考线,并在图形上添加订货周期和订货成本的数值调节钮以及决策结论,结果如图 8—13 所示。

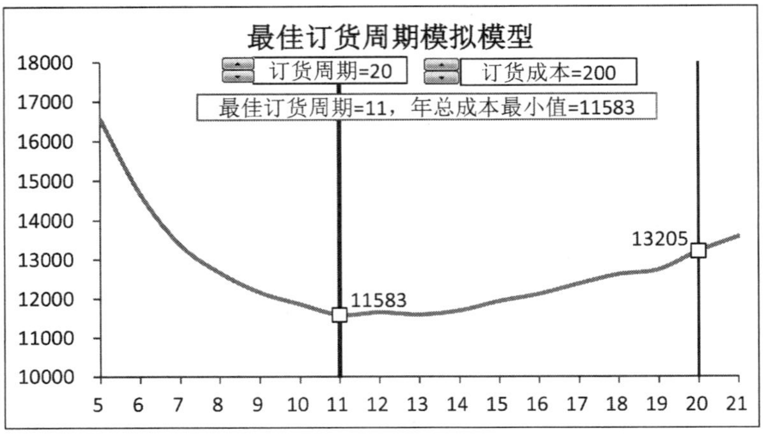


图 8—13 最佳订货周期模拟模型图

如图 8—13 所示,如果每 11 天订货一次,年总成本将降至最低,为 11 538 元。而按当前的 20 天周期订货,年总成本为 13 205 元,显然不是最优选择。通过调整订货周期控件,我们发现缩短订货周期可以进一步降低成本。如果订货成本变化,比如调至 210 元或 260 元,最佳订货周期相应变为 13 天或 14 天。

第四步,绘制可调库存变化模拟模型动态图。

展示库存随订货周期调整而变化。使用单元格 G5:G369 中的数据绘制全年 365 天的库存变化的柱形图,图中将显示最佳订货周期 11 天下的库存变化情况。

添加订货周期和查看某天的数值调节钮,订货周期调到最佳 11 天的全年库存变化如图 8—14 所示。

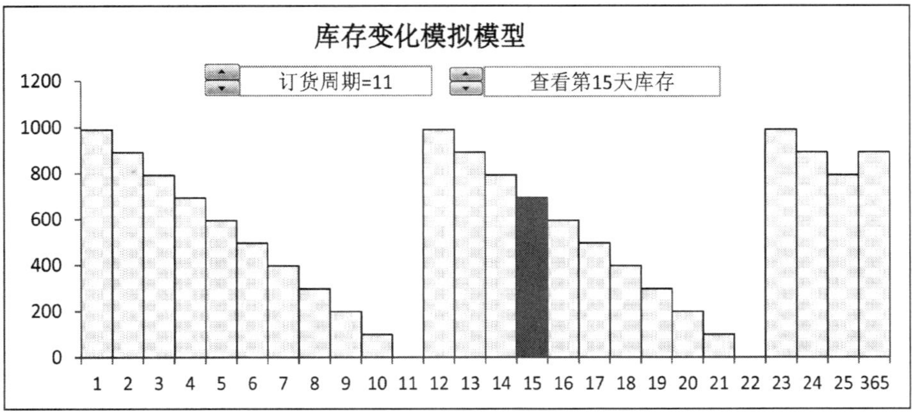


图 8—14 库存变化模拟模型动态图

注意：模拟工作区的第 26 行至 369 行被隐藏了，所以图 8—14 只显示前 25 天和最后一天的库存量。

## 8.2 需求不确定的库存管理决策模拟

在传统库存管理模型中，一个常见的假设是需求固定且订货能及时到位，不会出现延期交货的情况。然而，在现实市场经济条件下，需求的不确定性是常态。这种不确定性使得传统的经济订货量公式在许多情况下不再适用。

为了应对需求的不确定性，我们引入了不依赖理论模型公式的系统模拟方法。此方法通过逐天扫描库存变化，使用模拟模型来解决库存管理的决策问题。尽管例 8—4 介绍的模拟是基于确定性情况的，并未涉及随机数，但它有效地展示了活动扫描的基本方法和步骤。

现实中的企业库存系统通常复杂，并受到多种随机因素的影响，这使确定性的模型难以直接应用于解决所有库存管理问题，如确定最优的订货量、订货周期和安全库存水平。因此，引入随机数来模拟这些不确定性成为解决复杂管理问题的一种有效手段。随机数的使用逐渐成为主流方法之一。首先，我们将介绍如何生成代表各种不确定因素的随机数。接着，我们将展示如何基于这些随机数建立模拟模型，来模拟不同随机情况下的库存系统。

### 8.2.1 随机数的生成

在模拟建模和分析中，理解和应用概率分布是基础。本节将介绍一些常用的概率分布类型，展示这些分布在 Excel 中的函数形式，并说明它们的典型应用场景，便于生成针对特定情况的符合分布的随机数。

1. 均匀分布(Uniform Distribution)

均匀分布描述在某最小值和最大值之间所有结果等可能的随机变量的特性。Excel 中提供的 RAND()函数，能够产生一个由计算机算法生成的 0—1 之间均匀分布的伪随机数(Pseudorandom)。所谓伪随机数，就是其数学算法是确定的，现今的数学算法都是由前一个随机数生成新随机数，这意味着如果知道算法，就能算出下一个随机数。迄今为止已经设计出许多生成随机数的算法，如平方取中技术、同余随机数生成器和完全周期生成器等。

对于在 Excel 中想要产生 $a$ 和 $b$ 之间均匀分布的随机数 $X$，可以利用 RAND 函数进行线性变换获得，变换公式为 $X=a+(b-a)$ * RAND()。另外，还可以通过选择“公式”选项卡，单击“函数库”功能区中的“数学和三角函数”，直接调用 RANDBETWEEN($a$,$b$)函数。

那么何时使用均匀分布的随机数？一般而言，在对随机变量知之甚少时，常用均匀分布。这时候可根据判断条件来选择参数 $a$ 和 $b$ 的大小。

2. 正态分布(Normal Distribution)

正态分布是一条钟形曲线，中间高两边低，左右对称。其特性由两个参数刻画：均值 $\mu$ 和方差 $\sigma$。

正态分布在理论与应用中都是最重要最常用的分布。各种类型的误差、某些服务系统的处理时间都服从正态分布。而且，作为中心极限定理的推论，成批具有任意分布的随机变量的平均数也是正态分布的。此外，许多分布可用正态分布作为近似计算，还可导出一些有用的分布,如统计中常用的三大分布:$X^2$ 分布、$t$ 分布、$F$ 分布。

在 Excel 中提供了 NORM. INV(F,$\mu$,$\sigma$)函数,可以求出给定均值和标准差的正态分布的某一分布函数值相应的随机变量值。如果把累积分布函数 $F$ 的值用 RAND 函数替代,即 NORM. INV(RAND(),$\mu$,$\sigma$),那么就可以得到正态分布随机变量的取值。

3. 特定离散分布的随机数

特定离散分布的随机数生成在实际应用中也非常重要。离散分布与连续分布不同,其随机变量只能取有限个或可数无限多个值。常见的离散分布包括二项分布、泊松分布等。Excel 中提供了一些函数,可以方便地生成这些离散分布的随机数。其中,BINOM. INV 函数可以用于生成二项分布的随机数,POISSON. INV 函数可以生成泊松分布的随机数。

但是,对许多其他分布的随机数的生成,既不能通过线性变换生成, Excel 又没有提供现成的变换函数来生成,一种广泛应用的方法是逆变换法(Inverse Transformation Method)。

(1)逆变换法

利用随机变量 $X$ 的累积概率分布函数 $F(X)$ 的性质。由于 $F(X)$ 是一个函数,所以每一个 $X$ 的值都有一个与之相联系的唯一值 $F(X)$。因为 $F(X)$ 是非降的,所以它的反函数存在。若随机选取一个 $F(X)$ 的值,能直接地求解方程得到 $X$ 即满足概率密度函数为 $P(X)$ 的随机数。

(2)离散分布的查表法

离散型概率分布有两个重要性质:任意结果的概率总是介于 0 和 1 之间;所有结果的概率之和是 1。

因而,可以将从 0 到 1 的范围看成一个概率盒子,再把它分割成与离散结果的概率相对应的区间小盒子。于是,任何离散的概率随机数一定落入这些区间的某个小盒子中。为了方便正确地构造这些概率小盒子,最常用的方法是从概率分布 $P$ 构造累积概率分布 $F$。

**【例 8-5】** 生成均匀分布、正态分布和特定离散分布三种随机数

(1)模拟产生 100 个需求量,这 100 个需求量是服从[60,90]均匀分布的随机数(保留整数),统计这 100 个模拟随机数在各分段的频率分布,并用直方图显示分布。

**例8-5 讲解**

(2)模拟产生 100 个需求量,这 100 个需求量是服从均值为 75 分和标准差为 5 分的正态分布的随机数(保留整数),统计这 100 个模拟随机数在各分段的频率分布,并用直方图显示分布。

(3)有一种需求量是离散型随机数,它的概率分布如表 8-1 所示。模拟产生服从该特定离散分布的 100 个需求量,统计这 100 个模拟随机数在各分段的频率分布,并用直方图显示分布。

**表 8-1** **离散型随机数的概率分布**

| $X$ | 50 | 60 | 70 | 80 | 90 |
|---|---|---|---|---|---|
| $P$ | 10% | 25% | 35% | 20% | 10% |

**【知识点与解题思路】** 本例将学习生成三种随机数的方法,重点知识包括生成三种随机数的函数、统计频率分布的 FREQUENCY 函数以及绘制频率分布图等。

第一步,建立均匀分布随机数生成模型。

如图 8—15 所示，在“生成均匀分布随机数模型”工作表的单元格中输入模型相关的文字和参数。在单元格 C3:C4 中输入均匀分布的最小值和最大值，在单元格 B8:B16 中设定分段统计的间隔刻度。

| | B | C | D | E | F | G | H | I | J | K | L | M | N |
|---|---|---|---|---|---|---|---|---|---|---|---|---|---|
| 2 | 均匀分布 | | | | | | | | | | | | |
| 3 | 最小值a | 60 | | | | | | | | | | | |
| 4 | 最大值b | 90 | | | | | | | | | | | |
| 5 | 随机数X | 77 | | | | | | | | | | | |
| 6 | | | | | | | | | | | | | |
| 7 | 分段点 | 频率分布 | | 100个符合要求的随机数 | | | | | | | | | |
| 8 | 55 | 0% | | 66 | 70 | 90 | 79 | 85 | 90 | 62 | 86 | 77 | 67 |
| 9 | 60 | 0% | | 76 | 75 | 65 | 88 | 82 | 70 | 85 | 79 | 87 | 84 |
| 10 | 65 | 13% | | 70 | 79 | 89 | 86 | 71 | 83 | 65 | 78 | 77 | 75 |
| 11 | 70 | 16% | | 75 | 71 | 63 | 74 | 79 | 83 | 68 | 90 | 87 | 74 |
| 12 | 75 | 16% | | 81 | 86 | 89 | 63 | 76 | 80 | 70 | 89 | 66 | 75 |
| 13 | 80 | 23% | | 64 | 79 | 68 | 89 | 70 | 85 | 76 | 68 | 79 | 76 |
| 14 | 85 | 13% | | 75 | 79 | 61 | 79 | 86 | 86 | 76 | 78 | 73 | 71 |
| 15 | 90 | 19% | | 85 | 69 | 64 | 63 | 65 | 68 | 79 | 82 | 82 | 62 |
| 16 | 95 | 0% | | 86 | 83 | 89 | 76 | 75 | 70 | 74 | 88 | 78 | 71 |
| 17 | 累计 | 100% | | 76 | 72 | 62 | 77 | 68 | 62 | 89 | 85 | 75 | 69 |

**图 8—15 均匀分布随机数生成模型**

第二步，生成 100 个均匀分布随机数。

单元格 C5 中均匀分布随机数生成公式为(=ROUND(＄C＄3+(＄C＄4-＄C＄3)*RAND(),0))。E8:N17(100 个单元格)同理，即得到 100 个随机数。

第三步，统计 100 个随机数的频率分布。

利用 FREQUENCY 函数统计随机数的频率分布。选中单元格 C8:C16，在编辑栏中输入公式“=FREQUENCY(E8:N17,B8:B16)/COUNT(E8:N17)”。最后同时按“Ctrl+Shift+Enter”键，完成数组公式的输入，公式的最外面会自动加上一对“{ }”号。

在单元格 C17 输入公式“=SUM(C8:C16)”。检查单元格 C17 的计算结果是否为 100%。如果不是 100%，说明前面的过程中有错。

第四步，绘制均匀分布的频率直方图。

选择单元格 B8:C16，选择“插入”/“图表”/ “XY 散点图”，选择任一个子图表类型。选中已绘制成功的“XY 散点图”，按鼠标右键，在快捷菜单中选择“更改图表类型”，选择图表类型为“柱形图”。进一步设置系列重叠、分类间距、颜色和图案等，得到 100 个均匀分布随机数的频率分布图，如图 8—16 所示。

FREQUENCY 函数统计的结果和频率直方图表明，这 100 个需求量大致服从[60,90]的均匀分布。直方图中的柱形高度不一致主要是因为样本数量(100 个)有限。

注意：区间边界 60 和 90 的概率较低，这是由于四舍五入到整数的结果。为了获得更均匀的频率分布，可以考虑修改单元格 C5 的公式为“=INT(＄C＄3+(＄C＄4-＄C＄3+1)*RAND())”，或直接使用 RANDBETWEEN(＄C＄3，＄C＄4)函数生成随机整数。

第五步，生成正态分布随机数生成模型并绘制频率直方图。

在均匀分布随机数生成模型基础上，使用公式“=ROUND(NORM.INV(RAND()，C3，

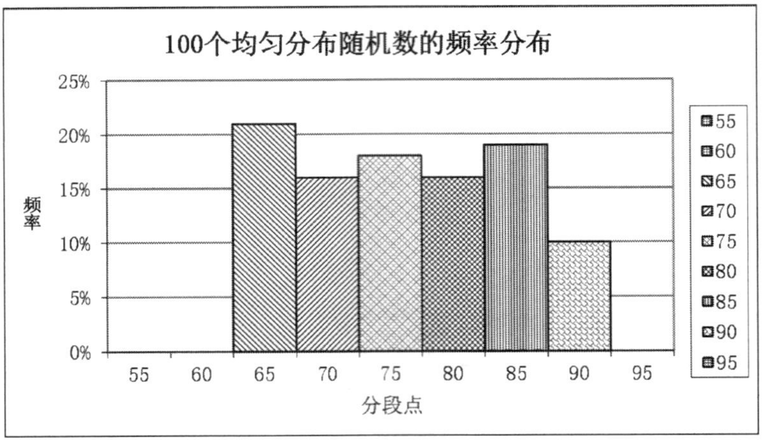


图 8—16 均匀分布的频率直方图

C4), 0)"生成随机数。或者选中 E8:N17,在编辑栏输入上述公式后按 Ctrl+Shift+Enter 以应用数组公式,完成随机数生成,结果如图 8—17 所示。

| | B | C | D | E | F | G | H | I | J | K | L | M | N |
|---|---|---|---|---|---|---|---|---|---|---|---|---|---|
| 2 | 正态分布 | | | | | | | | | | | | |
| 3 | 均值 | 75 | | | | | | | | | | | |
| 4 | 标准差 | 5 | | | | | | | | | | | |
| 5 | 随机数X | 71 | | | | | | | | | | | |
| 6 | | | | | | | | | | | | | |
| 7 | 分段点 | 频率分布 | | 100个符合要求的随机数 | | | | | | | | | |
| 8 | 55 | 0% | | 72 | 73 | 67 | 75 | 81 | 79 | 75 | 75 | 71 | 74 |
| 9 | 60 | 0% | | 69 | 72 | 69 | 66 | 77 | 74 | 77 | 74 | 68 | 77 |
| 10 | 65 | 1% | | 73 | 77 | 67 | 80 | 71 | 79 | 71 | 66 | 68 | 82 |
| 11 | 70 | 17% | | 70 | 79 | 78 | 68 | 74 | 78 | 73 | 77 | 72 | 77 |
| 12 | 75 | 37% | | 70 | 73 | 72 | 78 | 71 | 74 | 80 | 73 | 78 | 87 |
| 13 | 80 | 34% | | 73 | 75 | 78 | 76 | 83 | 76 | 73 | 75 | 77 | 76 |
| 14 | 85 | 9% | | 78 | 70 | 76 | 78 | 92 | 74 | 80 | 81 | 79 | 73 |
| 15 | 90 | 1% | | 70 | 73 | 78 | 77 | 74 | 62 | 78 | 78 | 73 | 81 |
| 16 | 95 | 1% | | 69 | 79 | 70 | 73 | 73 | 74 | 82 | 73 | 79 | 75 |
| 17 | 累计 | 99% | | 81 | 84 | 72 | 69 | 82 | 73 | 70 | 79 | 78 | 78 |

图 8—17 正态分布随机数生成模型

从频率分布单元格 C8:C16 数据可以看出这 100 个模拟样本数据服从正态分布,正态分布频率图如图 8—18 所示,柱形是两边低中间高的山峰形。

其实,均匀分布和正态分布随机数生成模型的区别就在于随机数(单元格 C5 和 E8:N17)生成公式不同,可以通过一个选择控件来实现合并,建立可选随机数生成模型。这里不再赘述。

第六步,建立特定离散分布随机数生成模型。

利用累积概率分布将 0 至 1 的范围分割成与特定分布的概率相等的小区间。在 Excel 工作表中构建累积概率分布表。例如,将 0 至 0.1 的区间设为 $X=50$ 的概率区间(10%),标记为 50 号盒子;0.1 至 0.35 区间为 $X=60$ 的概率(25%),标记为 60 号盒子,以此类推,如图 8—19 所示。

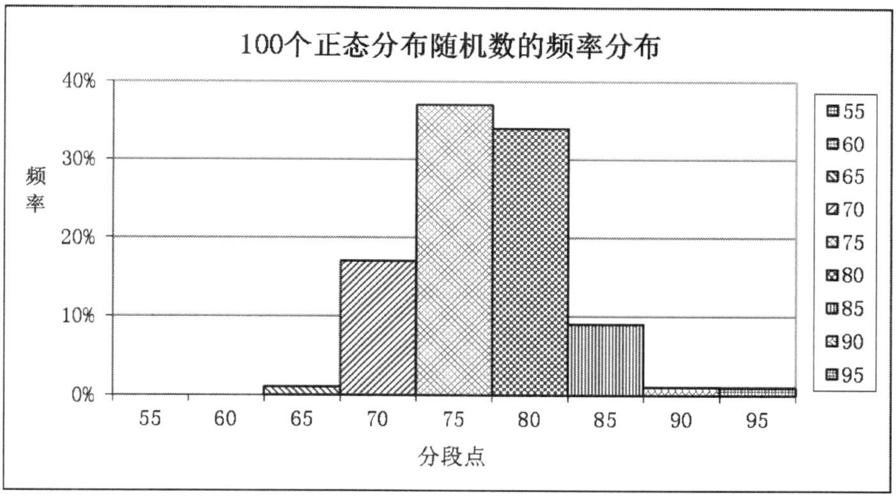


图 8—18 正态分布的频率直方图

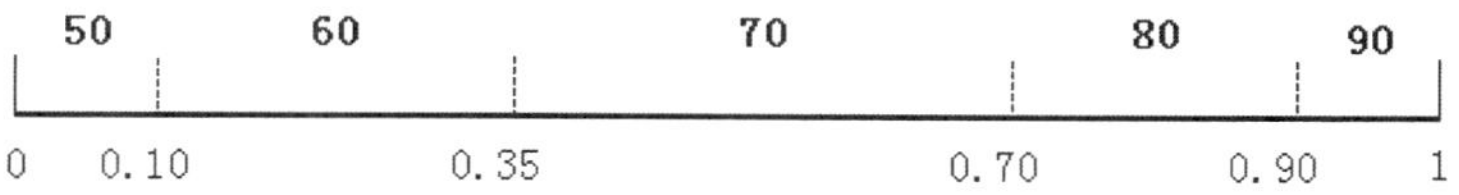


图 8—19 划分概率大盒子为概率小盒子

在单元格 D4:D8 输入需求随机数,C4:C8 输入相应概率,B4 输入 0,B5:B8 使用公式 =B4+C4 来计算累积概率。在单元格 H3 中使用 =RAND()代表掷骰子,H4 中使用公式 =INDEX(D4:D8,MATCH(H3,B4:B8,1))或 VLOOKUP(H3,B4:D8,3)来确定掷骰子的结果落在哪个区间,从而决定随机数的值,如图 8—20 所示。

| | B | C | D | E | F | G | H | I | J | K | L | M | N | O |
|---|---|---|---|---|---|---|---|---|---|---|---|---|---|---|
| 2 | 离散型随机数的生成 | | | | | | | | | | | | | |
| 3 | 累积分布F | 概率分布P | 随机变量X | | 掷骰子 | | 0.54 | | | | | | | |
| 4 | 0.00 | 10% | 50 | | 随机数 | | 70 | | | | | | | |
| 5 | 0.10 | 25% | 60 | | | | | | | | | | | |
| 6 | 0.35 | 35% | 70 | | 100个符合要求的随机数 | | | | | | | | | |
| 7 | 0.70 | 20% | 80 | | 60 | 70 | 80 | 90 | 80 | 80 | 90 | 70 | 70 | 60 |
| 8 | 0.90 | 10% | 90 | | 60 | 80 | 70 | 60 | 50 | 80 | 60 | 60 | 70 | 70 |
| 9 | | | | | 70 | 60 | 70 | 50 | 70 | 60 | 70 | 80 | 60 | 80 |
| 10 | 分段点 | 频率分布 | | | 60 | 80 | 70 | 70 | 80 | 90 | 60 | 70 | 70 | 60 |
| 11 | 50 | 8% | | | 90 | 70 | 90 | 50 | 70 | 70 | 70 | 80 | 90 | 70 |
| 12 | 60 | 27% | | | 60 | 50 | 70 | 80 | 70 | 80 | 80 | 90 | 60 | 70 |
| 13 | 70 | 34% | | | 90 | 70 | 60 | 50 | 90 | 70 | 60 | 60 | 80 | 70 |
| 14 | 80 | 19% | | | 60 | 70 | 60 | 60 | 90 | 80 | 70 | 60 | 70 | 90 |
| 15 | 90 | 12% | | | 70 | 80 | 60 | 70 | 70 | 80 | 70 | 60 | 60 | 80 |
| 16 | 累计 | 100% | | | 70 | 90 | 60 | 80 | 50 | 50 | 50 | 60 | 60 | 70 |

图 8—20 离散型特定分布随机数生成模型

注意:使用 VLOOKUP()函数时,查找值用 RAND(),表区域的第一列必须存放累积概率分布 F,其他列应该包括离散型随机变量 *X*,结果列号指明离散型随机变量 *X* 在表区域中所属的列号,因为这个函数是用查找值(RAND())去搜查表区域的第一列,直到大于列中的值为止，然后从停止搜查的那一行和结果列号所规定的列对应的单元格中返回值。

第七步，生成离散型随机数并绘制频率直方图。

在工作表的单元格 F7:O16 中输入公式"=VLOOKUP(H3,B4:D8,3)"并按住 Ctrl+Shift+Enter 键。这种方法由于 H3 的值是固定的，导致所有生成的随机数相同。修改公式为 =VLOOKUP(RAND(),B4:D8,3)并再次应用，这次使用 RAND()生成新的随机值。每次计算时，确保每个随机数都是独立且不同的。

使用第三步的方法，利用 FREQUENCY 函数统计这 100 个随机数的频率分布。观察单元格 C11:C15 的数据，这些数据显示模拟样本大致符合表 8-1 所示的特定离散分布。因为样本数量仅有 100 个，可能有些偏差。若样本数量增加，预期频率分布将更接近理论分布，离散分布频率图如图 8-21 所示。

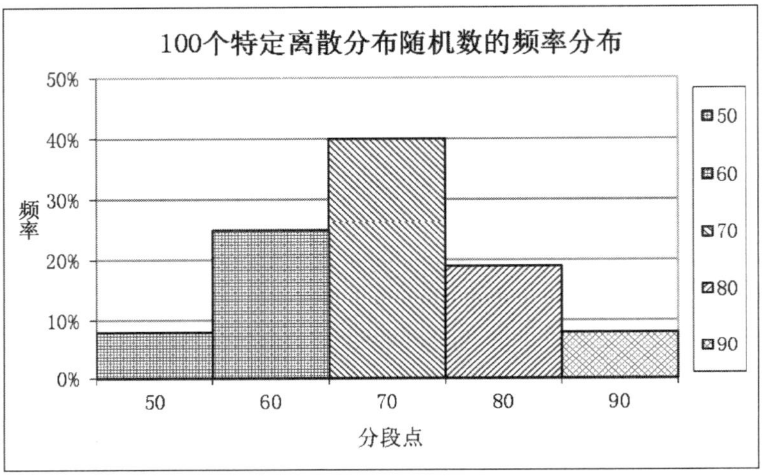


**图 8-21　特定离散分布的频率直方图**

对于离散分布中较常使用的泊松分布，Excel 没有相应的函数来直接生成泊松分布的随机数。对于均值较小的泊松分布，先在 D 列中输入从 0，1，2，…到某较大的自然数，再用 POISSON(，，true)函数直接产生 B 列中的累积概率分布，C 列可以留空。对于均值较大的泊松分布，可以用正态分布作为近似。使用 NORM. INV(RAND()，mean，SQRT(mean))函数生成近似的连续随机数，其中 mean 是泊松分布的均值。

此外，NORM. INV 函数可能生成负值，可使用 IF()函数来修正，IF(NORM. INV(RAND()，mean，SQRT(mean))＜0，0，NORM. INV(RAND()，mean，SQRT(mean)))。注意不要在一个公式中两次调用 RAND()，因为每次调用都会生成一个不同的随机数。可以将 RAND()的结果存储在一个单元格中，然后引用它。

注意：在 Excel 中绘制图表时，选择合适的图表类型对于准确展示数据至关重要。以下是在某些情况下从选择"XY 散点图"开始然后转换到"柱形图"或其他类型图的原因及方法：

(1)当选择"XY 散点图"时，Excel 默认将数据区域的第一列作为 X 轴的刻度数据，而后续列作为 Y 值。如果列数多于行数，第一行则被视为 X 轴刻度数据。这种设置允许直接从数据结构中引用 X 轴刻度，避免了柱形图中自动加上 1，2，3 等分类标志的限制。

(2)选择"柱形图"时，Excel 会将选中数据区的每一列都视为一个独立的数据系列，自动创建 X 轴的分类标志。如果直接选择"柱形图"，当需要指定 X 轴标签与数据点不一致时，需要手动调整。

(3)先选择"XY 散点图"可以利用其 X 轴的灵活设置。创建图表后，通过更改图表类型到"柱形图"，并通过"选择数据"对话框调整"水平(分类)轴标签"，以确保 X 轴正确反映数据点。

(4)如果 X 轴的数据间隔一致，使用"XY 散点图"和"柱形图"或"折线图"可能看起来相似。修改 X 轴数据间隔或顺序后，XY 散点图的展示会随数据值变化而变化，而折线图仅 X 轴标志改变，形状不变。

### 8.2.2 系统模拟模型的一般框架

系统模拟(System Simulation)也称动态模拟(Dynamic Simulation)，是一种广泛使用的方法，旨在建立随时间变化的事件序列模型。本节将集中介绍活动扫描法 (Activity Simulation)，该方法通过详细跟踪实体流(如物理对象、信息或任务)随时间和事件顺序的变化来构建模型。成功建立此类模型的关键在于能否准确再现实体流的动态和逻辑。系统模拟通常包括六个主要部分，其一般框架如图 8—22 所示。

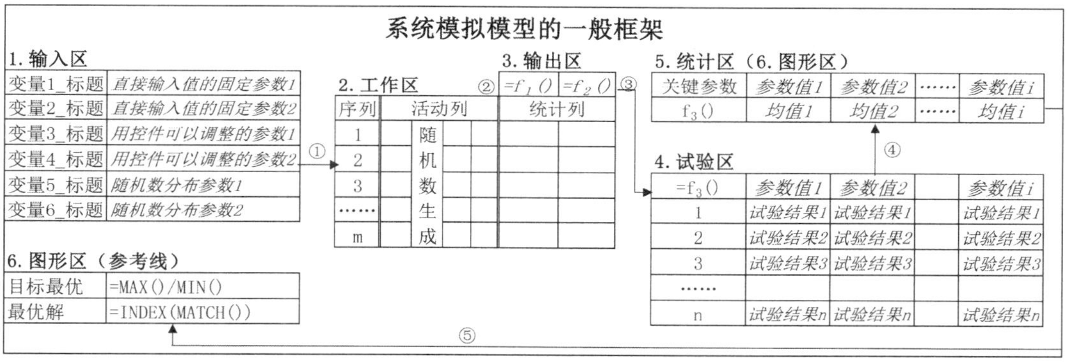


图 8—22 系统模拟模型的一般框架

1. 输入区

习惯上，输入区一般安排在工作表的左上角，方便用户调整和控制参数。这一区域包括所有必需的参数，如初始库存、开始时间、成本以及概率分布的均值和方差等。

2. 工作区

工作区是系统模拟模型的关键区域，用以表示随时间推移或事件出现顺序的实体流。工作区按列顺序可分为三部分：序列列用于存放模拟事件的时间和顺序；活动列记录从期初到期末的实体状态变化；统计列包含关键的中间和目标变量计算公式。

3. 输出区

输出区一般位于工作区统计列的上方，用于汇总和分析模拟结果。这部分包括对工作区数据的基本统计计算，如求和、计数、计算平均值等。

4. 试验区

由于模拟涉及随机数，输出结果具有随机性，因此进行多次模拟试验是必要的。试验区采用二维模拟运算表，列变量代表试验次数，行变量代表不同的系统参数。为实现多次实验的目的，可设置虚自变量(模拟运算表的替代变量选取为空白格)。如果需要观察多个关键参数(或自变量)不同值对系统输出结果的影响，就需要另外开辟试验区做试验。

系统模拟的目标变量函数来源于工作区对现实“仿真”后的统计，因此，系统模拟模型的方法具有普遍性和实用性。

5.统计区

统计区是对多次试验的模拟结果求均值，以揭示目标变量的一般规律。统计区通常位于试验区的旁边，便于计算和观察。如果模拟次数多，可以把中间的行或者列隐藏起来便于观察。统计区也可以看成是绘图区，因为数据反映了目标变量与关键参数(或自变量)的关系。

6.绘图区

可以使用工作区或统计区的数据绘制图形，以直观展示系统模拟的结果。在绘图区，可以标出参考线或极值点，提供更多数据分析的视角。

下面，通过几个案例来说明如何正确地利用活动扫描方法建立系统模拟模型。

## 8.2.3 随机需求最优订货量模拟模型

例8—4基于固定每日需求量建立了最佳订货周期模型。此节展示如何将固定需求转化为随机需求，建立最优订货量模拟模型，并与理论模型进行比较。

**【例8—6】** 除了每天的需求量不是固定的99而是服从[80,120]的均匀分布外，其他条件与例8—2相同。建立随机需求最优订货量模拟模型，并与理论模型和固定需求最优订货量模拟模型进行比较，分析三种模型的区别。

例8-6 讲解

**【知识点与解题思路】** 本例将学习在服从均匀分布的随机需求下最优订货量的模拟模型。重点知识包括随机需求量的生成方法、模拟模型的构建方法以及最优订货量的确定方法。此外，本例还将随机需求的最优订货量模型与之前学过的经济订货量理论模型及固定需求最优订货量模拟模型进行比较。

第一步，建立经济订货量理论模型。

因为需要与已经建立的理论模型和模拟模型进行比较，所以需将三个模型合并在一个Excel工作簿中。参考例8—2，建立如图8—23所示的经济订货量理论模型。

| | B | C | D | E | F |
|---|---|---|---|---|---|
| 1 | | | | 订货量 | 年总成本 |
| 2 | 年需求量(D) | 36000 | | | 12500 |
| 3 | 单次订货成本(k) | 200 | | 600 | 15000 |
| 4 | 单位年储存成本(h) | 10 | | 700 | 13786 |
| 5 | | | | 800 | 13000 |
| 6 | 订货量(Q) | 900 | | 900 | 12500 |
| 7 | 年订货成本 | 8000 | | 1000 | 12200 |
| 8 | 年储存成本 | 4500 | | 1100 | 12045 |
| 9 | 年总成本 | 12500 | | 1200 | 12000 |
| 10 | | | | 1300 | 12038 |
| 11 | 经济订货量(EOQ) | 1200 | | 1400 | 12143 |
| 12 | EOQ下的年订货成本 | 6000 | | 1500 | 12300 |
| 13 | EOQ下的年储存成本 | 6000 | | 1600 | 12500 |
| 14 | EOQ下的年总成本 | 12000 | | | |
| 15 | | | | | |
| 16 | EOQ参考线 | | | | |
| 17 | 1200 | 10000 | | | |
| 18 | 1200 | 12000 | | | |
| 19 | 1200 | 16000 | | | |

**图8—23 经济订货量理论模型**

第二步，建立固定需求最优订货量模拟模型。

参考例 8—4 和例 8—6，创建固定需求的最佳订货周期模拟模型，如图 8—24 所示。

| | B | C | D | E | F | G | H | I | J | K | L | M |
|---|---|---|---|---|---|---|---|---|---|---|---|---|
| 1 | | | | 固定需求模拟 | | | 年汇总: | 7400 | 4967 | | 订货量 | 年总成本 |
| 2 | | | | 天 | 起始库存 | 结束库存 | 订货标志 | 订货成本 | 储存成本 | | | 12367 |
| 3 | 年需求量 | 36000 | | | | | | | | | 600 | 15172 |
| 4 | 一次订货成本 | 200 | | 0 | | 0 | 1 | 200 | | | 700 | 13896 |
| 5 | 单位存储成本/年 | 10 | | 1 | 1000 | 901 | 0 | 0 | 24.68 | | 800 | 13192 |
| 6 | 初始库存量 | 0 | | 2 | 901 | 802 | 0 | 0 | 21.97 | | 900 | 12652 |
| 7 | 日需求量 | 99 | | 3 | 802 | 703 | 0 | 0 | 19.26 | | 1000 | 12367 |
| 8 | 单位存储成本/天 | 0.027 | | 4 | 703 | 604 | 0 | 0 | 16.55 | | 1100 | 12038 |
| 9 | 订货量 | 1000 | | 5 | 604 | 505 | 0 | 0 | 13.84 | | 1200 | 12197 |
| 10 | | | | 6 | 505 | 406 | 0 | 0 | 11.12 | | 1300 | 12093 |
| 11 | 年订货成本 | 7400 | | 7 | 406 | 307 | 0 | 0 | 8.41 | | 1400 | 12244 |
| 12 | 年储存成本 | 4967 | | 8 | 307 | 208 | 0 | 0 | 5.70 | | 1500 | 12501 |
| 13 | 年总成本 | 12367 | | 9 | 208 | 109 | 0 | 0 | 2.99 | | 1600 | 12668 |
| 14 | | | | 10 | 109 | 10 | 1 | 200 | 0.27 | | | |
| 15 | 最低年总成本 | 12038 | | 11 | 1010 | 911 | 0 | 0 | 24.96 | | 最优订货量参考线 | |
| 16 | 最优订货量 | 1100 | | 12 | 911 | 812 | 0 | 0 | 22.25 | | 1100 | 11000 |
| 17 | | | | 13 | 812 | 713 | 0 | 0 | 19.53 | | 1100 | 12038 |
| 18 | | | | 14 | 713 | 614 | 0 | 0 | 16.82 | | 1100 | 16000 |
| 369 | | | | 365 | 964 | 865 | 0 | 0 | 23.70 | | | |

**图 8—24 固定需求最优订货量模拟模型**

第三步，建立随机需求最优订货量模拟模型。

修改固定需求模型，使每日需求量变为随机需求量，服从[80，120]的均匀分布。在模型中的日需求量一列添加随机需求量生成公式“ =RANDBETWEEN(80，120)”。重新计算结束库存和订货决策，考虑需求量的随机性。

对输出结果“年总成本”进行多次模拟试验，统计得到的数据反映不同订货量下的平均年总成本。如图 8—25 所示，在 M2:DL14 区域构建 100 次实验区，列为不同的订货量，行为第 i 次模拟实验($i$=1,2,…,100)。

| | B | C | D | E | F | G | H | I | J | K | L | M | N | O | P | Q | DL | DM |
|---|---|---|---|---|---|---|---|---|---|---|---|---|---|---|---|---|---|---|
| 1 | | | | 随机需求模拟 | | | | 年汇总: | 7400 | 5173 | | 订货量 | 年总成本 | | 100次试验 | | | |
| 2 | | | | 天 | 日需求量 | 起始库存 | 结束库存 | 订货标志 | 订货成本 | 储存成本 | | | 12573 | | 12573 | 1 | 100 | 平均值 |
| 3 | 年需求量 | 36000 | | | | | | | | | | 600 | 15337 | | 600 | 15382 | 15608 | 15505 |
| 4 | 一次订货成本 | 200 | | 0 | | | 0 | 1 | 200 | | | 700 | 14340 | | 700 | 14254 | 14297 | 14261 |
| 5 | 单位存储成本/年 | 10 | | 1 | 113 | 1000 | 887 | 0 | 0 | 24.30 | | 800 | 13436 | | 800 | 13364 | 13358 | 13456 |
| 6 | 初始库存量 | 0 | | 2 | 80 | 887 | 807 | 0 | 0 | 22.11 | | 900 | 12971 | | 900 | 12881 | 12924 | 12927 |
| 7 | 日需求量最小值 | 80 | | 3 | 101 | 807 | 706 | 0 | 0 | 19.34 | | 1000 | 12620 | | 1000 | 12646 | 12709 | 12643 |
| 8 | 日需求量最大值 | 120 | | 4 | 106 | 706 | 600 | 0 | 0 | 16.44 | | 1100 | 12550 | | 1100 | 12514 | 12498 | 12490 |
| 9 | 单位存储成本/天 | 0.027 | | 5 | 117 | 600 | 483 | 0 | 0 | 13.23 | | 1200 | 12493 | | 1200 | 12463 | 12438 | 12429 |
| 10 | 订货量 | 1000 | | 6 | 106 | 483 | 377 | 0 | 0 | 10.33 | | 1300 | 12475 | | 1300 | 12594 | 12566 | 12472 |
| 11 | | | | 7 | 110 | 377 | 267 | 0 | 0 | 7.32 | | 1400 | 12416 | | 1400 | 12652 | 12642 | 12580 |
| 12 | 年订货成本 | 7400 | | 8 | 89 | 267 | 178 | 0 | 0 | 4.88 | | 1500 | 12765 | | 1500 | 12690 | 12724 | 12745 |
| 13 | 年储存成本 | 5173 | | 9 | 88 | 178 | 90 | 1 | 200 | 2.47 | | 1600 | 12985 | | 1600 | 12820 | 12840 | 12863 |
| 14 | 年总成本 | 12573 | | 10 | 97 | 1090 | 993 | 0 | 0 | 27.21 | | | | | | | | |
| 15 | | | | 11 | 89 | 993 | 904 | 0 | 0 | 24.77 | | 一次随机模拟参考线 | | | | | | |
| 16 | 一次随机模拟 | | | 12 | 118 | 904 | 786 | 0 | 0 | 21.53 | | 1400 | 11000 | | | | | |
| 17 | 最低年总成本 | 12416 | | 13 | 116 | 786 | 670 | 0 | 0 | 18.36 | | 1400 | 12416 | | | | | |
| 18 | 最优订货量 | 1400 | | 14 | 85 | 670 | 585 | 0 | 0 | 16.03 | | 1400 | 16000 | | | | | |
| 19 | | | | 15 | 84 | 585 | 501 | 0 | 0 | 13.73 | | | | | | | | |
| 20 | 100次随机模拟 | | | 16 | 100 | 501 | 401 | 0 | 0 | 10.99 | | 100次随机模拟参考线 | | | | | | |
| 21 | 最低年总成本 | 12429 | | 17 | 82 | 401 | 319 | 0 | 0 | 8.74 | | 1200 | 11000 | | | | | |
| 22 | 最优订货量 | 1200 | | 18 | 90 | 319 | 229 | 0 | 0 | 6.27 | | 1200 | 12429 | | | | | |
| 23 | | | | 19 | 117 | 229 | 112 | 1 | 200 | 3.07 | | 1200 | 16000 | | | | | |
| 369 | | | | 365 | 89 | 783 | 694 | 0 | 0 | 19.01 | | | | | | | | |

**图 8—25 随机需求最优订货量模拟模型**

注意：二维模拟运算的行引用是模拟实验的次数，它与因变量“年总成本”是无关的。但因为“年总成本”是随机量，每次计算都有不一样的结果，所以行引用单元格一般为工作表中的空白单元格（例如 L1），称为虚变量。通过平均将 100 个样本中的随机因素相互抵消，使对应不同订货量的年总成本具有一般性。

第四步，绘制三种模型的年总成本随订货量变化图。

将三种模型的年总成本数据用 XY 散点图表示，添加参考线显示不同模型的最优订货量，分析固定需求、理论模型和随机需求模型的成本曲线，展示随机需求条件下成本的波动性。

通过本例，我们可以看到随机需求模型特别适用于那些需求波动较大的情况，帮助企业优化库存管理和降低成本，而系统模拟模型在处理复杂且不确定性高的决策问题时具有实用性。

### 8.2.4 随机需求库存管理模拟模型

企业面对的库存管理环境充满复杂性和不确定性，如需求波动和交货延迟等。这些因素使得确定最优订货量变得更加困难。

图 8—26 显示了在随机需求下模拟的年总成本明显高于理论成本线，这是为了应对需求的随机波动而制定的订货策略。例如，如果每日需求量有较大的随机波动，采用常规补货策略将导致成本显著增加。因此，引入安全库存（再订货点）是控制成本的一种常见策略。即使有安全库存，如果需求波动过大，难免因库存短缺而错失销售机会，产生缺货成本。下面，我们以案例说明随机需求并有缺货损失的库存管理决策建模方法。

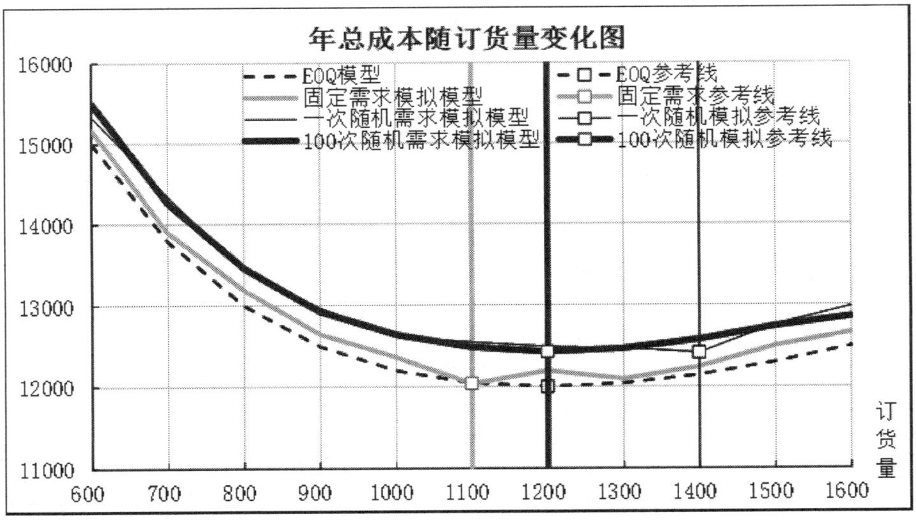


**图 8—26 三种模型的年总成本随订货量变化图**

**【例 8—7】** 如果例 8—6 中日需求量是服从表 8—2 中特定离散分布的随机数，公司为控制成本，采用安全库存补货策略，安全库存为 100，起始库存显然也是 100。如果发生缺货，每件的缺货成本为 50 元，其他已知参数保持不变。用活动扫描方法模拟随机需求且有缺货损失情况下的库存管理决策模型。

例8-7 讲解

表 8—2　　日需求量的概率分布

| 需求量 | 80 | 90 | 100 | 110 | 120 |
|---|---|---|---|---|---|
| 概率分布 $P$ | 10% | 20% | 25& | 30% | 15% |

**【知识点与解题思路】** 本例是在例 8—6 的基础上考虑更符合企业库存管理实际的安全库存补货策略和缺货损失情形，学习如何构建随机需求库存管理模拟模型和随机需求服务水平模拟模型。关键知识点包括缺货成本和售罄标志的计算方法，绘制年总成本随订货量变化的模拟模型图，以及服务水平随安全库存变化的模拟图。

第一步，建立随机需求库存管理模拟模型。

利用例 8—6 的方法建立模拟模型，在模拟区域添加缺货量和缺货成本的计算列，如图 8—27 所示。设置安全库存为 100，起始库存也为 100，单位缺货成本为 50 元。

| | B | C | E | F | G | H | I | J | K | L | M | O | P | R | S | T | DN | DO |
|---|---|---|---|---|---|---|---|---|---|---|---|---|---|---|---|---|---|---|
| 1 | | | 2. 工作区 | | | | | 3. 输出区 | 3000 | 6800 | 5028 | 4. 试验区 | 年总成本 | 4. 试验区（多次） | | | | 5. 统计区 |
| 2 | 1. 输入区 | | 天 | 日需求量 | 开始库存 | 结束库存 | 订货标志 | 缺货量 | 缺货成本 | 订货成本 | 储存成本 | | 14828 | 14828 | 1 | 2 | 100 | 平均值 |
| 3 | 安全库存 | 100 | | | | | | | | | | 600 | 18590 | 600 | 20883 | 16930 | 17025 | 18630 |
| 4 | 一次订货成本 | 200 | 0 | | | 100 | | | | | | 700 | 17284 | 700 | 17762 | 15821 | 15110 | 16542 |
| 5 | 单位年储存成本 | 10 | 1 | 120 | 100 | 0 | 1 | 20 | 1000 | 200 | 0.00 | 800 | 16688 | 800 | 14926 | 16814 | 14541 | 15564 |
| 6 | 初始库存量 | 100 | 2 | 120 | 1000 | 880 | 0 | 0 | 0 | 0 | 24.11 | 900 | 16847 | 900 | 13795 | 15454 | 15842 | 15140 |
| 7 | 单位日储存成本 | 0.027 | 3 | 110 | 880 | 770 | 0 | 0 | 0 | 0 | 21.10 | 1000 | 15688 | 1000 | 14068 | 15474 | 14336 | 14297 |
| 8 | 单位缺货成本 | 50 | 4 | 120 | 770 | 650 | 0 | 0 | 0 | 0 | 17.81 | 1100 | 13416 | 1100 | 16555 | 15766 | 16027 | 14196 |
| 9 | 订货量 | 1000 | 5 | 0 | 650 | 650 | 0 | 0 | 0 | 0 | 17.81 | 1200 | 17056 | 1200 | 12694 | 13628 | 12913 | 14007 |
| 10 | 3. 输出区 | | 6 | 110 | 650 | 540 | 0 | 0 | 0 | 0 | 14.79 | 1300 | 13967 | 1300 | 14733 | 14834 | 13391 | 14087 |
| 11 | 年缺货成本 | 3000 | 7 | 0 | 540 | 540 | 0 | 0 | 0 | 0 | 14.79 | 1400 | 13915 | 1400 | 13122 | 15739 | 15565 | 14209 |
| 12 | 年订货成本 | 6800 | 8 | 120 | 540 | 420 | 0 | 0 | 0 | 0 | 11.51 | 1500 | 13653 | 1500 | 13673 | 12889 | 13040 | 14156 |
| 13 | 年储存成本 | 5028 | 9 | 90 | 420 | 330 | 0 | 0 | 0 | 0 | 9.04 | 1600 | 14690 | 1600 | 13008 | 13947 | 16080 | 14237 |
| 14 | 年总成本 | 14828 | # | 100 | 330 | 230 | 0 | 0 | 0 | 0 | 6.30 | | | | | | | |
| 15 | | | # | 110 | 230 | 120 | 0 | 0 | 0 | 0 | 3.29 | 一次模拟参考线 | | 1. 输入区—日需求量分布 | | | | |
| 16 | 一次随机模拟 | | # | 110 | 120 | 10 | 1 | 0 | 0 | 200 | 0.27 | 1100 | 10000 | 需求 | 概率 | 累积概率 | | |
| 17 | 年总成本极小值 | 13416 | # | 0 | 1010 | 1010 | 0 | 0 | 0 | 0 | 27.67 | 1100 | 13416 | 80 | 10% | 0 | | |
| 18 | 最优订货量 | 1100 | # | 100 | 1010 | 910 | 0 | 0 | 0 | 0 | 24.93 | 1100 | 24000 | 90 | 20% | 10% | | |
| 19 | | | # | 120 | 910 | 790 | 0 | 0 | 0 | 0 | 21.64 | | | 100 | 25% | 30% | | |
| 20 | 6. 图形区 | | # | 90 | 790 | 700 | 0 | 0 | 0 | 0 | 19.18 | 6. 图形区 | | 110 | 30% | 55% | | |
| 21 | 年总成本极小值 | 14007 | # | 110 | 700 | 590 | 0 | 0 | 0 | 0 | 16.16 | 1200 | 10000 | 120 | 15% | 85% | | |
| 22 | 最优订货量 | 1200 | # | 100 | 590 | 490 | 0 | 0 | 0 | 0 | 13.42 | 1200 | 14007 | | | | | |
| 23 | | | # | 0 | 490 | 490 | 0 | 0 | 0 | 0 | 13.42 | 1200 | 24000 | | | | | |
| 369 | | | # | 110 | 580 | 470 | 0 | 0 | 0 | 0 | 12.88 | | | | | | | |

图 8—27　随机需求库存管理模拟模型

在图 8—27 中“1. 输入区—生成日需求量分布”中生成累计概率，接着，在日需求量列生成随机需求量，输入关键变量的计算公式，确保模型能够在日需求量大于库存时正确反映缺货情况，关键变量的计算公式如图 8—28 所示。

| 天 | 日需求量 | 开始库存 | 结束库存 | 订货标志 | 缺货量 | 缺货成本 | 订货成本 | 储存成本 |
|---|---|---|---|---|---|---|---|---|
| 0 | | | =C6 | | | | | |
| 1 | =INDEX($R$17:$R$21,MATCH(RAND(),$T$17:$T$21,1)) | =H4+$C$9*I4 | =IF(G5-F5>0,G5-F5,0) | =IF(H5<$C$3,1,0) | =-MIN(0,G5-F5) | =J5*$C$8 | =$C$4*I5 | =H5*$C$7 |

图 8—28　随机需求库存管理模拟模型关键变量的计算公式

第二步，绘制年总成本随订货量变化图形。

利用模拟运算表生成年总成本随订货量变化的数据。分别计算一次试验的总成本以及 100 次实验的总成本及平均值数据，如图 8—27 中 Q2:P14 及 R2:DN14 区域所示。

利用模拟运算表的数据绘制散点图。将 Y 坐标的最小值和最大值设置为 10000 和 24000，绘制曲线，并添加垂直参考线以反映最优订货量，如图 8—29 所示。

因为日需求随机性增大，且考虑了缺货可能，所以一次模拟结果的波动变大，但经过 100

次模拟试验后，年总成本曲线趋于光滑。当然，模拟次数越多，统计得到的年总成本均值曲线越光滑。

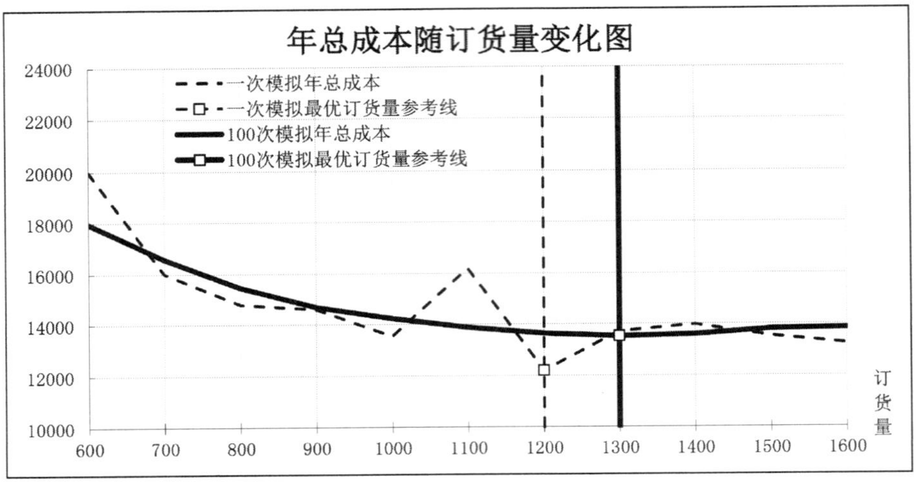


**图 8—29 随机需求库存管理模拟模型图**

通过模拟可以观察到，引入安全库存能够有效地减少缺货事件，尽管可能略微提高某些成本。长期而言，通过适当设置安全库存水平，可以最小化因需求随机波动造成的总成本。

在库存管理中，企业通常需要平衡成本控制与服务水平承诺，使用随机需求模拟模型，可以有效分析不同安全库存水平对服务水平的影响。具体步骤如下：

第一步，建立随机需求服务水平模拟模型。

基于现有的随机需求模拟模型，创建一个关于服务水平的模拟模型。调整原有模型以删除“缺货量”列，将“缺货成本”列转变为“告罄标志”列，用于指示是否发生缺货，如图 8—30 所示。进一步，修改公式以计算服务水平，在单元格 C11 输入公式“＝365－SUM”(即全年未发生缺货的天数除以总天数)，关键变量的计算公式如图 8—31 所示。

利用模拟运算表，计算不同的安全库存水平(从 10 到 110)下的服务水平，并进行 100 次模拟试验以观察服务水平的变化，如图 8—30 中试验区和统计区所示。

第二步，绘制服务水平随安全库存变化图。

利用模拟运算表产生的数据绘制服务水平随安全库存变化的散点图。在图表中添加当前服务水平和当前安全库存的参考线，呈现不同服务水平下所需的安全库存，结果如图 8—32 所示。

根据图 8—32，提高安全库存可以显著提高服务水平，同时会增加成本。模拟显示，如果企业承诺 96%的服务水平，安全库存应设置在约 60 件。对于更高的服务承诺，如绝对不缺货，安全库存需增至 110 件。

活动扫描模拟模型提供了一个直观的方法来评估不同安全库存设置对服务水平的影响，同时通过统计分析提供了与理论模型相当的结果。该模型不仅帮助理解理论计算背后的逻辑，还使决策过程更加透明易懂。

| 行 | B | C |
|---|---|---|
| 2 | 1. 输入区 | |
| 3 | 安全库存 | 100 |
| 4 | 一次订货成本 | 200 |
| 5 | 单位年储存成本 | 10 |
| 6 | 初始库存量 | 100 |
| 7 | 单位日储存成本 | 0.027 |
| 8 | 单位缺货成本 | 50 |
| 9 | 订货量 | 1000 |
| 10 | 3. 输出区 | |
| 11 | 服务水平 | 100% |
| 12 | 订货成本 | 2200 |
| 13 | 储存成本 | 5760 |
| 14 | 总成本 | 7960 |
| 16 | 6. 图形区-当前服务水平 | |
| 17 | 0 | 100% |
| 18 | 100 | 100% |
| 19 | 120 | 100% |
| 20 | 6. 图形区-当前安全库存 | |
| 21 | 100 | 0% |
| 22 | 100 | 100% |
| 23 | 100 | 100% |

| 行 | E | F | G | H | I | J | K | L |
|---|---|---|---|---|---|---|---|---|
| 1 | 2. 工作区 | | | 3. 输出区 | | 1 | 2200 | 5760 |
| 2–3 | 天 | 日需求量 | 开始库存 | 结束库存 | 订货标志 | 告罄标志 | 订货成本 | 储存成本 |
| 4 | 0 | | | 100 | | | | |
| 5 | 1 | 120 | 100 | 0 | 1 | 1 | 200 | 0.00 |
| 6 | 2 | 0 | 1000 | 1000 | 0 | 0 | 0 | 27.40 |
| 7 | 3 | 0 | 1000 | 1000 | 0 | 0 | 0 | 27.40 |
| 8 | 4 | 0 | 1000 | 1000 | 0 | 0 | 0 | 27.40 |
| 9 | 5 | 0 | 1000 | 1000 | 0 | 0 | 0 | 27.40 |
| 10 | 6 | 0 | 1000 | 1000 | 0 | 0 | 0 | 27.40 |
| 11 | 7 | 0 | 1000 | 1000 | 0 | 0 | 0 | 27.40 |
| 12 | 8 | 100 | 1000 | 900 | 0 | 0 | 0 | 24.66 |
| 13 | 9 | 0 | 900 | 900 | 0 | 0 | 0 | 24.66 |
| 14 | 10 | 0 | 900 | 900 | 0 | 0 | 0 | 24.66 |
| 15 | 11 | 0 | 900 | 900 | 0 | 0 | 0 | 24.66 |
| 16 | 12 | 0 | 900 | 900 | 0 | 0 | 0 | 24.66 |
| 17 | 13 | 0 | 900 | 900 | 0 | 0 | 0 | 24.66 |
| 18 | 14 | 0 | 900 | 900 | 0 | 0 | 0 | 24.66 |
| 19 | 15 | 0 | 900 | 900 | 0 | 0 | 0 | 24.66 |
| 20 | 16 | 0 | 900 | 900 | 0 | 0 | 0 | 24.66 |
| 21 | 17 | 0 | 900 | 900 | 0 | 0 | 0 | 24.66 |
| 22 | 18 | 0 | 900 | 900 | 0 | 0 | 0 | 24.66 |
| 23 | 19 | 100 | 900 | 800 | 0 | 0 | 0 | 21.92 |
| 369 | 365 | 0 | 120 | 120 | 0 | 0 | 0 | 3.29 |

| 行 | N | O | P | Q | R | S | DJ | DK |
|---|---|---|---|---|---|---|---|---|
| 1 | 4. 试验区 | | | | | | | 5. 统计区 |
| 2 | 100% | 1 | 2 | 3 | 4 | 5 | 100 | 平均值 |
| 3 | 10 | 98% | 97% | 97% | 97% | 98% | 97% | 97% |
| 4 | 20 | 97% | 98% | 98% | 98% | 98% | 98% | 98% |
| 5 | 30 | 98% | 98% | 97% | 97% | 97% | 98% | 98% |
| 6 | 40 | 98% | 98% | 99% | 98% | 99% | 98% | 98% |
| 7 | 50 | 98% | 99% | 99% | 98% | 98% | 99% | 98% |
| 8 | 60 | 98% | 98% | 99% | 98% | 99% | 100% | 99% |
| 9 | 70 | 99% | 99% | 99% | 99% | 99% | 99% | 99% |
| 10 | 80 | 98% | 99% | 98% | 99% | 99% | 99% | 99% |
| 11 | 90 | 99% | 100% | 99% | 100% | 100% | 99% | 99% |
| 12 | 100 | 100% | 100% | 100% | 99% | 100% | 100% | 100% |
| 13 | 110 | 100% | 100% | 100% | 100% | 100% | 100% | 100% |

1. 输入区—日需求量分布

| 需求 | 概率 | 累积概率 |
|---|---|---|
| 80 | 10% | 0 |
| 90 | 20% | 10% |
| 100 | 25% | 20% |
| 110 | 30% | 25% |
| 120 | 15% | 30% |

图 8—30　随机需求服务水平模拟模型

| 天 | 日需求量 | 开始库存 | 结束库存 | 订货标志 | 告罄标志 | 订货成本 | 储存成本 |
|---|---|---|---|---|---|---|---|
| 0 | | | =C6 | | | | |
| 1 | =INDEX($Q$17:$Q$21,MATCH(RAND(),$S$17:$S$21,1)) | =H4+$C$9*I4 | =IF(G5-F5>0,G5-F5,0) | =IF(H5<$C$3,1,0) | =IF(G5<F5,1,0) | =I5*$C$4 | =H5*$C$7 |

图 8—31　随机需求服务水平模拟模型关键变量的计算公式

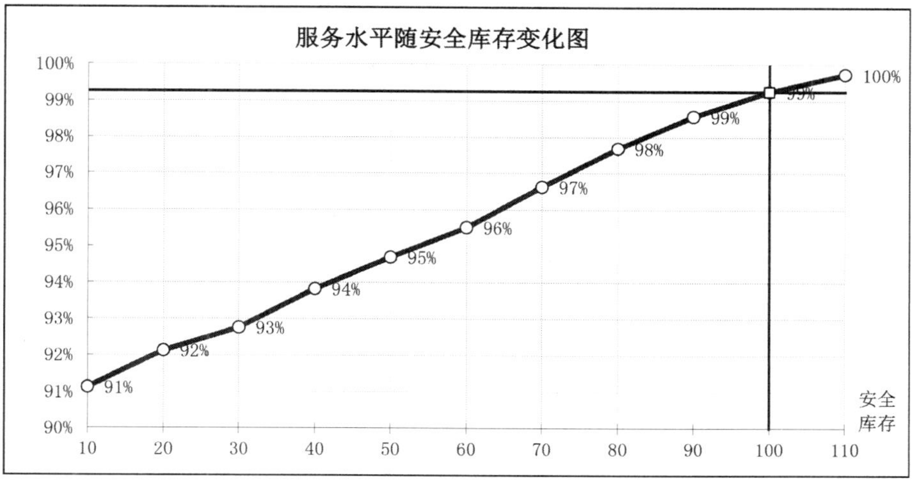


图 8—32　随机需求服务水平模拟模型图

# 8.3　交货期不确定的库存管理模拟模型

库存管理决策必须考虑交货期的不确定性。本节将通过系统模拟方法分析延期交货情况下的库存管理问题，特别关注最优订货量、服务水平和库存变化。

## 8.3.1 延期交货最优订货量模拟模型

例 8－7 随机需求库存管理模拟模型考虑了较大波动的随机需求且有缺货损失，与企业库存管理实际已经接近，但还未考虑延期交货这一现实中经常发生的问题。下面介绍延期交货情况下最优订货量模拟模型的建立方法。

**【例 8－8】** 在例 8－7 的基础上，再考虑有延期交货的情况。假如每次发出订单，第二天不一定能准时收到货，有可能延迟一天收到货。根据以往经验，准时与延迟的可能性各占 50%。库存管理人员需要了解此种情况下最优订货量如何确定、服务水平怎样、一年中每天的库存如何变化。

例8-8 讲解

**【知识点与解题思路】** 本例是在例 8－7 的基础上，考虑到企业库存管理实际中经常发生的延期交货情况，学习建立交货期不确定的库存管理模拟模型。关键知识点包括延期交货的表示方法、订货标志及结束库存的计算方法，以及绘制延期交货最优订货量模拟图、延期交货服务水平模拟图和延期交货库存变化模拟图。

第一步，建立延期交货最优订货量模拟模型。

在例 8－7 随机需求库存管理模拟基础上，调整模拟工作区，新增"延期交货"标志列，以模拟订单可能的延迟交货情况，关键变量的计算公式如图 8－33 所示。

| 天 | 开始库存 | 结束库存 | 订货标志 | 延期交货 |
|---|---|---|---|---|
| 0 | | =C6 | | |
| 1 | =H4+$C$9*I4 | =IF(G5-F5>0, G5-F5, 0) | =IF(H5<$C$3, 1, 0) | =I5*INT(RAND()*2) |
| 2 | =H5+IF(J5=0, I5*$C$9, 0) | =IF(G6-F6>0, G6-F6, 0) | =IF(AND(H6<$C$3, J5=0), 1, 0) | =I6*INT(RAND()*2) |
| 3 | =H6+IF(J6=0, I6*$C$9, 0)+IF(J5=1, $C$9, 0) | =IF(G7-F7>0, G7-F7, 0) | =IF(H7>$C$3, 0, IF(AND(H7<$C$3, J6=1), 0, 1)) | =I7*INT(RAND()*2) |

**图 8－33 延期交货最优订货量模拟模型的关键变量计算公式**

设置延期交货标志公式。在第一天中输入公式"＝I5 ＊ INT(RAND() ＊ 2)"，填充到其他天。

调整订货标志。要避免延期交货产生的连续订货情况，输入第二天的订货标志公式"＝IF(AND(H6＜＄C＄3,J5＝0),1,0)"并填充至其他天。

调整开始库存计算公式。考虑到订货后延期的情况，第二天的开始库存计算公式为"＝H5＋IF(J5＝0,I5 ＊ ＄C＄9,0)"，其中 J5＝0 表示前一天订单准时到货。从第三天开始，库存的计算需要考虑前一天和前两天的延期交货情况，输入公式"＝H6＋IF(J6＝0,I6 ＊ ＄C＄9,0)＋IF(J5＝1,＄C＄9,0)"并填充至其他天。

所建立的延期交货最优订货量库存管理模拟模型如图 8－34 所示。

第二步，绘制年总成本随订货量变化图。

在模拟模型基础上绘制年总成本随订货量变化图形，添加安全库存的数值调节按钮，设置其调节区间为 60 至 210，结果如图 8－35 所示。

本例表明，在单次模拟中，年总成本显示出显著波动，这由图 8－35 中的虚线抖动清楚显示。经过 100 次模拟试验，尽管单次结果波动大，年总成本的整体趋势曲线变得更加光滑，显示出随机模拟在多次运行后趋于稳定。此外，随着安全库存的增加，年缺货成本呈下降趋势。

**1. 输入区**

| | |
|---|---|
| 安全库存 | 160 |
| 一次订货成本 | 200 |
| 单位年储存成本 | 10 |
| 初始库存量 | 160 |
| 单位日储存成本 | 0.027 |
| 单位缺货成本 | 50 |
| 订货量 | 1000 |

**3. 输出区**

| | |
|---|---|
| 年缺货成本 | 13500 |
| 年订货成本 | 7400 |
| 年储存成本 | 5146 |
| 年总成本 | 26046 |

一次随机模拟

| | |
|---|---|
| 年总成本极小值 | 14986 |
| 最优订货量 | 1600 |

**6. 图形区**

| | |
|---|---|
| 年总成本极小值 | 18748 |
| 最优订货量 | 1800 |

| |
|---|
| 查看第15天库存 |
| 安全库存=160 |
| 订货量=1000 |

**2. 工作区** **3. 输出区**

| 天 | 日需求量 | 开始库存 | 结束库存 | 订货标志 | 延期交货 | 缺货量 | 缺货成本 | 订货成本 | 储存成本 | 查看某天库存 |
|---|---|---|---|---|---|---|---|---|---|---|
| | | | | | | | 13500 | 7400 | 5146 | |
| 0 | | | 160 | | | | | | | 15 |
| 1 | 110 | 160 | 50 | 1 | 1 | 0 | 0 | 200 | 1.37 | 0 |
| 2 | 110 | 50 | 0 | 0 | 0 | 60 | 3000 | 0 | 0.00 | 0 |
| 3 | 110 | 1000 | 890 | 0 | 0 | 0 | 0 | 0 | 24.38 | 0 |
| 4 | 90 | 890 | 800 | 0 | 0 | 0 | 0 | 0 | 21.92 | 0 |
| 5 | 120 | 800 | 680 | 0 | 0 | 0 | 0 | 0 | 18.63 | 0 |
| 6 | 90 | 680 | 590 | 0 | 0 | 0 | 0 | 0 | 16.16 | 0 |
| 7 | 110 | 590 | 480 | 0 | 0 | 0 | 0 | 0 | 13.15 | 0 |
| 8 | 110 | 480 | 370 | 0 | 0 | 0 | 0 | 0 | 10.14 | 0 |
| 9 | 90 | 370 | 280 | 0 | 0 | 0 | 0 | 0 | 7.67 | 0 |
| 10 | 80 | 280 | 200 | 0 | 0 | 0 | 0 | 0 | 5.48 | 0 |
| 11 | 80 | 200 | 120 | 1 | 1 | 0 | 0 | 200 | 3.29 | 0 |
| 12 | 120 | 120 | 0 | 0 | 0 | 0 | 0 | 0 | 0.00 | 0 |
| 13 | 100 | 1000 | 900 | 0 | 0 | 0 | 0 | 0 | 24.66 | 0 |
| 14 | 120 | 900 | 780 | 0 | 0 | 0 | 0 | 0 | 21.37 | 0 |
| 15 | 110 | 780 | 670 | 0 | 0 | 0 | 0 | 0 | 18.36 | 670 |
| 16 | 120 | 670 | 550 | 0 | 0 | 0 | 0 | 0 | 15.07 | 0 |
| 17 | 110 | 550 | 440 | 0 | 0 | 0 | 0 | 0 | 12.05 | 0 |
| 18 | 100 | 440 | 340 | 0 | 0 | 0 | 0 | 0 | 9.32 | 0 |
| 19 | 100 | 340 | 240 | 0 | 0 | 0 | 0 | 0 | 6.58 | 0 |
| 20 | 110 | 240 | 130 | 1 | 0 | 0 | 0 | 200 | 3.56 | 0 |
| 364 | 110 | 470 | 360 | 0 | 0 | 0 | 0 | 0 | 9.86 | 0 |
| 365 | 110 | 360 | 250 | 0 | 0 | 0 | 0 | 0 | 6.85 | 0 |

**4. 试验区年总成本**

| | 26046 |
|---|---|
| 1000 | 19991 |
| 1200 | 20414 |
| 1400 | 18098 |
| 1600 | 14986 |
| 1800 | 19744 |
| 2000 | 15982 |
| 2200 | 21013 |
| 2400 | 22412 |
| 2600 | 21143 |
| 2800 | 21438 |
| 3000 | 22492 |

一次模拟参考线

| | |
|---|---|
| 1600 | 0 |
| 1600 | 14986 |
| 1600 | 60000 |

**6. 图形区**

| | |
|---|---|
| 1800 | 0 |
| 1800 | 18748 |
| 1800 | 60000 |

**4. 试验区（多次）** **5. 统计区**

| 26046 | 1 | 2 | 100 | 平均值 |
|---|---|---|---|---|
| 1000 | 24992 | 26461 | 20086 | 21799 |
| 1200 | 20199 | 22435 | 21882 | 20274 |
| 1400 | 16625 | 17082 | 23013 | 19492 |
| 1600 | 22503 | 18340 | 19015 | 18926 |
| 1800 | 18438 | 20228 | 16535 | 18748 |
| 2000 | 18027 | 22587 | 20555 | 19097 |
| 2200 | 22236 | 21321 | 19021 | 19156 |
| 2400 | 17823 | 22385 | 20859 | 19605 |
| 2600 | 19256 | 19749 | 21663 | 20517 |
| 2800 | 22055 | 20524 | 19260 | 21191 |
| 3000 | 18157 | 18264 | 21913 | 21839 |

**1. 输入区—日需求量分布**

| 需求 | 概率 | 累积概率 |
|---|---|---|
| 80 | 10% | 0 |
| 90 | 20% | 10% |
| 100 | 25% | 30% |
| 110 | 30% | 55% |
| 120 | 15% | 85% |

**图 8—34 延期交货最优订货量模拟模型**

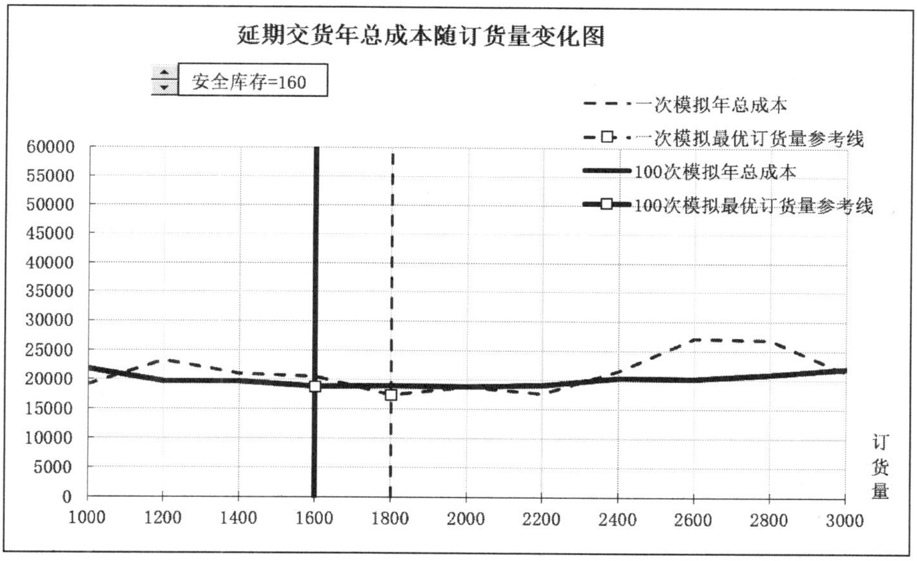


**图 8—35 延期交货最优订货量模拟模型**

## 8.3.2 延期交货服务水平模拟模型

比较图 8—35 与图 8—29 可以发现，加入延期交货因素后，年总成本显著提高，且服务水平受到较大影响。本节将通过建立延期交货服务水平模拟模型，分析在此条件下安全库存应维持在何种水平可保持特定服务水平。

**【例 8—8 续】** 在例 8—8 的基础上，建立延期交货服务水平模拟模型。

**【知识点与解题思路】** 在例 8—8 的延期交货最优订货量模拟模型基础上，结合例 8—7 的随机需求服务水平模拟的方法，汇总告罄标志出现的次数，并计算服务水平值。

在此基础上绘制延期交货服务水平模拟模型图，添加订货量的数值调节钮，如图 8—36 所示。

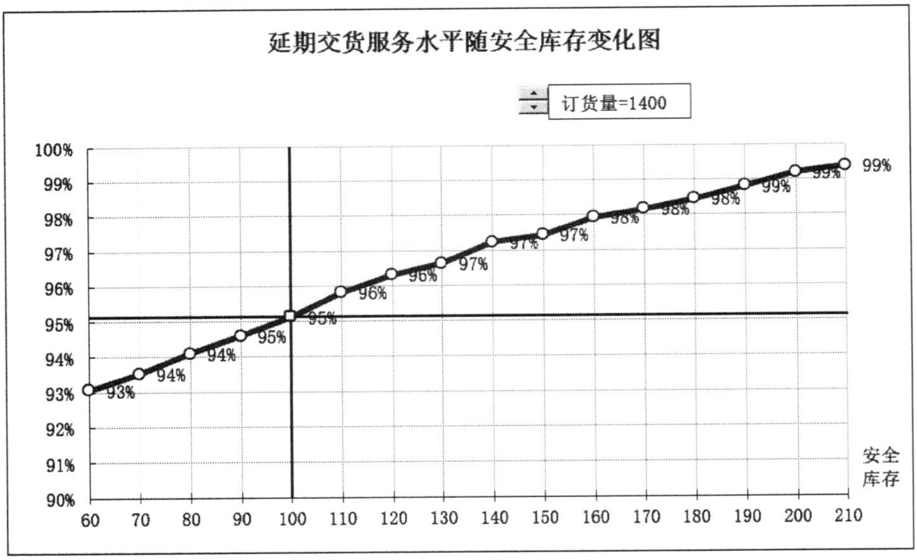


**图 8—36　延期交货服务水平模拟模型图**

通过本例的模拟分析可以看出，在考虑延期交货的不确定性时，为了维持相同的服务水平，需要更高的安全库存。

## 8.3.3　延期交货库存变化模拟模型

延期交货对库存管理有很大影响，特别是在需求和交货期不确定性较高的情况下。参照例 8—4 中库存变化模拟模型的建立方法，可以建立延期交货的库存变化模拟模型，用于分析因受需求不确定、交货期不确定等因素影响下的每天库存变化情况。

在图 8—34 所示的“延期交货最优订货量模拟模型”中增加“查看某天库存”列单元格 O5:O369，公式同例 8—1。

利用 H5:H369 与 O5:O369 的数据绘制柱形图，添加安全库存及查看某天库存的数值调节钮与文本框，结果如图 8—37 所示。

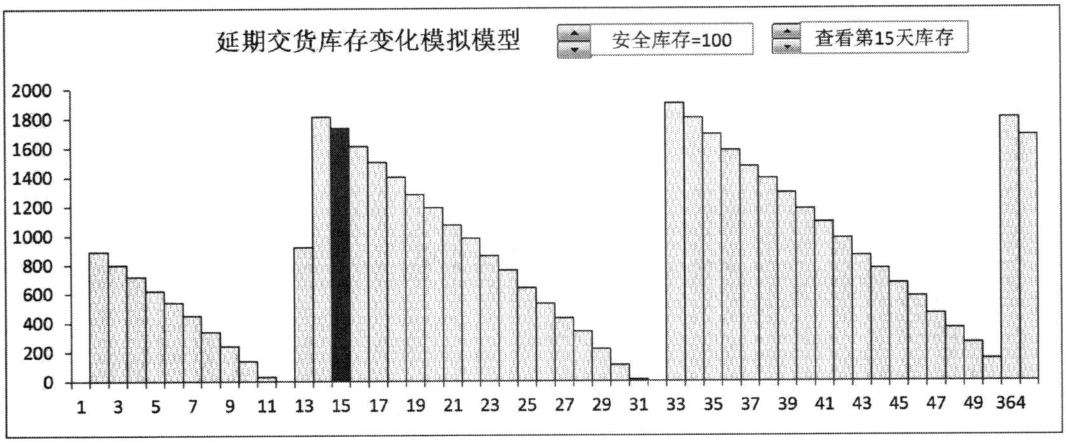


**图 8—37　延期交货库存变化模拟模型图**

建立系统模拟模型的根本目的是"仿真"现实系统的运作。通过定义对象的属性和方法，模拟模型可以更准确地接近现实中的具体事物。

## 本章小结

本章介绍了与库存管理有关的概念，包括采购成本、订货成本、储存成本、经济订货量、缺货成本、安全库存(再订购点)、服务水平等。充分理解这些概念，是掌握本章内容的必要条件。

本章学习了四类库存管理决策分析模型的建立：需求确定时库存管理决策模型，包括库存量变化分析模型、经济订货量分析模型、优惠条件下最优订货量分析模型、最佳订货周期模拟模型；需求不确定时库存管理决策模型，包括均匀、正态和特定离散分布的随机数发生、随机需求最优订货量模拟模型；需求不确定且有缺货损失时库存管理决策模型，包括允许缺货且随机需求最优订货量模拟模型、允许缺货且随机需求服务水平模拟模型；交货期不确定时时库存管理决策模型，包括延期交货最优订货量模拟模型、延期交货服务水平模拟模型、延期交货库存变化模拟模型。

本章重点介绍了系统模拟模型的一般框架，以及系统模拟的活动扫描方法在库存管理决策中的实际应用。在明确模型目标变量、中间变量、决策参数和决策变量之间关系时，通过建立决策模型，确定模型的最优解。如果模型中含有不确定因素，可以用活动扫描进行系统仿真模拟。通过对多次试验样本进行统计后发现决策变量与目标变量的关系，并得到决策最优解。

本章介绍的主要技术包括随机数发生方法、活动扫描仿真模拟、随机结果变量的试验及统计分析，以及为进行重复试验而采用在模拟运算表中使用虚自变量技术等建立模拟模型的关键技术。

本章使用了 RAND、RANDBETWEEN、FREQUENCY、NORM. INV、AVERAGE、VLOOKUP、INDEX、MATCH、SUM、MIN 等函数。

## 习题八

1. 特福公司需采购某零件，全年需求量为 15000 件，每次订货成本为 500 元，单个零件的年储存成本为 30 元，当订货量为 900。要求如图 8—38 所示建立模型：

(1)计算年订货成本、年储存成本、年总成本；

(2)计算经济订货量及经济订货量时的年总成本；

(3)绘制反映该零件的年订货成本、年储存成本、年总成本随订货量变化的图形，反映当该零件年需量从 10000 按增量 1000 变化到 20000 时经济订货量及经济订货量时的年总成本最小值；

(4)在图形中反映当订货量从 400 按增量 50 变化到 1000 时年订货成本、年储存成本、年总成本的值。

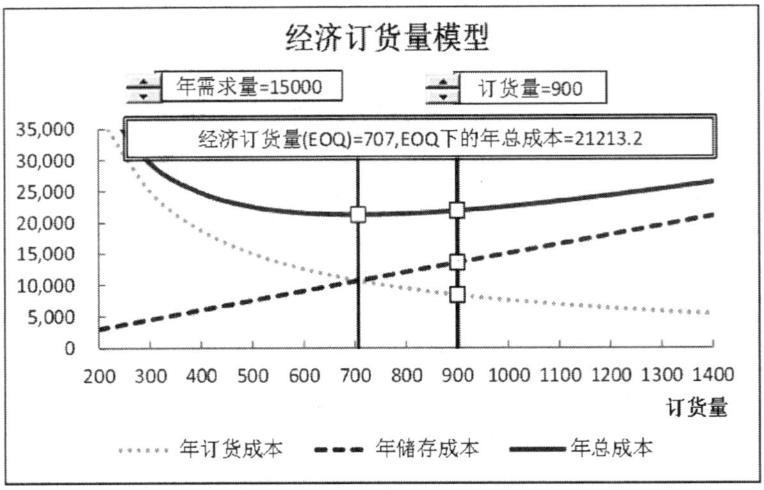


图 8—38 经济订货量分析

2. 采用习题 8—1 数据,绘制如图 8—39 所示的不同年需求量对应的一簇年总成本随订货量变化的图形。其中的 8 条灰色背景曲线分别与年需求量 11000,12000,13000,14000,15000,16000,17000,18000 对应,制作一个受年需求量微调钮调节的年需求量的红色曲线,使得在年需求量控件的操纵下红色曲线会在 8 条灰色曲线族中由一个位置移动到另一个位置,在这个过程中红色曲线的最低点会沿绿色轨迹曲线移动,而经过该最低点的折角参考线则应会相应地左右移动。

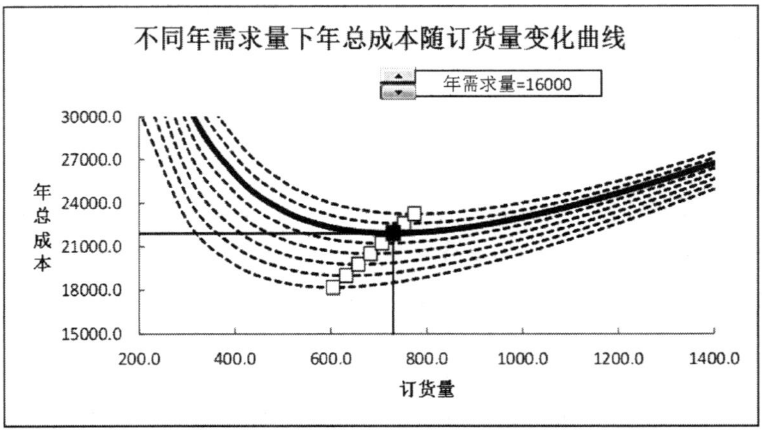


图 8—39 总成本与订货量情景分析

3. 假定某企业全年需耗用某元件存货 20000 件,每次订货成本为 500 元,单件存货的年储存成本为 30 元,单件采购价为 4.5 元。供货单位答应按每次订货量给予企业数量折扣,订货数量和单价折扣率见下表:

| 订货数量 | 单价折扣率 |
| --- | --- |
| 小于 1 500 | 0% |
| 大于等于 1 500 且小于 2 000 | 5% |
| 大于等于 2 000 且小于 2 500 | 10% |
| 大于等于 2 500 且小于 3 000 | 15% |
| 大于等于 3 000 且小于 3 500 | 20% |
| 大于等于 3 500 且小于 4 000 | 25% |
| 大于等于 4 000 | 30% |

要求建立如图 8—40 所示的模型。

(1)计算出订货量为 900 时的年总成本；

(2)绘制出如图 8—40 所示的年总成本随订货量变化图形；

(3)找到一个使年总成本最小的订货量，并在一个文本框里显示出结论(包括年总成本最小值和对应的订货量)；

(4)添加一个微调钮和文本框来调整和显示当前的订货量从 300 按步长 100 变化到 5500，并在图中添加代表当前订货量所对应总成本的参考点(显示值)，添加经过该参考点的垂直参考线和水平参考线；

(5)添加微调钮，分析如果单位年储存成本从 20 元按步长 1 变化到 40 元，会对我们的结论造成什么样的影响。

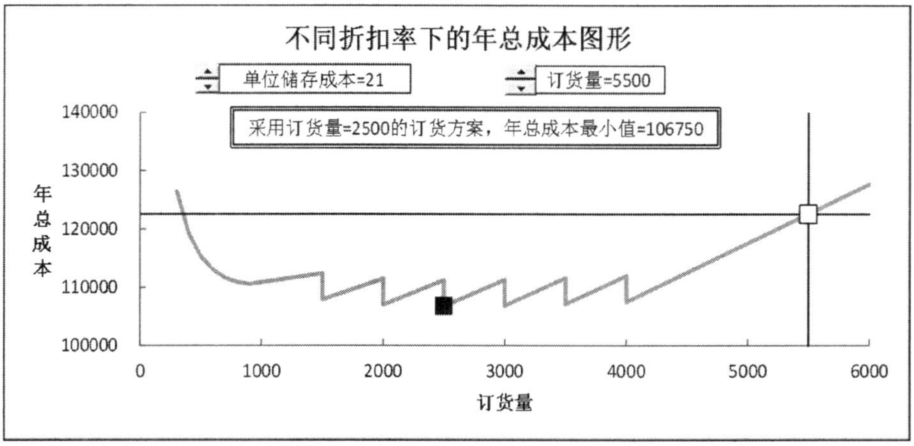


**图 8—40　不同折扣率的年总成本分析**

4. 某大型超市采用周期性订货策略，假定年需求量为 36000，初始库存量为 0，一年按 360 天计算。订货成本 500 元/次，产品单位年存储成本为 100 元。在订货周期为 20 天、交货期为 1 天(晚上订货，第二天早晨到货)、每天需求量不变的情况下，利用 Excel 建立模型，要求：

(1)计算每天库存变化情况、每日订货成本和储存成本；

(2)绘制如图 8—41 所示的 100 天内产品库存量随时间(天数)变化的情况图形，查询某天的库存量用红色柱子显示；

(3)以订货周期为自变量(5～30),绘制如图 8—42 所示的库存总成本随订货周期的变化图形;

(4)求出最佳订货周期。

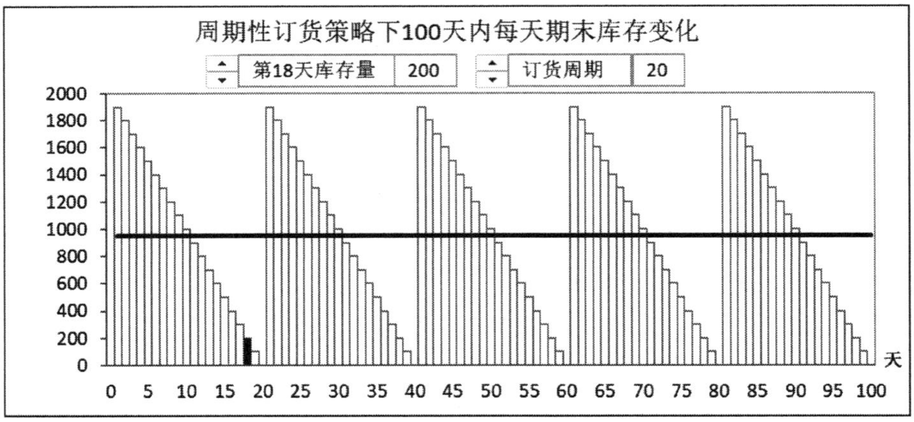


**图 8—41 周期性订货库存模拟分析**

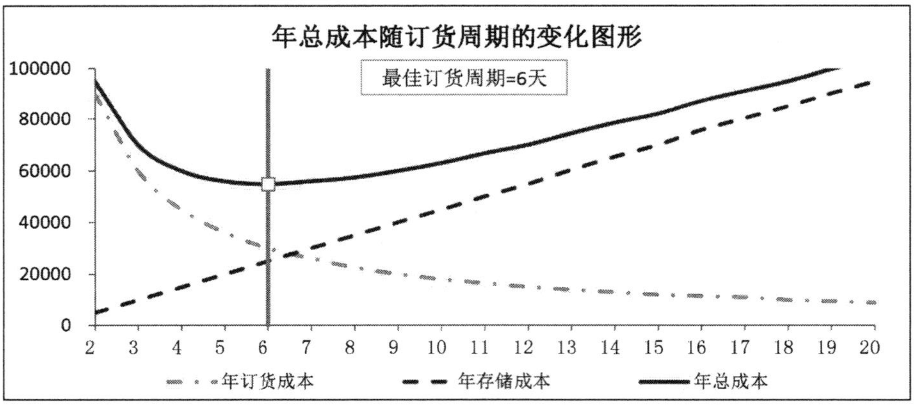


**图 8—42 最佳订货周期模拟分析**

5. 某企业每日对某零部件需求是不固定的,但已知需求数在 60 到 80 件之间,且服从均匀分布。假定初始库存为 150,年存储成本为每件 100 元,每次订货成本为 140 元,一年以 360 天计算。请模拟该企业 360 天的营业库存,在此基础上模拟年订货成本、年储存成本、年总成本随订货量变化的规律,绘制如图 8—43 所示的图形,验证理论上的经济订货量的正确性。

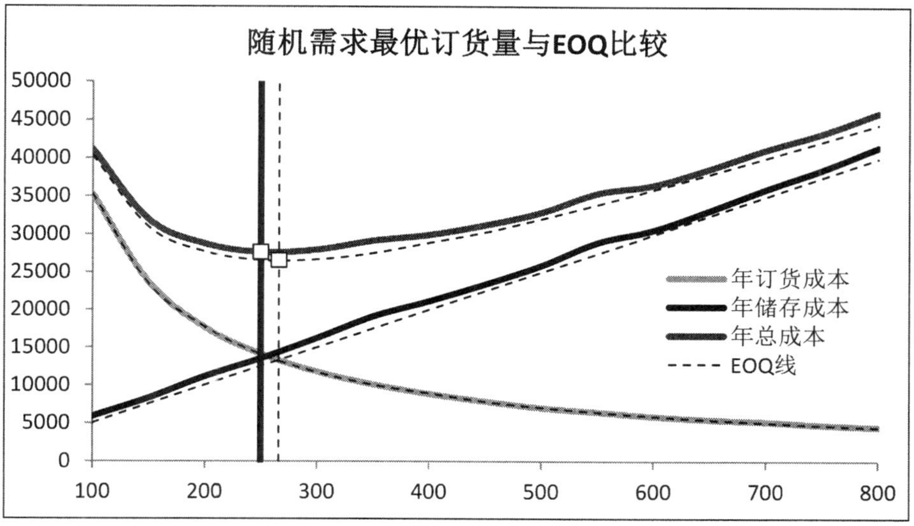


图 8—43　随机需求最优订货量模拟分析

6. 已知每天需求服从正态分布均值 80 件、标准差 20 件、交货期是 0—3 天的均匀分布随机数，0 表示晚上订货第二天早上准时到货，1、2、3 分别表示推迟 1、2、3 天到货。已知一次订货的订货成本 60，单位年储存成本 720(1 年按 360 算)、初始库存量 100、缺货成本 10、再订货点 300、订货量为 100，建立模拟模型，通过 100 次试验，模拟年总成本与订货量(50—100)的关系、服务水平与再订货点(100—500)的关系，并绘制如图 8—44 和图 8—45 所示的图形。

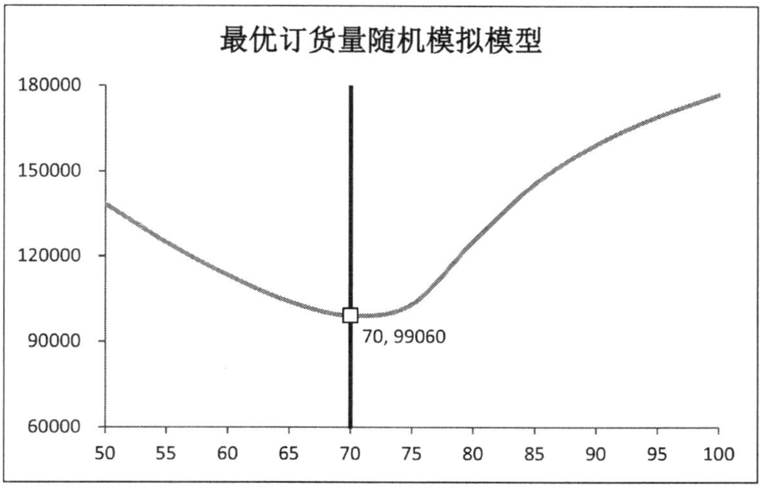


图 8—44　最优订货量随机模拟分析

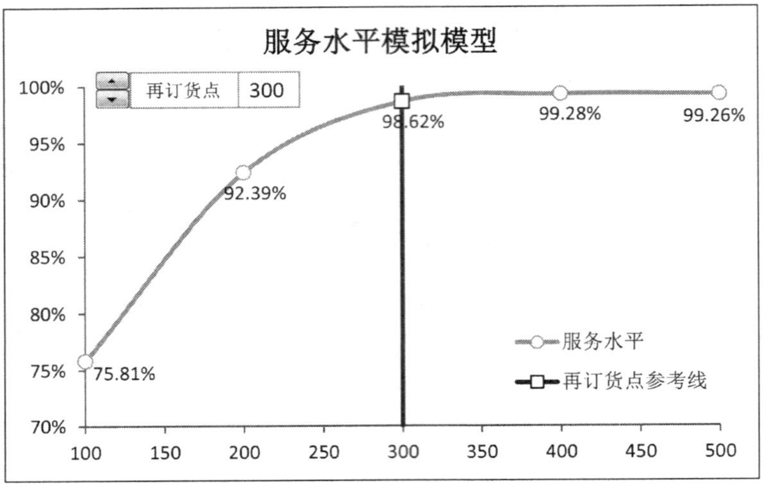


图 8—45 服务水平模拟分析

7. 曼特尔制造公司按适时准则供应各种汽车零部件给一些汽车装配客户，此汽车零部件的计划生产能力是每班 100 件/天。由于客户装配作业的波动性，对零部件的需求也是随机波动的，随机概率见下表。为了维护足够的库存以适应其适时供应的承诺，曼特尔制造公司的管理层正考虑一项措施：如果当天库存盘点时库存降至某台数（比如 10 台）以下时，则在第二天晚上加班生产一班。在编制年度预算计划过程中，经理们必须知道，究竟库存应该最少降至什么台数时加一夜班才能保证 JIT 系统接近 100%概率不缺货（绘制如图 8—46 所示的图形），以及实施这项措施后一年（250 个工作日）将要加多少个夜班。

| | | | | | |
|---|---|---|---|---|---|
| 80 | 90 | 100 | 110 | 120 | 130 |
| 10% | 15% | 25% | 25% | 15% | 10% |

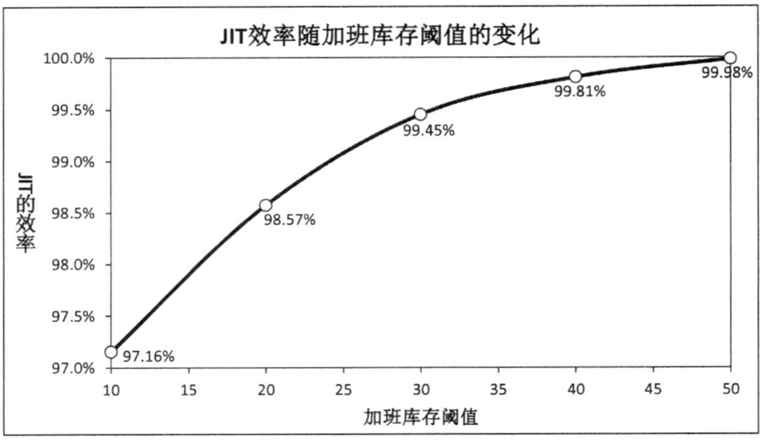


图 8—46 JIT 效率模拟分析

# 第九章

# 投资决策分析模型

继前面章节对短期决策模型(如盈亏平衡分析、成本决策分析及库存管理分析)的讨论后,本章转向更为复杂且影响深远的长期决策——投资决策。在数字经济时代,随着数据驱动决策的兴起和金融市场的发展,长期投资决策已经从传统的经验驱动模型,转向更加依赖于数据分析的系统化方法。这种投资决策模型旨在从多个长期项目中选出预期回报最大化的方案,涉及综合评估各种投资的潜在收益与风险。

第九章
课 件

本章将介绍投资决策模型,包括常用的财务函数,如何利用投资回报率、投资回收期和净现值等关键指标进行投资决策分析。此外,还将介绍投资项目的风险分析,以评估潜在投资的风险与回报,制定更加科学和合理的长期投资策略。通过本章的学习,读者将掌握构建和应用投资决策模型的技能,能够进行投资决策分析并评估投资项目的风险。

第九章
例题答案

本章主要内容包括:

- 常用的财务函数;
- 基于投资回报率的投资决策分析;
- 基于投资回收期的投资决策分析;
- 基于净现值的投资决策分析;
- 投资项目的风险分析。

## 9.1 投资分析中常用的财务函数

### 9.1.1 投资决策的基本概念

投资是企业(投资者)为今后的长远需要而投入的资金。由于投资需要一笔较大的支出,对企业产生较长时间的影响,因此投资支出也称资本支出,是企业经营过程中的长期投资。企业由于投资领域、投资途径、投资时机多种多样,因而可以组成多种投资方案。如何选择最佳的投资方案,发挥资本效益,最大限度获取投资收益是投资决策的本质。

投资决策是指对一个投资项目的各种方案的投资支出和投资后的收入进行对比分析,以选择投资效益最佳的方案。投资项目的投资支出与投资收入均以现金的实际支出为计算基础,因此,投资项目从筹建、设计、施工、正式投产使用直至报废为止的整个期间内发生的现金流入量与现金流出量形成了该项目的现金流量。现金流入量与现金流出量之间的差额,称为净现金流量。具体估算各个投资方案形成的现金流入和现金流出的数量、时间和逐年的净现金流量,是正确计算投资方案经济评价的基础,也是正确评价其投资效益的一个必要条件。

一个投资项目全过程(包括建设期和生产经营期)的净现金流量的计算公式为:

净现金流量=现金流入量-现金流出量

### 9.1.2 货币的时间价值

货币的时间价值(Time Value of Money)就是指同一面额的货币在不同时间点(不同年)具有不同价值的概念。今年的1元钱、明年的1元钱、后年的1元钱的价值是不相同的。假设我们将1元钱存入银行,而银行(年)利率为 $r$,那么今年的1元钱明年将变成 $(1+r)$ 元,后年(在计算复利的情况下)将变成 $(1+r)^2$ 元,$t$ 年后将变成 $(1+r)^t$ 元。

1. 资金的将来值

我们将某一数额的资金在将来某年的价值称为该资金的将来值(Future Value,F)。现在1元钱在 $t$ 年后的将来值等于 $(1+r)^t$ 元。若现在有资金 $P$ 元,则 $t$ 年后的将来值是 $P(1+r)^t$,即单一现金流量(a Single Cash Flow)的将来值可用(9-1)式表示 。

$$F=P(1+r)^t \qquad (9-1)$$

例如,当前有100元现金,假定利率是9%,10年后的将来值是 $100*(1+9\%)^{10}=236.74$ 元。

2. 资金的现值

与资金的将来值相反,资金的现值是指未来某一特定金额的现在值。我们将与未来某年某一数额的资金等价的当前价值称为该将来金额的现值(Present Value,P)。在年利率等于 $r$ 时 $t$ 年后的1元钱的现值等于 $1/(1+r)^t$。

计算现值的意义恰好与计算将来值的意义相反。计算将来值是从已知现在的金额、利率及期限,从而测算将来的值。反之,计算现值则是从已知将来值、利率及期限,来测算相当于现在的金额。把未来金额折算为现值的过程称为折现。现值与折现利率有密切联系,折现利率越高,折算的现值就越小。折现利率称为贴现率,通称为利率。在投资决策中,现值概念的应用较将来值概念更为广泛。

将来值是本利和,现值就是未来的收入扣除利息因素。现值的公式可以由复利将来值的公式推出。

单一现金流量的现值用(9-2)式表示。

$$P=F/(1+r)^t \qquad (9-2)$$

例如10年后的100元钱,假定贴现率是9%,则相当于现在的值是 $100/(1+9\%)^{10}=42.24$ 元。

3. 现金流量串的现值

在一些情况下,需要考虑从今后1年到 $t$ 年现金流量串(Cash Flow Stream)的现值。在各年现金流量数值都等于Y、年利率等于 $r$ 的情况下,这个现值 $P$ 可用下式表示:

$$P=\frac{Y}{1+r}+\frac{Y}{(1+r)^2}+\cdots+\frac{Y}{(1+r)^t} \tag{9-3}$$

在现金流量串$\{Y_1,Y_2,\cdots,Y_t\}$由不等金额组成时，其现值 $P$ 可用下式表示：

$$P=\frac{Y_1}{1+r}+\frac{Y_2}{(1+r)^2}+\cdots+\frac{Y_t}{(1+r)^t} \tag{9-4}$$

(9—3)式与(9—4)式所表示的是将不同年发生的现金流量贴现后相加的现值总和，对任何一年的现金流量的“贴现”操作就是将该现金流量乘上相应的贴现因子，其中的年利率 $r$ 就是贴现率。应该将投资者的参考投资项目的回报率或者其资本成本率，用作计算投资项目现金流量串现值的贴现率。如果投资者没有可参考的投资项目，一般将银行存款利率作为贴现率。

在现金流量计算过程中，应该明确现金流发生在这个时期的期初还是期末，期初和期末正好相差一个时期。本章约定未特别说明时均指期末。

### 9.1.3 常用的财务函数

1. FV 函数

功能：基于固定利率及等额分期付款方式，返回某项投资的未来值。

形式：FV(rate,nper,pmt,pv,type)

参数：rate 为各期利率。例如，如果按 10% 的年利率借入一笔贷款来购买汽车，并按月偿还贷款，则月利率为 10%/12(即 0.83%)，可以在函数中输入 10%/12、0.83% 或 0.0083 作为 rate 的值。

nper 为总投资(或贷款)期，即该项投资(或贷款)的付款期总数。例如，对于一笔 4 年期按月偿还的汽车贷款，付款期总数为 4＊12(即 48)。可以在函数中输入 4＊12 或 48 作为 nper 的值。

pmt 为各期所应付给(或得到)的金额，其数值在整个年金期间(或投资期内)保持不变。通常 pmt 包括本金和利息，但不包括其他费用及税款。例如，10 000 的年利率为 12%的四年期汽车贷款的月偿还额为 263.33。可以在函数中输入 263.33 作为 pmt 的值。如果忽略 pmt，则必须包含 pv 参数。

pv 为现值，即从该项投资(或贷款)开始计算时已经入账的款项，或一系列未来付款当前值的累计和，也称为本金。如果省略 pv，则假设其值为零，并且必须包括 pmt 参数。

Type 为数字 0 或 1，用以指定各期的付款时间是在期初还是期末。如果省略 type，则假设其值为零，即表示期末。

2. PV 函数

功能：返回投资的现值。现值为一系列未来付款当前值的累计和。

形式：PV(rate,nper,pmt,fv,type)

参数：fv 为未来值，或在最后一次支付后希望得到的现金余额，如果省略 fv，则假设其值为零(一笔贷款的未来值即为零)。例如，如果需要在 18 年后支付 50 000，则 50 000 就是未来值。可以根据保守估计的利率来决定每月的存款额。如果忽略 fv，则必须包含 pmt 参数。

其他参数同 FV 函数。

3. NPV 函数

功能：基于一串现金流和固定的贴现率，返回一项投资的净现值。投资的净现值是指未来各期支出(负值)和收入(正值)的现值总和。

形式:NPV(rate,value1,value2,…)

参数:rate 为各期贴现率,是一固定值。

value1,value2,…代表连续各期的现金流量值。

4. PMT、PPMT、IPMT、ISPMT 函数

(1)PMT 函数

功能:基于固定利率及等额分期付款方式,返回贷款(或投资)的每期偿还(或回报)额。

形式:PMT(rate,nper,pv,fv,type)

参数:rate 为各期利率。

nper 为总投资(或贷款)期,即该项投资(或贷款)的付款期总数。

pv 为现值,即从该项投资(或贷款)开始计算时已经入账的款项,或一系列未来付款当前值的累计和,也称为本金。

fv 为未来值,或在最后一次支付后希望得到的现金余额。如果省略 fv,则假设其值为零(一笔贷款的未来值即为零)。

type 数字 0 或 1,用以指定各期的付款时间是在期初还是期末。

(2)PPMT 函数

功能:基于固定利率及等额分期付款方式,返回贷款(或投资)在某一给定期次内的本金偿还(或回报)额。

形式:PPMT(rate,per,nper,pv,fv,type)

参数:per 用于计算其本金数额的期次,必须在 1 至 nper 之间。

其他参数同 PMT 函数。

(3)IPMT 函数

功能:基于固定利率及等额分期付款方式,返回贷款(或投资)在某一给定期次内的利息偿还(或回报)额。

形式:IPMT(rate,per,nper,pv,fv,type)

参数:同 PPMT 函数。

等额分期付款 PMT 函数值由偿还本金和偿还利息两部分构成,即 PMT＝PPMT＋IPMT。

(4)ISPMT 函数

功能:基于等本分期付款方式,返回贷款(或投资)在特定期次内的利息偿还(或回报)额。

形式:ISPMT(rate,per,nper,pv)

参数:同 PPMT 函数。

等本分期付款的每期偿还(或回报)额＝贷款(或投资)总额/总期数＋ ISPMT。

5. RATE 函数

功能:返回年金的各期利率。RATE 函数通过迭代法计算得出,并且可能无解或有多个解。如果在进行 20 次迭代计算后,RATE 函数的相邻两次结果没有收敛于 0. 0000001,RATE 函数返回错误值 ＃NUM!。

形式:RATE(nper,pmt,pv,fv,type,guess)

参数:guess 为预期利率(估计值)。如果省略预期利率,则假设该值为 10%。如果 RATE 函数不收敛,请改变 guess 的值。通常当 guess 位于 0 和 1 之间时,RATE 函数是收敛的。

其他参数同 PMT 函数。

6. IRR 函数

功能：返回由数值代表的一组现金流的内部收益率，即投资回报利率。这些现金流不一定是均衡的，其中包含定期支付（负值）和收入（正值）。但作为年金，它们必须按固定的间隔发生，如按月或按年。

形式：IRR(values,guess)

参数：values 为数组或单元格范围的引用，包含用来计算内部收益率的现金流数值。

guess 为对函数 IRR 计算结果的估计值。

说明：values 必须包含至少一个正值和一个负值，以计算内部收益率。

IRR 函数根据数值的顺序来解释现金流的顺序。故应确定按需要的顺序输入支付和收入的数值。如果数组或引用包含文本、逻辑值或空白单元格，这些数值将被忽略。

Excel 使用迭代法计算 IRR 函数。从 guess 开始，IRR 函数不断修正收益率，直至结果的精度达到 0.00001%。如果 IRR 函数经过 20 次迭代，仍未找到结果，则返回错误值#NUM!。在大多数情况下并不需要为 IRR 函数的计算提供 guess 值。如果省略 guess，则假设为 0.1(10%)。

如果 IRR 函数返回错误值#NUM!，或结果没有靠近期望值，可以给 guess 换一个值再试一下。

IRR 函数与 NPV 函数的关系十分密切。IRR 函数算出的收益率是当净现值为 0 时的贴现率。假定 $fv=0$，根据公式(9—4)，NPV 函数与 IRR 函数之间的关系为：

$$净现值\ NPV=NPV()-Y_0=\frac{Y_1}{1+IRR()}+\frac{Y_2}{(1+IRR())^2}+\cdots+\frac{Y_t}{(1+IRR())^t}-Y_0=0$$

公式中的 $Y_0$ 为初期投资（或贷款），$Y_1,Y_2,\cdots,Y_t$ 为各期回报（或偿还）额。下面例题将验证 *IRR* 函数是净现值为 0 时的贴现率。

7. NPER 函数

功能：基于固定利率及等额分期付款方式，返回某项投资（或贷款）的总期数。

形式：NPER(rate, pmt, pv, fv, type)

参数：pmt 为各期偿还（或回报）额，其数值在整个年金期间（或投资期内）保持不变。通常 pmt 包括本金和利息，但不包括其他的费用及税款。

其他参数同 PMT 函数。

前面提到的 PV、FV、NPER、PMT、RATE 都可称为年金函数，因为每期中发生的金额是一样的，这五个函数是密切相关的。在五个参数中(nper,rate, pmt, pv, fv)已知其他四个参数，可以求出剩下的一个参数的结果。假定 $fv=0$，根据公式(9—3)，各函数之间的关系为：

$$PV=\frac{PMT}{1+RARE()}+\frac{PMT}{(1+RARE())^2}+\cdots+\frac{PMT}{(1+RARE())^{NPER}}$$

例9-1 讲解(1)

**【例 9—1】** 有一个贷款投资项目，当年投资 21000 元，第一年增加投资 27000 元，第二年可以回收投资回报 78000 元，那么：

(1)该项目的内部报酬率和净现值是多少？

(2)请验证 IRR 函数算出的收益率是净现值为 0 时的贴现率；

(3)如果银行贷款利率为 15%，求出该贷款投资项目的净现值以及第二年末的贷款余额，并验证第二年末的贷款余额的现值就是净现值。

例9-1 讲解(2)

**【知识点与解题思路】** 本例将学习利用内部报酬率(IRR)和净现值(NPV)来评估投资项目。关键知识点包括 IRR 和 NPV 的计算方法及应用。

第一步,建立分析模型。

根据题意,建立分析模型。根据已知信息分别计算第 0 年、第 1 年和第 2 年的现金流量、期初贷款余额、回报、贷款利息及贷款余额等数据,如图 9—1 所示。

| | B | C | D | E |
|---|---|---|---|---|
| 2 | 贷款投资数据 | 净现金流入量 | | |
| 3 | | 第0年 | 第1年 | 第2年 |
| 4 | 现金流量 | -21000 | -27000 | 78000 |
| 5 | 期初贷款余额 | | -21000.0 | -56164.4 |
| 6 | 回报 | | -27000.0 | 78000.0 |
| 7 | 贷款利息 | | -8164.4 | -21835.6 |
| 8 | 期末贷款余额 | -21000.0 | -56164.4 | 0.0 |
| 10 | 项目内部报酬率 | 38.9% | 净现值 | 0.0 |
| 14 | 贷款投资数据 | 净现金流入量 | | |
| 15 | | 第0年 | 第1年 | 第2年 |
| 16 | 现金流量 | -21000 | -27000 | 78000 |
| 17 | 期初贷款余额 | | -21000.0 | -51150.0 |
| 18 | 回报 | | -27000.0 | 78000.0 |
| 19 | 贷款利息 | | -3150.0 | -7672.5 |
| 20 | 期末贷款余额 | -21000.0 | -51150.0 | 19177.5 |
| 21 | | | | |
| 22 | 银行贷款利率 | 15% | 净现值 | 14500.9 |
| 23 | | | 验证: | 14500.9 |

**图 9—1 内部报酬率 IRR 和现值 NPV 函数验证模型**

第二步,计算项目内部报酬率和净现值。

在单元格 C10 中利用 IRR 函数计算项目内部报酬率为 38.9%,在单元格 E10 中利用 NPV 函数计算净现值,如图 9—2 所示。

| | A | B | C | D | E |
|---|---|---|---|---|---|
| 1 | | | | | |
| 2 | | 贷款投资数据 | 净现金流入量 | | |
| 3 | | | 第0年 | 第1年 | 第2年 |
| 4 | | 现金流量 | -21000 | -27000 | 78000 |
| 5 | | 期初贷款余额 | | =C8 | =D8 |
| 6 | | 回报 | | =D4 | =E4 |
| 7 | | 贷款利息 | | =C8*$C$10 | =D8*$C$10 |
| 8 | | 期末贷款余额 | =C4 | =SUM(D5:D7) | =SUM(E5:E7) |
| 10 | | 项目内部报酬率 | =IRR(C4:E4) | 净现值 | =NPV(C10,D4:E4)+C4 |
| 14 | | 贷款投资数据 | 净现金流入量 | | |
| 15 | | | 第0年 | 第1年 | 第2年 |
| 16 | | 现金流量 | -21000 | -27000 | 78000 |
| 17 | | 期初贷款余额 | | =C20 | =D20 |
| 18 | | 回报 | | =D16 | =E16 |
| 19 | | 贷款利息 | | =C20*$C$22 | =D20*$C$22 |
| 20 | | 期末贷款余额 | =C16 | =SUM(D17:D19) | =SUM(E17:E19) |
| 21 | | | | | |
| 22 | | 银行贷款利率 | 0.15 | 净现值 | =NPV(C22,D16:E16)+C16 |
| 23 | | | | 验证: | =E20/(1+C22)^2 |

**图 9—2 计算公式**

第三步，计算期初贷款余额、回报、贷款利息、期末贷款余额和项目净现值。

以内部报酬率为贴现率，计算每年的期初贷款余额、回报、贷款利息、期末贷款余额和项目净现值，计算公式如图 9—2 所示，结果如图 9—2 所示。已知银行贷款利率为 15%，计算每年的期初贷款余额、回报、贷款利息、期末贷款余额，计算公式如图 9—2 所示，结果如图 9—2 所示。计算第二年末的贷款余额的现值，并验证该现值就是净现值。为了验证第二年末的贷款余额的现值就是净现值，需要在单元格 E23 中输入现值计算公式(＝E20/(1＋C22)^2)，结果为 14500.9，与单元格 E22 中的净现值相等。

两项验证也说明，如果能够争取到远远低于内部报酬率(38.9%)的银行贷款利率(15%)，用银行贷款投资该项目很值得，两年后还清贷款还有 19177.5 元余额，折合成现值为 14500.9 元。

**【例 9—2】** 某公司准备投资 5000 万元建设一座商贸大厦，当年投资，当年建成，该大厦今后 15 年内预计每年收益 500 万元。公司事先评估这项投资的价值，需要了解以下情况，以便投资决策判断。

例9-2 讲解

(1)若公司资本成本率为 8%，今后 15 年内预计收益相当于现值多少？

(2)若该公司向银行贷款 5000 万元建设该商贸大厦，银行贷款利率为 5%，按计划 15 年等额还清，每年还款额是多少？

(3)考虑 15 年的回报期，则该项目的内部报酬率是多少？

(4)若银行贷款利率为 6%，该公司每年还款 500 万元，几年能够还清贷款？

**【知识点与解题思路】** 本例以商贸大厦投资项目为例，介绍投资分析常用的方法和函数。关键知识点包括收益现值的计算、年还款额的计算、内部报酬率的计算和还款年限的计算。

第一步，建立分析模型。

建立商贸大厦投资分析模型，如图 9—3 所示。

| | B | C |
|---|---|---|
| 2 | 初始投资(万元) | 5000 |
| 3 | 年限 | 15 |
| 4 | 年收益(万元) | 500 |
| 5 | | |
| 6 | 贴现率 | 8% |
| 7 | 15年收益的现值(万元) | 4279.74 |
| 8 | 是否合算 | 项目不值得投资 |
| 9 | | |
| 10 | 银行贷款(万元) | 5000 |
| 11 | 贷款利率 | 5% |
| 12 | 还款年限 | 15 |
| 13 | 年还款额(万元) | 481.71 |
| 14 | 是否合算 | 项目值得投资 |
| 15 | | |
| 16 | 内部报酬率 | 5.6% |
| 17 | | |
| 18 | 银行贷款(万元) | 5000 |
| 19 | 贷款利率 | 6% |
| 20 | 年还款额(万元) | 500 |
| 21 | 还款年限 | 15.73 |

**图 9—3 商贸大厦投资分析模型**

第二步，计算收益的现值。

如图 9－3 所示，利用投资回报的现值计算公式“＝PV(C6，C3，－C4)”计算收益的现值，结果为 4279.74。输入公式“＝IF(C7＞C2，"项目值得投资"，"项目不值得投资")”，以判断该项目用自有资金投资是否值得。

第三步，计算每年还款额。

利用年还款额公式“＝PMT(C11，C12，－C10)”计算年还款额，结果为 481.71。输入公式“＝IF(C13＜C4，" 项目值得投资"，"项目不值得投资")”，以判断该项目用银行贷款投资是否值得。

第四步，计算内部报酬率。

利用内部报酬率公式“＝RATE(C3，C4，－C2)”，得到内部报酬率为 5.6％。这表明，如果公司的资本成本率高于 5.6％，不值得用自有资金投资该项目；如果银行贷款利率低于 5.6％，值得投资该项目。

第五步，计算还款年限。

利用还款年限公式“＝NPER(C19，C20，－C18)”，计算还款年限为 15.73，说明如果银行贷款利率超过内部报酬率 5.6％，还款年限将超过投资的收益年限。

# 9.2 基于回报率的投资决策分析

投资回报率反映了企业从一项投资活动当中能够得到的经济回报。它能够为企业和投资机构提供重要的投融资决策参考依据。下面通过一个案例讲解基于投资回报率的投资决策分析过程。

**【例 9－3】** 某工厂投资建设生产线，现有 A、B 与 C 三条生产线可供选择：假设 A、B、C 三条生产线的初期投资分别为 20000、25000 和 18000 万元。在今后三年(第 1～3 年)中，生产线 A 的预期回报分别为 13000 万元、9000 万元和 5000 万元；生产线 B 的预期回报分别为 12000 万元、10000 万元和 8000 万元；生产线 C 的预期回报分别为 10000 万元、6000 万元和 3000 万元。公司希望有一个投资决策模型能给出每条生产线的投资回报率，以便选出最优的投资生产线方案。

例9-3 讲解

**【知识点与解题思路】** 本例将学习基于回报率的投资决策分析方法。关键知识点包括投资回报率的计算、最大投资回报率的识别、最优投资项目的确定及投资决策结论的得出。

第一步，建立分析模型。

如图 9－4 所示，建立分析模型。

| | B | C | D | E | F | G |
|---|---|---|---|---|---|---|
| 2 | 最大投资回报率 | | | | | 20% |
| 3 | 实现该最大投资回报率的生产线 | | | | | 生产线A |
| 4 | | | | | | |
| 5 | | 第0年 | 第1年 | 第2年 | 第3年 | 投资回报率 |
| 6 | 生产线A | -20000 | 13000 | 9000 | 5000 | 20% |
| 7 | 生产线B | -25000 | 12000 | 10000 | 8000 | 10% |
| 8 | 生产线C | -18000 | 10000 | 6000 | 3000 | 3% |
| 9 | | | | | | |
| 10 | 决策结论： | 最优投资项目是生产线A | | | | |

**图 9－4 基于回报率的投资决策模型**

第二步，计算投资回报率。

如图 9—4 所示，在单元格 G6 输入投资回报率公式"＝IRR(C6:F6)"并填充至单元格 G8。

第三步，识别最大投资回报率与最优投资项目。

利用 MAX 函数识别投资回报率最大的生产线，在单元格 G2 输入公式"＝MAX(G6:G8)"。利用 INDEX 和 MATACH 函数识别最优的生产线，在单元格 G3 输入公式"＝INDEX(B6:B8,MATCH(G2,G6:G8,0))"。

第四步，给出投资决策结论。

在单元格 C10 输入公式"＝IF(G2>0,"最优投资项目是" & G3,"三个项目均不可取")"。

## 9.3　基于回收期的投资决策分析

投资回收期作为重要的财务评价指标之一，在项目投资评价中发挥着重要的作用。投资回收期可以在一定程度上反映出项目方案的资金回收能力，并且计算方便。下面我们通过一个案例来讲述基于回收期的投资决策分析过程。

**【例 9—4】**　某公司用 10 万元投资 A、B、C 三个项目：项目 A 的贴现率是 8%，每年回报 18000 元；项目 B 的贴现率是 6%，每年回报 10000 元；项目 C 的贴现率是 10%，每年回报 15000 元。该公司希望尽快收回资金，需要建立一个投资决策模型，分析哪个投资项目回收期最短。

例9-4 讲解

**【知识点与解题思路】**　本例将学习基于投资回收期的投资决策分析方法。关键知识点包括投资回收期的计算、最短投资回收期的识别、最优投资项目的确定以及投资决策结论的得出。

第一步，建立分析模型。

本例中的决策指标为投资回收期，例 9—3 中的决策指标为投资回报率，尽管决策指标不同，但两者建模的思想相似，建立如图 9—5 所示的分析模型。

| | B | C | D | E | F |
|---|---|---|---|---|---|
| 2 | 最小投资回收期 | | | | 8 |
| 3 | 实现该最小投资回收期的项目 | | | | 项目A |
| 5 | | 初始投资 | 每年回报 | 贴现率 | 投资回收期 |
| 6 | 项目A | 100000 | 18000 | 8% | 8 |
| 7 | 项目B | 100000 | 10000 | 6% | 16 |
| 8 | 项目C | 100000 | 15000 | 10% | 12 |
| 10 | 决策结论： | 最佳投资是项目A | | | |

**图 9—5　基于回收期的投资决策模型**

第二步，计算投资回收期。

在单元格 F6 中输入投资回收期公式"＝ROUND(NPER(E6,－D6,C6),0)"，计算出项目的投资回收期并取整，将其填充至 F8。

第三步，识别最短的投资回收期与最优投资项目。

利用 MIN 函数识别投资回收期最短的项目，在单元格 F2 输入公式"＝MIN(F6:F8)"。

利用 INDEX 和 MATACH 函数识别最优的投资项目，在单元格 F3 输入公式"＝INDEX(B6:B8,MATCH(F2,F6:F8,0))"

第四步，给出投资决策结论。

在单元格 C10 输入公式“=IF(F2>0,"最佳投资是" & F3,"三个项目均不可取")”。

# 9.4 基于净现值的投资决策分析

## 9.4.1 基于净现值的投资决策分析概述

在许多常见的投资项目中，除了初始投资额是一项现金流出量之外，投资有效期限内其余各年发生的都是现金流入量，这种投资项目被称为“正常投资项目”。这种投资项目的净现值随着贴现率的增大而单调地减小，因而只存在一个唯一的内部报酬率。很显然，在这种情况下，一个投资项目的净现值(按投资者参考投资项目回报率作为贴现率求出的)大于零与该项目的内部报酬率大于参考项目的回报率这两种说法是完全等效的。

有时也会遇到除了初始投资额之外，投资有效期内的其他年需要追加投资而且追加投资额超过投资带来的收益或者当年出现亏损的情况。在这种情况下，净现值不是随贴现率单调变化的，可能先增大再减小，也可能先减小后增大再减小，这时一个投资项目就会具有不止一个内部报酬率。此时，只能用净现值作为投资评价准则而不能用内部报酬率作为投资评价准则。

根据前面关于净现值的讨论可以确信，在对两个以上具有相同有效期的投资项目进行选择的准则是：如果各个备选投资项目的净现值中的极大值大于零，那么，实现该净现值极大值的投资项目就是应该被选中的最优项目；否则这些备选投资项目便无一可取，投资者应该将钱投资到原有的参考项目中去。在所涉及的各个备选投资项目初始投资额相同的情况下，也可以利用内部报酬率作为决策准则：如果各个备选项目的内部报酬率的极大值大于参考项目回报率，则实现该内部报酬率极大值的投资项目就是应该被选中的最优项目，否则这些项目无一可取。但是，在一般情况下，由于各个备选投资项目可能具有不同的初始投资额，因此这种用内部报酬率决策准则不能使用。

## 9.4.2 基于净现值的投资决策模型的一般建模步骤

净现值可以作为项目的投资依据，如何建立基于净现值的投资评价模型，便于投资者做出科学的选择，这是本节的主要内容。下面首先介绍基于净现值的投资决策模型的一般建模步骤。

第一步，整理问题涉及的已知数据，列出各期的净现金流。在整理现金流时要注意现金流的方向，一般假定现金收入是正的，现金支出是负的。

第二步，建立投资评价模型框架，使决策者能清楚地看出哪些是已知参数，哪些是可变的决策变量，哪些是反映结果的目标变量。

第三步，利用 Excel 内建函数或数学表达式，求出所有投资项目净现值。

第四步，求出投资项目中最大的净现值，根据最大的净现值利用 INDEX 和 MATCH 函数找出最优投资项目名称。

第五步，分别求出每个项目的内部报酬率，通过内部报酬率来分析项目的投资价值。

第六步，建立不同投资项目的净现值随贴现率变化的模拟运算表，并画出各个投资项目净现值随贴现率变化的图形，可直观地观察贴现率的变化对项目净现值的影响。

第七步，建立贴现率或其他参数的可调控件，根据动态可调图形的变化观察贴现率或其他参数的变化对决策的影响。

第八步，利用 IRR 函数或查表加内插值等方法求出两个项目净现值相等的交点，画出交点垂直参考线，作为决策选择的依据。

### 9.4.3 基于净现值的投资决策模型的应用

例9-5 讲解(1)

**【例 9—5】** 某投资者现有 10 万元准备进行债券投资，有三种债券可供选择。债券 A 面值 100 元，售出价格 100 元，期限 5 年，按固定利率计息，年利率为 4.15%，每年付息一次，最后按面值还本；债券 B 面值 100 元，低于面值出售，售出价格 82 元，期限 5 年不付息，最后按面值还本；债券 C 面值 100 元，售出价格 100 元，期限 5 年，按变动利率每年付息，各年的利率分别是 8%、6%、4%、2%、0%，最后按面值还本。建立一个投资决策分析模型，分析贴现率在 1%—5%范围内三种债券中最优的投资品种，帮助投资者进行决策选择。

**【知识点与解题思路】** 本例将学习基于净现值和内部报酬率的债券投资决策分析。关键知识点包括净现金流的计算、净现值和内部报酬率的计算、最优投资债券的识别、基于贴现率变化的决策分析及图形化。

例9-5 讲解(2)

第一步，建立分析模型。

如图 9—6 所示，建立分析模型。

| | A | B | C | D | E | F | G | H | I | J | K | L |
|---|---|---|---|---|---|---|---|---|---|---|---|---|
| 1 | | | | | | | | | | | | |
| 2 | | | 面值 | 发行价格 | 期限 | 计息方式 | 第1年利率 | 第2年利率 | 第3年利率 | 第4年利率 | 第5年利率 | 还本付息方式 |
| 3 | | 债券A | 100 | 100 | 5年 | 固定利率 | 4.15% | 4.15% | 4.15% | 4.15% | 4.15% | 一年付息一次最后还本 |
| 4 | | 债券B | 100 | 82 | 5年 | 贴现利率 | | | | | | 到期按面值支付 |
| 5 | | 债券C | 100 | 100 | 5年 | 变动利率 | 8.00% | 6.00% | 4.00% | 2.00% | 0.00% | 一年付息一次最后还本 |
| 7 | | | 债券A | 债券B | 债券C | | | | | | | |
| 8 | | 初始投资金额 | 100000 | 100000 | 100000 | | | 2935 | 2680 | 2879 | | |
| 9 | | 每百元面值价格 | 100 | 82 | 100 | | 2.5% | 7666 | 7787 | 7427 | | |
| 10 | | 可购买的面值 | 100000 | 121951 | 100000 | | 2.6% | 7180 | 7263 | 6961 | | |
| 11 | | 第0年 | -100000 | -100000 | -100000 | | 2.7% | 6698 | 6742 | 6497 | | |
| 12 | | 第1年 | 4150 | 0 | 8000 | | 2.8% | 6218 | 6223 | 6036 | | |
| 13 | | 第2年 | 4150 | 0 | 6000 | | 2.9% | 5741 | 5708 | 5577 | | |
| 14 | | 第3年 | 4150 | 0 | 4000 | | 3.0% | 5267 | 5196 | 5121 | | |
| 15 | | 第4年 | 4150 | 0 | 2000 | | 3.1% | 4795 | 4687 | 4667 | | |
| 16 | | 第5年 | 104150 | 121951 | 100000 | | 3.2% | 4326 | 4181 | 4216 | | |
| 17 | | 净现值1 | 10134 | 10455 | 9800 | | 3.3% | 3860 | 3678 | 3768 | | |
| 18 | | 内部报酬率 | 4.15% | 4.05% | 4.16% | | 3.4% | 3396 | 3177 | 3322 | | |
| 19 | | 净现值2 | 2935 | 2680 | 2879 | | 3.5% | 2935 | 2680 | 2879 | | |
| 20 | | | | | | | 3.6% | 2476 | 2185 | 2438 | | |
| 21 | | 贴现率1 | 2% | | 净现值交点 | | 3.7% | 2020 | 1693 | 1999 | | |
| 22 | | 贴现率2 | 3.5% | | 2.81% | 0 | 3.8% | 1567 | 1204 | 1563 | | |
| 23 | | 最大净现值1 | | 10455 | 2.81% | 6150 | 3.9% | 1116 | 718 | 1129 | | |
| 24 | | 实现最大净现值的债券 | | 债券B | 2.81% | 8000 | 4.0% | 668 | 235 | 698 | | |
| 25 | | 最优投资品种是债券B | | | 3.82% | 0 | | | | | | |
| 26 | | | | | 3.82% | 1460 | | 当前贴现率参考线 | | | | |
| 27 | | XY散点图决策结论 | | | 3.82% | 8000 | | 3.5% | 0 | | | |
| 28 | | 最大净现值2 | | 2935 | 3.14% | 0 | | 3.5% | 2935 | | | |
| 29 | | 实现最大净现值的债券 | | 债券A | 3.14% | 4508 | | 3.5% | 8000 | | | |
| 30 | | 最优投资品种是债券A | | | 3.14% | 8000 | | | | | | |

图 9—6　基于净现值的债券投资决策模型

第二步，计算债券净现金流。

计算债券 A、B、C 的各期净现金流。

第三步，计算净现值和内部报酬率。

计算各债券的内部报酬率。利用内部报酬率函数，在单元格 C18 输入公式"＝IRR(C11:C16)"并填充至 E18。

计算贴现率 1 下各债券的净现值 1。在单元格 C17 中输入净现值的计算公式"＝C11＋NPV($C$21,C12:C16)"并填充至 E17，计算出各债券的净现值 1。

第四步，基于净现值初步识别最优投资债券。

利用 MAX 函数识别三种债券的最大净现值，在单元格 D23 输入公式"＝MAX(C17:E17)"。

利用 INDEX 和 MATACH 函数初步识别最优投资债券。在单元格 D24 中输入公式"＝INDEX(C7:E7,,MATCH(D21,C17:E17,0))"，计算出最大净现值所对应的债券名字。

第五步，绘制贴现率可调的柱形图。

利用三种债券的净现值 1 的数据，绘制柱形图。在每种债券的柱形上显示各自的净现值。

添加贴现率的数值调节钮和决策结论文本框，用于显示当前最优投资项目，如图 9－7 所示。

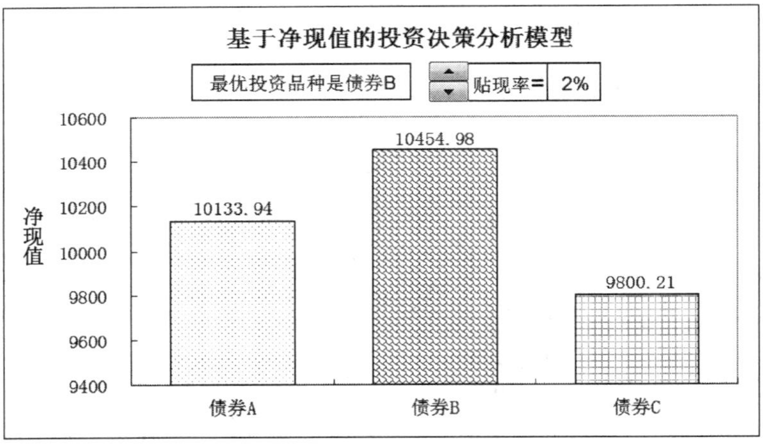


**图 9－7　基于净现值的投资决策分析模型图**

注意：贴现率的取值小于 1，而数值调节钮的范围只能是整数。我们可以使用之前学过的变换方法，将数值调节钮的范围设置为 25 到 40，步长为 1，并链接到单元格 D21。然后，将单元格 C21 中的贴现率设为"＝D21/100"。

调节贴现率数值调节钮可以发现，随着贴现率在 1％至 5％之间调整，代表三种债券投资净现值的柱子高度随之而变，特别是贴现率在 2.5％至 4％之间变化，决策建议也发生改变。因为微调控件的步长为 1％，所以决策建议具体在哪个点发生了改变无法确定。而用 XY 散点图，就能反映这些改变点。

第六步，利用模拟运算表计算不同内部报酬率下的净现值。

如图 9－6 所示，在 G8:J24 区域内建立三个项目的净现值关于贴现率的模拟运算表。

第七步，绘制可调的债券净现值 XY 散点图。

利用模拟运算表的数据，绘制三种债券净现值的散点图，如图 9－8 所示。

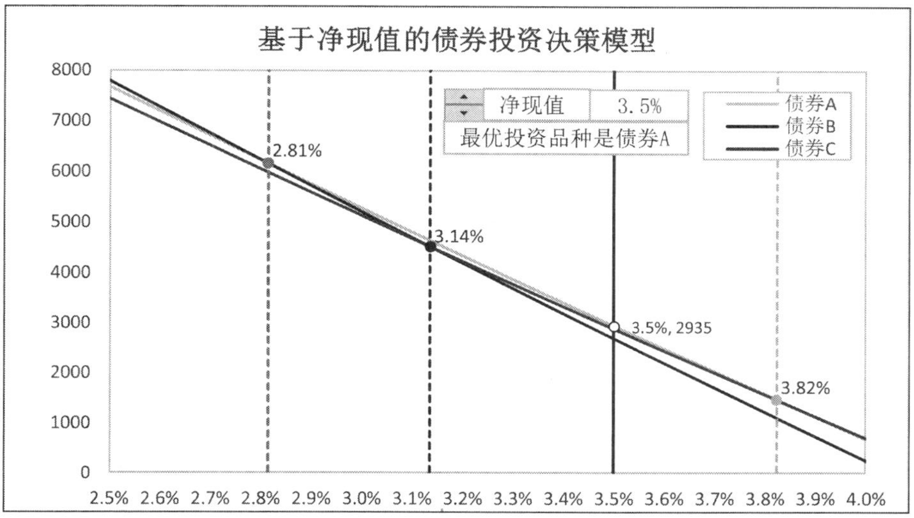


**图 9—8　基于净现值的债券投资决策模型图**

第八步，添加垂直参考线并给出决策结论。

图 9—8 中的三条净现值曲线两两相交，两条净现值曲线交点的 X 坐标值可以用差值项目的内部报酬率函数计算得到，因为内部报酬率对应的净现值为零（即两项净现值相等）。

确定债券 A 和 B 净现值的交点与垂直参考线。在单元格 E22 输入公式“＝IRR(C11:C16－D11:D16)”计算债券 A 和 B 的净现值交点 X 坐标，单元格 E23 和 E24 的值与 E22 相同。在单元格 F23 输入净现值相交点 Y 坐标值的计算公式“＝C11＋NPV(E23,C12:C16)”，在单元格 F22 和 F24 分别输入 0 和 8000，这样就得到了债券 A 和 B 的净现值交点垂直参考线数据。

同理，可以在单元格 E25:F27、E28:F30 分别计算债券 A 和 C、债券 B 和 C 的净现值交点垂直参考线数据。在图形中添加三条交点垂直参考线，如图 9—8 所示。

注意：第一和第三个交点就是决策建议改变点。在贴现率 2.5％至 4％范围内，决策空间被分成三段：2.5％～2.81％之间，债券 B 最值得投；2.81％～3.82％之间，债券 A 最值得投；3.82％～4％之间，债券 C 最值得投。

# 9.5　投资项目的风险分析

## 9.5.1　投资项目的风险分析概述

投资的风险是指为了获得预期投资收益时的不确定性，或者说风险就是一种不确定性。在进行投资时，风险的普遍存在是一个不争的事实。

本章前面所讲述的投资评价问题有一个基本假定，就是假定各个投资方案在各个时期的现金流量都是确定和已知的，不包括某些不确定的因素。实际情况并非如此，特别是投资决策涉及的时间比较长，投资支出、每年的现金流量、回报年限都是预测或估算的，总带有某种程度的不确定性。在存在着各种不确定性和随机因素的情况下，一个投资项目在有效期内以固定贴现率计算的净现值将是一个随机变量。蒙特卡洛模拟在风险分析方面具有多样性和实用性，广泛应用于各种商业决策。下面详细介绍运用蒙特卡洛模拟分析投资项目风险的方法。

## 9.5.2 蒙特卡洛风险分析模拟模型及其一般框架

蒙特卡洛模拟(Monte Carlo Simulation)基本上是抽样试验，其目的是估计依据若干概率输入变量而定的结果变量的分布。蒙特卡洛模拟这一术语的首次使用是在研制原子弹期间作为核裂变计算机模拟的代码名称。因为它与著名的蒙特卡洛赌场的“轮盘赌”之类的赌博游戏中的随机抽样类似，研究者借此杜撰了这个术语。蒙特卡洛模拟常被用于估计策略变动的预期影响和决策所涉及的风险。风险通常被定义为结果出现了令人生厌的不确定性。

虽然蒙特卡洛模拟常被用于解决各种不同类型的具体问题，建立的模拟模型也是千变万化，但经过许多实践的摸索后发现，针对大多数问题建立蒙特卡洛模拟模型还是有一定的规律可寻。如图 9—9 所示，我们归纳和总结出在 Excel 工作表上建立蒙特卡洛模拟模型的一般框架。它是在 Excel 工作表上通过五大操作步骤建立六个表区。下面具体说明这六个表区中的主要内容及表区之间的相互关系。

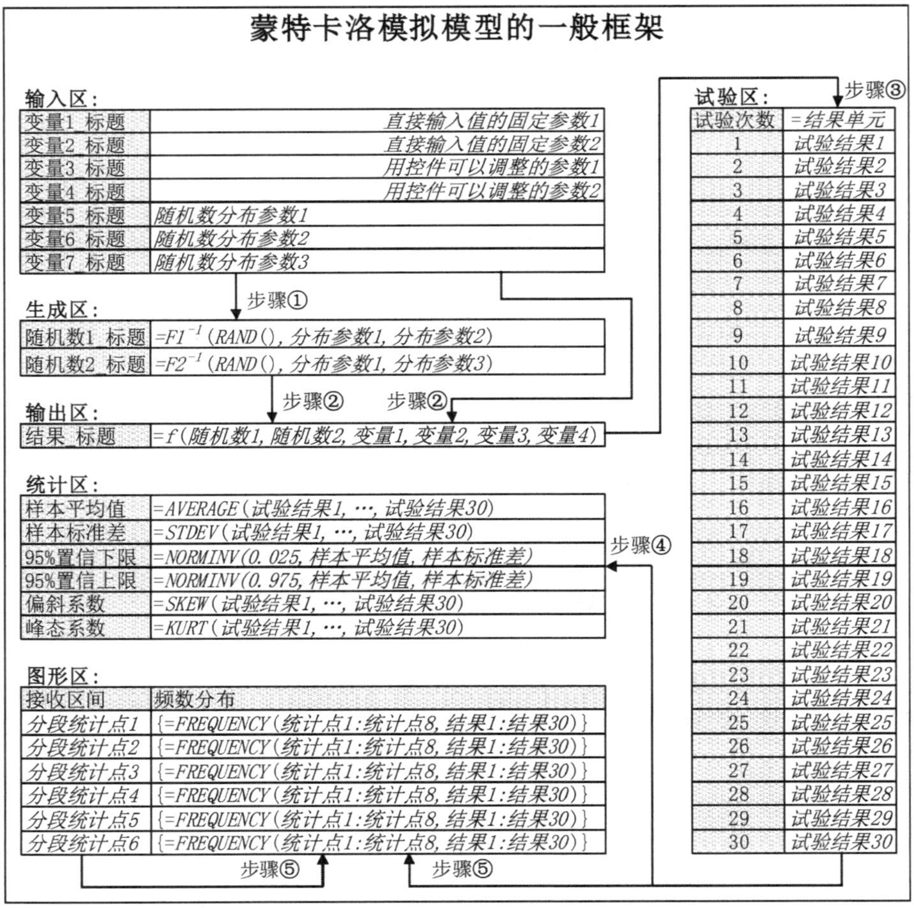


**图 9—9 蒙特卡洛模拟模型的一般框架**

1. 建立输入区

习惯上，输入区建立在工作表的左上角，这样布局的目的是便于今后用户调整和控制参数值。输入区中的内容为本模拟模型中所要用到的全部参数。模型参数按作用主要分成三种类型：一是直接输入值的固定参数，通常是模型的初始参数值、常数和基本的条件值。二是用控件控制的参数，简称可调参数或可控参数，通常是一些关键参数，需要重点分析，对模型结果有重要影响，一般是灵敏的，如利率、价格等。三是为模拟需要生成一些随机分布而设置的一组参数，如为了生成正态分布，需要在输入区确定均值和标准差参数。

2. 建立生成区

由于生成符合现实状况的随机分布通常有一定的难度，把生成这些随机数的公式单独划分到一个生成区，便于分析和研究。在工作表布局设计时，生成区常被放在输入区的下方或右边。随机数的生成方法主要有三种类型：一是利用 Excel 内建的分布函数来生成随机数，如 RAND 函数、NORM. INV 等；二是利用逆变换法得到一个随机数生成公式，输入到单元格中生成随机数；三是利用 Excel 的查表函数通过查表法生成离散分布或经验分布的随机数。

3. 建立输出区

输出区中存放模型所要计算结果的一组目标公式。对于比较复杂的目标公式，人们常习惯地将它分解成几个公式，或者说先生成中间结果，然后再由中间结果生成最终结果。与此对应，可以在 Excel 工作表中建立中间结果输出区和最终结果输出区。目标公式中的参数来源于两个区域：一是生成区中的随机数单元格；二是输入区中的固定参数单元格和可控参数单元格。要特别注意，这个目标公式与前面章节所讲述的确定性模型的目标公式的最大不同是，这里的目标公式中一定包含随机变量，这也正是蒙特卡洛模拟模型的一个重要特征。在输出区中输入来自生成区和输入区的单元格所组成的目标公式后，即完成了步骤②。

4. 建立试验区

蒙特卡洛模拟的试验区是借助 Excel 的“模拟运算表”功能来完成的。在“模拟运算表”对话框的“输入引用列的单元格”指定为虚自变量。由于在目标结果的公式中虚自变量并不真正存在，也就是说在输入区中并不存在这个变量，因此，在工作表上可以指定任意空白的单元格为这个虚自变量。引入虚自变量的概念，无非就是为了把带有随机自变量的目标公式的不同计算结果，从本来只能存放在某一个单元格中，现在能利用模拟运算表功能存放在多个单元格中。这种处理技术被借用来在 Excel 工作表上方便地对模拟模型结果进行各种模拟试验，而不需要编写任何程序和调用任何外加宏。它是本章建立模拟模型的一个关键性技术方法。

5. 建立统计区

在统计区内，调用 Excel 强大的内建统计函数，可以很方便地对试验区中的试验结果进行统计量计算。具体要计算什么统计量，是根据想要分析和认识的随机结果在什么方面的变异性而定。一般地说，首先要计算样本的平均值和方差(或标准差)。其次，要计算样本平均值置信水平为 90%、95%或 99%的置信区间的上下限。最后，为了知道模拟结果分布以均值为中心是否对称，需要计算偏度(偏斜系数)等。

6. 建立图形区

对输出结果的直观认知，莫过于画出随机结果的概率密度曲线图。

首先，生成均匀间隔的动态接收区。根据试验区中试验结果的大小和多少，确定接收区域列中的最小值和最大值之间的行数(K)，以及每个分段统计点之间间隔(H)。一般地说，试验次数越多就可以设定越多的行数，也可以用美国统计学家斯特吉斯提出的经验公式(K＝1＋

3.322LOG10(N),其中 N 为数据个数)计算动态接收区域的行数。由于试验结果在工作表上会随着操作而不断随机变动,所以,接收列中的第一行单元格公式用 MIN－H/2,最后一行单元格公式用 MAX＋H/2 函数。再计算分段统计点之间间隔 H＝(MAX( )－MIN( ))/K,然后用公式生成中间行单元格中的值。接着,利用 Excel 内建的 FREQUENCY 函数生成频数分布。

### 9.5.3 蒙特卡洛风险分析的应用

例9-6 讲解

**【例 9－6】** 某公司准备投资一种新型设备,初始投资额为 5 万元,有效期为 3 年。该新型设备投入运营后,第一年的预期回报是 3 万元,第二年的预期回报是 2.5 万元,第三年的预期回报服从均值为 2 万元、标准差为 0.2 万元的正态分布随机数。如果此投资项目的贴现率为 8%,公司需要对此投资项目的风险进行评估。

**【知识点与解题思路】** 本例将学习利用蒙特卡洛模拟法进行投资风险评估。关键知识点包括蒙特卡洛模拟法模型一般框架的具体应用,需要掌握随机数生成、净现值计算、模拟试验、统计量计算及频数分布图的绘制方法。此外,还将学习如何利用直方图工具确定频数分布。

方法一:构建蒙特卡洛风险模拟模型的方法。

第一步,建立输入区并输入初始参数。

如图 9－10 所示,建立初始区,根据题意输入初始参数。

| | A | B | C | D | E | F | G | H | I | J | K | L | M | N | O |
|---|---|---|---|---|---|---|---|---|---|---|---|---|---|---|---|
| 1 | | 蒙特卡洛投资风险评价模型 | | | | | | | | | | | | | |
| 2 | | | | | | 4. 试验区 | | | 6. 图形区 | | | 6. 图形区—直方图分析结果 | | | |
| 3 | | 1. 输入区—初始参数 | | | | 次数 | 净现值 | | 刻度 | 频次 | | 接收 | 频率 | 累积 % | |
| 4 | | 初始投资额(万元) | | 5 | | | 1.57 | | 1.1 | 0 | | 1 | 0 | 0.00% | |
| 5 | | 第一年预期回报(万元) | | 3 | | 1 | 1.54 | | 1.2 | 1 | | 1.23 | 4 | 4.00% | |
| 6 | | 第二年预期回报(万元) | | 2.5 | | 2 | 1.48 | | 1.3 | 8 | | 1.27 | 3 | 7.00% | |
| 7 | | 第三年预期回报均值(万元) | | 2 | | 3 | 1.26 | | 1.4 | 19 | | 1.31 | 5 | 12.00% | |
| 8 | | 第三年预期回报标准差(万元) | | 0.2 | | 4 | 1.49 | | 1.5 | 25 | | 1.51 | 39 | 51.00% | |
| 9 | | 贴现率 | | 8% | | 5 | 1.31 | | 1.6 | 24 | | 1.68 | 36 | 87.00% | |
| 10 | | | | | | 6 | 1.54 | | 1.7 | 13 | | 1.71 | 2 | 89.00% | |
| 11 | | 2. 生成区 | | | | 7 | 1.78 | | 1.8 | 9 | | 1.86 | 8 | 97.00% | |
| 12 | | 第三年预期回报(万元) | | 2.07 | | 8 | 1.43 | | 1.9 | 1 | | 1.92 | 1 | 98.00% | |
| 13 | | | | | | 9 | 1.41 | | | | | 其他 | 2 | 100.00% | |
| 14 | | 3. 输出区 | | | | 10 | 1.54 | | | | | | | | |
| 15 | | 净现值 | | 1.57 | | 11 | 1.48 | | | | | | | | |
| 16 | | | | | | 12 | 1.23 | | | | | | | | |
| 17 | | 5. 统计区 | | | | 13 | 1.63 | | | | | | | | |
| 18 | | 100次模拟净现值均值(万元) | | 1.50 | | 14 | 1.38 | | | | | | | | |
| 19 | | 100次模拟净现值标准差(万元) | | 0.14 | | 15 | 1.55 | | | | | | | | |
| 20 | | 100次模拟净现值最大值(万元) | | 1.85 | | 16 | 1.64 | | | | | | | | |
| 21 | | 100次模拟净现值最小值(万元) | | 1.2 | | 17 | 1.28 | | | | | | | | |
| 22 | | 最小值和最大值之间的行数(K) | | 7 | | 18 | 1.48 | | | | | | | | |
| 23 | | 分段统计点之间间隔(H) | | 0.1 | | 19 | 1.55 | | | | | | | | |
| 24 | | | | | | 20 | 1.54 | | | | | | | | |
| 103 | | | | | | 99 | 1.48 | | | | | | | | |
| 104 | | | | | | 100 | 1.39 | | | | | | | | |
| 105 | | | | | | | | | | | | | | | |

**图 9－10 蒙特卡洛投资风险评价模型**

第二步,建立生成区并生成随机数。

在输入区的下方建立生成区,根据题意,在单元格 D12 输入正态分布随机数计算公式"＝NORM.INV(RAND,D7,D8)",即得到第三年预期回报的随机数。

第三步,建立输出区。

在本例中，输出为新型设备投资的净现值，所以在单元格 D15 输入净现值的计算公式“＝D4＋NPV(D9，D5，D6，D12)”，计算出新型设备投资项目的净现值。

第四步，建立试验区并进行模拟试验。

对输出区的随机数进行多次试验，以降低结果的随机性。根据需要确定试验的次数，并设计试验的参数，最后将试验的结果记录在单元格中用于后续的统计分析。

在本案例中，对投资项目的净现值这个输出的随机数进行试验，试验次数为 100 次。我们运用模拟运算表方法，在试验区进行模拟运算分析，如图 9—10 中 F3：G104 所示。

第五步，建立统计区并计算统计量。

模拟试验完成以后，需要根据具体的研究问题建立统计区，在统计区选择合适的统计量，计算并分析这些统计量。

在本例中，需要统计 100 次净现值模拟试验的均值、标准差、最大值和最小值这四个统计量，并计算动态接收区域的间隔，输入公式如图 9—11 所示。

| | A | B | D |
|---|---|---|---|
| 17 | | **5. 统计区** | |
| 18 | | 100次模拟净现值均值(万元) | =AVERAGE($G$5:$G$104) |
| 19 | | 100次模拟净现值标准差(万元) | =STDEV($G$5:$G$104) |
| 20 | | 100次模拟净现值最大值(万元) | =MAX($G$5:$G$104) |
| 21 | | 100次模拟净现值最小值(万元) | =MIN($G$5:$G$104) |
| 22 | | 最小值和最大值之间的行数(K) | =INT(1+3.322*LN(100)) |
| 23 | | 分段统计点之间间隔(H) | =ROUND((D20-D21)/D22,2) |

**图 9—11　统计区中统计量的计算公式**

第六步，建立图形区并计算模拟结果的频次分布。

如图 9—10 中的图形区所示，首先设置刻度列的起点，输入公式“＝D21－D23/2”。依据间隔设置后续的刻度值，在单元格 I5 输入公式“＝I4＋＄D＄23”，并填充至 I12。计算频数分布。选中单元格 J4：J12，输入频数函数公式“＝FREQUENCY(G5：G104，I4：I12)”，同时按住“Ctrl＋Shift＋Enter”得到净现值 100 次模拟结果的频数分布，如图 9—10 中单元格 J4：J12 所示。

根据图形区的数据，绘制频数分布的柱形图，如图 9—12 所示。可以看出，净现值的均值在 1.5 左右，标准差很小，所有的净现值模拟结果都大于零，说明该投资项目没有亏损风险。

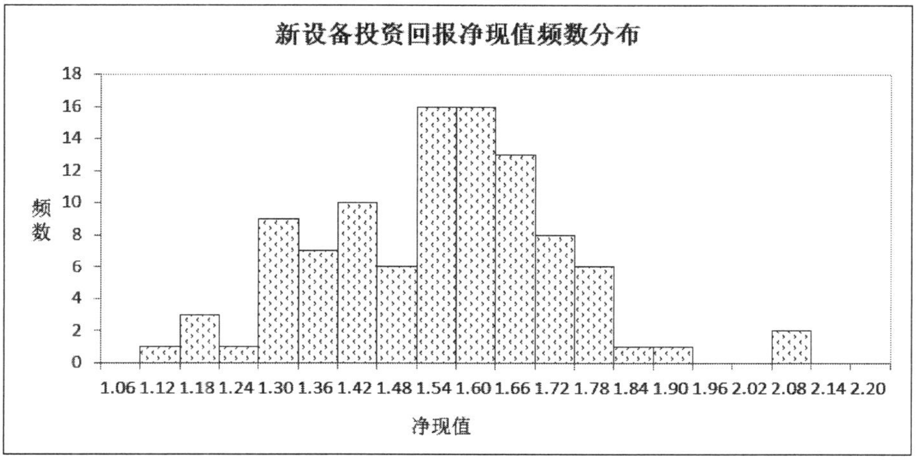


**图 9—12　投资回报净现值频数分布图**

方法二：Excel 的直方图工具法。

Excel 提供的数据分析直方图工具也可用于实验数据的频数分布统计。

第一步，生成实验数据。

首先按照方法一中的步骤一至四，生成 100 个实验净现值数据。选中这些数据，即单元格 G5:G104，选择"数据"/"数据分析"/"直方图"，启动直方图工具。

第二步，设置直方图参数。

选中这些数据，即单元格 G5:G104，选择"数据"/"数据分析"/"直方图"，启动直方图工具。

设置直方图工具的参数。按如图 9－13 所示的直方图对话框设置输入区域(I)、接收区域(B)和输出区域(O)。

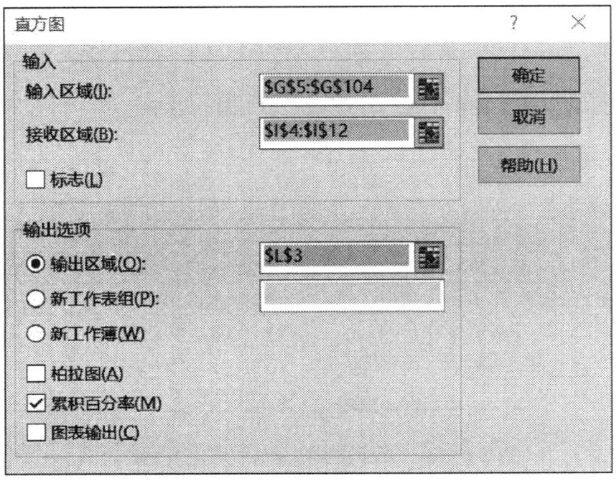


**图 9－13　数据分析直方图对话框**

第三步，生成频率分布结果。

直方图分析结果的第一列 L4:L12 与接收区单元格 I4:I12 基本相同；第二列 M4:M12 与频数 FREQUENCY 函数的计算结果 J4:J12 也基本相同；第三列 N4:N12 是对应 L4:L12 中任意一项净现值、小于该净现值的累积概率，即达不到该净现值的可能性，也可以理解为实现该净现值的风险。

第四步，绘制投资回报净现值的风险分析图。

选中 L4:L12 和 N4:N12，插入 XY 散点图，结果如图 9－14 所示。从图 9－14 可以看出，该项新型设备投资是无亏损风险项目。

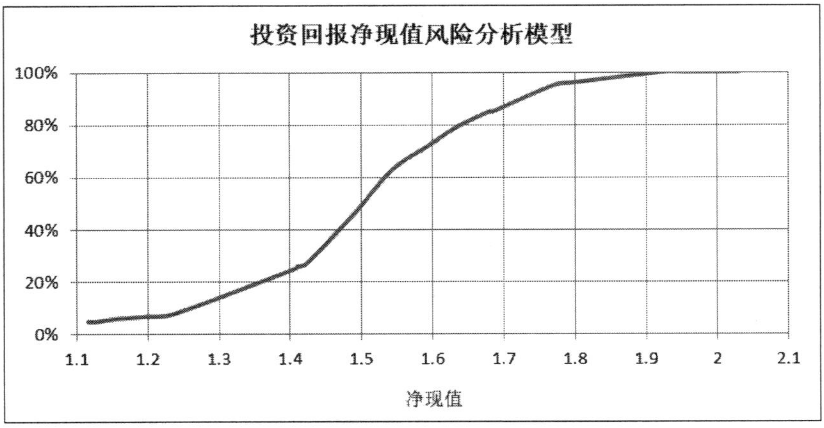


**图 9－14　投资回报净现值风险分析模型图**

【例 9—7】 银河公司有一个研究开发智能医疗可穿戴设备的投资项目，其初始投资额为 1000 万元，有效期为 3 年。该项目一旦投入运营，第一年产品的销量服从均值为 300 万件而标准差为 100 万件的正态分布随机数，预期第二年销量将在第一年的基础上增长 25%、第三年销量将在第二年基础上下降 40%，三年内每年需要投入的固定成本为 500 万元。产品的单价与单位变动成本也都是随机变量，三年内每年的单位变动成本都是在 200 元/件～300 元/件之间均匀随机变化的，三年内每年的产品销售价格是按照表 9—1 所示的离散分布随机数。如果该智能医疗可穿戴设备投资项目的贴现率为 9%，银河公司投资决策前需要分析这项智能医疗可穿戴设备的投资风险。

例9-7 讲解(1)

例9-7 讲解(2)

表 9—1 产品销售价格的概率表

| 单价 | 200 | 300 | 400 | 500 | 600 | 700 | 800 |
|---|---|---|---|---|---|---|---|
| 概率 | 5% | 10% | 20% | 30% | 20% | 10% | 5% |

【知识点与解题思路】 本例将学习利用蒙特卡洛模拟法进行投资项目的风险评估，主要步骤包括建立输入区、生成区、输出区、试验区、统计区和图形区。关键知识点包括生成随机变量（销售量、产品单价、单位变动成本），计算项目净现值，进行多次模拟试验以降低结果的随机性，计算并分析统计量（均值、标准差、最大值、最小值），以及绘制频数分布图和风险分析图。

第一步，建立输入区并输入初始参数。

该项目涉及三个随机变量：销售量、产品单价和单位变动成本。投资项目的风险分析通过将未来可能获得的利润按贴现率贴现到当前，计算项目的净现值。由于未来因素和通货膨胀的不确定性，净现值也是不确定的。因此，分析投资项目的风险本质上是对净现值的不确定性进行分析。

输入区的产品价格表由三列构成：第一列是产品的价格，第二列是各价格的先验概率，第三列用于计算累计概率。

注意：累计概率的最后一行的值应该为 1。

第二步，建立生成区并生成随机数。

在初始参数输入区的下方建立生成区，生成初始销量、价格和单位变动成本三个随机数。

生成随机初始销量。在单元格 E14 输入公式“＝NORM. INV（RAND，E4，E5）”，生成初始销量的正态分布随机数。

生成随机销售价格。因为价格为特定离散分布的随机数，需要先计算累计概率，利用 INDEX、MATCH 及 RAND 函数生成。这部分的知识在第八章学习过，本例中的价格分布如图 9—15 中“1. 输入区－价格分布表”所示。在单元格 E15 输入公式“＝INDEX（J4：J10，MATCH（RAND（），L4：L10））”，生成产品价格的离散分布随机数。

**1. 输入区一初始参数**

| | |
|---|---|
| 初始投资额(百万元) | 1 |
| 初始销量均值(百万件) | 3 |
| 初始销量标准差(百万件) | 1 |
| 销量第2年增长率 | 25% |
| 销量第3年增长率 | -40% |
| 年固定成本(百万元) | 9 |
| 单位可变成本最小值 | 200 |
| 单位可变成本最大值 | 400 |
| 贴现率 | 9% |

**2. 生成区**

| | |
|---|---|
| 初始销量(百万件) | 1.98 |
| 价格(元) | 200 |
| 单位变动成本(元) | 364.59 |

**3. 输出区一中间结果**

| | 第1年 | 第2年 | 第3年 |
|---|---|---|---|
| 销量 | 1.98 | 2.47 | 1.48 |
| 销售收入 | 395.57 | 494.46 | 296.68 |
| 总成本 | 730.10 | 910.37 | 549.82 |
| 利润/现金收入(百万元) | -334.53 | -415.92 | -253.15 |

**3. 输出区一最终结果**

| | |
|---|---|
| 净现值(百万元) | **-853.46** |

**5. 统计区**

| | |
|---|---|
| 1000次模拟净现值均值(百万元) | 1473 |
| 1000次模拟净现值标准差(百万元) | 1367 |
| 1000次模拟净现值最大值(百万元) | 6706 |
| 1000次模拟净现值最小值(百万元) | -1900 |

**6. 图形区一控制参数区**

| | |
|---|---|
| 微调控件参数 | 14 |
| 指定净现值 | 1686 |
| 大于指定净现值的概率 | 39.2% |

| | |
|---|---|
| 确定统计区间的行数(K) | 30 |
| 分段统计点之间间隔(H) | 287 |

| 指定净现值可能性垂直线 | X坐标 | Y坐标 |
|---|---|---|
| 最低点坐标 | 1686 | 0 |
| 与净现值概率曲线交点坐标 | 1686 | 39.2% |
| 最高点坐标 | 1686 | 1 |

| 指定净现值风险垂直线 | X坐标 | Y坐标 |
|---|---|---|
| 最低点坐标 | 1686 | 0 |
| 与净现值概率曲线交点坐标 | 1686 | 60.8% |
| 最高点坐标 | 1686 | 1 |

**4. 试验区**

| 次数 | 净现值 |
|---|---|
| | (853.46) |
| 1 | 2764.44 |
| 2 | 952.70 |
| 3 | 2941.66 |
| 4 | 3682.80 |
| 5 | 380.59 |
| 6 | 2434.92 |
| 7 | 1773.53 |
| 8 | 564.30 |
| 9 | 2093.72 |
| 10 | 2001.82 |
| 11 | 2151.83 |
| 12 | 1044.00 |
| 13 | 2094.99 |
| 14 | 980.72 |
| 15 | 471.97 |
| 16 | 2188.06 |
| 17 | 451.84 |
| 18 | 1697.52 |
| 19 | 1012.41 |
| 20 | 801.52 |
| 21 | 949.04 |
| 22 | 367.89 |
| 23 | 4385.54 |
| 24 | 1943.65 |
| 25 | 881.59 |
| 26 | -328.39 |
| 27 | 1402.96 |
| 28 | 800.14 |
| 29 | 121.94 |
| 30 | 2158.40 |
| 31 | -771.94 |
| 32 | 3036.61 |
| 33 | 2652.55 |
| 34 | 2674.27 |
| 35 | 2385.40 |
| 36 | 3924.16 |
| 37 | 840.56 |
| 38 | -455.48 |
| 39 | 555.76 |
| 40 | 277.42 |
| 41 | 1258.41 |
| 42 | -505.27 |
| 43 | 1600.36 |
| 44 | 347.97 |
| 45 | 598.99 |
| 46 | 3780.87 |
| 999 | 761.35 |
| 1000 | 2143.33 |

**1. 输入区一价格分布表**

| 价格 | 先验 | 累计 |
|---|---|---|
| 200 | 5% | 0.00 |
| 300 | 10% | 0.05 |
| 400 | 20% | 0.15 |
| 500 | 30% | 0.35 |
| 600 | 20% | 0.65 |
| 700 | 10% | 0.85 |
| 800 | 5% | 0.95 |

**6. 图形区一一图形数据表**

| 区号 | 刻度 | >某净值 | 风险 |
|---|---|---|---|
| 1 | -2044 | 100.0% | 0.0% |
| 2 | -1757 | 99.7% | 0.3% |
| 3 | -1470 | 99.5% | 0.5% |
| 4 | -1183 | 99.0% | 1.0% |
| 5 | -896 | 97.8% | 2.2% |
| 6 | -609 | 95.6% | 4.4% |
| 7 | -322 | 91.9% | 8.1% |
| 8 | -35 | 88.5% | 11.5% |
| 9 | 251 | 82.0% | 18.0% |
| 10 | 538 | 75.3% | 24.7% |
| 11 | 825 | 65.8% | 34.2% |
| 12 | 1112 | 56.8% | 43.2% |
| 13 | 1399 | 48.9% | 51.1% |
| 14 | 1686 | 39.2% | 60.8% |
| 15 | 1973 | 32.5% | 67.5% |
| 16 | 2259 | 26.3% | 73.7% |
| 17 | 2546 | 20.0% | 80.0% |
| 18 | 2833 | 15.1% | 84.9% |
| 19 | 3120 | 11.0% | 89.0% |
| 20 | 3407 | 8.0% | 92.0% |
| 21 | 3694 | 6.0% | 94.0% |
| 22 | 3981 | 4.7% | 95.3% |
| 23 | 4268 | 3.4% | 96.6% |
| 24 | 4554 | 2.4% | 97.6% |
| 25 | 4841 | 1.9% | 98.1% |
| 26 | 5128 | 1.4% | 98.6% |
| 27 | 5415 | 1.0% | 99.0% |
| 28 | 5702 | 0.9% | 99.1% |
| 29 | 5989 | 0.7% | 99.3% |
| 30 | 6276 | 0.4% | 99.6% |
| 31 | 6563 | 0.2% | 99.8% |
| 32 | 6849 | 0.0% | 100.0% |

**图 9—15　蒙特卡洛投资风险分析模型**

生成随机初始销量。利用均匀分布随机数公式，在单元格 E16 输入“＝ROUND(E9＋(E10－E9) * RAND,2)”，生成初始销量的均匀分布随机数。最后用 ROUND 函数，使随机数保留两位小数。

第三步，建立输出区。

由于本例的目标变量表达式比较复杂，求解过程将分成中间结果和最终结果两部分。

中间结果的计算公式如图 9－16 所示

**3. 输出区一中间结果**

| | 第1年 | 第2年 | 第3年 |
|---|---|---|---|
| 销量 | =E14 | =C20*(1+E6) | =D20*(1+E7) |
| 销售收入 | =C20*$E$15 | =D20*$E$15 | =E20*$E$15 |
| 总成本 | =$E$8+C20*$E$16 | =$E$8+D20*$E$16 | =$E$8+E20*$E$16 |
| 利润/现金收入(百万元) | =C21-C22 | =D21-D22 | =E21-E22 |

**图 9—16　输出区一中间结果的计算公式**

在最终结果输出区的单元格 E26 输入净现值公式“＝E3＋NPV(E11,C23:E23)”,输出结果净现值是一个随机数,按 F9 让工作表中的公式重新计算,E26 会输出不同的净现值。

第四步,建立试验区并进行模拟试验。

对输出区输出的净现值随机数进行试验,试验次数为 1000 次,如图 9－15 中的试验区所示。

第五步,建立统计区并计算统计量。

在统计区统计 1000 次净现值模拟试验的均值(＝AVERAGE(＄H＄5:＄H＄1004))、标准差(＝STDEV(＄H＄5:＄H＄1004))、最大值(＝MAX(＄H＄5:＄H＄1004))和最小值(＝MIN(＄H＄5:＄H＄1004))。

第六步,建立图形区并绘制图形。

本例要建立的图形区分成两个区域:一是为绘制图形中散点图而准备的数据区;二是为绘制动态可调图形而生成的控制参数区。

在图形区一控制参数区,设置统计区间的行数和分段统计点的间隔,如图 9－15 所示。

在图形数据区中,第一列输入 1 到 32 区间标号。第二列为刻度,为了使试验结果的最小值和最大值都能落在指定区间范围内,刻度的最小值设定为试验结果最小值－间隔/2,在单元格 L15 输入公式“＝E32－D40/2”,在单元格 L6 输入公式“＝K15＋＄D＄40”并填充。

第三列为大于指定净现值的概率统计,在单元格 L15 输入公式“＝COUNTIF(＄H＄5:＄H＄1004,">"&K15)/1000”并填充,这样生成大于指定净现值的概率,也可以看成实现指定净现值的可能性。

进一步,为了绘制动态可调图形,需要准备垂线数据和制作指定净现值的数值调节钮,相关公式可参考图 9－17。

**6.图形区一控制参数区**

| | |
|---|---|
| 表单控件参数 | 14 |
| 指定净现值 | =INDEX(K15:K46,C35) |
| 大于指定净现值的概率 | =INDEX(L15:L46,MATCH(C36,K15:K46,0)) |

| | |
|---|---|
| 确定统计区间的行数(K) | 30 |
| 分段统计点之间间隔(H) | =(E31-E32)/D39 |

| 指定净现值可能性垂直线 | X坐标 | Y坐标 |
|---|---|---|
| 最低点坐标 | =C36 | 0 |
| 与净现值概率曲线交点坐标 | =C36 | =C37 |
| 最高点坐标 | =C36 | 1 |

| 指定净现值风险垂直线 | X坐标 | Y坐标 |
|---|---|---|
| 最低点坐标 | =$C$36 | 0 |
| 与净现值概率曲线交点坐标 | =$C$36 | =INDEX(M15:M46,MATCH(C36,K15:K46,0)) |
| 最高点坐标 | =$C$36 | 1 |

**图 9－17 控制参数区的计算公式**

利用图形区中的 L 列中的 L15:L46 中的数据,绘制如图 9－18 所示的实现指定净现值的可能性分析图。

最后,计算指定净现值的风险。在图 9－15 中的图形区中的单元格 M15 输入公式“＝1－L15”,并填充至 M46,生成达不到指定净现值的概率。利用 M15:M46 的数据制作如图 9－19 所示的实现指定净现值的风险分析图。图 9－19 所示的风险概率曲线与垂直参考线的交点显

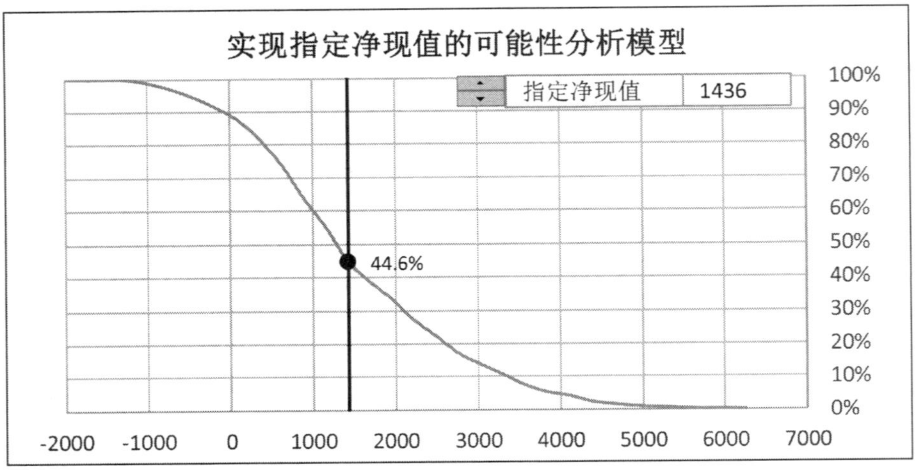


图 9—18　实现指定净现值的可能性分析模型图

示:实现指定净现值(1436)的风险为 55.4%。

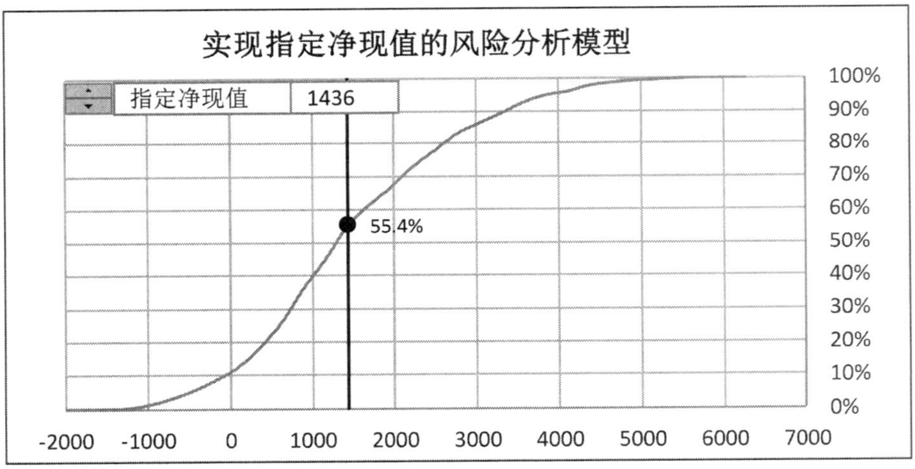


图 9—19　实现指定净现值的风险分析模型图

例9-8 讲解(1)

**【例 9—8】** 甲公司是一家制造业企业,产品市场需求处于上升阶段。为提高产能,公司拟新建一个生产车间。该车间运营期为 6 年,第一年收入为 60 万元,之后每年收入较上年增加,增加率服从均值为 5、标准差为 2 的正态分布,贴现率为 6%。有两个方案可供选择:

方案一:设备购置。预计购置成本 320 万元,首年年初支付;设备维护费用第一年 2 万元,之后每年较上一年增加 5%,到期处置费为 5 万元,到期后出售设备的价格服从下表所示的离散分布:

例9-8 讲解(2)

| 价格 | 60 | 70 | 80 | 90 | 100 |
|---|---|---|---|---|---|
| 概率 | 15% | 25% | 35% | 15% | 10% |

方案二:设备租赁。租赁期为 6 年,租赁费为每年 56 万元。租赁公司负责设备的维护,不再另外收费,租赁期内不得撤租。

请计算两种方案的净现值,并基于净现值做出方案选择决策。进一步,考虑购置成本、租赁费在一定范围内变动情形下,如果公司有既定的净现值,如何做出投资方案的选择决策?

**【知识点与解题思路】** 本例在例 9—7 的基础上,将单一方案扩展为两个方案,通过蒙特卡洛模拟法进行两种投资方案的比较。核心步骤仍然包括建立输入区、生成区、输出区、试验区、统计区和图形区,重点在于净现值的计算和风险分析。

第一步,建立输入区并输入初始参数。

如图 9—20 所示,建立初始参数输入区。

| | A | B | C | D |
|---|---|---|---|---|
| 1 | | | | |
| 2 | **输入区-初始参数** | | | |
| 3 | 年租赁费 | 56 | | |
| 4 | 设备购置费 | 320 | | |
| 5 | 设备维护费增长率 | 5% | | |
| 6 | 贴现率 | 6% | | |
| 7 | 收入增长率均值 | 5 | | |
| 8 | 收入增长率标准差 | 2 | | |
| 9 | 设备维护费 | 2 | | |
| 10 | 到期处置费 | 5 | | |
| 11 | 第一年收入 | 60 | | |
| 12 | 到期出售设备价格 | | | |
| 13 | 价格 | 概率 | 累积概率 | |
| 14 | | | 0 | |
| 15 | 60 | 15% | 15% | |
| 16 | 70 | 25% | 40% | |
| 17 | 80 | 35% | 75% | |
| 18 | 90 | 15% | 90% | |
| 19 | 100 | 10% | 100% | |
| 20 | **统计区** | | 方案一 | 方案二 |
| 21 | 1000次模拟净现值均值(万元) | | 51.75 | 39.85 |
| 22 | 1000次模拟净现值标准差(万元 | | 11.39 | 7.52 |
| 23 | 1000次模拟净现值最大值(万元 | | 94.20 | 73.44 |
| 24 | 1000次模拟净现值最小值(万元 | | 23.4 | 18.4 |
| 25 | 最小值和最大值之间的行数(K | | 30 | |
| 26 | 分段统计点之间间隔(H) | | 2.00 | |
| 27 | | | | |
| 28 | **图形区-控制参数区** | | | |
| 29 | 设备购置费=320万元 | | | |
| 30 | 年租赁费=56万元 | | | |
| 31 | 指定净现值=69万元时，方案一更可能实现指定净现值 | | | |
| 32 | 指定净现值=69万元时，方案一实现指定净现值的风险更低 | | | |

| | E | F | G | H | I | J | K | L |
|---|---|---|---|---|---|---|---|---|
| 1 | **输出区** | | | | | | | |
| 2 | | 第0年末 | 第1年 | 第2年 | 第3年 | 第4年 | 第5年 | 第6年 |
| 3 | **方案一、设备购置** | | | | | | | |
| 4 | 购置成本 | -320 | | | | | | |
| 5 | 设备维护 | | -2 | -2.1 | -2.21 | -2.32 | -2.43 | -2.55 |
| 6 | 收入 | | 60 | 62.3 | 63.66 | 68.89 | 72.98 | 77.22 |
| 7 | 到期出售设备 | | | | | | | 90 |
| 8 | 处置费用 | | | | | | | -5 |
| 9 | 净现金流 | -320 | 58 | 60.2 | 61.45 | 66.58 | 70.55 | 159.7 |
| 10 | 净现值 | 57.92 | | | | | | |
| 11 | 内部报酬率 | 11% | | | | | | |
| 12 | | | | | | | | |
| 13 | **方案二、设备租赁** | | | | | | | |
| 14 | 租赁成本 | -56 | -56 | -56 | -56 | -56 | -56 | |
| 15 | 收入 | | 60 | 62.3 | 63.66 | 68.89 | 72.98 | 77.22 |
| 16 | 净现金流 | -56 | 4 | 6.32 | 7.655 | 12.89 | 16.98 | 77.22 |
| 17 | 净现值 | 37.16 | | | | | | |
| 18 | 内部报酬率 | 18% | | | | | | |
| 27 | | | | 指定净现值的风险 | | | | |
| 28 | 指定净现值 | 69 | 27 | 69 | 120% | | | |
| 29 | 指定净现值参考线 | | | 69 | 94% | 方案一 | | |
| 30 | 69 | 1.2 | | 69 | 100% | 方案二 | | |
| 31 | 69 | 0.0% | | 69 | 0.0% | | | |

| | N | O | P |
|---|---|---|---|
| 1 | **试验区** | | |
| 2 | | **净现值** | |
| 3 | 次数 | 方案一 | 方案二 |
| 4 | | 57.92 | 37.16 |
| 5 | 1 | 33.59 | 26.93 |
| 6 | 2 | 32.20 | 32.60 |
| 7 | 3 | 64.24 | 50.53 |
| 8 | 4 | 61.00 | 47.29 |
| 9 | 5 | 59.99 | 46.28 |
| 10 | 6 | 61.22 | 54.56 |
| 11 | 7 | 57.73 | 58.12 |
| 12 | 8 | 76.47 | 48.66 |
| 13 | 9 | 35.63 | 21.92 |
| 14 | 10 | 65.03 | 44.27 |
| 15 | 11 | 39.88 | 26.17 |
| 16 | 12 | 24.54 | 24.94 |
| 17 | 13 | 53.29 | 39.58 |
| 18 | 14 | 50.86 | 44.20 |
| 19 | 15 | 54.59 | 40.88 |
| 20 | 16 | 50.66 | 29.91 |
| 21 | 17 | 63.91 | 43.15 |
| 22 | 18 | 51.37 | 37.66 |
| 23 | 19 | 39.75 | 33.09 |
| 24 | 20 | 72.09 | 44.28 |
| 25 | 21 | 58.41 | 37.66 |
| 26 | 22 | 50.94 | 37.23 |
| 27 | 23 | 54.91 | 41.20 |
| 28 | 24 | 44.85 | 38.20 |
| 29 | 25 | 52.88 | 39.17 |
| 30 | 26 | 69.26 | 48.50 |
| 31 | 27 | 51.53 | 37.83 |
| 32 | 28 | 61.61 | 47.91 |

| | R | S | T | U | V | W |
|---|---|---|---|---|---|---|
| 1 | **图形区-图形数据表** | | | | | |
| 2 | 区号 | 刻度 | **方案一** | | **方案二** | |
| 3 | | | >某净值 | 风险 | >某净值 | 风险 |
| 4 | 1 | 17 | 100.0% | 0.0% | 100.0% | 0.0% |
| 5 | 2 | 19 | 100.0% | 0.0% | 99.9% | 0.1% |
| 6 | 3 | 21 | 100.0% | 0.0% | 99.5% | 0.5% |
| 7 | 4 | 23 | 100.0% | 0.0% | 98.9% | 1.1% |
| 8 | 5 | 25 | 99.8% | 0.2% | 97.1% | 2.9% |
| 9 | 6 | 27 | 99.4% | 0.6% | 95.3% | 4.7% |
| 10 | 7 | 29 | 98.4% | 1.6% | 91.9% | 8.1% |
| 11 | 8 | 31 | 97.0% | 3.0% | 86.2% | 13.8% |
| 12 | 9 | 33 | 95.3% | 4.7% | 79.5% | 20.5% |
| 13 | 10 | 35 | 92.3% | 7.7% | 72.1% | 27.9% |
| 14 | 11 | 37 | 88.9% | 11.1% | 62.4% | 37.6% |
| 15 | 12 | 39 | 84.7% | 15.3% | 51.6% | 48.4% |
| 16 | 13 | 41 | 80.5% | 19.5% | 41.9% | 58.1% |
| 17 | 14 | 43 | 75.8% | 24.2% | 30.8% | 69.2% |
| 18 | 15 | 45 | 68.5% | 31.5% | 22.5% | 77.5% |
| 19 | 16 | 47 | 62.6% | 37.4% | 16.0% | 84.0% |
| 20 | 17 | 49 | 56.4% | 43.6% | 9.6% | 90.4% |
| 21 | 18 | 51 | 50.0% | 50.0% | 5.7% | 94.3% |
| 22 | 19 | 53 | 43.8% | 56.2% | 3.8% | 96.2% |
| 23 | 20 | 55 | 37.2% | 62.8% | 2.0% | 98.0% |
| 24 | 21 | 57 | 31.8% | 68.2% | 1.4% | 98.6% |
| 25 | 22 | 59 | 26.2% | 73.8% | 0.4% | 99.6% |
| 26 | 23 | 61 | 21.6% | 78.4% | 0.1% | 99.9% |
| 27 | 24 | 63 | 15.4% | 84.6% | 0.1% | 99.9% |
| 28 | 25 | 65 | 11.6% | 88.4% | 0.1% | 99.9% |
| 29 | 26 | 67 | 7.8% | 92.2% | 0.1% | 99.9% |
| 30 | 27 | 69 | 6.2% | 93.8% | 0.1% | 99.9% |
| 31 | 28 | 71 | 4.7% | 95.3% | 0.1% | 99.9% |
| 32 | 29 | 73 | 3.4% | 96.6% | 0.1% | 99.9% |

**图 9—20 两个投资方案的蒙特卡洛模拟模型**

第二步,建立生成区。

在生成区内构建到期出售价格随机数的累计概率表。

第三步,建立输出区。

根据已知条件,依据上一年的设备维护费用和设备维护费增长率计算当期的设备维护支出,依据上一年的收入和收入增长率的正态分布特征随机生成当期收入。并根据设备出售价格的概率分布随机生成到期出售设备的价格。在单元格 F9:L9 中,计算各期的净现金流。最后,在单元格 F10 中计算方案一的净现值,并在单元格 F11 中计算方案一的内部报酬率。

接着计算方案二的净现值与内部报酬率。根据已知条件,方案二的收入需要与方案一中对应各期的收入保持一致。在单元格 F16:L16 中,计算各期的净现金流。最后,在单元格 F17 中计算方案二的净现值,并在单元格 F18 中计算方案二的内部报酬率。

第四步,建立试验区并进行模拟试验。

在本例中,对两种方案的净现值这两个输出的随机数进行试验,试验次数为 1000 次。

第五步,建立统计区并计算统计量。

采用例 9—7 的方法,分别统计两个方案的 1000 次净现值模拟试验的均值、标准差、最大值和最小值这四个统计量,并计算动态接收区域的间隔,这里不再赘述。

第六步,建立图形区并绘图。

采用例 9—7 的方法,建立图形区—控制参数区。分别绘制两种方案净现值对比图和风险对比图，并添加控件，如图 9—21 和图 9—22 所示。

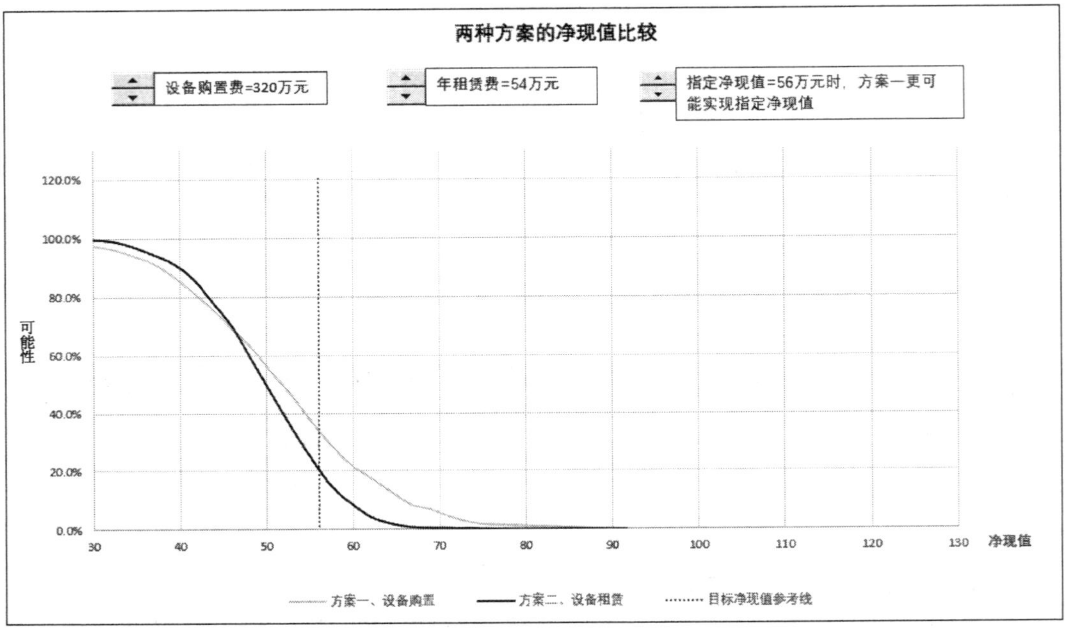


**图 9—21　两种方案实现指定净现值可能性的对比图**

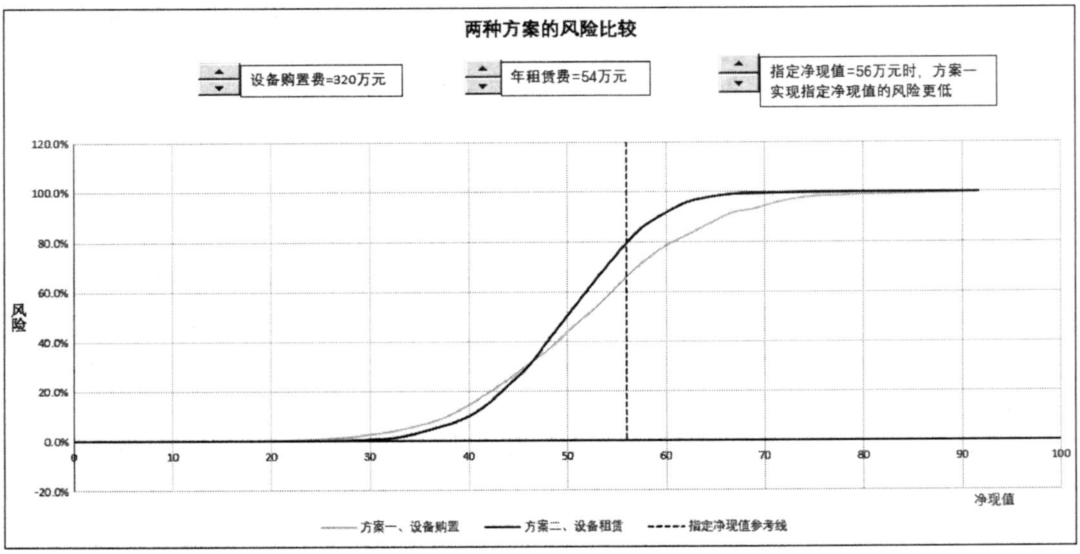


**图 9—22　两种方案实现指定净现值的风险对比图**

# 本章小结

本章介绍了与投资评价相关的关键概念，包括货币的时间价值、现金流、贴现率、净现值和内部报酬率等。通过具体案例，分别讲解了基于投资回报率、投资回收期和投资净现值的投资决策分析模型的建模方法。

本章重点介绍了投资项目的风险分析方法——蒙特卡洛模拟模型的一般框架及其实际应用。内容涵盖了随机结果变量的试验与统计分析、利用模拟运算表进行重复试验的虚拟自变量技术等建立模拟模型的关键技术。此外，还介绍了在决策图形中确定净现值曲线交点的方法，以及结合数值调节钮和文本框制作可调图形的方法。

本章还介绍了 Excel 常用的财务函数，包括 NPV、PV、FV、PMT、PPMT、IPMT、ISPMT、RATE、IRR、NPER 等。

## 习题九

1. 利用 Excel 内建函数完成如下要求的计算：

(1)某工厂借出资金 50000 元，按年利率 6%计算，10 年后该厂可获资金多少？

(2)某人准备在 10 年后积蓄 10000 元，试计算目前应存款多少元？(按年利率 6%计算)

(3)某厂购入机器一台，价值为 10000 元，使用期为 5 年，若使用机器后每年可获利 4000 元，5 年后年金的现值为多少(按年率 10%计算)？

2. 某投资者有 1000 万元资金，现有两个投资项目：项目 A 是浦江大桥的建设，项目 B 是郊区高速公路的建设。项目 A 初始投入 1000 万元，以后每年获得本金的 10%的投资收益，10 年后收回本金；项目 B 初始投入 1000 万元，以后每年视公路的经营情况获得收益，根据预测该项目第 1 年可获得 50 万元的收益，以后每年的收益在上年基础上递增 16%，10 年后收回本金。假定贴现率为 6%，要求：

(1)建立一个对两个项目进行比较的模型，在两个并列的单元格中分别求出两个投资项目的净现值，在一个单元格中利用 IF 函数给出“项目 A 较优”或“项目 B 较优”的结论；

(2)将上述模型加以扩充，在两个并列的单元格中分别求出两个项目的内部报酬率；

(3)在一个单元格中使用一个 Excel 内建函数求出使两个项目的净现值相等的贴现率及相等处的净现值；

(4)绘制如图 9—23 所示的两个项目投资决策评价模型图。

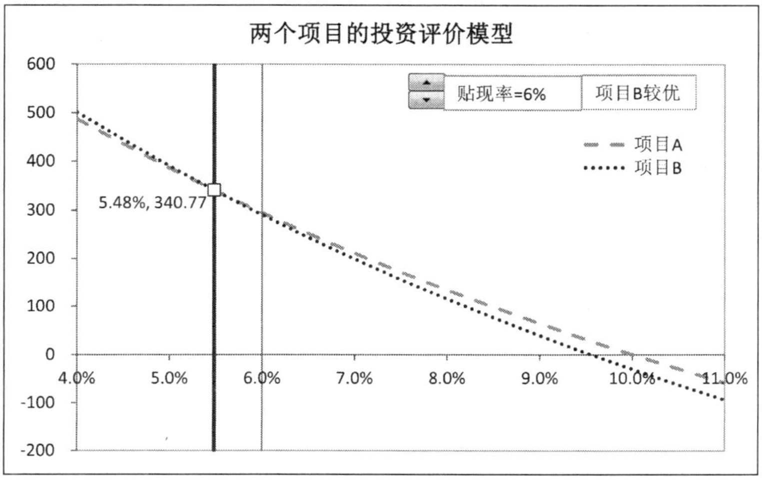


图 9—23 两个项目投资决策评价分析

3. 某人准备在10年后购买一套必须全额现金支付的住房，该住房当前房价为1000000元，预计房价每年上涨5%，购房人每年将等额金钱存入(投入)一种收益率为10%的投资项目，准备在10年末将投资额及收益全部取出来支付当时的房价，要求参考如图9—24所示的框架：

(1)在单元格D7与D8中分别求出10年后购买时的房价与购房人每年应存入的金额；

(2)基于D8中的数据，在单元格H4:N13的动态模拟表的各个单元格中输入正确公式，以求出该人每年向投资项目投入的金额、从该投资项目得到(并继续投入该项目)的年收益、每年年初与年末的存款余额以及每年末的房价(利用这个计算表来确认10年末的存款余额正好可以支付当时所需的购房款)。

| | B | C | D | E | G | H | I | J | K | L | M | N | O |
|---|---|---|---|---|---|---|---|---|---|---|---|---|---|
| 2 | | | | | | | | | | | | | |
| 3 | | 当前房价 | 1000000 | | | 年 | 年初存款余额 | 年存入金额 | 年收益 | 年末存款余额 | | 年末房价 | |
| 4 | | 房价上升率 | 5% | | | 1 | | | | | | | |
| 5 | | 投资收益率 | 10% | | | 2 | | | | | | | |
| 6 | | 年限 | 10 | | | 3 | | | | | | | |
| 7 | | 购买时房价 | | | | 4 | | | | | | | |
| 8 | | 每年存入金额 | | | | 5 | | | | | | | |
| 9 | | | | | | 6 | | | | | | | |
| 10 | | | | | | 7 | | | | | | | |
| 11 | | | | | | 8 | | | | | | | |
| 12 | | | | | | 9 | | | | | | | |
| 13 | | | | | | 10 | | | | | | | |
| 14 | | | | | | | | | | | | | |

**图9—24 还款模型框架**

4. 戴夫糖果公司是一家小型家庭企业，提供美味巧克力和冰激凌灌注服务。在像情人节这样的特定场合，该店必须提前几周向供应商订购专门包装的糖果。一种叫作“情人节马萨克巧克力”的产品，每盒的购入价是7.50元，售出价是12.00元。在2月14日后未售出的任何一盒都按50%打折，且总是容易售出。在过去，戴夫糖果公司每年售出的盒数介于40盒和90盒之间，没有明显的增加或减少趋势。戴夫的两难问题是如何确定为情人节的顾客储备糖果盒数。若需求超过进货数量，戴夫将失去获利机会；若购进的盒数太多，它将因其折扣价低于成本而损失一笔钱。请建立蒙特卡洛模拟模型为戴夫解决这一问题。

5. 某公寓小区的经理获悉，任一给定月份内住房的出租数量在30至40之间变动。每月租金是500元。每月平均营业成本是15000元，但略有变动，假定营业成本的标准差为300元的正态变量。请在电子表格中建立风险分析模型，回答下列问题：

(1)月利润为正值的概率是多少？

(2)月利润超过4000元的概率是多少？

(3)月利润在1000元与3000元之间的概率是多少？

(4)绘制如图9—25所示出租房月利润的可能性分析模型。

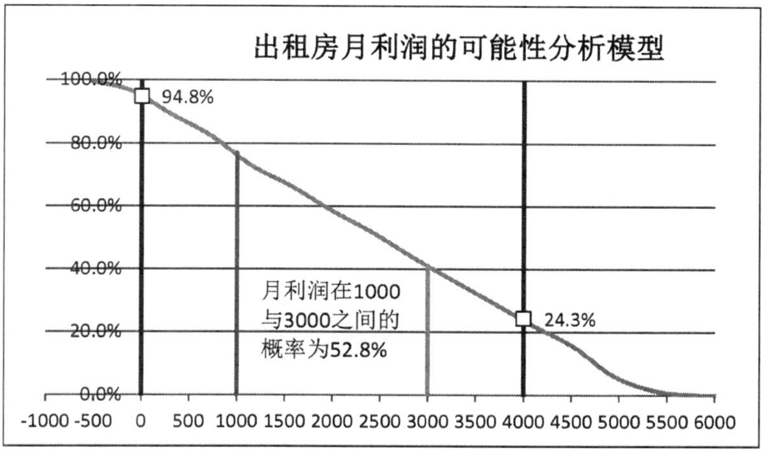


**图 9—25 出租房月利润的可能性分析**

# 第十章

# 最优化决策模型

最优化决策问题是运筹学的重要分支，起源于20世纪30年代，主要运用科技和数学方法解决实际问题，为决策者提供定量决策依据。根据形式的不同，最优化决策问题可分为数学规划、动态规划和网络规划等。最初，这些方法在二战期间被用于解决一些特殊的作战问题。数学规划作为运筹学的一个分支，经过多年的研究和探索，已成为解决最优化问题的重要方法，在工业、商业、军事和科学技术研究等领域得到广泛应用。财经管理领域经常需要寻找最佳解决方案，其中新型消费品牌开设连锁店和新型超市选址开店问题是典型的案例。这些连锁店通常服务范围广，为了避免竞争，通常不宜开设过多的门店，选址也不能太密集。除了开店选址问题，零售物流配送的固定线路如何安排运输量以达到最小成本或最高效率，以及如何动态调整配送线路以降低运输费用等，都属于最优化决策问题。

第十章 课件

第十章 例题数据源

第十章 例题答案

通过学习本章，读者将掌握如何应用最优化方法解决实际问题的技能，获得构建和实施决策模型的能力。读者将了解如何识别和定义最优化决策问题，选用恰当的数学规划方法，并借助规划求解工具对模型进行求解，实现科学合理的最优化决策。

本章主要内容包括：

- 最优化决策问题的定义、数学模型和分类，规划求解工具；
- 目标函数和约束条件与决策变量之间都是线性关系的规划问题，产品混合生产线性规划问题的建模与求解；
- 目标函数或者约束条件与决策变量之间不是线性关系的规划问题，产品混合生产非线性规划问题的建模与求解；
- 运输、选址及其综合应用、采购安排、资金管理、投资组合等常见规划问题的建模与求解；
- 多目标规划问题的建模与求解；
- 规划求解报告的生成与分析。

# 10.1 最优化决策概述

本节介绍最优化问题的基本概念和数学模型、最优化问题的分类和最优化问题的一般求解方法。

## 10.1.1 最优化问题的概念

最优化问题是在既定条件下寻找最佳方案的问题。最佳方案可以是成本最小、收益最大、利润最多、距离最短、时间最少、空间最省等，即在资源既定时寻找最好的目标，或在目标确定下使用最少的资源。生产、经营和管理中几乎所有问题都可以认为是最优化问题，比如产品组合问题、人员安排问题、运输问题、选址问题、资金管理问题、最优定价问题、经济订货量问题、预测模型中的最佳参数确定问题等。比如，生鲜新零售开店的选址问题，开多少家店、开在哪里，是由选址目标和约束条件共同决定的，这就是一个最优化决策问题。可以把这个实际问题进行以下拆解：

(1)关于选址目标，生鲜新零售企业要进驻城市 CBD(中央商务区)和大型商圈，或者要覆盖中心城区，或者所有店的总利润最大化，等等。在没有可参考的历史选址和营收数据情况下，可以把开店地点覆盖的人口数量和人均消费力作为替代目标。其中，人口数量是个明确的指标，而消费力一般使用常用地区的餐饮客单价和房租单价的乘积作为衡量指标。因此，这个选址问题的目标需要考察人口覆盖和消费力覆盖两个方面，即构建的最优化决策模型应该是一个双目标模型。

(2)关于约束条件，需要考虑以下几个方面：第一个约束条件是单个店铺的服务范围。根据实际情况，顾客去一家便利店顶多愿意步行 15 分钟，对电动车外卖的送达时间接受度在 30 分钟左右。而两个时间对应的空间距离就可以作为一家连锁店的极限服务范围。第二个约束条件是店铺周围的人口规模。人口总量太少的地方，开店是不经济的。因此，可以根据夜间常住人口数量、日间就业人口数量，进行筛选。第三个约束条件是商圈业态活跃度。缺乏高频人流、缺乏商业氛围、缺乏“网红潜质”的地方，不作为开店的选取区域。第四个约束条件是避让空间范围内的特殊设施，比如河流、道路、轨道等。

(3)生鲜新零售开店的选址问题相对比较复杂。一般而言，可以写出类似上述这样确定了目标和约束条件的最优化问题的数学形式。最优化问题也可以根据约束条件以及数学模型中决策变量的形式等分类标准，划分为不同类型的最优化问题。

## 10.1.2 最优化问题的数学模型

如前所述，最优化问题可以用规范的数学形式来表示。假设问题中的决策变量为 $x_1, x_2, \cdots, x_n$，目标变量为 $y$，目标变量与决策变量之间有函数关系 $y=f(x_1,x_2,\cdots,x_n)$，约束条件可以表示为一组等式或不等式：

$$S_1(x_1,x_2,\cdots,x_n)\leqslant 0$$
$$S_2(x_1,x_2,\cdots,x_n)\leqslant 0$$
$$\cdots\cdots$$

$$S_m(x_1,x_2,\cdots,x_n)\leqslant 0 \qquad (10-1)$$

对于最小值问题，可以转化为等价的最大值问题。如果约束条件是“$\geqslant$”形式，可以对该约束条件左右两边都乘上“$-1$”，转化为等价的“$\leqslant$”形式。约束条件也可以是“$=$”运算符形式。在上面的公式中令 $X=(x_1,x_2,\cdots,x_n)$，则最优化问题数学形式可以写成下面的向量形式：

$$\begin{aligned}&\text{Max } f(X)\\&\text{St}: s_1(X)\leqslant 0\\&s_2(X)\leqslant 0\\&\cdots\cdots\\&s_m(X)\leqslant 0\end{aligned} \qquad (10-2)$$

决策变量 $x_1,x_2,\cdots,x_n$ 的每一个取值组合都称为目标变量 $y$ 的一个解，满足约束条件的解称为可行解，使目标函数达到最大值的解称为最优解。有些问题可以找到真正的最优解，即全局最优解；有些问题只能找到局部范围的最优解，称为局部最优解。

### 10.1.3 最优化问题分类

根据决策变量在目标函数与约束条件中出现的形式，最优化问题可分为线性规划问题和非线性规划问题。如果决策变量在目标函数与约束条件中只出现 1 次方的形式，即目标函数和约束条件函数都是线性的，则称该规划问题为线性规划问题。如果决策变量在目标函数或者约束条件中出现了 $n$ 次方($n>1$)或指数、对数、三角函数等形式，即目标函数或者约束条件函数是非线性的，则称该规划问题为非线性规划问题。非线性规划问题根据有无约束条件也可以分为约束极值问题和无约束极值问题。

线性规划问题中，根据决策变量是否为整数，可分为整数规划问题和任意规划问题。整数规划问题中，如果决策变量只能取整数，则称其为纯整数规划问题；若只有部分决策变量取整数，则为混合整数规划问题。在整数规划问题中，如果决策变量只能取 0 或 1，那么这种特殊的整数规划问题我们称其为 0—1 规划问题。选址决策问题通常是 0—1 规划问题

线性规划问题是最简单的规划问题，也是最常用的求解最优化问题的方法，对其进行的理论研究较早，也较成熟，可以找到全局最优解。非线性规划问题形式多样，求解复杂，不能保证找到全局最优解，大部分情况下只能找到局部最优解。线性规划问题是非线性规划问题的一种特例。

根据目标函数在最优化问题中的数量，最优化问题还可分为单目标规划和多目标规划。多目标优化问题中，通常存在多个目标函数，所以求解难度更大，但在实际问题中也更加常见，应用范围更广。

### 10.1.4 最优化问题的求解方法

对于决策变量较少又无约束条件的简单最优化问题(比如经济订货量问题)，可以通过把目标变量对决策变量求导数并令导数等于 0 的方法，推导出最优解的计算公式，在 Excel 单元格中输入最优解计算公式直接求出最优解。这是求解最优化问题理论上最好的方法，可以找到全局最优解，并且当模型中其他参数发生变化时，也可以动态反映最优解的变化。当决策变量多、目标函数复杂、有大量约束条件时，一般很难推导出最优解的计算公式。这时，可以利用一些专门的数学方法进行求解，比如线性规划问题的单纯形法等。在数字化时代，借助计算机

的强大运算能力来求解这类最优化问题是必然的选择 。在 Excel 中，可以使用规划求解工具和查表法对最优化问题进行求解。这两种求解方法都要求先在工作表中建立问题的决策模型，即用一些单元格代表决策变量，用一个单元格代表目标变量。在目标变量单元格中用公式表示目标函数，用另外一些单元格代表约束条件的左边部分。综上所述，最优化问题可以使用如下三种方法来求解：

方法一：公式法。

分析问题，一般通过求导推导出计算最优解的公式，适合无约束条件最优化问题的求解。

方法二：查表法。

查表法就是利用模拟运算表工具制作决策变量与目标变量的对照表，在该对照表中用 MAX()或 MIN()函数找出最优目标值，然后用 Index()和 Match()找出该最优目标值对应的决策变量值，即最优解。查表法同样仅适合解决无约束条件的最优化问题，而且决策变量不超过两个。

方法三：规划求解工具法。

启动规划求解工具，在规划求解参数对话框中设置目标单元格(目标变量)和可变单元格(决策变量)，设置目标单元格的目标值(最大、最小或者某一特定值)，添加约束条件，也可以设置一些附加参数。按“求解”按钮，规划求解工具就根据参数设置寻求最优解。相比较而言，这种方法充分运用了 Excel 的功能，适合解决各种有约束条件的最优化问题。

公式法一般适用于可以直接推导出公式的最优解问题，而后两种方法则在公式较难推导或在自己的知识范围内无法获得计算最优解的公式时使用。下面对后两种求解方法做一个简单的比较：

(1)规划求解工具使用方便，操作简单，查表法则需要制作对照表，并且还要书写计算公式。

(2)规划求解工具可以求解最多 200 个决策变量的规划问题，而查表法受到模拟运算表的限制，最多只能求解 2 个决策变量的规划问题。

(3)规划求解工具可以达到很高的精度，查表法也可以达到较高的精度，但操作稍微复杂些。

(4)规划求解工具对于线性规划问题可以找到全局最优解，对于非线性规划问题则不能保证找到全局最优解，查表法与图表相结合有助于找到全局最优解。

(5)当模型中其他参数发生变化时，规划求解工具不能自动计算出新的最优解，必须重新运用规划求解工具再求解一次，而查表法因为是通过公式找出最优解，因此可以直接把新的最优解计算出来。

(6)通过以上比较，可以发现规划求解工具是比较有效和方便的求解工具，应优先考虑使用。当需要动态观察参数变化对最优解的影响时，可以考虑使用查表法。

# 10.2　线性规划决策模型

前一节介绍了最优化问题的相关概念与求解方法，以下将围绕生鲜新零售店铺的实际问题，对各类常见规划问题进行详细的说明和求解。

生鲜新零售店铺的选址问题是一个空间最优化问题。根据 10.1.1 中对于生鲜新零售店铺选址问题的目标和约束条件的分析，首先把上海划分成 250m * 250m 的 12 万个栅格(grid)，当然还要包含每个栅格相应的人口数量等信息。然后把目标人口数量太少的、商圈业态活跃度太低的、需要避让特殊设施的栅格都淘汰掉，保留的格子进入候选。接下来，把确定的目标函数和各项约束条件放到最优化模型里，对候选格子的组合方式进行筛选。这种对“格子组合的筛选”，其实是线性规划问题。

本节首先介绍线性规划的数学模型，然后介绍用规划求解工具求解的方法，最后通过产品混合问题介绍线性规划的建模步骤和求解方法。

## 10.2.1 线性规划的一般形式

从数学的角度看，线性规划就是研究在一组线性约束条件下，求解一个线性函数的极大化或极小化的问题。求解线性规划的数学模型一般表示为：

$$\begin{aligned}&\text{Max/Min: } y=f(x_1,x_2,\cdots,x_n)\\&\text{St: } s_1(x_1,x_2,\cdots,x_n)(\geqslant,=)\leqslant 0\\&s_2(x_1,x_2,\cdots,x_n)(\geqslant,=)\leqslant 0\\&\cdots\cdots\\&s_m(x_1,x_2,\cdots,x_n)(\geqslant,=)\leqslant 0\end{aligned} \tag{10-3}$$

其中，$y$ 为目标变量，$x_1,x_2,\cdots,x_n$ 为决策变量，而目标变量 $y$ 与决策变量 $x_i$ 之间存在着函数对应关系 $y=f(x_1,x_2,\cdots,x_n)$，同时这种对应关系是受到一系列约束条件 St 的限制的。所谓线性规划，就是指目标变量 $y$、约束条件 St 都是决策变量 $x_i$ 的线性函数。

## 10.2.2 线性规划决策建模的方法和步骤

在线性规划理论中，可以用单纯形法来求解线性规划的问题，但对没有很好地掌握数学方法的财经管理决策者来说，要解决约束条件下的最优化决策问题是有困难的，而借助 Excel 的“规划求解”工具(本章中后续简称为规划求解工具)，可以十分方便、简单地求解此类问题。

使用规划求解工具的一般步骤为：

第一步，设置目标。

启动“数据”/“规划求解”工具，如图 10－1 所示。

根据对线性规划问题的分析，在“设置目标”以及它的取值(最大值，或最小值，或目标值)中定义目标值所在的单元格及它的取值，在“通过更改可变单元格”中设置决策变量所在的单元格。

第二步，设置约束条件。

在“遵守约束”中设置约束条件。单击“添加”按钮来定义约束条件。当单击了“添加”按钮后会弹出定义约束条件的对话框，如图 10－2 所示，其中的运算符有：＞＝(大于等于)、＝(等于)、＜＝(小于等于)、int(只取整数)和 bin(只取 0 或 1)五种，可以通过反复单击“添加”按钮来定义多个约束条件。约束条件定义完毕后，单击“确定”按钮结束约束条件的设定，返回“规划求解参数”对话框。

第三步，求解。

在正确地完成了对需要求解问题的相关参数的设置后，单击“求解”按钮，规划求解工具就开始求解。

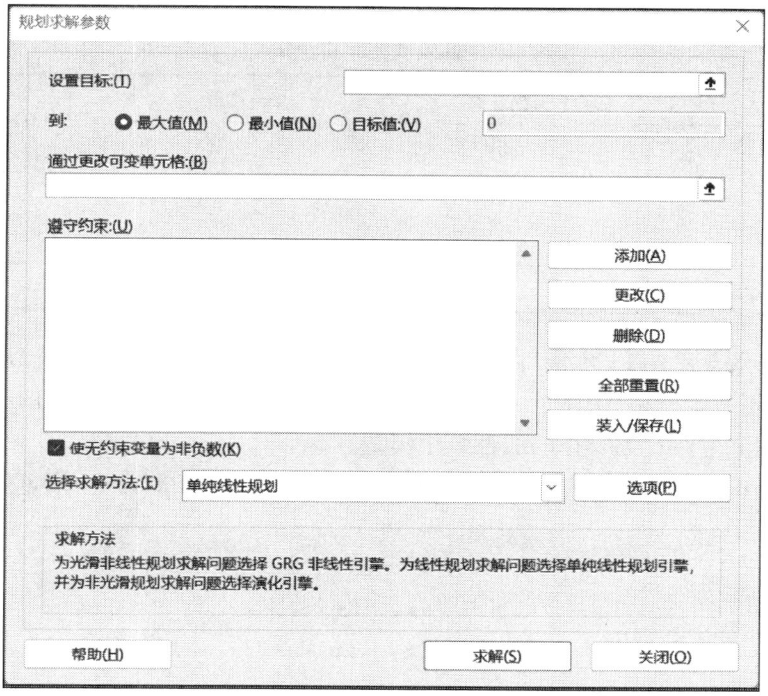


**图 10—1　规划求解参数窗口**

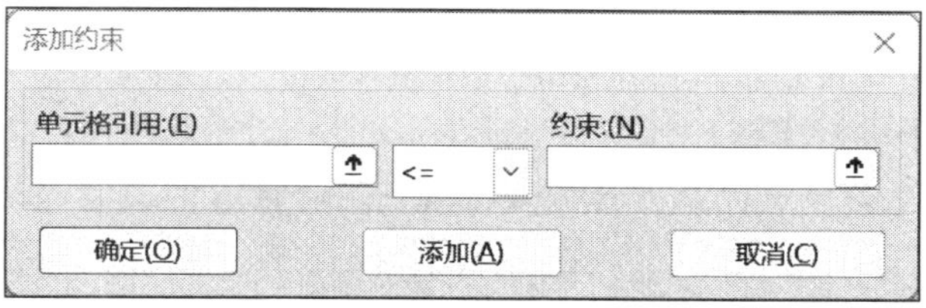


**图 10—2　约束条件窗口**

上述步骤是使用规划求解工具的一般过程,在求解具体问题时设置会略有差别,结合后续内容,还将做进一步阐述。

### 10.2.3　生产计划安排问题

生鲜新零售店铺的选址问题实际是针对栅格组合的最优化筛选问题,这与工厂的产品组合优化问题类似。工厂能够生产若干种产品,生产这些产品需要消耗不同量的原材料、能源和工时等,而不同产品给工厂带来的利润各不相同,那么经营管理者所面临的问题就是,如何在原材料、能源和工时等总量有限的情况下,各种产品各安排多少产量,能使工厂的总利润最大。此类问题有时又称为生产计划安排问题。

例10-1 讲解

**【例 10—1】**　某工厂计划生产 A、B 两种产品,分别需要机器、人工和原材料三种资源,相关数据如表 10—1 所示。要求在不超过资源限制的情况下安排 A、

B 两种产品，使得该工厂获得的利润最大。

**表 10－1　　　　产品及其生产资源表**

| 资源 | 产品 A | 产品 B | 资源限制 |
|---|---|---|---|
| 机器(工时) | 5 | 2 | 120 |
| 人工(工时) | 2 | 3 | 90 |
| 原材料(公斤) | 4 | 2 | 100 |
| 产品利润(元) | 12 | 8 | |

**【知识点与解题思路】** 本例将学习如何利用线性规划方法进行生产计划安排，关键点包括建立线性规划数学模型、构建 Excel 电子表格模型、使用规划求解工具求解线性规划问题。

第一步，建立生产计划安排的线性数学模型。

设产品 A、B 的产量分别为 X1 件和 X2 件，工厂获得的总利润为 z，则该问题的线性规划模型如下：

$$\max z = 12x_1 + 8x_2$$

$$s.t.\begin{cases}5x_1+2x_2\leqslant 120\\2x_1+3x_2\leqslant 90\\4x_1+2x_2\leqslant 100\\x_1,x_2\geqslant 0\end{cases}$$

用规划求解工具求解线性规划问题时，虽然不一定要列出数学模型，但在构造 Excel 模型和定义规划求解工具时所涉及的“设置目标及值”“通过更改可变单元格”和“遵守约束”等要素，其实就是数学模型在规划求解方法中的具体体现。

第二步，建立电子表格模型。

在 Excel 中建立适合于产品生产计划安排规划求解计算的模型，如图 10－3 所示。

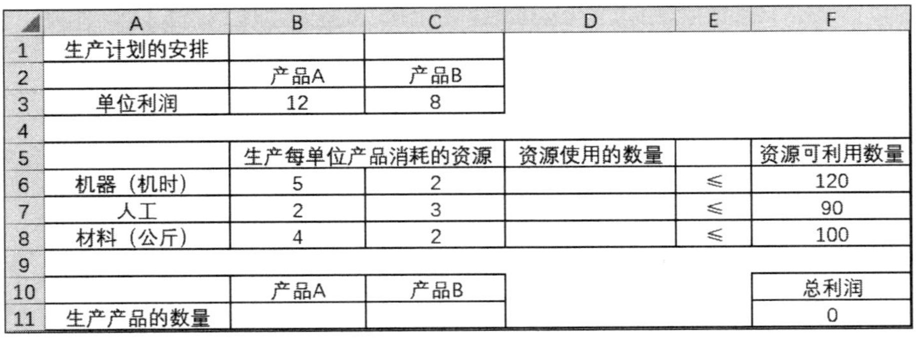

| | A | B | C | D | E | F |
|---|---|---|---|---|---|---|
| 1 | 生产计划的安排 | | | | | |
| 2 | | 产品A | 产品B | | | |
| 3 | 单位利润 | 12 | 8 | | | |
| 4 | | | | | | |
| 5 | | 生产每单位产品消耗的资源 | | 资源使用的数量 | | 资源可利用数量 |
| 6 | 机器（机时） | 5 | 2 | | ≤ | 120 |
| 7 | 人工 | 2 | 3 | | ≤ | 90 |
| 8 | 材料（公斤） | 4 | 2 | | ≤ | 100 |
| 9 | | | | | | |
| 10 | | 产品A | 产品B | | | 总利润 |
| 11 | 生产产品的数量 | | | | | 0 |

**图 10－3　生产计划安排计算模型**

在此模型中分别计算出生产产品 A 和产品 B 对机器、人工和材料的实际需要量，机器的需要量单元格 D6“＝SUMPRODUCT(B6:C6，$B$11:$C$11)”，人工的需要量单元格 D7“＝SUMPRODUCT(B7:C7，$B$11:$C$11)”，材料的需要量单元格 F4“＝SUMPRODUCT(B8:C8，$B$11:$C$11)”，总利润单元格 F11“＝SUMPRODUCT(B3:C3，B11:C11)”，模型中各单元格的计算公式如图 10－4 所示。

| | A | B | C | D | E | F |
|---|---|---|---|---|---|---|
| 1 | 生产计划的安排 | | | | | |
| 2 | | 产品A | 产品B | | | |
| 3 | 单位利润 | 12 | 8 | | | |
| 4 | | | | | | |
| 5 | | 生产每单位产品消耗的资源 | | 资源使用的数量 | | 资源可利用数量 |
| 6 | 机器（机时） | 5 | 2 | =SUMPRODUCT(B6:C6,$B$11:$C$11) | ≤ | 120 |
| 7 | 人工 | 2 | 3 | =SUMPRODUCT(B7:C7,$B$11:$C$11) | ≤ | 90 |
| 8 | 材料（公斤） | 4 | 2 | =SUMPRODUCT(B8:C8,$B$11:$C$11) | ≤ | 100 |
| 9 | | | | | | |
| 10 | | 产品A | 产品B | | | 总利润 |
| 11 | 生产产品的数量 | 15 | 20 | | | =SUMPRODUCT(B3:C3,B11:C11) |

**图 10—4　生产计划安排问题表达式**

第三步，使用规划求解工具求总利润最大值。

这里的目标变量为利润，最优解是最大值，因此目标单元格为 $F$11，其值应设置为“最大值”。决策变量为两种产品的生产数量，所以可变单元格设置为 $B$11：$C$11。由于受到机器、人工和材料的限制，产品 A、产品 B 所使用的机器、人工和材料的实际量不能超过供给量，同时产量不能为负数，因此约束条件为 $D$6：$D$8<= $F$6：$F$8(限制机器、人工和材料的实际使用不能超过可供给量)，以及 $B$11：$C$11>=0(产量非负)。用规划求解工具，就是要在满足约束条件的前提下，找到使得总利润最大的那组产量。

上述各类参数的设置如图 10—5 所示；单击“求解”按钮，规划求解工具开始进行计算，计算完毕会弹出如图 10—6 所示的对话框，选择其中的“保留规划求解的解”选项后再按“确定”按钮，求解完毕，在单元格 $B$11 和 $C$11 中得到 $X_1$ 和 $X_2$ 的最优产量分别为 15 和 20，此时的总利润为 340 元。

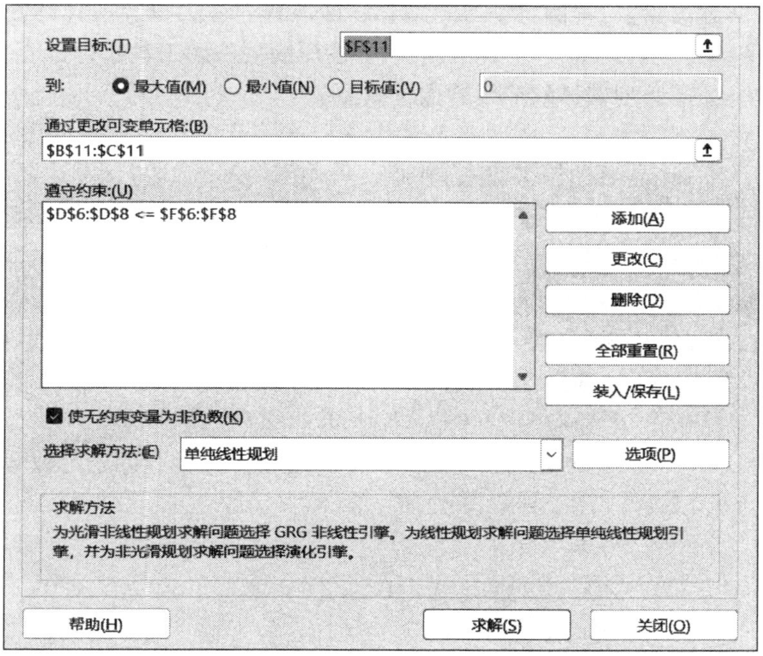


**图 10—5　生产计划安排线性规划的参数设置**

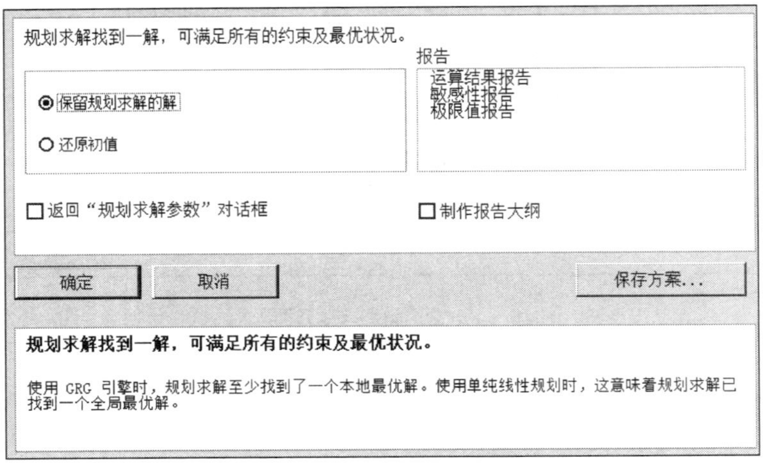


图 10—6　求解结果设置

规划求解工具除了可以求解线性规划问题外，也能求解非线性规划问题。

**【例 10—2】** 设某工厂计划生产 A、B 两种产品。已知生产一个 A 类产品消耗原材料 50 公斤，需要 20 个工人，产品销售的单价与销量之间存在这样的关系：$P=6000-90Q$；生产一个 B 类产品消耗原材料 80 公斤，需要 10 个工人，产品销售的单价与销量之间的关系是：$P=9250-240Q$。已知该工厂现有 300 位工人，可以提供的原材料为 1440 公斤；工人的单位成本为 10，原材料的单位成本为 12，总固定成本是 10000。那么，该工厂每天生产 A 产品、B 产品各多少才能获利最多？

例10-2 讲解

**【知识点与解题思路】** 本例将学习利用非线性规划方法进行生产计划安排，重点在于建立非线性数学模型、构建 Excel 电子表格模型，并使用规划求解工具求解非线性规划问题。

第一步，建立生产计划安排的非线性数学模型。

根据题意，设总利润为 $Y$，产品 A 的产量为 $X_1$，产品 B 的产量为 $X_2$，产品 A 的销售收入为 $(6000-90X_1)X_1$，产品 B 的销售收入为 $(9250-240X_2)X_2$。这里每种产品的利润等于其收益减去成本，为了计算成本中的变动成本，需要先计算出产品的单位变动成本，以产品 A 为例，其单位变动成本是要根据工人、原材料的单位成本来计算，由于工人的单位成本为 10，而生产 1 个单位的产品 A 需要 20 个工人，所以产品 A 的单位变动成本中的人工成本为 20×10，类似的原材料成本为 50×12，产品 A 的单位变动成本就为 20×10＋50×12＝800。同理，可以得到产品 B 的单位变动成本为 10×10＋80×12＝1060，两种产品的总成本为 $800X_1+1060X_2+10000$，利润 $Y=(6000-90X_1)X_1+(9250-240X_2)X_2-(800X_1+1060X_2+1000)$，稍做整理，利润 $Y=5200X_1-90X_1^2+8190X_2-240X_2^2-10000$，那么这个产品混合问题的数学模型为：

$$\text{Max}:Y=5\,200X_1-90X_1^2+8\,190X_2-240X_2^2-10\,000$$

$$\text{St}:20X_1+10X_2\leqslant 300$$

$$50X_1+80X_2\leqslant 1\,400$$

$$X_1,X_2\geqslant 0$$

由于目标函数为二次函数，所以这个产品混合问题就变成非线性规划问题了。

第二步，建立电子表格模型。

假设两种产品各生产 1 个单位，在 Excel 中建立计算工人、原材料和利润的计算模型，计算模型中各单元格的计算公式如图 10—7 所示。

| | B | C | D | E | F | G |
|---|---|---|---|---|---|---|
| 2 | | 产品A | 产品B | 需要量 | 供给量 | 单位成本 |
| 3 | 人工 | 20 | 10 | {=SUM (C3:D3*$C$5: $D$5)} | 300 | 10 |
| 4 | 原材料 | 50 | 80 | {=SUM (C4:D4*$C$5:$D$5) } | 1440 | 12 |
| 5 | 产量 | 1.00 | 1.00 | | | |
| 6 | a | 6000 | 9250 | | | |
| 7 | b | -90 | -240 | | | |
| 8 | 单价 | =C6+C5*C7 | =D6+D5*D7 | | | |
| 9 | 收入 | =C8*C5 | =D8*D5 | | | |
| 10 | 单位变动成本 | {=SUM (C3:C4*$G$3: $G$4)} | {=SUM (D3:D4*$G$3: $G$4)} | | | |
| 11 | 变动成本 | =C5*C10 | =D5*D10 | | | |
| 12 | 总固定成本 | 10000 | | | | |
| 13 | 总利润 | =C9+D9-C12-C11-D11 | | | | |

**图 10—7 组合生产非线性规划模型**

第三步，使用规划求解工具求最大利润值。

总利润是目标变量，要使其最大，因此目标单元格为 \$C\$13，其值应设置为“最大值”。决策变量为产品 A 和产品 B 的产量，所以可变单元格为 \$C\$5：\$D\$5。由于受到人工、原材料的限制，两种产品对人工工时、原材料的需要量不能超过可供量，同时产量不能为负数，因此约束条件为 \$E\$3：\$E\$4<= \$F\$3：\$F\$4，以及 \$C\$5：\$D\$5>=0。运用规划求解工具，要在满足约束条件的前提下，找到能使总利润最大的两种产品的产量。

“规划求解参数”对话框的设置如图 10—8 所示。需要注意的是，由于这是一个非线性规划的问题，因此在“选择求解方法”组合框中应选择“非线性 GRG”。

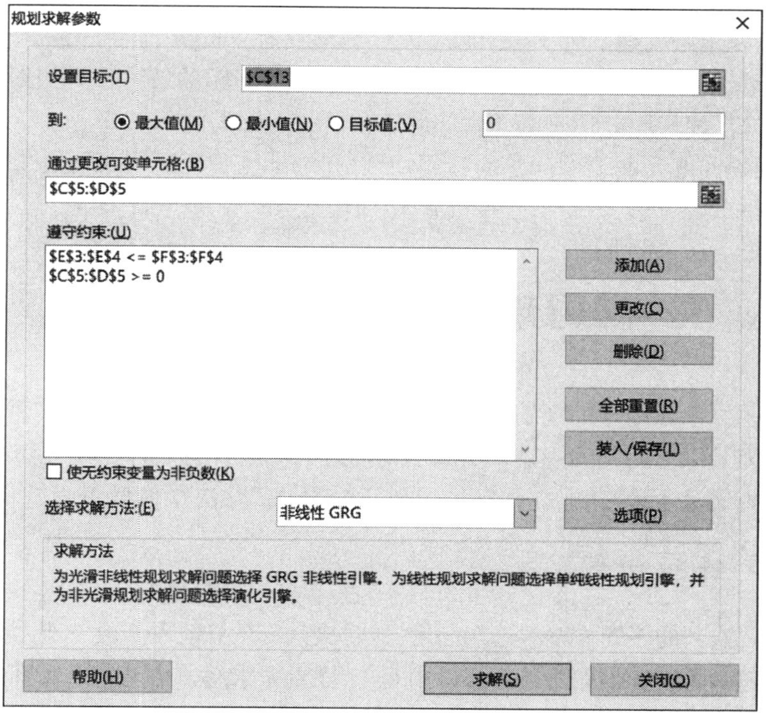


**图 10—8 组合生产非线性规划的参数设置**

用规划求解工具求解的结果如图 10—9 所示，当产品 A 的产量为 8.73，产品 B 的产量为 12.55 时，所获的利润 93500.99 为最大。

| | B | C | D | E | F | G |
|---|---|---|---|---|---|---|
| 2 | | 产品A | 产品B | 需要量 | 供给量 | 单位成本 |
| 3 | 人工 | 20 | 10 | 300 | 300 | 10 |
| 4 | 原材料 | 50 | 80 | 1440 | 1440 | 12 |
| 5 | 产量 | 8.73 | 12.55 | | | |
| 6 | a | 6000 | 9250 | | | |
| 7 | b | -90 | -240 | | | |
| 8 | 单价 | 5214.55 | 6239.09 | | | |
| 9 | 收入 | 45508.76 | 78272.23 | | | |
| 10 | 单位变动成本 | 800 | 1060 | | | |
| 11 | 变动成本 | 6981.82 | 13298.18 | | | |
| 12 | 总固定成本 | 10000 | | | | |
| 13 | 总利润 | 93500.99 | | | | |

**图 10—9　组合生产非线性规划的求解结果**

注意：对于非线性规划问题，如果存在解，其解可能不唯一，即可能存在多解。使用规划求解工具解非线性规划问题时，可以通过设置不同的初值来分别求解，以此观察问题是否有单解或多解。如果用不同的初值求解得到相同的解，那么该非线性规划问题是单解问题；如果不同初值得到的是不同的解，那么该非线性规划问题存在多解。此时，需要根据题意从多个解中选择最符合要求的最终结果。

从例 10—1 和例 10—2 的求解过程中可以看到：

(1)用规划求解工具求解最优化问题时，并非一定要列出目标函数和约束条件的数学表达式，只要根据所要求解问题的含义，正确地设置"设置目标"的值(目标变量)、"通过更改可变单元格"(决策变量)和"遵守约束"(约束条件)，就可以得到问题的解。但列出数学表达式的话，对问题进行诸如是线性问题还是非线性问题等分析是有帮助的。

(2)由于线性问题是非线性问题的特例，所以如果不能确定所求问题是线性的还是非线性的，不妨将"选择求解方法"组合框直接设置为"非线性 GRG"来进行求解。

# 10.3　常见规划问题的最优化决策模型

最优化问题可以运用线性规划或非线性规划模型进行求解，在财经管理活动中有许多问题都可以归结为最优化问题的规划求解，比如运输问题、选址问题、选址一运输综合问题、资金管理等。本节将通过各种案例，介绍常见规划问题的最优化决策模型。

## 10.3.1　选址问题

管理中经常遇到的不同方案的选取问题，这时决策变量只能取 0 或 1，此类规划问题称之为 0—1 规划。生鲜零售新店铺的选址就可以用 0—1 规划来求解。由于每个店铺的辐射范围是有限的，要使整个 CBD 区域都有店铺覆盖的办法当然是开设的店铺越多越好。但是店铺开得过于密集，可能会有部分辐射范围的重叠，这样开设店铺会造成浪费。因此，生鲜企业就要进行优化决策，合理地选取潜在开店地点，使整个 CBD 区域都有店铺覆盖，又能使开店的成本最低。

**【例 10－3】** 一家生鲜配送型连锁店准备在十六个城市栅格中挑选 2 个建立门店的位置，以便覆盖城市 CBD 地区 1 千米范围内的四个区域。这十六个栅格对于城市 CBD 四个区域的覆盖与开设店铺的成本费用如表 10－2 所示。在一个栅格所在列与一个地区所在行的交叉点处有数字“1”表明在该位置开设店铺时可以覆盖到该地区。我们需要构造一个规划模型，用于确定最优的门店建设方案。

例10-3 讲解

**表 10－2　　开店位置—覆盖范围—费用表**

| 覆盖 | 栅格 1 | 栅格 2 | 栅格 3 | 栅格 4 | 栅格 5 | 栅格 6 | 栅格 7 | 栅格 8 | 栅格 9 | 栅格 10 | 栅格 11 | 栅格 12 | 栅格 13 | 栅格 14 | 栅格 15 | 栅格 16 |
|---|---|---|---|---|---|---|---|---|---|---|---|---|---|---|---|---|
| 地区 A | 1 | | 1 | 1 | | 1 | | 1 | | | | | | | 1 | |
| 地区 B | | 1 | | | | | | | | 1 | 1 | | 1 | | 1 | 1 |
| 地区 C | | | | 1 | 1 | | 1 | | | 1 | | 1 | | | | 1 |
| 地区 D | 1 | 1 | | | 1 | 1 | | | 1 | | 1 | | | 1 | | |
| 费用 | 20 | 15 | 19 | 25 | 40 | 35 | 20 | 15 | 16 | 22 | 30 | 18 | 21 | 25 | 27 | 32 |

**【知识点与解题思路】** 本例将学习利用线性规划方法进行门店选址决策，重点在于建立选址规划决策的模型并使用规划求解工具求解费用最小值。

第一步，建立门店选址规划决策的电子表格模型。

如果在四个区域都开设门店，肯定能覆盖全部地区，但显然这不是一个好的方案，它建门店的费用很大。所要解决的问题是如何选取开店的位置既能覆盖四个地区，又能使开设的店铺数量最经济，即总开店成本费用最低。

以题目所给的“开店位置—覆盖范围—费用表”为基础，如图 10－10 所示，在单元格 C3:S9 的范围内构建规划模型，在单元格 C8:R8 中的 1 表示对应位置开店，0 表示不开店；单元格 S3:S6 表示对应地区被各位置开店时对该地区的覆盖次数。这样所要求的最优解就是在保证每个地区至少被覆盖一次的前提下，所选的开店方案能使总费用最低。总费用单元格 C9 中的公式为“＝SUM(C8:R8＊C7:R7)”。

| | B | C | D | E | F | G | H | I | J | K | L | M | N | O | P | Q | R | S |
|---|---|---|---|---|---|---|---|---|---|---|---|---|---|---|---|---|---|---|
| 2 | 覆盖 | 栅格1 | 栅格2 | 栅格3 | 栅格4 | 栅格5 | 栅格6 | 栅格7 | 栅格8 | 栅格9 | 栅格10 | 栅格11 | 栅格12 | 栅格13 | 栅格14 | 栅格15 | 栅格16 | 覆盖次数 |
| 3 | 地区A | 1 | | 1 | 1 | | 1 | | 1 | | | | | | | 1 | | {=SUM(C3:R3*$C$8:$R$8)} |
| 4 | 地区B | | 1 | | | | | | | | 1 | 1 | | 1 | | 1 | 1 | {=SUM(C4:R4*$C$8:$R$8)} |
| 5 | 地区C | | | | 1 | 1 | | 1 | | | 1 | | 1 | | | | 1 | {=SUM (C5:R5*$C$8:$R$8)} |
| 6 | 地区D | 1 | 1 | | | 1 | 1 | | | 1 | | 1 | | | 1 | | | {=SUM(C6:R6*$C$8:$R$8)} |
| 7 | 费用 | 20 | 15 | 19 | 25 | 40 | 35 | 20 | 15 | 16 | 22 | 30 | 18 | 21 | 25 | 27 | 32 | |
| 8 | 选择 | 1 | 1 | 1 | 1 | 1 | 1 | 1 | 1 | 1 | 1 | 1 | 1 | 1 | 1 | 1 | 1 | =sum (C8:R8) |
| 9 | 总费用 | {=SUM(C8:R8*C7:R7)} | | | | | | | | | | | | | | | | |

**图 10－10　门店选址决策模型**

第二步，使用规划求解工具求建站费用最小值。

根据建模时的分析，设置目标单元格为 $C$9，其值设为最小值；可变单元格为 $C$8:$R$8；约束条件为 $S$3:$S$6＞＝1（所选择的基站对每个地区的覆盖次数至少一次），$C$8:$R$8＝二进制（选择方案的取值为 1 或 0），$S$8＝2（在十六个城市栅格中挑选 2 个建立门店的位置）。求解结果显示：在栅格 2 和栅格 4 建门店是最优方案，四个地区都被覆盖一次，总费用为 40，达到最低。

选址问题中的决策变量取值只有 0 和 1，因此选址问题是 0—1 规划问题。

注意：在前两例中，为了便于理解和对照，我们先构建数学模型，再建立电子表格模型。以后的例子中将直接构建电子表格模型，简称模型。

### 10.3.2 运输问题

生鲜新零售的开店选址点已经确定在栅格 2 和 4，开店后需要面对的是商品的运输问题。运输公司要把产自不同供应商的货物运往不同的门店，各个供应商的产能是不同的，各个门店的需求也是不同的，因而在安排运输计划时会有各种不同的运输方案。运输问题要解决的是在既不超出各供应商的供应能力又能满足各门店需求的条件下，如何安排运输线路能使总的运输成本最低。

在线性规划中，将上述问题总结归纳为运输模型。另外，当决策变量的取值只能为整数时，把这类规划问题称为整数规划。

**【例 10—4】** 生鲜新零售连锁店的猪肉在市内有三个供应商甲、乙、丙，分别向 A、B、C、D 四个销地提供产品，供应商每日最大产能分别是 150 千克、200 千克和 100 千克。每天要向市内 A、B、C 和 D 四个门店供货，四个门店的日需要量分别是 120 千克、150 千克、100 千克和 80 千克。供应商仓库到门店的运费（单位：元/千克）如表 10—3 所示。请根据以上信息回答下列问题：

例10-4 讲解

**表 10—3　　供应商仓库到门店的运费表**

| 每千克运费 | 门店 A | 门店 B | 门店 C | 门店 D |
|---|---|---|---|---|
| 供应商甲 | 5 | 6 | 7 | 6 |
| 供应商乙 | 6 | 9 | 5 | 4 |
| 供应商丙 | 8 | 9 | 7 | 5 |

(1)该连锁店怎样安排运输，能够使总费用最小，要求每个供应商的实际供应量不能超过其最大产能，同时又要满足各门店的需求量。

(2)由于推广活动，门店 A 的猪肉需求量上升到 200 千克，但供应商的产量并未发生变化，试问此时连锁店怎样安排运输，能够使总费用最小。

(3)在问题(2)的基础上，考虑到门店 A 位于黄金地段，是生鲜新零售连锁店的重要门店，所以要满足门店 A 的全部需求，门店 B 与 C 拥有较稳定的客源，至少要满足他们订单的 1/2，门店 D 满足不满足订单均可。试问此时连锁店怎样安排运输，能够使总费用最小。

**【知识点与解题思路】** 本例将学习利用线性规划方法解决运输优化问题，重点在于建立运输规划模型并使用规划求解工具求解。具体包括：确定供应商向门店运输的最优方案，使总费用最小，同时满足供应商的产能和门店的需求；在需求变化的情况下，调整运输方案以实现费用最小化；在需求超出供应能力时，根据优先级分配资源，确保重要门店的需求得到满足。

问题(1)：建立各供应商向各门店运输猪肉的运输规划模型。

第一步，建立运输规划模型。

如图 10—11 所示，这是一个产销平衡的运输问题，在单元格 A1:E4 构造单位运费表，在单元格 A7:G12 构造计算模型。初始时设各供应商运往各门店的猪肉都为 1 千克，据此分别计算各供应商的实际运出量(供应量)、各门店的运到量以及总运费,这里总运费等于每条运输线路的单位运费乘以通过该路线运输的猪肉数量的总和,因此单元格 G11 中的公式为“=SUM(B2:E4 * B8:E10)”,各相关单元格的计算表达式如图 10—11 所示。

| | A | B | C | D | E | F | G |
|---|---|---|---|---|---|---|---|
| 1 | 每千克运费 | 门店A | 门店B | 门店C | 门店D | | |
| 2 | 供应商甲 | 5 | 6 | 7 | 6 | | |
| 3 | 供应商乙 | 6 | 9 | 5 | 4 | | |
| 4 | 供应商丙 | 8 | 9 | 7 | 5 | | |
| 5 | | | | | | | |
| 6 | | | | | | | |
| 7 | | 门店A | 门店B | 门店C | 门店D | 实际产量 | 最大产量 |
| 8 | 供应商甲 | 1 | 1 | 1 | 1 | =SUM(B8:E8) | 150 |
| 9 | 供应商乙 | 1 | 1 | 1 | 1 | =SUM(B9:E9) | 200 |
| 10 | 供应商丙 | 1 | 1 | 1 | 1 | =SUM(B10:E10) | 100 |
| 11 | 运到量 | =SUM(B8:B10) | =SUM(C8:C10) | =SUM(D8:D10) | =SUM(E8:E10) | 总运费 | {=SUM(B2:E4, B8:E10)} |
| 12 | 需求量 | 120 | 150 | 100 | 80 | | |

**图 10—11　产销平衡问题的运输规划模型**

第二步,使用规划求解工具求总运费最小值。

设置目标单元格为$G$11,其值设为最小值;可变单元格为$B$8:$E$10;约束条件为$F$8:$F$10=$G$8:$G$10(各供应商的运出量等于它的最大产能),$B$11:$E$11=$B$12:$E$12(各门店的运到量等于它的需要量),$B$8:$E$10>=0(运输量要大于等于零)。

本题的求解结果如图 10—12 所示。

| | A | B | C | D | E | F | G |
|---|---|---|---|---|---|---|---|
| 7 | | 门店A | 门店B | 门店C | 门店D | 实际产量 | 最大产量 |
| 8 | 供应商甲 | 0 | 150 | 0 | 0 | 150 | 150 |
| 9 | 供应商乙 | 120 | 0 | 80 | 0 | 200 | 200 |
| 10 | 供应商丙 | 0 | 0 | 20 | 80 | 100 | 100 |
| 11 | 运到量 | 120 | 150 | 100 | 80 | 总运费 | 2560 |
| 12 | 需求量 | 120 | 150 | 100 | 80 | | |

**图 10—12　运输规划模型的求解结果**

注意:规划求解工具只能保持最近一次使用时所设置的参数,而在求解最优化问题的过程中可能要多次使用它来求解不同的问题。为了能把每次使用时所设置的参数保存下来,可以在“规划求解参数”窗口中单击“装入/保存”按钮,在弹出的“装入/保存”窗口中填入要保存模型的起始位置,图 10—13 表示要将参数保存在从单元格 B14 开始的区域,然后单击“保存”按钮,就可以将本次求解的参数保存。以后要使用已保存好的参数模型求解,只要单击“装入”按钮,就能获取所保存的设置参数。

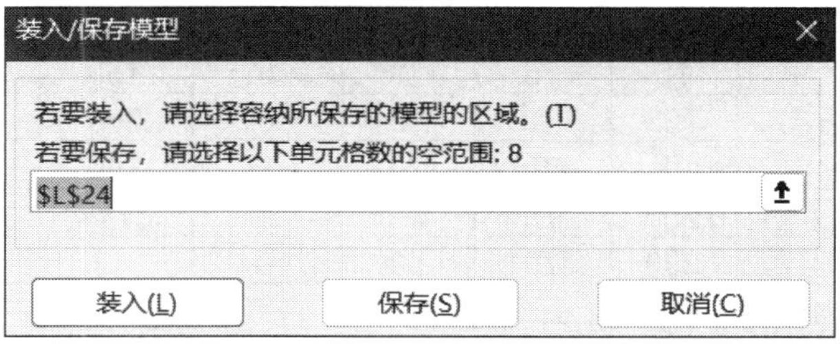


**图 10—13　保存模型窗口**

问题(2)：当门店 A 需求量增加但供应商产能不变时，该问题就由产销平衡问题转变为了销量大于产量的问题。在单位运价不变的情况下，我们只需更改原始模型中 B12 单元格处门店 A 的需求量为 200 千克，调整规划求解参数设置，将原本的 $B$11：$E$11＝$B$12：$E$12(各门店的运到量等于它的需要量)约束条件更改为 $B$11：$E$11<＝$B$12：$E$12(超出需求无法满足)即可。

本题的求解结果如图 10－14 所示。

| | A | B | C | D | E | F | G |
|---|---|---|---|---|---|---|---|
| 7 | | 门店A | 门店B | 门店C | 门店D | 实际产量 | 最大产量 |
| 8 | 供应商甲 | 80 | 70 | 0 | 0 | 150 | 150 |
| 9 | 供应商乙 | 120 | 0 | 80 | 0 | 200 | 200 |
| 10 | 供应商丙 | 0 | 0 | 20 | 80 | 100 | 100 |
| 11 | 运到量 | 200 | 70 | 100 | 80 | 总运费 | 2480 |
| 12 | 需求量 | 200 | 150 | 100 | 80 | | |

**图 10－14　销大于产运输规划模型的求解结果**

问题(3)：在问题(2)中，总需求量大于供应商能够提供的总产量，是销大于产的问题，则无法满足所有门店的需求。根据题意可知门店 A、B、C、D 除需求量外，还有最小采购量，其中门店 A 要全部满足，门店 B、C 为原来的 1/2，门店 D 不做要求，则门店 A、B、C、D 的最小需求量分别为 200 千克、75 千克、50 千克和 0 千克。新的规划求解模型如图 10－15 所示。

| | A | B | C | D | E | F | G |
|---|---|---|---|---|---|---|---|
| 1 | 每千克运费 | 门店A | 门店B | 门店C | 门店D | | |
| 2 | 供应商甲 | 5 | 6 | 7 | 6 | | |
| 3 | 供应商乙 | 6 | 9 | 5 | 4 | | |
| 4 | 供应商丙 | 8 | 9 | 7 | 5 | | |
| 5 | | | | | | | |
| 6 | | | | | | | |
| 7 | | 门店A | 门店B | 门店C | 门店D | 实际产量 | 最大产量 |
| 8 | 供应商甲 | 1 | 1 | 1 | 1 | =SUM(B8:E8) | 150 |
| 9 | 供应商乙 | 1 | 1 | 1 | 1 | =SUM(B9:E9) | 200 |
| 10 | 供应商丙 | 1 | 1 | 1 | 1 | =SUM(B10:E10) | 100 |
| 11 | 运到量 | =SUM(B8:B10) | =SUM(C8:C10) | =SUM(D8:D10) | =SUM(E8:E10) | 总运费 | =SUMPRODUCT(B2:E4,B8:E10) |
| 12 | 最小需求量 | =B13 | =0.5*C13 | =0.5*D13 | =0 | | |
| 13 | 需求量 | 200 | 150 | 100 | 80 | | |

**图 10－15　附加条件运输规划模型**

在问题(2)的基础上调整约束条件，保留目标函数、决策变量和产量限制不变，更改有关需求量的约束。要求必须满足各门店的最小需求量，即 $B$11：$E$11>＝$B$12：$E$12，且不超过门店的最大需求，即 $B$11：$E$11<＝$B$13：$E$13。

本题的求解结果如图 10－16 所示。

| | A | B | C | D | E | F | G |
|---|---|---|---|---|---|---|---|
| 7 | | 门店A | 门店B | 门店C | 门店D | 实际产量 | 最大产量 |
| 8 | 供应商甲 | 75 | 75 | 0 | 0 | 150 | 150 |
| 9 | 供应商乙 | 125 | 0 | 75 | 0 | 200 | 200 |
| 10 | 供应商丙 | 0 | 0 | 20 | 80 | 100 | 100 |
| 11 | 运到量 | 200 | 75 | 95 | 80 | 总运费 | 2490 |
| 12 | 最小需求量 | 200 | 75 | 50 | 0 | | |
| 13 | 需求量 | 200 | 150 | 100 | 80 | | |

**图 10－16　附加条件运输规划模型的求解结果**

### 10.3.3 选址—运输综合应用

在实际问题中,我们经常遇到选址与运输相结合的问题。这不仅涉及方案选择,还包括运输规划。在这种情况下,选址部分的决策变量通常只能取 0 或 1,而运输规划部分的决策变量则是正整数。库房选址和货物运输规划正属于这一类问题。由于每个库房的供给能力有限,最直接满足各经销商需求的方法就是尽可能多设立库房。但过多的库房可能导致供给过剩,从而产生浪费。因此,库房建设需要进行优化决策,合理选择库房的设立地点并规划运输线路,以确保各区域的供需平衡,同时将建设和运输成本降至最低。

**【例 10—5】** 某公司考虑在天津、杭州、深圳、重庆 4 个城市设立库房,这些库房负责向华北、华中、华南地区供货,每个库房每月可处理货物 1000 件。在天津、杭州、深圳、重庆设立库房的成本分别为 5 万元、6 万元、7 万元、4 万元。每个地区月平均需求量为:华北每月 500 件,华中每月 700 件,华南每月 800 件。发运货物的单位费用如表 10—4 所示。

例10-5 讲解

**表 10—4** 单位费用 单位:元

| 发货地＼地区 | 华北 | 华中 | 华南 |
| --- | --- | --- | --- |
| 天津 | 300 | 500 | 600 |
| 杭州 | 400 | 350 | 500 |
| 深圳 | 700 | 450 | 400 |
| 重庆 | 450 | 250 | 450 |

公司希望在满足月需求条件的情况下成本最小,且还要满足以下条件:

(1)如果在杭州设库房,则必须在重庆设库房;

(2)最多设两个库房;

(3)重庆和深圳不能同时设库房。

**【知识点与解题思路】** 本例将学习如何综合应用选址与运输规划进行优化决策,重点在于建立选址与运输的综合规划模型并使用规划求解工具求解最优方案。关键知识包括设定选址和运输的决策变量及约束条件,计算总费用并求解最小化,使得在满足需求和约束的前提下总成本最低。

第一步,构建库房选址规划决策模型。

选址问题受以下三个主要约束条件的限制:杭州和重庆的库房必须同时设立或不设立;库房总数最多为两个;重庆和深圳的库房数量合计不能超过一个。此外,在运输规划方面,需要综合考虑库房和运输的费用。每个库房每月可处理 1000 件货物,最多可以设立两个库房,总供应能力为 2000 件,而三个地区的总销量为 2000 件。因此,该题目的决策变量包括设立库房的 4 个 0—1 变量,以及运输规划的 12 个整数变量。

以题目所给的"单位运价表"和设立库房费用为基础,如图 10—17 所示,在单元格 B2:O11 的范围内构建规划模型,在单元格 C3:F3 中的 1 表示对应位置设立库房,0 表示不设立库房;单元格 K2:M4 表示选址问题对应所需满足的三个约束条件。在单元格 C7:F9 中是运输规划的决策变量,G7:H9 与 C10:F11 所对应的是运输问题的供销约束。其中供给量为是否建设库房的 0—1 变量乘库房货物处理量 1000 所得。费用分为库房建设费用和运输费用,总费用即为建设费用和运输费用之和。这样所要求的最优解就是在保证每个地区供货充足的前提下,使得所选的库房选址和运输方案能使总费用最低。

| | B | C | D | E | F | G | H |
|---|---|---|---|---|---|---|---|
| 2 | | 天津 | 杭州 | 深圳 | 重庆 | | |
| 3 | 是否建设 | 1 | 1 | 1 | 1 | | |
| 4 | 库房费用 | 50000 | 60000 | 70000 | 40000 | 建设费用 | =SUMPRODUCT(C3:F3,C4:F4) |
| 5 | | | | | | | |
| 6 | 地区 / 发货地 | 天津 | 杭州 | 深圳 | 重庆 | 实际量 | 需求量 |
| 7 | 华北 | 0 | 300 | 0 | 200 | =SUM(C7:F7) | 500 |
| 8 | 华中 | 0 | 700 | 0 | 0 | =SUM(C8:F8) | 700 |
| 9 | 华南 | 0 | 0 | 0 | 800 | =SUM(C9:F9) | 800 |
| 10 | 实际量 | 0 | 1000 | 0 | 1000 | | |
| 11 | 供给量 | =1000*C3 | =1000*D3 | =1000*E3 | =1000*F3 | 运输费用 | =SUMPRODUCT(C7:F9,L7:O9) |

| | J | K | L | M | N | O |
|---|---|---|---|---|---|---|
| 2 | 约束(1) | =F3-D3 | >= | 0 | | |
| 3 | 约束(2) | =SUM(C3:F3) | <= | 2 | | |
| 4 | 约束(3) | =E3+F3 | <= | 1 | | |
| 5 | | | | | | |
| 6 | 单位运价表 | 地区 / 发货地 | 天津 | 杭州 | 深圳 | 重庆 |
| 7 | | 华北 | 300 | 400 | 700 | 450 |
| 8 | | 华中 | 500 | 350 | 450 | 250 |
| 9 | | 华南 | 600 | 500 | 400 | 450 |
| 10 | | | | | | |
| 11 | 总费用 | =H4+H11 | | | | |

**图 10—17 库房选址运输综合问题决策模型**

第二步,使用规划求解工具求设立库房费用最小值。

根据建模时的分析,在规划求解工具中设置模型参数,如图 10—18 所示。

| | B | C | D | E | F | G | H |
|---|---|---|---|---|---|---|---|
| 2 | | 天津 | 杭州 | 深圳 | 重庆 | | |
| 3 | 是否建设 | 1 | 1 | 1 | 1 | | |
| 4 | 库房费用 | 50000 | 60000 | 70000 | 40000 | 建设费用 | =SUMPRODUCT(C3:F3,C4:F4) |
| 5 | | | | | | | |
| 6 | 地区 / 发货地 | 天津 | 杭州 | 深圳 | 重庆 | 实际量 | 需求量 |
| 7 | 华北 | 0 | 300 | 0 | 200 | =SUM(C7:F7) | 500 |
| 8 | 华中 | 0 | 700 | 0 | 0 | =SUM(C8:F8) | 700 |
| 9 | 华南 | 0 | 0 | 0 | 800 | =SUM(C9:F9) | 800 |
| 10 | 实际量 | 0 | 1000 | 0 | 1000 | | |
| 11 | 供给量 | =1000*C3 | =1000*D3 | =1000*E3 | =1000*F3 | 运输费用 | =SUMPRODUCT(C7:F9,L7:O9) |

| | J | K | L | M | N | O |
|---|---|---|---|---|---|---|
| 2 | 约束(1) | =F3-D3 | >= | 0 | | |
| 3 | 约束(2) | =SUM(C3:F3) | <= | 2 | | |
| 4 | 约束(3) | =E3+F3 | <= | 1 | | |
| 5 | | | | | | |
| 6 | 单位运价表 | 地区 / 发货地 | 天津 | 杭州 | 深圳 | 重庆 |
| 7 | | 华北 | 300 | 400 | 700 | 450 |
| 8 | | 华中 | 500 | 350 | 450 | 250 |
| 9 | | 华南 | 600 | 500 | 400 | 450 |
| 10 | | | | | | |
| 11 | 总费用 | =H4+H11 | | | | |

**图 10—18 选址运输综合问题的参数设置**

其中,设置目标单元格为 \$K\$11,其值设为最小值;可变单元格为 \$C\$3:\$F\$3 和 \$C\$7:\$F\$9(库房建设方案和运输规划方案);约束条件为 \$C\$10:\$F\$10<=\$C\$11:\$F\$11(供货量不超过最大值),\$C\$3:\$F\$3=二进制(选择库房建设的取值为 1 或 0),\$C\$7:\$F\$9=整数(货物运输必须为整数),\$G\$7:\$G\$9>=\$H\$7:\$H\$9(销售地区供给量满足需求),\$K\$2>= \$M\$2(满足杭州建设库房则必须在重庆建设库房),\$K\$3<= \$M\$3(满足总库房数量最多不超过 2 个),\$K\$4<=\$M\$4(重庆和深圳不能同时建设库房)。

求解结果显示:在杭州和重庆建门店是最优方案,总费用为 850000 元,达到最低。具体的求解结果如图 10—19 所示。

| | B | C | D | E | F | G | H |
|---|---|---|---|---|---|---|---|
| 2 | | 天津 | 杭州 | 深圳 | 重庆 | | |
| 3 | 是否建设 | 1 | 0 | 0 | 1 | | |
| 4 | 库房费用 | 50000 | 60000 | 70000 | 40000 | 建设费用 | 90000 |
| 5 | | | | | | | |
| 6 | 发货地 / 地区 | 天津 | 杭州 | 深圳 | 重庆 | 实际量 | 需求量 |
| 7 | 华北 | 500 | 0 | 0 | 0 | 500 | 500 |
| 8 | 华中 | 0 | 0 | 0 | 700 | 700 | 700 |
| 9 | 华南 | 500 | 0 | 0 | 300 | 800 | 800 |
| 10 | 实际量 | 1000 | 0 | 0 | 1000 | | |
| 11 | 供给量 | 1000 | 0 | 0 | 1000 | 运输费用 | 760000 |

| | J | K | L | M | N | O |
|---|---|---|---|---|---|---|
| 2 | 约束(1) | 1 | >= | 0 | | |
| 3 | 约束(2) | 2 | <= | 2 | | |
| 4 | 约束(3) | 1 | <= | 1 | | |
| 5 | | | | | | |
| 6 | 单位运价表 | 发货地 / 地区 | 天津 | 杭州 | 深圳 | 重庆 |
| 7 | | 华北 | 300 | 400 | 700 | 450 |
| 8 | | 华中 | 500 | 350 | 450 | 250 |
| 9 | | 华南 | 600 | 500 | 400 | 450 |
| 10 | | | | | | |
| 11 | 总费用 | 850000 | | | | |

**图 10—19 选址运输综合问题模型的求解结果**

### 10.3.4　采购管理问题

企业在生产或经营活动中会遇到各种类型的管理决策问题，诸如如何安排人力，能使产量最大而所需支付的人工成本最低；仓库各种产品或商品的库存量保持在什么范围内，既能保证生产经营的连续性，又能使得库存成本最低。对于生鲜新零售连锁店也面临如何安排采购才能使采购与储存成本最优的问题。

例10-6 讲解

**【例 10—6】** 生鲜新零售连锁店销售的袋装大米随着季节的变化，在不同月份的需求量、单位采购成本与供应能力不同，见表 10—5。

**表 10—5　　　　1—6 月大米需求量、单位采购成本与供应能力**

| | 1 月 | 2 月 | 3 月 | 4 月 | 5 月 | 6 月 |
|---|---|---|---|---|---|---|
| 需求量(袋) | 1000 | 4500 | 6000 | 5500 | 3500 | 4000 |
| 最大供应量(袋) | 4000 | 3500 | 4000 | 4500 | 4000 | 3500 |
| 单位采购成本(元) | 240 | 250 | 265 | 285 | 280 | 260 |

每月的储存成本等于单位储存成本与月平均库存量(月初库存量与月末库存量的平均值)的乘积，而每月的单位储存成本等于当月单位采购成本的 1.5%。因为受到流动资金调度的限制，公司每月的采购量既不超过当月供应能力又不低于当月供应能力的一半。为防备急需，管理人员还要求每月末库存量不能低于安全库存量 1500 件，仓库容量有限，最多只能储存 6000 件。目前库存已有存量 2750 件。需要建立一个采购模型来规划每月的最优采购量，使 6 个月总成本达到最小。

**【知识点与解题思路】** 本例将学习如何利用整数规划方法进行采购管理，重点在于建立采购量安排的规划模型并使用规划求解工具求解整数规划问题。关键知识包括设定每月的采购量作为决策变量，计算每月的库存量、采购成本和储存成本，构建目标函数和约束条件并通过规划求解工具求解最小总成本。

第一步，建立采购量安排规划模型。

根据题意，每月的采购量为决策变量，共有 6 个(单元格 C10:H10)，初始变量可设置为 1 件；每月的月初库存量、采购量下限、月末库存量和单位储存成本可根据题意分别计算；目标变量为总成本(单元格 C18)，采购安排规划模型的计算表达式如图 10—20 所示。

第二步，使用规划求解工具求总成本最小值。

打开规划求解工具，根据建模时的分析，设置总成本目标单元格为 ＄C＄18，其值设为最小值；采购量可变单元格为 ＄C＄10:＄H＄10；约束条件为 ＄C＄10:＄H＄10<=＄C＄11:＄H＄11(每月的采购量<=最大供应量)，＄C＄10:＄H＄10>=＄C＄12:＄H＄12(每月的采购量>=供应量下限)，＄C＄13:＄H＄13<=＄C＄2(月末库存量<=仓库容量)，＄C＄13:＄H＄13>=＄C＄3(月末库存量>=安全库存量)，＄C＄10:＄H＄10>=0，＄C＄10:＄H＄10=整数(大米的包装为单件不可拆分，可变单元格为大于等于 0 的整数)，求解结果如图 10—21 所示。

| | B | C | D | E | F | G | H |
|---|---|---|---|---|---|---|---|
| 2 | 仓库容量 | 6000 | | | | | |
| 3 | 安全库存量 | 1500 | | | | | |
| 4 | 储存成本系数 | 1.5% | | | | | |
| 5 | 当前库存量 | 2750 | | | | | |
| 6 | | | | | | | |
| 7 | | 1月 | 2月 | 3月 | 4月 | 5月 | 6月 |
| 8 | 需求量 | 1000 | 4500 | 6000 | 5500 | 3500 | 4000 |
| 9 | 月初库存量 | =C5 | =C13 | =D13 | =E13 | =F13 | =G13 |
| 10 | 采购量 | 1 | 1 | 1 | 1 | 1 | 1 |
| 11 | 最大供应量 | 4000 | 3500 | 4000 | 4500 | 4000 | 3500 |
| 12 | 供应量下限 | =C11/2 | =D11/2 | =E11/2 | =F11/2 | =G11/2 | =H11/2 |
| 13 | 月末库存量 | =C9+C10-C8 | =D9+D10-D8 | =E9+E10- | =F9+F10-F8 | =G9+G10-G8 | [ =H9+H10-H8 |
| 14 | 月平均库存量 | =(C9+C13)/2 | =(C13+D13) /2 | =(D13+E13) | =(E13+F13)/2 | =(F13+G13)/2 | 。 |
| 15 | 单位采购成本 | 240 | 250 | 265 | 285 | 280 | 260 |
| 16 | 单位储存成本 | =C15*$C$4 | =D15*$C$4 | =E15*$C$4 | =F15*$C$4 | =G15*$C$4 | =H15*$C$4 |
| 17 | 采购成本 | {=SUM (C10:H10*C15:H15)} | | | 储存成本 | {=SUM (C14:H14*C16:H16)} | |
| 18 | 总成本 | {=C17+G17} | | | | | |

**图 10－20　采购安排规划模型**

| | B | C | D | E | F | G | H |
|---|---|---|---|---|---|---|---|
| 7 | | 1月 | 2月 | 3月 | 4月 | 5月 | 6月 |
| 8 | 需求量 | 1000 | 4500 | 6000 | 5500 | 3500 | 4000 |
| 9 | 月初库存量 | 2750 | 5750 | 4750 | 2750 | 1500 | 2000 |
| 10 | 采购量 | 4000 | 3500 | 4000 | 4250 | 4000 | 3500 |
| 11 | 最大供应量 | 4000 | 3500 | 4000 | 4500 | 4000 | 3500 |
| 12 | 供应量下限 | 2000 | 1750 | 2000 | 2250 | 2000 | 1750 |
| 13 | 月末库存量 | 5750 | 4750 | 2750 | 1500 | 2000 | 1500 |
| 14 | 月平均库存量 | 4250 | 5250 | 3750 | 2125 | 1750 | 1750 |
| 15 | 单位采购成本 | 240 | 250 | 265 | 285 | 280 | 260 |
| 16 | 单位储存成本 | 3.6 | 3.75 | 3.975 | 4.275 | 4.2 | 3.9 |
| 17 | 采购成本 | 6136250 | | | 储存成本 | 73153.13 | |
| 18 | 总成本 | 6209403 | | | | | |

**图 10－21　采购安排规划模型的求解结果**

由于本题的决策变量只能为正整数，这是一个整数规划问题。

### 10.3.5　资金管理问题

企业或个人的资金有不同的投资方向，各种投资方案的获利情况是不同的，因此企业或个人需要解决的问题是在某个时期内如何安排投资，这样既能满足各时段资金的需求，又能从各种投资中获利最大。这也可以使用最优化规划模型来求解。假如手头有一笔资金不想闲置，但未来一段时间又有一定的支出，此时我们对资金进行合理安排，则不仅仅可以满足日常生活开销，而且还能够适当地保值、增值。

**【例 10－7】** 王伟现有资金 10000 元，其考虑在保障日常开销的同时，通过购买银行理财产品，使得资金适当地保值增值。可供选择的理财产品有单月、双月和季度三种，三种理财产品的年回报率分别为 2.5%、2.7%和 2.9%。产品都是在每月 1 号发布，月利率等于年利率除以 12。王伟在第 3 月初和第 5 月初需

例10-7 讲解

要使用现金 1000 元和 2000 元，4 月初有 5000 元的资金收入。三种理财产品均为到期还本付息，逾期不付利息。王伟一定会将到期产品赎出再继续购买理财产品。现需要为王伟建立理财规划模型，用规划求解工具寻求最优的组合投资方案。

**【知识点与解题思路】** 本例将学习利用资金管理规划模型进行理财规划。关键知识包括计算每月月初的到期本金、到期利息和月末现金余额，设定每月的理财产品购买量为决策变量，构建目标函数以最大化半年后的本金与利息之和，并通过规划求解工具求解最优方案。

第一步，建立资金管理规划模型。

根据题意，模型需要计算每月月初的到期本金、到期利息和月末现金余额，并用规划求解工具求解每月各种理财产品的最佳购买量，使半年后的本金与利息之和最大。

为了计算方便，首先根据单月、双月和季度产品的不同年回报率，在单元格 D3:D5 分别计算到期总回报率。决策变量为 1－6 月每月三种理财产品的购买量，共 15 个（单元格 $C$12:$F$14，$G$12:$G$13，$H$12），初始值均设为 1000。目标函数为半年后获得本金与利息之和（单元格 $I$12），其值应为最大。每月的期末现金余额＝期初现金＋到期本金＋到期收益－需要使用现金额－单月产品购买量－双月产品购买量－季度产品购买量，而从 2 月起每月的期初现金＝上月的期末现金余额。理财规划模型的计算表达式如图 10－22 所示。

| | B | C | D | E |
|---|---|---|---|---|
| 2 | | 年回报率 | 到期总回报率 | |
| 3 | 单月产品 | 2.5% | =C3/12 | |
| 4 | 双月产品 | 2.7% | =C4/12*2 | |
| 5 | 季度产品 | 2.9% | =C5/12*3 | |
| 6 | | | | |
| 7 | | 1月 | 2月 | 3月 |
| 8 | 期初现金 | 10000 | =C15 | =D15 |
| 9 | 到期本金 | | =C12 | =D12+C13 |
| 10 | 到期收益 | | =C12*$D$3 | =D12*$D$3+C13*$D$4 |
| 11 | 现金需要额 | | | 1000 |
| 12 | 单月产品购买量 | 1000.00 | 1000.00 | 1000.00 |
| 13 | 双月产品购买量 | 1000.00 | 1000.00 | 1000.00 |
| 14 | 季度产品购买量 | 1000.00 | 1000.00 | 1000.00 |
| 15 | 期末现金余额 | =SUM(C8:C10)-SUM(C11:C14) | =SUM(D8:D10)-SUM(D11:D14) | =SUM(E8:E10)-SUM(E11:E14) |

| | F | G | H | I |
|---|---|---|---|---|
| 7 | 4月 | 5月 | 6月 | 半年后 |
| 8 | =E15 | =F15 | =G15 | =H15 |
| 9 | =E12+D13+C14 | =F12+E13+D14 | =G12+F13+E14 | =H12+G13+F14 |
| 10 | =E12*$D$3+D13*$D$4+C14*$D$5 | =F12*$D$3+E13*$D$4+D14*$D$5 | =G12*$D$3+F13*$D$4+E14*$D$5 | =H12*$D$3+G13*$D$4+F14*$D$5 |
| 11 | -5000 | 2000 | | 本金利息之和 |
| 12 | 1000.00 | 1000.00 | 1000.00 | =SUM(I8:I10) |
| 13 | 1000.00 | 1000.00 | | |
| 14 | 1000.00 | | | |
| 15 | =SUM(F8-F10)-SUM(F11-F14) | =SUM(G8-G10)-SUM(G11-G14) | =SUM(H8:H10)-SUM(H11:H14) | |

**图 10－22　存款规划模型**

第二步，使用规划求解工具计算期末本金与利息之和的最大值。

打开规划求解工具，根据前面的分析，目标单元格设置为 $I$12，其值设为最大值；可变单元格为 $C$12:$F$14，$G$12:$G$13，$H$12 等 15 个决策变量；约束条件为：15

个决策变量大于等于 0，每年的期末现金余额也要大于等于 0。具体规划求解参数设置如图 10—23 所示。如图 10—24 所示的组合理财方案能使半年所获得的本金与收益之和达到最大，最大值为 12163.28 元。

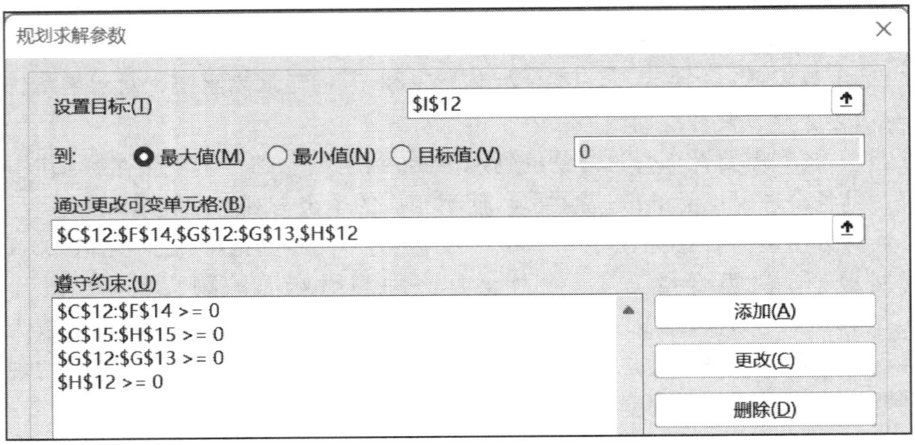


**图 10—23 存款规划模型的参数设置**

| | B | C | D | E | F | G | H | I |
|---|---|---|---|---|---|---|---|---|
| 2 | | 1月 | 2月 | 3月 | 4月 | 5月 | 6月 | 半年后 |
| 3 | 期初现金 | 10000 | 0.00 | 0.00 | 0.00 | 0.00 | 0.00 | 0.00 |
| 4 | 到期本金 | | 189.67 | 995.52 | 8814.81 | 1994.86 | 0.00 | 12073.92 |
| 5 | 到期收益 | | 0.40 | 4.48 | 63.91 | 5.14 | 0.00 | 87.54 |
| 6 | 现金需要额 | | | 1000 | -5000 | 2000 | | 本金利息之和 |
| 7 | 一月产品购买量 | 189.67 | 0.00 | 0.00 | 1804.80 | 0 | 1.88E-07 | 12161.46 |
| 8 | 双月产品购买量 | 995.52 | 0.00 | 0.00 | 0.00 | 0 | | |
| 9 | 季度产品购买量 | 8814.81 | 190.06 | 0.00 | 12073.92 | | | |
| 10 | 期末现金余额 | 0.00 | 0.00 | 0.00 | 0.00 | 0.00 | 0.00 | |

**图 10—24 存款规划模型的计算结果**

注意：由于本题到期产品还本付息后的资金可以再买产品，相当于复利计息，而计算复利利息是高次方运算，属于非线性问题，非线性规划求解可能有多解，即理财产品的组合购买量可以有多种最优方案。

### 10.3.6 投资组合问题

在投资决策中，选择合适的股票组合至关重要。投资者面临的主要挑战之一是如何在限定的风险容忍度内最大化收益。风险容忍度是投资者愿意承担的最高风险水平，通常取决于投资期限、财务目标以及对市场波动的个人敏感度。

最优化规划模型提供了一种系统的方法来评估和选择最佳的股票组合。通过分析历史价格数据，投资者可以估计各股票的波动率（即风险）和潜在收益，从而构建一个平衡风险与收益的投资组合。在这个过程中，无风险利率作为基准，通常代表政府债券或其他低风险投资的预期回报，用于评估投资组合相对于无风险投资的性能。夏普比率是一个关键的指标，用于测量每单位风险所带来的超额收益。它通过将投资组合的预期收益率减去无风险利率，然后除以投资组合的标准差（波动率）来计算。这个比率越高，意味着在承担相同水平的风险下可以获得更高的超额回报。

**【例 10—8】** 一位投资者计划投资于四只股票，它们的代码分别是 BABA、BYDDY、IBM、和 TSLA。他收集了 2019 年 6 月至 2024 年 4 月的股票月度价格数据（如表 10—6 所示），已知无风险利率为 4%。

例10-8 讲解

表 10—6 四只股票的月度价格（yahoo. com. cn）

| | A | B | C | D | E |
|---|---|---|---|---|---|
| 1 | 日期 | BABA | BYDDY | IBM | TSL |
| 2 | 2019/6/1 | 167.202347 | 11.901339 | 104.788658 | 14.897333 |
| 3 | 2019/7/1 | 170.813812 | 12.435604 | 112.645912 | 16.107332 |
| 4 | 2019/8/1 | 172.708344 | 10.291877 | 102.987724 | 15.040667 |
| 5 | 2019/9/1 | 165.011795 | 9.845266 | 111.805061 | 16.058001 |
| 6 | 2019/10/1 | 174.326584 | 9.309336 | 102.817284 | 20.994667 |
| 7 | 2019/11/1 | 197.347122 | 9.378807 | 103.370842 | 21.996 |
| 8 | 2019/12/1 | 209.286636 | 9.835342 | 104.272797 | 27.888666 |
| 9 | 2020/1/1 | 203.849716 | 10.321651 | 111.810883 | 43.371334 |
| 10 | 2020/2/1 | 205.241013 | 12.078317 | 101.246689 | 44.532665 |
| 11 | 2020/3/1 | 191.900345 | 10.430821 | 87.196114 | 34.933334 |
| 12 | 2020/4/1 | 199.981705 | 12.227185 | 98.695961 | 52.125332 |
| 13 | 2020/5/1 | 204.639099 | 11.224796 | 98.17717 | 55.666668 |
| 14 | 2020/6/1 | 212.838882 | 15.234361 | 96.203941 | 71.987335 |
| 60 | 2024/4/1 | 74.849998 | 54.470001 | 166.199997 | 183.279999 |

该投资者希望了解在以下三种策略下的最优资产组合，并对这些资产组合进行图形化展示。

(1)给定 35%的风险容忍度下的最大夏普比率。

(2)给定 35%风险容忍度下的最大年化收益。

(3)最小投资组合波动率。

**【知识点与解题思路】** 本例将学习如何利用最优化规划模型进行股票投资组合的选择，重点在于构建投资组合模型，计算各项投资指标，并使用规划求解工具在不同策略下求解最优股票权重组合。关键投资指标包括月度收益率、协方差矩阵、预期收益、波动率和夏普比率等。

第一步，建立投资组合模型。

建立投资组合模型，如图 10—25 所示。

计算月度收益率。根据股票的月度价格数据计算每只股票的月度收益率。可以使用对数收益率公式进行计算：

$$RC = LN\left(\frac{FV_{t+1}}{FV_t}\right)$$

例如，对于股票 BABA，要计算 7 月的月度收益率，在 Excel 单元格 G3 中输入公式"=LN(B3/B2)"，并将此公式向下填充到所有其他月份。

计算两只股票之间的月度收益率协方差。可以使用 COVARIANCE. S 函数来计算协方差。例如，要计算 BABA 与 BYDDY 之间的协方差，在单元格 H3 中输入"=COVARIANCE. S(INDIRECT(H$2), INDIRECT($F3))"。注意：该公式的使用前提是将每一列的月度收

| | A | B | C | D |
|---|---|---|---|---|
| 1 | BABA | BYDDY | IBM | TSL |
| 2 | 2.14% | 4.39% | 7.23% | 7.81% |
| 3 | 1.10% | -18.92% | -8.96% | -6.85% |
| 4 | -4.56% | -4.44% | 8.21% | 6.54% |
| 5 | 5.49% | -5.60% | -8.38% | 26.81% |
| 6 | 12.40% | 0.74% | 0.54% | 4.66% |
| 7 | 5.87% | 4.75% | 0.87% | 23.74% |
| 8 | -2.63% | 4.83% | 6.98% | 44.16% |
| 10 | -6.72% | -14.66% | -14.94% | -24.28% |
| 11 | 4.12% | 15.89% | 12.39% | 40.02% |
| 12 | 2.30% | -8.55% | -0.53% | 6.57% |
| 13 | 3.93% | 30.54% | -2.03% | 25.71% |
| 14 | 15.16% | 20.86% | 1.78% | 28.14% |
| 15 | 13.41% | 9.01% | 0.30% | 55.47% |
| 16 | 2.39% | 44.48% | -0.04% | -14.98% |
| 17 | 3.58% | 23.25% | -8.59% | -10.04% |
| 19 | -12.36% | 12.33% | 3.33% | 21.77% |
| 20 | 8.68% | 13.80% | -5.53% | 11.73% |
| 21 | -6.54% | -16.12% | -0.15% | -16.10% |
| 22 | -4.75% | -17.53% | 12.70% | -1.13% |
| 23 | 1.84% | -4.35% | 6.27% | 6.03% |
| 24 | -7.64% | 10.68% | 1.30% | -12.64% |
| 25 | 5.82% | 26.49% | 3.07% | 8.35% |
| 26 | -15.00% | 2.78% | -3.92% | 1.10% |
| 27 | -15.60% | 8.40% | -0.44% | 6.82% |
| 28 | -12.04% | -7.37% | 0.13% | 5.26% |
| 59 | 3.38% | 7.03% | -13.89% | 4.17% |

协方差

| | BABA | BYDDY | IBM | TSL |
|---|---|---|---|---|
| BABA | 0.0147 | 0.0068 | 0.0003 | 0.0040 |
| BYDDY | 0.0068 | 0.0203 | -0.0007 | 0.0074 |
| IBM | 0.0003 | -0.0007 | 0.0048 | 0.0007 |
| TSL | 0.0040 | 0.0074 | 0.0007 | 0.0409 |

| 月度收益率(Monthly Return) | |
|---|---|
| BYDDY | 2.62% |
| IBM | 0.80% |
| TSL | 4.33% |

| 资产组合的权重 | |
|---|---|
| BABA | 25.00% |
| BYDDY | 25.00% |
| IBM | 25.00% |
| 总计 | 100.00% |

| 资产组合的指标 | 月 | 年化 |
|---|---|---|
| 收益(Return) | 1.590% | 19.078% |
| 方差(Variance) | 0.736% | |
| 标准差(Std Dev) | 8.581% | 29.726% |
| 低风险利率(Risk-free rate) | | 4% |
| 夏普比率(Sharpe ratio) | | 50.722% |

**图 10—25　投资组合模型**

益率区域命名为相应的标题。例如,A2:A59 单元格命名为“BABA”。

计算月度收益率的期望值。计算每只股票的平均月度收益率,即收益率的期望值。例如,计算 BABA 的平均月度收益率“=AVERAGE(INDIRECT($F3))”。

设置初始组合的权重。设定每只股票在资产组合中的初始权重。例如,可以等权重分配(每只股票权重为 0.25),或根据之前的分析进行初始分配,注意四只股票的权重和应为 1,如图 10—25 所示。

计算资产组合的指标。使用设置的权重和前面计算的期望收益率及协方差矩阵,计算整个资产组合的预期收益、方差、标准差和夏普比率(Sharpe Ratio),如图 10—26 所示。其中,夏普比率的计算公式为:Sharpe Ratio=(组合的预期收益率—无风险利率)/ 组合的标准差。

| 资产组合的权重 | | |
|---|---|---|
| BABA | 0.25 | |
| BYDDY | 0.25 | |
| IBM | 0.25 | |
| TSL | 0.25 | |
| 总计 | =SUM(G15:G18) | |
| | | |
| | | |
| 资产组合的指标 | 月 | 年化 |
| 收益(Return) | =MMULT(TRANSPOSE(G15:G18),G9:G12) | =G23*12 |
| 方差(Variance) | =MMULT(TRANSPOSE(G15:G18),MMULT(G3:J6,G15:G18)) | |
| 标准差(Std Dev) | =SQRT(G24) | =G25*SQRT(12) |
| 低风险利率(Risk-free rate) | | 0.04 |
| 夏普比率(Sharpe ratio) | | =(H23-H26)/H25 |

**10—26　资产组合的初始权重与指标设置**

第二步,利用规划求解工具分别求三种策略下的最优权重组合。

设置目标函数为最大化夏普比率，设置约束条件为组合的标准差不超过35%，并且股票的权重和为1(100%)。求解工具将根据这些条件寻找权重配置，以实现最大的夏普比率，如图10—27所示。

**(1)给定35%风险容忍度下的最大夏普比率**

| 资产组合的权重 | |
|---|---|
| BABA | 0.00% |
| BYDDY | 32.87% |
| IBM | 36.80% |
| TSL | 30.33% |
| 总计 | 100.00% |

| 资产组合的指标 | 月 | 年化 |
|---|---|---|
| 收益(Return) | 2.467% | 29.605% |
| 方差(Variance) | 0.807% | |
| 标准差(Std Dev) | 8.986% | 31.128% |
| 低风险利率(Risk-free rate) | | **4%** |
| 夏普比例(Sharpe ratio) | | 82.256% |

**(2)给定35%风险容忍度下的最大年化收益**

| 资产组合的权重 | |
|---|---|
| BABA | 0.00% |
| BYDDY | 35.82% |
| IBM | 28.17% |
| TSL | 36.01% |
| 总计 | 100.00% |

| 资产组合的指标 | 月 | 年化 |
|---|---|---|
| 收益(Return) | 2.722% | 32.660% |
| 方差(Variance) | 1.021% | |
| 标准差(Std Dev) | 10.104% | 35.000% |
| 低风险利率(Risk-free rate) | | **4%** |
| 夏普比例(Sharpe ratio) | | 81.886% |

**(3) 最小投资组合波动率**

| 资产组合的权重 | |
|---|---|
| BABA | 14.30% |
| BYDDY | 12.73% |
| IBM | 69.80% |
| TSL | 3.16% |
| 总计 | 100.00% |

| 资产组合的指标 | 月 | 年化 |
|---|---|---|
| 收益(Return) | 0.828% | 9.932% |
| 方差(Variance) | 0.331% | |
| 标准差(Std Dev) | 5.755% | 19.936% |
| 低风险利率(Risk-free rate) | | **4%** |
| 夏普比例(Sharpe ratio) | | 29.756% |

**10—27 三种策略下的最优投资组合**

类似地，分别在规划求解工具中设置不同的目标函数和约束条件，得到给定35%风险容忍度下的最大年化收益和最小投资组合波动率以及相应的股票权重。

# 10.4 多目标规划问题的最优化决策模型

## 10.4.1 多目标规划概述

前面所讨论的例题所涉及的最优化问题的目标函数都只有一个，这类问题称为单目标规划。然而，大部分现实中需要解决的财经管理问题更多会面临多目标决策问题。例如生鲜零售企业要进驻城市CBD(中央商务区)和大型商圈开设连锁店时，选址的目标需要考察人口覆盖和消费力覆盖两个方面，这就是一个双目标模型。多目标规划问题要比单目标规划问题复杂得多，各目标之间相互联系、相互影响，甚至可能相互矛盾，给求解带来难度，也使决策者往往很难做出一个好的决策，但它又是实际运用中所需要的，无论是在生产、管理、科学研究、工程技术领域，还是在政策制定、计划安排、规划设计等方面都有着广泛的应用前景。

多目标规划问题的求解有多种方法，主要有：

(1)分层序列法：将各目标按其重要性排序，先求出第一个最重要目标的最优解，然后在保证前一目标最优解不变的前提下，按序依次求下一目标的最优解，直至求出最后一个目标的最优解。

(2)化多为少法:将多目标问题转化为单目标问题来求解,最常用的是线性加权法。

(3)直接求非劣解法:先求出一组非劣解,然后按事先确定好的评判标准从中找出一个最优解。

(4)目标规划法:对于每一个目标事先确定一个期望值,然后在满足一定约束条件下,找出与目标期望值最接近的解。

(5)多属性效用法:各目标都用表示效用程度大小的效用函数表示,通过效用函数构成多目标的综合效用函数,以此来评价各个可行方案的优劣。

(6)层次分析法:把目标体系结构予以展开,求得目标与决策方案的计量关系。

(7)重排序法:把原来不好比较的非劣解通过一定的办法使其排出优劣次序来。

(8)多目标群决策和多目标模糊决策。

## 10.4.2 多目标规划问题决策模型

Excel 中的规划求解工具通常只能求解单目标规划的问题,而多目标规划问题可通过一定的变换再来求解。下面介绍采用分层序列法,用规划求解工具来进行多目标规划。

**【例 10—9】** 生鲜零售企业自产和销售黑豆芽和花生芽(产品 1 和产品 2)。两种产品各生产一个单位需要人工 3 小时和 7 小时,用电量 4 千瓦时和 5 千瓦时,需要原材料 9 公斤和 4 公斤。公司可提供的总人工为 300 小时,可提供的用电量为 250 千瓦时,可提供的原材料为 420 公斤,两种芽菜的单位利润分别为 12 元和 15 元。需要建立产品组合线性规划模型求解两种芽菜的最优生产量,使总利润最大,同时尽量减少用工成本,使总工时最少。

例10-9 讲解

**【知识点与解题思路】** 本例将学习如何利用分层序列法进行多目标规划,重点在于建立多目标决策模型、构建 Excel 电子表格模型,并使用规划求解工具依次优化各目标。关键知识包括确定设置多个目标函数并通过分层序列优化每个目标。

第一步,建立两种产品的产量安排规划模型。

根据题意,决策变量为黑豆芽和花生芽的产量,初始值均设为 10,据此可计算生产黑豆芽和花生芽所需要的工时、用电量、原材料,目标函数为总利润。两种产品产量规划模型的计算表达式如图 10—28 所示。

| | B | C | D | E | F |
|---|---|---|---|---|---|
| 2 | | 产品1 | 产品2 | 需要量 | 提供量 |
| 3 | 工时 | 3 | 7 | {=SUM(C3:D3*$C$7:$D$7)} | 300 |
| 4 | 用电量 | 4 | 5 | {=SUM(C4:D4*$C$7:$D$7)} | 250 |
| 5 | 原材料 | 9 | 4 | {=SUM(C5:D5*$C$7:$D$7)} | 420 |
| 6 | 单位利润 | 12 | 15 | | |
| 7 | 产量 | 10 | 10 | | |
| 8 | 总利润 | {=SUM(C7:D7*C6:D6)} | | | |

**图 10—28 产量规划模型的计算表达式**

第二步,使用规划计算工具求利润极大值。

根据分层序列法，第 1 个目标变量为总利润最大，第 2 个目标变量为工时的需要量最小。首先设目标单元格为＄C＄8，其值设为最大值；可变单元格为＄C＄7：＄D＄7（黑豆芽和花生芽产量）；约束条件为＄E＄3：＄E＄5＜＝＄F＄3：＄E＄5（生产两种产品所需要的工时、用电量和原材料小于等于相应的提供量），＄C＄7：＄D＄7＞＝0（产量非负）。求解结果如图 10－29 所示，表明当产量分别为 25.61 和 29.51 时最大总利润为 750 元。

| | B | C | D | E | F |
|---|---|---|---|---|---|
| 2 | | 产品1 | 产品2 | 需要量 | 提供量 |
| 3 | 工时 | 3 | 7 | 283 | 300 |
| 4 | 用电量 | 4 | 5 | 249.99 | 250 |
| 5 | 原材料 | 9 | 4 | 348.53 | 420 |
| 6 | 单位利润 | 12 | 15 | | |
| 7 | 产量 | 25.61 | 29.51 | | |
| 8 | 总利润 | 750 | | | |

**图 10－29　利润最大产量规划模型的求解结果**

第三步，使用规划求解工具求总工时的最小需要量。

在保持总利润为 750 的前提下，将第 2 个目标变量设置为工时需求量 E3，其值设为最小值，在第一次求解的约束条件的基础上，再添加一个约束条件 C8＝750（总利润保持最大）。求解结果如图 10－30 所示，表明当产量分别由 25.61 和 29.51 改变到 37.93 和 19.66 时，在保持最大总利润为 750 的前提下，工时可由原来的 283 下降到 251。

| | B | C | D | E | F |
|---|---|---|---|---|---|
| 2 | | 产品1 | 产品2 | 需要量 | 提供量 |
| 3 | 工时 | 3 | 7 | 251 | 300 |
| 4 | 用电量 | 4 | 5 | 250 | 250 |
| 5 | 原材料 | 9 | 4 | 420 | 420 |
| 6 | 单位利润 | 12 | 15 | | |
| 7 | 产量 | 37.93 | 19.66 | | |
| 8 | 总利润 | 750 | | | |

**图 10－30　工时最少产量规划模型的求解结果**

注意：像上例所述的情况，并不总是有解的，只有在满足一定约束条件的情况下，多目标中的每一个目标才可能有最优解。具体方法可参考最优化理论的相关阐述。

**【例 10－10】**　如今，即时需求的满足成为零售领域的新商机。例如，足球赛期间深夜看球离不开啤酒的陪伴。某即时电商平台构建了一个闪送物流网络，有两个闪送仓库和多个配送中转站或中途配送点。当一位客户下单一箱啤酒时，为了以最快速度送达订单，平台需要决定从哪个仓库配送该订单。具体网络如图 10－31 所示：圆圈 0 和 1 代表仓库（源节点），圆圈 10 代表客户（目标节点），其余圆圈代表中转站或中途配送点，路径（直线）上的数字代表该路径所需的运送时间。现在我们希望找到一个从仓库到客户的最短路径来运送啤酒订单，请求出发货的仓库、具体路径和所需要的最短时间是多少？

**例10-10 讲解**

**【知识点与解题思路】**　本例将学习如何利用最短路径、最大流和多目标优化模型解决综合物流问题。关键知识点包括建立最短路径模型、最大流模型以及多目标优化模型使用规划求解工具分别求解最优路径、最大流量和综合优化目标。

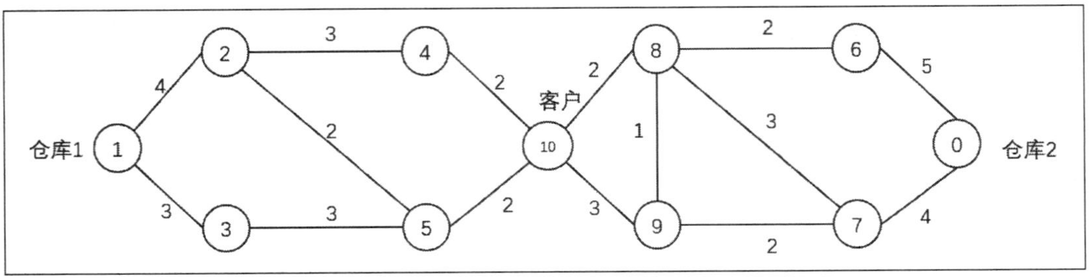


图 10－31　仓库距离示意图

第一步，建立仓库 1 向客户运送订单的最短路模型。

如图 10－32 所示，首先构造各节点之间的距离模型和流量平衡模型。各节点的实际流量＝流出量－流入量，中间节点平衡值为 0，起点只有流出，故平衡值为 1，终点只有流入，故平衡值为－1。由于订单从仓库出、到客户至，因此 v1 与 v10 的流量平衡值分别为 1 和－1。根据各路径的距离与实际是否经过该路径，可计算出最短路径的目标值，公式为“＝SUMPRODUCT(C4：C10，D4：D10)”。

| 从 | 到 | 实际 | 距离 | | 终点 | 实际流量 | | 平衡值 |
|---|---|---|---|---|---|---|---|---|
| v1 | v2 | | 4 | | v1 | | = | 1 |
| v1 | v3 | | 3 | | v2 | | = | 0 |
| v2 | v4 | | 3 | | v3 | | = | 0 |
| v2 | v5 | | 2 | | v4 | | = | 0 |
| v3 | v5 | | 3 | | v5 | | = | 0 |
| v4 | v10 | | 2 | | v10 | | = | -1 |
| v5 | v10 | | 2 | | | | | |
| | | | | | | | | |
| | | | | | | | | |
| 目标值1 | | | | | | | | |

图 10－32　仓库 1 距离模型和流量平衡模型

第二步，使用规划计算工具求时间最小值。

打开规划求解工具，设置目标单元格、可变单元格和约束条件。参数设置和求解结果分别如图 10－33 和 10－34 所示。

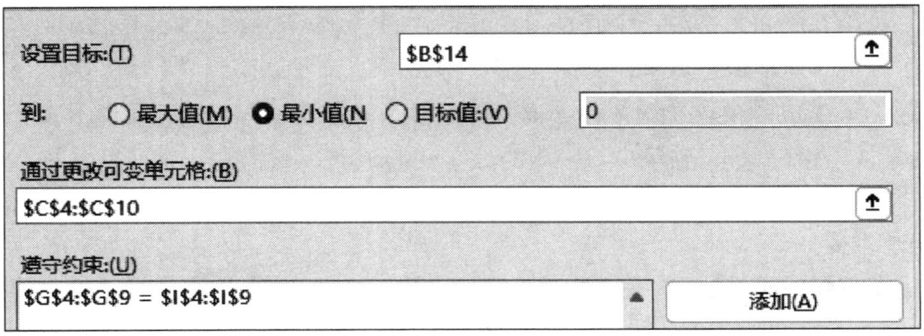


图 10－33　仓库 1 时间最小值规划模型的参数设置

| 从 | 到 | 实际 | 距离 | | 终点 | 实际流量 | | 平衡值 |
|---|---|---|---|---|---|---|---|---|
| v1 | v2 | 0 | 4 | | v1 | 1 | = | 1 |
| v1 | v3 | 1 | 3 | | v2 | 0 | = | 0 |
| v2 | v4 | 0 | 3 | | v3 | 0 | = | 0 |
| v2 | v5 | 0 | 2 | | v4 | 0 | = | 0 |
| v3 | v5 | 1 | 3 | | v5 | 0 | = | 0 |
| v4 | v10 | 0 | 2 | | v10 | -1 | = | -1 |
| v5 | v10 | 1 | 2 | | | | | |
| | | | | | | | | |
| | | | | | | | | |
| 目标值1 | 8 | | | | | | | |

**图 10－34　仓库 1 时间最小值规划模型的求解结果**

第三步，使用同方法求解仓库 2 的最短路径。

构建类似的距离模型并使用规划求解工具，最后求得仓库 1 最短路径为 8，仓库 2 最短路径为 9，如图 10－35 所示，因此选择仓库 1。

| 从 | 到 | 实际 | 距离 | | 终点 | 实际流量 | | 平衡值 |
|---|---|---|---|---|---|---|---|---|
| v0 | v6 | 0 | 5 | | v0 | 1 | = | 1 |
| v0 | v7 | 1 | 4 | | v6 | 0 | = | 0 |
| v6 | v8 | 0 | 2 | | v7 | 0 | = | 0 |
| v7 | v8 | 0 | 3 | | v8 | 1 | = | 0 |
| v7 | v9 | 1 | 2 | | v9 | -1 | = | 0 |
| v8 | v9 | 0 | 1 | | v10 | -1 | = | -1 |
| v8 | v10 | 1 | 3 | | | | | |
| v9 | v8 | 0 | 1 | | | | | |
| v9 | v10 | 0 | 3 | | | | | |
| | | | | | | | | |
| 目标值2 | 9 | | | | | | | |

**图 10－35　仓库 2 时间最小值规划模型的求解结果**

在对闪送服务进行初期试运行后，该平台简化了仓库数量并扩充了更多配送路线。由于比赛期间或促销期间订单需求量极大，现在为了使该闪送网络能同时运送更多订单，我们希望找到从仓库到客户的最大流，以实现同一时间订单运送的最大量。

新构建的网络如图 10－36 所示，箭头表示该路径运输为单向运输，路径上的数字为该路径同一时间能承载的最大订单量，请求出该配送网络的最大流是多少？

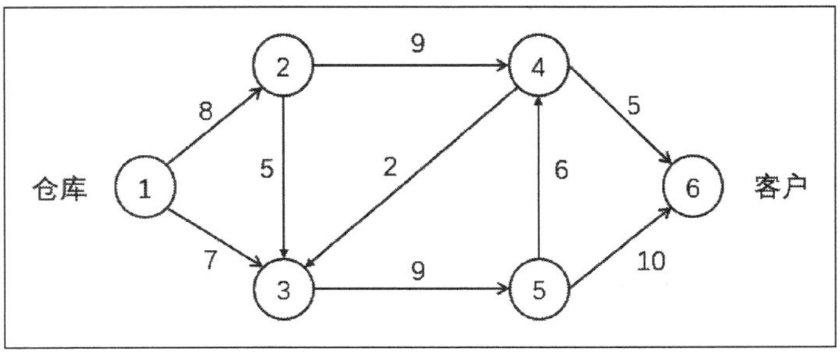


**图 10－36　仓库路径容量示意图**

第四步,建立仓库向客户运送订单的最大流模型。

如图 10—37 所示,首先构造各节点之间的距离模型和流量平衡模型。由于该题目所求为网络的最大流,因此对于起点和终点的平衡流无约束限制。根据各路径的实际通过流量,可计算出网络最大流的目标值,公式为"=C4+C5"。这里,最大流是 $V_1$ 流出的所有流量,故最大流为 $V_1$ 流向 $V_2$ 和 $V_3$ 的总和。

| 从 | 到 | 实际 | 容量 | | 终点 | 实际流量 | | 平衡值 |
|---|---|---|---|---|---|---|---|---|
| v1 | v2 | | 8 | | v1 | | | |
| v1 | v3 | | 7 | | v2 | | = | 0 |
| v2 | v3 | | 5 | | v3 | | = | 0 |
| v2 | v4 | | 9 | | v4 | | = | 0 |
| v3 | v5 | | 9 | | v5 | | = | 0 |
| v4 | v3 | | 2 | | v6 | | | |
| v4 | v6 | | 5 | | | | | |
| v5 | v4 | | 6 | | | | | |
| v5 | v6 | | 10 | | | | | |
| | | | | | | | | |
| 目标值 | | | | | | | | |

**图 10—37　仓库运送订单最大流平衡模型**

第五步,使用规划计算工具求流量最大值。

启动规划求解工具,设置目标单元格、可变单元格和约束条件。求解结果如图 10—38 所示。

| 从 | 到 | 实际 | 容量 | | 终点 | 实际流量 | | 平衡值 |
|---|---|---|---|---|---|---|---|---|
| v1 | v2 | 7 | 8 | | v1 | 14 | | |
| v1 | v3 | 7 | 7 | | v2 | 0 | = | 0 |
| v2 | v3 | 2 | 5 | | v3 | 0 | = | 0 |
| v2 | v4 | 5 | 9 | | v4 | 0 | = | 0 |
| v3 | v5 | 9 | 9 | | v5 | 0 | = | 0 |
| v4 | v3 | 0 | 2 | | v6 | -14 | | |
| v4 | v6 | 5 | 5 | | | | | |
| v5 | v4 | 0 | 6 | | | | | |
| v5 | v6 | 9 | 10 | | | | | |
| | | | | | | | | |
| 目标值 | 14 | | | | | | | |

**图 10—38　仓库最大流模型结果**

即时电商平台打算将配送网络常态化,因此将同时考虑配送最短时间和最大流的问题。平台需要求出在网络中运输更多货物的同时,采取更短的总运输时间。图 10—39 为配送网络的单位运输时间,图 10—40 为配送网络的路径最大容量,请问该问题目标值的最大值为多少,并求出货流量和总运输时间权重分别为 50%∶50%,70%∶30%,30%∶70%的最优解情况。(目标值=货流量－该货流量的总运输时间;总运输时间=每条路径的运输时间之和;每条路径的运输时间=该路径上的货物流量 * 该路径的单位运输时间)

第六步,建立仓库向客户运送订单的最短路和最大流模型。

如图 10—41 所示,首先构造模型。由于该题目所求为网络的复合最优解,即最大流是求最大值,最短时间是求解极小值。因此在权重 50%:50%的情况下网络的目标值公式为{=0.5 * (N4+N5)－0.5 * SUMPRODUCT(N4:N10,D4:D10)}。

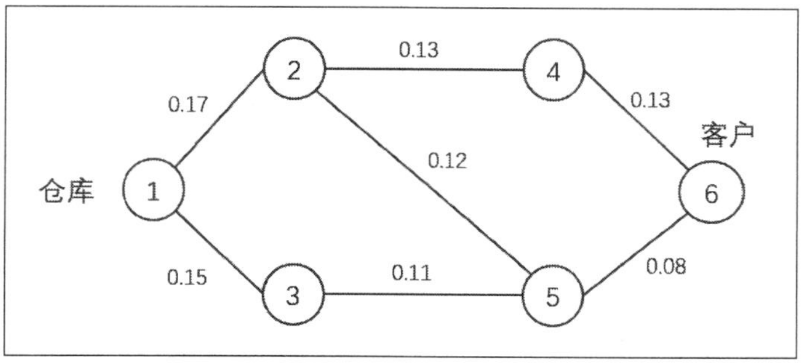


图 10—39 配送网络单位时间示意图

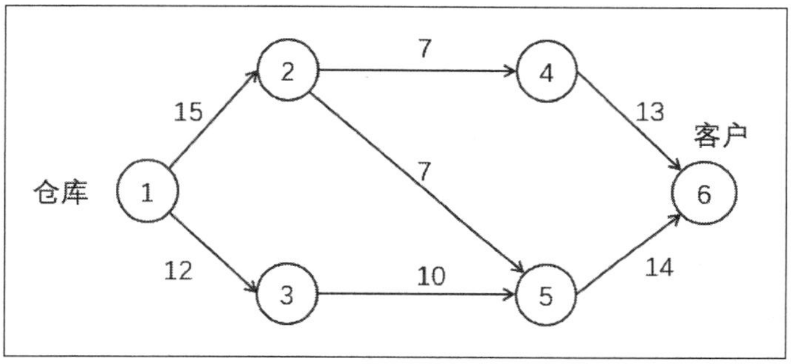


图 10—40 配送网络路径最大容量示意图

| 从 | 到 | 实际 | 距离 | 终点 | 实际流量 | | 平衡值 |
|---|---|---|---|---|---|---|---|
| v1 | v2 | | 0.17 | v1 | | = | 1 |
| v1 | v3 | | 0.15 | v2 | | = | 0 |
| v2 | v4 | | 0.13 | v3 | | = | 0 |
| v2 | v5 | | 0.12 | v4 | | = | 0 |
| v3 | v5 | | 0.11 | v5 | | = | 0 |
| v4 | v6 | | 0.13 | v6 | | = | -1 |
| v5 | v6 | | 0.08 | | | | |
| 目标值 | 0 | | | | | | |

| 从 | 到 | 实际 | 容量 | 终点 | 实际流量 | | 平衡值 |
|---|---|---|---|---|---|---|---|
| v1 | v2 | | 15 | v1 | | | |
| v1 | v3 | | 12 | v2 | | = | 0 |
| v2 | v4 | | 7 | v3 | | = | 0 |
| v2 | v5 | | 10 | v4 | | = | 0 |
| v3 | v5 | | 8 | v5 | | = | 0 |
| v4 | v6 | | 13 | v6 | | | |
| v5 | v6 | | 14 | | | | |

图 10—41 仓库的最短路和最大流模型

第七步，使用规划计算工具求最小值。

打开规划求解工具，设置目标单元格、可变单元格和约束条件。求解结果如图 10—42 所示。

| 从 | 到 | 实际 | 距离 | 终点 | 实际流量 | | 平衡值 |
|---|---|---|---|---|---|---|---|
| v1 | v2 | 1 | 0.17 | v1 | 1 | = | 1 |
| v1 | v3 | 0 | 0.15 | v2 | 0 | = | 0 |
| v2 | v4 | 1 | 0.13 | v3 | 0 | = | 0 |
| v2 | v5 | 0 | 0.12 | v4 | 0 | = | 0 |
| v3 | v5 | 0 | 0.11 | v5 | 0 | = | 0 |
| v4 | v6 | 1 | 0.13 | v6 | -1 | = | -1 |
| v5 | v6 | 0 | 0.08 | | | | |
| 目标值 | 6.525 | | | | | | |

| 从 | 到 | 实际 | 容量 | 终点 | 实际流量 | | 平衡值 |
|---|---|---|---|---|---|---|---|
| v1 | v2 | 13 | 15 | v1 | 21 | | |
| v1 | v3 | 8 | 12 | v2 | 0 | = | 0 |
| v2 | v4 | 7 | 7 | v3 | 0 | = | 0 |
| v2 | v5 | 6 | 10 | v4 | 0 | = | 0 |
| v3 | v5 | 8 | 8 | v5 | 0 | = | 0 |
| v4 | v6 | 7 | 13 | v6 | -21 | | |
| v5 | v6 | 14 | 14 | | | | |

图 10—42 仓库复合模型规划结果

第八步，设置不同的权重比。

设置目标值中最短路和最大流的不同权重，得到三种不同权重下该问题目标值的最优解的表格，结果如图 10—43 所示。

| 权重 | |
|---|---|
| 50%：50% | 6.525 |
| 70%：30% | 12.315 |
| 30%：70% | 0.742 |

图 10—43　不同权重比下的最优目标值

# 10.5　规划求解报告

## 10.5.1　规划求解报告的生成

Excel 的规划求解工具在求解的过程中，还能生成运算结果报告、敏感性报告和极限值报告。这三张报告反映了在求解过程中目标变量、决策变量的变化情况、约束条件的满足条件情况等，还提供了对决策分析很有帮助的其他信息，这些对决策者分析决策过程的合理性、能否进一步开源节流、优化决策结果都是非常有帮助的。

如何生成这些报告呢？这里以例题 10—1 的线性规划问题为例介绍报告的生成方法。

如图 10—44 所示，在“规划求解结果”对话框中的“报告”列表框中单击所需生成的报告名称，然后单击“确定”按钮，便能分别生成如图 10—45、图 10—46 和图 10—47 所示的运算结果报告、敏感性报告和极限值报告。

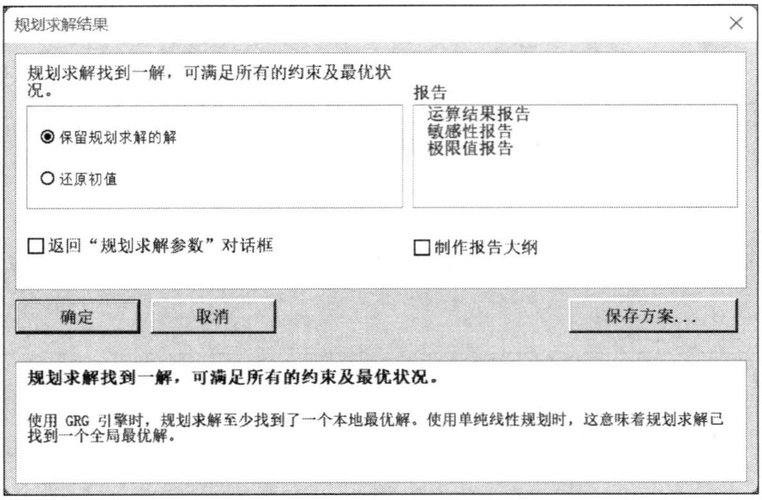


图 10—44　报告的设置

Microsoft Excel 16.0 运算结果报告
工作表: [例10-1 产品混合生产线性规划模型.xlsx]线性产品混合规划模型
报告的建立: 2024/3/17 11:39:29
结果: 规划求解找到一解，可满足所有的约束及最优状况。
规划求解引擎
引擎: 单纯线性规划
求解时间: 0.016 秒。
迭代次数: 3 子问题: 0
规划求解选项
最大时间 无限制, 迭代 无限制, Precision 0.000001
最大子问题数目 无限制, 最大整数解数目 无限制, 整数允许误差 1%, 假设为非负数

目标单元格 (最大值)

| 单元格 | 名称 | 初值 | 终值 |
|---|---|---|---|
| $F$11 | 总利润 | 20 | 340 |

可变单元格

| 单元格 | 名称 | 初值 | 终值 | 整数 |
|---|---|---|---|---|
| $B$11 | 生产产品的数量 产品A | 1 | 15 | 约束 |
| $C$11 | 生产产品的数量 产品B | 1 | 20 | 约束 |

约束

| 单元格 | 名称 | 单元格值 | 公式 | 状态 | 型数值 |
|---|---|---|---|---|---|
| $D$6 | 机器（机时） 使用的数量 | 115 | $D$6<=$F$6 | 未到限制值 | 5 |
| $D$7 | 人工 使用的数量 | 90 | $D$7<=$F$7 | 到达限制值 | 0 |
| $D$8 | 材料（公斤） 使用的数量 | 100 | $D$8<=$F$8 | 到达限制值 | 0 |

图 10—45 运算结果报告

Microsoft Excel 16.0 敏感性报告
工作表: [例10-1 产品混合生产线性规划模型.xlsx]线性产品混合规划模型
报告的建立: 2024/3/17 11:39:29

可变单元格

| 单元格 | 名称 | 终值 | 递减成本 | 目标式系数 | 允许的增量 | 允许的减量 |
|---|---|---|---|---|---|---|
| $B$11 | 生产产品的数量 产品A | 15 | 0 | 12 | 4 | 6.666666667 |
| $C$11 | 生产产品的数量 产品B | 20 | 0 | 8 | 10 | 2 |

约束

| 单元格 | 名称 | 终值 | 阴影价格 | 约束限制值 | 允许的增量 | 允许的减量 |
|---|---|---|---|---|---|---|
| $D$6 | 机器（机时） 使用的数量 | 115 | 0 | 120 | 1E+30 | 5 |
| $D$7 | 人工 使用的数量 | 90 | 1 | 90 | 60 | 20 |
| $D$8 | 材料（公斤） 使用的数量 | 100 | 2.5 | 100 | 3.636363636 | 40 |

图 10—46 敏感性报告

Microsoft Excel 16.0 极限值报告
工作表: [例10-1 产品混合生产线性规划模型.xlsx]线性产品混合规划模型
报告的建立: 2024/3/17 11:39:29

| 单元格 | 目标式<br>名称 | 值 |
|---|---|---|
| $F$11 | 生产产品的数量 总利润 | 340 |

| 单元格 | 变量<br>名称 | 值 | 下限极限 | 目标式结果 | 上限极限 | 目标式结果 |
|---|---|---|---|---|---|---|
| $B$11 | 生产产品的数量 产品A | 15 | 0 | 160 | 15 | 340 |
| $C$11 | 生产产品的数量 产品B | 20 | 0 | 180 | 20 | 340 |

图 10—47 极限值报告

### 10.5.2 规划求解报告的分析

1. 运算结果报告

该报告列出的是目标变量、可变单元格和约束条件在求解前后的变化情况。在本例的运行报告中可以看到目标单元格求解前的初值为 20，求解后的终值约为 340；类似地，可变单元格求解前的初值和求解后的终值也可以从报告中获取。约束栏中显示每个约束条件的详细变化情况，对于已达到限制值的约束条件，如果要再提高目标变量的值，就要放宽约束条件的上限；对于未到达限制值的约束条件，可以在不改变目标变量的情况下减低它的上限。从本报告可以看出，在总利润达到最大时，人工和材料均已到达可供量的上限。

2. 敏感性报告

该报告提供了求解结果对目标函数和约束条件微小变化的敏感性信息。对于线性规划和非线性规划，该报告的内容是不同的，而整数规划则不能生成敏感性报告。对于线性规划，该报告提供可变单元格的递减成本、目标式系数和变量的增减量，以及约束条件值的阴影价格、可变范围的上下限。

这里着重介绍一下影子价格在管理决策中的作用。通俗地说，某个决策变量的影子价格是指当该决策变量发生一个单位量的变化时能引起目标变量变化的量，即决策变量变化对目标函数的贡献。当企业要进一步提高利润时，就需要判断提高哪种资源的量能产生的经济效益最大。以例 10—1 为例，敏感性报告告诉我们，机器（机时）、人工和材料的阴影价格分别为 0、1 和 2.5，这说明机器（机时）、人工和材料每增减一个单位将引起总利润 0 、1 和 2.5 的增减，显然材料的变化对总利润的影响较大，而机器（机时）对于总利润则没有影响。因此，若要再提高总利润的话，首先应考虑提高材料的供给量。也就是说，如果有足够资金增加资源的投入的话，首先应该考虑增加材料的投入，因为它的影子价格最大。

利用对影子价格的比较和分析，可为企业决策者提供这样一种决策：在增量相同的情况下，增加哪一种资源对提高企业的经济效益更为有利。因此决策者可用影子价格的概念，对影响企业经济效益的有关资源利用情况进行评价，做出资源配置的合理调整，直至达到最优。

3. 极限值报告

该报告显示了目标单元格的极限值和可变单元格的数值、上下限和目标值。下限是在满足约束条件和保持其他可变单元格数值不变的情况下，某个单元格可以取到的最小值；类似地，上限是在这种情况下所能取到的最大值。

## 本章小结

最优化决策在各行各业都有着广泛的应用，在财经管理的各种活动中，比如产品混合生产、选址、运输、采购安排、流动资金安排等问题，都可以运用线性规划或非线性规划模型找到最优解决方案。

本章主要介绍最优化问题的概念和求解方法，重点介绍使用 Excel 的规划求解工具对线性规划、整数规划、0—1 规划、非线性规划、多目标规划、网络规划等问题进行求解的方法，还介绍了规划求解报告的生成与分析。

在 Excel 中可以用规划求解工具方便地求解各类最优化问题。用该工具求解问题时，需要正确地设置目标单元格及它的目标值、可变单元格、约束条件三个要素。构造一个合适的求解模型,可以有助于方便、高效地用规划求解工具进行问题的求解。用规划求解工具还能求解多目标线性规划和非线性规划等最优化问题。

## 习题十

1. 食品厂用梨制成梨膏糖和梨膏露。生产一盒梨膏糖需要 5 个工时与 2 公斤原料,获利 5 元;生产一瓶梨膏露需要 2 个工时与 5 公斤原料,获利 3 元。工厂可供的总工时为 4000,梨原料为 5800 公斤。为避免梨原料因存放时间过长而变质,要求把这 5800 公斤的梨原料都用掉。问工厂应如何安排生产,使得总获利最大?

2. 某工厂生产四种产品,整个生产过程需要 A、B、C 三道工序。各道工序日生产每种产品的单位工时、每周机器能运行的总时数、各产品的单位利润等如表 10—7 所示,试安排能获利最大的日产品生产计划。

**表 10—7**

| | 产品 1 | 产品 2 | 产品 3 | 产品 4 | 周最大运行时数 |
| --- | --- | --- | --- | --- | --- |
| 设备 A | 1.5 | 1 | 2.4 | 1 | 2 000 |
| 设备 B | 1 | 5 | 1 | 3.5 | 8 000 |
| 设备 C | 1.5 | 3 | 3.5 | 1 | 5 000 |
| 单位利润 | 5.24 | 7.3 | 8.34 | 4.18 | |

3. 有一部货车每天沿着公路给四个零售店卸下 6 箱货物,如果各零售店出售该货物所得利润如表 10—8 所示,试求在各零售店卸下几箱货物能使总利润最大?其值是多少?请用规划求解工具求解,并将结果保存在本工作表的 A1 单元格中。

**表 10—8**

| 箱数 | 零售店 | | | |
| --- | --- | --- | --- | --- |
| | 1 | 2 | 3 | 4 |
| | 利润 | | | |
| 0 | 0 | 0 | 0 | 0 |
| 1 | 4 | 2 | 3 | 4 |
| 2 | 6 | 4 | 5 | 5 |
| 3 | 7 | 6 | 7 | 6 |
| 4 | 7 | 8 | 8 | 6 |
| 5 | 7 | 9 | 8 | 6 |
| 6 | 7 | 10 | 8 | 6 |

4. 某企业有 3 个重要的技术改造项目,打算选择 3 位工程师承接项目。目前有 5 位工程师前来报名,每一位工程师都对每个项目列出了技术改造所需要的成本,如表 10—9 所示。

表 10—9

| | 项目 1 | 项目 2 | 项目 3 |
|---|---|---|---|
| 工程师 1 | 330 | 320 | 370 |
| 工程师 2 | 420 | 330 | 340 |
| 工程师 3 | 380 | 280 | 300 |
| 工程师 4 | 290 | 260 | 280 |
| 工程师 5 | 400 | 290 | 380 |

要求:确定一种使项目改造总成本达到最优的工程师选择方案。把规划求解参数保存在 A20 开始的单元中。

5. 某投资公司将 10 万元的资金对 A、B、C 三个项目投资。对 A 项目而言,在第一年初与第二年初需要投资,并于次年末收回的本利和为本金的 1.3 倍;对 B 项目而言,在第一年初需要投资,并于第三年末收回的本利和为本金的 1.4 倍;对 C 项目而言,每年初需要投资,并于当年末收回的本利和为本金的 1.1 倍。问该投资公司应该如何分配投资,使得在第三年末的收益最大?

6. 一家工厂有两条生产线生产同一种产品。第一条生产线每小时生产 5 个单位产品,第二条生产线每小时生产 6 个单位产品,每天均正常开工 8 小时。要求按以下顺序的要求安排最优的生产计划:

(1)保证每天生产 120 单位;

(2)第二条生产线的加班时间尽量避免超过 3 小时。